2015 眉山年鉴

MEISHANNIANJIAN

《眉山年鉴》编辑部 编

方志出版社
Publishing House of Local Records

图书在版编目（CIP）数据

眉山年鉴.2015 / 《眉山年鉴》编辑部编. —北京：方志出版社，2015.12
ISBN 978-7-5144-1895-8

Ⅰ. ①眉…　Ⅱ. ①眉…　Ⅲ. ①眉山市-2015-年鉴
Ⅳ. ①K527.13

中国版本图书馆 CIP 数据核字（2015）第 312323 号

眉山年鉴（2015）

编　　者：《眉山年鉴》编辑部
责任编辑：罗　滔

出 版 人：冀祥德
出 版 者：方志出版社
地址　北京市朝阳区潘家园东里 9 号（国家方志馆 4 号）
邮编　100021
网址　http://www.fzph.org
发　　行：方志出版社发行部
电话　（010）67110500
经　　销：各地新华书店
印　　刷：成都勤德印务有限公司

开　　本：889×1194　1/16
印　　张：23
字　　数：752 千
版　　次：2015 年 12 月第 1 版　2015 年 12 月第 1 次印刷
印　　数：0001~1000 册

ISBN 978-7-5144-1895-8　**定价**：280.00 元

领导活动 LING DAO HUO DONG

2015年5月5日，市委书记李静（左二）深入工业企业开展“两走一对接”工作

2015年7月2日，市委副书记、市长宋朝华（中）在丹棱县党仲水库检查指导防汛减灾工作

2015年3月20日，市人大常委会主任贺文（左三）参加省人大到眉山调研大气污染防治法情况

2015年6月4日，市政协主席王影聪（中）视察中心城区法律进学校开展情况

2014年11月20日，市委副书记刘十庆（右二）在青神县调研奶业发展情况

2014年2月16日，市委常委、政法委书记杨勇（右二）在九巷十坊调研“维稳跟着项目走”工作

2014年3月8日，市委常委宣迅在“知名企业走进四川眉山投资说明会暨项目签约仪式”上作眉山优势产业推介

2014年9月10日，市委常委、组织部部长姜怡（左二）指导党的群众路线教育实践活动

2015年5月13日，市委常委、市纪委书记祝云（左二）调研天府新区仁寿视高区域

2015年5月21日，市委常委、秘书长黄跃（左三）调研彭山区四川西金联合电器股份有限公司

2015年3月3日，市委常委王光彩（左二）带队到甘眉工业园区调研经济和项目“开门红”工作

2014年11月19日，市委常委、眉山军分区政委张习（左一）在青神县青城镇武装部检查指导民兵分队建设

2014年8月28日，市委常委吴季友（左二）到仁寿县兴盛镇五星社区帮扶

2014年10月20日，市委常委蔺湘（左一）深入对接三苏柑桔专业合作社

2015年7月29日，市委常委、市政府常务副市长邓正权在2015年第六届C21论坛上推介眉山

2015年4月28日，市委常委、宣传部部长周孝平（中）在仁寿县参观大化镇水利村志愿者服务站

党的建设 DANG DE JIAN SHE

青神县高台乡廉政文艺汇演迎“七一”

丹棱县石桥乡全体党员重温入党誓词

丹棱县丹棱镇桂花村党员参观园区企业

仁寿县始建镇柏山村村干部深入田间地头，制定扶贫措施

四川省优秀共产党员东坡区永寿高中教师刘国基（中）给学生们讲解难题

2014年2月27日，岷东新区“四支队伍”建设启动仪式现场

党员环保志愿者开展环保宣传

党员志愿者服务——关爱老人

眉山市优秀共产党员李洪安（右）和自己帮扶对象商讨致富计划

路灯“小手术”照亮市民生活

经济建设 JING JI JIAN SHE

2015年4月22日，中外知名企业四川行投资说明会暨项目签约仪式

建成通车的乐雅高速公路（眉山段）

成绵乐客运专线（眉山站）

洪雅县阳坪分公司生产部灌装车间流水线

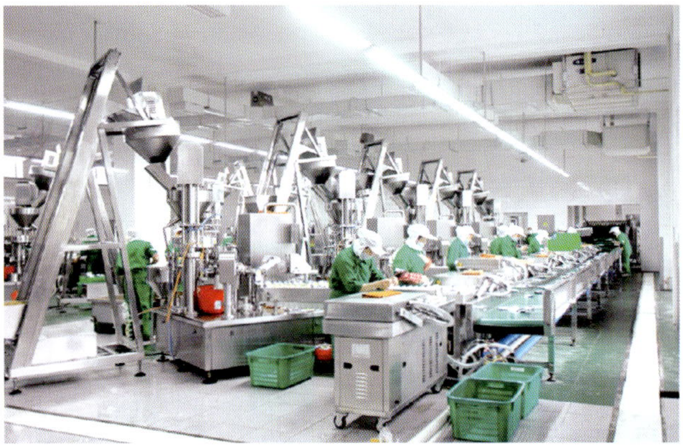

味聚特自动化泡菜生产车间

丹棱县瑞迪佳源机械有限公司生产车间

青神县丹甫制冷压缩机股份有限公司车间

投资5.8亿元的仁寿金鹅纺织有限公司车间

彭山区巴斯夫公司生产车间

仁寿视高园区全景图

文化建设 WEN HUA JIAN SHE

2014年9月25日，四川师范大学成都学院眉山校区举行落成典礼

东坡宋城夜景

文化进万家活动

抗战老兵观看抗战摄影展

全国第九届残运会暨第六届特奥会火炬在眉山传递

盲人门球赛场

东坡城市湿地公园

市图书馆开展多种活动　掀起“全民阅读”潮

四川省最美街道——东坡区湖滨路

2015庆“中秋”综艺晚会

送戏下乡　情暖百姓

中华经典诵读活动

社会建设 SHE HUI JIAN SHE

2014年10月20日，彭山县撤县设区工作获国务院批准，撤销彭山县，设立眉山市彭山区

志愿者与留守儿童一起过节

送法下乡

2014年9月21日， 中央电视台少儿频道《大手牵小手》走进眉山

反恐防暴应急处置演练

争做文明市民

美丽乡村仁寿县水利新村

幸福生活

全民健生 乐享体育

生态文明建设 SHENG TAI WEN MING JIAN SHE

植树活动

污水治理

环保人员正在打捞黑龙滩水库漂浮物

东坡区白马镇标准化垃圾中转站

等待出发的新能源公交车

绿海明珠

鸟语花香

翠柳迎春

李花绽放大雅街

绿海深处是我家

千湖之城

丹棱老峨山

仁寿响水六坊

彭山五湖四海

青神竹林湿地公园

编 辑 说 明

一、《眉山年鉴》编纂以邓小平理论、“三个代表”重要思想和科学发展观以及习近平总书记系列讲话精神为指导思想。

二、《眉山年鉴》是由《眉山年鉴》编辑部在《眉山年鉴》编辑委员会的领导下，与各区县和市级各部门、各单位共同编辑的一部大型综合性年度资料文献，国内公开发行。它系统、全面、翔实地记载了眉山市自然、政治、经济、文化、社会等方面情况。旨在保存和积累地方文献资料，为各界人士了解、认识、研究眉山提供信息，促进与市内外经济、科技、文化交流，为实现全市经济繁荣、政治清明、社会和谐、人民幸福目标服务。

三、《眉山年鉴》由眉山市人民政府主办，于2003年创刊，至2015年，每年一鉴。

四、《眉山年鉴（2015）》所收录的资料原则为2014年1月1日至12月31日，部分史实适当上溯。彩色图片、专文未受此限。收录的先进集体和个人为2014年度及上年未收录的获市委、市政府及以上表彰的先进集体和个人。

五、本年鉴主要内容包括眉山概况、政治、经济、文化、社会、人物、区县概况、特载、附录等，约70万字。

六、本年鉴结构，基本按类目、分目、条目三个层次设置。以条目为主要记述单元。

七、本年鉴资料由市级各部门（单位）和区县提供，资料准确、可靠。文中数据与统计数据不一致的，以统计资料为准。

八、本年鉴的编辑出版得到了全市各级各部门和有关单位领导的大力支持，广大撰稿人员为此付出了辛勤的劳动，在此一并致以诚挚的谢意。由于编辑水平有限，且本年鉴篇幅较大，难免出现差错和疏漏，恳请各级领导和广大读者批评指正，并提出宝贵意见。

《眉山年鉴》编辑部

2015年10月

《眉山年鉴》编辑委员会

《眉山年鉴》编辑部

目录
CONTENTS

眉山市人民政府 Meishan Municipal People's Government

中国人民政治协商会议眉山市委员会 Meishan Municipal Committee of the Chinese People's Political Consultative Conference

纪检监察 Discipline Inspection

国防建设 National Defense Construction

民主党派·工商联 Democratic Parties, Commerce Federation

群众团体 Mass Organization

法　治 Legal System

经济管理 Economic Administration

工　业 Industry

农　业 Agriculture

旅游业 Tourism

商　贸 Commerce and Trade

财政·税务 Finance and Taxation

金　融 Finance

交通·邮政 Transportation and Post

信息业 Information Industry

城乡建设与环境保护 Urban and Rural Construction and Environmental Protection

教 育 Education

科学技术 Science and Technology

传 媒 Media

文 化 Culture

卫 生 Public Health

人民生活与社会保障 People′s Living Condition and Social Security

人　物 Chracters

区县概况 General Situation of Districts and Countrie

附　录 Appendix

索　引 Index

攻坚克难　跨越发展
奋力开创建设富裕美好眉山新局面

——在中国共产党眉山市第三届代表大会第六次会议上的报告

（2015年2月3日）

中共眉山市委书记　李　静

同志们：

现在，我代表中共眉山市第三届委员会向大会作报告。

这次大会是在协调推进全面建成小康社会、全面深化改革、全面推进依法治国、全面从严治党关键时期召开的一次十分重要的会议。大会的主题是：高举中国特色社会主义伟大旗帜，以邓小平理论和“三个代表”重要思想为指导，深入贯彻落实科学发展观，全面贯彻党的十八大和十八届三中、四中全会精神，认真贯彻落实习近平总书记的系列重要讲话精神，凝心聚力，奋发有为，攻坚克难，跨越发展，奋力开创建设富裕美好眉山新局面。

认识新常态，适应新常态，引领新常态，是当前和今后一个时期工作的基本遵循。抢抓千载机遇，推进跨越发展，建设富裕美好眉山，是市第三次党代会确立的奋斗目标。全市各级党组织和广大党员要始终牢记全市人民的信任和重托，始终不渝地坚持主动作为创一流、为民服务当先锋，团结带领全市人民，完成时代赋予的光荣而艰巨的任务！

奋勇争先的2014年

2014年，形势严峻、任务繁重。在党中央和省委的坚强领导下，市委团结和带领全市人民，深入贯彻省委“三大发展战略”，全面从严管党治党，全面推进依法治市，大力实施“五个主题年”工作，较好地完成了市三届五次党代会确定的目标任务，全市呈现出经济平稳较快发展、民生持续改善、社会和谐稳定、干部奋发有为的良好局面。

一、深入学习习近平总书记系列重要讲话精神，坚定正确的政治方向

坚持把学习习近平总书记系列重要讲话精神作为重大政治任务，深刻学习领会新一届中央领导集体的治国理念和执政方略，市委常委会带头学，市委中心组专题学，切实加强思想政治建设，自觉在思想上政治上行动上与党中央保持高度一致。全面贯彻党的十八届三中、四中全会和省委十届四次、五次全会精神，研究制定市委《关于全面深化改革的决定》和《关于全面推进依法治市建设法治眉山的决定》。深入贯彻习近平总书记从严治党“八项要求”和省委“八个务必从严”，市委作出《关于聚精会神抓党建构建从严治党新常态的决定》。深化对省委“六个基本判断”的认识，重新审视和思考在新常态下的工作定位，准确把握眉山发展的阶段性特征，确保中央、省委的重大决策部署在眉山落地生根。

二、扎实开展党的群众路线教育实践活动，全面从严管党治党

紧紧围绕为民务实清廉主题，从严从实抓好党的群众路线教育实践活动，以整风精神开好专题民主生活会，狠抓问题整改和建章立制，“四风”等突出问题得到有效整治。坚持“四个一流”抓班子、“四个作为”带队伍，用目标选人、用目标管人、用目标兑现奖惩，对6区县、80个市级部门和园区班子进行了届中考察评估，进一步优化班子配备。加强基层服务型党组织建设，集中整顿286个后进基层党组织。组建“四支队伍”联系服务群众，全面推行“四个当天”制度，切实解决服务群众“最后一千米”问题。持续用力抓正风肃纪，集中开展“9+2”突出问题集中整治，立案查处涉及“四风”问题案件160件170人。加强党风廉政建设，旗帜鲜明开展反腐败斗争，惩治和预防腐败体系建设取得新进展，全市党风廉政建设社会评价排名继续保持全省第5名。坚持党委统揽全局，协调各方，支持人大及其常委会依法行使职权，支持人民政协和各民主党派、工商联依照章程履行职能。加强对群团工作的领导，充分发挥群团组织的桥梁纽带作用。市关工委被中央组织部表彰为全国离退休干部先进集体。加强党管武装工作，支持国防后备力量建设，促进军民融合深度发展。

三、坚定不移推进依法治市，促进社会和谐稳定

坚决落实省委“治蜀兴川重在厉行法治”的要求，坚持用法治思维加强和创新社会治理，推进社会治理体系和治理能力的现代化。全面推进依法治市工作，稳步推进“八大体系”建设，深入开展“法律七进”活动，全面实施“法治文化亲民、法律服务为民、法治环境惠民”三大行动，成功举办四川省首届“治蜀兴川”法治论坛，眉山市被评为“六五”普法中期全国先进集体。积极推进社会依法治理，探索建立网格化服务管理模式和信息服务平台，持续深化社会稳定风险评估和“维稳跟着项目走”工作，多元化调处矛盾纠纷取得新成效，“诉非衔接”改革试点终期评估全国第一，全省社会治理现场会在我市召开并推广眉山经验，进京到省非访量连续七年保持全省末位。深化平安眉山建设，依法严厉打击各类刑事犯罪，全市社会大局保持稳定。

四、坚定不移推动改革创新，持续增强发展动能

围绕“最大限度激发发展活力，最大限度搞活微观主体”，集中力量抓好重点领域和关键环节改革，着力破解发展难题。明确8个方面138项改革目标任务、时间进度和实施路径，抓好统筹推进。全面深化农村改革，坚持以放活土地经营权为主攻方向，创新农业经营体系，培育新型农业经营主体，发展适度规模经营，全市新增农村土地流转面积10.25万亩、农民专合组织268家、家庭农场112户。深化行政审批制度改革，进一步简政放权，新下放城建、公路等14类项目核准权到区县。全面加强“五级服务、三级代办”政务服务体系建设。全面完成市级部门、区县机构改革，稳妥推进事业单位分类改革。

五、坚定不移推动产业转型升级，促进经济结构优化

积极应对经济下行压力，始终保持专注发展定力，把稳增长摆在突出位置，及时出台“微刺激二十六条”和促进工业转型升级创新的若干政策，全市经济保持平稳较快发展。地区生产总值增长10.1%，居全省第4位；地方一般公共预算收入同口径增长15.6%，占GDP比重为8%，居全省第6位；三次产业结构调整为16.1：57.1：26.8。大力发展新型工业，坚持在扩大增量中调优结构，着力抓好传统优势产业和战略性新兴产业发展，建成5个百亿产业、3个百亿园区，战略性新兴产业在工业经济中比重达到19%。大力发展都市近郊型现代农业，加快“两城三园七片”建设，泡菜产业突破120亿元，成功举办第六届中国泡菜展销会，“东坡味道”走向全国。加快发展现代服务业，社会消费品零售总额增长12.9%，旅游总收入实现180.65亿元，第三产业增加值增速居全省第3位。全市经济发展保持在合理区间，呈现出量增质升的转折性、跃升性变化。

六、坚定不移推动城乡统筹发展，加快新型城镇化步伐

坚持以人为核心的新型城镇化，推进统筹城乡“四种模式”，加快“四个转变”，实现“四有目标”。加大城市新区开发和旧城改造力度，全市新增城镇建成区面积16.46平方千米，新转变城镇居民15.83万人。现代工业新城、历史文化名城、生活品质之城加速发展，彭山顺利撤县设区，奠定眉山建设大城市的格局。东坡城市湿地公园、“两宋荣光”眉州大道、苏洵公园、苏辙公园、东坡宋城I期、一环路改造等重大城市公共项目建成。综合交通建设取得突破，成德绵眉乐高铁、遂资眉高速通车，岷江汉阳航电运行发电，市交通中心投入运行，眉山全面迈入高速时代、高铁时代、临港时代。实施“绿海明珠、千湖之城、百园之市”大会战，森林覆盖率达到45.97%，比全省高10个百分点；新增水域面积32.5平方千米，占辖区面积比重7.7%，是全省的3.4倍。成功创建国家级园林城市、省级文明城市。农村生活垃圾处理眉山模式全国推广。全市城市更加美丽、环境更加优美。

七、坚定不移推动产业集群招商，提升开放合作水平

始终坚持以大开放促大发展，深入推进招商引资“376”战略，主动融入国家“一带一路”建设。在北京成功举办“校（院所）市合作恳谈会”“知名企业走进眉山投资说明会”“东坡味道”全国行等活动，积极参加西博会，成功承办中韩自贸区第11轮谈判，眉山对外影响力不断提升。务实推进区域合作，成眉、甘眉、雅眉合作取得新成效。全市招商引资到位资金连续七年居全省第2位，西博会签约金额连续四届居全省第2位，成功引进法国达能、中建钢构等世界500强、中国500强或投资10亿元以上项目25个。创新项目推进机制，建立领导包片、项目集中开工竣工、“两走一对接”等制度。“成都区位、眉山服务”优势更加凸显，眉山成为四川对外开放的桥头堡。

八、坚定不移推动创业就业惠民，着力保障和改善民生

始终把保障和改善民生作为一切工作的出发点和落脚点，坚持政府新增财力主要用于改善民生，全市全部财政支出中81%用于民生。大力实施十项民生工程，坚持以创业带动就业，突出抓好自主创业、回归创业、成果转化创业、企业吸纳就业，新登记个体工商户1.3万户、私营企业2829户，新增就业3.1万人。人民生活水平继续提高，城镇居民人均可支配收入增长10.2%，增速居全省第5位；农村居民人均纯收入增长11.8%，总量继续保持全省第4位。大力实施棚户区改造，保障性住房开工率全省第二。乡镇卫生院标准化建设达标率全省第一，新农合参合率全省第二。残疾人创业就业基地建设全省第一。减少农村贫困人口4.94万人。

各位代表！2014年，本届市委任期已经过半。行百里者半九十，仍然任重而道远。三年来，紧紧围绕贯彻落实市第三次党代会安排部署，市委充分发挥统揽全局、协调各方的领导核心作用，市委、市人大常委会、市政府、市政协“四大班子”和衷共济、齐心协力，带领全市广大党员干部主动作为、争创一流，创造了跨越发展的新篇章。我们坚持把中央、省委精神和眉山实际结合起来，创造性地开展工作，形成了符合眉山实际的工作实践，也积累了宝贵的经验。一是始终坚持正确的政治方向。坚定不移走中国特色社会主义道路，始终站稳政治立场，时刻保持政治清醒，切实增强政治定力，自觉在思想上政治上行动上与党中央保持高度一致，把中央和省委决策部署不折不扣贯彻到眉山工作中。二是始终坚持从严管党治党。坚持党要管党、从严治党，坚持思想建党与制度治党相结合，鲜明提出从严治党“六个新常态”，全面加强党的思想、组织、作风、制度和反腐倡廉建设，着力构建党委抓、书记抓、一级抓一级的党建工作格局。三是始终坚持发展第一要务。坚持以科学发展观为指导，坚定不移地贯彻市第三次党代会确定的发展战略、发展思路、发展路径、发展目标，脚踏实地，一以贯之，在继承中发展、在发展中创新，在创新中突破，加快建设富裕美好眉山。四是始终坚持保障和改善民生。坚持以人为本，始终把群众最关心、最直接、最现实的问题作为工作的出发点和落脚点，每年实施十大民生工程，不断在学有所教、劳有所得、病有所医、老有所养、住有所居上持续取得新进展。五是始终坚持主动作为创一流。认真践行“苦干兴眉”“三自精神”，主动作为创一流成为全市广大干部和15万名共产党员的自觉行动，增强了推进工作的主动性和创造性，实现了眉山精神的薪火相传、继承发扬、生生不息。

回顾眉山发展历程，我们深刻地体会到：事业成败，关键在党，关键在人。我们历经从严治党的淬炼、经济下行的挑战、地震灾害的磨砺、国家审计的检验、教育实践活动的洗礼、正风肃纪的净化，全市各级党组织更加坚强有力，各级党员干部更加主动作为，党群干群关系更加紧密和谐。全市上下众志成城、砥砺奋进，主动作为、争创一流，向全市人民交出了一份份合格的眉山答卷，为全面完成本届市委任期目标打下了坚实基础。这是党中央和省委坚强领导的结果，是市“四大班子”精诚团结的结果，是全市广大干部主动作为创一流的结果。在此，我代表中共眉山市第三届委员会，向全市各级党组织、广大党员干部和全市人民，向各民主党派、各人民团体、离退休老同志和各界朋友，向解放军驻眉山部队、武警和消防官兵、政法干警，向所有关心支持眉山改革发展的同志们、朋友们，表示衷心的感谢并致以崇高的敬意！

在肯定成绩的同时，我们也清醒地看到存在的困难和问题。党风廉政建设的“两个责任”落实还不够到位，反腐败斗争形势依然严峻。“四风”问题时有反弹，庸懒散浮拖现象仍有发生，转变作风任重道远。经济下行压力仍然大，投资持续增长乏力，缺少新的投资增长点。产业结构不优，转型升级任务艰巨。主导产业不突出，产业粗放低效，资源环境约束加剧。经济下滑和经济转型带来的伴生性社会矛盾增多，个别行业、个别领域的系统性风险集聚，保持社会和谐稳定的压力比较大。这些问题，我们必须高度重视，在新的一年里切实加以解决。

奋力攻坚的2015年

2015年，是本届市委任期的第四年，是全面完成“十二五”规划的收官之年，是协调推进“四个全面”的关键之年。做好今年工作，对明年冲刺和完成市第三次党代会确定的目标任务至关重要。我们要全面贯彻落实中央、省委的决策部署，深入实施省委“三大发展战略”，将今年确定为“任期目标攻坚年”，强化“从严治党”和“依法治市”两大保障，打好“项目投资、转型升级、统筹城乡、区域发展、深化改革、开放合作、文化立市、创业就业”八大攻坚，坚定不移“强党建、稳增长、优结构、保民生、促和谐”，加快建设富裕美好新眉山。

2015年的主要目标是：经济发展继续保持在合理区间，主要经济指标增幅高于全省平均水平，确保国内生产总值增长8%、力争8.5%。社会事业全面进步，人民生活水平继续提高。文化立市“123”工程稳步推进，生态环境进一步改善。依法治市深入推进，社会保持和谐稳定。党的建设全面加强，建设“信念坚定、为民服务、勤政务实、敢于担当、清正廉洁”的干部队伍。

一、坚持从严管党治党，着力强化政治保障

党的建设是保障。要深入贯彻落实中央、省委全面推进从严治党的重大部署，坚持思想建党与制度治党并重，大力提升党建科学化水平。认真落实习近平总书记从严治党“八项要求”，始终保持坚定正确的政治方向，做到心中有党、心中有民、心中有责、心中有戒。要认真落实习近平总书记提出的“好干部”标准和省委“三重”的用人导向，把党管干部原则贯穿和体现在选人用人全过程，坚决做到“四个坚持”履职责，“四个一流”抓班子，“四个作为”带队伍，“四个全面”强基层，“四支队伍”强服务，“四个当天”转作风。要进一步扎紧制度笼子，强化源头治理，切实加强招投标、政府采购、土地出让、矿产资源开发、专项资金使用、涉农资金管理、教育文化等重点领域制度建设。要深入贯彻落实中纪委五次全会和省纪委十届四次全会精神，从严落实“两个责任”，决不允许利用手中权力谋取私利，决不允许饱食终日无所用心，决不允许把干净与干事对立起来，真正让一心为民、干在实处成为广大党员干部的自觉行动，致力推动形成风清气正、崇廉尚实、干事创业、遵纪守法的良好政治生态。要不折不扣地落实中央八项规定、省委省政府十项规定和市委市政府六个坚持，坚决治理庸懒散浮拖，严防“四风”问题反弹。要坚持党委统揽全局、协调各方，支持人大、政协依照法律和章程独立自主、协调一致开展工作，充分发挥工会、共青团、妇联等人民团体的桥梁纽带作用。进一步做好老龄工作和关心下一代工作。加强民族宗教、外侨台工作。加强国防动员、双拥共建工作。

二、坚持依法治市，着力强化法治保障

法治建设是基石。要认真落实省委“治蜀兴川重在厉行法治”要求，全面推进依法治市，着力构建“八大体系”，在“法律七进”、规范权力运行、强化法律服务为民、深入开展依法治村（社）示范创建活动等方面务求实效，以法治促发展、以法治保稳定、以法治惠民生。要全面加强和创新社会治理，进一步巩固“大调解”和“诉非衔接”工作成果，全面推行社会治理网格化服务管理，完善社会稳定风险评估和“维稳跟着项目走”工作机制，加强和改进群众信访工作，确保社会和谐稳定。要继续深化平安眉山建设，探索社会治安立体化防控建设，坚决打击各类治安和刑事犯罪，不断提高人民群众安全感。要逗硬落实安全生产党政同责、一岗双责，深化重点行业领域专项整治，确保人民群众生命财产安全。

三、实施项目投资攻坚，保持适度规模投资

稳定投资是前提。要坚持以项目工作统揽经济社会发展全局，以项目投资推动转型、扩大内需、促进发展。要抓好重大产业项目建设，加快推进中建钢构西部制造基地、大峨眉国际旅游区（洪雅）等项目建设。要抓好重大城镇项目建设，实施城市基础“十大工程建设计划”，加快棚户区改造，保持房地产业健康发展。要抓好重大基础设施项目建设，继续实施综合交通大会战，大力推进“四箭齐发”、成都经济区环线眉山段、成昆铁路扩能改造眉山段等建设。要抓好重大民生项目建设，加大教育、卫生、文化、体育等公共服务投入，加快青衣小学、青衣中学、“五馆一中心”等建设。要继续坚持领导包片推进、项目集中开工竣工、“两走一对接”等工作机制。要充分激活社会投资，积极招商引资，大力向上争取，形成大项目顶天立地、小项目铺天盖地的生动局面。

四、实施产业转型升级攻坚，不断提升核心竞争力

产业转型升级是主要任务。要坚持“产业高端、高端产业，产品高端、高端产品，资源节约、环境友好”，坚持传统优势产业和战略性新兴产业并重发展，促进一、二、三产业融合互动。要坚持“工业强市”战略不动摇，加速推动产业创新，做大做强机械装备、食品加工、日用化工、新型建材四大传统优势产业，重点发展新一代电子信息技术、新能源、高端装备制造和生物医药四大新兴产业。要大力发展都市近郊型现代农业，做大做强“两城三园七片”，做优做特做大“东坡味道”品牌，实现农业增效、农民增收、农村繁荣。要坚持以旅游为龙头，以商贸和物流为两翼，大力发展文化旅游业、电子商务业、现代物流业、康养服务业、科教服务业五大新兴服务业。要加快产学研创新联盟建设，支持企业技术改造，逐步淘汰落后工艺、落后产能。要坚持“一园一主业，园区有特色”，推动园区产业整合、上档升级。

五、实施统筹城乡攻坚，加快推进新型城镇化

城镇化是最大潜力所在。要坚持以人为核心的新型城镇化，坚定不移地推进统筹城乡“四种模式”，加快“四个转变”，实现“四有目标”。要统筹城镇建设发展，按照“巩固、提升、创新”的原则，加强城镇规划、建设、管理和环境综合治理。要完善城镇规划体系，以彭山县改区为契机，启动新一轮眉山城市总体规划修编，奠定眉山大城市格局。坚持“五字”方针、“六规合一”，合理布局城镇，梯度推进建设，实现产城一体、景城一体、文城一体。抓好“百万安居工程”和百镇建设试点行动，加大货币化补偿安置力度，引导农民进城入镇。要加强城镇经营管理，坚持市场化运作，实施精细化、人性化管理，加强城镇营销，增强城镇综合竞争力。要统筹城乡生态建设，继续实施“绿海明珠、千湖之城、百园之市”大会战，积极争创全国水生态文明建设试点市。要进一步深化城乡环境综合治理，不断优化人居环境。

六、实施区域发展攻坚，构建多点多极支撑格局

区域带动是核心要义。要坚持做大做强“一体两翼三带”，打破行政区划局限，推进基础设施互联互通，整合优势资源，引导产业合理布局，提高区域发展的协同性。要加快天府新区眉山片区建设，围绕“重构产业发展、重构体制机制、重构规划对标”，做强青龙、视高核心区，规划建设环天府新区，推动全域天府新区建设。要加快现代工业新城建设，坚持统一规划、统一产业布局、统一基础设施建设，加快推动园区扩区调位、上档升级，实现再造一个产业眉山。要加快岷东新区建设，实现“三年成框架”，为“十年再造一座眉山新城”奠定坚实基础，打造以城为主统筹城乡发展示范区。要坚持因地制宜发展县域经济，推动晋位升级，形成竞相发展、多点多极、重点支撑的生动发展局面。

七、实施深化改革攻坚，全面激发发展活力

深化改革是活力之源。要坚持问题导向，倒逼深层次改革。要深化经济领域改革，坚持市场化改革取向，最大限度地激发市场主体活力。创新投融资体制，做大做强做实投融资企业，鼓励引导民间资本参与公共服务和基础设施建设，着力破解中小企业融资难、融资贵、融资慢等问题。深化金融和财税体制改革，推进依法行政、依法理财“两依”示范试点工作。要深化农村领域改革，加快农村土地确权颁证，规范引导土地流转，大力培育新型经营主体，加快完善户籍制度改革、城镇基本公共服务等系列配套政策。要深化医药卫生体制改革，推进县级公立医院综合改革试点。要深化行政审批制度改革，加快简政放权、提速减负，建立完善政府权力清单、责任清单和负面清单，推动政府管理由事前审批向事中事后监管转变。

八、实施开放合作攻坚，持续增强发展动力

开放合作是必由之路。要坚持以大开放求大发展，抢抓天府新区上升为国家级新区的重大机遇，主动融入国家“一带一路”建设，大力发展开放型经济。要坚定不移地实施招商引资“376”战略，突出产业转型升级招商，坚持产业集群招商，围绕核心价值链、供应链，着力引进一批龙头型、基地型、科技型的重大项目和产业配套项目，引进一批创新能力强、税收贡献高、资源消耗少的优质企业。要大力实施重点会节招商，精心组织和参加重大招商活动，扩大眉山影响，放大节会效应。要纵深推进融入成都，深化成眉合作“六大行动”，加快基础同网、产业同链、区域同城，建好成眉工业集中区、甘眉工业园区，落实好《雅安—眉山区域合作框架协议》。

九、实施文化立市攻坚，提升城市文化底蕴

文化建设是强大助力。要坚定不移地实施文化立市战略，深入推进文化立市“123”工程，加快“文化立城、文化立业、文化立人”。要加快建设历史文化名城，推进以“一城、一湖、一岛、一楼、一观、一路、一带和四园”为重点的东坡文化核心区建设，加强历史文化保护和利用，不断提升城市的文化影响力。要坚持文化事业和文化产业“两轮”驱动，强化教育和科技支撑，加大城乡文化基础设施建设力度，鼓励和引导社会资本进入文化领域，建立完善公共文化服务体系。要不断激发文化发展活力，突出文化惠民，扎实抓好文化活动开展、文化艺术创作、文化品牌打造，广泛开展群众性文化体育活动，承办好全国第九届残运会暨第六届特奥会。要关心和爱护文艺工作者，营造有利于文艺创作的良好环境。

十、实施创业就业攻坚，着力改善民生福祉

改善民生是最终目标。要始终坚持以人为本，突出“基本民生、底线民生、重点民生”，让人民群众充分共享改革发展成果。要坚持创业就业富民，突出回归创业、成果转化创业、自主创业和企业吸纳就业，实施更加积极的创业就业政策，继续推动全民创业就业活动。要抓好民生工程惠民，新增财力主要用于改善民生，实施好十大民生工程项目，确保2015年全市全部财政支出中80%以上用于民生。要继续加强扶贫工作，坚持统筹城乡的思路，完善城镇公共设施，引导农民进城入镇，建立新型社区，加强和创新社会治理，增强贫困群众的社会依托和社会保障，让全市百姓都安居乐业、共奔全面小康。

同志们，新常态开启新征程，新常态期待新作为。让我们更加紧密地团结在以习近平同志为总书记的党中央周围，在省委的坚强领导下，勇担使命、励精图治，攻坚破难、主动作为，为实现“两个率先”目标、早日建成富裕美好眉山而努力奋斗！

名词术语解释

1.“四个全面”：2014年12月，习近平总书记在江苏调研时强调，要“协调推进全面建成小康社会、全面深化改革、全面推进依法治国、全面从严治党，推动改革开放和社会主义现代化建设迈上新台阶”。

2.省委“三大发展战略”：四川省委十届三次全会提出实施“三大发展战略”，即：多点多极支撑发展战略、“两化”互动城乡统筹发展战略、创新驱动发展战略。

3.“五个主题年”：2014年，市委、市政府《关于深化改革创新加快转型升级强力推进全市经济跨越发展的决定》（眉委发〔2014〕1号）提出扎实抓好“五个主题年”工作，即：“改革创新突破年、产业转型升级年、统筹城乡攻坚年、产业集群招商年、创业就业惠民年”，推动全市经济快速健康发展。

4.“诉非衔接”改革试点：2012年4月，最高法院报经中央批准，在全国确定了42家法院开展“诉讼与非诉讼相衔接的矛盾纠纷多元化解决机制改革试点”工作，眉山中院作为四川省唯一纳入改革试点的中级人民法院。

5.国家“一带一路”建设：习近平总书记在2013年9月和10月出访时，分别提出建设“新丝绸之路经济带”和“21世纪海上丝绸之路”，“一带一路”贯穿欧亚大陆，东边连接亚太经济圈，西边进入欧洲经济圈。

6.“两走一对接”：2014年，市委办、市政府办《关于扎实开展“两走一对接”活动奋战“红五月”确保“双过半”的通知》（眉委办〔2014〕34号）提出：积极“走下去”促进项目、听取意见、解决问题，服务重点项目、重点企业。积极“走出去”招商引资、营销城市、推介产品，实现开放合作新的突破。积极对接项目，主动向上级主管部门汇报工作，争取政策、项目和资金支持。

7.“四风”突出问题：形式主义、官僚主义、享乐主义和奢靡之风“四风”问题。

8.“四支队伍”强服务：2014年，市委《关于聚精会神抓党建构建从严治党新常态的决定》（眉委发〔2014〕21号）提出，围绕构建“支部+服务队”服务群众新格局，进一步完善“党员先锋服务队、基层便民专业化服务队、社会志愿者服务队、村（社区）网格员服务队”四支队伍协调运行机制，充分利用综合信息服务管理平台，将群众需求与“四支队伍”有效对接，长效解决联系服务群众“最后一千米”问题。

9.“四个当天”制度：2014年，市委《关于聚精会神抓党建构建从严治党新常态的决定》（眉委发〔2014〕21号）提出，为防止不作为、慢作为，借鉴群众工作经验，在全市党员干部中实行“四个当天”制度：日常工作，当天事当天毕，案无积卷、事不过夜；群众办事，当天接当天处，首问负责、限时办结；上级交办，当天领当天动，重在执行、及时回复；同级协作，当天应当天办，不推不诿、快速主动。

10.党风廉政建设“两个责任”：党的十八届三中全会提出，落实党风廉政建设责任制，党委负主体责任，纪委负监督责任。

11.“好干部”标准：2013年6月28—29日，习近平总书记在全国组织工作会议上提出了“信念坚定、为民服务、勤政务实、敢于担当、清正廉洁”的“20字好干部”标准，赋予了“好干部”新的时代内涵。

12.“三重”导向：2013年9月5日，省委书记王东明在全省组织工作会议上强调，要让好干部成为全省干部的共同追求，把“重品行、重实干、重公认”的用人导向贯穿干部工作各个方面。

13.“四个坚持”履职责：指各级党委（党组）书记要牢固树立抓好党建就是最大政绩的理念，坚持学习提能、坚持集中精力、坚持真管真严、坚持亲力亲为抓党建。

14.“四个全面”强基层：2014年，市委《关于聚精会神抓党建构建从严治党新常态的决定》（眉委发〔2014〕21号）提出，基层党建工作要做到：基层组织全面加强、骨干队伍全面过硬、保障水平全面提升、管理运行全面规范。

15.“十大工程建设计划”：2015年1月26日，在省政府召开的全省城镇化工作会上提出，省委、省政府将加快推进城市道桥、市政管网、排涝防洪、污水处理、垃圾处理、供水节水、供气供热、生态园林、电力通讯、公共服务设施等“十大工程建设计划”。

16.“五馆一中心”：市文化馆、图书馆、博物馆、科技馆、规划展示馆和体育中心。

17.“五字”方针：做实“产”、做活“水”、做足“绿”、做美“景”、做特“文”。

18.“六规合一”：指土地利用规划、城镇发展规划、产业发展规划、交通发展规划、社会事业发展规划、文化和生态绿地规划。

19.“一体两翼三带”：2015年，市委、市政府《关于主动适应新常态实施八大攻坚战推进经济跨越发展的决定》（眉委发〔2015〕1号）提出，“一体”，即沿岷江流域城镇群，从天府新区青龙片区沿岷江、成乐高速和成德绵眉乐高铁，由北向南串起彭山、东坡、青神城区和青龙、观音、太和、松江、黑龙等若干重点镇，构成眉山区域经济发展的“主体”。“两翼”即东翼和西翼，东翼是指以仁寿县城为核心的东部发展翼，西翼是指以洪雅、丹棱县城为核心的西部发展翼。“三带”即以岷江为中轴，中部城镇发展带依托彭山、东坡、青神城区，形成一条沿江以现代城市经济为主导的发展带；西部产业发展带以现代工业新城为主体，由南北组团七个园区构建并延伸至青神，形成产城一体的新型工业产业带；东部产业发展带以文林、视高、汪洋、富加等工业园区和两个现代农业示范园区为主体，形成新兴工业、现代农业和现代城镇相结合的产业发展带。

20.成眉合作“六大行动”：规划合作行动、工业合作行动、农业合作行动、服务业合作行动、交通合作行动、社会事业合作行动。

政府工作报告

眉山市人民政府市长 宋朝华

各位代表：

我代表市人民政府，向大会报告工作，请予审查，并请政协委员提出意见。

2014年工作回顾

2014年，是眉山经济社会发展极其艰难和极具挑战的一年。我们在省委、省政府和市委的坚强领导下，在市人大、市政协的监督支持下，始终保持发展定力，全力以赴稳增长；始终坚持改革创新，贴身紧逼调结构；始终坚守为民底线，千方百计惠民生，较好地完成了市三届人大五次会议确定的目标任务。

一年来，全市经济社会发展呈现三大特点：

——在综合施策中稳增长，实现了换挡不失速的稳健发展。全市地区生产总值（GDP）944.89亿元，增长10.1%，居全省第4位；全社会固定资产投资922.98亿元，增长22.1%，居全省第5位；规模以上工业增加值增长10.2%，居全省第8位；社会消费品零售总额319.71亿元，增长12.9%，居全省第12位；民营经济增加值增长11.3%，居全省第3位。

——在扩大增量中调结构，实现了转型不失衡的提质发展。三次产业结构优化为16.1∶57.1∶26.8；战略性新兴产业占工业经济比重达19%，提高了2.2个百分点；第三产业增加值增长11.2%，居全省第3位；地方一般公共预算收入75.2亿元，同口径增长15.6%，占GDP比重为8%，居全省第6位；民间投资占全社会投资比重达74.4%；招商引资到位资金连续保持全省第2位；超额完成省下达的节能减排任务。

——在利民富民中办实事，实现了保障不失位的惠民发展。十大民生工程155个项目全面完成，全市全部财政支出中81%用于民生；城镇居民人均可支配收入24135元增长10.2%，增速居全省第5位；农民人均纯收入10433元增长11.8%，总量保持全省第4位；城镇新增就业3.1万人；减少贫困人口4.94万人。

一年来，我们围绕“五个主题年”，主要做了以下工作：

大力推进产业发展，转型升级步伐加快。产业结构不断优化。高端成长型产业和新兴先导型服务业加快发展，新增规模以上工业企业54户，万元工业增加值能耗预计下降10%。现代服务业提速发展，消费市场持续繁荣，新增限额以上商贸企业236家，实现旅游收入180.65亿元。金融机构存款余额1253.85亿元，比年初增长12.45%，贷款余额625.17亿元，比年初增长17.52%。粮食总产量稳定在160万吨以上，粮食购销全省第一。质量强市深入推进，新增中国驰名商标、中国地理标志商标各1件，新增四川名牌16个。产业能级不断提升。产业集聚效应明显增强，彭山经开区、甘眉园区、金象园区等13个工业园区实现产值850.3亿元，占工业经济比重的67.1%。深入实施创新驱动战略，新增国家高新技术企业16家，实施重大科技成果转化30项，完成技改投资255.61亿元，淘汰落后产能企业37户。高端产业和产业高端成为发展的主方向，机械装备、化工等6大优势产业不断壮大，实现主营业务收入1047.4亿元，增长19.6%。产业模式不断创新。传统产业与现代产业相互渗透，实现电子商务网络零售交易24亿元。工业化与信息化深度融合，“智慧园区”示范建设深入实施。都市近郊型现代农业加快发展，现代畜牧业深化试点圆满完成，三大现代农业园区完成投入13.5亿元，现代农业绩效考核全省第一。成功举办第六届中国泡菜展销会并上升为国家展会。成功荣获2016年第九届中国竹文化节主办权。

大力推进全域统筹，城乡面貌显著提升。城乡建设快速推进。岷东新区加快建设，东坡岛开发、一环路改造推进有力，东坡城市湿地公园、“两宋荣光”眉州大道、东坡宋城I期、苏洵公园、苏辙公园等相继建成。完成城镇建设投入184.1亿元，新增城镇面积16.46平方千米。强力推进县城建设，大力实施“百镇建设行动”，房地产业健康有序发展，城镇综合承载能力明显增强。交通建设推进有力，成德绵眉乐高铁、遂资眉高速、眉山交通中心、岷江汉阳航电工程建成投运，成都经济区环线眉山段开工建设，仁沐新高速仁寿段加快建设，“四箭齐发”、大峨眉国际旅游西环线加快推进，完成综合交通投入121.8亿元。城乡体系日臻完善。中心城区“166”控制区总体规划编制完成，仁寿、洪雅、丹棱、青神县城市总体规划修编顺利推进，128个乡镇规划全面完成。坚持“四种模式”“四个转变”，全年农民新转变为城镇居民15.83万人、产业工人8.98万人、三产经营（从业）者3.8万人、现代农业业主1616户。城乡公共服务设施不断完善，完成文化类设施投入4819万元。城乡环境明显改善。深入推进城乡环境治理，“五乱”整治深入开展，“大城管”工作格局全面构建。东坡湖综合整治全面完成，“两岸交相辉映、湖水碧波荡漾”的目标基本实现。农村生活垃圾处理眉山模式全国推广，丹棱“环境优美示范县城”创建工作全省第一。“绿海明珠”“千湖之城”“百园之市”加快推进，新增水域面积32.5平方千米，森林覆盖率45.97%。国家级园林城市、省级文明城市成功创建，省级双拥模范城创建通过验收，洪雅通过国家级生态县技术评估，黑龙滩成功创建国家AAAA级景区。

*大力推进改革开放，发展动力日益强劲。*综合改革推进有力。经济体制改革顺利推进，社会活力全面激发，新增各类市场主体17107个，民间投资增长17.9%，民营经济增加值实现546.16亿元。行政体制改革破冰前行，新一轮政府机构改革顺利实施，事业单位分类改革加快推进，彭山撤县设区工作全面完成，3个乡实现撤乡设镇。投融资体制改革成效明显，成功发行城投债券14亿元，推进10家企业在上海、成都股权交易中心挂牌。统筹城乡改革成效明显，农村土地确权颁证深入推进，土地流转率达到30%，新增各类农业经营主体2279个。对外开放占据高地。投资促进工作再上台阶，成功引进法国达能、中建钢构、中联重科等世界500强、中国500强及投资10亿元以上项目25个，招商引资到位资金650亿元，西博会签约金额全省第二。对外贸易平稳发展，新增外贸企业53家，进出口总额3.3亿美元，增长15.33%。成功承办中韩自贸区第11轮谈判。区域合作纵深拓展。成眉合作成效明显，天府新区建设强力推进，完成投资103亿元，新落户项目23个。雅眉合作全面开启，成功签署框架协议和专项协议。甘眉合作深度发展，甘眉园区新增规模以上企业7户，争取留州电量24亿千瓦时。

*大力推进社会建设，民生福祉持续改善。*民生实事成效明显。棚户区改造首批争取国家开行贷款24.7亿元，占全省总额的1/13，保障性住房开工率全省第二。社会保障全面加强，城乡低保标准进一步提高，社会养老服务体系加快建设，城镇居民“零就业”家庭保持动态为零，农村五保集中供养率全省第一。残疾人创业就业基地建设全省第一，新农合参合率99.94%全省第二。“4·20”芦山灾后恢复重建成效显著。社会事业全面进步。教育事业加快发展，学前教育毛入园率89%，义务教育招生改革经验全省推广，成功组建眉山市职业教育集团，四川师范大学成都学院正式招生，四川城市职业学院、成都信息工程学院天府校区、四川科技职业学院、成都艺术职业学院、成都七中实验东坡学校等开工建设。体育事业蓬勃发展，我市参加青奥会、省运会分别获2枚和35枚金牌。现代公共文化服务体系加快建设，文化立市“123”工程深入推进，“五馆一中心”完成深度规划，第四届中国西部书法篆刻作品展成功举办。卫生计生事业全面加强，实现每个县有1所二甲以上综合医院，公立医院药品加成全面取消，省内异地就医实现即时结算，乡镇卫生院标准化建设达标率全省第一，单独两孩政策全面实施。公积金管理、市档案馆馆藏档案数字化率全省第一。第三次全国经济普查工作全面完成。国防建设、民族宗教、老龄事业、妇女儿童、史志研究等工作取得新成绩。社会大局和谐稳定。深化“平安眉山”建设，依法治市“八大体系”深入推进，现代社会治理体系初步构建。切实加大对违法犯罪活动的打击力度，群众安全感、满意度稳步提升，网格化服务管理工作经验在全省推广，“大调解”工作全省领先，“诉非衔接”改革试点终期评估全国第一。完善社会稳定风险评估制度，深化维稳跟着项目走，群众来访“四个当天”办理制度成效明显。食品药品监管全面加强。安全生产形势持续好转，主要考核指标连续4年下降，无重大及以上安全事故发生。

*大力推进自身建设，法治政府全面加强。*依法行政深入推进。法制宣传亮点纷呈，“六五”普法中期考核全国先进，“法律七进”工作经验全省交流。行政决策科学民主，坚持“三重一大”事项集体决策。行政执法公正透明，全面规范行政执法裁量权。行政监督保障有力，不断完善政府内部层级监督，强化部门专项监督，审计工作连续3年被评为全省先进。认真办理人大代表建议、政协提案，满意率和基本满意率达100%。政府职能切实转变。大力实施简政放权，推动放管结合，全年取消和下放行政审批36项，清理非行政审批69项。扎牢扎密制度笼子，着力构建长效机制，制定出台规范性文件27个。充分激发市场活力，清单管理制度初步建立，大众创业、万众创新的局面逐步形成。创新政务服务星级管理，率先在全省建成“一目录、两平台、一大厅”，政府采购推行网上竞价，公共资源交易规范高效。作风建设

全面加强。深入开展党的群众路线教育实践活动，“四风”问题得到有效整治，市本级“三公”经费下降10.4%，政府公文减少12.78%，清退整改超标办公用房11000平方米。扎实开展正风肃纪专项行动，大力整治“庸懒散浮拖”，查处涉及“四风”问题案件160件170人，通报曝光典型案件59起。

各位代表！

发展凝聚心血，奋斗伴随艰辛。过去一年，在多重困难集中显现、多重风险相互交织的情势下，我们用坚韧和顽强顶住了经济下行的巨大压力，用勤劳和智慧破解了前进道路上的瓶颈障碍，用拼搏和汗水赢得了加快发展的丰硕成果，“稳”的基础更加牢固，“进”的态势积极向好。成绩来之不易，这是省委、省政府和市委坚强领导的结果，是市人大和市政协监督支持的结果，是全市人民团结奋斗的结果。在此，我谨代表市人民政府，向历任老领导、老同志，向全市人民、解放军驻眉部队和武警、消防官兵、政法干警，向关心支持和参与眉山建设发展的社会各界人士，表示衷心的感谢并致以崇高的敬意！

在肯定成绩的同时，我们也要清醒地看到发展中面临的困难和问题。经济总量不大、产业支撑不强、发展滞后不足，仍是眉山发展的最大问题；产业结构不优、主导产业不突出、产业粗放低效，仍是眉山发展的最大差距；重大影响项目缺乏、资源环境约束加大、行政效能不高，仍是眉山发展的最大瓶颈；社会矛盾增多、系统风险集聚、安全形势严峻，仍是眉山发展的最大矛盾。对上述问题，我们将高度重视，认真加以解决。

2015年重点工作

2015年是全面完成“十二五”规划的收官之年，也是本届政府任期攻坚之年。做好今年政府工作，意义重大，任务艰巨。我们要认真贯彻落实党中央国务院、省委省政府和市委决策部署，主动适应新常态，紧紧围绕“八大攻坚任务”，坚持内需拉动、产业带动、创新驱动，从需求方面施策，从供给方面发力，均衡拉动经济增长，努力实现经济社会健康持续发展，奋力走在全省加快发展前列。

全市经济社会发展的主要预期目标为：地区生产总值增长8%；规模以上工业增加值增长8.5%；全社会固定资产投资完成800亿元；地方一般公共预算收入同口径增长8%；城镇居民人均可支配收入增长9%；农民人均纯收入增长10%；社会消费品零售总额增长11.5%；城镇化率提高1.7个百分点；居民消费价格涨幅控制在2%以内；城镇登记失业率控制在4.4%以内；人口自然增长率控制在5‰以内；全面完成省下达安全生产和节能减排任务。

需要特别报告和说明的是，这些目标是全市经济发展的平均值，不是最低值，是预期目标，不是约束指标。考虑我市经济体量即将突破千亿，实现这样的中高速增长仍然催人奋进、非常不易。在新的一年里，我们务必坚持既抓紧转又加快赶、既讲平衡又求突破、既为当前又利长远，能快就不慢，能跑就不走，能跳就不站，为全面实现各项目标而加倍努力。

实现上述目标，要突出抓好以下30项重点工作。

一、突出深化改革，激发内在活力

改革是发展的制胜法宝。我们将以深化行政审批制度改革为突破口，协调推进各领域改革，最大限度激发市场和社会活力，为全市经济社会发展注入新动能。

1.深化行政体制改革。以“减、放”为原则，以“不减、不放”为特例，纵深推进简政放权、放管结合，全面取消非行政许可审批事项，实行省市县联动审批。深入推进商事制度改革，营造宽松平等的市场准入环境。积极推进政府购买公共服务，有序推进事业单位分类改革、公务用车制度改革。

2.深化经济体制改革。深化金融体制改革，大力支持实体经济发展。着力培育金融市场主体，实现眉山农商行和仁寿、青神、丹棱农商行挂牌营业。深化财税体制改革，推动“营改增”扩面，全面推行预算改革，规范政府债务管理。启动不动产登记，进一步理顺和完善国有资产监督管理体制。创新投融资体制，加快政府投融资平台转型发展，推广使用PPP模式，积极发展混合所有制经济。支持民营经济加快发展，民营经济增加值增长8.5%，继续保持全省领先。

3.深化农村综合改革。以放活土地经营权为突破口，深化农村土地制度改革，加快土地确权颁证。积极发展适度规模经营，建立农村产权流转交易综合服务信息平台。创新农业经营体系，新增现代农业业主1500户、家庭农场100个、农民合作社50个、产业化龙头企业5户。加快彭山全省农村综合改革试点工作，力争在放活土地承包经营权、健全社会服务体系、农村金融制度等重点领域、关键环节取得突破。

4.深化社会领域改革。深化教育领域综合改革，引导民办教育机构规范发展。深化科技体制改革，加大科技金融创新力度。深化医疗卫生体制改革，鼓励社会资本进入医疗卫生领域，推进县级公立医院综合改革试点，实施分级诊疗制度。深化文化体制改革，推进文化大发展大繁荣。深化户籍制度改革，有序推进农业转移人口市民化。

二、突出项目投资，增强经济动力

抓发展重点在抓项目，稳增长关键在稳投资。我们将坚持项目总抓手、投资主驱动，引进实施一批具有基础性、先导性、支撑性的重大项目，不断增强经济发展动力。

5.强力推进招强引优。围绕世界500强、中国500强、行业领军企业，引进一批引领型、补链型、核心型高端产业项目；围绕战略性新兴产业，引进一批创新能力强、税收贡献高、资源占有少的优质企业；围绕优势产业，在上下游、左右链、曲线两端补足配套项目，形成中小企业铺天盖地、大型企业顶天立地的格局。精心组织“三走一请”“东坡味道”全国行等重大招商活动，招商引资到位资金566亿元以上，引进世界500强、中国500强或投资10亿元以上项目20个以上。

6.强力推进产业项目。大力推进汇源果汁生产基地、西南IT产业园及电子商务基地、富生电器等53个重点工业项目建设，完成投资88亿元。加快建设七里坪、黑龙滩长岛、老峨山、彭祖山等90个重点三产项目，完成投资180亿元。全面推进18个省级重点项目和100个市级重点项目，加快实施410个投资千万元以上“四个一批”项目。

7.强力推进基础建设。加快推进“四箭齐发”和成都经济区环线眉山段全线全段全面开工建设，分别完成投资21.6亿元和24亿元。全面推进成昆铁路扩能改造眉山段、仁沐新高速仁寿段、大峨眉国际旅游西环线、眉彭大道等项目，完成综合交通投资90亿元。加快推进植物园、生活垃圾焚烧发电等重大城市基础设施项目建设。抓好东坡宋城、苏母公园和蟆颐观等开发建设与改造，充实文化元素，打造城市文化地标。

三、突出转型升级，提升经济实力

转型才能更好发展，后发更要高点起步。我们将坚持产业兴市不动摇，坚持高端产业和产业高端融合互动，坚持传统优势产业和战略性新兴产业并重发展，努力在转方式中优存量，在调结构中扩增量。

8.加快工业提质增效。坚持聚焦工业、真抓工业、大干工业，深入推进百亿产业、百亿园区、百亿企业“三百工程”。加快推进新一代电子信息技术、新能源、高端装备制造和生物医药四大新兴产业，战略性新兴产业占比达到21%。加大传统产业技术改造和兼并重组力度，全年完成技改投入256亿元。坚持“一园一主业，园区有特色”，推动园区产业整合、上档升级。加快培育大企业大集团，力争金象赛瑞、千禾味业上市，新增规上企业30户。

9.培育壮大第三产业。突出五大新兴先导型服务业发展，加快发展第三方物流、现代保险、融资租赁、信息技术、服务外包等生产性服务业，大力发展养老、健康、文化、体育等生活性服务业。促进服务业与工农业协调发展、跨界发展、创新发展，推动电子商务、互联网金融、快递、文化创意等产业融合发展。第三产业增加值增长9%。

10.转变农业发展方式。依托“两城三园七片”，大力发展都市近郊型现代农业。继续做大做强泡菜、奶业、竹编等特色优势产业，力争泡菜销售收入达130亿元，鲜奶产量达15万吨，新建改造竹海基地2万亩。加快建设现代畜牧经济强市，主要畜禽规模化养殖比重达72%以上。积极鼓励种植业园区化、养殖业小区化，三大现代农业园区完成投资10亿元。加强以山水田林路为重点的农业基础设施建设，建设高标准农田示范区10万亩。严守耕地红线，粮食产量保持在160万吨以上，深入推进“粮安工程”，打造全省粮食流通产业强市。

11.加快发展旅游经济。加快推进江湾神木园、大雅堂、柳江古镇、中国泡菜城创建国家AAAA级景区，七里坪创建国际抗衰老健康产业试验区和国家级旅游休闲度假区，主动对接和融入全省旅游精品线路，完成旅游项目投入60亿元，实现旅游总收入194亿元。推进全市13个旅游集镇和14个乡村旅游片区建设，实现乡村旅游收入30亿元。

12.强化创新支撑引领。更加注重科技进步和自主创新，加快构建以企业为主体、政产学研用协同创新机制。推进科技与金融融合，加强科技企业孵化器、工程技术中心、产业联盟等创新载体建设，完善科技重大专项实施机制。加大高端人才引进，激励科技人才创新创业。全年技术创新投资增长15%，实施高新技术及战略新兴产品项目60项，新增年销售收入亿元以上高新技术企业或企业集团15家，新增国家高新技术企业5家、省级工程技术中心1个。

四、突出重点区域，发挥辐射引力

重点区域是推动发展的龙头，是追赶跨越的引擎。我们将创新机制、汇聚资源、集中力量，加快打造新的经济增长极，努力形成区域带动、点极共兴、竞相发展的良好局面。

13.天府新区“一马当先”。抢抓天府新区上升为国家级新区机遇，重构产业发展、重构体制机制、重构规划对标，打造眉山经济发展的重要引擎。大力培育高端装备制造、现代物流、精细化工、新一代电子信息产业集群，确保全年新引进5亿元以上项目8个，世界500强或国内行业100强企业2户，招商引资到位资金80亿元，实现产值380亿元以上。规划建设环天府新区，推动全域天府新区建设。

14.工业新城“七驾齐驱”。优化七大园区的主导产业，机械装备、日用化工、新型建材等传统优势产业实现增加值增长9%，新一代电子信息技术等战略性新兴产业实现增加值增长9.5%，完成投资150亿元，销售收入突破500亿元。加快上档升级，推动眉山经开区创建国家级经开区。科学合理确定总部经济区建设项目，全面启动总部经济区项目策划、控制性详规编制。

15.县域经济“六极共振”。深化“两扩两强”改革试点，激发六区县经济发展活力。坚持因地制宜、分类指导，突出地域特色和资源优势，做实做强县域产业，确保在全省县级经济综合评价中晋位升级。深入实施多点多极支撑发展战略，支持县域开发区和工业集中区加快发展，完成投资220亿元，实现工业增加值增长9%，建设一批宜居宜业的新型小城镇和富有活力的经济强镇。

16.区域合作“四城联动”。深入推进成眉、甘眉、雅眉合作，加快推进成眉工业集中区、成眉石化园区、甘眉园区建设，大力推进雅眉交通设施、旅游资源、要素市场协调发展。积极融入国家和省对外开放战略布局，抢抓国家建设“一带一路”、长江经济带的历史机遇，深化全方位开放合作，争取纳入国家战略规划的重要节点城市，密切与周边地区经济交流，大力发展开放型经济。

五、突出城乡统筹，释放发展潜力

城镇化是经济增长的重要支撑。我们将深入实施“两化互动，城乡统筹”发展战略，促进公共资源均衡配置，加快城乡协调发展、协同发展、共同发展。

17.始终坚持布局优化。继续优化经济空间布局，做大做强“一体两翼三带”，努力构建眉山经济发展新地图。抢抓彭山撤县设区的历史机遇，加快建设东坡、彭山城市版块经济，推进彭山区与东坡区同城发展，努力打造“两区双轮”的现代都市经济带。抢抓成德绵眉乐高铁、遂资眉高速、岷江汉阳航电建成投运和成都二机场规划建设的历史机遇，加快谋划引进一批新兴产业和重大项目，努力打造“两高双港”的现代枢纽经济带。加快推进天府新区青龙、视高两大区域建设，努力打造“两极双核”的现代产业经济带。

18.始终坚持聚焦城镇。以新型城镇化建设为总揽，扎实推进以人为核心的城镇化。进一步完善城镇规划体系，启动新一轮眉山城市总体规划修编。大力实施“十大工程建设计划”，不断完善城镇基础设施建设，完成投资28亿元。促进房地产业和建筑业健康有序发展，完成房地产开发投资150亿元。强力推进岷东新区建设，完成投资13亿元。加快推进东坡岛和北部郊区建设。高水平推进县城建设，提升城镇发展水平。继续抓好“百镇建设行动”，坚定不移做优小城镇，大力推进10个国家级重点镇、13个省级试点镇和22个市级特色镇建设。

19.始终坚持城乡一体。加快推进“四种模式”“四个转变”，推进城市基础设施向农村延伸，城市公共服务向农村辐射，城市现代文明向农村传播，力争全年农民转变为城镇居民14.2万人、产业工人8.8万人、三产经营（从业）者3.1万人、现代农业业主1500户。统筹“物的新农村”和“人的新农村”，建成幸福美丽新村200个以上。成片推进新农村建设，确保3个省级新农村建设成片推进示范县和7个市级新农村示范片全面完成年度目标任务。加快推进“1+6”村级公共服务体系建设，创建一批“美丽乡村”示范村庄、国家级和省级生态文明乡村。

20.始终坚持建管并重。加强城市管理综合执法机构建设，提高执法和服务水平。健全数字城管工作机制，提升城市管理网格化、信息化和标准化水平。建立健全城镇基础设施管理体制机制，抓紧建立城镇基础设施电子档案，着重加强城镇地下管网综合管理。积极创建第四届四川省文明城市。

六、突出生态文明，彰显环境魅力

向污染宣战，既是攻坚战，更是持久战。我们将坚持不懈地保护生态环境，源头严防、过程严管、后果严惩，治标治本多管齐下，朝着天蓝地绿水净的目标不断前进。

21.严守生态保护红线。严格环境准入，优化项目环评审批。加强环境监测预警和监管执法，深入实施环保专项行动，PM10浓度下降2%。狠抓重点区域、重点流域污染整治，严厉打击环境违法犯罪行为。开展企业环境信用评价，建立环保“黑名单”制度。深入推进城乡环境综合治理，加强农村环境保护。

22.坚持不懈节能减排。落实节能减排目标责任制，加快淘汰落后产能，化解过剩产能，力争单位工业增加值综合能耗下降3%以上、工业固废综合利用率提高到85%，工业废气排放量控制在指标以内。

23.努力打造生态品牌。强力推进“绿海明珠”建设，森林覆盖率保持46%以上，新增城市绿地1万亩。强力推进“千湖之城”建设，恢复和新增水域面积25平方千米，争创全国水生态文明试点市。强力推进“百园之市”建设，新建和改造各类公园10个，“四大文化主题公园”全面建成。

七、突出民生改善，优化保障能力

民生问题是政治问题，是社会问题，也是发展问题。我们将把民生改善作为一切工作的出发点和落脚点，搞好“基本民生”、保障“底线民生”、关注“热点民生”，推动人民生活水平不断提高。

24.扎实办好民生实事。继续实施十大民生工程，办好20件民生大事，加大民生投入，确保全市全部财政支出中用于民生的比重稳定在80%以上。实施精准扶贫，减少农村贫困人口4万人。大力抓好“百万安居工程"，强力推进危旧房棚户区改造，提高货币化安置比例，改造棚户区12738户，建设保障性住房2906套，农村危房改造2000户，确保公租房房源的30%以上定向分配给农民工。

25.提高社会保障水平。稳步提高城乡低保及优抚对象抚恤补助标准，完善城乡居民大病保险制度，提升城乡居民保障水平。继续抓好住房公积金归集扩面工作。深入推进社会养老服务体系建设，为困难家庭的失能老人和高龄老人提供居家养老服务支持。整合各项社会救助制度，建立"一门受理、协同办理"机制。大力发展残疾人事业，做好全国第九届残运会暨第六届特奥会眉山分会场工作。

26.实现充分就业创业。坚持创业带动就业，落实好促进创业、就业的各项优惠政策，鼓励高校毕业生、返乡人员、失地农民、退伍军人自主创业和灵活就业。完善就业公共服务体系，实施提升劳动者就业创业能力专项行动，加大就业困难人员帮扶力度，全年城镇新增就业2.4万人。

27.构建文化服务体系。深入推进"文化立市"战略，广泛开展群众性文化创建活动，加快构建现代公共文化服务体系。深化"眉山东坡大舞台"品牌文化活动，推进数字电视、广播村村响、农村公益电影放映工程。深入实施全民健身计划，加快"五馆一中心"、中国竹编艺术城建设。积极发展文化产业，大力促进文化体育消费。推进传统媒体与新媒体融合发展，繁荣艺术创作，加强文化遗产保护和利用。

28.全面发展社会事业。大力推进学前教育规范发展、义务教育均衡发展、普通高中优质发展。大力发展现代职业教育，培养高素质劳动者和技能型人才。改善办学条件，新建、改扩建校舍5万平方米，加快青衣小学、青衣中学建设。加快市医院二期工程、市妇保院二期工程建设和市中医院整体迁建。加强疾病预防控制、妇幼卫生保健、卫生监督执法三大公共卫生体系建设。提高计划生育服务管理水平。积极发展中医药事业。扎实抓好妇女儿童、关心下一代、民族宗教、外侨台、地方志、档案等工作。做好"十三五"规划编制工作。

八、突出社会和谐，提升治理效力

稳定才能发展，平安才能和谐。我们将坚持以法治为引领，不断创新社会治理方法，提高社会治理水平，确保社会和谐稳定。

29.改进社会治理方式。深入实施依法治市纲要，扎实开展法治示范创建活动，加快建设覆盖城乡的公共法律服务体系。继续推进社会治理创新，巩固深化网格化服务管理工作，抓好特殊人群服务管理改革综合试点，完善提升社会稳定风险评估、"大调解"和"诉非衔接"机制。加强城乡社区建设，健全基层综合服务管理平台，完善村务公开、居务公开和民主管理制度。支持工会、共青团、妇联、工商联等人民团体参与社会治理。

30.健全公共安全体系。树立新型安全观，抓好国家安全、保密和人民防空工作，强化国防动员和后备力量建设，争创双拥模范城。扎实推进"平安眉山"建设，建立健全社会治安立体化防控机制，挂牌整治治安混乱地区，依法严厉打击各类违法犯罪活动。建立健全安全生产责任体系，夯实基层基础，坚决遏制重特大事故发生；加强食品药品安全监管执法，确保"舌尖上的安全"；健全地质灾害防治体系，做好应急、防震减灾、气象、测绘等工作，提升公共安全和防灾救灾减灾能力。

努力建设法治政府

深入贯彻依法治国基本方略，坚持崇尚法治、厉行法治，把政府工作全面纳入法治轨道，加快建设职能科学、权责法定、执法严明、公开公正、廉洁高效、守法诚信的法治政府。

坚持依法履职。忠实履行宪法和法律赋予的职责，更加自觉地运用法治思维和法治方式履行职责、服务群众。抓紧建立法无禁止皆可为的"负面清单"、法无授权不可为的"权力清单"、法定职责必须为的"责任清单"，推进政府机构、职能、权限、程序、责任法定化。全面正确履行政府职能，更加重视公共服务和社会管理。进一步健全四级政务服务体系，加快政务服务平台和公共资源交易平台规范化建设。

坚持依法决策。严格执行公众参与、专家论证、风险评估、合法性审查、集体讨论决定的重大行政决策法定程序，提高政府依法决策水平。建立行政机关内部重大决策合法性审查机制。健全政府常务会议和部门办公会议学法制度，完善政府法律顾问工作制度。建立决策跟踪评估制度，落实行政决策终身责任追究制度及责任倒查机制。

坚持依法行政。认真执行人大决议、决定，自觉接受人大、政协和社会监督。深化行政执法体制改革，大力推进综合执法，减少行政执法队伍种类。建立健全行政裁量权基准制度，规范行政执法行为。坚持以公开为常态、不公开为例外，全面推进政务公开、政府信息公开和政府网站建设。狠抓政府廉政建设和作风建设，加强行政权力行使监督，持之以恒反四风、转作风、树新风，坚决治理"庸懒散浮拖"等不良现象，努力让人民群众从地方行政和公务人员身上感受到新风正气。

各位代表！信心在勇气就在，努力在成功就在。只要顶住经济下行的压力，只要闯过转型升级的关口，只要守住风险防控的底线，眉山的发展前景将更加光明。让我们在省委、省政府和市委的坚强领导下，凝聚起全市人民的智慧和力量，奋发有为、苦干实干，为建设富裕美好眉山而努力奋斗！

名词术语解释

1.“五个主题年”：2014年，市委、市政府《关于深化改革创新加快转型升级强力推进全市经济跨越发展的决定》（眉委发〔2014〕1号）提出扎实抓好“五个主题年”工作，即：“改革创新突破年、产业转型升级年、统筹城乡攻坚年、产业集群招商年、创业就业惠民年”，推动全市经济快速健康发展。

2.“百镇建设行动”：2013年，省政府《关于加快推进新型城镇化的意见》（川府发〔2013〕2号）提出“百镇建设试点行动”，即：从2013年起连续3年，每年在全省1831个建制镇中遴选100个综合条件好的小城镇，作为实施“新型城镇化”的先行者，给予政策和资金支持，并赋予一定的改革创新职能。

3.“四箭齐发”：规划建设工业大道、岷东大道、滨江大道、天府仁寿大道，全面对接成都，实现基础同网。

4.“五馆一中心”：市文化馆、图书馆、博物馆、科技馆、规划展示馆和体育中心。

5.“诉非衔接”改革试点：2012年4月，最高法院报经中央批准，在全国确定了42家法院“诉讼与非诉讼相衔接的矛盾纠纷多元化解决机制改革试点”工作，眉山中院作为四川省唯一纳入改革试点的中级人民法院。

6.“法律七进”：法律进机关、进学校、进乡村、进社区、进寺庙、进企业、进单位。

7.“八大攻坚任务”：2015年，市委、市政府《关于主动适应新常态实施八大攻坚战推进经济跨越发展的决定》（眉委发〔2015〕1号）提出集中力量打好“八大攻坚战”，即“项目投资、产业转型升级、统筹城乡、区域发展、深化改革、开放合作、文化立市、创业就业”八大攻坚任务。

8.PPP模式：即Public－Private－Partnership的字母缩写，是指政府与私人部门为提供公共产品或服务而建立的“全过程”合作关系，以授予特许经营权为基础，以利益共享和风险共担为特征，通过引入市场竞争和激励约束机制，提高公共产品或服务质量和供给效率。

9.“三走一请”：走上去争取政策支持、走下去加强项目服务、走出去对接优质企业、请进来莅眉考察投资。

10.“四个一批”项目：是对工业新建和技改项目的分类统筹，即一批新开工项目、一批续建项目、一批竣工项目、一批储备项目。

11.“两城三园七片”：“两城”即中国泡菜城、中国竹编艺术城；“三园”即岷江现代农业示范园区、眉山天府花海观光农业示范园区、四川省现代粮食产业仁寿示范园区；“七片”即东坡区白马龚村产村相融示范片、彭山区彭祖养生果蔬示范片、洪雅县止戈镇五龙产村相融新农村建设示范片、洪雅县花溪柳江产村相融新农村建设示范片、丹棱县幸福橘园产业示范片、丹棱县紫玉葡萄产业示范片、青神县甘家沟椪柑产业示范片。

12.“粮安工程”：粮食收储供应安全保障工程。

13.“一带一路”：习近平总书记在2013年9月和10月出访时，分别提出建设“新丝绸之路经济带”和“21世纪海上丝绸之路”，“一带一路”贯穿欧亚大陆，东边连接亚太经济圈，西边进入欧洲经济圈。

14.“一体两翼三带”：2015年，市委、市政府《关于主动适应新常态实施八大攻坚战推进经济跨越发展的决定》（眉委发〔2015〕1号）提出，“一体”，即沿岷江流域城镇群，从天府新区青龙片区沿岷江、成乐高速和成德绵眉乐高铁，由北向南串起彭山、东坡、青神城区和青龙、观音、太和、松江、黑龙等若干重点镇，构成眉山区域经济发展的“主体”。“两翼”即东翼和西翼，东翼是指以仁寿县城为核心的东部发展翼，西翼是指以洪雅、丹棱县城为核心的西部发展翼。“三带”即以岷江为中轴，中部城镇发展带依托彭山、东坡、青神城区，形成一条沿江以现代城市经济为主导的发展带；西部产业发展带以现代工业新城为主体，由南北组团七个园区构建并延伸至青神，形成产城一体的新型工业产业带；东部产业发展带以文林、视高、汪洋、富加等工业园区和两个现代农业示范园区为主体，形成新兴工业、现代农业和现代城镇相结合的产业发展带。

15.“十大工程建设计划”：2015年1月26日，在省政府召开的全省城镇化工作会上提出，省委、省政府将加快推进城市道桥、市政管网、排涝防洪、污水处理、垃圾处理、供水节水、供气供热、生态园林、电力通讯、公共服务设施等“十大工程建设计划”。

16.“1+6”村级公共服务体系：即一个村两委活动室加上便民服务中心、农民培训中心、文化体育中心、卫生计生中心、综治调解中心、农家购物中心。

大事记

2014年眉山大事记

1月2日 眉山市青年联合会第三届委员会第一次全体会议召开。大会听取并分组讨论市青联第二届委员会关于《携手青春团结共进在奋力实现“两个率先”进程中建功立业》的工作报告，通过《关于市青联会第二届委员会工作报告的决议》，选举产生眉山市青年联合会第三届委员会领导班子。省青年联合会副主席张山，市领导刘十庆、祝云、郑夕君、付庆一、祝明洪出席会议。

1月6日至7日 中国共产党眉山市第三届代表大会第五次会议召开。会议听取市委书记李静代表中共眉山市第三届委员会向大会作的工作报告；听取市纪委工作报告（书面）、中国共产党眉山市第三届代表大会第四次会议代表提案办理情况报告（书面）。满意度测评市委全委会、市纪委2013年工作，摸底调查市“四大班子”、区县党政班子、市级部门（单位）作风情况。市委书记李静在题为《主动作为创一流 转型升级促跨越 奋力开创“两个率先”新局面》的报告中强调，2014年是全面贯彻落实党的十八届三中全会精神的开局之年，是实现“三四五翻番”目标、全面建成小康社会的关键之年。要按照省委“稳中求进、改革创新”的总要求，坚持“改革创新、转型升级、提质增效”不动摇，做到“换挡不失速、有为不失衡、改革不失序”，强力实施省委“三大发展战略”，扎实做好“改革创新突破年、产业转型升级年、统筹城乡攻坚年、产业集群招商年、创业就业惠民年”这“五个主题年”工作，奋力走在全省加快发展前列。会议表决通过关于市委工作报告决议、关于市纪委工作报告的决议。

1月8日 省委常委、省委农工委主任李昌平一行到眉山调研，调研仁寿县“天赋农耕·响水六坊”项目以及四川现代粮食产业仁寿示范基地。在座谈会上，李昌平要求眉山市以全面深化农业农村改革为主题，以加快转变农业发展方式为主线，以促进农业增产、农民增收为核心，以培育新型农业经营主体为重点，全面推进农村基础设施建设、支撑产业培育、新型村庄建设和公共服务配套等工作。进一步加大力度、增添措施、挖掘潜力，努力把仁寿建设成为百万人口大县的排头兵、县域经济的样板县。省发展改革委副主任邓正权，市领导李静、宋朝华、刘十庆、钟毅陪同调研。

1月8日至10日 中国人民政治协商会议第三届眉山市委员会第四次会议召开。会议审议通过政协第三届眉山市委员会第四次会议议程；听取市政协副主席李亚非向大会作工作报告，市政协副主席梁勇向大会作市政协三届三次会议以来提案工作的情况报告；审议通过《政协第三届眉山市委员会提案委员会关于三届四次会议提案审查情况的报告》《中国人民政治协商会议第三届眉山市委员会第四次会议决议》。市委书记李静在闭幕会上强调，要充分激发各级领导班子争创一流的活力，各级领导班子要按“四个一流”的要求，建一流好班子，推动各项工作进入全省前列；要充分激发广大干部主动作为的活力，各级领导干部要自觉践行“四个作为”的好干部标准，以对党和人民高度负责的精神，脚踏实地、扎实工作，为眉山跨越发展做贡献；充分激发广大共产党员争当时代先锋的活力；要充分激发广大企业家开拓创新的活力；要充分激发各界人士献计出力、共谋发展的活力；要充分激发全市人民致富奔小康的活力。市政协主席王影聪主持闭幕会并致词。

1月9日 市长宋朝华率队现场调研“东坡宋城”一期工程建设情况，主持会议研究“东坡宋城”一期工程建设有关问题。会议强调：“东坡宋城”项目是深入实施“文化立市”战略的重大载体，是加快建设历史文化名城的重大抓手，是市委、市政府“一号工程”和重大民生工程。“东坡宋城”建设指挥部和有关单位、部门务必高度重视、密切配合，依法依规、快速有序推进工程建设，确保按时完成建设任务。

1月9日至10日 眉山市第三届人民代表大会第五次会议召开。市委副书记、市长宋朝华代表市政府向大会作政府工作报告。大会听取市人大常委会、市中级人民法院、市人民检察院工作报告。审查《眉山市2013年国民经济和社会发展计划执行情况及2014年计划草案的报告》《眉山市2013年财政预算执行情况和2014年财政预算草案的报告》。会议表决通过了关于政府工作报告的决议、眉山市2013年国民经济和社会发展计划执行情况及2014年计划的决议、眉山市2013年财政预算执行情况和2014年财政预算的决议、市人大常委会工作报告的决议、市中级人民法院工作报告的决议、市人民检察院工作报告的决议。表决通过选举办法草案；补选市三届人大常委会委员。

1月14日 中央党的群众路线教育实践活动第七督导组副组长刘上洋一行调研指导眉山市群众路线教育实践活动开展情况。了解眉山市群众路线教育实践先行先改活动开展、第二批群众路线教育实践活动筹备工作情况，深入彭山县彭溪镇等地调研基层转变作风、服务群众等做法，肯定眉山市工作。省委组织部副部长刘东，市领导李静、姜怡等陪同调研。

同日 市委书记李静，市委副书记、市长宋朝华慰问外来一线建设者和驻眉山部队官兵，带去新春祝福。市委副书记刘十庆，市委常委、秘书长黄跃，市委常委、眉山军分区政委张习，眉山军分区司令员鞠会明，市人大常委会副主任郑夕君，副市长辜永忠、钟毅，市政协副主席祝明洪，市长助理戴向前，市政府秘书长肖忠良参加慰问。

同日 市委书记李静主持召开市城市规划委员会第46次会议。审议《东坡岛大型音乐喷泉项目建设方案》《市文化中心和市体育中心项目选址》《投资促进大厦公益LED显示屏设计方案》《眉山市岷东新区滨江公园修建性详细规划》《洪雅县城市总体规划（2012—2030）》等议题。

1月15日 中央纪委执法和效能监督室副主任刘牛到眉山调研依法行政、执法和效能监督、城市管理综合执法等工作。监察厅副厅长王景陪同调研。

1月16日 2014年全市第一批重点项目集中开工竣工仪式在仁寿县IBM和IT及电商产业园项目现场举行。集中开工重点项目39个，总投资157亿元，2014年计划投资30.76亿元；集中竣工重点项目56个，计划总投资37.27亿元，截至竣工时完成投资38.89亿元。市委书记李静出席仪式并宣布开工竣工。市委副书记、市长宋朝华主持开工竣工仪式。

同日 市长宋朝华前往仁寿县看望慰问优秀人才、退休知识分子、贫困党员、困难职工、残疾人和敬老院老人。

同日 副市长钟毅调研省道106线杨家沟大桥基本情况，主持会议研究省道106线杨家沟大桥交通管制和加固处置问题。

同日 眉山市被命名为“国家园林城市”，为眉山首张国家级城市名片。

1月17日 市委、市人大常委会、市政府、市政协举办眉山建设者2014年迎春茶话会。市委书记李静致辞。

1月18日 四川省第十二届人大二次会议眉山代表团举行会议，审议省政府工作报告、计划报告和预算报告。代表围绕政府工作报告谈体会，针对报告提出的目标任务，结合实际谈打算、定举措。省人大代表、省委副书记柯尊平，省人大代表、省人大常委会原副主任王宇坤参加眉山代表团审议。会议分别由眉山代表团团长李静，副团长宋朝华主持，副团长贺文参加审议。

1月23日 商务部党组成员、部长助理张向晨一行到眉山，调研铝硅产业园区四川益德金属科技公司、金象化工产业园区四川金象赛瑞化工股份有限公司和眉山经开区新区亚马逊（眉山）电子商务运营中转中心。市委常委宣迅陪同调研。

1月25日 千年大雅堂纪念性重建项目竣工暨大雅堂公园开园仪式举行。市政协主席王影聪宣布大雅堂项目竣工暨大雅堂公园正式开园。省文化厅副厅长王志平，省工商联副主席袁明，市领导刘十庆、吴季友、陈大权、付庆一等出席活动。

1月27日 省人大常委会副主任、党组副书记张东升一行到眉山看望慰问联系户，调研天府新区建设和城市建设等工作。市领导李静、宋朝华、贺文、姜怡陪同调研。

同日 为期两个月的首届统筹城乡房产展销会在市体育馆开幕。

1月28日 省委常委、常务副省长、省食安委主任钟勉一行到眉山检查食品安全工作。调研蒙牛（眉山）有限公司食品安全管理情况。钟勉强调，食品安全是企业的生命、发展的基础，对政府而言是重于泰山的责任。蒙牛（眉山）有限公司作为眉山的食品龙头企业更要高度重视食品安全，做好示范，给消费者提供安全放心的产品。市领导李静、宋朝华、吴小可陪同调研。

1月29日 青神县综合开发项目战略合作框架协议签约仪式举行。框架协议内容涉及交通设施、城市基础设施、旅游、商业、养生、生态农业等综合开发项目。四川省交投集团党委书记、董事长朱以庄，市领导李静、黄跃参加。

2月7日 “遂资眉高速公路眉山段2014年通车千人誓师大会”举行。

2月13日 全市主动作为创一流“双十佳”命名大会暨建设“四支队伍”直接服务群众启动仪式举行。

同日 全市党的群众路线教育实践活动动员部署会召开。省委党的群众路线教育实践活动第十七督导组组长、省人大法制委咨询委员王平，市委书记李静出席会议并讲话。

2月20日 全市创建国家园林城市总结暨“绿海明珠”大会战动员大会召开。

2月26日 全市深化检务公开制度改革试点工作现场推进会召开。

2月27日 四川省“农信杯”眉山市金融支持全民创业就业暨岷东新区“四支队伍”建设启动仪式在富牛镇玉龙村村委会举行。

3月2日 市长宋朝华在北京出席第十二届全国人大二次会议。

3月5日 眉山市举行“学习雷锋 服务群众”主题志愿服务活动启动仪式。

同日 澳大利亚驻成都总领事馆商务领事唐杰夫率澳大利亚商务代表团一行11人到眉山考察访问。常务副市长吴小可会见唐杰夫一行，双方会谈交流与合作。

3月8日 知名企业走进四川眉山投资说明会暨项目签约仪式在北京举行，眉山市与中央企业、民营企业签约项目26个，总投资405.6亿元。全国工商联党组副书记、副主席黄小祥，省政府副省长陈文华，省政协副主席、省工商联主席陈放等出席活动。

同日 举行眉山市创新驱动校（院、所）市合作恳谈会暨项目签约仪式。北京师范大学、中国食品发酵工业研究院等16所高校、科研院所与眉山签署合作协议。省政府副省长陈文华，市领导李静、宋朝华、吴季友、吴爱玲、立胡左格等出席仪式。

3月9日 中国橘橙之乡·四川丹棱橘橙北京推介会举行。农业部农村经济体制与经营管理司司长张红宇，中国蔬菜流通协会、中国民族贸易促进会会长戴中久，北京市旅游委委员邹伟南，市领导李静、吴季友出席推介会。

3月11日 2014年银政企项目对接会召开。会议向各银行业金融机构推荐全市重点融资项目，安排部署2014年信贷投放工作，现场举行项目授信签约仪式。对接会收集推介项目196个，资金需求194.80亿元。市内银行业金融机构与全市签约项目85个，签约金额48.47亿元。常务副市长吴小可参加会议。

3月12日 省委常委、组织部部长范锐平到眉山调研党的群众路线教育实践活动开展情况。

同日 中央党的群众路线教育实践活动领导小组办公室调研组到眉山调研。

3月13日 省委副书记柯尊平率队到眉山调研科技创新工作。

3月14日 “我是城市小主人”主题体验活动启动仪式举行。

3月19日 2014四川花卉（果类）生态旅游节分会场暨丹棱不知火橘橙及桃花生态旅游节开幕式举行。中国蔬菜流通协会会长戴中久，市领导王影聪、吴小可、吴季友出席开幕式。

3月19日至20日 中国科协副主席陈章良一行到眉山，走访查看彭山县观音镇果园村的葡萄协会、中国泡菜城、青神县联合生态生猪养殖协会、中国竹艺城竹编协会和江湾神木园的科普教育基地，调研眉山“银会合作”和科普惠农工作。

3月20日 眉山市召开全市推进依法治市工作电视直播大会。

3月21日 眉山市人民政府、中国轻工工艺品进出口商会共建“中国蔺草制品出口基地”“中国竹编制品出口基地”签约暨揭牌仪式在眉举行。中国轻工工艺品进出口商会会长王忠奇与市委副书记、市长宋朝华为共建基地揭牌。

3月24日 眉山市“带金融下基层”活动首站走进青神县，开展银企对接。14个项目与8家银行签订授信协议，签约金额6.97亿元。

3月26日 市委举行党的群众路线教育实践活动领导小组会议暨弘扬焦裕禄精神主题实践活动，通过“看、听、学、行”相结合学习焦裕禄精神。

3月28日 国际竹藤组织总干事费翰思博士到眉山考察青神竹编产业。

4月3日 2014年第二批重点项目开工竣工仪式在成眉石化园区举行，集中开工1000万元以上重点项目44个，总投资81.68亿元；集中竣工1000万元以上重点项目36个，计划总投资25.61亿元，截至竣工时完成投资27.5亿元。市委书记李静讲话并宣布彭山县中明能源（四川）航空煤油及增塑剂项目等44个重点项目开工、东坡区成都备灾救灾中心仓库及应急救援中心项目等36个重点项目竣工。

4月3日至4日 中央财办副主任、中央农办副主任唐仁健一行到眉山调研深化农村改革工作。

4月8日 市委书记李静，市委副书记、市长宋朝华在成都会见出席中外知名企业四川行的中国机械工业集团、中国恒天集团等20个企业主要负责人，举行加强地方与企业的沟通交流、寻求合作发展机会友好会谈。

4月9日 以“创新驱动·转型升

级”为主题的中外知名企业四川行眉山市投资说明会暨项目签约仪式在成都举行。与会人员观看眉山市情宣传片和眉山“创新驱动·转型升级”成果展示片。在中外知名企业四川行活动中，眉山签约项目57个，合同总额579.88亿元。

同日 中国港中旅集团公司总经理王帅廷一行到眉山考察仁寿县板燕乡李家沟水库周边旅游环境等情况。市长宋朝华，副市长汪树槐陪同考察。

4月10日 民政部党组成员、优抚安置局局长邹铭一行到仁寿县指导民政工作，专题调研群众路线教育实践活动开展情况。

4月12日 中组部副部长陈向群一行到彭山县调研。市委书记李静，市委副书记、市长宋朝华等陪同调研。

4月17日 全省群众工作先进事迹报告二团到眉山开展宣讲。

同日 由省人民对外友好协会、眉山市政府主办的“外企看四川——天府新区 产业眉山”活动在眉举行。来自韩国、日本、马来西亚、泰国等国部分驻川领事、商务机构及知名企业代表考察眉山天府新区投资发展环境，参加投资推介座谈。

4月18日 “2014年防震救灾综合演练”在洪雅县举行。公安、武警、电力、医疗等队伍1300余人分别组成救灾小组参与演练。

4月19日 “东坡味道”全国行启动仪式在北京举行。10家眉山农副产品企业、专业合作社代表与眉州东坡集团签订“东坡味道”产品供销合作协议。

4月21日 四川博物院与眉山市文化广播影视新闻出版局举办“大篷车”流动博物馆走进眉山巡展活动。市委副书记刘十庆出席活动。

4月21日至25日 市委副书记、市长宋朝华率招商小分队到上海，开展集中招商周活动。

4月23日 市政府金融办争取省政府金融办支持，邀请上交所、深交所等27家银行、保险、证券、信托租赁省级金融机构到眉山开展多渠道融资对接。市政府金融办与川藏股权交易中心签署促进眉山市企业在新四板上市融资“战略合作框架协议”；国家开发银行四川省分行、工行四川省分行和浦发行成都分行等机构分别与眉山现代工业新城等6家机构和企业签署16.51亿元信贷投放协议。

4月25日 市委书记李静会见威蒙·积泰汽车公司总裁兼首席执行官王晓麟一行。

同日 市人大常委会主任贺文组织部分常委会组成人员及市人大代表视察幸福美丽新村建设工作。

4月26日 由四川省旅游局、四川省旅游协会主办，洪雅县人民政府、眉山市旅游局、眉山市旅游协会承办的四川乡村文化旅游节分会场2014峨眉半山七里坪“浪漫山花节”开幕。

4月29日 省委常委、组织部部长范锐平到青神县调研经济社会发展和第二批党的群众路线教育实践活动开展情况。

同日 全市第四届劳动模范表彰大会举行。表彰全市劳动模范50人。

4月 眉山获第三届四川省文明城市称号。

5月1日 2014年全国中学生田径锦标赛在仁寿县举行。

5月5日 全国门球锦标赛暨第11届世界门球锦标赛选拔赛在彭山县开幕。国家体育总局社会体育指导中心副主任刘北剑，中国门球协会秘书长周卫中等出席。

5月7日 环保部总工程师万本太率专家组到眉山调研指导环保工作。

5月9日 全国妇女手工编织协会会长、全国妇联原副主席、书记处书记沈淑济一行到青神县妇女竹编居家灵活就业基地考察指导。

5月10日 中国铁建股份有限公司党委常委、总会计师王秀明一行到眉山考察简蒲高速投资建设情况。

5月13日 省血防春查组到眉山检查春季血吸虫病防治工作，深入彭山县保胜乡查看河道治理、土地整治、改水改厕等血防综合治理项目实施情况。

5月14日 最高人民法院院长周强到眉山考察调研“诉非衔接”改革试点工作。调研东坡区法院诉讼服务中心、市交警支队二大队设置的东坡区法院交通巡回法庭。周强指出，眉山市创新开展“诉非衔接”改革试点工作，运用法治思维和法治手段，推进社会治理，促进经济社会发展，成效明显，是新形势下“枫桥经验”的继承和发展，在全国发挥了示范作用，值得推广。市领导李静、宋朝华、杨勇、黄跃、刘楠陪同调研。

5月18日 第四届中国西部书法篆刻作品展评审工作预备会议在眉召开。

5月19日 黑龙滩旅游景区获全市第二家AAAA级旅游景区称号。

5月22日 中国外商投资企业协会副会长李玲率境外世界500强企业的12家知名跨国公司代表一行到眉山考察。

5月23日 眉山市2014年第三批重点项目集中开工竣工暨中国建筑钢构西部制造基地、成都信息工程学院天府校区、四川科技职业学院整体迁建等项目开工仪式在天府新区仁寿视高区域举行。集中开工竣工1000万元以上重点项目64个，总投资112.84亿元，其中亿元以上项目21个。市委书记李静出席仪式并宣布35个重点项目开工，青神县精技工友通用量具生产等29个重点项目竣工。

同日 2014年土地项目推介会

暨政企座谈会举行。此次推出地块13个108.12公顷。碧桂园集团、绿地集团、上海复地、华润置地有限公司、四川万景房地产开发有限公司、金府房地产开发有限公司等市内外100余家房地产企业参加推介会。

5月26日 全国义务教育均衡发展督导组到眉山督导东坡区、彭山县义务教育均衡发展工作。

5月26日至30日 中韩自贸区第十一轮谈判在眉山举行。开展货物贸易、服务贸易、投资、原产地规则、贸易救济、技术性贸易壁垒、卫生和植物卫生措施、知识产权、电子商务、环境等领域磋商。

5月27日至28日 国家农发办副主任刘世江调研眉山市农业综合开发产业化经营项目。调研东坡区的泡菜产业和洪雅县的农业循环经济试点项目。市领导李静、宋朝华、吴小可陪同调研。

5月29日 市公安局在眉山城区激情广场举行实警、实地、实装反恐防暴拉动演练。

5月 青神竹编入选国家级非遗生产性保护示范基地。

同月 眉山网荣获“2013—2014年度十大最具公信力网站”称号。

6月6日 2014年“携手—青春无毒·中国梦”禁毒宣传教育活动启动仪式举行。省禁毒办常务副主任、公安厅禁毒总队队长晏长林，市政协主席王影聪，市委常委、政法委书记、禁毒委主任杨勇等出席启动仪式。

6月8日 “2014·百名企业家走进青神”活动举行。无锡锡南、四川北新大弘等近百家国内知名企业及四川机械研究设计院、西南大学、西华大学等院校知名专家汇聚青神，共谋发展，签约重大项目12个，总投资96.25亿元。

6月9日 商务部投资促进事务局与眉山市人民政府签订产业投资促进框架合作协议。

6月9日至10日 省委常委、政法委书记刘玉顺调研眉山市反恐维稳、“诉非衔接”和网格化服务管理工作。刘玉顺强调，眉山要根据工作实际继续改革创新，通过建立健全科学的工作体制机制促进社会治理体系和能力的现代化。

6月12日至13日 中组部副部长、中央党的群众路线教育实践活动领导小组成员陈向群到彭山县指导县委常委班子专题民主生活会。

6月17日 农业部副部长于康震带队检查指导眉山市血防工作。走访东坡区尚义镇中心村、秦家镇麻桥村、多悦镇果色天香现代农业示范园以及盘鳌乡。

同日 眉山市政府与中国移动四川公司签订《推进眉山“智慧城市”建设战略合作协议》。

6月18日 全国未成年人社会保护试点工作讲习班暨经验交流会在仁寿县召开。全国25个省（自治区、直辖市）民政部门代表180余人、国际救助儿童会代表及国内外未成年人保护专家参会，交流未成年人社会保护试点工作经验。

同日 “中国·成都包装印刷产业孵化园”授牌暨签约仪式在丹棱县举行。市长宋朝华，中国包装联合会副会长、上海市乡镇企业协会会长费均德，中国包装联合会包装印刷委员会秘书长陈麒祥，王子控股株式会社中国总代表、王子制纸管理（上海）有限公司董事长中岛孝等参加仪式。

同日 市安全监管局、眉山消防支队在四川金象赛瑞化工股份有限公司开展处置液氨泄漏事故应急演练活动。

6月26日 禁毒集中宣传活动举行。市、区禁毒委组织成员单位80余家，分别在眉山城区三苏雕像广场、客运中心站设展台做宣传，讲解毒品危害，普及禁毒知识，接受群众咨询。

6月 眉山获第二届四川最美街景“夜空下最亮的街”网络人气城市。

同月 洪雅获“国家珍贵树种培育示范县”称号。

7月1日至2日 全省社会治理现场会在眉山召开。省委常委、政法委书记刘玉顺出席会议。

7月2日至3日 市委常委班子党的群众路线教育实践活动专题民主生活会召开，省委常委、组织部部长范锐平参加会议。

7月3日 攀枝花市市长张剡率党政代表团到眉山考察重点工业园区、企业、城市建设。

7月11日 全市第二批援藏工作总结会暨第三批援藏干部人才行前动员培训会召开。市委书记李静出席会议并讲话。

7月22日至24日 国家土地总督察办公室主任马毅率队到东坡区、仁寿县等基层联系点调研国土资源管理工作。

7月23日 省委常委、省总工会主席李登菊到眉山，考察留守学生之家，看望慰问留守学生、大学生志愿者和一线环卫工人，开展“送清凉”活动。

7月24日 全国政协常委、副秘书长，民建中央副主席宋海到眉山调研民建工作。

同日 全省“万企出国门”大培训（眉山站）在眉举行，全市近100家企业代表参加培训。省商务厅机关党委书记乔方作专题报告。

7月29日 住房和城乡建设部党组成员、纪检组长石生龙一行到眉山专项巡查城镇保障性安居工程。省住房和城乡建设厅副厅长李又，副市长付庆一陪同巡查。

8月6日 全国优质葡萄栽培技术研讨会在彭山召开。中国农学会葡萄分会长晁无疾出席会议。副市长钟毅参加会议并致辞。

8月7日 省委常委、常务副省长钟勉到眉山调研公共资源交易中心和县域经济产业园区发展等工作。市委书记李静，市委常委、常务副市长吴小可，市委常委、市委秘书长黄跃陪同调研。

8月12日 全省艾滋病综合防治示范区工作培训会在眉召开。

8月17日 眉山籍著名国画家、十二届全国人大代表、中国民族文化艺术交流中心执行理事长何学斌女士第三次返眉为即将踏入大学校园的20名优秀贫困学生捐资助学。解放军理工大学原校长、著名军旅书法家唐万年将军，国防大学研究生院原院长、将军画院常务副院长刘春志将军，省政府副秘书长蔡竞，市委常委、组织部部长姜怡，市委常委蔺湘，副市长吴爱玲出席捐资助学活动。

8月19日至21日 省军区政委刘家国一行到眉山，检查调研眉山市党管武装、民兵预备役建设、征兵工作和军分区、人武部教育实践活动开展情况及部队参与抢险救灾和协助地方维稳处突准备情况。市领导李静、宋朝华、刘十庆、张习、鞠会明等陪同调研。

8月20日 中国科协党组书记尚勇一行到眉山调研洪雅县藤椒协会和彭山县观音镇果园村葡萄协会等。尚勇强调“银会”合作潜力巨大，要继续创新发展，发挥好政策和科技引领支撑的作用，推进农业、农村经济加快发展。省科协党组书记、副主席吴凯，省邮储银行党委书记、行长刘义龙随同调研。市委书记李静，市委副书记、市长宋朝华，市委常委吴季友陪同调研。

8月21日 环境保护部副部长吴晓青率队到眉山调研指导环保工作。省政府副省长陈文华，市委书记李静，市委常委吴季友等陪同调研。

8月23日 市委书记李静会见汇源集团董事长朱新礼、副总裁崔现国一行。市领导宋朝华、钟毅等参加会见。

8月25日 2014年“栋梁工程”公益活动助学金发放暨爱心单位表彰仪式举行。50名受助贫困大学生代表获“栋梁工程”助学金。

8月25日至26日 市委书记李静、市长宋朝华率眉山市党政代表团到乐山、雅安、凉山州调研。

8月28日 2014年第四批重点项目集中开工和竣工仪式在甘眉（铝硅）工业园区举行。此次集中开工重点项目30个，总投资79.57亿元；集中竣工重点项目26个，完成投资22.16亿元。市长宋朝华出席仪式并宣布四川阳光坚端铝业工业和建筑型材项目等30个重点项目开工，仁寿县东方耐材煤改天然气技改项目等26个重点项目竣工。

8月30日 国家安监总局职业健康司司长高世民带队到眉山检查安全生产和职业卫生工作。

8月 眉山市岷江大道荣获“四川十大最美街道”称号。

同月 四川省第八届残疾人运动会暨第三届特殊奥林匹克运动会闭幕。眉山代表团共夺得金牌29枚、银牌18枚、铜牌28枚，团体总分名列全省第六位。

9月1日 2014年四川省“质量月”活动启动仪式在眉山举行。

9月3日 国家中医药管理局医政司副司长杨龙会一行到眉山调研中医药健康管理工作。

9月10日 中国汇源集团与东坡区政府在北京签订汇源果汁生产基地及西南配送物流中心项目协议。项目总投资约10亿元。人力资源和社会保障部副部长何宪、市委书记李静等会见汇源集团董事长朱新礼并出席签约仪式。

9月11日 市委书记李静率队考察天津巴莫科技有限公司，并进行洽谈，推进重大项目落户眉山。

同日 2014年度新兵入伍欢送仪式在眉山火车站外广场举行。眉山军分区政委张习主持仪式，眉山军分区司令员鞠会明、副市长辜永忠等出席仪式。

同日 眉山市人民政府、市房地产业协会在甘孜州康定举办“2014年眉山市城市营销走进甘孜·康定暨精品楼盘推介会”，推介眉山精品楼盘7家，宣传眉山城市文化。常务副市长吴小可，副市长付庆一，甘孜州副州长张平森出席推介会并致辞。

9月11日至12日 市委、市政府在天津大学举办眉山市新型城镇化第一期专题培训班。市领导李静、贺文、刘十庆、门俊良等55人参加学习培训。

9月13日 常务副市长吴小可赴拉萨慰问在藏创业者和务工人员，召开座谈会，宣传眉山创业政策，鼓励回归发展。

9月13日至14日 中华中医学会第二次全国脑病学术研讨会在眉山举行。国家中医药管理局原司长孙塑伦，副市长吴爱玲出席研讨会开幕式。

9月15日 甘眉工业园区与天津巴莫科技股份有限公司在天津签订项目投资协议。项目总投资30亿元。

同日 “2014年眉山市城市营销走进西藏·拉萨暨精品楼盘专场推介会”在西藏拉萨市香格里拉大酒店举行。

9月15日至19日 省委宣传部率由《人民日报》、新华社、中央电视台等8家中央、省级媒体组成的采访团到眉山，集中采访眉山市党的群众路线教育实践活动中“晒问题兑承诺”行动、“四个当天”制度等经验做法。

9月19日 省委常委、组织部部长、省委党的群众路线教育实践活动领导小组副组长范锐平到眉山市调研指导教育实践活动。

9月19日至20日 中央组织部干部教育局副巡视员葛瑛带领中央第四巡回督导组到眉山市督导教育实

践活动。

9月20日至21日 常务副市长吴小可赴深圳看望慰问创业者和务工人员，并召开座谈会，宣传眉山创业就业优惠政策，鼓励回归发展。

9月23日 由省委宣传部、省文明办、省志愿服务基金会主办的"四川志愿·携手圆梦"新书节赠书活动在彭山县公义小学举行。

同日 庆重阳健身展示活动在市体育馆举行，全市12个代表队老年运动员500余人参加佳木斯健身操和空竹团体展示。副市长吴爱玲，市老领导尹志君、李忠国、牟刚俊、杨仕祥、王尚先、吴宗银、黄学美、胡年勇参加活动。

9月24日 水利部组织《人民日报》《光明日报》《农民日报》《中国经济导报》4家中央媒体采访团到眉山，开展"深化改革 兴水惠民"主题采访报道活动，挖掘眉山水利改革新探索、新经验、新成效。

9月25日 中央组织部组织一局副巡视员谢生礼一行到眉山调研基层组织和党员队伍建设工作。专访市领导李静、姜怡，深入部分乡镇和村（社区）走访调研，肯定眉山基层党的建设工作。

同日 市长宋朝华率队前往成都，洽谈推进红星美凯龙眉山商业综合体及远成集团眉山国际陆港综合物流园项目落户事宜。

同日 举行四川师范大学成都学院眉山校区落成典礼。

同日 韩国驻华大使馆商务公参李镐俊率韩国产业通商资源部代表团到眉山参访考察。

9月26日 市委书记李静会见南车集团副总裁楼齐良一行，就推动双方合作、实现企业转型升级进行会谈。

9月 眉山网获第七届中国地市新闻网联盟年会"2014年度最具影响力品牌奖"。眉山网选送的新闻专题《我为环卫工人送清凉》及新闻作品《埋身帮扶 取信于民——东坡区残联着力解决"服务群众最后一公里"》分获中国地市新闻网联盟2014年度专题类和新闻类金奖。

同月 眉山市洪雅师道戏、瑞峰端午龙舟节、彭祖山"三月三"朝山会、东坡肘子制作技艺四个"非遗"项目列入省级"非遗"名录。至此，全市有13个省级"非遗"项目。

10月8日 中建集团副总裁王祥明，中建钢构董事长、党委书记王宏一行到眉山考察天府新区仁寿视高区域，深入中建钢构项目建设工地了解工程推进情况。市领导李静、宣迅陪同考察。

10月10日 中兴通讯集团董事长侯为贵一行到眉山考察中国泡菜城。省投资促进局局长刘中伯、市委书记李静陪同考察。

同日 市长宋朝华会见到眉山考察的澳大利亚驻成都总领事馆总领事郭南希女士一行，双方就加强合作进行友好会谈。

同日 举行全市金融支持稳增长眉山银政企对接会。10家银行机构与市政府签署战略合作协议，承诺未来5年内向眉山提供不少于840亿元信贷投放；银行机构与78家重点企业、中小微企业签署授信协议，授信金额83亿元；人民银行成都分行、四川省农村信用社向眉山市"支农再贷款支持省级现代农业示范基地"授牌。市长宋朝华，人民银行成都分行副行长李铀，省银监局副局长谢涛等出席会议。30余家省级银行机构、股份制商业银行主要负责人及分管信贷工作的负责人，眉山市各区县政府、市级有关部门、市级各金融机构及部分企业主要负责人参加会议。

10月14日 市长宋朝华会见美国洛杉矶阿凯迪亚市市长鄂志超一行，双方就加强合作进行友好会谈。

10月15日至17日 市委副书记、市长宋朝华率队前往重庆市考察。实地考察重庆长安汽车股份有限公司、金科地产集团股份有限公司和三峡油漆股份有限公司，洽谈推进项目落户眉山；学习考察两江新区管理体制、运行机制、产业布局、招商引资、投融资等经验。

10月16日 第六届中国泡菜展销会新闻发布会在"中国泡菜城"举行。国家公众营养改善项目办公室副主任、中国食品工业协会营养委员会常务副会长杜荷，中国长寿促进会会长税勇，四川省农业厅副厅长涂建华，副市长钟毅，人民日报、新华社、中央电视台、香港商报等30余家境内外媒体记者出席发布会。

10月17日 全市党的群众路线教育实践活动总结大会召开。省委党的群众路线教育实践活动第十七督导组组长王平，市委书记、市委教育实践活动领导小组组长李静讲话。

10月20日 眉山市城市金融综合服务示范网点建设现场会召开。旨在通过整合金融机构资源，加强网点硬件和软件建设，为普通百姓提供优良、优质服务，让百姓感到便捷、温暖、惬意、舒服、温馨。市委常委蔺湘出席会议。

10月21日 省政府副省长王宁到眉山调研县域经济发展和深化农村改革情况，组织召开成都经济区县域经济工作座谈会。王宁强调，各地要结合实际，充分发挥比较优势，加快发展壮大县域经济，为全省发展夯实底部基础、构建多点多极支撑战略构想做出积极贡献。市委书记李静，市委常委王光彩陪同调研。省级有关部门及成都、绵阳、德阳、遂宁、眉山、雅安、资阳、乐山8市相关负责人等参加座谈会。

10月22日 市长宋朝华率队前往天津市会见天津巴莫科技股份有限公司高层，协调解决项目落户过程中遇到的困难和问题，推进项目尽快落户甘眉工业园区。

10月23日 由眉山市委、市政府和省投资促进局主办的“转型升级 产业集群”——2014年眉山市招强引优投资洽谈会在成都举行。全市集中签约上海远成物流公司国际陆港综合物流园、红星美凯龙集团城市综合体及生活广场、中联重科公司环卫机械生产、重庆长安专用汽车公司特种车生产基地等重大项目13个，合同资金252亿元。

同日 市委书记李静，市委副书记、市长宋朝华在成都会见出席第十五届西博会上海百润香精香料股份有限公司、武汉华天园林艺术有限公司、中铁贵州旅游文化发展有限公司、中联重科股份有限公司、电子科技大学机器人研究中心、浙江瑞邦实业集团、索尔维集团、中国德国商会嘉宾，举行到眉山考察投资发展、寻求合作发展会谈。

10月24日 市工商局、邮储银行眉山分行与市个体私营经济协会举行银政企对接会和融资合作签约仪式。现场与全市小微企业代表签订贷款合同61份，融资协议1.22亿元。副市长汪树槐出席会议。

10月25日 省委书记、省人大常委会主任王东明一行莅临成都世纪城新会展中心第十五届西博会主展场眉山工业馆参观，听取眉山工业发展情况汇报，称赞“近年来眉山工业发展很快，很有特色”。市委书记李静，市委副书记、市长宋朝华陪同参观。

10月26日 市长宋朝华会见由省政府驻新疆办事处主任程鹏率队到眉山考察的新疆四川商会、四川新疆商会部分企业家，双方就加强联系寻求合作深入会谈。

10月27日至28日 国家农发办主任卢贵敏一行到洪雅县和东坡区，调研眉山市茂华养殖场、吉香居食品有限公司等企业，了解眉山市农业综合开发工作。市领导李静、宋朝华陪同调研。

10月29日 市长宋朝华率队前往北京会见中国节能环保集团公司主要负责人推进天津巴莫科技股份有限公司落户甘眉工业园区。

同日 全省深化农村改革与发展现代农业论坛暨农业招商引资签约大会在成都举行。眉山签约台湾丞馥现代科技农业生态观光示范园项目等4个项目，项目投资总额26.6亿元。

10月30日 省委常委、省农工委主任李昌平到成都世纪城新国际会展中心巡视第15届西博会眉山展馆。副市长钟毅等陪同并介绍眉山展馆情况。

10月31日 彭山县血吸虫病传播阻断达到国家标准工作通过省政府血防虫病防治工作领导小组验收。

10月31日至11月4日 第六届中国泡菜展销会举行。全国政协副主席刘晓峰，省委常委、省委农工委主任李昌平，农业部总农艺师孙中华，省人大常委会副主任彭渝，副省长陈文华，省政协副主席罗布江村，中国食品工业协会副秘书长杜荷，中国长寿促进会会长税勇，市领导李静、宋朝华、贺文、王影聪等参加开幕式。刘晓峰宣布第六届中国泡菜展销会开幕，李昌平等为第一届中国泡菜品牌大赛揭幕开坛。省农业厅厅长任永昌主持开幕式。

10月 国务院批准四川天府新区为国家级新区。

11月1日 水利部部长、党组书记陈雷一行到眉山调研水务工作。走访全市统筹城乡全域安全饮水工程取水枢纽、规模化现代化水厂、加压泵站和农户，听取相关负责人情况介绍，陈雷肯定眉山市水利工作。副省长曲木史哈，市委书记李静，市委副书记、市长宋朝华等陪同调研。

同日 第一届“东坡味道”中国泡菜制作大赛在中国泡菜城举行，国家公众营养改善项目办公室副主任、中国食品工业协会营养委员会常务副会长杜荷，中国长寿促进会会长税勇等担当大赛评委。李记泡菜摘得大赛金奖，四川吉香居食品有限公司和洪雅琪力农业发展有限公司获银奖。

11月3日 环境保护部副部长李干杰一行到东坡区白马镇龚村、万胜镇茂华养殖场，丹棱县丹棱镇龙鹄村、兴隆村和双桥镇梅湾村，调研生态建设与农村环保工作。市委书记李静，市委副书记、市长宋朝华等陪同调研。

同日 2014年中国殡葬协会科技文化工作委员会年会暨“东西交流·共融发展——中小型殡葬服务机构发展提升研讨会”在眉山举行。中国殡葬协会常务副会长、秘书长张洪昌，四川殡葬协会会长王奇，眉山市委常委王光彩出席会议。全国各省、市、自治区代表200余人参会。

11月4日 国务院参事室特约研究员、国家工商行政管理总局原司长谭小英，国务院参事室特约研究员、中国城市规划设计院原院长王静霞，国务院参事室参事业务二司副司长唐华东一行到眉山调研保障性安居工程建设工作。市委书记李静，副市长付庆一，省政府参事室党组成员、副主任钱声广陪同调研。

11月6日 眉山市第二届十大法治人物颁奖典礼在会议中心大礼堂隆重举行。

同日 全省城乡环境综合治理“进机关”活动现场会在眉山召开。

同日 眉山市食品安全事故（Ⅳ级）应急处置演练在彭山县举行。市食品安全委员会成员单位，各区县食品安全分管领导、食安办、食品药品监管局及彭山县相关单位等500余人参加演练和观摩。

同日 江西省景德镇市政府考察团到眉山考察新农村建设工作。

11月7日 四川省首届“治蜀兴川”法治论坛在眉山举行。省法学会会长韩忠信，市委书记李静，中国法学会会员部副主任肖育斌，中国法学会基金会副秘书长崔秀娟，市委常委、政法委书记、市法学会会长杨勇，市人大常委会副主任郑夕君，副市长辜永忠，市政协副主席祝明洪出席论坛。

11月8日 四川省医学会第十三次呼吸与危重症医学暨结核病学术会议在眉山召开。副市长吴爱玲出席会议并致辞。

11月9日 遂（宁）资（阳）眉（山）高速公路眉山段建成通车。

11月10日 市长宋朝华座谈会见到眉山考察的中国电子科技集团公司第十研究所党委书记汤兴华一行。

11月12日 人力资源和社会保障部副部长何宪到眉山调研人力资源和社会保障工作。市委书记李静，市委副书记、市长宋朝华等陪同调研。

11月16日至17日 国家土地总督察办公室主任马毅一行调研眉山市节约集约用地情况。到彭山青龙园区、眉山经开区东区（泡菜园区）、洪雅县蒙牛现代牧场有限公司，走访查看企业（园区）建设规模、投资强度、建筑容积率、标准化厂房建设等，调研基本农田保护情况。市领导李静、宋朝华、吴小可陪同调研。

11月17日 眉山市举行“法律进乡村”活动启动仪式。

11月19日 上海金融投资服务访问团到眉山考察投融资和项目建设情况。常务副市长吴小可，市委常委蔺湘参加座谈会。

11月20日 第四届中国西部书法篆刻作品展览在眉山市开展。市领导王影聪、刘十庆、周孝平出席开幕式。

11月21日 “法律进学校”活动启动仪式在东坡区实验中学举行。

11月24日 眉山市举行爱心企业关爱抗战老兵捐资救助活动启动仪式。市政协主席王影聪出席活动并讲话。

同日 浙江省湖州市商会考察团到眉山考察。市委常委宣迅，湖州市副市长李怀义参加座谈会。

11月25日 成立中国铁塔股份有限公司眉山市分公司。

11月26日 眉山市举行“法律进机关”活动启动仪式。

同日 2014年第五批重点项目集中开工和竣工仪式在遂资眉高速公路眉山段三苏服务区举行。此次全市集中开工1000万元以上重点项目33个，总投资52.32亿元；集中竣工1000万元以上重点项目43个，完成投资125.37亿元。市委书记李静出席仪式并宣布仁沐高速公路眉山段等33个重点项目开工和遂资眉高速公路眉山段等43个重点项目竣工。市委副书记、市长宋朝华主持仪式。

同日 省质监局、眉山市政府在眉山召开眉山质监系统行政管理体制移交工作会。

11月27日 广西钦州保税港区考察组到眉山考察青龙物流园区物流业发展情况。

同日 “东坡泡菜”产业专利联盟授牌仪式举行。

11月28日 眉山市“法律进社区”启动仪式举行。

同日 全国《住房公积金基础数据标准》宣传贯彻工作会在眉举行。住建部住房公积金监管司副司长、专家组组长崔国盛，住建厅副厅长于桂，常务副市长吴小可参加会议。

11月 眉山市中医医院入围“2013中国中医医院·竞争力100强”名单，名列第89位。

同月 眉山市文化成果在四川省首届农民艺术节暨民间艺术节的“群星奖”大赛中精彩亮相。在“画说蜀变”书画比赛中，眉山书画家获得书法美术类奖项10个，获奖总数和质量全省第一。在公共文化论坛征文比赛中，市文广新局的《眉山市关于引导和鼓励社会力量参与公共文化服务体系建设的调研报告》获二等奖。

12月1日 眉山市防艾委、东坡区防艾委在城区激情广场举办第27个世界艾滋病日主题为“行动起来，向‘零’艾滋迈进”大型系列宣传活动。市人大常委会副主任何久伦，副市长、市防艾委常务副主任吴爱玲参加活动。

12月4日 市长宋朝华率团前往海南省儋州市，参加第五届东坡文化节暨第二届海南雪茄文化旅游节，考察儋州市城市和文化建设，与参会嘉宾交流如何弘扬东坡文化。

12月10日 “爱我东坡湖、护我东坡岛”眉山市万名青年志愿者文明宣导志愿行动工作协调会召开，市委常委蔺湘出席会议。

12月15日至16日 市委副书记、市长宋朝华率队前往贵州省贵阳市，考察由中铁贵旅公司投资开发建设的中铁国际生态城项目，洽谈推进项目落户仁寿县事宜。

12月20日 成绵乐铁路客运专线正式开行。

12月21日 公安部党委委员、部长助理、禁毒局局长、国家禁毒办常务副主任刘跃进率公安部督导组到眉山督导禁毒工作。四川省禁毒委副主任、公安厅党委委员、副厅长王雄，市委书记李静，市委常委、政法委书记杨勇，市人大常委会副主任郑夕君，副市长辜永忠，市政协副主席祝明洪陪同或参加座谈。

12月22日 四川天府新区眉山片区情况介绍会举行。市长宋朝华向人民日报、新华社、中央人民广播电台、香港文汇报、四川日报、四川电视台等50余家新闻媒体介绍了四川天府新区眉山片区规划建设情况。

12月23日 世界500强企业伊藤洋华堂与东坡区人民政府签约。

12月26日 眉山市彭山区授牌授印大会在彭山举行。

12月29日 德国杜赛尔多夫德中友好协会副主席弗尔克·史坦尼斯拉夫一行到眉山访问，前往青神县竹艺城和洪雅县柳江古镇实地参观考察。

12月30日 眉山市万名青年志愿者文明宣导志愿行动在东坡湖广场启动。市委常委蔺湘出席活动并作动员讲话。

同日 东坡城市湿地公园建成开园，对市民全面开放。是集湿地保育、科文教育、游憩休闲功能于一体的城市湿地公园。

2014年1月29日，青神县与省交投港航开发公司战略合作框架协议签约仪式

眉山概况

地　理

【地理位置】眉山位于四川盆地成都平原西南部，岷江中游。地跨北纬29°24′—30°16′、东经102°49′—104°30′之间，东西长150千米，南北宽72千米，辖区面积7186平方千米。眉山北接省会成都，南连乐山，东邻内江、资阳、自贡，西接雅安，是成（都）乐（山）黄金走廊的中段重点地区及“成都平原经济圈”重要组成部分。眉山市政府所在地东坡区距成都70余千米，距峨眉山80余千米，距乐山大佛60余千米；北临成都双流机场40余千米，南距乐山大件运输码头70余千米。境内成乐大件公路、213国道、岷江水道并行纵贯南北，106省道横跨东西，成（都）乐（山）、成（都）雅（安）高速公路在境内交汇，成（都）赤（水）高速公路穿过仁寿县；形成以省道106线为“一横”，以省道103线、成雅、成乐高速公路、国道213线为“三纵”的公路交通主骨架，全市以眉山市城区为中心，各区县县城为节点，辐射各乡镇。成昆铁路由北向南穿过彭山县、东坡区。全市交通网络纵横交错、四通八达。

地　质

【地层岩性】眉山市区域内除泥盆系、石炭系缺失外，从前震旦系峨边群至第四系均有出露，总厚度4500—12000米。南西部高中山、中山区主要为震旦系、寒武系、奥陶系、志留系和二叠系地层；北西部和东部低山丘陵区则以中生代的侏罗系、白垩系地层为主；第四系松散沉积物分布于河谷平原及台地区（图1–1）。地层岩性、厚度及其分布特征见（表1–1）。在眉山市出露的众多地层中，白垩系和侏罗系的地层岩性主要为泥岩或粉砂质泥岩，质软、遇水膨胀、崩解、剥离、风化，易形成具有一定厚度的残坡积土体，或经外力搬运至山坡宽阔地段堆积成较厚的碎屑状土，具有较好的耕种条件。在人类利用这一地质环境作为栖息之地的过程中，人口也相对集中于这一地域。

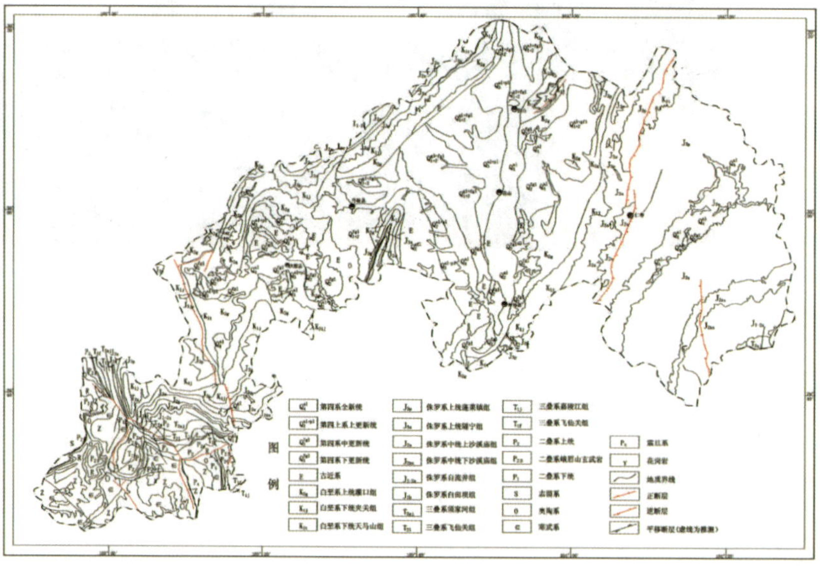

图 1–1　眉山市地质图

表 1　眉山市地层简表

界	系	统	地方性地层名称	代号	厚度(米)	岩性简述	备注
新生界	第四系	全新统		Q_4^{al}	2—10	上部砂质黏土，下部砂层、沙砾层含泥沙层、黏土层	主要分布在青衣江、岷江两岸河漫滩一级阶地
		上更新统		Q_3^{al+pl}	10—25	上部砂质黏土，下部沙层砂砾石层含泥沙层、黏土层	分布在青衣江、岷江两岸的二级阶地
		中更新统		Q_2^{fgl}	0—45	泥砾石层、结合紧密，具砂层透镜体	分布在台地区
		下更新统		Q_1^{gl}	0—81	泥砾石层，结合紧密	分布在台地区
	古近系			E	>747	上部页岩、泥灰岩含石膏；下部棕红色砂岩夹粉砂岩、泥岩，与 Q_1 和 K_2g 都是不整合接触	主要分布于彭山、眉山西部的邓庙、太子山等低山区
中生界	白垩系	上统	灌口组	K_{2g}	483—861	浅紫色砂岩、细粒长石石英砂岩、岩屑砂岩，紫红、棕红色粉砂质泥岩，泥质粉砂岩，上部夹页、泥灰岩、灰岩、石膏	主要分布于仁寿大管山、罗湾及洪雅丹棱的洪雅顶、仁兴、汪山、侯山、炳灵等地
		下统	夹关组	K_{1j}	308—401	黄棕、棕红色巨厚层状砂岩夹粉砂岩，顶部泥质较重，底部具砾石层	
			天马山组	K_{1t}	42—230	棕红色砂、泥岩不厚互层	
	侏罗系	上统	蓬莱镇组	J_{3p}	144—878	棕红色泥岩、粉砂质泥岩为主，中上部偶夹砂岩、泥灰岩，底产为中厚层钙质砂岩	主要分布于眉山地区的大部分丘陵及低山区
			遂宁组	J_{3s}	200—335	棕红色、绿灰色泥岩、粉砂岩夹钙质砂岩或砂质灰岩	
		中统	上沙溪庙组	J_{2s}	507—630	棕红色、黄绿色泥岩、页岩、粉砂岩、岩屑砂岩，含钙质结核	
			下沙溪庙组	J_{2xs}	61—278	顶部含中肢介质页岩，中上部为粉砂质页岩，泥质粉砂岩、钙质砂岩互层	
		中–下统	自流井组	J_{1-2x}	224—422	紫红色粉砂质黏土岩，黄绿色钙质粉砂岩、泥质灰岩、灰岩	
		下统	自田坝组	J_{1h}	34—75	黏土岩、页岩、石英细砂岩	
	三叠系	上统	须家河组	T_{3xj}	264—1028	灰色、黄灰色炭质页岩、砂质页岩、煤、粉砂岩、岩屑砂岩或石英砂岩组成，多层次韵律	主要分布在仁寿天峨、洪雅的大蜈蚣包、余木寺等中山区
		中统	雷口坡组	T_{2l}	291—466	灰色、黄灰色薄–中厚层白云岩，角砾状白云岩	
		下统	嘉陵江组	T_{1j}	141—173	灰色、黄灰色薄–中层状泥质灰岩、白云岩、灰岩、泥灰质角砾状白云岩互层	
			飞仙关组	T_{1f}	243—387	暗紫红色、浅灰色粉砂岩、砂质泥岩夹鲕状灰岩	

续表

界	系	统	地方性地层名称	代号	厚度(米)	岩性简述	备注
古生界	二叠系	上统	沙湾组	P_{2s}	56~108	暗紫红色、灰黄色铁铝质页岩夹砂质页岩、炭质页岩，含铜砂页岩夹铝土矿，赤铁矿	主要分布于洪雅西南部、瓦屋山、水井槽、李家山等山区
			峨眉山玄武岩	$P_{2\beta}$	227~420	玄武岩。杏仁状、汽孔状构造、柱状节理发育	
		下统		P_{1y}	403~628	中厚层状纯灰岩	
	志留	下统	龙马溪组	S_{1l}	0~31	深灰黑色碳岩夹矽质页岩	只分布在洪雅西南的石板岩、回头转等中山区
	奥陶系			O	37~428	上部深灰黑色炭质页岩、泥质灰岩，中部泥质灰岩，结晶灰岩夹页岩，下部石英砂岩夹灰岩	主要分布在洪雅西南部倒中桥、硝水坪等高中山区
	寒武系			∈	143~732	灰色、浅灰色薄-中厚层白云岩、泥质白云岩、石英砂岩、粉砂岩、页岩，底部为磷白云岩	主要分布在洪雅西南部的新山、野牛坡、大众岗等高中山区
	震旦系	上统	洪椿平组	Z_{ebu}	974~1158	灰白色、浅灰色厚层块状白云岩，顶部含磷，上部含矽质条带，呈葡萄状，花斑状构造	主要分布在洪雅西南部的白岩沟、老汞山等高中山区
			喇叭岗组	Z_{bl}	10~74	灰、灰黑色粉砂岩、砂岩、砾岩	
元古界	前震旦		峨边群	P_1	150~1100	上部凝灰质砂岩、粉砂岩、凝灰质砾岩。中部为板岩、沙碳质板岩、千枚岩，下部厚层白云岩。底部为杏仁状蚀变玄武岩	只分布在洪雅西南部的陆水坪等高中山区

【地质构造】眉山市南西山地为上扬子台褶带之“峨眉山断块”，其余则分属于“四川台拗”中的“川西台陷”和“川中台拱”。区内地质构造较为复杂，褶皱断层发育，构造体系结合部多为区域性断层（图1-2）。

峨眉山断块　洪雅县部分地区属该构造单元，该构造单元在地史上是相对隆起地区，构造线以近东西向和北东向为主。燕山期受强烈挤压产生断层并使断块上升形成断块构造单元。该构造单元主要构造形迹有柳江冲断层，毛沟冲断层、宋家沟冲断层、丛林岗斜冲断层，以及炳灵背斜、三苏场背斜等。

川西台陷　包括仁寿、彭山、眉山、青神等县的部分地区，自中生代以来形成较大的断陷盆地，大面积出露白垩系、侏罗系和新生界地层。为内陆河湖相沉积，构造以褶皱为主，构造线方向与整个四川盆地相一致，呈北东—南西向展布，断层少见。根据构造形式的差异，可分为三个次级构造区。即：龙泉褶束：包括仁寿、彭山、眉山、青神等县的部分地区，总体走向呈北东-南西向，区域上全长约200千米。主要包括龙泉山背斜、仁寿断层、文公场断层等。熊坡-盐井沟雁行带：主要包括彭山、眉山、丹棱、洪雅的西北部。发育有盐井沟背斜及共生的石庙子断层、石桥场压扭

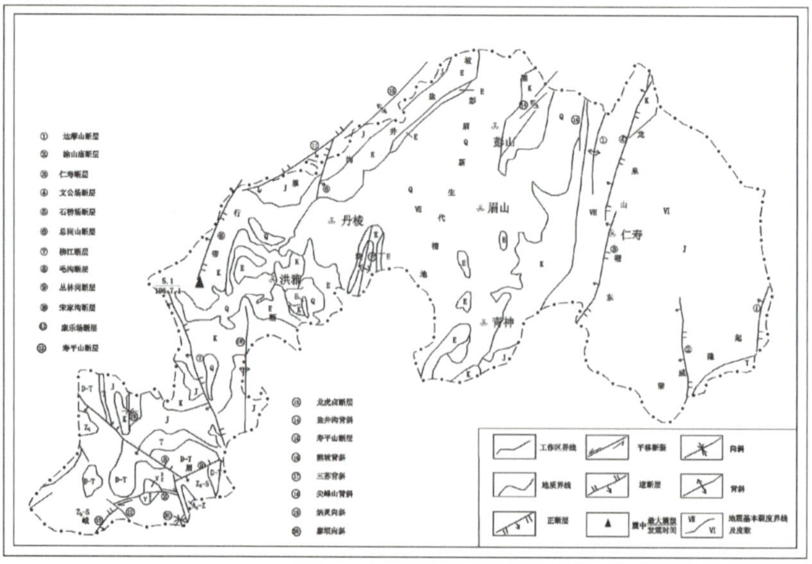

图1-2　眉山市地质构造纲要及地震震中分布图

断层和总岗山断层等。彭山—眉山新生代槽地：主要包括彭山、眉山、青神的部分地区。走向东30°。构造简单，为中生代地层组成的宽缓向斜，向斜中部堆积了新生代冰水堆积、河流冲洪积物以及古近系物质。

川中台拱　川中台拱在区内主要为荣威隆起，仅东部仁寿县的东南边缘属此构造单元，该构造单元内有涂家庙断层和达摩山断层，涉及地层主要为侏罗系地层，局部有须家河组含煤地层。

【构造运动】内河谷平坝地区发育的一至三级堆积或基座阶地，丘陵、低山和浅切割中山，沿河谷间断残存的二、三级侵蚀堆积阶地，均表明第四纪以来，全市随所在构造区域一起处于振荡性间歇升降阶段；峡谷区此种振荡性上升的地质遗迹不明显。新构造运动振荡幅度和抬升速度似有随时间而减小的趋势。对于广大山区，新构造运动使山体高差加大，地形更加破碎。

主要地质灾害：

【滑坡】指构成斜坡的岩土体在重力作用下失稳、沿着坡体内部的一个（或几个）软弱面（带）发生剪切而产生的整体性下滑现象。俗称“走山”“垮山”“地滑”“土溜”等。

【崩塌】指较陡斜坡上的岩土体在重力作用下突然脱离母体崩落、滚动、堆积在坡脚（或沟谷）的现象。

【泥石流】指山区特有的一种自然地质现象，它是由于降水（暴雨、融雪、冰川）而形成的一种挟带大量泥沙、石块等固体物质的特殊洪流。

【地裂缝】指地表岩、土体在自然或人为因素作用下，产生开裂，并在地面形成一定长度和宽度裂缝的一种地质现象。

【地面塌陷】指地表岩、土体在自然或人为因素作用下向下陷落，并在地面形成塌陷坑（洞）的一种动力地质现象。

【地震】指地球内部介质局部发生急剧的破裂，产生的震波，从而在一定范围内引起地面振动的现象。区内地质构造较为复杂，断层较多，历史上曾发生过多次有感地震。据1900年以来对震级大于4级地震的频次统计，龙泉山断层发生9次，最大震级为5.5级。总岗山—柳江断裂7次，最大震级5.1级。地震测深资料表明，龙泉山断层带是一条区域性基底断层带，现今地震活动明显，地震沿构造方向呈带状展布，地震活动特点是频度低，强度中等，震源很浅，震中烈度偏高。重力资料表明，总岗山—柳江一带处在地壳厚度变异带上，沿总岗上和柳江断层的两侧地震活动频繁，形成总岗山—柳江断层地震带，特点是中强地震为主，震源较深，震中烈度偏低，有感范围较大。若西部总岗山—柳江地震带和东部龙泉山地震带发生地震，将会对本地区产生一定的影响。地震的影响主要表现为对致灾体的力学平衡应力和其本身性状的改变，从而降低岩（土）体或潜在滑动面的抗剪（抗滑）强度，致使灾体滑动变形或脱离母体崩落而形成地质灾害。2008年5月12日，四川汶川发生8级大地震，波及到眉山市境内达6级，对全市影响较大，在山区由于地震作用发生了较多滑坡和崩塌等次生地质灾害，在一些河谷平坝地区发生有沙土液化现象。

地　貌

【概况】眉山总体地势西高东低，南高北低。境内山峦纵横，丘陵起伏，河网密集。中部是宽阔的岷江河谷平原。洪雅县境内的小凉山水井为全市最高峰，海拔3522米。南部山体高耸，地势陡峻，沟谷发育多呈“V”形，地形切割破碎，海拔均在1000米以上。北部为低山、丘陵、平原地貌，地势较缓平。全市平坝面积1396.80平方千米，主要分布于岷江两岸，占全市总面积的19.44%；丘陵面积4237.75平方千米，主要分布于龙泉山脉及总岗山脉，占全市总面积的58.97%；山地以中、低山地貌为主，面积1551.45平方千米，主要分布于洪雅青衣江右岸，占全市总面积的21.59%。

【构造地貌】为低山、中山和高中山三类。低山：处于岷山两侧的龙泉山和总岗山背斜，由白垩系和侏罗系地层构成。受构造控制，山脉走向呈北东—南西向。高程600—1100米，相对高差200—500米。中山：位于洪雅张村、高庙以北至青衣江一带，主要由白垩系和侏罗系地层组成，仅在断块山分界的边缘为三叠系地层。峰顶高程一般1000~1500米，相对高差500余米，山脊多为背斜或向斜轴线，两侧谷坡较陡，多呈单面山景观。高中山：分布于洪雅瓦屋山、炳灵、高庙以南。地层主要由前震旦系至寒武系、奥陶系等地层组成，区内最高海拔3522米，一般2100—2800米，切割深度1000—1500米。

【构造侵蚀溶蚀地貌】分中山、低山两类。中山：分布于洪雅、张村、高庙一带，由三叠系雷口坡和嘉陵江白云岩、灰岩地层组成。山顶海拔1000—1700米，岩溶地貌十分发育，溶蚀峰丘、洼地、槽谷以及落水洞、溶洞竖井、漏斗和暗河等到处可见。低山：分布于仁寿宝飞、禄加一带，由侏罗系中下统自流井组大安寨灰岩构成。

【构造剥蚀地貌】分浅丘、中丘、深丘三类。浅丘：分布于仁寿珠家场—观音—满井—曹家一带，另外丹棱—洪雅间有少量分布。仁寿珠家场—观音—满井—曹家一带主要为侏罗系遂宁—蓬莱镇泥岩夹砂岩组成。丹棱—洪雅间由白垩系和侏罗系组成。中丘：分布于仁寿龙

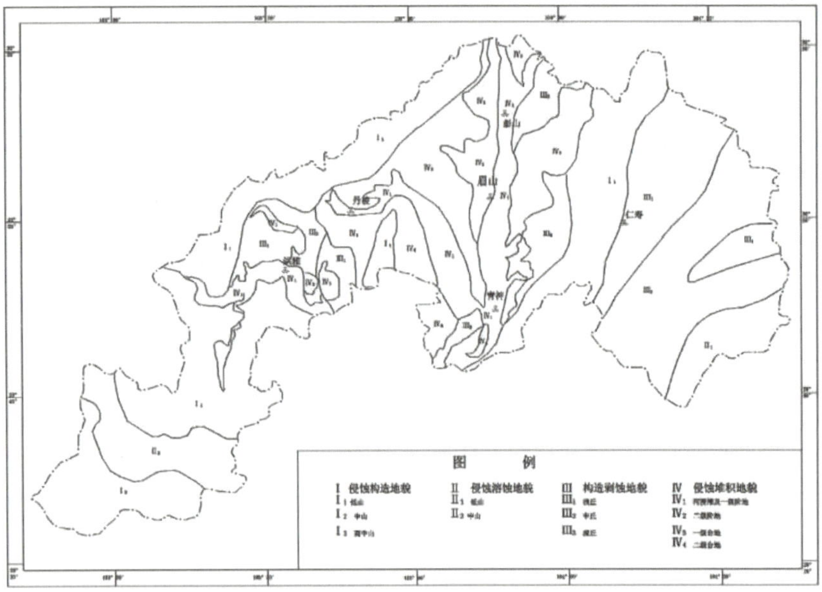

图1-3　眉山市地貌分区图

桥—花瓷—钟祥一带和龙泉山西侧山麓地带。由侏罗系地层和白垩系灌口组地层构成，高程450—520米，相对高差30—60米。深丘：分布于岷江以东的彭山仙女山和青神南岷江右岸一带，由白垩系地层构成，高程480—500米，相对高差60—100米，夹关组砂岩覆盖丘顶，形态平缓。

【侵蚀堆积地貌】分为河漫滩及一、二级阶地和台地两类：河漫滩及一、二级阶地。沿青衣江、岷江河道两侧呈条带状分布，主要由第四系全新统砂卵石和黏性土类组成，阶地前缘地带高出河水面2—5米，阶面平坦，微向河床倾斜。二级阶地：主要由第四系上更新统的砂卵石、黏性土类组成。形成流水堆积平原。分布高程410—420米，由西向东微微倾斜，平均坡降3‰左右，高出河水面4—6米。台地：主要由第四系上更新统的沙砾卵石和黄色黏土所组成，分布在思蒙河沿岸。台面受侵蚀作用而不平整，形态上表现为缓丘。

地　形

【概况】眉山市位于成都平原西南部，南瞰乐山，东临资阳，西望雅安，是成都平原通联川南、川西南、川西、云南的咽喉要地和南大门。岷江和青衣江贯穿境内，两岸以平原和河流冲积平坝为主。眉山市处于成都平原向山区过渡地带，辖区面积7186平方千米，境内山峦纵横，丘陵起伏，地势呈西高东低，最高海拔3522米，最低海拔335米，最大相对高差3187米，中生代红色岩层分布广泛，丹霞地貌发育，生态环境优良。全市坝、丘、山皆有，西部丹棱、洪雅、仁寿境内大部分地区皆为低山丘陵。

【山地】全市山地面积15.16万公顷，占土地总面积的21.24%，主要分布在洪雅县、仁寿县。

【丘陵】丘陵面积41.79万公顷，占土地总面积的58.53%，主要分布在丹棱县、青神县、仁寿县。

【平原】平原面积14.44万公顷，占土地总面积的20.22%，主要分布在东坡区和彭山县。

行政区划

【建置沿革】眉山建置，始于南齐建武三年（496年）。初置齐通左郡，治所龙安铺（今东坡区太和镇龙安村）。南梁普通年间（520—527年）改称齐通郡，并置齐通县。郡、县治所同在一城。太清二年（548年）设置青州（以汉青衣县得名），辖齐通郡、齐通县，郡、县治所均在龙安铺。西魏废帝二年（552年）改青州为眉州（因介于岷峨之间，以峨眉山得名），辖齐通、青城两郡，治所不变。恭帝二年（555年）齐通县改通义县。北周明帝二年（558年）废齐通郡，新置安乐县，治所在当今东坡区东坡镇，属眉州。建德元年（572年）改眉州为青州。随即恢复齐通郡，将安乐县改称齐通县。郡、县治所同在一城。大成元年（579年）改青州为嘉州（以汉时的汉嘉县得名），辖平羌、青城、隆山和齐通4郡。齐通郡辖齐通、通义、齐乐（明帝时恢复县）3县。州治所通义县。隋开皇三年（583年）废郡存州。次年，改齐通县为广通县。仁寿元年（601年）废通义县，改广通县为通义县，属嘉州管辖。大业二年（606年），复改嘉州为眉州，州治所迁通义县城（即由今东坡区太和镇龙安村迁至今东坡镇）。不久，撤州建眉山郡，郡治所龙游（即今乐山市市中区），辖通义等县。唐高祖武德元年（618年）废眉山郡，复置嘉州。次年，从嘉州分置眉州，治所通义县城（今东坡区东坡镇旧城），辖通义、丹棱、洪雅、南安（今夹江县）和青神5县，属剑南道。此后眉州辖县多次调整。天宝元年（742年）废眉州改置通义郡。乾元元年（758年）又废通义郡恢复眉州，属剑南道西川。五代属前、后蜀。宋太平兴国元年（976年）改通义县为眉山县，属西北路眉州。元世祖至元十四年（1277年）眉州属嘉定府路。二十年（1283年）废眉山县，归眉州直隶。明洪武九年（1376年）降眉州为眉县，属嘉定州。洪武十三年（1380年）眉县复升为眉州，直隶属四川布政使司，辖丹棱、彭山、青神3县。此后，明、清时期均沿袭此建置。

民国2年（1913年）废眉州，复置眉山县，属上川南道。次年，改属建昌道。民国24年（1935年）设四川省第四行政督察区，治所眉山县城，辖眉山、彭山、丹棱、青神、夹江、洪雅、大邑、邛崃、蒲江和名山10县。

1950年1月设眉山专区，治所眉山县城，属川西行政公署，仍辖10县。后将大邑划出，新津划入。1953年3月5日撤销眉山专区，眉山县改属乐山专区（以后为乐山市）。1997年5月30日，经国务院批准设立眉山地区。同年8月26日正式挂牌，与乐山市分置，治所眉山县城，管辖从原乐山市划出的眉山、仁寿、彭山、洪雅、丹棱、青神6县。2000年6月10日，经国务院批准，撤销眉山地区，设立地级眉山市。同年12月19日正式挂牌，市人民政府驻新设立的东坡区（原眉山县）。眉山市辖原眉山地区的仁寿县、彭山县、洪雅县、丹棱县、青神县和新设立的东坡区。2014年10月20日，撤销彭山县，设立眉山市彭山区，以原彭山县的行政区域为彭山区的行政区域。12月26日挂牌。眉山市辖东坡区、彭山区、仁寿县、洪雅县、丹棱县、青神县。

至2014年，眉山已有建置1518年的历史。

【政区变化】1997年5月，眉山地区正式成立，管辖从原乐山市划出的眉山、仁寿、彭山、洪雅、丹棱、青神6个县。2000年6月撤销眉山地区建立眉山市，12月正式挂牌。以原眉山县的行政区划为东坡区的行政区划。眉山市人民政府驻东坡区，辖仁寿、彭山、洪雅、丹棱、青神县和新设立的东坡区。2014年10月，撤销彭山县，设立眉山市彭山区，以原彭山县的行政区域为彭山区的行政区域。12月挂牌。眉山市辖东坡区、彭山区、仁寿县、洪雅县、丹棱县、青神县。2014年年底，全市共有77个镇、51个乡、3个街道办事处、239个居民委员会、1116个村民委员会、1665个居民小组、8615个村民小组。

表2　2014年眉山市行政区划

地区	镇名
东坡区	街道办事处（3个）：苏祠街道办事处、通惠街道办事处、大石桥街道办事处 镇（15个）：象耳、白马、松江、太和、悦兴、崇礼、富牛、永寿、思蒙、修文、崇仁、多悦、尚义、万胜、秦家 乡（8个）：复盛、复兴、土地、盘鳌、广济、三苏、柳圣、金花
彭山县	镇（10个）：凤鸣、黄丰、江口、青龙、公义、观音、彭溪、牧马、谢家、武阳 乡（3个）：义和、皇陵、保胜
仁寿县	镇（29个）：文林、宝马、珠嘉、大化、文宫、高家、龙马、方家、北斗、禾加、中农、禄加、宝飞、彰加、慈航、汪洋、钟祥、始建、满井、富加、龙正、黑龙滩、四公、清水、视高、兴盛、观寺 乡（31个）：青岗、鳌陵、板燕、古佛、元通、向家、中岗、龙桥、曲江、城堰、谢安、鸭池、双堡、板桥、河口、新店、识经、凤陵、促进、涂家、松峰、合兴、景贤、兆嘉、龙旺、藕塘、石咀、玉龙、洪峰、虞丞、里仁
洪雅县	镇（11个）：洪川、止戈、三宝、余坪、槽渔滩、中保、东岳、花溪、柳江、高庙、瓦屋山 乡（4个）：桃源、中山、将军、汉王
丹棱县	镇（5个）：丹棱、杨场、双桥、张场、仁美 乡（2个）：石桥、顺龙
青神县	镇（7个）：青城、黑龙、瑞峰、西龙、南城、汉阳、河坝子 乡（3个）：罗波、白果、高台

自然资源

【土地】境内土壤肥沃，酸碱度适中，保水保肥性好，有利于农作物生长。水稻土遍布全市平坝、丘陵和山区，是主要的农业土壤，有机质含量少，胶体品质较差，土壤肥力中等偏大。紫色土广泛分布在丘陵和西部山区。黄壤土分布在低山和沿江两岸的二、三级阶地，新积土发育于河流沉积物，直接形成河床低岸，即原江平原和河谷平坝。

【植被】境内植被属亚热带常绿阔叶林带。除洪雅县高山区有原始森林外，其余均为人工造林或零星分布的林、草、竹等。2014年全市造林867公顷，继续巩固退耕还林8.73万公顷，全市森林覆盖率45.97%，比2013年增长0.47%。

【矿产资源】眉山境内有矿种25种，主要有煤、天然气、铁、铜、铅、锌、锰、沙金、钙芒硝、石膏、膨润土、磷、白云岩、水泥用灰岩、菱镁矿、饰面用花岗岩、脉石英、水晶、石英砂岩、建筑用砂岩、黏土岩、砖瓦用黏土、砖瓦用页岩、建筑用砂石、矿泉水等。主要矿产为钙芒硝、煤和砖瓦用页岩。钙芒硝分布在东坡、彭山、洪雅、丹棱四区县，均为大型矿床，已探明资源储量近100亿吨，位居全省第二，具规模大、埋藏浅的特点。铅、锌、铜等分布于洪雅南部，迄今尚未探明可供开发利用的储量，矿体厚度小，分布广，具小而富的特点。洪雅白沙河、老槽沟、团宝山铅锌矿规模稍大。煤矿分布于洪雅中部及仁寿南部，均为小型矿床，资源储量较清楚，资源储量总体约1.26亿吨，煤层多、厚度薄、质量好（以低硫炼焦用煤为主）。磷矿分布在洪雅南部，分布广，大圆包、老汞山磷矿正在开采，均可综合利用研制复合肥。建筑用砂石主要分布于青衣江及岷江河道，经济价值高，但可供开发利用的河段已不多，由于一些原因，全市尚未进行系统性的详细勘查工程，资源储量不清楚。砖瓦用页岩遍布全市六区县，仅彭山永丰、保胜两处规模为中型，其余均为矿点，资源不清楚，但地质条件好，潜力大。水泥用灰岩分布于洪雅高庙镇及仁寿县南部一带，目前仁寿县已做过全面调查，资源潜力较大。石膏分布于东坡区东部及洪雅南部。东坡区石膏年产矿量0.20万吨，工业总产值约72万元；洪雅南部的仅为矿点，资源量不清楚，矿体厚度薄、质量好，开发利用价值高。膨润土仅分布于仁寿县的大石、兆嘉等地，为矿点；资源储量为25.4万吨，位居全省第二位，具有矿体厚度变化大，矿石质量好，开发利用价值高。

【植物资源】眉山市境内有野生植物184科、755属、1900余种（不包括栽培植物），其中蕨类植物36科、71属、156种，占全国蕨类植物属的1/3；种子植物148科、684属、1744种，种子植物中，裸子植物7科、14属、20种，被子植物141科、670属、1724种。分别占四川已知裸子植物科的77.8%、属的50%、种的20%；已知被子植物科的77.5%、属的45.5%、种的20.4%。在1900种野生植物中，属国家I级保护的野生植物有7种：玉龙蕨、珙桐、光叶珙桐、红豆杉、南方红豆杉、银杏、独叶草；国家II级保护的野生植物有26种：桫椤、华中黑桫椤、扇蕨、金毛狗、油麦吊云杉、篦子三尖杉、巴山榧树、连香树、鹅掌楸、厚朴、凹叶厚朴、圆叶玉兰、西康玉兰、峨眉含笑、水青树、香樟、油樟、润楠、楠木、红豆树、川黄檗、红椿、红毛椿、梓叶槭、喜树（旱莲木）、香果树。

【动物资源】眉山市境内野生动物种类比较多，区系组成较复杂，以亚热带的森林动物为主。境内有陆栖脊椎动物425种，其中：两栖类30种，爬行类35种，鸟类278种（其中留鸟143种、夏候鸟95种、冬候鸟19种、旅鸟19种），兽类82种。在425种陆栖脊椎动物中，属国家I级保护的野生动物有7种，分别为：大熊猫、云豹、豹、羚牛（野牛）、林麝、黑鹳、中华秋沙鸭。（在2000年省厅组织的第三次大熊猫普查中，瓦屋山大熊猫数量为7只、2005年3月13日和2009年2月9日，瓦屋山自然保护区分别成功营救受困大熊猫各一只）。属国家II级保护野生动物36种，其中两栖类1种，鸟类22种、兽类13种。分别为：大鲵（娃娃鱼）、黑冠鹃隼、凤头蜂鹰、鸢、苍鹰、赤腹鹰、凤头鹰、松雀鹰、雀鹰、普通鵟、红隼、红腹角雉（黄连鸡）、白鹇、白腹锦鸡（宽冠鸡）、棕背田鸡、契尾绿鸠、领角鸮、领鸺鹠、斑头鸺鹠、鹰鸮、四川林鸮、长耳鸮、短耳鸮，猕猴、藏酋猴、豺、黑熊（老熊）、小熊猫、黄喉貂、水獭（山猫子）、大灵猫、小灵猫、斑林狸、金猫、斑羚、鬣羚。在上级别的重点保护野生动物中，除各种鹰类（比如老鹰、鹞子、猫头鹰）在其他五区县有少量分布外，其余的主要分布在洪雅县境内。

【水资源和水能资源】2014年，全市总用水量13.69立方米，地表水源供水量12.98亿立方米，地下水源供水量0.87亿立方米。水资源总量54.74亿立方米，人均占有水资源量1551立方米，大中型水库年末蓄水3.68亿立方米。

【水系】眉山市所辖区域属长江流域岷江、沱江水系。东部仁寿县大部分流域处于沱江一级支流球溪河的上、中游，也是支流龙水河、青水河、通江河、吴家坝河及绛溪河发源地。岷江干流位于辖区中部，从北向南纵贯彭山县、东坡区、青神县，丹棱县的思蒙河、金牛河流域、仁寿县的鲫江河、芦溪河、筒车河、芒溪河、越溪河流域均属岷江水系。西部洪雅县属青衣江中游，市境内接纳了花溪河、安溪河等数条支流汇入。市境内流域面积在100平方千米以上的河流有20条，500平方千米以上的有9条，1000平方千米以上的有3条。

岷江为长江上游左岸一级支流，发源于阿坝松潘县岷山南麓的弓杠岭和朗架岭，经阿坝州、成都市，在新津县红岩子和双流县黄龙溪入眉山市境内，流经彭山县、东坡区、青神县后在平羌峡出境，经乐山纳入大渡河（含青衣江）、马边河等支流后在宜宾市汇入长江。岷江在眉山市境内属中游，入境流域面积30376平方千米（含府河），入境河床高程436.74米，境内流长99.29米（不含府河），境内流域面积3104.1平方千米。出境（左岸）断面河床高程39.16米，干流出境断面流域面积33488.88平方千米，河床平均比降0.77‰。岷江在市境内接纳的主要支流有位于右岸的府河、王店河、鲫江河、沙溪河、筒车河；位于左岸的梓潼河、毛河、东西醴泉河、思蒙河、金牛河。

青衣江（又名雅河），系岷江二级支流。青衣江以宝兴河为正源，宝兴河发源于宝兴县巴朗山南麓蚂蝗沟，发源地高程4930米，至芦山县三江口纳芦山河，至飞仙关与西来天全河及北流荥经河汇合后始称青衣江。向东南流经雅安、洪雅、夹江等县市，至乐山草鞋渡注入大渡河，在乐山肖公嘴汇入岷山江。市境内青衣江流长58.82千米，入境流域面积10696平方千米（含洪雅县炳灵河出境后汇入面积794.41平方千米），入境断面海拔高程516.4米，入境年均流量457.6立方米/秒，年均入境径流量145.06亿立方米（含境内炳灵河出境后汇入年均径流量12.37亿立方米）。出境断面流域面积1247.45平方千米，海拔高程417.6米。市境内方要支流有位于右岸的炳灵河（入境前汇入）、花溪河、雅川河和位于左岸的安溪河。市境内青衣江流域面积2128.67平方千米（其中洪雅县1948平方千米、丹棱县180.6平方千米）。

沱江支流球溪河，入境流域面积164.85平方千米，境内流域面积1953.3平方千米，出境流域面积2118.15平方千米。

全市三大水系的入境过境水量总计为274.45亿立方米。多年平均径流深675.8毫米，东部径流深280~330毫米，西部为860~1600毫米，最多可达1914毫米（洪雅县高庙镇）。市域内多年平均径流总量为50.67亿立方米，其中地表水补给量48.56亿立方米，平原大气降水入渗量2.09亿立方米。据彭山水文站多年实测资料，岷江年均含沙量0.73千克/立方米，悬移质年输沙量约985.65万吨，推移质年输沙量44.35万吨。据夹江水文站泥沙实测资料分析，青衣江年均含沙量0.60千克/立方米，悬移质年输沙量1010万吨，推移质年输沙量约80万吨。

气候状况

【概况】 眉山市地处中低纬度，位于四川盆地西部、岷江中游，全市以亚热带季风性气候或亚热带季风性湿润气候为主。其特点是每年海陆季风交替更迭，四季分明，气候温和，雨量丰沛，雨热同季，日照少，无霜期长。冬无严寒，霜雪少；夏无酷暑，是暴雨和其他强对流天气频发期；春季回暖早，降水少；秋季温凉，多绵雨。多年平均气温16.8℃；7—8月最热，月平均气温分别为25.7℃、25.6℃，极端最高气温39.9℃（2006年8月12日，仁寿）；1月最冷，平均气温6.5℃，极端最低气温零下4.2℃（1991年12月28日，洪雅）。最高月平均气温28.4℃(8月)，最低月平均气温3.8℃（1月）。全年无霜期308—320天。年平均日照时数1060—1300小时，属全国低日照区域之一。年平均降水量1153.7毫米，年平均降雨日数为159天，最多达228天（1989年，洪雅），最少为116天（2003年、2006年，仁寿）。极端年最大雨量2165.4毫米（1966年，洪雅），极端年最少雨量544.4毫米(2006年，仁寿)。西部的洪雅、丹棱以及南部的青神年总降雨量丰沛，属全省的暴雨中心之一；东部仁寿县较全市其余各区、县干旱频率高。降雨集中在每年汛期（5—9月），7月最多，汛期降雨量占年总降雨量的85%左右。年平均大于6级大风日数5天。年平均雷暴日数30天左右。此外，在西南山区随着海拔高度的增加，分布有从亚热带—暖温带—寒温带—亚寒带的完整气候带谱，气候垂直差异（立体气候）明显。

【气候特点】 2014年，全市各区县年平均气温16.7℃—18.0℃，较常年偏高0.5℃—1.3℃；年极端最高气温37.1℃，出现在仁寿，年极端最低气温-1.4℃，出现在东坡区；全市年总降水量920—1320毫米，东坡、彭山、洪雅偏少5%—12%，其他区县接近正常；年日照偏少13%—32%；气象灾害有干旱、暴雨、冰雹、强雷暴等。经综合评估，全年全市干旱总体偏轻，暴雨、洪涝平稳，强度偏弱，高温日数较正常年份偏少，气候年景总体为平年年景。

气象要素突破1981—2010年30年历史记录情况。2014年气温要素平稳，各区县年平均气温、逐月平均气温、极端最高、极端最低气温均未突破1981—2010年30年历史同期记录；6月彭山日照时数为71.5小时，比30年历史记录中同期最少日照时数81.2小时偏少10%。仁寿8月日照时数为102.2小时,比30年历史记录中同期最少日照时数113.5小时偏少10%。1月彭山区、东坡区降水量均为0.4毫米比30年历史记录中同期同为历史最少值0.7毫米偏少43%；1月仁寿降水量0.0毫米比30年历史记录中同期历史最少值1.1毫米偏少100%；10月仁寿、东坡区降水量为85.3毫米、93.5毫米比1981—2010年30年历史同期记录最多值64.3毫米、92.8毫米偏多32.7%、0.8%。

2014年全市主要气象灾害（灾情资料来源于各区县应急办、民政局）。年内主要灾害性天气为冰雹、雷雨大风、暴雨。4月8日仁寿县中岗乡9个村出现大风、冰雹、短时强降雨强对流天气现象，冰雹持续时间20多分钟，直径2厘米~3厘米，翻水村、兰图村、高举村、天宫村受灾较为严重，基础设施、群众房屋、农作物和经济作物受到严重损害。受灾1.5万人，受伤1人，受损房屋974间，经济损失2100万元。8月9日出现区域性强降雨，仁寿本站降雨量88.9毫米。受灾19350人，218间房屋受损，倒塌房屋230间，转移安置96人，经济损失2100万元。

彭山区4月17日23时至18日00时，锦江乡、武阳乡境内出现了持续约一个小时的强雷雨天气，降雨量为27.1毫米，伴有8—9级阵性大风，23时30分左右出现10余分钟的冰雹，最大冰雹直径约1厘米。此次灾害主要是因大风造成房屋损坏倒塌、树木折断、作物倒伏、供电线路受损等。灾害过程造成2个乡镇约5个村约7295人受灾，75人因灾转移，395公顷农作物受灾，其中成灾面积347公顷，绝收4公顷，共倒塌房屋24间，损毁房屋462间，农业损失585万元，直接经济损失1183万元。7月30日20时至8月1日20时，彭山区普降暴雨、大暴雨。7月30日20时至31日20时全区22个监测站有5个站点降雨量大于100毫米，50毫米以上的监测站有3个，7月31日20时到8月1日20时又有5个监测站的降雨量在50毫米以上，此次过程最大降雨量出现在谢家镇，过程降雨量205.4毫米。暴雨造成彭山12个乡镇受灾，受灾人口4314人，有6人因灾转移，倒塌房屋57间，作物受灾面积194公顷，直接经济损失818.48万元。

洪雅8月3—4日普降大到暴雨，8月3日20时至4日11时，洪雅县局部遭受暴雨，造成山洪暴发，最大降雨量达143.4毫米。洪涝灾害受灾涉及10个乡镇，61个村，4890户，14012人，紧急生活救助73人，倒塌农房6间，严重损坏44间，一般损坏71间。农作物受灾（玉米、水稻）面积416公顷，成灾252公顷，绝收98公顷。基础设施受损严重（乡村公路、桥涵、公共设施等）。造成直接经济损失1475.4万元，其中农业损失431.9万元，家庭财产损失153.5万元，基础设施损失811万元，公共设施损失79万元。8月6日20时至8月7日08时洪雅县普降中到大雨，局部暴雨，最大降雨量出现在瓦屋山镇为59.8毫米。8个乡镇59个村3152户9409人受灾，紧急转移安置人口33人；受灾面积538公顷，成灾面积281公顷，绝收面积148公顷；房屋损损毁60间；农业损失561.5万元，基础设施损失446万元，家庭财产损失57.0万元，直接经济损失1064.5万元。8月17日20时至8日8时，洪雅县局部遭受暴雨，造成山洪暴发，最大降雨量72.6毫米。8个乡镇1.91万人受灾，房屋损毁195间，农业受灾455公顷，成灾254公顷，绝收115公顷，农业损失466万元，基础设施损失190万元，公益实施损失33万元，家庭财产损失151万元，直接经济损失840万元。8月25日20时至26日20时，洪雅县境内出现强降雨天气过程。全县15个气象监测站有14个降雨超过25毫米，最大降雨量余坪镇57.2毫米。8个乡镇9372人受灾，紧急转移安置人口15人，分散安置人口110人；房屋损毁199间，农业受灾308公顷，成灾232公顷，绝收41.4公顷，农业损失278万元，基础设施损失372万元，公益实施损失1万元，家庭财产损失271万元，直接经济损失922万元。

丹棱县7月31日出现暴雨天气过程，造成1个乡镇、2450人受灾，房屋损毁360间，倒塌11间，农业受灾140.74公顷，成灾135公顷，绝收0.33公顷，电路损毁1条，造成96户居民停电，森林损毁16公顷，雷电造成1间房屋起火，直接经济损失达140万元。

青神县2014年7月31至8月1日普降大暴雨到特大暴雨，其中县城区最大降雨量260.8毫米，降雨量200毫米以上的乡镇4个，150毫米以上的乡镇5个。造成10个乡镇800人受灾，转移安置567人，农业受灾562公顷，成灾189公顷，绝收8公顷，民主街、交通街、外东街、小北街、文林街、外西街、王坝村“城市之星”低洼地段商铺、住宅及厂房被淹，最深积水1.2米，部分村道受到不同程度损坏，水利设施损毁7.5千米。直接经济损失2750万元，其中农业450万元、城市内涝2300万元。

东坡区7月23日出现雷雨大风，造成2145人受灾，倒塌房屋17间，转移安置38人。8月1日出现区域性暴雨，造成4500人受灾，受损房屋96间，倒塌房屋50间，转移安置18人。8月7日区域性暴雨，造成1268受灾人，受损房屋36间，倒塌房屋11间，转移安置27人。

国民经济和社会发展

2014年，面对复杂严峻的宏观经济形势，市委、市政府带领全市人民强力实施省委“三大发展战略”，落实市三届五次党代会安排部署，扎实做好“五个主题年”工作，全市经济社会保持健康平稳发展势头，各项社会事业取得新的进步。

一、综合

经四川省统计局审定，2014年全市地区生产总值（GDP）944.89亿元，按可比价计算比2013年（下同）增长10.1%。其中，第一产业增加值152.19亿元、增长3.9%；第二产业增加值539.89亿元、增长11.1%；第三产业增加值252.81亿元、增长11.2%。三次产业对经济增长的贡献率分别为5.6%、66.2%、28.2%，分别拉动经济增长0.6、6.7、2.8个百分点。人均地区生产总值31664元、增长9.7%。三次产业结构由16.8∶57.1∶26.1调整为16.1∶57.1∶26.8。

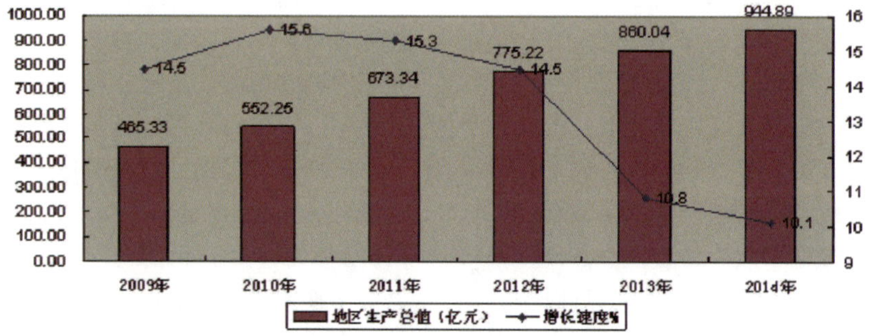

2009—2014年眉山市地区生产总值及其增长速度

全年非公有制经济增加值603.49亿元、增长11.2%，占地区生产总值的63.9%，对经济增长的贡献率69.4%，拉动经济增长7.02个百分点。其中，第一产业增加值59.35亿元、增长4.1%，第二产业增加值403.33亿元、增长11.7%，第三产业增加值140.82亿元、增长12.5%。

全年居民消费价格总水平（CPI）比上涨1.9%。其中食品类价格涨2.7%，烟酒类价格降1.5%，衣着类价格涨2.3%，家庭设备用品及维修服务类价格涨2.1%，医疗保健及个人用品类价格涨1.8%，交通和通信类价格涨2.3%，娱乐教育文化用品及服务类价格涨3.3%，居住类价格降0.4%。工业生产者出厂价格（PPI）降2.1%，其中生产资料价格降1.9%，生活资料价格降2.7%。工业生产者购进价格（IPI）降3.3%。

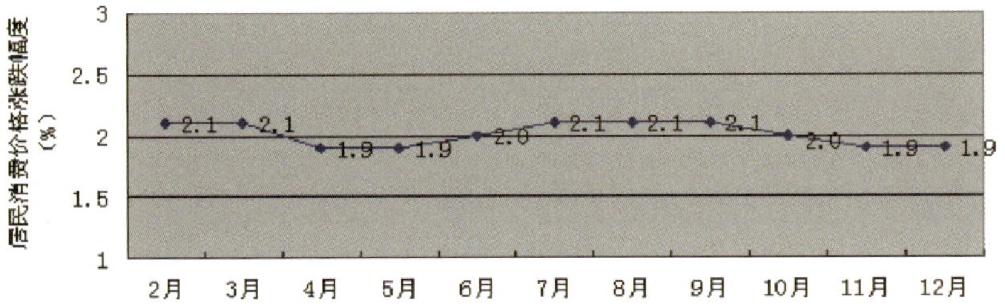

2014年眉山市居民消费价格涨跌幅度（累计同比）

二、农业

2014年，全市农作物总播种面积43.09万公顷，比2013年（下同）增长0.9%。其中粮食作物播种面积29.48万公顷、降0.3%；油料作物播种面积5.6万公顷、增长1.8%；药材播种面积2529公顷、降2.1%；蔬菜播种面积5.65万公顷、增长7.6%。

全年粮食产量164.44万吨，降0.4%。其中小春粮食产量29.12万吨、增长3.2%；大春粮食产量135.32万吨、降1.1%。经济作物中，油菜籽产量9.79万吨、增长3.8%；茶叶产量2.09万吨、增长3.3%；水果产量86.63万吨、增长6.8%；蔬菜产量145.7万吨、增长5.9%。

全年肉类总产量30.8万吨、增长6.7%。其中猪肉产量21.6万吨、增长5.8%；牛肉产量0.7万吨、增长8.9%；羊肉产量0.7万吨、增长7.1%。牛奶产量14.5万吨、增长3.3%；禽蛋产量5.4万吨、增长0.2%。年末生猪存栏增长0.2%，奶牛存栏降6.8%。全年生猪出栏增长2.0%，羊出栏增长3.1%，家禽出栏增长1.9%。

全年水产品养殖面积1.53万公顷、增长1.1%；水产品产量10.51万吨、增长6.4%。

全年新增耕地1060公顷，年末耕地保有量24.03万公顷，基本农田保有量21.24万公顷，建成高标准基本农田2.12万公顷。全年完成45座病险水库整治，解决34.22万农村居民安全饮水问题。年末农业机械总动力235.04万千瓦，年内机耕作业面积25.79万公顷，主要农作物（小麦、水稻、玉米、油菜）综合机械化水平56%，全年修建机耕便民道2207千米，维修改造提灌机械3259台3.39万千瓦，新增提灌机械861台8164千瓦。

三、工业和建筑业

2014年，全市全部工业增加值460.68亿元，比2013年（下同）增长9.7%。全年规模以上工业企业总数629户，增加24户。规模以上工业增加值增长10.2%。

在规模以上工业中，国有及国有控股企业增加值增长4.3%，股份制企业增加值增长10.1%，外商及港澳台企业增加值增长15.0%，其他经济类型企业增加值增长7.2%。轻工业增加值增长12.9%，重工业增加值增长9.3%。

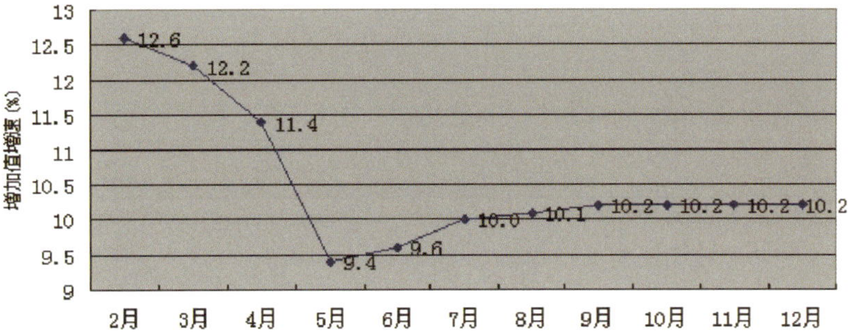

2014年规模以上工业增加值增长速度（累计同比）

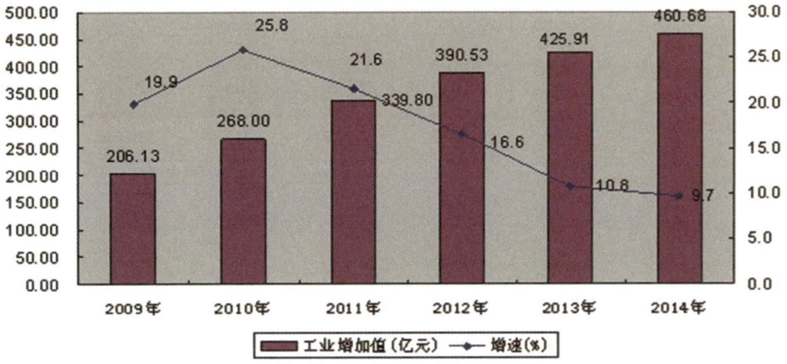

2009—2014年全部工业增加值及速度

统计的70种工业产品中有49种产品产量增长，增长面70.0%。规模以上工业企业产销率97.9%。规模以上工业企业利税总额122.4亿元，增长7.9%；盈亏相抵后利润总额72.6亿元，增长5.3%。

表 3　2014 年主要工业产品产量

指标名称	单位	本年累计	累计± (%)
配混合饲料	万吨	198.64	29.7
食用植物油	万吨	11.19	25.6
鲜冷藏冻肉	万吨	10.69	7.1
乳制品	万吨	22.09	1.4
饮料酒	千升	12890.00	-2.0
布	万米	6258.00	1.0
农用化肥（折纯）	万吨	47.86	0.3
合成洗涤剂	万吨	59.28	32.2
中成药	万吨	0.08	-79.4
塑料制品	万吨	20.40	17.1
水泥	万吨	1075.95	22.7
钢材	万吨	3.50	-79.1
原铝	万吨	18.35	-1.5
铝材	万吨	40.87	27.8
铁路货车	辆	2565.00	-44.5
芒硝	万吨	204.90	-17.6

全年全社会建筑业增加值79.22亿元、增长20.6%。年末具有资质等级的建筑企业135户，其中施工总承包和专业承包企业108户，劳务分包企业27户。

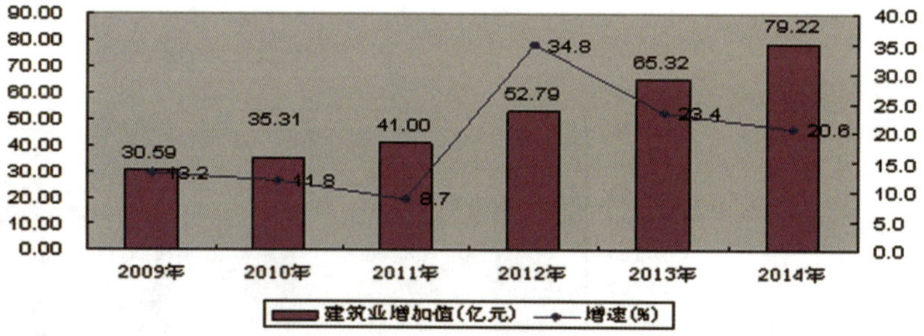

2009—2014 年建筑业增加值及增长速度

四、固定资产投资

2014年，全市全社会固定资产投资922.98亿元，比2013年（下同）增长22.1%。第一产业投资18.68亿元、增长8.8%；第二产业投资363.89亿元、增长15.8%，其中工业投资362.93亿元，增长16.8%；第三产业投资540.41亿元、增长27.2%。全年500万元及以上项目投资758.16亿元、增长25.6%；基本建设投资502.55亿元、增长28.3%；技术改造投资255.61亿元、增长20.7%。

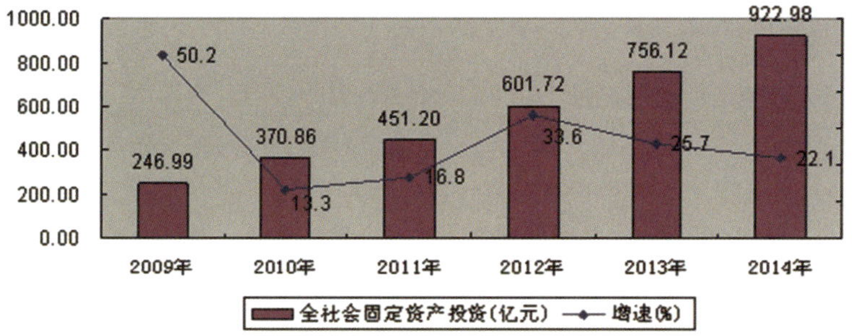

2009−2014 年全社会固定资产投资及增长速度

全年房地产开发投资151.12亿元、增长16.0%。商品房施工面积1365.64万平方米、增长8.5%。商品房销售面积331.99万平方米、增长16.0%。

五、国内贸易、对外经济和旅游

2014年，全市社会消费品零售总额319.71亿元，比2013年（下同）增长12.9%，其中限额以上企业（单位）消费品零售额130.56亿元、增长17.4%。城镇市场消费品零售额210.65亿元、增长12.7%；乡村市场消费品零售额109.06亿元、增长13.5%。商品零售额276.94亿元、增长13.1%；餐饮收入额42.77亿元、增长11.9%。

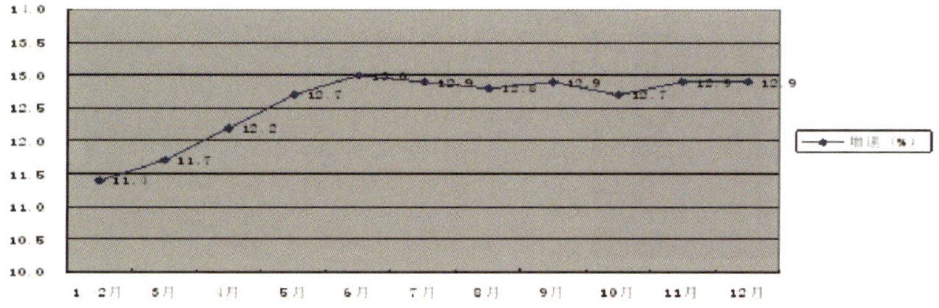

2014 年社会消费品零售总额增长程度（累计同比）

在限额以上企业（单位）商品零售额中，粮油、食品、饮料、烟酒类增长7.3%，服装、鞋帽、针纺织品类增长8.7%，金银珠宝类增长23.6%，日用品类增长4.4%，家用电器及音像器材类增长20.1%，中西药品类增长24.0%，通信器材类增长13.9%，石油及制品类增长16.2%，建筑及装潢材料类增长26.6%，汽车类增长27.7%。

全年进出口总额3.32亿美元、增长15.3%。其中进口额1.23亿美元、增长40.2%；出口额2.09亿美元、增长4.4%。

全年接待旅游人数2386万人次、增长22.8%；旅游总收入180.7亿元、增长24.5%。

六、交通、通信和邮电

2014年，全市公路货物运输总量5526万吨，公路旅客运输总量6543万人次。公路货物运输周转量52.08亿万吨千米，公路旅客周转量18.11亿人千米。

全年邮政业务总量2.79亿元，比2013年（下同）增长20.5%；电信业务总量27.60亿元、增长21.5%。年末固定电话用户39.47万户、降7.2%；移动电话用户244.08万户、增长4.9%；宽带用户41.02万户、增长21.3%。

七、财政、金融和保险

2014年，全市地方财政收入182.5亿元，比2013年（下同）增长20.3%，其中地方一般公共预算收入75.2亿元、增长15.6%。地方一般公共预算收入中，增值税增长13.0%、营业降7.5%、企业所得税增长6.9%、个人所得税增长7.8%。全年地方财政支出292.8亿元、增长11.2%，其中一般公共预算支出182亿元、增长5.5%。

年末金融机构各项存款余额1255.22亿元、增长12.5%，其中人民币各项存款余额1253.85亿元、增长12.4%。人民币各项存款余额中，单位存款增长3.1%、个人存款增长16.6%。各项贷款余额626.52亿元、增长17.7%，其中人民币各项贷款余额625.17亿元、增长17.5%。在人民币各项贷款余额中，短期贷款下降0.6%，中长期贷款增长26.7%。

年末有保险公司25家，其中财险公司13家、寿险公司12家。全年保费总收入34.75亿元、增长5.8%。其中财产险收入11.31亿元、增长22.1%；人身险收入23.44亿元、降0.6%。全年支付各项赔款和给付9.30亿元，其中财产险赔付5.77亿元、人身险赔付3.53亿元。

八、科技、教育、文化、体育、卫生

2014年，全市组织实施市级以上科技计划项目152项，向上争取到位无偿科技项目资金5195万元。申请专利911件，获得授权专利569件。新增国家级新技术企业16家、省级以上创新型企业13家。全年举办科技培训592期18.50万人次。

年末有各类学校892所，其中幼儿园444所、小学210所、初中188所、高中28所、中职17所、特殊学校5所。在校学生40.38万人，其中幼儿园学生9.09万人、小学学生13.88万人、初中学生7.39万人、高中学生5.31万人、中职学生4.68万人、特殊学校学生314人。小学学龄儿童入学率100%，高中阶段毛入学率88.64%，普通高考本科上线率40.4%。年末专任教师总数2.44万人，其中小学专任教师9500人、普通中学专任教师1.05万人。

年末有文化馆7个、文化站128个、公共图书馆7个、博物馆5个、文物保护区956个、剧场、影剧院6个；公共图书馆图书总藏量32.82万册；体育场馆21个。全年举办运动会32次，14.5万人参加。

年末广播电视台6座，有线广播电视传输干线网络总长1.8万千米。有线广播电视用户44.4万户。全年公共广播节目、电视节目播出时间分别为3万小时和4万小时。

年末医疗卫生机构2107个，床位数1.59万张。医院、卫生院技术人员1.12万人，其中执业医师3854人，注册护士4726人。全年门诊419.8万人次，实际占用总床日数291.7万床日，病床使用率90.88%。全年新农合参保人数258.68万人。

九、人民生活、社会保障

2014年末，全市户籍总人口353.02万人，其中非农人口100.64万人；常住人口298.97万人，其中城镇常住人口120.96万人，城镇化率40.46%。全年出生人口3.64万人，死亡人口2.49万人，人口自然增长率3.30‰。

全年农村居民人均纯收入1.04万元，比2013年（下同）增加1101元、增长11.8%；农村居民人均生活消费性支出8770元，增加3189元、增长57.1%。全年城镇居民人均可支配收入24135元，增加2234元、增长10.2%；城镇居民人均消费性支出17615元，增加2785元、增长18.8%。

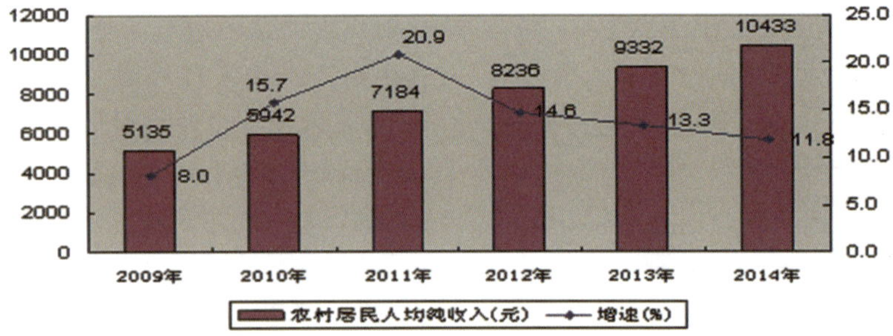

2009—2014年农村居民人均纯收入及其增长速度

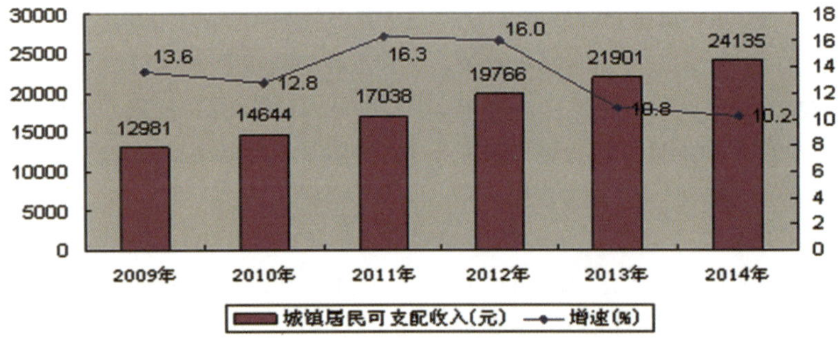

2009—2014年城镇居民人均可支配收入及其增长速度

全年参加城乡基本养老保险人数163.29万人，参加城镇基本医疗保险人数71.94万人，参加失业保险人数10.23万人，参加工伤保险人数15.60万人，参加生育保险人数14.12万人。发放养老、失业金30.55亿元，支出城镇基本医疗保险待遇7.76亿元。城镇新增就业3.19万人，帮助失业人员再就业4982人，帮助困难群众就业2717人，城镇登记失业率4.12%。组织各类就业、创业培训8562人次。发放小额担保贷款1.24亿元。

全年城乡医疗救助人数44.79万人次，支出救助金6760万元；城乡低保保障人数21.02万人，支出保障金3.67亿元。年末农村五保供养对象2.25万人，集中供养率90.0%。新增、改扩建7所敬老院，新增床位294张。新建慈善超市3个，新建老年学校10所。销售福利彩票2.7亿元，筹集福彩公益金2438万元。

十、资源、环境和安全生产

2014年，全市水资源总量50.32亿立方米。造林1466公顷，年末森林面积29.1万公顷，森林覆盖率45.97%。

全年城市生活污水集中处理率40.15%，城市生活垃圾无害化处理率100%。化学需氧量排放量4.23万吨，氨氮排放量0.34万吨。城区空气质量优良以上天数占全年天数的90.4%，功能区噪声全面达标，地表水达标率100%。

全年平均气温东坡区17.4℃，彭山区17.9℃，仁寿县17.9℃，洪雅县16.9℃，丹棱县16.6℃，青神县17.2℃。平均降水量东坡区965.8毫米，彭山区920.2毫米，仁寿县1030.5毫米，洪雅县1327.8毫米，丹棱县1158.5毫米，青神县1213.4毫米。

全年各类生产经营性事故死亡29人，比2013年（下同）降17.1%，其中工矿商贸事故死亡人数5人、降54.5%。

中国共产党
眉山市委员会

重大决策

【“五个主题年”工作】2014年1月1日，市委、市政府作出《关于深化改革创新加快转型升级强力推进全市经济跨越发展的决定》，深入贯彻中共十八大和十八届三中全会精神，全面落实省委经济工作暨城镇化工作会议安排部署，抢抓发展机遇，深化改革创新，加快转型升级，推进全市经济跨越发展。要求各级按照省委“稳中求进、改革创新”总要求，坚持“改革创新、转型升级、提质增效”不动摇，做到“换挡不失速、有为不失衡、改革不失序”，强力实施省委“三大发展战略”，扎实抓好“五个主题年”工作(抓实改革创新突破年，积极培育经济发展新优势；抓实“产业转型升级年”，加快构建现代产业体系；抓实“统筹城乡攻坚年”，加快新型城镇化建设步伐；抓实“产业集群招商年”，努力提高开放合作水平；抓实“创业就业惠民年”，推动民生改善取得实效)。确保2014年地区生产总值增长10%、力争11%；规模以上工业增加值增长11%、力争12%；第三产业增加值增长11%、力争12%；民营经济增加值增长11%、力争12%；全社会固定资产投资增长17%、力争20%；地方公共财政收入增长15%、力争20%；社会消费品零售总额增长13%、力争14%；招商引资到位资金632亿元、力争650亿元；城镇居民人均可支配收入增长10%、力争11%；农民人均纯收入增长11%、力争12%；城镇化率提高2.5%，力争3%，全面完成省定节能减排目标任务。

【开展党的群众路线教育实践活动】2014年2月至9月，在全市开展中国共产党的群众路线教育实践活动。市委下发《关于深入开展党的群众路线教育实践活动的实施意见》，安排部署全市党的群众路线教育实践活动。要求鲜明活动主题，贯彻整风精神，把握基本原则，明确重点任务，以反对“四风”（形式主义、官僚主义、享乐主义和奢靡之风）为重点，解决“四风”突出问题、关系群众切身利益的问题、联系服务群众“最后一公里”问题。坚持解决问题，坚持教育实践并重，坚持边学边查边改。突出建设“四支队伍”［广泛组建党员志愿服务队、基层便民专业化服务队、社会志愿者服务队、村（社区）网格员服务队］，加强和改进群众工作。把作风建设新成效转化为推进跨越发展、实现“两个率先”的强大力量。市委、市政府下发《关于建设“四支队伍”直接服务群众的意见》，创新党的群众路线实践载体，深化“走基层”活动，探索构建新型基层社会治理体制，解决联系服务群众“最后一公里”问题。围绕队伍全域组建、服务全域覆盖、和谐全域提升、小康全域推进“四个全域”目标，在全市广泛组建“四支队伍”，高扬服务群众旗帜，进社区、村庄、院落，全方位、网格化开展便民利民惠民服务。明确每支服务队的服务内容和方式，提出加强组织领导、树好服务形象、提高信息化水平、营造服务氛围、强化督查考核等工作要求5项。

【推进依法治市】2014年，市委印发《眉山市依法治市纲要(2014—2020年)》。贯彻落实依法治国基本方略和《四川省依法治省纲要》，明确依法治市的指导思想、基本原则、总体目标、实施进程。确保到2020年，全社会法治意识显著增强，公共权力依法规范公开运行，公民依法享有权利和履行义务，各项事业全面纳入法治化轨道，形成党委依法执政、政府依法行政、司法公正执法、企业依法经营、行业依法管理、公民依法自治、监督体系健全的“法治大格局”。在依法执政方面，完善党的领导体制和执政方式，加强党内法治建设，加强和改进党对政法工作的领导。在依法行政方面，加快转变政府职能，健全依法科学民主的行政决策机制，依法规范行政行为，深化政务公开和信息公开，营造公平开放的市场经济环境。在公正司法方面，深入推进司法改革，加强司法规范化建设，提高司法公信力，完善司法为民长效机制。在社会法治方面，创新社会治理，健全依法维护群众权益机制，加强公共安全体系建设，建立健全社会征信体系，加强和规范法律服务。在学法用法方面，广泛开展普法宣传，抓重点对象法制教育，全力推进法治理论研究和法治文化建设，坚持法制宣传教育与法治实践相结合。在监督问责方面，完善监督体系，全面推行问责制度。在组织保障方面，加强组织领导，健全推进机制，加强队伍建设。市委作出《关于全面推进依法治市建设法治眉山的决定》，全面推进依法治市、建设法治眉山，提出全面推进依法治市总体要求和建设法治眉山总目标。构建“八大体系”（构建依法执政体系，提高党委执政水平；构建法治政府体系，推进依法行政；构建法治环境体系，维护社会公平正义；构建全民学法体系，推进全社会树立法治意识；构建基层自治体系，推进基层治理法治化；构建依法经营体系，推进法治经济建设；构建监督网络体系，加强权力运行制约和监督；构建舆论宣传体系，营造浓厚法治氛围），全面推进依法治市。

【构建从严治党新常态】 2014年，市委作出《关于聚精会神抓党建构建从严治党新常态的决定》。贯彻落实中央、省委全面推进从严治党的重大部署，巩固深化党的群众路线教育实践活动成果，推动形成干事创业、崇廉尚实、风清气正的政治生态。要求强化在党意识、政治担当，构建思想建设新常态，解决好“总开关”根本问题，创新开展党员干部经常性思想教育，强化党员干部思想动态分析研判。从严抓班子带队伍，构建组织建设新常态，坚持“四个一流”（精神状态一流、工作业绩一流、干群关系一流、发展环境一流）抓班子、“四个作为”（常规工作，规范高效、主动作为；重点工作，创新突破、大胆作为；群众需要，优先落实、积极作为；急难险重，当仁不让、抢先作为）带队伍、立足“四个全面”强基层、建好“四支队伍”强服务。践行“三严三实”（严以修身、严以用权、严以律己，谋事要实、创业要实、做人要实），构建作风建设新常态，持之以恒反“四风”、转作风，开展正风肃纪专项整治，全面推行“四个当天”制度，坚持常态治理庸懒散浮拖。坚持惩防并举，构建反腐倡廉新常态。推进警示教育常态化，加强源头预防，从严查办腐败案件。规范权力运行，构建制度建设新常态，把权力关进制度笼子，强化制度规定执行落实，加强对“一把手”的监督，严肃党内政治生活。强化管党治党责任落实，构建履职尽责新常态，从严落实管党治党责任，实行党组织书记党建工作述职评议，加大党建工作考核激励力度，强化党建工作保障。

【推进网格化服务管理】 2014年，市委办公室、市政府办公室下发《关于推进网格化服务管理工作的实施意见》。贯彻落实中共十八大和十八届三中全会精神，推进系统治理、依法治理、综合治理、源头治理，完善治理体系，提升治理水平，及时反映和协调人民群众各方面各层次利益诉求，实现“民生服务有人办理、社情民意有人收集、矛盾纠纷有人化解、治安防范有人组织、特殊人群有人帮教、法律政策有人宣传、重大事件有人报告”。工作目标是，6月底前，全市所有城镇农村全面推行网格化服务管理。建立健全管理体制。成立眉山市网格化服务管理工作领导小组，区县成立网格化服务管理监管机构，乡镇（街道）设立网格化服务管理中心，着力构建“党委政府主导、政法综治协调、信息化为支撑、四级整体联动、服务管理高效、社会平安和谐”的工作格局。规范联动运行机制，建立健全网格、村（社区）、乡镇（街道）、区县四级联动机制；建立健全发现、处置、上报、交办、办结、回访运行机制；建立健全全程服务管理机制；建立健全网格员服务队与“四支队伍”的衔接互动机制，实现“四支队伍”的整体联动。科学划分网格，城市社区原则上按300—400户划分为1个网格，乡镇所在地原则上按500—600户划分为1个网格，不足500户的划分为1个网格，农村以村民小组为单元划分为1个网格。加强网格员队伍建设，网格员原则上按“一格一员”配备，加强网格员管理、培训、考核奖惩。加强组织领导、加强经费保障、加强宣传引导、加强考核督导。

重要决定

2014年，市委作出深化改革创新加快转型升级强力推进全市经济跨越发展、学习岷东新区、学习吴菊芬同志主动作为创一流、深入开展党的群众路线教育实践活动、建设“四支队伍”直接服务群众、继续实施综合交通建设大会战、市委常委会2014年工作、依法治市纲要（2014—2020年）、进一步扩大对外开放做好投资促进工作、建立健全惩治和预防腐败体系2013—2017年工作规划任务分工、创新四个机制强力推进重点项目建设、全面深化改革、深化农村改革加快推进都市近郊型现代农业发展、2014年党风廉政建设和反腐败工作、认真学习贯彻省委书记王东明重要讲话精神、推动建立作风建设长效机制、认真贯彻“三严三实”要求进一步加强党员干部教育管理监督、眉山市《中国共产党党和国家机关基层组织工作条例》实施办法、全面推进依法治市建设法治眉山、聚精会神抓党建构建从严治党新常态、中共眉山市第三届委员会常务委员会议事决策规则、推进网格化服务管理工作、2014年依法治市工作、深入推进“大调解”工作“六化”（党政主导常态化、网络覆盖全域化、窗口建设标准化、调处机制法制化、考评考核科学化、作用影响最大化）建设、2014年宣传思想工作、加强城乡社区建设和创新管理服务、落实党风廉政建设党委主体责任和纪委监督责任、服务业改革发展、中国国际贸易促进委员会眉山市委员会主要职责和内设机构及人员编制、市级行政事业单位会议费管理、党内规范性文件备案、深入推进“法律七进”、促进工业企业转型升级创新发展、安全生产、党政机关国内公务接待等重要决定36项。

重要会议

【党代会】2014年1月6日，召开中国共产党眉山市第三届代表大会第五次会议。会议听取和审议市委工作报告；审议市纪委工作报告；审议《市三届党代会第四次会议代表提案办理情况的报告》；满意度测评市委全委会和市纪委2013年度工作；摸底调查眉山市“四大”班子、区县党政班子、市级部门（单位）作风情况。市委副书记、市长宋朝华主持第一次大会，市委书记李静主持第二次大会。中国共产党眉山市第三届代表大会代表，邀请来宾、列席人员参加会议。

【全委（扩大）会议】2014年，召开中共眉山市三届14至17次全委会议4次。第14次全委会议审议市委工作报告、市纪委工作报告；满意度测评市委常委会2013年度工作；审议市三届五次党代会有关事宜。市委委员、候补委员参加会议，不是市委委员、候补委员的市纪委委员列席会议。第15次全委会议听取各代表团讨论市委工作报告、市纪委工作报告的情况汇报；通过关于市委工作报告的决议（草案）和关于市纪委工作报告的决议（草案），提交各代表团讨论；审议并通过关于代表提出提案处理意见的报告。市委委员、候补委员，市三届五次党代会各代表团团长参加会议。第16次全委会议审议《中共眉山市委关于全面推进依法治市建设法治眉山的决定（草案）》；审议《中共眉山市委关于构建聚精会神抓党建新常态全面推进从严治党的决定（草案）》；市委书记李静作党建工作述职，接受满意度测评等。市委委员、候补委员；不是市委委员、候补委员的市政府党员副市长、在眉山党的十八大代表、在眉山省第十次党代会代表；不是市委委员、候补委员的市依法治市工作领导小组成员；不是市委委员、候补委员的市委党建工作领导小组成员；基层党代表30人参加会议。第17次全委（扩大）会议审议《中共眉山市委关于全面推进依法治市建设法治眉山的决定（草案）》；审议《中共眉山市委关于构建聚精会神抓党建新常态全面推进从严治党的决定（草案）》；市委书记李静作党建工作述职，接受满意度测评等。市委常委，市人大常委会主任，市政协主席，市人大常委会副主任，市政府副市长，市政协副主席，市中级人民法院院长，市人民检察院检察长；市长助理；市人大常委会、市政府、市政协秘书长；各区县委书记、区县长；市委工作部门、市政府工作部门、市级人民团体，市委、市政府直属事业单位，园区主要负责人；其他市委委员、候补委员；市纪委领导成员参加会议。

【常规工作会议】2014年，召开市委政法工作、全市投资促进工作、市委农村工作、宣传文化工作、全市外事侨务对台工作、全市统战工作、全市民营经济工作、全市综合交通工作现场会、全市农村工作现场会、全市县域经济工作暨半年工作会、全市深化农村改革推进、十大民生工程工作会、党外人士座谈会、眉山市文艺工作座谈会暨“文化立市”战略推进会等工作会议14次，召开全市领导干部大会5次，主要传达学习上级会议精神，通报有关情况，总结上年工作，表彰先进，安排部署当年及相关工作。

【其他会议】2014年，召开2013年度市级党政领导班子和领导干部述职测评会。市委书记李静代表市委领导班子述职，市委副书记、市政府市长宋朝华代表市政府领导班子述职。召开眉山市主动作为创一流“双十佳”（全市主动作为创一流十佳集体，全市主动作为创一流十佳个人）命名大会暨建设“四支队伍”直接服务群众启动仪式，会议以电视直播形式召开，区县设分会场。会议命名全市主动作为创一流十佳集体和十佳个人，宣布市委关于开展向岷东新区学习的决定、关于向吴菊芬同志学习的决定，部署建设“四支队伍”直接服务群众工作。召开全市党的群众路线教育实践活动动员部署会议，贯彻落实中央、省委有关会议精神，动员部署全市党的群众路线教育实践活动。召开创建国家园林城市总结暨“绿海明珠”大会战动员大会。会议总结创建国家园林城市工作，动员部署“绿海明珠”大会战工作。举行眉山市日化产业推介会，推介眉山打造中国西部最大日化产业基地情况，市政府与中国香料香精化妆品工业协会签订日化产业战略合作协议书。召开2014年眉山建设者迎春茶话会。召开眉山市推进依法治市工作电视直播大会，会议贯彻落实依法治国基本方略，安排部署依法治市有关工作。召开眉山市2014年“千湖之城”大会战电视直播大会，会议安排部署2014年“千湖之城”大会战工作，加快推进“千湖之城”建设步伐。召开省委宣讲团“学习贯彻省委十届四次全会精神”报告会。召开眉山市“四支队伍”直接服务群众工作现场会。召开眉山市第四届劳动模范表彰大会，表彰眉山市第四届劳动模范。召开雅安—眉山区域合作座谈会，两市签署《雅安—眉山区域合作框架协议》；两市交通运输局、旅游局、区县主要负责人分别签署《雅安—眉山综合交通合作协议》《雅安—眉山旅游合作协议》《雨城区—洪雅县区域合作协议》三个专项协议。召开眉山市落实“两个责任”推进正风肃纪工作会议。省纪委副书记邓顺贵解读省委《关于落实党风廉政建设党委主体责任和纪委监督责任的意见（试行）》。召开眉山市庆祝中国共产党成立93周年大会，庆祝中国共产党成立93周年，推动全市“主动作为创一流、为民服务当先锋”深入开展。召开市委常委班子党的群众路线教育实践活动专题民主生活会，省委常委、组织部部长、省委教育实践活动领导小组副组长兼办公室主任范锐平莅会指导，要求继续从严务实抓好教育实践活动。召开市委常委班子专题民主生活会情况通报会，省委第十七督导组组长王平、副组长刘怡到会指导。召开创建文明城市工作暨道德模范表彰大会，总结第三届省级文明城市创建，启动第四届省级文明城市创建、争创全国文明城市提名资格市，安排部署2014年城市公共文明指数测评工作；表彰市第三届道德模范。召开全市党的群众路线教育实践活动推进会，贯彻中央、省委有关精神，通报全市党的群众路线教育实践活动情况，部署当前和第三环节工作。召开眉山市“稳增长　鼓干劲”表彰动员大会，表彰稳增长贡献突出的先进企业、单位，动员部署全市“稳增长、鼓干劲”工作。召开眉山市“绿海明珠”大会战秋季战役行动大会。在东坡区烈士陵园举行“2014·眉山市暨东坡区烈士公祭活动”。召开眉山市党的群众路线教育实践活动总结大会。召开全市机关干部大会。通报区县、市级部门领导班子届中评估情况和全市纪检监察机关查办案件工作情况，安排部署全市深化中央巡视组反馈意见和群众路线教育实践活动问题整改工作以及“六个一”（组织一次“回头看”，开展一次“访民情、送温暖”，办一批实事好事，进行一次法治宣讲，集中解决一批信访疑难问题，帮助整顿转化一批后进村（社区）党组织）走基层活动。在市体育馆举行第六届中国泡菜展销会开幕式。部分国家部委领导，省领导，省级部门领导，世界500强企业负责人，专家学者，部队、高校、科研单位、大型企业、商会、宾馆酒店、各大新闻媒体等嘉宾1100人参加。省农业厅厅长任永昌主持开幕式，市委书记李静致欢迎辞，农业部总农艺师孙中华致辞，省政府副省长陈文华讲话，全国政协副主席刘晓峰宣布第六届中国泡菜展销会开幕。在岷江东湖饭店主楼二楼宏图府举行第六届中国泡菜展销会闭幕式。闭幕式上，中国食品工业协会副秘书长杜荷与市委副书记、市政府市长宋朝华签订“中国泡菜展销会永久性会址协议”；为中国泡菜品牌大赛、“东坡味道”中国泡菜制作大赛获奖企业颁奖。召开全市收送红包礼金问题专项整治工作推进会议，贯彻落实全省领导干部收受红包礼金问题专项整治工作视频会议精神，开展拒收不送红包礼金公开承诺，安排部署下一阶段专项整治工作。召开省委宣讲团党的十八届四中全会和省委十届五次全会精神宣讲报告会。省委宣讲团成员、省委宣传部巡视员王素作学习党的十八届四中全会和省委十届五次全会精神报告。召开全市庸懒散浮拖问题专项整治工作推进会，通报庸懒散浮拖问题督查情况，部署深化整治工作。

【重点项目开工竣工仪式】2014年，全市举行重点项目集中开工竣工仪式5次。在仁寿县IBM和IT及电商产业园项目现场，集中开工1000万元以上重点项目39个，总投资157亿元，当年计划投资30.76亿元；集中竣工1000万元以上重点项目56个，计划总投资37.27亿元，截至竣工时完成投资38.89亿元。在成眉石化园区四川中明能源航空煤油及增塑剂项目现场，集中开工1000万元以上重点项目44个，总投资81.68亿元，当年计划投资32.38亿元；集中竣工1000万元以上重点项目36个，计划总投资25.61亿元，截至竣工时完成投资27.5亿元。在天府新区仁寿视高区域中国建筑钢构西部制造基地项目现场，集中开工1000万元以上重点项目35个，总投资90.99亿元，当年计划投资22.02亿元；集中竣工1000万元以上重点项目29个，计划总投资21.42亿元，截至竣工时完成投资21.94亿元。在甘眉（铝硅）工业园区四川阳光坚端铝业有限责任公司年产20万吨工业和建筑型材项目现场，集中开工1000万元以上重点项目30个，总投资79.57亿元；集中竣工1000万元以上重点项目26个，完成投资22.16亿元。在遂资眉高速公路眉山段三苏服务区，集中开工

1000万元以上重点项目33个，总投资52.32亿元；集中竣工1000万元以上重点项目43个，完成投资125.37亿元。

【市委中心组（扩大）学习会议】2014年，坚持召开市委中心组（扩大）学习会议。省委党校教授彭穗宁作党的群众路线专题辅导报告。召开中共眉山市委三届第65次常委（扩大）会议。会议传达省委书记王东明到眉山调研重要指示精神和省委成都平原经济区工作座谈会精神。召开市委中心组专题学习会议。会议专题学习王东明在四川省庆祝中国共产党成立93周年暨表彰优秀县乡村党组织书记大会上的重要讲话精神。召开市委中心组（扩大）学习会议，进一步贯彻落实中央、省委和市委加快推进新型城镇化工作会议精神，探索创新具有眉山特色的统筹城乡“四种模式”（以城为主、统筹城乡，以工为主、统筹城乡，以农为主、统筹城乡，以游为主、统筹城乡），加快推进“四种转变”（农民向城市居民、产业工人、农业业主、三产经营者转变）。对新型城镇化培训班学员进行业务培训。

市委办公室工作

【综合协调】2014年，市委办公室规范办文工作，制发《中央、省委、市委文件管理规范》，规范文件的阅读、使用和管理。全年办理收文1800余件，制发各类文电560件，分发各类文件资料3800余份。做好市委规范性文件备案工作，制发《眉山市党内规范性文件备案办法》，市委规范性文件报备率、报备及时率、通过率100%。开展市委规范性文件即时清理，补充清理现行有效的市委规范性文件。参与承办、指导市三届五次党代会、第六届中国泡菜展销会、党的群众路线教育实践活动系列会议、全省县域经济工作会议现场参观等会议活动236次。做好全市重要会议活动的收集和统筹安排工作，制定《市委主要领导下周重要会议活动安排表》《市级领导行程统计表》103期。完成档案立卷归档，向市档案馆移交2001—2005年市委和市委办公室文书档案永久、长期234卷。

【信息调研与文件起草】2014年，市委办公室围绕群众关心、领导关注的重点、难点和热点问题，开展调查研究，形成《眉山市实施创新驱动发展战略研究》《眉山市创新基层现代社会治理结构研究》调查研究报告2篇，为市委、市政府提供决策参考。起草《关于深化改革创新加快转型升级强力推进全市经济跨越发展的决定》《关于扎实开展“两走一对接”活动奋战“红五月”确保“双过半”的通知》《关于聚精会神抓党建构建从严治党新常态的决定》等市委、市政府文件14篇，各类报告、汇报75篇，起草和修改市委主要领导各类讲话稿90余篇，录音整理市委主要领导讲话68篇，编发市委《工作通报》15期。完成党代会、市委经济工作会、市委全委会、市委民主生活会、“眉山市创新驱动·校（院、所）市合作恳谈会暨项目签约仪式”“知名企业走进四川眉山（微博）投资说明会暨项目签约仪式”、第六届中国泡菜展销会等会节活动文稿起草任务，起草稿件50余篇。围绕市委中心工作和省委办公厅信息需求，及时采编上报重点信息和特色信息，信息采用得分和要目信息总量实现全省“两个第二”。《四川省眉山市彭山县以“去官气”专项行动为载体扎实开展群众路线教育实践活动》被中央办公厅信息《专报》采用，以单条形式呈送中央政治局各常委及有关领导，《每日要情》第210期《眉山市开展“调解一次纠纷，上好一堂法制课”活动抓好普法工作》信息首次得到省委书记王东明批示，信息工作实现中央办公厅采用、省委书记批示“两个突破”。紧急突发信息，无迟报、漏报、误报现象发生。

【督查目标工作】2014年，市委办公室推进省委批交办事项落实，按时上报24篇贯彻省委书记王东明重要批示（指示）、省委经济工作暨城镇化工作会议精神、省依法治省工作电视电话会议精神等情况报告。参加中央办公厅督查室到四川督查贯彻全国秘书长会议精神座谈会，并发言。每月督办市委常委会议定事项和市委书记批示交办事项。督查推进“五个主题年”、创新四个机制强力推进重点项目建设、“两走一对接”、“千湖之城”、“绿海明珠”等10项市委重点工作。专项督查依法治市、统筹城乡、解决联系服务群众“最后一公里”问题等事项。推进市委领导批交办事项落实，明察暗访和督查调研贯彻落实市委市政府关于岷东新区重大决策事宜情况、2012年和2013年市级政府投资进度滞后项目等7件市委领导批交办事项。及时办理市委书记信箱信件，办理率100%，群众满意率99.3%。督办党代表提案和政协委员提案办理工作。简化规范检查考评工作，完善《眉山市主动作为创一流目标绩效考核办法》，形成分类管理差异化考核的目标绩效管理体系。制定2014年区县、园区和市级单位、部门发展目标任务，91个市级单位、部门正职作出承诺。加强过程监管，每季度收集整理省定目标和市定重点工作完成情况，适时开展专项督查调研，通报批评进度滞后者。强化考核，继续实行半年和年终考核，综合评定目标任务情况。

【后勤保障】2014年，市委办公室贯彻执行中央“八项规定”、省委省政府“十条规定”和市委市政府“六个坚持”（坚持“三短”、坚持“三简”、坚持“三深入”、坚持“三不准”、坚持“三严格”、坚持“三严禁”）。严格执行财经纪律和遵守财务制度，加强对驾驶员和车辆管理，保持机关财务状况运转良好，保障市委和市委办公室日常工作高效运转。做好党代会、市委中心组学习会、市委常委会、第六届四川泡菜展销会等重大会议的后勤保障工作。做好办公室职工医疗互助保险、女职工大病互助保险、住房公积金基数调整、医疗保险基数调整等工作。

组织工作

【党建】2014年，市委印发《关于聚精会神抓党建构建从严治党新常态的决定》，在全市构建思想建设、组织建设、作风建设、反腐倡廉、制度建设、履职尽责“六个新常态”。制发《眉山市2014年党建工作要点》《眉山市2013年党建工作考核办法》，组织开展市级部门党组（党委）书记党建工作述职评议。评选命名全市主动作为创一流岷东新区党工委（管委会）等“十佳集体”和吴菊芬等“十佳个人”。召开党的建设制度改革专项小组工作会议，确定《2014年党的建设制度改革工作要点》和责任分工，推进领导班子制度建设、干部选拔任用制度改革、基层党建创新、人才工作体制机制创新等8项工作，协助省委组织部开展国家治理现代化对党的建设制度改革提出的新任务新要求课题调研。

【党的群众路线教育实践活动】2014年，按照中央、省委统一部署，在全市5834个基层党组织、15.7万名党员中开展以为民务实清廉为主要内容的党的群众路线教育实践活动。市委组建活动领导小组及办公室，制定活动实施意见，集中培训活动骨干1000余人、基层党组织书记2600人。编印《学习读本》3万余册，通过个人自学、集中研学、实践教学、宣传促学和领导讲、专家讲、典型讲，开展专题辅导1536场次、巡回宣讲826场次、理论辅导630场次、典型报告657场次。从严查摆问题，通过代表（委员）评议、百姓听音、基层问症、群团帮查、部门联征方式，征求意见建议8.5万条。召开专题民主生活会和组织生活会，全市5603个党支部召开专题组织生活会，14.6万名党员参加党员民主评议，剖析“四风”方面存在的突出问题，班子和个人开展批评与自我批评，达到“团结—批评—团结”的目的。全市各级领导班子和党员干部提出整改措施2.7万项，集中开展“9+2”突出问题集中整治，整治行业协会学会中的不正之风、干部走读、为官不为等问题，立案查处“四风”问题案件143件150人。解决基层组织服务群众力不从心问题做法得到中组部副部长陈向群、省委组织部部长范锐平肯定批示，省委活动办采用眉山市活动相关简报23期（次），名列全省前茅。活动经验被中央、省主流媒体报道600余条次，人民日报、新华社、中央电视台等8家中央主流媒体到眉山专题采访报道，《构建联系服务群众新格局的探索与思考》等经验在全省交流。

【领导班子和干部队伍建设】2014年，健全完善“三公开五优先”干部选任机制，实行公开选拔职位、任职条件和选任程序，优先选拔在经济主战场、急难险重任务、基层一线和艰苦地区、党建工作、主动作为创一流中实绩突出干部，全年调整交流县级干部99人。市委组织部制定《眉山市县级领导班子和领导干部综合分析研判暂行办法》，开展6个区县党政班子、80个市级部门和园区班子运行情况、领导干部履职情况届中评估，通报全市。市委组织部下发《关于完善市级部门科级领导干部选拔任用工作的指导意见》，明确市级部门科级领导干部选拔任用的条件范围、选拔方式、选拔程序和工作要求。公开遴选优秀年轻干部人才413人递进培养，建立三重管理、导师制、难点岗位工作、跟踪管理、定期汇报、请销假、提醒谈话7项制度。选派优秀年轻干部236人到基层一线、18人到国家部委、省级机关、发达地区挂职锻炼，选派干部42人前往阿坝州金川县、小金县开展为期2年的援助工作，争取省、市金融机构干部7人到部分园区挂职。公开招录公务员、参公人员229人，组织21个市级单位面向基层公开遴选优秀公务员30人。公务员统计报表被评为全省全优，直统试点工作经验在全国公务员直统试点暨公务员管理信息系统建设推进工作会上交流。

【干部人事制度改革】2014年，市委组织部向全市各级新提拔领导干部、单位“一把手”赠送《干部任用条例》2000余册，组织全市区县委组织部部长及260余名市、区县组织人事干部集中学习。创新“两评估、三预审”（对领导班子和领导干部队伍进行综合评估，动议前开展职位职数预审、干部个人档案预审、党风廉政情况预审）方式，从严干部动议环节把关，防止“带病”干部成为提名人选。在全市选择16个市级部门、园区，2个区县开展领导班子功能结构模型试点。推进干部人事制度“废、改、立”，废止不符合政策规定的干部职级待遇等政策25项，起草干部动议、民主推荐、考察、讨论决定、任职等配套制度，市委组织部制定《眉山市非定向预推县级领导干部拟提拔使用人选办法（试行）》《眉山市县级干部推荐考察办法》。实行选拔干部全程纪实制度，市委组织部出台《市管干部考察文书档案资料收集归档与管理制度》，明确和规范市管干部考察文书档案资料收集、归档、查阅、借阅等。

【干部教育培训】2014年，清理整顿领导干部违规参加“天价培训”“奢侈培训”等高收费社会化培训，实施“领导干部进名校”战略，在清华大学、北京大学、浙江大学、复旦大学等著名高校举办“经济转型升级与县域经济发展”“新型城镇化”“新型工业化”“科技创新驱动发展”“党群干部综合能力提升”等专题培训班29期。邀请知名专家学者、市县领导开展学习十八届三中全会、习近平总书记系列讲话精神、省委十届四次全会精神讲座24场。市委组织部制定《“东坡讲坛”及系列分讲堂教学评估办法》，举办“三农”、政法、工业、财经、文化大讲堂和区县分讲堂84期，培训各类干部人才3.12万人次。指导市级职能部门分口举办新录用公务员初任培训、公诉业务培训、投资促进业务培训、民政业务培训等行业系统培训班190余期2.9万人次。

【干部管理监督】2014年，市委制订《关于认真贯彻“三严三实”要求进一步加强党员干部教育管理监督的实施意见》，落实“两个责任”、加强监督检查、严肃案件查处等7个方面分工，工作经验被《中国组织人事报》报道。市经济责任审计工作联席会议出台《眉山市领导干部经济责任审计整改监督检查管理办法》，将6名区县长、25个重要经济管理部门、资金流量大的部门及6个园区的主要领导确定为任中审计对象，经济责任审计县级领导干部12人。审批下级党组（党委）干部选任有关事项报告16件，其中乡镇党政正职调整事项13件，干部受到组织处理或纪律处分影响期满拟重新任用事项2件，一次性调整干部数量超过50人事项1件。指导6区县委、85个市级部门党组（党委）开展2013年度“一报告两评议”工作，抽查核实市管领导干部39人个人有关事项报告，倒查2013年受到撤销党内职务或者行政职务以上处分的“带病提拔”党政领导干部选任过程。

【选人用人突出问题专项整治】2014年，市委组织部制订《选人用人“5+1”突出问题专项整治工作方案》《受理下级党委（党组）干部选拔任用工作有关事项报告的程序》《关于开展乡镇领导干部调整过于频繁问题专项整治方案》，集中整治“拉票贿选、违规任用干部、跑官要官、说情打招呼、三超两乱”和“乡镇领导干部调整过于频繁”问题，分级分类清理规范党政领导干部在企业兼职（任职）257人，排查出在社会团体兼职的退（离）休干部132人，完成配偶已移居国（境）外国家工作人员清理、县处级领导干部持有因私出国（境）证件清理、“带病提拔”科级领导干部倒查等工作，推进干部人事档案专项审核。

【庸懒散浮拖问题专项整治】2014年，开展庸懒散浮拖问题专项整治，公开庸懒散浮拖监督举报平台，组建督查组、媒体暗访组暗访督查市、区县部门和乡镇82个，发现问题32个，向6区县和3个市级部门发出整改通知书。建立“四个当天”(日常工作，当天事当天毕，案无积卷、事不过夜；群众办事，当天接当天处，首问负责、限时办结；上级交办，当天领当天动，重在执行、及时回复；同级协作，当天应当天办，不推不诿、快速主动）制度，推动整治庸懒散浮拖问题常态化。

【人才队伍建设】2014年，深化人才智力校（院、所）市合作，眉山与清华大学等16家科研院所签订战略合作协议，工作经验被《中国组织人事报》《四川日报》等报道。市委组织部制定《眉山市争创“人才创业创新创优优秀团队”活动资助团队管理暂行办法》，遴选电子信息、新能源、泡菜等优势产业和特色农业产业的30个人才团队实施管理资助。争取第15批赴川“博士服务团”成员刘强博士挂任市长助理，争取中央、省机关经济、规划、交通方面干部人才16人到眉山挂职，考核招聘高层次和急需紧缺人才95人，万怡挺博士作为第14批赴川“博士服务团”优秀代表在中组部举办的第15批“博士服务团”行前培训会上交流发言。实施企业家领军人才培育计划、专业技术人才素质提升计划、产业技能人才培养计划，培训重点企业经营管理人才58人，培养骨干专业技术人才1100余人、产业技能人才3000余人。市人社局、市财政局、市人才办出台《眉山市促进高校毕业生创业就业若干政策实施细则》，设立创业贷款担保基金2000万元、创业奖励资金1000万元，帮助大学生157人创业。向重点产业龙头企业优秀人才2323人发放补助315.07万元。推荐四川中科兴业高新材料有限公司刘洪成功申报入选2014年省“千人计划”创业人才。

【基层组织建设】2014年，市委组织部开展集中整顿软弱涣散基层党组织，制定先进、一般、后进基层党组织评价体系，建立工作台账动态管理，选派机关干部199人到村任职，解决突出问题350余个，286个后进基层党组织全部转化升级，工作经验在全省交流。建立完善干部值班、党务和村（居）务公开、活动阵地规范管理、便民服务等制度，督查后进村（社区）各项制度执行情况3轮，点名通报突出问题，推进基层组织规范化常态化运行。市委办公室制订《县、乡、村三级党组织书记抓党建工作述职评议考核方案》，实行县、乡、村三级党组织书记抓党建工作情况分别向上级党委和同级党员大会、党员代表大会述职并接受评议测评。市委办公室、市政府办公室出台《关于加强城乡社区建设和创新管理服务的实施意见》，推行街道“大工委制”、社区“兼职委员”模式。

【基层干部队伍建设】2014年，市委组织部开展基层党组织书记全覆盖培训，示范培训村级党组织书记、两新组织党组织书记各200人，区县开展普遍轮训。研究满2个聘期大学生村干部“出路”问题，在公务员和选调生招考中拿出54个名额定向招录，培养产业型大学生村干部32人。

【党员队伍建设】2014年，落实《发展党员工作细则》，在全市实行发展党员推荐制、公示制、票决制、预审制，全年新发展党员2070人，其中35岁以下1652人、大专以上学历1152人。组建党员先锋服务队，8万名党员加入党员先锋服务行业。推行机关党组织和党员到社区志愿服务，实行党员奉献积分管理，全市630个机关党组织、1.5万名机关在职党员到市县中心城区77个社区报到，认领服务岗位2.3万个，开展服务5.6万人次。市委办公室出台《关于建立健全党员干部直接联系服务群众制度的意见》，各级党组织和党员干部解决民生等方面难题4.7万件。

【基层党建工作保障】2014年，市、区县财政新增7300万元，将村（社区）工作经费提高到3万元，按每村每年不低于1万元、社区每年不低于10万元标准，建立服务群众专项经费；市委组织部、市民政局、市财政局制定《眉山市社区服务群众（公共服务）专项资金管理使用暂行办法》。全市投入2.2亿元，按村150平方米、社区200平方米标准，新、改、扩建村级活动场所597个，1142个村和212个社区活动阵地基本达标。市委办公室、市政府办公室出台《关于发展壮大村级集体经济的意见（试行）》，结合农村改革加大政策、项目、资金扶持力度，采取建设集体房产、门面出租、入股分红、资产划拨等方式发展集体经济，全市兴办集体经济项目356个，消除集体经济空白村（社区）299个。

【“两新”组织党建】2014年，市、区县财政分级负责，为每个“两新”组织（新经济和新社会组织）党支部每年落实1000元工作经费，为每名“两新”组织党组织书记落实每月100—200元党务津贴。开展五月“集中建党月”等活动，全市“两新”组织党组织增至1470个，党组织覆盖率92%，其中规模以上非公有制企业、30人以上“两新”组织、农民专业合作社党组织全覆盖。

【党内民主建设】2014年，眉山作为全国9个试点市州之一，启动深化党代表任期制试点工作，围绕搭建党代会年会、党代表选拔培训、党代表履职尽责、党代表宣传展示“四个平台”，发挥党代表在参与决策、参与民主监督、参与党的自身建设、联系服务党员群众“四个作用”，建立完善“2+16”配套制度。筹备召开眉山市三届五次党代会，审议通过市委、市纪委工作报告。完善“四议两公开一监督”“三会一课”、党员定期评议基层党组织领导班子、党员旁听基层党委会议、党代表列席同级党委会议等制度。

【干部直接联系服务群众】2014年，在全市开展干部直接联系服务群众“万千百”行动、“走基层、解难题、办实事、惠民生”活动，各级干部走访群众47.4万人次，送帮扶物资折合现金1.1亿元。建设党员先锋服务队、基层便民专业化服务队、社会志愿者服务队、村（社区）网格员服务队“四支队伍”直接服务群众，组建党员先锋服务队5600支、基层便民专业化服务队897支、社会志愿者服务队2557支，招录专兼职网格员、协管员1.11万人，为群众解难题办实事15万余件，《眉山市在教育实践活动中解决联系服务群众最后一公里问题方案》全省转发，组建“四支队伍”服务群众“最后一公里”经验在《人民日报》刊载。

【党员干部现代远程教育与党员电教】2014年，市委组织部发放《焦裕禄永远年轻》等教育实践活动课件9部，远程教育站点接入互联网站点920个占61%，《远程教育助推服务型基层党组织建设的探索与思考》《“微型党课”的安家坝样本》调研报告被新华网、中新网、凤凰网、求是理论网、共产党员网等媒体采用。播出《党建新风》电视栏目54期810分钟，摄制教育实践活动视频节目21条（部）、专栏12期，8条（部）视频节目被中组部《共产党员》党建电视栏目、全国远程办、省委组织部《共产党人》党建电视栏目和声像杂志、省委群教办采用。围绕中心制作专题片，《青春路上的创业梦想》《情满大小金川》《爱在这片红土地》被中组部《共产党员》栏目、省委组织部《共产党人》声像杂志采用；《青春路上的创业梦》《党建新风》在全省观摩评比中获奖，《眉山干部：为民服务当先锋》《眉山干部的色达故事》在眉山市2013年度广播电视节目评选中获奖。

【组织部门自身建设】2014年，市委组织部出台《组工系统“除官气、破自满、转作风、树正气”十条要求》，制定严格落实“三严三实”要求深化正风肃纪的若干规定等制度规定12个，市委组织部领导率队上门走访收集问题和意见建议222个。深化周五“组工讲堂”，开展“一室一品”课题调研，选派30余名组工干部参加主体班、专题班学习。市委组织部制发《关于做好2014年重点特色工作的通知》，部署重点工作15项、特色工作7项。制定内宣、外宣工作考核办法，全市组织工作信息被中央、省信息刊物主条采用47条，位居全省第一；外宣稿件被《人民日报》（网）、新华社（网）、《光明日报》《中国组织人事报》《四川日报》等省级以上主流媒体采用368篇(条)，8件新闻作品获宣传眉山好新闻二、三等奖；推出有影响力的网评文章2687篇。

（瞿　波）

宣传工作

【文化产业】2014年，完成眉山中心城区“东坡宋城”一期工程纱縠行南段风貌改造；完成三苏祠维修保护一期工程，二期工程招标，三期工程立项；清眉州古城墙北段修缮工程加紧施工；完成中华国医馆选址和规划设计；完成东坡湖整治工程，近10千米湖滨路文化走廊建设中；完成以眉山城市中央休闲区为特色的东坡岛征地拆迁，正在建设2座引桥和湿地公园；修建传承道教文化为主要内容的蟆颐观殿堂8个，维修重瞳殿和山门；“两宋荣光”眉州大道建成通车；完成沿岷江文化旅游景观带规划方案；正在建设“四大主题公园”（苏母公园、苏洵公园、苏轼公园、苏辙公园）。完成全国第三次文物普查，全市文物点1348个。文物单位“国保”（全国重点文物保护单位）13处、“省保”（省级重点文物保护单位）34处。“非遗”（非物质文化遗产）项目189个，其中“国保”1项、“省保”13项。青神竹编入选国家级“非遗”生产性保护基地，申报为全省“非遗”传习基地。建设柳江古镇AAAA景区，正在建设江口古镇、仁寿高家大佛、丹棱双桥“为学城”等项目。全市“一城三片”文化旅游产业格局初步形成。东坡宋城、柳江318文化大院、江口古镇历史风貌街区及高庙318文化大院四个项目列入2014年中国文化产业重点项目手册。东坡文化产业园列为全省第三批省级文化产业示范基地。中国泡菜产业园建成泡菜博物馆和泡菜文化广场，规划泡菜文化风情园区。彭山区引进中国彭祖国际健康养生文化城，一期项目完成投资1.38亿元。仁寿县黑龙滩长岛项目累计完成投资56亿元，三岔湖仁寿景区累计完成投资17.8亿元。青神县竹编产业园申报为省级产业园区。丹棱大雅堂开园，规划建设“白塔·大雅堂”文化旅游景区。全市发展重点旅游商品生产企业50余家，开发特色旅游商品40余件。青神竹编、东坡肘子、眉山泡菜等产品驰名海内外。《眉山日报》发行量增长18.5%，注资1000万元，成立报业传媒有限公司；眉山广播电视台年收入突破2000万元；有线网络公司年收入突破4000万元；眉山网日点击率80余万人次。全市有星级影院5家。丹棱引进中国·成都包装印刷产业孵化园，签约8家。印刷包装业年总产值约9亿元。全市现有歌舞娱乐场所350余家，1000平方米以上的歌城28家，歌舞娱乐业年收入约1.5亿元。水天花月建设富有眉山特色的游艺主题公园。

【文艺工作】2014年，市委宣传部举办全市群众广场舞大赛决赛、《中央电视台2014“大手牵小手”走进眉山》特别节目、“眉山东坡大舞台”庆祝新中国成立65周年文艺晚会、“中国梦·眉山情”综艺晚会、第六届中国泡菜展销会开幕式序幕演出等群众文化活动650次，参与群众200万人次。创作的歌曲《你就是雷锋》入选四川省第十三届“五个一工程”奖优秀奖；辜志勇油画作品《聆听》入展第十二届美术展并获进京展提名奖；川剧小品《捐》在四川省首届农民艺术节暨民间艺术节评选中获一等奖，舞蹈《小辫儿甩》获二等奖，歌曲《把地球扛在肩上》《仙客来》、舞蹈《唢呐乡的娃》获三等奖，歌曲《出水芙蓉》获优秀奖。

【对外宣传】2014年，市委宣传部在省级以上媒体正面报道新闻5061篇，其中《人民日报》32篇、中央电视台44条、新华社55篇、中新社46篇；《四川日报》510篇（头版57篇）、四川电视台《四川新闻》268条，列全省第一方阵，市级以上领导肯定性批示21次。开展“群众路线教育实践活动”“深化农村改革”“依法治市”“社会主义核心价值观”等主题宣传，其中《四川眉山成立志愿服务队　服务群众“最后一公里”》《四川眉山“晒问题兑承诺”以“四个当天”取信于民》登陆《人民日报》头版、央视《新闻联播》；眉山“诉非衔接”、农村改革受到最高人民法院院长周强、省委书记王东明批示；《人民日报》、新华社等主流媒体专题报道“眉山全城动员找耳蜗”。主动介入重策划，围绕经贸活动、美景美食、转型升级、城市营销等策划系列主题宣传，在省级以上主流媒体发稿2000余篇。

【网络宣传与监督】2014年，眉山市政府新闻办政务发布账号“眉山发布”在全省首批入驻“四川发布”平台、《人民日报》客户端政府发布厅，上传信息量位列全省第一方阵。中央、省级网络媒体刊发新闻稿件1000余篇。推动传统媒体与新兴媒体融合发展，指导《眉山日报》、眉山广播电视台开办手机APP（应用程序）新闻客户端。组织参加第二届“四川最美街景”评选，“两宋荣光”眉州大道、眉山外滩等8处街道夜景入选100强，眉山荣获“夜空下最亮的街”网络人气城市。参与中国城市网络形象排行榜评比，眉山荣获商务网络形象奖。省政府新闻办、省网信办、省政府信息公开办评选眉山发布官方微博为2014年度四川十佳城市政务微博。编发《媒体舆情专报》37期、外宣舆情短信365期。处置王志刚案、仁寿村支书兼职巫师、东坡湖亲水平台建设、岷江拦河坝溃坝等热点舆情90余起。开展“扫黄打非·净网2014”、政治谣言清理、网络新闻敲诈自查自纠等整治专项行动，删除有害信息200余条，配合公安部门查处网络谣言案件7起。开展“两走一对接”活动，全年接待和拜访媒体记者552批1631人次。

【理论工作】2014年，市委宣传部将学习贯彻中共中央总书记习近平系列重要讲话精神纳入党委（党组）中心组全年学习计划，推荐《习近平谈治国理政》《习近平用典》等书籍，举办中心组扩大学习会，指导各地、各部门通过过党团组织生活、收看讲话视频、集中学习会、专家讲座、座谈会、研讨会等强化学习。以领导干部为龙头，举办区县和市级部门主要领导干部读书班，学习领会把握“四个全面”战略布局和“讲政治、守纪律、守规矩”要求。建立健全市委常委会学习习近平系列重要讲话制度，组织习近平关于从严治党治吏、关于经济新常态、关于新型工业化的重要论述、关于新型城镇化的重要论述等专题学习。组织市、区县宣讲团、宣讲小分队，深入机关、企业、学校、乡镇开展学习习近平系列重要讲话精神宣讲，各级各部门开展宣讲400余场。

【精神文明建设】2014年，启动第四届省级文明城市创建，通过全省城市公共文明指数测评。开展“一月一主题”志愿服务活动。加强未成年人思想道德建设，乡村学校少年宫实现全市128个乡镇“全覆盖”，常态化开展主题教育活动。

【典型宣传】2014年，市委宣传部宣传重大先进典型40人，组织“眉山好人”“最美人物”“道德模范”等先进人物深入田间地头，向群众现身说法、言传身教，开展典型事迹教育、宣传活动100余次。开展寻找“眉山好人”活动，评选“眉山好人”33人，其中10人入选“四川好人”榜、1人入选“中国好人”榜。

【社会宣传】2014年，市委宣传部开展“文明餐桌”“绿色照明行动”“节能利民行动”“全市企业节能减排行动”“人人节水行动”“节约一粒粮行动”“俭以养德 节能环保”等主题活动，发放提示牌2万个、美德扇3万把。元旦、春节期间开展为期57天的眉山市首届文化惠民季活动，开展各类惠民活动100余场；国庆期间，开展“央视大手牵小手走进眉山”“四面风书画联展”“庆国庆——印象新眉山”等文化活动100余次。“三下乡”暨文化下乡示范活动启动仪式捐赠购书款1.2万元，捐赠图书、音像制品4535册等；举办眉山市暨东坡区科技文化卫生“三下乡”服务活动赠送科技助农经费1万元、各类科技资料2.2万份、书籍5000余册，科普挂图3000余幅，科普日历1200幅；开展科普文艺节目1台，受益群众1200余人；提供免费科技咨询服务1000余人次。

（市委宣传部）

机构编制

【编制管理】2014年，眉山市委机构编制委员会办公室（以下简称“市委编办”）制定《眉山市控编减编方案》，严格控制机构编制增长，确保财政供养人员只减不增。修订完善《中共眉山市委机构编制委员会工作规则》，按照依法、有序、规范和公开、公平、公正集体研究议事原则，重大事项提交编委会审议。制发《关于进一步加强机构编制管理的若干规定》，强化机构编制管理。实行机构编制台账管理，及时调整机构编制台账，做到“账目清楚，心中有数”，做好新增、调整、离退、死亡等变更人员相关手续，全年为市级政府工作部门，上下编及调编541人次，开具编制使用单147份；为市级党群部门，上下编及调编160人次，开具编制使用单51份。严把编制空缺审核关，为3个单位公考录用4名公务员进行空编审核及上编登记；完成使用乡镇空缺行政编制招录133名公务员请示上报、政法系统公开招录的用编审核；为37个市属事业单位（含参公管理事业单位）公开考试聘（录）用186名工作人员提出空编审核意见。

【事业单位分类改革】2014年，市委编办对纳入分类的233个市级事业单位中200个单位进行分类审核批复（另26个事业单位，按照省委编办有关要求暂缓分类），批复率96.6%。制发对区县事业单位分类改革工作目标考核任务，加强区县分类工作指导和督查；制定《事业单位分类改革进度表》，每月了解区县分类批复情况，指导与问责进度缓慢的区县。截至2014年年底，各区县平均批复率为86.6%。加强事业单位分类改革期间安全稳定，做好各项分类政策法规宣传，让各部门、单位熟悉政策，理性理解事业单位分类改革实际意义，不搞政策变通，不转交矛盾，平稳安全、科学有效推进事业单位分类改革。此项工作保持全省先进。

【行政体制改革】2014年，市委编办完成政府机构改革。整合市卫生局、市人口计生委及其职责，组建市卫生计生委；整合市农业局、市畜牧局的职责以及市商务局的部分行政管理职责，组建市农业和畜牧局；重新制定9个市政府涉改部门的“三定”（主要职责、内设机构、人员编制）规定，调整整合部分单位职责，解决部门职责交叉和分散问题；市工商、质监机构由省级以下垂直管理调整为市政府管理，列入市政府工作部门，完成工商、质监机构编制及人员的移交划转。全市工作进度全省领先。围绕减少行政审批事项、下放行政审批权限、深化财税体制改革、改进政府管理和服务方式、加强依法行政五个方面推进市政府职能转变，印发《关于实施〈眉山市人民政府职能转变和机构改革方案〉工作规划与任务分工的通知》，确定市政府职能转变的工作规划和2014年至2017年4年逐年具体工作目标，落实责任单位。提出天府新区眉山片区管理机构管理体制、人员编制和领导职数建议意见；启动向省委编办呈报彭山县撤县设区后相关机构更名事宜的备案请示，完成彭山县撤县设区后相关机构更名请示的批复；牵头制订彭山区管理事权划分实施方案。

【事业单位登记管理】2014年，市委编办按照《事业单位登记管理暂行条例》《事业单位登记管理暂行条例实施细则》要求，审核各单位提交的各类材料证明，设立、变更、注销的事业法人单位及时在眉山机构编制信息网上公示。全年办理事业单位设立、变更、注销登记53个，事业单位网上登记率100%。编发《事业单位法人年检手册》，简化网上报告书填写内容和部分网上证明材料的提交，网上申请核准后，有效提高工作质量和效率。全年完成2013年度事业单位法人年检，年检市属已登记的246个事业单位，年检率100%。年检资料整理归档，新增登记档案14卷。

【机构编制统计及实名制管理】2014年，市委编办以重点领域和重点行业体制改革为切入点，开展专题统计分析，形成《机关事业单位聘用临时人员统计分析报告》《关于眉山市公安警力统计数据的专题报告》，收集、汇总最新机构编制信息，更新市级机关及事业单位数据信息，汇总区县数据，2013年度全市机构编制统计数据及分析报告上报省委编办，一次性通过数据校核，无错漏。开展全市机构和人员编制核查。开展市级单位和部门机构和人员编制实地核查，实地审核机构数60%，高于中央编委要求的40%，基本实现“四清”（机构清、编制清、领导职数清、实有人员清）目标。

【监督检查工作】2014年，市委编办、市委组织部、市人力资源社会保障局，专项清理全市“三超两乱”（超职数配备干部、超机构规格提拔干部、超审批权限设置机构、擅自提高干部职级待遇、擅自设置职务名称）问题，形成《关于“三超两乱”问题清理的自查报告》。结合清理情况，制定《眉山市“三超两乱”问题专项治理整改方案》，提交市委编委会议审议通过。集中整治中央巡视组、中央组织部检查组反馈的机构编制方面存在的六个方面突出问题。修改5个部门“三定”规定有关事项，核销市直机关工委委员职数，制定设置机构不报批“突出”整改措施，超机构规格核定的县级、科级领导职数一律取消高配，回归原有机构级别，已配备领导干部的按时间要求完成消化，擅自设置内设机构、变更机构名称、加挂牌子等全部整改到位。落实专人值守“12310”机构编制举报投诉电话，全年未接到举报投诉案件。受理部门信箱邮件，在规定时间内回复网民关心问题，全年回复网民信件2件。落实省委编办督办事项，及时向省委编办回复彭山区粮食局挂牌机构实体化有关情况。

【自聘人员管理】2014年，市委编办制定《眉山市市级机关事业单位人员控制数、临时用工控制数和自聘人员管理办法》，严格临聘人员聘用条件和程序，加强编外人员管理。人员流动性大，岗位特殊的单位，总量控制，鼓励采用劳务派遣、服务外包等形式减少自聘临时人员管理成本和劳动关系风险；不适宜采用外包形式的单位，实行岗位优化设置，减少拟聘人员；新增和调整人员实行有出才能进，严格按照程序审批。全年受理市交通运输局等单位增加、调整自聘临时人员请示78件，批复市公安局等14个单位增加自聘临时人员245人，办理自聘临时人员调整聘用申请42件，完成季度审核600余件，新增和调整自聘临时人员189人。

（市委编办）

统战工作

【党外代表人士教育培养】2014年，市委制定《贯彻落实市委关于加强党外代表人士队伍建设重要政策措施分工方案》。建立眉山市网络界代表人士数据库，收集37名党外网络界代表人士基本信息。选派党外干部和人才18人挂职锻炼，其中参加全省党外干部实践锻炼基地挂职锻炼1人，参加援藏行动17人。公开遴选党政干部86人列为县级干部培养对象，其中党外干部2人。举办全市统一战线成员服务招商引资及经济合作培训班、全市民主党派新成员培训班、全市民主党派基层组织班子成员培训班以及眉山市党外市人大代表、政协委员培训班265人次。选派党外代表人士28人参加清华、北大、复旦等著名高校和中央、省社院培训。举办全市统一战线廉政教育辅导报告会。创办“同心”（与中国共产党同心同向同行、与人民同呼吸共命运的“同心”思想）讲坛，邀请党外代表人士结合自身成长、参政议政经历作报告20余次。3月，市政协副主席、市委统战部部长黄玉蓉代表四川参加中央统战部在贵阳市召开的西部7省（自治区）座谈会，介绍眉山在党外干部培养选拔工作上的做法和经验，受到中央统战部肯定。

【推动协商民主发展】2014年，市委、市政府以及市纪委、市经信委等部门召开统一战线情况通报会7次，向市级民主党派、工商联和无党派民主人士通报市委党代会工作报告、市政府工作报告、市纪委工作报告，以及全市工业发展、重大市政工程项目建设、天府新区建设等情况。市委组织召开眉山市党外人士座谈会，围绕东坡泡菜产业、预防投融资金融风险、职业教育、知识产权保护等与市级各民主党派、工商联和无党派人士开展协商，市委书记李静听取大家意见后，要求相关部门结合职责职能，认真研究、积极采纳落实提出的协商意见。

【政治安排和实职安排】2014年，全市提拔县级党外干部2人，区县提拔科级党外干部5人。青神提拔党外干部1人担任中心城区青城镇镇长，全县10个乡镇中8个乡镇领导班子配备党外干部，其中正职3人。

【党派、知联会自身建设】2014年，在全市各民主党派、工商联、无党派人士中开展坚持和发展中国特色社会主义学习实践活动，举办学习会、培训会、座谈会77次，组织435人次赴革命老区、市内园区等地开展主题学习考察。组织市级民主党派负责人及无党派代表人士赴贵州省毕节市开展“同心·学习考察”实践活动，引导其坚定与党同心同向同行的信念。协助民盟、民进做好市委领导班子后备干部队伍建设工作，推荐后备干部9人，协助民建眉山市委按程序做好换届。支持党派多渠道发现优秀人才，全年发展民主党派成员51人，知联会理事29人。农工党新设立参政议政组、党建组、社会服务组、宣传组、退休老年活动组5个小组，组建市总支及市级机关支部党员志愿者服务队，首批发展党员志愿者20人。民盟眉山市委创建民盟眉山市委网站。成立四川同心·注册税务师服务团眉山市分团。全国政协副主席、农工党中央常务副主席刘晓峰在眉山《发挥优势，主动作为，充分彰显眉山农工党的良好形象》汇报材料上作出肯定性批示。市民主党派工作及无党派知识分子工作均在全省座谈会上交流经验。

【参政议政、民主监督】2014年，市级各民主党派、市无党派知联会形成调研报告29篇，提交全国人大建议、政协提案3件，省人大建议、政协提案9件，反映社情民意66条。在市“两会”期间，党外市人大代表提交建议38件，党外市政协委员及民主党派、工商联提交并立案的市政协提案139件。市无党派知联会会长在省政协全会上作题为《关于加强全民诚信体系建设的建议》的发言。民盟、民建、民进、农工党、九三学社在市政协全会上作大会发言6篇。民建省委主委、副省长陈文华对眉山民建参政议政服务地方发展作出肯定批示。农工党承办农工党中央参政党理论研究点工作座谈会。民革眉山市总支《关于在我市建立科技孵化园的提案》被市经信委、市科技局等有关部门采纳，促进全市科技孵化园建设进程。全年争取到省科技厅科技孵化园建设资金1000万元，市委办、市政府办出台《眉山市促进工业企业转型升级创新发展若干政策》鼓励创新孵化园建设，给予现金补助。推荐5名党外人士担任眉山市文化和生态建设监督委员会委员。21个市级单位聘请党外代表人士担任特约员82人。

【助推经济发展】2014年，市委统战部引导民主党派企业界成员投入技改扩能、节能减排等资金3.35亿元转型升级，投资全市建设30.5亿元，纳税1.64亿元。全市统一战线参与招商引资，引进和实施项目6个，投资32.45亿元。其中市委统战部依托知联会，引进四川东星航空职业学院彭山校区落户彭山县黄龙溪镇，投资6.35亿元，建成后招生规模1.2万人。民盟眉山市委引进上海育星教育投资集团有限公司新建四川彭山道尔顿学校，投资3000万元。

【服务社会改善民生】2014年，全市民主党派、知联会投入资金241.96万元改善民生。成立民主党派成员和无党派人士组成的眉山市“统一战线同心·民生服务队”，下设卫生、教育、法律、农业专业服务队，有成员30人，全年开展专业服务5次，义诊600余人，提供健康检查（B超检查、妇科检查、量血压、测血糖）500余人次，赠送药物价值4000余元，发放健康知识资料和书籍1300余册（本）；举办种养殖知识讲座，邀请农技专家向农户讲授种植机械化、苗木套种、鱼类养殖、农药选择等知识；解答法律咨询300余人次，指导和调解纠纷30余件。党派成员以及无党派人士利用各种形式为联系村捐资36万余元，种植树木0.73公顷，资助残疾儿童、留守儿童、贫困学生、失依儿童237人，捐资16.13万元。民盟为“4·20”芦山地震受损的洪雅余坪镇中心小学校争取民盟省委援建资金50万元。民革党员王永树捐款100万元设立“华信恒富教育基金”，用于评选资助师德高尚的“最美东坡教师”和品学兼优的贫困学生。九三学社眉山市委筹备组组长、眉州医院院长陈东翔与眉山市黄埔军校同学后代联谊会常务副会长吴链签订《黄埔老兵、抗战老兵医疗优惠协议书》，为全市黄埔老兵、抗战老兵及其遗孀、子女提供医疗服务。知联会“同心·帮扶工程”为1名创业青年、3名养殖专业户提供无息资金20万元。

【非公有制经济人士代表工作】2014年，市委统战部引导民营企业重视自主创新，走创新驱动道路，召开座谈会4次。培育非公有制企业转变发展方式优秀案例3个，形成四川茂华食品有限公司转变发展方式优秀案例成果。东坡区引进中国农业大学国家果蔬加工工程技术研究中心开展院校合作，推动泡菜产业转型升级。联合市工商联深入区县、园区和企业调研，形成《关于积极发挥眉山市行业商会职能作用的思考》等调研报告4篇。开展“走访小微企业”活动，市委统战部实地调研企业，协调有关职能部门，帮助企业、个体工商户解决生产生活用水、土地证办理等问题11个。市工商联在北京承办全国知名企业走进四川眉山投资说明会暨项目签约仪式，邀请南京雨润集团等10家全国知名民企参加“中外知名企业四川行眉山市投资说明会暨项目签约仪式”，促进商务部投资促进事务局与眉山市人民政府签订产业投资促进框架合作协议。全年全市统一战线邀请企业70余家考察眉山，完成签约项目6个，投资总额32.45亿元（市委统战部完成签约项目2个，投资总额6.65亿元）。全市举办企业融资、劳动合同法、职称评定、企业发展与法治社会等非公有制经济人士培训20期1600人次。7月，眉山与清华大学继续教育学院在市委党校举办总裁高级研修班，民营企业家50人参训，学习期限一年，每月学习1次，每次2天，由清华大学继续教育学院派老师到眉山授课，结业前在清华大学集中学习6天，受到企业家欢迎。选派企业家11人参加省委统战部、省工商联调训，推荐新生代企业家3人担任四川省川联青年企业家商会会员。指导全市非公有制经济开展党的群众路线教育实践活动。成立非公有制经济组织党员服务队12支，开展“一帮一”“助春耕”“城市卫生义务劳动”等志愿服务活动30余次。组织开展“送法进企”活动，宣传依法治市、依法治企，前往60家非公企业宣传《中华人民共和国婚姻法》《中华人民共和国劳动合同法》《中华人民共和国环境保护法》等法律知识，发放法律知识传单1000余份，在全市非公有制经济人士中开展“依法治企、争当廉洁建设者”活动，倡议拒送红包礼金。围绕“统筹城乡攻坚年”活动，引导非公有制经济人士参与光彩事业、百企联百村等工作，回馈社会。全年全市非公有制经济人士参与光彩事业捐款捐物729.86万元。573家非公有制企业参与百企联百村活动，支持519个联系村经济社会发展，实施产业带动项目115个，参与修路118.27千米，资助贫困学生882人次，培训农村富余劳动力1.66万人次，解决就业9687个，投入资金5687.91万元，眉山在全省非公有制经济领域统战工作研讨会上作大会经验交流发言。

【港澳台及海外联络】2014年，市委统战部召开纪念黄埔军校建校90周年座谈会，组织黄埔军校同学和黄埔后代缅怀先烈、继承传统、促进祖国统一、服务眉山发展。召开协调会2次。争取市政府解决黄埔同学生活补助，赴区县看望慰问黄埔军校同学，向14名黄埔军校同学每人发放慰问金5000元。促成眉州医院与市黄埔军校同学后代联谊会签订《黄埔老兵、抗战老兵医疗优惠协议书》，眉州医院作为定点医院为全市黄埔老兵、抗战老兵及其遗孀、子女提供医疗优惠服务，受到中央统战部肯定。市工商联组织行业商会，会员企业（眉山浙江商会）开展“慈善情暖万家、爱心奉献社会”活动，向全市33户抗战老兵以及社会困难群众发放关爱红包3.3万元。引导非公有制经济人士向12名黄埔老兵、抗战老兵捐赠救助款5万元。加强与市友协、侨联、台联等部门联系，发展关注眉山、热心参与眉山建设的海外友好人士，组织参加“知名侨商四川行”“第十二届东盟华商会”“知名侨商眉山行”等活动。青神县邀请美国、英国、法国、德国、加拿大、比利时等10个国家游客参加青神首届生态旅游橘花节，县工商联与澳大利亚国际商会签订友好合作商会协议。市侨联向海外寄发贺卡、信件、电子邮件700余封（件），为海外侨胞送春节、中秋等节日祝福，邀请接待到眉山访问、考察、投资的海外华侨华人、港澳同胞12批140人次，拓展海外人脉资源。

【信息调研宣传】2014年，市委统战部编发《统战信息》20期，上载统战网站新闻消息25条；统战信息被中央统战部采用6条，被省委统战部采用主条23条，被省民宗委采用主条23条，被市委办《工作交流》采用12期，市级以上新闻媒体采用32篇。《眉山市6个民主党派市委和市无党派知识分子联谊会拥有独立办公区》《各地统战部门认真学习贯彻全国统战部长会议精神》等6条信息被中央统战部《每日汇报》采用。全年眉山信息采用排名居全省第二（不含三州）。

（市委统战部）

政策研究

【概况】2014年，市委政研室设市委全面深化改革领导小组办公室（简称“市委改革办”），承担市依法治市领导小组办公室（简称“市依法治市办”）日常工作。全市政策研究、深化改革、依法治市工作年度考核均居全省前列。

【全面深化改革】2014年，市委政研室履行市委改革办职能。健全深化改革组织机构，起草《市委全面深化改革领导小组专项小组组成人员名单》《市委全面深化改革领导小组办公室组成人员名单》8个专项小组组成部门和联络员名单。制定《市委全面深化改革领导小组工作规则》《市委全面深化改革领导小组专项小组工作规则》《市委全面深化改革领导小组办公室工作细则》，规范运行程序。市委作出《关于全面深化改革的决定》，明确任务分工，制定《贯彻落实〈中共眉山市委关于全面深化改革的决定〉责任分工方案》，细化责任落实。指导区县设立领导小组，组建工作机构，确保全市深化改革工作稳步推进。全年制定涉及金融、工商登记、医疗保险体系、工商资本下乡、土地流转、特殊人群服务管理等专项改革方案12项以及改革指导性文件35个，推进重要领域和关键环节改革。总结深化改革的特色做法和典型经验，形成《跳出“三农”抓改革，围绕“三农”破难题——眉山市立足市情积极探索农村改革新路径》，被省委改革办《改革动态》专报刊发，在全省交流。形成《农业园区探路，农村改革破题——眉山岷江现代农业园区的探索与实践》，受到省委改革办肯定。年末市推进全面深化改革工作年度考核居全省第五位。

【全面推进依法治市】2014年，市委政研室发挥市依法治市办统筹协调作用。牵头起草《眉山市依法治市纲要》《眉山市依法治市2014年工作要点》《市委关于全面推进依法治市建设法治眉山的决定》《市委办市政府办关于深入推进“法律七进”工作的实施意见》等指导全市依法治市工作重要文件7件。制定《领导小组工作规则》《成员单位工作职责》《办公室工作细则》，建立健全工作推进机制。加强依法治市对外宣传，《坚持依法治市战略　着力构建“八大体系”》《在厉行法治中谱写东坡故里新篇章》《标本兼治　综合施策　在厉行法治中创新社会治理》等市委主要领导署名文章和专访材料，分别被人民网、《四川法制报》《四川党校报》、省委政研室《调查与决策》采用。《坚持依法治市　普及法治理念》在《人民日报》“天府眉山宜居新城”的宣传专版中采用。协助省依法治省办开展“调解一次纠纷，上好一堂法治课”专题调研，成果在《四川日报》头版头条刊发。依法治市工作动态、亮点及典型经验上报信息24期，其中被省依法治省办《依法治省通报》采用7条，信息得到省委书记王东明批示1条。总结提炼依法治市特色做法和典型经验，形成《关于推进依法治市特色做法和典型经验的情况报告》，为全省推动依法治省工作深入开展提供参考。形成《坚持两个理念　落实三项制度　全面推进依法治市》，在全省学习贯彻中央、省委全会精神培训班上交流。形成《构建“八大体系”建设法治眉山》，被省依法治省办简报采用全省交流。市委政研室、市委督查室，开展依法治市工作专项督查2次，促进各项工作推进落实。全市依法治市日常工作年度考核居全省第八位。

【经济社会发展重大问题研究】2014年，市委政研室围绕市委工作中心、阶段性工作部署以及群众关心的热点难点问题，开展专题调研30余次，形成调研成果12篇，全部转化为市委、市政府重要文件或决策部署。围绕全市深化农村改革，构建现代农业生产经营体系，调研后形成《加快培育新型农业经营主体的对策研究》，相关建议被《眉山市加快培育新型农业经营主体专项改革方案》采纳。开展岷江航电眉山段开发调研，形成《关于对省决咨委〈推进岷江航电开发打造长江上游增长极〉的反馈意见》，为全省统筹推进和创新航电支持政策提供依据。开展全市“80、90后”新生代农民工思想状况调研，形成《眉山新生代农民工思想状况调查报告》，对有效引导农村青年树立正确的价值观念，提高职业技能，更好融入城市提出建设性意见。开展依法治省工作中好的做法和存在的问题专题调研，形成《关于反馈依法治省重点难点问题的函》，为省委召开十届五次全会提供基层第一手资料。协助省依法治省办深入彭山区、丹棱县、洪雅县开展专题调研，形成《眉山市开展“调解一次纠纷，上好一堂法治课”活动有关情况的调研报告》，送省委主要领导参阅。

【牵头或参与起草市委、市政府重要文件】2014年，市委政研室牵头或参与起草市委《关于全面深化改革的决定》《关于全面推进依法治市建设法治眉山的决定》《关于深入开展党的群众路线教育实践活动的实施意见》《关于认真贯彻“三严三实”要求进一步加强党员干部教育管理监督的实施意见》《关于建立健全党员干部直接联系服务群众制度的实施意见》《眉山市依法治市纲要》、市委、市政府《关于建设“四支队伍”直接服务群众的意见》等重要文件40件。参与起草《关于服务业改革发展的实施意见》《关于鼓励和支持城市工商资本到农村发展适合企业化经营的现代种养业的实施意见》《眉山市依法处理涉法涉诉信访问题的实施意见》，《眉山市加快培育新型农业经营主体专项改革工作方案》《眉山市农村土地承包经营权流转管理暂行办法》《眉山市健全住房保障和供应体系专项改革实施方案》《眉山市工商登记制度改革实施方案》《眉山市金融专项改革实施方案》《眉山市完善医疗保险体系专项改革方案》等重要改革性文件。

【代拟领导讲话稿】2014年，市委政研室牵头或参与起草市委主要领导在市委经济工作会议上讲话，在全市半年工作总结暨县域经济现场会上讲话，在全市党的群众路线教育实践活动动员会上讲话，在党的群众路线教育实践活动领导小组会上讲话，在全市推进依法治市工作电视直播大会上讲话，在市委全面深化改革领导小组第一、第二次全会上讲话。

【交办任务】2014年，市委政研室围绕中央巡视组组长杜德印关心关注的眉山经济发展总量低、信访量少、农民人均纯收入高等特点，系统梳理和深度挖掘眉山建区设市以来历届党委政府的发展战略、发展理念，代市委草拟《关于眉山“两低一高”情况的汇报》，回应中央巡视组领导对眉山的关切。系统整理市委确定的7大领域27个重点课题调研成果，为市委制定《全面深化改革的决定》提供第一手资料。牵头完成《中国特色社会主义理论宣传教育专题讲稿》及PPT制作，为全市开展党的群众教育路线提供学习资料。修改书记专访材料20余篇，分别在《人民日报》《四川日报》等中央、省级主流媒体刊发。

保密工作

【保密管理】2014年，市委保密委员会办公室（市国家保密局）(以下简称“市保密办”）制发《眉山市党政机关保密工作台账》《眉山市党政机关工作人员保密手册》，转发《国家秘密载体印制资质管理办法》《国家秘密定密管理暂行规定》《保密检查工作规定》《机关、单位保密自查自评工作规则（试行)》规范性文件4个。调整市委保密委员会组成人员。完成全国“涉密人员确定”试点。及时撤销重点涉密人员204人身份。完成定密授权。重新确定保密要害部门、部位。完成全市2013年度保密工作统计。定点销毁涉密载体，全年集中销毁纸质涉密文件资料31吨。

【保密宣传】2014年，市保密办印发失泄密事件通报3份，在全市范围内开展警示教育。节假日利用手机短信平台向领导干部、涉密人员2000人次发送保密提醒70条。组织全市各级领导干部、涉密人员学习《保密法实施条例》，培训干部2600人次。开展街头保密普法宣传2次，发放宣传资料4000余份。开展保密法宣传进社区、进学校活动，免费为中心城区32个社区、11所学校提供宣传挂图。市、区县保密部门全部被评为全省“学刊用刊先进单位”。

【保密培训】2014年，市保密办召开全市保密系统保密干部保密法规培训会2次50人次；前往党校、市级部门上保密课7次，培训保密干部850余人次。开展各级保密委主任(保密领导小组组长）讲保密专题党课，市、区县委保密委领导带头为辖区范围内单位负责人、办公室负责人和涉密人员上保密专题党课7场，培训领导干部和涉密人员2562人。其中市委常委、秘书长黄跃为市级机关单位干部和东坡区机关单位干部上作题为《增强保密意识，筑牢保密防线》专题党课，全市开展上保密专题党课活动668个单位，接受教育1.1万人次。

【保密技术】2014年，市保密办完成网络核查、分级保护工作和涉密计算机（单机）统计。开展保密技术专题服务指导26次。开展保密科学技术调研，形成《关于眉山市保密科学技术建设情况的调研报告》。完成互联网计算机敏感信息实时监管平台防护建设。升级保密综合业务管理平台（2期）。

【保密检查】2014年，全市开展国家类统一考试保密检查工作7次。开展涉密中央文件保密管理、涉密科研项目保密、非涉密网络保密管理专项检查和保密要害部门、部位保密管理专项检查及综合保密检查。

（市委保密办）

市直机关党建工作

【贯彻中央省委全会精神】2014年，市直机关工委组织学习宣传贯彻中共十八大，十八届三中、四中全会精神，省委十届四次、五次全会精神，市委三届五次党代会精神和总书记习近平系列重要讲话精神，以培育和践行社会主义核心价值观为主要内容，在机关干部职工中开展“俭以养德　从我做起”活动。启动“法律进机关”活动，举行“法律进机关”活动启动仪式，参加活动360余人。责任单位代表、执法机关代表、机关干部代表发言，市委常委、秘书长黄跃讲话。各部门建立完善部门办公会前学法制度，开展“调解一次纠纷，上好一堂法治课”专项活动，开展干部职工学法用法活动，在办公区域和门户网站设置普法专栏、开设法制宣传微博和微信等。开展学法用法示范机关创建活动、“我是依法办事好干部”活动。

【抓实“四支队伍”活动】2014年，市直机关工委协调开展“四支队伍”联系服务群众工作，党员全参与、社会总动员，组建“四支队伍”（党员先锋服务队、基层便民专业化服务队、社会志愿者服务队、网格员服务队)。全市组建党员先锋服务队5600余支，基层便民专业化服务队897支，社会志愿者服务队2557支，孵化社会志愿组织32个，招聘专兼职网格员、协管员1.11万人，“四支队伍”全年帮助群众解难题办实事15万余件。

【干部直接联系服务群众工作】2014年，市直机关工委牵头开展干部直接联系服务群众工作。全市2万余名干部结对联系7万户群众家庭，帮助基层和群众解决具体困难和问题。市直机关工委、市林业局、市水务局开展“绿海明珠”“千湖之城”创建活动，市级各单位、部门创建“绿色基地”180.73公顷，新建、整治山坪塘蓄水池700个，新增或恢复水域面积32.2平方千米。帮助21.3万人解决安全饮水问题。市直机关工委、市扶贫移民局开展省级、市级贫困村精准扶贫，市、县、乡镇三级组建131个工作组进驻131个贫困村，市级部门选派干部驻村帮扶36人。开展整村帮扶“五个一”[帮助联系村（社区）“找准一条发展路子、建强一个基层班子、培育一项主导产业、完善一批基础设施、健全一套工作机制］和个体帮扶“三个一”（为联系群众“办一件实事、解一项疑难、落实一个帮扶项目”）活动。推进机关党组织和在职党员社区“双报到”活动，组织全市机关党组织630个、机关在职党员1.5万人到社区报到。落实认领一个公益岗位、进行一次普遍走访、开展一次政策宣传、联系一户困难群众、办一件实事好事“五个一”任务。全市机关党员认领服务岗位2.3万个，开展各类志愿服务5.6万人次。

【机关基层党组织规范化建设】 2014年，市直机关工委加强机关党的制度建设，市委印发《眉山市〈中国共产党党和国家机关基层组织工作条例〉实施办法》，市直机关工委制定《市直机关基层党员轮训制度》《市直机关党内激励关怀帮扶机制》等制度5项。开展《条例》贯彻落实情况专项检查，专项检查市级39个机关单位党组织、6个区县机关工委（党委）及其所属的18个机关单位党组织开展《条例》《实施细则》《实施办法》贯彻落实情况。开展“三分类三升级三挂钩”（将基层党组织划分为先进、一般、后进三类，分别确定升级目标，采取举措，推动先进党组织上水平、一般党组织上台阶、后进党组织换新貌，在年度检查验收考核中将党组织的晋位升级情况与党组织工作经费、党组织领导班子成员待遇和党组织书记使用挂钩）活动，开展16个后进基层党组织整顿转化，帮助找准查实后进原因、制定整改举措，每个后进党支部落实1个结对共建党组织、选派第一书记或党建指导员1人。理顺各级党组织关系，增设党支部17个，撤销党支部7个，完成2个机关（公司）党委、1个党总支和11个党支部更名。指导和督促机关基层党组织按时换届改选机关（公司）党委5个。加强基层纪检组织建设，建立机关纪委2个。调配专兼职正（副）书记48人。审批发展党员129人，批准预备党员转正118人。自行脱党的党员除名1人。

【机关文化建设】 2014年，市直机关工委组织开展城乡环境综合治理“进机关”活动。以城乡环境综合治理“进机关”活动为服务中心重要载体，美化办公环境，用心净化职业环境，全心绿化人居环境，改善机关软硬环境，提升机关形象。在眉山召开的全省城乡环境综合治理“进机关”活动现场会上全市城乡环境综合治理“进机关”活动得到肯定，市直机关工委、市地税局、彭山县检察院作经验交流会发言。开展主题读书月活动，举办拔河、跳绳、50米接力赛、气排球比赛等健身活动，举办“绿海明珠·你我同行”演讲比赛等活动。利用走基层、“双报到”平台，测评公共文明指数。

【党风廉政建设和反腐倡廉教育】 2014年，市直机关将反腐倡廉教育作为学习型机关建设、中心组学习、民主生活会和“三会一课”重要内容。开展“一把手”讲廉政党课、“廉政警示教育”活动，组织全体党员干部观看警示教育片。开展廉政知识培训，将党务、廉政等知识纳入培训内容和教学计划，市纪委副书记、市监察局局长魏文彪为220名入党积极分子讲课，教育和引导广大党员增强反腐倡廉意识。牵头开展廉政文化进机关活动，推进机关廉政文化建设，促进党员干部廉洁从政，依法行政。引导市直机关深化党务公开，优化党务公开内容、程序、方式。贯彻落实中央“八项规定”、省委省政府“十项规定”和市委、市政府“六个坚持”，抓正风肃纪“9+2”专项治理工作以及红包礼金专项整顿、庸懒散浮托整治等5个专项整顿，加大“庸懒散”行为问责力度，牵头暗访检查50个党员示范岗（窗口）的工作作风、服务态度、亮牌示范等内容3次，对不符合示范要求的6个单位党组织负责人谈话，要求限期整改。加强党风廉政建设，落实“两个责任”。发挥党风廉政建设责任制领导小组职责，班子成员按照职责分工，签订党风廉政建设主体责任书。制发《市直机关工委2014年党风廉政建设和反腐败工作的实施意见》，将纪检工作内容纳入市级机关党建工作目标考核，将惩防体系建设、党风廉政教育、廉政文化进机关、党务公开、机关纪委建设和人员配备等考核内容单列，强化检查考核，推动工作落实。落实惩治和预防腐败体系2013—2017年工作计划。建立健全科级以下党员违规违纪案件查处的规定、程序和方法，新订市直机关纪工委工作规范26个。严肃执法问责，抓信访举报、案件处理等关键环节，抓早抓小，发现一起，查处一起。全年查处科级及以下违纪党员5人。

（市直机关工委）

群众与信访工作

【概况】 2014年，市委、市政府高度重视群众和信访工作，加强市领导接访交办案件、中央和省交办案件、信访积案化解督查督办力度，群众信访问题“件件有着落、事事有回音”。区县和市级部门信访工作考核结果纳入市委、市政府综合考评，实行目标管理，形成齐抓共管工作格局。眉山市抓群众和信访工作的经验做法被国家信访局、省信访局以及国家和省级媒体刊发61次，市委、市政府主要领导作出批示64次。

【制度建设】 2014年，构建信访工作责任体系，制定并实行信访工作“一把手”负总责、分管领导“一岗双责”具体抓，市、县级领导包案处理信访问题制度，市委确定信访积案“一年一清、不结转下年”工作目标，市信访联席会议印发《关于进一步加强信访积案办理工作的通知》，确定“季首排查、季末通报、季季清仓”工作原则。市信访局制定《关于进一步规范信访事项受理办理程序引导来访人依法逐级走访工作的办法》，规范工作程序、明确工作要求、压实工作责任、提升工作质效。实行群众来访当天办理制度，完善和延伸“四个当天”举措，落实“四个同时”［同时交办，一案双交：到市以上信访事项受理后，市群众工作中心按“属地管理、分级负责”和“谁主管、谁负责”的原则进行分类并于当天交办到区县或市级部门依法按程序进行办理；同时督查，一案双督：市委群工部负责督查“四个当天”落实情况，市级行业主管部门负责督查信访案件办理的进展及质量；同时审核，一案双审：市委群工部审核承办单位是否按照《信访条例》的规定按程序予以办理。市级行业主管部门审核本级及下级行业主管部门承办的未息访信访案件是否依法办理，有无瑕疵；对于复杂信访案件，市级行业主管部门还应召集有关部门会商，提出审核意见；同时认定，一案双定：对未息访的信访案件，由市委群工部与市级行业主管部门协商办理意见（办结或教育稳控）后，报市信访联席办审定备案］要求，制发《关于进一步完善〈群众来访当天办理制度〉的通知》，实现来信来访、网上信访、电话访当天办理全覆盖。制发《眉山市依法处理涉法涉诉信访问题的实施意见》，建立依法导入机制，实行诉访分离制度、强化司法救助、落实教育帮扶和维稳责任。制定《眉山市信访事项办理群众满意度评价工作制度》，规范国家信访局满意度评价件办理工作，提升全市信访事项办理群众满意度参评率和对信访部门、责任单位的满意度。

【化解信访积案】2014年，省挂牌交办眉山重要信访案件61件。市委群工部梳理到市重复访和进京到省上访案件，在全市集中交办123件信访积案，向市委、市政府主要领导及分管领导汇报积案化解工作情况。年末省办交办信访积案全部办结，息访率83.6%；全市集中交办的信访积案办结121件，2件因案情复杂申请延期调处。

【网上信访办理】2014年，市委群工部受理网民留言814件。其中人民网网民留言374件，国投办网上信访件59件，省政府门户网站“省长信箱”交办件319件，省信访局门户网站交办件43件，市委、市政府门户网站交办件19件，到期办结率和网上回复率均为100%。

【群众来信办理】2014年，市委群工部开通绿色邮政，群众来信反映诉求邮资免费，落实专人负责群众信件办理，严格按照《信访条例》规定完成群众来信的转送、转办。全年群众来信763件，均得到有效办理。

【信访事项复查复核】2014年，市委群工部复查复核群众申请的信访事项。全年受理复查复核案件17件，逐案调查审核后全部出具复查复核意见书。

【“领导接待日”】2014年，市委群工部协助19名市级领导开展60次“市领导接待日”活动，接待群众26批285人次，交办市领导接访案件26件，到期办结26件。

【党的群众路线教育实践活动】2014年，市委群工部开展群众路线教育实践活动，边学边改，干部受教育、作风大转变、群众得实惠。废止网民留言办理工作等11项制度，保留信访形势分析研判例会等10项制度，健全群众来访当天办理等4项制度，新增网上信访工作办理等6项制度。

【群众工作中心建设】2014年，市群众工作中心抽调8个信访量较多的市级部门业务骨干入驻，群众诉求实行统一登记、归口办理、综合协调、各负其责、限时办结的“一站式”服务，着力构建来访、疏导、处理“三位一体”的工作运行机制，制定科学的管理和考评办法，市群众工作中心建成反映和解决问题的终点。全年接访群众1371批5015人次，基本实现群众接待在中心、问题解决在中心。

（市委群工部）

老干部工作

【领导关心老干部工作】2014年，市“四大家”领导多次参加全市召开的老干部情况通报会，并率老同志参观考察眉山市重点工程建设。市委书记李静专题听取老干部工作汇报，传达学习“全国老干部局长会议和全省老干部局（处）长会议”精神，重点学习省委组织部部长范锐平，省委组织部副部长、老干部局局长彭德秋讲话精神。彭德秋及相关领导多次到眉山检查指导工作。

【落实政治待遇】2014年，落实老干部工作责任制和在职领导联系老干部制度。做好重大情况通报、按规定阅文、参加重要会议和活动、参观考察、重大事项向离退休干部征求意见等。市老干部局每月至少组织老干部活动1次。全年举办老干部情况通报会3场次。组织老干部市内参观考察7次（工业园区、岷江新区建设等重点工程；东坡区、彭山区、仁寿县等地的现代农业发展、工业发展、城市建设等）。组织部分老干部赴井冈山、韶山等革命老区参观考察；组织老干部集中疗养1次。

【落实生活待遇】2014年，市委老干局为离休干部办理提高享受正厅级待遇3人；市委老干局、财政、人社等部门联合制定“新中国成立初期参加革命工作的部分退休干部给予医疗照顾”方案，落实市级新中国成立初期参加革命工作退休干部医疗照顾政策28人，为1名生活不能自理的新中国成立初期参加革命工作的退休干部落实200元/月护理费；指导各区县落实此项政策；为市级离休干部普调津补贴。市委老干局走访慰问180人次，其中集中组织慰问活动2次（春节慰问离退休干部及遗孀104人次；重阳节慰问离休干部66人次）；悼念去世离休干部4人、退休干部1人。帮扶特殊困难老同志20人7.5万元。

【老干部发挥作用】2014年，市老干部志愿者服务队开展“夕阳红”进社区活动；实施关爱留守儿童活动计划；赴区县、进社区宣讲中共十八大精神和《老年人权益保障法》；在三苏雕像广场、会展中心等地多次开展书画展活动，无偿为群众创作书画作品500余幅。

【直接联系群众工作】2014年，市委老干局开展“挂、包、帮”“干部走基层、真情五为民”“双岗双责”活动。7次组织干部职工深入仁寿县城堰乡石沙村了民情、解民事、暖民心，植摇钱树2000余株，种植面积1.33公顷。为全村整治维修山坪塘4口，解决全村2/3老百姓生产用水问题。硬化村道路2.4千米。协调、新建150平方米石沙村委会办公室。鼓励返乡农民工种植果树、朝天海椒，养殖生猪、山鸡等。全村年人均收入比2013年增长20%。市委老干局为联系户送化肥、毛毯等生产生活用品，价值1.2万元。

（市委老干部局）

党校工作

【概况】2014年，全校在编教职员工24人，专兼职教师15人，其中中高级职称教师9人，特聘教师20人。

【干部教育】2014年，市委党校举办主体班轮培训班次3期，轮培训人员482人；举办社会化短期培训班18期715人次。市委党校、市委组织部举办东坡讲坛自主选学培训班7期1410人次；完成拟任县处级领导干部政治理论水平考试2次，参考202人；全年招收中共省委党校在职研究生经济管理专业学员30人。

【科研工作】2014年，市委党校实施课题引领战略，获省委党校立结项课题2项；获市社科立结项课题2项，其中重点课题立结项1项，完成市思想政治研究会课题1项；围绕市委、市政府重要发展问题，突出重点发展课题4项，深入相关部门调研，提出有建见性咨政报告，为市委、市政府及相关部门提供决策参考；加强全市党校课题统筹，全年市、区县党校课题立项30项，结项27项，完成重点课题12项；完成《学报》1期编辑出版工作。

【群教活动】2014年，市委党校在“四学三讲三议一调研”活动中，组织干部职工“个人自学、集中研学、实践教学、宣传促学”。深入市级部门、区县、村（社）宣讲29场（次），授课2815人。采取多种手段开门评风听意见、查摆问题。班子和个人查找问题近200个，提出解决措施80余条。结合实际创新自选动作。开展PPT课件制作演示竞赛活动提升教学技能、学国学强师德，推进写一篇高质量学习心得、进行一次全面自我剖析自查互查、举行一系列开门听取意见、开展一次高质量民主生活会前交心沟通、建立一套有效管用工作机制群策群力的“五个一”行动、举行党校系统“庆‘七一’践行党的群众路线。开展演讲比赛和重温入党誓词、学“天下正人田锡”等活动。开展以“学规矩、定制度、转作风”为主要内容的集中教育整改行动，重点治理“庸、懒、散、慢”，破解党校“三难”（树正气难、转形象难、抓发展难）问题。以问题为导向，边学边改。开展以师德建设为目标的理想信念、党风党纪、道德品行、国学等专题的学习教育。通过课件比赛、课题组调研等多种技术练兵实战，锻炼教师教学技能，提升教学水平和研究能力，发现和培养有潜质的师资。更新换代学员住宿楼基础设施。强化校园安全，投资42万元改造校园围墙。投入20万元创建省级园林校园。建立班子成员之间、分管领导和员工谈话制度，推行三个“721”管理制度，以制度促管理、促工作、促发展。群教活动编写活动信息17篇，被市群教办采纳4条，《眉山日报》刊发4篇。

【机关党建】2014年，市委党校开展直接联系服务群众工作。组织职工对接群众，组织党员投身党员先锋服务队，开展便民利民服务。党校党员志愿者服务队在灵芝村境内、遂资眉高速公路旁种植天竺桂、榕树等500余棵，价值5万余元，建设眉山“党校林”3.33公顷。机关党委和全体党员前往东坡区旭光社区开展党组织和党员“双报到”，志愿服务。开展“党员义工日”活动。组织全体党员利用周末慰问困难户，清扫华阳路等街道，清理垃圾和牛皮癣广告。常务副校长为社区党员专题讲授《习近平总书记系列讲话精神》。完善和落实校院委中心组学习制度和教职工定期学习制度。开展“爱读书、读好书、善读书”活动，创新学习形式、丰富学习内容、加强学习考核，在全校营造认真学习、刻苦钻研浓厚氛围，推动学习型校院建设。落实“两会一课”和民主评议党员制度，严格党内组织生活。参加全市市级机关拔河比赛获冠军、跳绳比赛获二等奖、参加全省党校系统乒乓球比赛获组织奖。

【机关管理】 2014年，市委党校以目标管理为核心，以激励机制为动力，严格校院目标管理，落实目标责任，加强目标督查，建立以机关管理三个“721”制度为引擎的规章制度10个。为惩治庸懒散浮拖现象，强化机关内勤管理，制定相关制度3个，明确相关责任，促进各项工作落实。注重机关精细化规范管理，提高文秘、机要、档案等工作质量和服务水平。选送参与国内、国外高校、市内部门举办的专题与技能培训6人10人次。组织职工贯彻落实全省城乡环境治理及机关活动，依法治市、普法宣传活动，编制清理、选人用人整治专项工作等活动。被省住建局评为2014年度省级园林式单位。改造维修教师接待室、阶梯教室。

【业务指导】 2014年，市委党校深入区县委党校调研指导12次。提出加强市、区县党校业务建设与运作机制建议4个。向区、县委党校选派2批次，参加省委党校的教研骨干培训班学习培训20余人次。指导区、县委党校积极申报省委党校、市社科课题，立结项24项。

（罗志军）

眉山市非公有制经济组织和社会组织学院揭牌仪式

眉山市人民代表大会常务委员会

市人民代表大会会议

2014年1月8日至10日，市三届人民代表大会第五次会议在眉山召开。大会应到代表372人，实际出席会议344人，符合法定人数。会议听取和审查了市人民政府市长宋朝华作的《政府工作报告》、市人大常委会主任贺文作的《眉山市人民代表大会常务委员会工作报告》、市中级人民法院院长刘楠作的《眉山市中级人民法院工作报告》、市人民检察院检察长陈兵作的《眉山市人民检察院工作报告》，会议书面审查了《眉山市2013年国民经济和社会发展计划执行情况及2014年计划草案的报告》《眉山市2013年财政预算执行情况和2014年财政预算草案的报告》，并通过了关于上述六个报告的决议。会议补选万永利、张建民、张桂芳为市三届人大常委会委员。

市人大常委会会议

2014年，市人大常委会召开常委会会议6次。主要听取和审议市人大常委会执法检查组关于检查《中华人民共和国中国人民银行法》《中华人民共和国商业银行法》《中华人民共和国传染病防治法》《中华人民共和国城乡规划法》《中华人民共和国农业技术推广法》实施情况的报告。听取和审议市政府《关于公安执法规范化建设情况的报告》《关于社会力量办教育工作情况的报告》《关于推进旅游项目建设情况的报告》《关于办理市三届人大五次会议以来代表建议、批评和意见情况的报告》《关于2014年上半年国民经济和社会发展计划执行情况的报告》《关于2013年财政决算及2014年上半年财政预算执行情况的报告》《关于2013年市本级财政预算执行情况和其他财政收支情况的审计工作报告》及市中级人民法院《关于民事审判工作情况的报告》。表决通过2名代表资格的审查报告，决定终止李志强、陈云辉的代表资格；通过了人事任免议案，任免干部13人。市人大常委会主任、副主任、秘书长及委员出席会议，“一府两院”领导列席会议，市政协领导应邀列席会议，涉及议题内容

2014年7月24日，省人大常委会副主任、党组副书记张东升（中）一行在青神县德恩传动机械股份有限公司调研

的市级部门负责人列席相关议题的会议。

主任会议

2014年，市人大常委会召开主任会议15次。主要研究市人大常委会听取和审议的专项工作报告、执法检查报告、视察、调研方案等；研究提请常委会会议审议的议题；传达贯彻市委重要决策部署；审议各委室年度监督工作计划；安排部署市人大常委会重要日常工作等。

监督工作

【经济运行监督】2014年，市人大常委会组成人员调研农村、工业园区和企业经济运行情况，市人大常委会会议听取和审议市政府关于国民经济和社会发展计划执行情况的报告，向市政府提出审议意见。

【财经工作监督】2014年，市人大常委会听取和审议《2013年财政决算及2014年上半年财政预算执行情况的报告》《2013年市本级财政预算执行情况和其他财政收支情况的审计工作报告》。加强预决算审查监督，审查市级70个部门的预算草案。学习研究新“中华人民共和国预算法”，召开市政府及其有关部门参加的专题研究会议，为新“预算法”贯彻实施作准备。

【法律法规实施情况检查】2014年，市人大常委会开展城乡规划法、银行法、农业技术推广法、传染病防治法等法律法规实施情况检查。常委会以城乡规划法执法检查为重点，主任带队，全部副主任、部分委员以及各区县人大常委会主任参加，深入各区县实地检查重点项目、工业园区和乡镇的规划编制及实施情况。执法检查报告经过认真审议后，向市政府提出书面审议意见，4个月后对市政府办理落实审议意见情况实施满意度测评。对满意率较低的个别事项，每季度督促检查1次，将审议意见办彻底，见实效。市人大常委会配合省人大常委会开展大气污染防治法、专利法等6部法律法规执法检查；配合省人大常委会开展立法法、司法救助条例等16部法律法规立法调研，提出修改意见70余条，部分意见被采纳。

【听取和审议专项工作报告】2014年，市人大常委会听取和审议市政府《关于推进旅游项目建设情况的报告》《民办和引资办学情况的报告》《公安执法规范化建设情况的报告》和市中级人民法院《开展民事审判工作情况的报告》。在听取和审议“一府两院”专项工作报告前，常委会组建以分管副主任为组长的调查组，开展专题调查，形成书面报告。听取和审议专项工作报告后，及时将常委会组成人员发表的建议意见，整理成书面审议意见，送“一府两院”办理，并开展办理结果满意度测评。

【规范性文件备案审查】2014年，市人大常委会备案审查市政府和六区县人大常委会报送的规范性文件33件。市人大常委会向省人大常委会报送规范性文件14件，全部准予备案。

【视察和调研】2014年，市人大常委会开展幸福美丽新村建设、园区规划建设、瓦屋山景区规划建设、东坡城市湿地公园建设等专题视察和调研。组织全国、省人大代表视察和调研天府新区眉山区域建设情况，向省人大常委会和市委提交调研报告9篇。

【信访工作】2014年，市人大常委会受理各类来信来访150件（次），重点督办信访事项8件。

重大事项决定与人事任免

【重大事项决定】2014年，市人大常委会围绕市委重大决策部署、人民群众关注的热点难点问题和重大民生事项，充分调查研究，依照法定程序作出“关于保护黑龙滩水库饮用水水源”“强化多元化解决矛盾纠纷机制”“彭山撤县设区”有关事项等决定。市人大常委会督促“一府两院”贯彻落实。

【人事任免】2014年，市人大常委会任免国家机关工作人员13人次。采取任前法律考试、会上作履职承诺和颁发任命书等制度，增强被任命人员的宪法意识、公仆意识、责任意识和接受监督意识。

代表工作

【代表履职】2014年，市人大常委会组织市人大代表参加培训70人次，提升人大代表的政治理论水平、法律知识水平和履职意识。加强人大代表教育管理，向全体市人大代表及时传达中共中央“关于湖南衡阳破坏选举案件处理情况的通报”，要求代表依法履职。开展人大代表密切联系群众，促进企业家代表不拖欠民工工资。集中宣传报道履职突出的12名基层代表，批评缺勤多或“出工不出力”代表，终止违法违纪3名市人大代表的代表资格。全年邀请人大代表参加执法检查、视察和专题调研、列席市人大常委会会议，推荐代表旁听“一府两院”重大决策会议30人次。

【代表建议批评意见办理】2014年，市人大常委会对市三届人大五次会议收到的59件代表建议、批评和意见进行归类，召开专题会予以交办，跟踪督办。听取和审议市政府《关于市三届人大五次会议代表建议、批评和意见办理情况的报告》，将代表建议、批评和意见办理后代表是否满意的反馈，由过去办理单位找代表签署意见的单一渠道反馈，改为既保留原渠道同时再增加由人代工委直接向代表了解情况的双重渠道反馈，最大限度地发挥代表作用。常委会交办的建议、批评和意见全部在规定时间内办理完毕并答复代表，提高代表满意率。

常委会及机关自身建设

【制度建设】2014年，市人大常委会贯彻落实中央关于改进作风、密切联系群众规定，修订常委会及机关各项制度13项，规范行政权力行使。

【思想政治建设】2014年，市人大常委会组织政治理论学习，学习中共十八大及历次中央全会文件，在机关开展党的群众路线教育实践活动，改正过去存在的“四风”（形式主义、官僚主义、享乐主义和奢靡之风）问题，形成奉公守法、积极作为的机关风气。

【指导工作】2014年，市人大常委会加强对区县人大常委会的指导，召开人大工作座谈会，培训区县人大常委会组成人员和机关干部，邀请区县人大常委会领导列席市人大常委会会议、参加执法检查等活动，实现纵向传帮带、横向交流学习。

（市人大常委会办公室）

2014年9月24日，市人大调研全市旅游工作

眉山市人民政府

重大决策

【国有产权交易管理】2014年，市政府印发《眉山市国有产权交易管理暂行办法》《眉山市市级国有产权交易目录（2014）》，管理暂行办法17条，国有产权交易实行目录管理，交易项目涉及全市经济社会发展全局和重大民生事项资产、资源、公共公益、政府特许经营4大类。

【行政审批制度改革】2014年，市政府印发《深化行政审批制度改革工作的实施意见》。提出抓好承接、清理、取消“三个到位”，全面理顺行政审批事项。建立事前“负面清单”、事中“准许清单”、事后“监管清单”“三个清单”，规范行政审批标准。完善中介服务信息、市县两级公共资源交易联动服务、行政权力依法规范公开运行“三个平台”，有效提升行政审批服务。强化工作领导、组织实施、放管结合“三个保障”，确保取得审批改革实效，力争成为全省行政审批“项目最少、程序最简、办理最快、费用最低、服务最优”市州之一。

【劳动模范评选管理】2014年，市政府印发《眉山市劳动模范评选管理办法的通知》，提出加强眉山市劳动模范评选推荐、奖励和待遇、管理等规定5章28条。

【企业投资项目核准权限】2014年，市政府印发《划分市和区县企业投资项目核准权限的通知》，提出企业在眉山市管辖范围内投资建设“核准目录”内固定资产投资项目，须按照规定报送具有相应权限项目核准机关核准。法律法规和国家、省、市制定的发展规划、产业政策、总量控制目标、技术政策、准入标准、用地政策、环保政策、节能政策、信贷政策等是企业开展项目前期工作重要依据，是项目核准机关和国土资源、环境保护、城乡规划、节能审查、行业管理等部门以及金融机构对项目审查的依据。“核准目录”中明确由市级核准项目，核准权限不得下放。属基本建设类项目由发展改革部门核准，属技术改造类项目由经济和信息化部门核准。企业投资项目区县核准权限。同步下放项目核准前置要件审批权限。

【文化产业发展】2014年，市政府印发《关于加快推进文化产业发展的意见》（以下简称《意见》），提出发展思路以东坡文化为特色，深化文化体制改革，转变发展方式，实施龙头引领、项目带动、产业集聚发展战略，构建结构合理、门类齐全、科技含量高、竞争能力强的现代文化市场体系，提升全市文化产业综合实力。以文化旅游业、文化用品制造业、文化创意业、文化会展业、文化传媒广告业、演艺娱乐业为产业重点。到2020年，全市文化产业力争实现累计投资1000亿元，发展上亿元产业项目30个，上10亿元产业项目10个；创建国家级和省级文化产业示范园区（基地）3个，增加值达90亿元，占全市地区生产总值比重5%左右，逐步成为全市经济发展支柱产业。《意见》从财政、融资、税收、行政审批、土地使用等方面提出政策支持和保障措施。

【水资源管理】2014年，市政府印发《眉山市实行最严格水资源管理制度实施意见》，提出建立用水总量控制、用水效率控制、水功能区限制纳污“三条红线”管理制度；建立“三条红线”控制指标、水资源管理实时监控系统、政府考核评价“三大体系”。到2015年，全市用水总量控制在13.6亿立方米以内，万元工业增加值用水量比2010年下降34%以上，农田灌溉水有效利用系数达到0.44以上，重要江河湖泊水功能区水质达标率提高到15%以上；

到2020年，全市用水总量控制在15亿立方米以内，重要江河湖泊水功能区水质达标率提高到30%以上，水资源管理各项指标达到全省、全国较高水平；到2030年，全市用水总量控制在15.8亿立方米以内，重要江河湖泊水功能区水质达标率提高到80%以上，用水效率和效益显著提高，水环境质量明显改善，水源地和水库水质全面达标，经济社会发展用水保障能力大幅度提升。

【城乡居民基本养老保险】2014年，市政府印发《眉山市城乡居民基本养老保险实施办法》（以下简称《办法》），提出坚持和完善社会统筹与个人账户相结合制度模式，巩固和拓宽个人缴费、集体补助、政府补贴相结合的资金筹集渠道，完善基础养老金和个人账户养老金相结合的待遇支付政策，强化长缴多得、多缴多得激励机制，建立基础养老金正常调整机制，健全服务网络，提高管理水平，为参保居民提供方便快捷服务。2014年内，在全市实现新农保和城居保制度合并实施，并与职工基本养老保险制度相衔接。2020年前，全面建成公平、统一、规范城乡居民养老保险制度，与社会救助、社会福利等其他社会保障政策相配套，充分发挥家庭养老等传统保障方式积极作用，更好地保障参保城乡居民老年基本生活。《办法》对参保范围、参保登记、基金筹集、建立个人账户、养老保险待遇及调整、养老保险待遇领取条件、转移接续与制度衔接、基金管理和运营、基金监督、经办管理服务与信息化建设、加强组织领导等作出规定。

【维护群众权益】2014年，市政府印发《关于切实维护群众权益的规定》，共9条，围绕践行党的群众路线，认真贯彻落实"三严三实"要求，严肃追究不作为、慢作为、乱作为行为，切实解决侵害群众切身利益问题，维护群众权益，对全市各级行政机关、具有行政管理职权的法律法规授权组织及受委托组织及其工作人员行为规范作出规定。

【政府工作规则】2014年，市政府印发《眉山市人民政府工作规则》（以下简称《规则》），共12章80条，提出市政府工作的指导思想是，高举中国特色社会主义伟大旗帜，以邓小平理论、"三个代表"重要思想、科学发展观为指导，认真执行党的路线方针政策，按照省委、省政府和市委的决策、部署全面履行政府职能，努力建设法治政府、责任政府、服务政府、效能政府和廉洁政府。工作准则是，以民为本，依法行政，科学决策，政务公开，勤政务实，廉洁高效。实行市政府重大事项向市委报告制度。市政府制定经济和社会中长期发展规划、土地利用总体规划、城市总体规划和近期建设规划、涉及全局改革事项、涉及群众切身利益的重大事项、提交人代会审查的政府工作报告、年度国民经济和社会发展计划、财政预算草案、土地出让计划、重大建设项目，以及其他需要市委组织协调的重大事项，须向市委报告。《规则》对市政府组成人员职责、履行政府职能、依法行政、政府决策、政务公开、行政权力监督制度、政府会议制度、公文审批制度、执行落实、廉政建设、纪律作风等作出规定。

【公共资源配置管理】2014年，市政府印发《关于进一步规范公共资源配置管理的规定》，共13条，提出全市政府投资工程项目、国土资源、国有资产、政府采购、特许经营权等政府专有性、公益性资源等公共资源配置，以最大限度发挥市场在资源配置中的决定性作用为目标，遵循公开、公平、公正和依法、利民、诚信原则。严格政府投资工程项目招投标管理。依法核准招标事项，严格把关应急工程审批，规范编制招标文件，强化信用体系建设，严控工程量变更，加强电子招投标。加强国土资源出让监管。严格规范土地出让前期工作，加强土地出让供后监管，依法统一开展国土资源出让。加大国有产权监管力度。强化国有产权转让管理，强化国有产权交易管理，强化国有产权租赁管理。规范政府采购行为。加强政府采购监管，推进政府采购标准化建设，推进政府采购创新，规范特许经营权出让。严格执行出让报批，科学安排出让计划，加强出让质量管理。

【严格依法行政】2014年，市政府印发《眉山市人民政府严格依法行政规定》，共20条。提出按照法定权限行使职权，按照法定程序行使职权。实行重大行政决策公众参与制度、专家论证制度、风险评估制度、合法性审查制度、集体讨论决定制度。建立重大行政决策实施后评估和纠错制度。依法保护各类市场主体权益。加强诚信建设，提升公信力。依法公开政府信息。简政放权，提高行政效能。严格规范行政执法行为。加强行政复议应诉工作。落实行政执法责任制。自觉接受监督。落实常务会议学法制度。对违反本规定的，依法依规严肃查处，并适时公开曝光典型案例等。

【政务公开】2014年，市政府印发《关于进一步深化政务公开工作的意见》，提出实施"三个同步"（行政决策与公开同步、行权运行与公开同步、政策解读与公开同步），加大公开力度。突出"四个领域"（财政资金类、公共资源配置类、公共服务监管类、民生工程类），深化公开内容。抓"三个重点"（着力深化基层政务公开、着力深化内部事务公开、着力深化单位办事公开），扩大公开范围。加强"三个建设"（载体建设、制度建设、队伍建设），提升公开实效。加强载体建设、制度建设和队伍建设。

【财政资金管理】2014年，市政府印发《关于加强财政资金管理的实施意见》，提出严格预算编制和执行管理。实行全口径预算管理，规范预算编制，严格预算执行，严格结转结余资金管理，实行资金风险综合防控。严格财政专项资金管理。严格专项资金设立，清理整合专项资金，转变财政资金支持方式，规范专项资金分配下达，严格资金使用管理，强化激励约束考核。严格国库资金管理。深化国库集中收付制度改革，规范财政借垫款管理，规范财政专户管理。严格规范债务管理，实行权责发生制的政府综合财务报告制度。全面公开预算信息。推进预决算等信息公开，推进其他预算信息公开，推进财政管理公开。严肃财经纪律。严格津贴补贴发放，严格“三公”［财政拨款支出安排的出国（境）费、车辆购置及运行费、公务接待费］经费等一般性支出管理，严格政府采购，严格专项资金监督，严格执行财税政策，严格违规违纪问责惩戒。

【规范国家投资工程建设项目招标投标】2014年，市政府印发《关于规范国家投资工程建设项目招标投标工作的实施意见》，提出完善招标投标操作制度。构建招标投标领导机制，承接下放行政监管权限，规范投融资项目招标投标管理，强化招标投标信息公开，规范招标投标异议处理，规范招标投标投诉处理。规范标前监督管理。落实标前核查制度、落实财评意见修订制度、合法性审查制度，建立重大项目会商机制，完善评标标准和办法，规范代理机构确定方式，规范交易承办范围。规范开评标现场监督管理。落实异常情况报告处理机制、项目负责人到场制度，规范评标专家抽取，严格评标专家到达时限，规范评标专家行为。加强标后履约监督管理。严格合同管理、压证管理、发包管理、保证金管理、新增工程管理、审计监督。强化责任追究。严格勘察、设计质量管理过错责任追究。严肃查处违法违规案件。严格记录不良行为，严格工作纪律监督，凡法律、法规、规章或国家、省另有规定的，从其规定。

【农村客运发展“十三五”规划】2014年，市政府印发《眉山市2016—2020年农村客运发展总体规划的通知》（以下简称《规划》），分5章。2016—2020年农村道路运输客运线路规划，总体目标为规划期内全市128个建制乡镇实现乡乡镇镇通客车，乡镇客车通达率100%，1186个行政村客车通达率93%以上。《规划》分析论证公路运输客运线路布局，发挥客运线路在道路运输网络中作用，使之满足社会和经济发展对道路旅客运输需求，使客运线路布局科学、合理。《规划》指出提高通村公路技术等级，适应客运发展需求。增加通村公路安保设施，提高安全防范能力，根据农村客运市场需求，合理开通客运线路，制定扶持政策，引导农村客运发展，健全管理机制，强化安全监督职责的工作要求。

重要会议

【市政府全体会】2014年，召开眉山市第三届人民政府全体会议1次。会议任务是贯彻落实省委十届四次全体会、省政府市（州）长工作会和市三届五次党代会、人代会精神，总结市政府2013年工作，安排部署2014年工作。市长、分管政府工作的市委常委、副市长、市长助理、秘书长、市政府组成部门负责人参加会议。

【市政府常务会】2014年，召开第三届人民政府常务会27次，会议审议市政府重点工作、全市重点项目推进情况、全市经济社会工作安排等各类议题308项。其中，传达《十二届全国人大第二次会议精神》《国务院经济形势座谈会和省政府第49次常务会精神》《省委经济工作会议精神》《全省旅游工作会议精神》《全省卫生工作会议精神》等党中央、国务院和省委、省政府及市委重大决定并研究制定贯彻措施18项；审议《眉山市2014年工业发展的实施意见》《加快电子商务发展的实施意见》《加快推进文化产业发展的意见》《扶持医药产业发展的意见》《扶持中国泡菜城泡菜产业发展的意见》等全市经济社会发展工作15项；审议《眉山市市级文化产业发展专项资金管理办法》《眉山市社会保险市级统筹办法》《眉山市疾病应急救助管理暂行办法》《眉山城市规划区内工业企业退二进三暂行办法》《眉山市市场主体住所（经营场所）登记管理办法（试行）》等重要政策和规范性文件41项；审议《眉山市落实多点多极支撑发展战略着力实现次级突破发展规划（2013—2017年）》《洪雅县城市总体规划（2012—2030）》《眉山市矿山地质环境保护规划（2014—2020年）》等专项规划8项；审议《眉山市人民政府工作规则（修订）》《眉山市人民政府常务会议议事规则》《眉山市人民政府严格依法行政规定》《眉山市重大行政决策程序规定》等市政府工作制度24项；审议《2014年政府工作报告重要工作项目1—6月执行情况的报告》《2014年眉山区域合作六大行动方案》《眉山市大气污染防治行动实施方案》《第十五届西博会宣传展示有关事项》等市政府部门、区县政府请示市政府的重要事项157项；审议《市人民政府与商务部投资促进事务局签订框架合作协议》《签订推进眉山智慧城市建设战略合作协议》《眉山市人民政府与北京师范大学合作协议》等合作协议9项；审议《眉山市第四届劳动模范人选》《刘强等同志任职》《撤销颜福华等4人市级劳动模范荣誉称号》《给予王志刚、万睿开除公职处分》等人事任免和奖惩19项；审议《拨付2014年第一批青神竹编产业发展扶持专项资金》《安排2014年天府新区眉山片区专项扶持资金》《借款专项用于做实融资平台》《解决诉非衔接工作专项经费》等专项经费安排事项36项；审议《5宗国有建设用地使用权拍卖出让方案》《东坡岛5宗国有建设用地使用权拍卖出让方案》《甘眉工业园区、铝硅产业园区和金象化工产业园区12宗国有建设用地使用权挂牌出让方案》《5112002014（拍）42号等11宗土地出让有关事项》等土地出让事项21项；审议《市城管执法局和市民政局购置特种工作用车》公务车辆审批1项。市领导宋朝华、刘十庆、吴小可、王光彩、吴季友、辜永忠、吴爱玲、钟毅、周孝平、付庆一、戴向前，秘书长肖忠良出席会议。市人大常委会副主任门俊良、市政协副主席王志敏应邀列席会议。

【全市性会议】2014年，召开市政府廉政工作会，安全生产工作电视电话会，研究确保完成全年目标任务工作会，全市交通运输工作座谈会，综合交通大会战工作会，征兵工作会，金融工作座谈会，金融支持稳增长银企眉山对接会，建筑业发展推进会，棚户区改造工作推进会，全市财税金融工作会，国土资源管理暨“双挂钩”项目工作推进现场会，农田水利基本建设基本建设暨农村饮用水工作现场会，环境保护工作会，城乡环境综合治理工作会，道路交通安全综合整治工作推进电视电话会，工业和信息化工作会，城市工作会，扶贫移民工作会，四条干道光彩工程优化提升工作动员会，优先发展公交交通工作现场会，粮食流通工作会，民政工作会议，三产旅游工作会，村级公益事业建设一事一议财政奖补工作现场会，科学技术奖励大会，农村土地承包经营权确权登记工作现场会，数字眉山智慧城市推进会，大气污染防治工作推进会，投资促进工作会，商务工作运行分析暨外资工作现场会，民间投资理财风险防范工作会，天府新区眉山片区情况介绍会，森林防火暨涉林企业安全生产工作会等全市性会议86次。

【专题会议】2014年，召开研究东坡宋城1期建设，东坡湖污染治理，滨江大道东坡段建设，青衣小学建设，眉山绕城环线公路线性设计，四箭齐发推进工作，泡菜品牌大赛前期工作，全市交通运输工作，眉山城区环境综合治理网格化管理，两宋荣光眉州大道改造工程核心段、西段、两桥一站市政公用设施移交管理工作，东坡岛建设，二污水处理厂及生化处理池建设，彭山县撤县设区工作，城市重点项目建设等专题性会议83次。

市政府办公室工作

【文会办理】2014年，市政府办公室精细办文“零差错”。坚持公文无差错管理，实行每季度公文错情通报，严把公文格式关、程序关。坚持公文“到手办、当天办、提醒办、盯着办、特事特办”制度，做到收文“日日清”，发文“零延误”，全年管理收文4970件，文电办理及时办结率、准确率100%，未被省政府办公厅错情通报。坚持严控发文数量，提升发文质量，全年印发核心公文681件，比2013年（下同）减少14.5%。精心办会“零失误”。针对不同类型政务会议特点，做到会前充分准备到位，会中精心组织到位，会后贯彻落实到位。突出议题材料、会场布置等细节，严谨规范、灵活机动办会。坚持精简会议，全年召开市政府全体会、常务会、专题会议550余次，减少11.8%。以政府名义召开全市性会议86次，减少18.1%。

【信息调研】2014年，市政府办公室紧贴市委、市政府中心工作和热点难点问题，深入基层搞调研，重点围绕新常态下眉山改革发展、民生改善、和谐稳定等重大调研课题，形成《关于眉山产业转型升级的调研报告》等调研文章22篇，15项调研成果转化为市委、市政府决策部署。坚持把领导满意、基层认同和符合实际作为文稿起草出发点和落脚点，正确把握上级精神，准确领会领导意图，如实反映真实情况，高质量起草《政府工作报告》、重要会议讲话等，得到领导肯定。建立健全覆盖广泛、反应灵敏、运转高效信息收集网络，加大信息研判整理报送力度，为领导掌握情况、指挥调度、科学决策提供信息。全年编报信息2000余条，被《川政晨讯》等采用121条。

【督查督办】2014年，市政府办公室围绕政府工作落地落实抓好督查工作。坚持听取汇报与明察暗访、一般督查和重点抽查、书面督查与实地检查、领导带头督查和部门专项检查、督查与调研、督查与舆论监督“六个结合”，提高督查实效，督办事项一次性办结率100%。围绕市政府重大决策部署，对“4·20”地震灾后恢复重建、综合交通、千湖之城、绿海明珠、招商引资、民生工程、保障性安居工程等46项重点工作开展专项督办，深入东坡岛、“两宋荣光”眉州大道、东坡宋城等重大项目现场督办60余次。抓好常务会、例会、专题会议定事项，及市领导交办事项的督查工作，确保政府工作有序推进。

【民生工程】2014年，市政府办公室通过《眉山日报》、眉山电视台等媒体，面向社会公开征集民生工程项目，围绕群众最关心、最期盼、最急迫的民生热点难点问题，确定全市155个小项十大民生工程项目。实行定目标任务、工作内容、完成时限、责任主体，将项目任务落实到责任人。实行每月督查通报、专项整改督办、年终严格考评，确保民生项目规范推进、按期完成。全年民生项目完成投资50.3亿元，惠及全市310余万人民群众。民生办参与创业就业惠民年活动，载体新颖，效果明显。农村五保集中供养率居全省第一、保障性住房开工率居全省第二、地面数字电视新发展用户居全省第三，农村安全饮水工作先进经验受到《人民日报》《光明日报》等多家中央媒体宣传报道。

【效能建设】2014年，市政府办公室推进效能建设。组成督查组，采取明察暗访等方式，对市、县两级窗口单位“三项制度”（首问负责制、限时办结制、责任追究制）落实情况开展每月一督查、每月一通报。采取建立示范点、评选服务明星和先进个人等方式，加强机关行政效能建设工作分类指导。开展窗口单位作风整治。规范窗口设置，开展市、县、乡三级窗口单位标准化建设，规范标示标牌，按照“八公开”（部门名称、服务事项、法定时限、承诺时限、收费标准、收费依据、办事流程、监督电话）要求制作办事指南。加强窗口管理，按照“业务精、能力强、服务优”要求选拔优秀年轻干部派驻窗口单位工作。强化群众监督，向办事群众开展问卷评议、回访评议、考核评议，在大门位置设置意见箱，公布投诉举报电话，方便群众监督。

【行政审批】2014年，市政府办公室开展行政权力依法规范公开运行平台各项工作，建成“一目录、两平台、一大厅”（行政职权目录、行政权力运行平台、行政权力运行监督平台和电子政务大厅）。制定市、县两级行政许可、行政处罚等8大类行政权力项目清单、行政职权目录，动态调整。推进行权平台与警综平台数据对接。市、区县两级在行权平台公开办理行政审批10.71万件、行政处罚4065件、行政强制168件、行政征收156件、行政裁决82件、行政确认688件、行政给付27件、其他权力5950件。市级承接新增行政审批项目24项，下放区县18项。市、区县行政审批项目全部纳入同级政务服务中心，行政审批服务事项办理提速98.47%，按时办结率100%。取消无法律法规依据行政审批项目，确需保留报市深化行政审批制度改革领导小组审定，并向社会公开。实行中介服务清单管理，开展与行政审批相关中介机构信息采集工作，全市110家中介机构信息全部纳入省中介机构数据目录库。市级具有行政审批职能部门均单设行政审批科，并整体纳入政务服务中心集中审批，实现项目入驻率、审批项目授权率、现场办结率均100%。全市131个乡镇、1347个村（社区）、9849个居民小组全部建立便民服务中心和代办服务站点。

【政务公开】2014年，全市各级行政机关全年公开政府信息22.77万条。其中网站集群公开信息6.7万条，信息公开目录系统公开信息1.9万条，重点信息公开栏目公开信息2460条，行权平台公开透明运行11.83万条。全市受理政府信息公开申请28件，办理答复28件。收到关于政府信息公开行政复议申请9件，受理政府信息公开行政复议申请9件，维持具体行政行为2件，因政府信息公开提起行政诉讼7件。

【天府新区服务】2014年，天府新区眉山市建设委员会办公室深入园区、企业，协调有关部门支持天府新区眉山片区建设，及时处理建设中有关困难和问题。协调要素保障部门，解决彭山青龙、仁寿视高区域涉及电、气、油、网改造工程等。起草《天府新区眉山片区2014年工作推进方案》，市政府设立天府新区眉山片区专项扶持资金2000万元，印发《天府新区眉山片区2014年度专项扶持资金管理办法》，支持天府新区重大项目贷款贴息、招商引资项目和创新体系项目扶持补助。全年新引进项目25个，招商引资到位资金96亿元。海尔工业机器人制造、中联重科环保设备制造和塔机生产、康师傅控股调味包全球生产基地、祥瑞密封件材料生产基地等一批项目相继签约落户。林德气体二期、康师傅调味包一期、润祥润滑等重大产业项目竣工。联合利华一期项目投入试生产。海尔创新产业园项目一期正式投运。成绵乐城际专线、天府仁寿大道视高段竣工通车。西货站铁路专用线建成投运。“数字园区”一期工程竣工投用。视高区域成功创建省级知识产权试点园区；新增高新技术企业8户；建立产学研联盟20余个；新增发明创造和实用新型专利77件。视高区域战略性新兴产业规模企业户数和总产值在园区总量中占比均超过50%。仁寿县城至视高公交车开通，实现与双流公交正式对接。天府龙都湿地公园A区竣工，B区推进顺利。

【网站建设】2014年，市委、市政府门户网站站群信息发布27.13万条，向省政府门户网站报送信息2951条，网站站群访问量2100万余人次，其中，主站访问量700万人次。通过站群平台中市委书记信箱、市长信箱、部门信箱、建言献策、区县长信箱、在线访谈、政务微博等与广大网友良性互动，回复办理网友各种诉求。收到网友来信7193件，办结回复7068件，办结率98%。实行手机短信码身份验证，及时、准确联系“市委书记信箱”和“市长信箱”信件提交人，确保群众网上诉求及时有效回复。全市电子政务外网接入实现市、区县、乡镇三级覆盖。建成眉山市电子政务外网门户网站并上线运行，建立《眉山市电子政务外网网站运维管理制度》。全年审批同意开通市发改委外网视频会议系统、市安监局外网视频会议系统、市卫生局网上执法系统和眉山国家安全局国家安全事项行政审批系统等4项外网应用项目。完成行权平台前台展示即电子政务大厅建设，实现行政权力上网公开运行。启动市级电子政务外网网络平台及各业务应用系统安全等级保护工作。按照“统筹规划、分步实施，整合资源、互联互通”原则，对全市新建电子政务应用项目立项申报、资金概算、方案评审和竣工验收等统筹把关。全年完成市道路交通安全综治办国省道智能卡口及视频监控点建设等2个项目立项审批；完成市公安局信息中心备份设备建设方案等2个项目方案评审；完成市审计局视频会商系统等6个项目竣工验收，确保市级电子政务建设项目统筹规划和整合利用，确保财政资金使用节约化和效益最大化。

【联系服务群众】2014年，市政府办公室开展“走基层”“两走一对接”（向上走、向下走，对接项目）“双报到”（党员到社区报到、驻地报到）活动，先后组织党员服务队、志愿者服务队、青年突击队到市福利院和联系村、社区开展陪护“三无”（无劳动能力、无生活来源、无赡养人和抚养人）老人、“绿色基地”植树造林、“助春耕、听意见”等活动50余次，干部职工人均参加活动3次以上。利用休息日和节假日，开展“民情家访”，市政府办公室对口走访11个规模以上企业、9个服务业企业、3个小微企业、12个农民专合组织和个体工商户，对口联系彭山县青龙镇桂林村等6个村，班子成员对口联系21个村民小组、21户贫困农户和21户有影响力的群众，77名职工与77户贫困农户认亲结对，捐赠图书和杂志近4000册，协调解决资金400余万元，切实帮助群众排忧解难200余件次。实行建议提案办理“主要领导总负责、分管领导具体负责、业务科室具体承办”三级负责制，加强建议提案办理工作督查督办，确保276件省、市人大代表建议和政协提案在规定时限内全部办理完毕，满意和基本满意率100%。

【后勤保障】2014年，市政府办公室落实中央、省、市厉行节俭有关规定，规范办公室后勤保障工作，确保办公室正常运行、规范运转。严格接待规格和接待标准，全年办公室接待经费大幅下降。实行车辆定点维修、加油和清洗，降低公务车辆运行费用。开展驾驶员交通安全知识培训与讲座，全年安全行车无责任事故。实行大宗物资采购坚持公开比选，凡5万元以下可自行采购物资，一律实行定点采购商比选采购。严格执行财经纪律和财务管理制度，坚持“一支笔”审批制、资产管理登记制等，严控办公室支出。全年“三公”经费下降35%。

应急管理

【领导机构】2014年，制定《眉山市应急委员会工作规则（试行）》《眉山市应急委员会办公室工作细则（试行）》等，建立市应急委、市应急委办公室运行机制，健全并形成统一领导、综合协调、分类管理、分级负责、属地管理为主的应急联动体系。

【基层应急管理规范化建设】2014年，在全市开展基层应急管理规范化建设。印发《关于开展基层应急管理规范化建设的意见》，明确建设标准，思蒙镇人民政府等31个基层单位工作成效明显。

【预案管理】2014年，市政府应急办组织修订各类应急预案，印发《关于修订完善应急预案的通知》，新制定、修订市级专项预案5个，审查市级部门应急预案45个。在全市分步组织实施99个综合演练、参加演练人数约16万余人次，涵盖四大类、各类各层次突发事件。市级分管领导现场指挥或指导防震救灾、地质灾害、反恐处置、液氨泄露、食品安全等应急演练。

【应急队伍】2014年，全市建成专业应急抢险救援队伍96支6000余人，兼职救援队伍2万余人。公安部门组建反恐防暴小组16支。卫生部门组建应急技术小组2支，确保能同时应对2起突发公共卫生事件。全市所有煤矿和地下非煤矿山企业均与眉山市矿山救援队签订救护协议。林业部门各类扑火队人员2万人。东坡区针对中心城区特点组建城市内涝防洪抢险队伍。

【应急保障】2014年，全市1个市级救灾物资储备库、2个县级救灾物资储备库及部分高寒乡镇储备了必须救灾物资。公安部门配备通讯、救援等各类专业性设备。林业部门拥有储备库68个，储备各类扑火机具2万套。交通部门配备卫星电话6部、发电机2台、抢险车辆23台、抢险机具26台等。与乐山、宜宾、凉山等市州政府应急办签署区域应急联动合作协议，从突发事件互通共享、交流学习、应急处置联动、区域联防合作等建立川南片区应急联动机制。与公安、卫生、武警、消防等单位协同配合、形成合力，采取有效措施，快速联动处置各类突发事件。

【科教宣传】2014年，市政府应急办组织编印《眉山市公众应急知识手册》1万本，向全市人民免费发故，实现“教育一位市民、带动一个家庭、辐射整个社会”。各部门利用各类宣传活动，与新闻媒体、社会组织和企业加强协作，开展应急科普宣传，普及防灾减灾知识，全年发送各类资料和短信160余万份（条）、悬挂横幅5000余幅。增强各级各类干部应急管理意识，把应急知识能力培训纳入各单位重点培训学习内容。民政部门举办各类自然灾害预防、应急避险培训班300余期，参训人员20余万人次。安监部门组织企业干部职工“三岗人员”（企业负责人员、安全管理人、特种作业人员）培训、应急专项培训。东坡区在全区中小学开设地震应急知识课。

【信息报送与政府值班】2014年，市政府应急办执行突发事件处置流程和信息报送规定，做好自然灾害信息旬报和突发事件月报，收集上报“4·8”仁寿县道路交通事故，全年无漏报、迟报现象。各部门坚持领导带班、24小时专人值班制度，发布各类突发事件预警信息，收集、研判各类突发事件信息。修订印发《双休日和节假日值班工作制度》，开展节假日、汛期等值班抽查22次，汛期每周抽查，促进区县、市级部门、乡镇（街道）值班工作政令畅通、信息畅通。

【预警监测】2014年，公安、交通、农业、林业、水务、国土资源、防震减灾、气象等市级部门加强突发事件监测预警系统建设，实行资源信息共享，完善监测预警机制，通过公众媒体和各种专业手段及时发布预警信息。全市民政综合减灾救灾应急指挥系统覆盖全市所有乡镇，实现省、市、县、乡四级互联互通。市、县、乡均建立传染病疫情自动预警系统。全市所有煤矿企业和部分危重点企业完善安全监测监控系统、入井人员定位系统和调度信息化管理系统，实现在线实时监测监控和部分自动化、信息化控制。交通运输系统对全市客运车辆、出租车辆、危险化学品车辆全部实行、GPS（全球定位系统）管理，安装使用LED显示屏（平板显示器）、车载电视，全部实行3G视频和分段限速监测管理制度。

【隐患排查】2014年，各级各部门贯彻执行《眉山市事故隐患排查治理整治管理办法》，开展隐患排查和专项治理行动。市安监局牵头组织开展“打非治违”专项行动，采取集中、联合执法、明察暗访等多种方式，加大监管检查力度，促进煤矿、金属非金属矿山、烟花爆竹、危险化学品企业落实主体责任。国土部门组织开展地质灾害隐患排查42次，查明地质灾害隐患点480处。仁寿县按照“关口前移、预防为主”建立隐患排查治理动态数据库，对查出隐患采取“挂牌治理、跟踪督办、逐项销号”，实行风险评估会商，确保整治到位。

【地震应急】2014年，市委、市政府召开地震震情形势专题工作会议5次，制发全市《2014年地震重点危险区应对工作方案》《2014年度重点危险区地震专项应急预案》，及时研究、部署应急准备和应对措施。市抗震救灾指挥部等单位到有关区县开展实地检查地震应急准备4次，发放《防震减灾知识读本》《防震减灾群测群防》3万余本，组织集中培训全市地震宏观观测员和防震减灾助理员1次。

【处置与重建】2014年，召开市政府常务会议、市长碰头会、市重建委会议4次，研究贯彻落实省重建委关于芦山地震灾后重建工作部署会议精神，安排落实具体工作措施。加大督查推动，组织开展实地督查4次。全年全市纳入芦山地震灾后恢复重建总体规划27个项目全部开工，完成投资额19.2亿元，其中完工22个；59363户城乡居民住房维修加固、5174户农村居民住房重建完工，完成68处地质灾害排危除险、6处重大地质灾害治理工程、地质灾害避险搬迁524户。

【热线办理】2014年，召开全市市长热线办理工作会议，下发《关于进一步改进和加强市长热线办理工作的意见》《市长热线办理工作规范》，对群众来电办理的接件、分析、交办、督办、回复、回访各环节，明确工作标准和规范要求，每周回访抽查40件以上。建立市长热线办理工作联席会议制度，加强部门联合协作办理，突出重要问题现场会商协调，催办、督办来电125件。全年编发《市长公开电话情况综述》《情况通报》15期，办结群众来电来邮2.07万个、全部办结率，市政府网站公开办理情况78条，受到市政府主要领导肯定批示6次。

政务服务

【服务窗口设置】2014年，市政务服务中心统一入驻单位57个，纳入中心办理各类服务事项418项，其中行政审批项目133项，公共、公益服务项目222项，涉费事项63项。

【政务项目办理】2014年，市政务服务中心受理审批事项、公共服务项目390万件，按时办结率100%，收到办事群众送各类锦旗280余面、感谢信780余封。

【标准化建设】2014年，市政务服务中心对照27项考核标准，推进窗口服务、电子政务、窗口管理、技能提升、形象塑造等工作。首轮评定出政务服务中心四星级2个、三星级1个，服务窗口五星级3个、四星级5个、三星级9个，市政府表彰授牌。

【项目入驻清理】2014年，市政务服务中心按照“应进俱进、进必授权”原则，清理项目入驻情况。全市具有行政审批职能的56个市级部门，133项审批项目全部入驻政务服务中心，实现审批项目入驻率、审批项目授权率、现场办结率三个100%。

【政务服务体系建设】2014年，全市131个乡镇（街道）、1314个村（社区）建立便民服务中心（站），建成各类开放式办事厅350个，服务场地30万平方米，从业人员8500余人，可办理行政审批和公共服务300余项。12月9日，全省深化行政审批制度改革暨加强政务服务工作会现场在眉山召开，仁寿大化镇水利村、文宫镇和仁寿县三级服务体系建设受到肯定和推广。

【审批前置条件清理】2014年，市政务服务中心召集发改、工商、公安等26个行政审批部门，围绕减少“审批申报资料、中介服务文书、无实质性提交材料、法律无明确规定的审批要件”等，专题清理涉及行政审批前置条件，涉及行政审批事项20项，减少审批前置条件35项。

【建立四项“服务清单”】2014年，市政务服务中心建立“中介服务”清单128项；“审批事项”清单133项；“缴费事项”清单63项；“公共服务事项”清单222项。

【创新“三中心”服务平台】2014年，代办服务中心接受咨询80余件（次），为20户企业开展工业、房地产、农业、商贸、旅游等代办服务，涉及金额近27亿元；金融服务中心为市中小企业提供政策咨询、信贷业务服务，帮助客户预审申贷条件和资料，组织开展金融业务培训，促进财务规范管理；“一费制”缴费服务中心，4400余项涉企收费项目实行统一审核、统一公布、统一缴费标准，涉费情况接受企业和社会监督，查处各类违规收费行为。

【基层便民专业化服务工作】2014年，市政务服务中心组织涉及农、林、水、卫生等15个行业分别建立专业化服务分队。全市各级组建队伍800余支，队员2万余人，服务内容主要包括以水、电、气等与群众生活息息相关的专业技术服务，种养殖类农技人才、田秀才、土专家等生产服务，法律、医疗、畜牧兽医等特殊行业服务。

（市政务服务中心）

市委、市政府接待工作

【接待任务】2014年，市委市政府接待办接待各级各地客人195批次3916人次。其中二级接待任务3批次、部省级接待77批次、市（厅）级80批次、大型会务5次，重要商务接待25批次。包括全国政协副主席刘晓峰、最高人民法院院长周强、全国政协原副主席杨汝岱及省领导王东明、魏宏等到眉山接待。承担法国卢浮宫酒店集团、南车接团、中建建筑股份公司、中国电子科技集团、中兴通讯等重要商务接待。完成第六届中国泡菜展销会暨第一届中国泡菜品牌大赛、全省县域经济工作会、第十五届西博会等大型会议后勤接待。

【制度管理】2014年，结合中央“八项规范”和省委省政府“十条规定”，市接待办、市机关事务管理局、市财政局印发《眉山市国内公务接待管理办法》。实际接待中，来宾食宿均安排在市政务接待点，一般为自助餐，不具备条件时安排桌餐，菜品以本地家常菜为主。不安排宴请，不上酒水。住宿安排在内部宾馆，房间内未添置豪华设施，不增配高档生活用品。不安排专场文娱活动，不赠送贵重礼品、纪念品，严格控制接待经费，杜绝公款浪费现象。

【自身建设】2014年，市接待办健全完善学习制度，每周一例会、每半月一学习。采取干部自学、业务轮讲、沙龙座谈、观看视频等方式，提升接待人员实战经验及综合素质，增强责任感、事业心和服务意识。落实“四个当天”（日常工作，当天事当天毕；群众办事，当天接当天处；上级交办，当天领当天动；同级协作，当天应当天办）制度，转变作风，推行岗位责任制、工作差错追究制等制度。执行领导干部述职述廉、重大事项申报、登记、个人收入申报等制度。召开机关民主生活会，对照检查党员领导干部党性、党风和廉洁自律等方面存在的问题。开展廉政警示教育，参观眉山监狱、收看廉政建设教育片等。

【财务管理】2014年，市接待办修订《接待办财务管理制度》，经费开支审核归口综合科管理，主任“一支笔”审签。财务报账由下而上、层层把关、逐级审核签批。实行按期报账、分项目建立手工台账制度。建工资、津补贴、奖金、绩效工资、社会保障缴费等明细项目工资福利支出台账；建办公费、邮电费、出差费、公务车运行费、水电费等明细项目公用经费支出台账；建政务接待、商务接待、会议费等明细项目专项接待支出明细账，确保办机关经费开支运行规范。

（市委市政府接待办）

外事、侨务、台湾事务工作

【重要来访】2014年，市政府接待重要来访17次。包括，3月4日，中国国民党中常委江硕平一行在成都台协会会长高锦乐陪同下到眉山考察拟建设航空燃油项目。4月10日，百通能源公司副总裁林正礼考察彭山经开区，洽谈拟投资2.25亿元建设集中供热项目。4月17日，市外侨台办承办“外企看四川——天府新区·产业眉山”活动，邀请来自韩国、日本、马来西亚、泰国等国部分驻川领事、商务机构及知名企业代表到眉山，实地考察天府新区投资发展环境。4月27日，台湾高雄市两岸关系研究学会理事长蔡金树为团长、台湾中华文化经贸交流发展协会理事长黄春林为领队的“南台湾四川经贸考察团”一行32人到眉山参观考察。5月10日，成都台商协会会长高锦乐率协会会员一行40余人到眉山参观考察洪雅县将军工业园、洪雅生态食品加工园区以及幺麻子食品有限公司，与市、县相关部门座谈交流。5月22日，台湾联德集团总经理邱东德一行到眉山参加土地推介会，考察仁寿三岔湖园区。5月26日至30日，中韩自贸区第十一轮谈判在眉山市举行。商务部部长助理王受文与韩国通商产业资源部审议官禹泰熙，分别率中韩代表团出席谈判。5月30日，“中国归国者·日中友好之会”一行50余人到仁寿县始建镇太山村中日友好小学参加学校“六一”儿童节庆祝活动暨捐赠仪式。7月24日，台湾远东百货行政经理陈共荣到眉山考察，重点考察东方银座建设项目点。8月11日，台湾区电机电子工业同业公会副秘书长罗怀家一行到仁寿县视高园区投资考察。9月18日，台湾新光集团协理张家豪一行到眉山考察水果类规模种植情况。9月22日，台湾台南市社区产业联合运销合作社理事主席陈龙辉一行到眉山参访考察，重点参观中国泡菜博物馆，开展座谈交流。10月10日，澳大利亚驻成都总领事馆总领事郭南希一行到眉山考察眉山高等职业技术学院，参观金象化工园区有澳籍华人投资的金象赛瑞公司，就双方经济、教育交流交换意见。10月14日，美国洛杉矶阿凯迪亚市市长鄂志超一行到眉山访问。10月30日，台湾远东百货大陆地区事业部协理郭钦荣一行到眉山投资考察。11月27日，四川省日本友城——山梨县国际交流课课长藤卷美文、课长主查羽田胜也、四川省中日会馆交流部负责人一行到眉山参观竹编博物馆、泡菜博物馆。12月29日，德国杜赛尔多夫德中友好协会副主席弗尔克·史坦尼斯拉夫及其夫人中德创新中心（江苏）有限公司行政经理李琪美一行应邀到眉山访问，实地参观考察青神县竹艺城和洪雅县柳江古镇。

【重要出访】 2014年，全市重要出访5次。包括5月4日至10日，眉山市总工会纪检组长陶建文随省总工会团组赴台湾参访交流。6月8日至14日，青神县人大常委会主任李天祥等9人赴台湾考察竹编、茶产业。7月20日至24日，仁寿县委书记冉登详率队赴新加坡参加“新加坡—中国（四川）投资合作交流会”，实地考察万邦集团新达城，推荐仁寿县作为天府新区重点县的独特区位优势、优良投资环境，与新加坡万邦集团中国战略发展与关系管理部总监赵啸晓和万邦泛亚集团董事局总裁办公室主任Rosseana Wong座谈，在省长魏宏等领导见证下与万邦（四川）发展有限公司签署万邦国际智慧旅游型养生度假区项目投资意向协议。10月20日至26日，眉山市总工会党组书记、常务副主席张利铭随省总工会团组赴台湾参访交流。11月5日至13日，市委常委、市纪委书记祝云率队赴法国、德国，参加在阿尔萨斯大区首府斯特拉斯堡举行的第四届中法地方政府合作高层论坛，发表《东坡故里　开放眉山》主题演讲并主持第二分论坛研讨；拜访位于杜塞尔多夫的北威州经济促进署，了解北威州和四川自建立友好省州关系以来的合作现状，洽谈双方合作项目，商谈促进经济合作和友城建设计划；拜访德中友协副主席弗尔克·史坦尼斯拉夫，洽谈在北威州为眉山寻求一相当城市建立友好合作关系事宜。

【侨务工作】 2014年，全市开展侨务交流6次。包括6月21日，美国“尹氏家族”尹集钧一行6人到眉山开展慈善助学颁奖活动。由四川籍华人尹氏家族创办的“美国尹氏教育基金会”在眉山市仁寿县举行“尹氏奖学金颁奖典礼”，向仁寿一中、视高初中等优秀贫困学生43人颁发助学金8.27万元。7月1日，举办“知名侨商眉山行”，中侨联副主席乔卫率侨商60人实地考察仁寿县视高经济开发区、彭山经济开发区、眉山经济开发区新区，感受天府眉山发展活力，寻找商业机会，通过有效对接，捕捉到有效投资项目信息10条。8月1日，美国华人生物医

2014年7月1日，中国侨联副主席乔卫（前排右一）调研仁寿视高经济开发区

药科技协会会长魏紫萍一行到眉山考察西部药谷——眉山经济开发区新区，交流生物医药产业，磋商加强合作事宜。8月15日，举办“眉山侨界代表中秋座谈会”，全市归侨侨眷、部分侨资企业家代表近60人共庆佳节，共谋发展。9月9日，在东坡区下大南街社区建立“全国社区侨务工作示范点”，依托已建立的两个“侨法宣传角”，将侨务工作延伸到社区。10月6日，与团市委等4家群团组织在市中心联合成立群团组织社会服务中心，通过实体和网络平台，加强与社会组织和志愿者联系，提供法律和政策咨询、留守儿童、捐赠助学等服务。

【对台工作】2014年1月20日至23日，市外侨台办、区县外侨台办看望和慰问杨文志、李志刚、柳树蓉、苟登容等台胞台属。3月11日，市外侨台办主任赖刚率队前往成都拜会成都市台商协会会长高锦乐、副会长徐大伟，座谈交流对台工作。3月19日，中共眉山市委召开常委会议，专题传达学习全省对台工作会议精神，研究部署全市对台工作。3月28日，台湾《旺报》刊登眉山市情宣传专版。7月25日至30日，市外侨台办检查督促青神、洪雅、丹棱县4个“4·20”台胞捐建项目建设推进情况。8月28日，市外侨台办组织召开全市侨台界中秋座谈会，全市台胞台属代表及台资企业负责人参加。9月15日，制发《眉山市侨台资企业联系制度》，加强全市侨、台资企业联系与服务。9月30日，台湾丞馥建设有限公司投资13.6亿元建设现代科技农业生态观光示范园项目签约落户岷江现代农业示范园区。

【重要活动】2014年，市外侨台办组织成都市台商协会副会长徐大伟等7名台商参加“中外知名企业四川行眉山投资推荐说明会”活动。组织市农工委及市农业局相关负责人参加省委农工委组织召开的川台农业合作对接会议。组织区县招商侨务部门参加“第十二届东盟华商会”，捕捉有效招商引资项目信息6条。到遂宁参加省台办举行的全省对台经济工作和台胞权益保护工作专项会议，作交流发言。在成都举办的“知名侨商四川行”活动中，市委常委宣迅代表眉山市人民政府在大会上推介眉山市投资发展机遇和产业情况。参加全省“4·20”台胞捐建项目推进工作会议。参加新加坡驻成都总领事馆举办的国庆招待会，邀请总领事彭迪成到眉山考察。参加台湾贸易中心成都办事处开幕典礼活动。参加省台办举行的全省对台宣传调研座谈会，在会上交流发言。派员参加“2014年大韩民国国庆节招待会”，发出眉山旅游宣传手册、招商引资资料400余份，同与会的国际友人、社会各界知名人士建立联系。参与“2014海科会”系列活动，协助眉山经济开发区新区在“生物医药专场”活动上推介项目。参加西博会的“第十一届国际旅游文化推介会”，提供旅游宣传资料600余份。参加省台办举办的“海峡两岸经贸合作交流会”。组织台湾远东集团陈共荣等3名台商参加在锦江宾馆举行的“眉山市招强引优投资洽谈会”。参加澳大利亚驻成都总领馆永久性馆址揭幕仪式，同与会的各国嘉宾，跨国企业代表互换名片，推荐眉山优良投资环境。出席日本贸易振兴机构成都代表处开幕典礼暨中日投资交流促进论坛。到成都参加全省台联理事会议。

【领导调研】2014年，省委台办机关党委书记杨希平一行到眉山调研指导对台工作，调研昌宏公司、大成公司、金桐公司三家台资企业，察看三苏祠，了解东坡文化交流情况，与市、县外侨台办开展座谈。省侨联主席刘以勤一行到眉山调研，重点考察眉山经开区新区，实地调研获得中侨联“中国侨界杰出人物”提名日本归侨博士王莉牵头在眉山投资兴建的“眉山猕猴繁育示范基地”项目。盼盼集团成都公司总经理陈远洋一行在洪雅参加侨捐灾后重建罗坝小学奠基仪式。省台办主任周敏谦一行到眉山调研指导对台工作，调研台资企业金桐公司、昌宏公司，听取眉山市对台工作情况汇报，与市委书记李静交换工作意见。省外事侨务办机关党委书记孙胜一行到眉山市检查“4·20”灾后重建项目进展情况。

【恢复重建（捐赠）】2014年，海外侨胞捐赠150万元援建洪雅县中医院综合楼。福建盼盼集团捐赠200万元援建洪雅县罗坝小学教学楼。

2014年5月21日，侨捐灾后重建罗坝小学奠基仪式举行

【捐资助学】 2014年，“4·20”台胞捐建眉山4个灾后重建项目首批资金到位624万元。争取到台湾“中航伟联集团”董事长彭荫刚捐资助学款2.5万元，受助贫困小学生50人。香港福慧慈善基金会资助全市孤儿22人2.96万元。仁寿一中“小平教育基金会”助学项目，资助孤儿100人10万元。马来西亚《星洲日报》“爱心助学计划”资助贫困学生140人9.8万元。“美国尹氏教育基金会”在眉山实施慈善助学项目，资助贫困优秀学生43人8.27万元。

【对台服务】 2014年，市外侨台办协调台资企业大润发公司拟开通公交线路事宜。协调受理2家台资企业关于税务、用电等事宜。协助10名台胞台属关于签证办理、证件更换、学校就读、投资受骗、行政处罚等问题。

（市外侨台办）

民政工作

【防灾、备灾和减灾】 2014年，市民政局出台《2014年度防汛救灾应急预案》；建立眉山市自然灾害救助资金市、县（区）分担机制，明确分担比例（中央财政补助70%，地方财政安排30%中省补助50%、市补助20%、区县承担30%。扩权试点县扣除中央、省补助外全部自行承担）。明确规定自然灾害生活救助资金管理，确保自然灾害救助资金使用安全，保障高效有力；各区县筹集经费，落实建设场地，设立应急避难场所标识标牌，划分功能区，完善基本设施，开展基本物资储备；开展救灾应急演练，市民政局组织各区县民政局开展大型综合救灾应急演练，指导各区县自行开展针对性救灾应急演练1—2次，规范基层民政部门灾情报送流程，提高全市民政部门灾害应急处置能力和指挥能力；加强防灾减灾知识宣传，利用广播、电视、报纸、书刊和互联网等多种媒体，结合“5·12”防灾减灾日等宣传活动，将防灾减灾科普知识普及到学校、家庭、社会，提高全民抗御自然灾害的意识和自救互救能力，筑牢防灾减灾社会基础；抓灾害信息员队伍建设，市民政局指导区县开展灾害信息员培训，组织全市综合培训1次187人，全市全年培训灾害信息员1172人；抓综合减灾示范社区创建，仁寿县文宫镇文华社区、洪雅县洪川镇文庙社区、青神县青城镇文林社区等三个社区被民政部命名为全国综合减灾示范社区并授牌。

【救灾救济】 2014年，市民政局制定《眉山市救灾工作规范》《眉山市基层应急管理工作规范》，编制救灾工作流程、制定村（社区）应急管理规范化建设目录、规范乡镇（街道）救灾工作档案资料目录、明确救灾资金申请审批程序，眉山市救灾工作逐步进入规范化建设轨道，救灾工作效率提高。全年全市发生雪灾、风雹、洪涝和山体滑坡等自然灾害，造成近14万人受灾。灾害发生后，市、县（区）民政部门迅速开展抢险救灾、转移安置受灾群众并及时做好救助工作，受灾群众12小时内全部得到有效救助；全面完成灾后恢复重建工作，“4·20”芦山地震和“7·9”洪灾核定重建户11620户，其中分散重建8784户、集中重建2836户，11月底，全市农房重建全部完工，重建资金发放到位。做好受灾困难群众春荒救助和温暖过冬工作。发放冬令资金1828万元，为全市受灾口粮、衣被、医疗等提供救助8万余人次。下拨春荒补助资金460万元，救助春荒困难群众2万余人，确保全市受灾困难群众顺利度荒；组织开展受灾困难群众冬令春荒救助工作调查摸底，掌握群众生产生活的粮油、住房、过冬御寒衣被等实际困难（需救助17.4万人，需口粮救助13.55万人、需衣被救助1.95万人、需取暖救助1.5万人、需其他生活救助3.29万人），提前备足困难群众过冬需求棉被、棉衣裤、棉大衣、棉靴、毛毯、保暖内衣裤等物资。

【“4·20”地震灾后重建】 2014年，全市争取中华慈善总会、四川省慈善总会“4·20”地震灾后重建项目38个，避难场所12个，资金1.58亿元。市应急指挥体系视频会议系统、东坡区婚姻收养登记服务中心等4项工程完工；东坡区苏祠中学太和分校、洪雅花溪小学、丹棱黑石河敬老院等7项工程完成主体，进入装修阶段；眉师附小、东坡区社会福利院、洪雅县老年活动中心、丹棱烈士陵园等16项工程开工；应急避难场所、丹棱县救灾物资储备库等11项工程按程序准备。年末“4·20”灾后重建项目开工率71%。

【双拥工作】 2014年，市民政部门开展走访慰问驻眉山部队和部分重点优抚对象活动，慰问优抚对象4166人次，发放慰问金153.2万元。提高义务兵家庭优待金标准，所需经费纳入当地财政预算，各区县均达到5000元以上，优待面100%。做好第十届四川省双拥模范城创建工作，11月通过上级检查验收。

【优待抚恤】 2014年，为全市重点优抚对象3.86万人银行直发抚恤补助金1.38亿元。为优抚对象4224人医疗补助633.6万元，优抚对象医疗结算“一站式”服务系统投入使用。开展残疾军人证书和烈士证明书换发，完成率分别为95%、100%，为优抚对象2万余人建立优抚档案并完善优抚信息管理系统和烈士褒扬信息管理系统数据信息。从7月1日起，调整一至四级伤残军人护理费，调整后因战、因公一级和二级残疾军人由每人每月1377元增至

1525元；因战、因公三级和四级残疾军人由每人每月1101元增至1220元；因病一级至四级残疾军人由每人每月826元增至915元。10月1日起，提高重点优抚对象抚恤补助标准，提高比例11.4%—53.8%。加强优抚事业单位建设管理，完成全市86座零散烈士墓、11座零散烈士纪念设施抢救保护工作和光荣院30张床位维修改造。免除优抚对象基本丧葬费，全年为优抚对象574人免除基本丧葬费45.9万元。市委、市政府与东坡区委、区政府在东坡区烈士陵园举办烈士公祭活动，各区县开展烈士公祭活动或向烈士墓敬献鲜花等活动。

【军休安置】2014年，全市接收安置退役士兵1659人，为自主就业退役士兵1534人发放地方经济补助经费4468.9万元；市民政局、市委编办、市人社局、市国资委出台“三公开四优先”（“三公开”即：公开安置原则、公开安置岗位、公开安置条件。“四优先”即：服役时间长的优先，在艰苦边远地区服役或在潜艇、飞行等特殊岗位服役的优先，立功大的优先，残疾等级高的优先选择安置单位）安置办法，为符合安置条件的退役士兵125人落实工作岗位，均安置在财政全额拨款事业单位。开展退役士兵职业教育和技能培训，组织开展退役士兵专场招聘会6场，免费提供求职登记和就业政策咨询，退役士兵职业教育和技能培训知晓率、培训率、证书获取率、就业率均达标。做好军休服务管理，组织军休干部到峨眉、洪雅开展短期疗养。全年完成省下达军休干部接收安置计划2人，军队无军籍退休职工安置2人。做好涉军维稳，无一人非正常进京到省上访。

【村民自治】2014年，做好全市第九届村（居）民委员会换届选举后续工作，确保社会和谐稳定。开展新一届村（社区）书记、主任推进“四个转变”主题培训，市、区（县）两级联动培训村（社区）书记、主任2708人（村2286人、社区422人）。各区、县印发培训资料8.4万份，培训村（社区）、组干部1.1万人次。做好换届选举后的信访稳定工作，市民政局接待涉及第九届村（居）民委员会换届选举的来信来访32人次，回复率100%。

【社区建设】2014年，市委办、市政府办下发《关于加强城乡社区建设和创新管理服务的实施意见》，提出健全社区组织体系、完善社区服务体系、健全社区工作机制、强化社区建设保障等具体要求。规定，是年起每个社区工作经费由每年2万元增加到3万元；由市、区县财政预算安排每个社区10万元用于社区组织服务群众的资金，市、区县根据财力增长情况逐步提高预算标准。市民政局、市委组织部、市财政局下发《眉山市社区服务群众专项资金管理使用办法》，规范社区服务群众专项资金的使用和管理。洪雅县张花园社区和青神县凤阳社区被民政部确定为全国和谐社区创建示范单位。仁寿县县级财政投入1.6亿元，新建村（社区）标准化阵地401个，完善功能配套，为基层村（居）委会提供规范化活动场所。

【基层民主建设】2014年，召开全市村规民约（居民公约）工作推进会，全市227个社区、1127个村完成村规民约（居民公约）制定和规范完善。开展依法治村（社区）创建活动，全市申报8个省级、24个市级依法治村（社区）示范单位。市民政局组织开展全市“法律进社区”启动仪式，制发《“法律进社区”活动实施方案》。

【行政区划调整】2014年，彭山县武阳乡，仁寿县曹家、天峨乡撤乡设镇。10月20日，彭山县撤县设区。

【地名管理】2014年，市民政局开展地名设标和地名命名、更名，指导东坡区完成大石桥等46条道路命名，中心城区完成旺达广场等12个建筑小区地名命名及备案。启动眉山市第二次全国地名普查，成立眉山市第二次全国地名普查领导小组，制定工作方案，明确成员单位相关职责、普查范围和目标任务。

【行政区域界线管理】2014年，市民政局开展第三轮县级行政区域界线联检，完成峨洪线、夹洪线、洪雨线、洪荥线、新彭线、邛彭线、蒲丹线7条，配合完成双仁线、双彭线、蒲彭线、邛东（坡）线4条市州间县级界线联检和平安边界创建。

【关爱留守儿童】2014年，市民政局开展“手拉手·三生留守儿童关爱行动”活动。市慈善总会联合中华慈善总会、三生（中国）健康产业有限公司在眉山市洪雅县花溪镇中心小学开展三生留守儿童关爱行动。在眉山市洪雅县花溪镇中心小学、丹棱县杨场镇小学、丹棱县丹棱镇小学、仁寿县兆嘉乡中心小学、仁寿县慈航镇勤乐初级中学5所学校建立“三生爱心教室”，投入资金12万元。

（市民政局）

人力资源管理

【就业创业】2014年，眉山市人力资源和社会保障局（以下简称“市人社局”）围绕实施“创业就业惠民年”，推进创业就业，实施“引凤还巢”计划。吸引有技术、有实力致富能手166人回乡创业，促进4000余人就业。实施“雏鹰行动”计划。建立成功企业家和创业者一对一结对帮扶制度，促进34对企业家和创业者结对帮扶。实施“大学生创业计划”，给予税收、贷款等优惠，为创业高校毕业生95人提供和发放小额担保贷款894万元，帮助大学生186人创业，提供岗位近1000个。全市城镇新增就业3.2万人；失业人员实现再就业4982人；就业困难对象实现就业2717人；城镇登记失业率控制在4.4%以内；就业登记人数53.93万人。公益性岗位安置就业困难人员2942人，发放公益性岗位补贴1907.05万元、社保补贴1044.91万元；兑付灵活就业社保补贴5747人1613.45万元。

【人力资源市场管理】2014年，市人社局推进现场招聘常态化，举办和参加各类招聘会104场，提供就业岗位6.3万个，签订就业意向协议3万余人。推进招聘信息网络化，市人力资源网拥有企业会员2670个，注册个人会员3.5万人，人才库15万人，平均日访问量6.1万人次，全年发布招聘信息12万余条，提供就业岗位8.7万个。新建眉山市公共招聘网，拥有会员单位1352个，点击116万次。推进大学生就业日常化，组织高校毕业生439人到基地见习，购买人身意外保险，提供生活补助每月800元。促进应往届高校毕业生6400余人就业，应届毕业大学生就业率97.2%。

【劳务开发】2014年，全市农村劳动力转移输出116.05万人，劳务收入151.163亿元。品牌培训1828人。城镇居民人均可支配收入2.41万元，比2013年增长10.2%，居全省第五位。

【人才工作】2014年，组织市政府办等15个部门遴选29人，办理调配手续132人；完成高校毕业生“三支一扶”（支农、支教、支医和扶贫）招募14人，续期4人。审核发放四川启明星铝业有限公司等7家企业2013年人才补助2323人315.7万元。审核2013年鼓励工业企业做大做强人才奖励71人，其中高级管理人才39人、高级技术人才32人。

【引智工作】2014年，全市获批引智项目13项，国家项目4项，省级项目9项，其中获国家“引进国外技术、管理人才重点项目”1项，省重点引智项目“天府高端引智计划”4项。“美国加州鲈鱼良种繁育基地”申报为省级示范推广基地。引进外国专家22人，为企业争取中央、省财政资助经费139万元，引智项目经费资助突破100万元。推荐四川龙蟒福生科技有限责任公司外国专家邵家华荣获“天府友谊奖”。办理外国专家到川工作许可13件，引进外国专家8人。

【专家管理】2014年，全市新增享受国务院政府特殊津贴专家1人、四川省有突出贡献的优秀专家4人、四川省学术和技术带头人后备人选2人、第三届四川省专家评议（审）委员会组成人员3人。吉香居食品有限公司博士后创新实践基地进站博士1人。

【公务员招考录用】2014年，全市市县乡机关公务员公开考录184人。首次面向优秀工人农民和村党组织书记考录乡镇机关公务员18人。完成藏区“9+3”毕业生考录乡镇机关公务员笔试。完成市药监系统公开考录参公人员笔试、面试58人。完成面向服务基层项目人员、优秀村干部考录乡镇机关公务员45人以及政法干警8人体改生招录的笔试、面试、体检。

【公务员考核任免】2014年，年度考核2013年市级行政机关科级及以下公务员1688人，给予公务员76人记三等功，给予公务员549人嘉奖奖励。办理公务员和参公人员登记127人，办理公务员晋升科级非领导职务备案31人，提请市人大和市政府任免工作人员48人。审批全市参公人员转任机关公务员7人。清理全市行政机关科级非领导职数超职数配备情况。

【公务员表彰奖励】2014年，市委、市政府表彰全市记二等功公务员21人。向省评选推荐“人民满意公务员集体”1个，“记一等功公务员集体”1个，“人民满意公务员”2人，“记一等功公务员”8人。评选推荐全国先进集体7个、先进个人5人，全省先进集体56个、先进个人112人。

【培训工作】2014年，市人社局开展新推荐面试考官451人资格培训，考核合格授予考官资格；重新资格审核面试考官库考官281人。在全市行政机关科级及以下公务员中开展“培育社会主义核心价值观、做人民满意公务员”为主题网络培训，参训1.11万人。完成公务员初任培训199人。实施“一村一品”劳务培训，开展竹编、厨师、缝纫等特色培训13个。开展青年劳动者技能培训、技师培训、品牌培训等各类培训9629人，开展职业技能培训5922人、创业培训2640人。

【事业单位人事管理】2014年，全市事业单位公开考试招聘实行分级负责，发布招聘计划1083名，实际招聘746人。核准备案区县高层次和紧缺人才考核招聘计划291名。调整全市符合要求的卫生事业单位岗位148个，增加中高级岗位比例和数量，缓解卫生专业人员岗位少、晋升难问题。调整市属事业单位岗位设置28个，批复区县事业单位的岗位522个设置调整请示，认定事业单位人员529人岗位聘用，办理事业单位人员16人辞聘备案。

【职称管理】2014年，完成综合、工程技术中级职称评审工作，评审通过68人，其中综合技术14人、工程技术54人。完成非公有制企业专业技术评审32人。审核、公示、下发畜牧兽医83人、建筑工程112人、农业工程40人、水利工程62人、教师502人的中级职称评审任职文件。

【军转安置】2014年，全市计划安置军转干部39人，全部安置到行政单位，其中市级部门安置31人、区县安置8人；接收自主择业军转干部15人、随调家属4人，均按政策规定妥善安置。

【工资福利与退休】2014年，全市完成各类增资调资审批4012人次，其中机关公务员正常晋升级别256人，晋升级别档次（岗位档次）379人；事业单位工作人员晋升薪级工资2589人；晋升（降低）行政职务后调资452人；事业单位岗位变动后调整工资517人；调入、调出市级机关核定工资179人；新录（聘）用工作人员试用（见习）期工资83人；退休审批116人，审核遗属生活困难补助和丧葬费32人。

【人事考试】2014年，市人社局组织全市公招公务员、事业单位工作人员、全国职称计算机、职称外语、二级建造师等人事考试37场次，参考人员4.57万人次，连续4年保持“三零”（零差错、零投诉、零举报）目标。

【基层平台建设】2014年，市人社局编印下发《眉山市基层平台建设政策汇编》。全市争取和配套4645万元，新建和完善基层平台服务场所，升级办公设备，为全市1485个乡镇（街道）、村（社区）平台统一标识、标牌、制度、资料架、档案柜、计算机等设施设备。全市85%基层平台实现标准化、规范化。

【信息网络建设】2014年，全市融合社会资金近3000万元，推进眉山市社会保障信息平台升级。投入6000万元，推进社会保障“一卡通”建设，制发社保卡210余万张。

【依法行政】2014年，市人社局清理行政权力和非行政权力事项95项，召开专题会和局党组会研究，保留72项，下放区县6项，将17项非行政权力确认事项作为业务工作，随到随办，承接省上下放行政权力事项9项。

【信访与调解】2014年，市人社局办理信访事项3346件，比2013年增长1.6%，其中来信28件、来访1875件、来电信访82件、网络信访1361件，按期办结率100%，息诉息访率96%；全年调解各类矛盾纠纷157件，调解成功125件。

【信息宣传】2014年，市人社局开展对外宣传报道379条，其中国家级媒体刊发7条，省级媒体刊发238条，市级媒体刊用134条。工作专报受到市委书记李静、市长宋朝华等领导肯定性批示8条次，市委、市政府刊物采用和上报省委、省政府32条。

【群教工作】2014年，市人社局开展“开门评风”，收集意见建议97条，提出整改方案，立行、立改。人社干部293人“一对一”联系规模企业482家，解决人才、用工、社保等问题1000余个。全系统干部职工519人“一对一”联系创业大学生519人，帮助解决创业项目、资金、土地等问题800余个；137人“一对一”联系困难群众137户，解决基础设施建设和群众生产、生活中具体问题。

【联系服务群众】2014年，市人社局联系仁寿县禄加镇光辉村群众139户，其中困难群众82户、残疾人19户、贫困母亲13户。为光辉村争取村级阵地建设资金5万元，各经济社卫生改厕资金17.28万元，落实饮水工程建设资金280万元，村级道路建设资金320万元，自筹资金10万余元为光辉村购买粮食种子等生产生活物资。

（肖　鑫）

民族宗教工作

【项目工作】2014年，市民宗局检查验收2013年散杂居少数民族资金项目，争取到2014年少数民族资金项目5个45万元，上报2015年散杂居少数民族资金项目7个166万元。

【帮扶工作】2014年，市民宗局制定市级部门联系帮扶少数民族困难户年度计划，指导市、县级部门与少数民族困难户结成帮扶对子241对，帮助联系户理清发展思路，寻找发展项目246个，落实扶持资金141.6万元。市民宗局5次深入回族聚居乡——仁寿县青岗乡，指导编制《青岗乡发展规划》，组织农技、医疗、法律专家等开展上门咨询服务，帮助21户少数民族困难户拟订年度发展帮扶计划、商定发展扶持项目26个，落实帮扶资金27.1万元。

【民族稳定】2014年，市民宗局开展民族团结宣传教育进机关、进企业、进社区、进乡镇、进学校、进宗教场所活动，探索建立城市和迁居流动少数民族服务管理工作机制，延伸民族宗教信息网络到社区和村组，切实做到不稳定因素早发现、早化解。全年全市民宗部门组织开展民族宗教专题培训宣讲47场次，接待来信来访9批51人次，依法妥善调处化解涉及少数民族因素的矛盾纠纷15件，维护了全市民族领域和谐稳定。

【灾后重建】2014年，市民宗局推进“4·20”芦山地震灾后恢复重建工作。全年争取灾后恢复资金项目6个470余万元，用于洪雅县观音寺、五斗观、蜀王殿，东坡区息台庵，丹棱县天主教堂等重点受灾场所维修和重建。截至2014年年底，全市宗教界累计投入灾后恢复重建资金3125万元，全市33处因灾受损的宗教活动场所全部恢复正常宗教活动。

【宗教工作】2014年1月，眉山市召开佛教第一次代表会议，成立眉山市佛教协会，选举仁寿县华严寺住持释洪法为眉山市佛教协会第一届会长。市民宗局指导建立、完善内部管理规章和工作制度，制定工作计划，解决年度工作经费3万元；指导市佛教协会开展“宗教慈善周”和政策法规培训活动，现场捐款2.9万元，资助10名贫困学生就学和东坡区特殊教育学校部分贫困学生购买冬季生活用品。

【和谐寺观教堂创建活动】2014年，市民宗局召开专题会议再动员、再部署，编印《2014年“教风年”创建活动学习提纲》，加强宣讲教育培训力度。在23个重点宗教活动场所设立“教风”意见箱，收集意见建议。指导各宗教团体和宗教活动场所围绕“找问题、改问题，正心、正形、正行”要求，组织宗教教职人员开展自查、自纠、自改活动。截至2014年年底，全市宗教界查出“教风”方面存在的问题68个，完成整改68个，整顿软弱涣散、不团结宗教活动场所3处，约谈宗教教职人员7名。

【宗教场所建设和活动管理】2014年，市民宗局与市住建局、市规划局联合印发《关于加强宗教活动场所建设工程监管工作的通知》，进一步规范全市宗教活动场所工程建设行为，落实宗教活动场所建设工程质量及建设安全的监管职责，明确先规划后建设、先审批后修建原则。市民宗局印发《关于进一步加强大型宗教活动管理的通知》，明确大型宗教活动的界定、审批、举办、监管，为全市大型宗教活动的正常、有序、安全开展提供制度和组织保障。

【专项治理】2014年4月到7月，市民宗局联合市公安局、市国土局、市住建局、市规划局、市安监局开展为期四个月的宗教“两乱”（乱塑露天宗教造像、乱建寺庙）专项治理工作，通过排查摸底、制定方案、集中整治、检查验收四个阶段工作，全市依法治理宗教“两乱”场所56处，捣毁神像175尊、香炉72个，销毁宗教挂图68张，教育处理“两乱”牵头骨干人员280人次，有力遏制宗教“两乱”现象蔓延势头。

【安全稳定监管工作】2014年，市民宗局做好重要节庆和敏感时段安全维稳工作，开展识别抵制“全能神”等邪教组织宣教活动，开展宗教场所安全隐患和涉稳隐患大排查，坚持每月明查暗访制度。全年，排查出宗教场所安全隐患87处，完成整改87处；排查出宗教领域矛盾纠纷44起，成功调处化解44起，全市宗教领域没有发生一起安全责任事故和涉稳事件，实现了宗教领域和睦和顺。

机关事务管理

【公共机构节能管理】2014年，市机关事务管理局抓“公共机构节能周”工作，落实“低碳日”能源紧缺体验活动，提倡“135”（1千米步行、3千米骑自行车、5千米开车）出行方案，发送短信35万条；开展“节能宣传媒体行动”专题活动，市电视台专题报道节能宣传周活动开展情况2次，《眉山日报》专版宣传节能知识、节能活动，宣传周期间，全市参与人数42万余人次；开展第二批节约型公共机构示范单位创建申报。市住建局、市政务服务中心等市级部门和各区县实施照明节能改造，全年改造灯具15万余只，LED节能灯具普遍使用；各公共机构结合办公建筑维修实施建筑节能改造。全年投入改造资金432万元，公共机构水、电、气、油消耗比2013年分别下降4.32%、4.21%、4.31%、4.23%。

【公务用车管理】2014年，市机关事务管理局按照《关于党政机关暂停购置一般公务用车的通知》要求，暂停审批一般公务用车，全年审核报市政府审批购置特种工作用车41辆，无违规批编购车。组织市（厅）级领导干部用车自查清理，督查抽查6个区（县）、30个市级部门（单位）购置和使用车辆情况，设立举报电话“38166183”，受理群众举报，查处违规借、占用车辆23辆，违规使用公车2起。公务用车信息化管理平台建设稳步推进，完成公务用车数据录入汇总，上报信息化平台省级管理端。推进公务用车制度改革，学习考察先行改革地区先进经验，开展《公务用车制度改革》调研，成立市公务用车制度改革领导小组，落实工作责任。

【办公用房管理】2014年，市机关事务管理局审批22家市级单位维修改造和租用办公用房事宜。开展办公用房专项清理整治4次。市厅级领导按规定腾退超标准使用办公用房48间1056平方米；市成立专项督查组实地督导全市各级党政机关办公用房使用情况；专项整治离退休干部办公用房。清理全市6个区县和113家市级部门1300余名领导干部办公用房，采取合并、隔断、调换等方式清理整改办公用房847间1.24万平方米。

【服务管理】2014年，市机关事务管理局服务市委、市人大、市政府、市政协会议1872场次，重要会议和信访接待服务362场次，满意率100%。完成市政中心中央空调检修及主机变频器更换、冷热水管改造和水、电、气等维修项目8000余次，旭光小区完成公共区域和住户屋内维修4000余次。其中集中办公区维修满意率98%，旭光小区维修满意率92%。服务交流干部周转房、办好干部职工食堂。就餐人员600人/天，早餐就餐人数比2013年增加40%以上，就餐满意率90%。投入30余万余元，开展“绿海明珠”大会战和春季植树活动，完成市政中心、投促大厦、会议中心和体育馆院内外植树任务，修剪管理区域草坪46.2万平方米、球形植物0.96万株次，养护乔灌木4.14万株，及时施肥、喷洒药物防治病虫、更换枯萎植物。在喻沟村开辟绿色基地1.2公顷，组织党员干部义务植树5600株。配合供排水公司完成旭光小区自来水一户一表改造工程。

【安全保卫】2014年，市机关事务管理局落实安全责任制度，签订安全目标责任书。与公安部门协调完善警务室工作制度，东坡区特警大队派员进驻警务室。每周、每月、每季度分别对保安、维修、食堂等岗位人员进行安全保卫和安全生产工作点评、安全技能和专题培训。开展“百日安全”“安全生产月”活动，排查整治安全隐患。全年拉网式排查管理区域建筑、供水、供电、供气、消防、电梯、技防等设备设施12次，发现安全隐患50处(项)，处理监控设施故障125次，更换设备76件次。对资金量大和技术要求高的，反复核查，聘请公安、消防、质监等部门专家鉴定后，报经市政府批准实施。消防隐患整治项目完成采购招标，实施改造工作。加强综治和维稳，协助有关部门劝阻61起2086人次集体信访人员，为其反映问题提供帮助。市政中心盘查无证车辆315辆次，登记外来办事人员2854人次；旭光小区挡获企图盗窃嫌疑人1人。全年管理区域秩序良好，无较大安全责任事件，机关区域安全保卫工作满意率100%。

【市会议中心和市体育馆】2014年，市议中心承接市级及区县、部门一般会议290场次，市“三会”等大型会议、文体活动15场次。体育馆为第六届中国泡菜展销会开幕式等16场次大型活动提供服务。

（徐　然）

扶贫移民工作

【项目资金】2014年，全市争取到位扶贫移民项目资金1.68亿元，其中扶贫项目资金3615万元、移民后扶项目资金8221万元、瀑电移民调概资金5000万元，比2013年（1.37亿元）增长23.4%。

【精准扶贫】2014年，在全市开展贫困人口建档立卡，重新识别出省级贫困村4个、贫困人口16.74万人，完善建档立卡信息采集系统。完成贫困村村道建设116千米，社道建设32千米，生产便道建设23千米，渠道整治29千米，山坪塘整治71口，蓄水池新建136个，新建便民中心5个，改造危房35户，发展柑橘156公顷，核桃110.67公顷。全年全市减少贫困人口5.01万人。

【社会扶贫】2014年，市扶贫和移民局向全市316个贫困村（含4个省定贫困村）派驻3至4人的驻村工作组，实现干部驻村帮扶全覆盖。动员全市497家企业定点帮扶524个村。与市直机关工委等8个单位联合主办，动员91个爱心单位、爱心企业开展“栋梁工程”公益活动，募集资金80余万元，帮助大学新生209人圆梦大学。

【移民后扶】2014年，市扶贫和移民局做好移民后期扶持资金发放，兑现直发直补资金6.01万人2445万元。完成库区和移民安置区村道改建98千米，整治渠道99千米，整治山坪塘12座，新建蓄水池18口，发展林木产业2000公顷，生猪养殖2万头。建成黑龙滩万亩“眉州红脐”、两河口万亩林竹、槽渔滩200公顷茶林竹等移民后扶示范基地8个。

【重点工程】2014年，完成汉阳航电工程移民搬迁安置工作，2台机组并网发电；龚家堰水库扩建工程移民住房开工建设，道路、通信设施等专项复建基本完成；穆家沟水库《移民安置规划大纲》通过技术审查；复兴水库《封库令》报省政府审批。

【劳务培训】2014年，市扶贫和移民局组织开展农村实用技术培训和就业技能培训，举办移民和贫困群众劳务培训班22期，培训移民3200人次，转移劳动力2100余人。

【信访稳定】2014年，市扶贫和移民局落实市局领导包案和区县扶贫移民部门稳定责任，接待处理移民和贫困群众来信来访25件48人次，化解25件，息访25件，化解率、息诉息访率均为100%。移民信访稳定和群体性事件处理，未激化一起矛盾，未上交一个问题，做到“隐患处理在基层，矛盾纠纷零上交”，实现“零进京、少到省、不发生群体性事件”目标。

（罗玉琼）

防震减灾

【法制建设】2014年，市政府印发《眉山市建设工程抗震设防备案制度》。市政府办印发《地震重点危险区工作应对方案》《重点危险区地震专项应急预案》。明确规范全市抗震设防工作，为抗震设防管理提供基础依据。

【震害防御与应急演练】2014年，市防震减灾局完成市重点项目综合交通建设工程“四箭齐发”(延伸段)、穆家沟水库和复兴水库等重大项目的地震安评工作5个。组织区县防震减灾工作主管部门负责人、乡镇防震减灾助理员和地震宏观观测员业务培训130余人。全年开展大中型地震应急演练20余次。

【地震监测预报】2014年，市防震减灾局监测到眉山市境内发生地震35次。其中仁寿3次、洪雅30次、丹棱2次；ML［用1秒左右的S波〈或Lg〉的振幅来量度地震的大小，测量400千米内，震级2-6级］1.0~ML1.9级28次，ML2.0—ML2.9级6次，ML4.0~ML4.9级1次。市防震减灾局地震日常分析预报工作（市、州）评比及地震趋势会商研究报告（市、州）评比均获优秀。

【科普宣传】 2014年，市防震减灾局申报市级科普示范学校7个、市级科普示范基地4个，省级科普示范学校1个。开展“4·20”“5·12”防震减灾科普宣传活动，发放《地震科普知识》《地震应急知识》等资料1万余份，展出防震减灾科普展板26个。编印《防震减灾知识读本》5万余册，随《眉山日报》赠送、学校、社区。眉山市防震减灾局微信公众服务平台开通，成为全省首个市州防震减灾微信公众服务平台。

（市防震减灾局）

2014年4月18日，眉山市防震救灾综合演练在洪雅县拉开序幕

中国人民政治协商会议眉山市委员会

政协会议

【全体会议】2014年1月8日至10日，政协第三届眉山市委员会第四次会议在眉山市会议中心召开。市政协三届委员会全体委员出席会议，非市政协委员的省十一届政协住眉委员；非市政协委员的市民主党派和工商联的主委（主席）、秘书长，市政协各委室负责人；市级各部门负责人；驻眉部队主要负责人；市直属企事业单位负责人列席会议，市委、市人大常委会、市政府、市法院、市检察院、眉山军分区领导；原市委老领导；上届市人大常委会主要领导；市人大常委会、市人民政府、市中级人民法院享受正厅级待遇未退休的领导；一届市政协主要领导；二届市政协主席、副主席列席开幕和闭幕大会。会议听取审议《政协第三届眉山市委员会常务委员会工作报告》《政协第三届眉山市委员会常务委员会关于三届三次会议以来提案工作情况的报告》，听取并协商“一府两院”工作报告，协商计划、财政报告，审议通过《政协第三届眉山市委员会提案委员会关于三届四次会议提案审查情况的报告》《政协第三届眉山市委员会第四次会议决议》。市委书记李静作题为《干事创业促跨越凝心聚力奔小康》讲话。李静指出，眉山市政协三届四次会议期间，各位委员满怀建设富裕美好眉山的责任和豪情，紧跟时代步伐，紧扣发展主题，积极建言献策，共商发展大计，充分展现委员们热爱眉山的赤诚情怀、履职尽责的精神风貌、求真务实的工作作风。此次大会融汇发展共识，凝聚发展动力，将转化为全市上下的自觉行动，推动眉山经济社会跨越发展。2014年是眉山建区设市的第17个年头。17年来，眉山从呱呱坠地的婴儿成长为青春少年；17年来，眉山经济社会发展取得令人瞩目的成就；17年来，眉山创造了“苦干兴眉，争创一流”这一宝贵精神财富。在今后的发展中，需要这种宝贵的精神财富，需要保持昂扬向上的干事创业精神，需要激发全社会的活力。要充分激发各级领导班子争创一流的活力，要充分激发广大干部主动作为的活力，要充分激发广大共产党员争当时代先锋的活力，要充分激发广大企业家开拓创新的活力，要充分激发各界人士献计出力、共谋发展的活力，要充分激发全市人民致富奔小康的活力。市政协主席王影聪致闭幕词，号召全市政协委员要弘扬“苦干兴眉，争创一流”的精神，在全面深化改革中、在开放的大潮中、在眉山新跨越中，攻坚克难，苦干实干；在各自的工作岗位上、在正确履职上、在抢抓机遇上、在营造良好的发展氛围和社会环境上、在树立良好的政协委员形象上、在助推“五个主题年”的过程中争创一流。王影聪要求人民政协要在贯彻落实十八届三中全会精神和省委、市委的部署中，积极工作，勤奋工作，为市委、市政府当好参谋，积极参与民主监督，积极建言献策，积极探索协商民主制度的建立与完善。在和谐快乐中争创一流，在2014年中开创政协工作新局面，开创“两个率先”新局面。

【常委会议】2014年，召开市政协三届第10至第13次常委会议4次。第10次会议审议《政协第三届眉山市委员会提案委员会关于三届四次会议提案审查情况的报告（草案）》《政协第三届眉山市委员会第四次会议决议（草案）》。第11次会议主要学习贯彻省政协第十一届委员会常务委员会第六次会议精神，市电力公司通报工作情况（书面），市委农工委通报全市“两化”互动、统筹城乡工作进展情况，专题议政“两化”互动、统筹城乡工作，突出“以工为主，统筹城乡”工作。第12次会议主要学习贯彻习近平总书记在庆祝中国人民政治协商会议成立65周年大会上发表重要讲话精神，学习贯彻省政协第十一届委员会常务委员会第七次会议精神，市政府通报眉山城区“文城一体”建设推进情况，市政协教文委作眉山城区“文城一体”建设推进情况专题发言，专题议政眉山城区“文城一体”建设推进情况工作。第13次会议主要学习贯彻党的十八届四中全会精神、省政协十一届八次常委会议精神、省委经济工作会议传达提纲，市政府通报市政协三届四次会议提案办理情况、2014年全市民生工程推进情况，市纪委通报2014年全市党风廉政建设和反腐败工作情况，审议《政协眉山市委员会2015年工作要点（审议稿）》《政协第三届眉山市委员会常务委员会工作报告（审议稿）》《政协第三届眉山市委员会常务委员会关于三届四次会议以来提案工作情况的报告（审议稿）》《关于召开政协第三届眉山市委员会第五次会议的决定（草案）》《关于授权市政协主席会议审议市政协三届第十三次常委会议未尽事宜的决定（草案）》、调整部分三届市政协委员事项，通报政协第三届眉山市委员会常委2014年度参会情况。

【主席会议】2014年，召开市政协三届第25次至第39次主席会议共15次。第25次主席会议传达中共眉山市委第三届五十七、五十八次常委会议等会议精神，审议《中共眉山市政协党组群众路线教育实践活动实施方案》，审议并原则上通过《市政协领导督办重点提案分工表（建议稿）》，审议《图说眉山》大型画册编辑方案。第26次主席会议审议通过《关于成立眉山市文化和生态监督委员会的请示（送审稿）》，审议通过《关于组建市政协扶贫解困志愿服务队的实施方案（讨论稿）》，会议还议定了对“抗战老兵”进行特别关怀的事项，加强学习型机关建设、研读相关重要文件的事项。第27次主席会议传达中共眉山市委三届第六十次、六十一次会议精神，传达川滇黔赣冀五省市州政协第三十五次会议精神，安排近期调研视察工作。第28次主席会议传达市委三届第六十二、六十三次常委会、全市交通工作现场会议精神，书面传达省政协副主席晏永和在省政协党风廉政建设工作会议上的讲话精神并提出贯彻意见，讨论审议《关于中心城区和六区县文化生态建设情况的调研报告》《关于视察全市交通建设情况的建议意见》，传达财政部门有关公务接待费和差旅费报销支付办法。第29次主席会议传达中共眉山市委员会第六十四次常委会精神，贯彻学习中共四川省纪委《关于深入落实作风纪律规定强化“五一”等重要节点执纪监督的通知》，安排部署市政协近期工作。第30次主席会议传达省政协第十一届委员会常务委员会第六次会议精神、中共眉山市委员会第六十五次常委会精神，审议并通过市政协第三届委员会常务委员会第十次会议筹备建议方案，审议并通过《2014年机关经费预算和管理事项》。第31次主席会议传达贯彻省委庆祝中国共产党成立九十三周年电视电话会议精神、中共眉山市委员会第六十八、六十九、七十次常委会议精神，传达八大片区调研情况，通报毕节试验区统一战线服务科学发展的考察情况，传达川南七市政协工作联系会第二十五次会议的主要精神及落实贯彻意见，审议《政协第三届眉山市委员会服务委员实施办法》。第32次主席会议传达贯彻近期市委常委会议精神、全市县域经济工作暨半年工作会议精神，安排部署“生态文化和旅游有机结合、有效统一”课题的调研和成果转化工作、市政协党组群教活动整改工作。第33次主席会议传达贯彻近期市委常委会议精神，审议市政协三届十二次常委会议筹备方案、“生态文化与旅游有机结合有效统一”专题研讨会筹备方案，安排“群教活动”整改专项工作。第34次主席会议学习贯彻习近平总书记在庆祝中国人民政治协商会议成立65周年大会上发表的重要讲话精神、省政协第十一届委员会常务委员会第七次会议精神，传达贯彻市委三届第七十五次常委（扩大）会议精神，审议并通过《中共政协眉山市委员会党组关于认真贯彻“三严三实”要求进一步加强党员干部教育管理监督实施意见》《贯彻落实〈中共政协眉山市委员会党组关于认真贯彻“三严三实”要求进一步加强党员干部教育管理监督的实施意见〉责任分工方案》《政协眉山市委员会视察工作规则》《政协眉山市委员会调研工作规则》《政协眉山市委员会反映社情民意信息工作规则》《政协眉山市委员会机关工作人员请休假管理制度》《政协眉山市委员会财务管理办法》《市政协机关公务人员因公出差审批管理及差旅费报销支付办法》。第35次主席会议学习贯彻中国共产党第十八届中央委员会第四次全体会议公报，传达学习市委近期常委会议精神，安排部署市政协近期工作。第36次主席会议安排部署市政协2015年度提案征集工作，对2015年度的重点视察、调研课题进行初步商议，安排《政协第三届眉山市委员会常务委员会工作报告》《政协第三届眉山市委员会常务委员会关于三届四次会议以来提案工作情况的报告》撰写工作。第37次主席会议学习传达四川省落实巡视整改暨党的群众路线教育实践活动整改深化工作电视电话会议精神并研究贯彻落实意见，传达市委关于彭山撤县设区筹备工作专题会议精神，对市政协近期工作进行安排部署。第38次主席会暨市政协党组（扩大）会议传达近期市委常委会议精神，审议市政协党组《关于深化中央第九巡视组反馈意见和群众路线教育实践活动问题整改的工作方案》，通报市纪委体制改革方案及党风廉政主体责任制等问题，审议市政协三届十三次常委会议筹备建议方案，安排部署市政协近期工作。第39次主席会议传达贯彻近期市委常委会议精神、市委全委扩大会议精神，审议《政协第三届眉山市委员会常务委员会工作报告（审议稿）》《政协第三届眉山市委员会常务委员会关于三届四次会议以来提案工作情况的报告（审议稿）》《政协眉山市委员会2015年工作要点（审议稿）》《政协第三届眉山市委员会第五次会议筹备工作方案》、关于调整部分三届市政协委员事项，通报政协第三届眉山市委员会常委缺席常委会议情况，市委群教领导小组对杨晓宁、何德全的表扬情况。

政治协商

【全体会议协商】2014年1月8日至10日，在市政协三届四次会议上，政协委员听取并协商市人民政府工作报告、市中级人民法院工作报告、市人民检察院工作报告，协商计划、财政报告，委员代表作大会发言。

【常委会议协商】2014年，市政协常委会议专题议政“两化”互动、统筹城乡工作，突出“以工为主，统筹城乡”工作；专题议政眉山城区“文城一体”建设推进情况工作。邀请市政府、市纪委（监察局）分别通报市政协三届四次会议提案办理情况、2014年全市民生工程推进情况、2014年全市党风廉政建设和反腐败工作情况。

【重点协商】2014年，市政协每月主席会议协商市委、市政府提交的有关重要事项及政协内部事务。协商审议《中共眉山市政协党组群众路线教育实践活动实施方案》《关于中心城区和六区县文化生态建设情况的调研报告》《关于视察全市交通建设情况的建议意见》《政协第三届眉山市委员会服务委员实施办法》《市政协三届十二次常委会议筹备方案》《“生态文化与旅游有机结合有效统一”专题研讨会筹备方案》《关于深化中央第九巡视组反馈意见和群众路线教育实践活动问题整改的工作方案》《市政协三届十三次常委会议筹备建议方案》《政协第三届眉山市委员会常务委员会工作报告（审议稿）》《政协第三届眉山市委员会常务委员会关于三届四次会议以来提案工作情况的报告（审议稿）》《政协眉山市委员会2015年工作要点（审议稿）》《政协第三届眉山市委员会第五次会议筹备工作方案》、关于调整部分三届市政协委员事项。协商审议并通过《市政协领导督办重点提案分工表（建议稿）》《关于成立眉山市文化和生态监督委员会的请示（送审稿）》《关于组建市政协扶贫解困志愿服务队的实施方案（讨论稿）》《市政协第三届委员会常务委员会第十次会议筹备建议方案》《2014年机关经费预算和管理事项》《中共政协眉山市委员会党组关于认真贯彻“三严三实”要求进一步加强党员干部教育管理监督实施意见》《贯彻落实〈中共政协眉山市委员会党组关于认真贯彻“三严三实”要求进一步加强党员干部教育管理监督的实施意见〉责任分工方案》《政协眉山市委员会视察工作规则》《政协眉山市委员会调研工作规则》《政协眉山市委员会反映社情民意信息工作规则》《政协眉山市委员会机关工作人员请休假管理制度》《政协眉山市委员会财务管理办法》《市政协机关公务人员因公出差审批管理及差旅费报销支付办法》。议定对“抗战老兵”进行特别关怀事项，加强学习型机关建设、研读相关重要文件事项；商议2015年度的重点视察、调研课题。

【委员座谈协商】2014年，市政协每2月召开一次政协委员协商座谈会，听取和收集委员的意见和建议，整理后通过《民情与建议》，送市委、市政府和上级政协参阅。部分意见建议得到市委、市政府的重视和采纳。市委书记李静在市政协民情与建议第六期《部分市政协委员座谈会上委员提出的意见建议》上作出批示：“来自基层一线的20名市政协委员围绕改革、发展、民生等问题，问题反映实在、鲜活，虽然站的位置和角度不同，但真实可信。请按职能、职责送有关部门。”

【对口协商】2014年3月，市政协农业委员会召开农业界委员对口协商座谈会，学习贯彻中央、省委一号文件精神，就深化眉山农村改革、加快推进农业现代化等工作进行协商讨论。市、区县政协教文委负责人深入部分中、小学校，就优化城区中、小学规划布局开展协商调研。召集市环保局、市交通局、市质监局、市交警支队，协商办理《关于实施车检便民工程，完善我市车辆检测服务体系的建议》提案。召开都市近郊型畜牧业对口协商会议，会议参观了都市近郊型畜牧业示范项目，听取市畜牧局关于都市近郊型畜牧业工作通报。市政协农业委部分成员、市政协农业委员组部分委员，深入仁寿县黑龙滩镇移民后期扶持示范基地——天府香颂、眉州红脐，清水镇青见园区和扶贫连片开发项目，对口协商全市扶贫移民工作。政协委员协商调研全市养老体系建设工作。

民主监督

【日常监督】2014年，市政协将招商引资，向上争取项目等工作的调研及建议，呈市委、市政府参阅。前往丹棱县杨场镇，就第二批党的群众路线教育实践活动以及经济建设和社会事业发展情况开展调研，征求大家对市政协工作和市县两级群教活动的意见。把杨坝村6个组、古井村2个组电网改造滞后，老百姓生产生活用电难的情况向市电力公司作反映。电力公司深入镇、村和农户家中实地察看，提出具体解决方案。市政协前往五县一区，对全市生态文化规划建设情况进行为期5天的调研指导。市政协组织部分政协委员开展加快四川教育改革问卷调查。召开生态文化和旅游有机结合有效统一工作推进会。

【提案办理】2014年，政协委员、政协各参加单位和政协各专门委员会提交提案244件，确定立案242件，未立案2件，按照分级负责、归口办理原则，立案提案分别由市委系统承办24件，市政府系统承办217件，市政协办公室承办1件。筛选8件重点提案由市政协各位主席牵头督办。截至2014年11月底，办结的242件提案中，解决或采纳（A类）98件，列入计划拟解决（B类）130件，留作参考（C类）14件。委员们对办理意见表示满意240件，占立案办结总数99.17%，基本满意2件，占立案办结总数0.83%。

【提案督办】2014年，市政协副主席祝明洪要求眉山市综治委校园及治安综合治理专项组办公室将全市校园及周边治安综合治理专项督查发现的问题，逐一分解，落实到相关责任单位和责任人，限期整改并予以通报，纳入年终综治考核。市政协副主席、市委统战部部长黄玉蓉带领为民巷社区30余名居民代表、监督员、网格员到眉山东站、苏洵公园、经开新区、两宋荣光、苏辙公园、岷东新区、东坡岛湿地公园、泡菜城等地现场督办中心城区周边城郊接合部环境整治问题。市政协副主席杨常沙督办全市历史文化名城建设。市政府办负责人带领市人大、市政协相关委室负责人到仁寿县政府、市经信委、市教育局，实地督查3单位关于人大代表建议和政协委员提案的办理工作。市政协副主席朱建文带领市政协经科委、市环保局、市住建局、市城管局、市水务局、东坡区政府相关负责人，督办眉山中心城区水污染治理工作。市政协副主席祝明洪带领部分政协委员及相关单位负责人深入顺隆民运检测机构，督办全市实施车检便民工程、完善机动车检测服务体系工作。市政协副主席李亚非带队到丹棱县竹林寺开展法律法规进寺庙宣讲活动。市政协民宗委主任何德全向信教群众宣讲《宪法》《四川省治安管理处罚条例》《四川省宗教事务管理条例》等法律法规。

调研视察

【上级调研视察】2014年，政协系统领导先后到眉山视察调研15次。先后包括省政协“界别协商”研究小组到眉山调研协商民主制度建设方面的探索情况和实践经验。省政协民宗委主任宋光齐一行到仁寿县调研散居少数民族民生等有关工作。省政协副主席赵振铣一行到眉山调研全市贯彻落实《食品安全法》，保障食品安全情况。省政协研究室副主任冯小露一行到眉山调研关于开展县（市、区）政协推进协商民主建设典型案例情况。河北省政协原副主席李有成一行，到眉山参观视察眉山城区及新农村建设情况。省政协民宗委副主任、省委政法委巡视员、省委防邪办原主任李光玉一行，到洪雅县宗教活动场所调研宗教事务依法管理和社会化管理等情况。省政协地联委主任陈芳一行到眉山调研地方特色产业发展情况、党的群众路线教育实践活动情况和

2014年7月24日，全国政协常委、副秘书长，民建中央副主席宋海（左二）在副省长、民建四川省委主委陈文华（左三）陪同下调研民建眉山市委机关

政协特色工作情况。省政协副主席罗布江村一行到眉山视察川菜产业发展情况。全国政协常委、副秘书长、民建中央副主席宋海在副省长、民建四川省委主委陈文华的陪同下，到眉山调研民建工作。山西省政协党组成员、副主席朱先奇一行到洪雅县中保镇考察“推进土地流转、增加农民收益”情况。省政协副主席王正荣一行到洪雅县柳江镇调研“精心打造‘天府古镇’品牌，努力提高文化服务业效益”情况；调研全市乳制品安全生产及监管情况。省政协副主席罗布江村一行到眉山视察洪雅县止戈镇、中国藤椒文化博物馆、七里坪景区，考察眉山文化旅游发展情况。省政协原副主席曾平江一行到眉山调研林业生产情况并赠送关于绿化书籍。省政协副主席晏永和到眉山调研统筹城乡、推进新型城镇化建设情况。

【本级调研视察】2014年，市政协围绕开展“两化”互动、统筹城乡战略实施情况，推进全市工业园区和工业结构转型升级，中心城区污水处理情况，推进全市农村土地流转，全市社区矫正等10个课题进行重点调研。形成调研报告，报市委、市政府决策参考。市政协教文委组织区县政协教文委对部分学校的学前教育、义务教育、普高、职业技术学校进行调研，形成《加大市县政府统筹力度，确保基础教育先发展的对策和建议》《以视察调研为抓手，助推眉山教育均衡发展》经验材料，并在省政协举办的教育改革建言献策暨全省政协教育委员会工作座谈会上作书面交流。部分政协委员专题调研全市社区矫正工作现状、成功经验、存在的问题等。市政协组织部分政协委员深入眉山金象化工产业园区、岷东新区，调研工业项目进展情况。到仁寿县青岗乡、东坡区不二寺调研宗教工作，收集教职人员参加社保和宗教场所安全问题的建议意见，分别安排相关单位对上述问题进行调研和排查。市政协到洪雅县调研实体经济发展情况；开展推进农村土地流转专题调研活动，赴两区四县开展实地调研；赴洪雅县，专题调研《茶文化与茶业生态旅游建设》；赴东坡区、仁寿县和洪雅县调研生态文化和旅游有机结合有效统一工作；到洪雅县青羌生猪养殖专业合作社调研；到彭山区保胜乡佛岩村和规模上市企业鲁洲集团调研；深入学校、居民小区及市民较集中的公园场所，调研“公民依法自治”工作；到丹棱县新高峰调研瓷业。市政协围绕全市交通建设情况、部分工业和农业园区建设推进情况、主城区南北郊区规划建设管理工作、“千湖之城”建设推进情况、中心城区文城一体项目实施推进情况、洪雅丹棱“4·20”地震灾区及宗教场所灾后恢复重建情况等专题视察。市政协带领市政协主席会议全体成员，市政协相关委负责人及部分常委，市国土局、市住建局、市交通局、市规划局、市综合交通枢纽办公室负责人深入东坡区、彭山区，专项视察全市交通建设“四箭齐发”工程涉及项目进展情况。实地视察彭山区龚家堰水库扩容工程、五湖四海，丹棱县丹心湖、丹顶湖等，听取水务局关于全市“千湖之城”工程建设情况汇报。

其他工作

【民生工作】2014年，市政协到丹棱县杨场镇开展联系慰问活动，为古井村和杨坝村的10名贫困老党员、老干部，4名联系户送去棉被、慰问金；到丹棱县看望慰问敬老院老人、军烈属、优秀人才、贫困党员、困难职工、残疾人，给他们送去春节问候和关爱。市政协主席王影聪带队到东坡区崇义社区开展志愿服务活动。市政协机关全体职工到联系乡镇丹棱县杨场镇开展义务植树活动。到联系村洪雅县花溪镇余沟村，协调乡村公路和供水工程所需的30万元资金，委托洪雅县工商联帮助联系相关企业，对现有茶场进行升级改造和土地流转整合，帮助茶场走出困境。到洪雅县关顶村调研困难群众生产生活情况，并确定帮扶方案。组织医疗界别的政协委员，在彭山区保胜乡开展义诊活动，对620名群众进行眼科、内科、外科、妇科、血糖血压检查，

2014年3月8日，市政协机关妇委会到联系社区看望困难居民

发放价值3800元的药品以及1500份健康学习资料。开展“走基层”，对所联系的彭山县佛岩村道路、水利等基础设施情况和贫困户春耕生产、儿童失学等情况深入了解，为贫困户春耕生产送去肥料，对贫困户和失学儿童一一落实帮扶措施。到仁寿县虞丞乡，送农业技术、致富信息到群众家门口。为洪雅县柳江镇两河村争取道路硬化资金20万元、“两塘一渠”整治资金30万元、毛坯路整改资金35万元。为洪雅县踏水村协调水泥路建设资金，落实贫困学生帮扶措施。到洪雅县瓦屋山镇燕远村，为老党员、抗美援朝老兵以及困难群众送去大米、清油及慰问金。到彭山区保胜乡李密果品专业合作社、鲁州生物科技有限公司、仁寿县盛景丽园、彭山区保胜乡佛岩村开展“两走一对接”活动。到丹棱县杨场镇和彭山区政协开展“走基层”活动，解决服务群众“最后一公里”问题。

【自身建设】2014年，市政协召开机关干部学习会，收看眉山市2014年“千湖之城”大会战电视直播大会，传达市委党的群众路线教育实践活动领导小组会议暨弘扬焦裕禄精神主题实践活动会议精神，收看《焦裕禄——永远年轻》专题片。召开党的群众路线教育实践活动专题讨论会。围绕“群众路线怎么走？改进作风怎么办？好干部、好班子怎么做？政协履职怎么做？”进行讨论。集中观看《我在柳江法庭的那些日子》主题教育片，并就扎根基层的“管得宽”式人物进行讨论。导学《中组部副部长陈向群莅眉调研指导讲话精神》《关于在教育实践活动中深化正风肃纪工作切实解决“四风”问题的通知》《关于在教育实践活动中学习弘扬焦裕禄精神践行“三严三实”要求的通知》《关于开展“从一对夫妇再生育缺陷孩子看如何把群众最后一公里落到实处”大讨论的通知》精神，开展“我为一把手建一言”座谈。传达习近平总书记在河南兰考联系指导县委常委班子民主生活会时的讲话精神，通报云南省武定县委常委班子民主生活会开展情况，通报市政协副主席、市委统战部部长黄玉蓉赴贵州毕节考察调研当地经济社会发展经验情况。召开专题民主生活会，就市政协机关党组班子及各成员进行自我检查对照，成员之间“相互揭短”，开门见山提出批评意见。召开机关党的群众路线教育实践活动工作总结会议，传达全市党的群众路线教育实践活动总结大会精神，总结市政协机关党的群众路线教育实践活动工作情况。导学习近平总书记在中央教育实践活动总结会上的讲话精神、省委书记王东明在省委教育实践活动总结会上的讲话精神、中央第四巡回督导组组长张维庆在省委教育实践活动总结会上的讲话精神。传达中共中央《湖南衡阳破坏选举案处理情况及其教训警示的通报》。贯彻落实党的十八届四中全会和省委、市委主要会议精神，开展“法律进机关”活动，教育引导市政协机关干部自觉学法、懂法、守法，增强法律法规意识。

【宣传工作】2014年，市政协鼓励政协委员和机关干部积极向媒体投稿，先后在《人民政协报》《四川日报》《四川政协报》等省级以上报刊发表稿件100余篇。《干部工作怎么做　听听政协如何说》发表在《人民政协报》二版头条，《让基层委员面对面说说挂心事》发表在《四川政协报》头版头条，及时反映市委民主作风和市政协发挥委员在闭会期间作用，助力市委中心工作，在国内、省内引起很大反响。3篇稿件获市政府新闻奖。利用眉山政协网和四川政协网，及时发布政协新闻，全年在省政协网站发表信息300余条，居全省前列。《眉山日报》“议政建言”专版全年刊发11期，出刊《眉山政协》杂志2期，展示政协履职风貌。市政协机关和6个区县政协连续6年被评为全省政协宣传工作先进集体。

【联谊工作】2014年，牡丹江市政协副主席张亮一行到眉山交流学习文史资料征集工作。广东省河源市政协副主席唐汉芳、钟木邦一行到眉山交流学习宜居乡村规划、建设、管理的经验和做法。峨边彝族自治县政协副主席阿牛阿体一行到眉山交流学习“新农村建设、乡村旅游及产业发展”先进经验。遂宁市政协副主席吴勇一行到眉山考察全市文化产业发展情况，实地调研东坡区白马龚村文化中心、东坡宋城项目。重庆北碚区政协理论研究会会长王心品一行到眉山考察交流全市政协开展人民政协政治协商理论研究与实践探索的经验成果。乐山市政协秘书长胡东升到眉山交流学习后勤工作经验。省政协十届副主席陈杰一行到眉山就成立观鸟协会助推旅游业发展进行座谈。南充市政协秘书长谭显维一行考察市政协机关经费、会务、车辆管理以及公务接待、办公现代化工作情况。巴中市政协副主席谷继礼一行到眉山交流学习协商民主建设、反映社情民意信息、政协委员服务管理、理论研究工作、党外代表人士队伍建设、基层统战工作及统战部机关自身建设等情况。

市政协主席王影聪赴云南省昭通市参加川滇黔赣冀五省市州政协第35次会议。市政协副主席黄玉蓉、杨常沙到贵州省毕节市统战部开展学习考察。市政协主席王影聪带领市作家协会成员调研参观眉山市重点项目建设情况。市政协副主席梁勇一行赴北京参观由四川省政协与全国政协书画室共同主办的“当代国画优秀作品展——四川作品展”

（庆祝人民政协成立65周年暨四川省政协成立60周年）。市政协副主席朱建文等赴湖南省湘潭市参加七城市政协书画交流会第四次会议。市政协办公室、眉山市文联、眉山市地志办、眉山市摄影家协会、眉山市作家协会联合举办《东坡故里——多彩眉山摄影作品展》评选活动。

2014年3月26日，市政协扶贫志愿服务队到彭山县保胜乡开展医疗服务

纪检监察

综　述

2014年，全市各级纪检监察机关主动作为创一流，聚焦中心任务、强化监督执纪问责，全面完成各项工作任务。全市纪检监察工作获得省委、省纪委领导及市委、市政府主要领导肯定性批示30条次；述责述廉、收受红包礼金专项整治工作在全省交流经验；全市党风廉政建设社会评价排名继续保持全省第五名。

监督检查

2014年，加强全市政治纪律和组织纪律执行情况、全面深化改革、“五个主题年”、依法治市等重大决策部署执行情况监督检查。全年实施党风廉政建设责任追究11件15人。建立专项监督检查、典型案件通报曝光等五大推进机制。成立检查组6个，每月开展区县和市级牵头单位一对一督导。建设行政权力运行监察平台，完成5520项行政权力事项各个环节监察点、风险点审核，加强行政权力事项报警案件跟踪督办，发出督办通知420份。派驻督导组10个，开展东坡宋城、“两宋”荣光等13个重大项目廉政效能督导，督促整改问题15个。开展招投标专项检查30余次，查处违反招投标法律法规案件2件。加强中央八项规定精神落实情况监督检查，责令相关单位清退上缴违规报销费用6.22万元，收回违规发放资金、实物折价418.23万元。全市纪检监察机关开展明察暗访3373次，纠正问题1707个，党政纪处分28人。

惩防体系建设

2014年，加强全市党员干部教育管理，开展“理想信念、党性党风党纪和道德品行”专题教育，全市举办“廉政大讲堂”600余次，市纪委领导讲廉政党课23次。开展拟任副县级领导干部任前廉政法规知识测试2场。强化警示教育，结合案件查办制作《案件警示录》读本，下发警示教育光碟400余张、警示教育读本4500余本，组织92批次6605人到眉州监狱接受警示教育。加强对外宣传，全市反腐倡廉工作被省级以上报刊宣传报道179篇次，其中中央级33篇次，《廉洁四川》网站上稿119条次，四川卫

2014年3月17日，省“清风四川行”在仁寿县龙正镇采访宣传眉山市党风廉政建设工作

视《聚焦廉政》栏目播放专题片3条次。

改革创新

2014年，全市纪律检查体制改革稳步推进。市委办印发《眉山市纪律检查体制改革工作方案》，提出7个方面30项改革重点。建立市纪委常委联系督导区县纪委、市级部门纪检机构工作机制。建立区县纪检监察领导干部后备人员库。实行查办案件向同级党委报告的同时向上级纪委报告制度。出台派驻机构年度工作考核、台账管理、联合监督检查等制度，加强派驻机构统一管理。完成市纪委监察局内设机构调整，增设纪检监察室2个，组建组织部、宣传部、纪检监察干部监督室，通过重组整合，执纪监督部门数量占机关总数的71.4%，人员力量占编制总数的80%。清理议事协调机构，全市纪检监察机关取消或退出议事协调机构512个、减少83%，其中市级取消或退出73个、减少81.1%。

专项治理

2014年，严查全市损害群众利益的不正之风。全市开展正风肃纪专项行动189次，立案查处涉及“四风”问题案件160件170人，通报“四风”典型案件59起。开展行业协会学会清理整顿，督促整改问题136个，处理相关人员7人。查处“十八大”以来跑官要官、买官卖官案件8件，党政纪处分24人。建立庸懒散浮拖问题监督平台，督促整改问题221个。开展红包礼金问题专项整治，全市收到公职人员主动上交红包礼金437.29万元。

案件查处

2014年，用法治思维和法治方式反对腐败，重点查办人力资源和社会保障系统、农村能源系统、东坡岛征地拆迁等系列窝案串案。全市纪检监察机关受理群众信访举报1903件；初核480件，立案386件，结案385件，纪律处分398人，移送司法机关处理25人；查处县级干部12人。

自身建设

2014年，开展纪检监察系统群众路线教育实践活动，制定整改措施21项，建立长效机制12项。开展优训培养、优选练兵、优化规范、优助温暖四大工程，建立全市专兼职纪检监察干部等数据库4个。推行岗位练兵、上挂下派、轮岗交流，全年培训纪检监察干部3531人次。修订完善内部管理制度26项。市纪委机关干部深入联系村为群众解决实际困难23个，协调发展资金509万元。解决“灯下黑”，制定纪检监察机关作风巡察办法，发现并纠正问题5个。

2014年6月17日，眉山市召开落实“两个责任”推进正风肃纪工作会

国防建设

眉山军分区

【思想政治建设】2014年，眉山军分区以召开党委会、中心组理论学习和专题培训等方式，学习中央军委主席习近平系列重要讲话精神以及中共十八届三中全会精神。结合“牢记强军目标、献身强军实践”主题教育和“讲党性、立规矩、治歪风、树正气”专项教育，采取领导授课、骨干辅导、讨论交流、参观见学等方式，帮助官兵职工掌握习近平主席系列重要讲话的基本观点，理解中国共产党在新形势下的强军目标，强化官兵职工的使命意识和责任意识。组织理论骨干深入街道、乡镇和民兵组织宣讲，推进党的创新理论武装在基层落实。开展党的群众路线教育实践活动，集中学习3次18天。围绕“知恩、知足、知责”“五看五反思”主题，开展讨论和交流。开展“学习弘扬焦裕禄精神，争做勤政务政廉政的党员领导干部”专题教育和集中教育整顿；聚焦“四风”（形式主义、官僚主义、享乐主义、奢靡之风）纠治问题。结合两级军区清理整治活动，边查边改，“五多”（会议多、文电多、工作组多、活动多、检查评比多的“老五多”；试点多、观摩多、座谈多、集训多、背记多的“新五多”）现象得到纠治。

2014年4月16日，东坡区人武部组织应急分队拉练

【战备训练和国防后备力量建设】2014年，眉山军分区贯彻落实《战备工作条例》《省军区战备工作实施细则》，开展形势战备教育。修订完善动员支前、城市防空、道路保通和协助地方反恐维稳4个预案，落实战备日制度，完成人武部军事斗争准备检查评估6个，推动战备工作常态化。组织机关和6个人武部现役干部带民兵应急拉动1次。组织专武干部集训1期，机关干部共同科目和参谋业务集训1期，带实战背景的首长机关战役演习1次，带战术背景的全区性应急民兵拉动4次，完成民兵军事训练任务。调整配备民兵应急队伍处突维稳、抗洪抢险、抗震救灾、森林防火等装备。完成全市新兵征集和士官直招任务。洪雅县人武部利用社区网格管理员充实民兵队伍，组建民兵综合应急救援大队1支，其做法受到省军区主要首长肯定。

【党委班子和干部队伍建设】2014年，眉山军分区在团以上党委机关开展“弘扬焦裕禄精神，争做勤政务政廉政的党员领导干部”和“坚定信仰、忠于职守、廉洁从政”专题教育，加强民主集中制建设，严格落实党内生活制度。落实总政《军队党员领导干部参加党的组织生活若干规定》和成都军区《规范团以上主官用权行为若干规定》，强化各级主官纪律观念，坚持正确用人导向。提升使用干部12人。选送干部2人到军队院校培训。柏晓明等2人荣立三等功。

【正规化建设】2014年，眉山军分区开展“学条令、知条令、用条令”“百日安全‘三无’（无事故、无案件、无严重违纪）竞赛”和“三互”（互学、互帮、互教）、“三责”（我的安全我负责、他人安全我有责、单位安全我尽责）活动，落实《共同条令》《安全工作条例》等各项规定。规范部队“四个秩序”（战备、训练、工作和生活秩序）。围绕防范“六类重大安全问题”（涉枪、涉弹和窃密、泄密、卖密等重大事故案件；群伤群亡的自然灾害、重大事故和恶性案件；严重飞行事故；影响国家政治、外交和边境稳定的重大事件；因部队原因引发的严重影响社会稳定的民族、宗教问题和群体性事件；武器弹药、油料仓库及其他重要军事目标发生火灾、爆炸和遭受袭击破坏），突出“六个管好”（管好人员、车辆、枪弹、营区、信息、经费），落实“六项制度”（定期分析部队思想形势、定期讲评干部骨干、定期谈心谈话、定期安全检查、定期排查个别人、定期对要害部位人员政治考核），狠抓“两个经常”（经常性思想工作、经常性管理工作），抓好重要时节、敏感时期、重大活动期间的安全管控，加强“三外”（工作以外、营区以外、家庭以外）、“四圈”（工作圈、生活圈、娱乐圈、社交圈）管理，严格营门岗哨、保密室、武器库等重要岗位、重点部位人员政审和管理，开展军车专项整治，军分区部队全年无事故、无案件、无严重违纪违规问题。

【后勤与装备综合保障】2014年，眉山军分区修订完善作战后勤保障、处置突发事件、处置群体性事件、抗震救灾等7大类后勤战备方案和相应的42个配套预案。规范后勤战备库室，补充完善战备物资器材，组织专业保障分队后勤保障演练3次。落实党委理财责任制，层层签订责任书，实行“双主官”审批经费制度，落实军队单位公务卡强制结算及每月后勤人员集中办公制度。综合整治全市民兵武器装备仓库安全和生活设施。开展“两项普查”，加强新式军车号牌更换与管理。落实装备日常管理维护制度。

【党管武装和参建参治】2014年，眉山军分区组织市、区（县）各级领导干部过“军事日”，组织民兵预备役人员和驻眉山部队，开展拥政爱民活动。开展扶贫帮困和“直接联系服务群众一公里”活动。军分区与12个乡镇、18个村社、7所学校和108户困难村民签订帮扶责任书，走访慰问困难群众、党员和复退军人91户，捐助帮困资金4万余元、生产生活物资200余件，为贫困学生44人发放“阳光爱民助学基金”近3万元。组织2000余人参加第一个国家烈士纪念日公祭活动，军训全市大中院校学生1.81万人，举办国防讲座15场。在全国“两会”期间和昆明、新疆暴恐事件发生后，眉山军分区出动民兵紧急训练、武装巡逻、安保执勤、反恐维稳行动会操，提高民兵应急分队战备训练水平和应急处突能力。

【群众路线教育实践活动专题民主生活会】2014年，眉山军分区党委通过书面检查12次，走访调研各县（区）人武部。党委成员下基层指导人武部，组织各人武部召开党的群教活动专题民主生活会，传达学习习近平主席系列重要讲话精神、军委总部和两级军区首长关于开展教育实践活动的指示要求。各人武部党委班子成员按照“照镜子、正衣冠、洗洗澡、治治病”的总要求，结合军分区“廉洁征兵专项整治活动”，聚焦“四风”问题，开展批评和自我批评。军分区党委成员带头对各人武部党委班子成员提出批评意见，讨论问题，形成共识，明确整改措施。

【干部培训】2014年，眉山军分区开展师团职干部和理论骨干轮训。以党委中心组串讲、专题辅导、体会交流学习习近平主席系列重要讲话精神，促进全体官兵学深悟透、深刻领会。学习焦裕禄革命精神，开展理想信念、党风党纪、道德品行教育。将经常性学习教育贯穿轮训全程。军分区在东坡区人武部组织武装部部长集训6天，参训43人。集训采取连队式管理，学习共同条令、轻武器射击、轻武器分解结合、情报信息搜集上报、民兵基本常识、民兵组织建设、民兵政治工作、民兵军事训练、民兵战备工作、征兵工作、基层武装部建设、国防动员和各类法规。对俯卧撑、仰卧起坐、10米×5折返跑、3000米跑、轻武器射击等科目，并组织考核。组织参观东坡区人武部正规化建设和东坡区大石桥社区武装部规范化建设，洪雅县洪川镇介绍基层武装部规范化建设经验。

【战备拉动】2014年，眉山军分区组织机关全体官兵战备拉动演练，战备演练常态化、正规化建设。拉动前不定时、不打招呼，提高部队应急反应能力。培养示范班，加强配套设施建设，解决器材短缺、老化等问题。“散”“远”人员整装参与拉动。全系统出动机关、人武部、市民兵应急分队、县区民兵综合应急连921人，车辆62台次，各类

2014 年 6 月 4 日，东坡区人武部组织民兵水上救援训练

抢险救灾、防暴器材672具，在东坡区尚义镇组织战备拉动演练。主要实施战备转级、紧急出动、摩托化机动、指挥所开设、宿营、野炊、警戒勤务、民兵集结点验、民兵信息员抽点、抢险救灾演练、反恐维稳演练、非战争军事行动政治工作等12个科目训练和演练。市及县（区）分管武装工作的地方领导随队观摩演练活动。

【军事训练交叉考核】2014年，乐山预旅考核工作组考核眉山军分区半年军事训练情况，通过考核促进军分区部队完成年度军事训练任务。

【抢险救灾】2014年，眉山军分区参谋长刘权参加眉山市2014年应对气象灾害领导小组第一次工作会议，分析研判汛期天气趋势及强降雨天气过程，加强抢险救灾力量部署，确保有效应对突发自然灾害。军分区成立应对强降雨灾害领导小组，负责统一协调指挥各县（区）民兵应急分队参与救灾行动，机关派出工作组检查各单位抗洪抢险准备工作。各县（区）人武部落实汛期应急分队值班制度，按照每个县（区）民兵应急分队125人标准收拢集结兵力，仁寿县黑龙潭水上救援分队应急民兵50人，冲锋舟10艘，作为市级机动救援队伍，做好增援各地救灾准备。加强指挥器材、通信器材、照明器材和各类生活保障物资准备，协调地方公安、武警、消防和驻军部队等相关单位，整合军地资源，协调生活物资、车辆油料和医疗救护等保障，确保遂行抢险救灾任务。

【政工干部集训】2014年，眉山军分区组织干部参加为期1周的政工干部集训10人，集训包括计算机标图、文书拟制等20余个科目。集训实行理论学习与技能培训、专题辅导与讨论交流相结合，按照“缺什么补什么”原则，制定培训计划，通过“传、帮、带”培训政工业务。采取理论测试、上机考核等方式选拔业务素质扎实、综合素质全面的政工干部参加省军区政工干部比武，提高政工干部综合素质。

【首长调研】2014年8月19日至21日，省军区政委刘家国率工作组到眉山军分区调研。深入东坡区、仁寿县等6个县（区）人武部和洪雅县洪川镇武装部，检查调研军分区年度工作开展情况、基层人武部建设、官兵生活和省军区野战化训练基地建设推进情况，与市委书记李静、市长宋朝华、市委副书记刘十庆、军分区党委常委、人武部干部职工、部分专武干部、勤务队战士座谈。肯定军分区学习习近平主席系列讲话、群众路线教育实践活动、年度军事训练开展情况、军地共建情况、洪雅县探索民兵建设的新模式，肯定军分区召开党委专题民主生活会和“七个专项”清理整治活动。强调军分区要善始善终抓好党的群众路线教育实践活动，坚持用任务牵引部队建设创新发展，要严格依法从严加强安全稳定工作。

（眉山军分区）

武警眉山支队

【概况】2014年，中国人民武装警察部队四川省总队眉山市支队（简称武警眉山支队）贯彻落实总部、总队党委扩大会议精神，树立“小支队要有大作为”意识和“千人一杆旗、上下一条心”团队精神，抢抓机遇、借势破题，用创新精神抓谋划，用创先标准抓落实，支队建设呈现出健康发展、稳中有进良好势头。

【思想政治建设】2014年，武警眉山支队组织学习习近平主席系列讲话精神，强化官兵旗帜意识、军魂意识和首位意识。落实“领导带头授课、战士上台讲课、每月精品一课、推门查课听课”四课机制，打牢做党和人民忠诚卫士的思想基础。组织观看《甲午甲午》《金门岛战役检讨》专题片，开展“放飞梦想”演讲比赛、“战斗力标准大讨论”“唱强军战歌、看红色影视、忆革命传统”等活动，激发强军兴军正能量。汇编《基层思想政治教育精品讲稿》，开展争当“四会”优秀政治教员活动。支队官兵创作的情景剧《警魂》在眉山市“十大法治人物”颁奖晚会上直播，受到好评。洪雅县中队战士姚世超创作的诗集《心中的太阳》被眉山市政法委杂志《忠诚与使命》收录。

【中心任务】2014年，武警眉山支队加强首长机关训练，其经验做法被总队转发。抓教练员队伍建设，组织执勤、反恐、抢险救援等集训，轮训支队所有指挥士官。派出工作组深入一线检查调研，分析执勤形势，研究制定《正规化执勤推进计划》《精细化执勤工作手册》《重大临时勤务组织与实施》等规范。同地方党委政府协调，达成青神县中队提前撤勤和搬迁新建的决议。同市公安局联合发文，推进执勤设施“三化”建设，《贯彻落实总队正规化执勤等级评定现场会精神的做法》被总队转发。支队“四防一体化”建设全部达标，在全总队率先完成“白昼化”建设，所有“两看”目标AB门全部建成达标并上勤，全面开展“三化”试点建设。

【基层建设】2014年，武警眉山支队加强党支部建设，组织基层党支部书记培训，开展“四小”（业务小培训、难题小会诊、经验小交流、比武小竞赛）活动，每月组织一次“支部夜校”，提升书记队伍抓工作能力。树立“强机关才能带出好部队”思想，以战斗力标准衡量和检验机关工作作风，机关建设由“业务型”向“能力型”“创新型”“战斗型”转变。按照建强“好主官”、培养“好干部”要求，以“考官”为硬指标、以“逼官”为硬手段、以“带官”为硬任务，促进素质能力提高。

【部队管理】2014年，武警眉山支队树立大安全观，将管理工作重点放在教育引导、建章立制、末端落实上。新兵下队、任务转换时，集中《条令》学习教育，逐章逐条学、领导巡回讲、知识竞赛考等方法，强化官兵条令意识。开展内部关系、手机使用管理、对外交往等教育整顿，消除隐患。开展“八查八治”群众性创安活动，采取设立安全倒计时牌、制作安全警示卡、叫响安全口号等形式，营造安全浓厚氛围。

【后勤保障】2014年，武警眉山支队组织司务长、炊事员、军械员集训和卫生员、驾驶员复训，提高后勤队伍业务素质。规范财务和工程管理。经费管理按照党委当家、财务管家原则，加强预算管理和审计监督，实行财务会审，形成资金安全防范体系。工程建设决策先论证，按规定组织招投标，落实工程廉政建设“双合同”制度，发挥纪委监督职能作用，防止违规违纪问题发生。

【班子与队伍建设】2014年，武警眉山支队突出能力建设和先进性建设。深入考察、反复酝酿选送中培的正营职干部、提升任用的营连职干部。确立“人才培养先行”观念，每月组织业务知识辅导讲座1次，每季度开展“中队长之家”“指导员之家”活动1次。借助驻地院校资源，为干部开办计算机、外语学习班，为战士开办“驾驶、电工、烹饪”等技能培训班。

【上级领导检查】2014年，总队政治委员高凯率工作组到支队机关调研。总队副参谋长陈荣华、省监管总队政治委员杨晓阳率联合工作组到眉山支队，检查验收青神县、丹棱县看守所AB门建设情况。总部作勤部副部长张文阁、作战指挥中心副主任钟小明、卫生部副部长徐志鑫，总队副司令员李在元、副参谋长费德军及警官学院、38师、驻川警种部队等分管抢险救援力量联演联训活动领导，率联合工作组到眉山市东坡区白虎滩实地考察调研预选场地。总队后勤部部长张志洪率队检查调研。总队副司令员李俊国率工作组到眉山支队检查调研。总队后勤部财务处处长王国林率工作组检查考评眉山支队年度财务管理。总部心理法律服务工作小组到眉山支队开展心理法律咨询服务活动。总队后勤部营房处处长杜建军到眉山支队专项监督检查教导队建设项目。总队后勤部部长张志洪一行出席眉山支队党委民主生活会。眉山市委副书记、市长宋朝华率慰问团到眉山支队机关看望慰问官兵。总队副参谋长高峰率工作组到眉山支队检查指导。总队政治部保卫处处长姚家龙一行检查指导眉山支队新兵“三查”工作。总队政治委员高凯率工作组到眉山支队考评党委班子和正营职以上干部，检查调研部队建设情况。总队副参谋长高峰率工作组到眉山支队检查考核、检查指导新兵野营拉练。

（吕炜乾）

眉山市公安消防支队

【概况】2014年，眉山市公安消防支队推进能力素质、防控体系、消防铁军、基层基础和廉政消防“五大建设”，保持全市火灾形势和部队管理稳定。全市消防工作连续两年在全省考核中取得先进，支队党委连续两年被省公安厅、消防总队评为好领导班子。市公安消防支队在全省消防部队目标考核夺得一等奖，3名班子成员被省公安厅、消防总队评为优秀领导干部，4名官兵当选全省“五类标兵”。支队被评为全市最佳文明单位，涌现了全市十大法制人物、全国消防部队勤政廉政先进个人等典型。洪雅县消防大队、东坡区消防中队分别被评为全省消防部队先进基层单位。

【抢险救灾】2014年，全市消防部队接警出动1081起，扑救火灾398起，参与抢险救援267起，社会救助416起，出动官兵8910人次，出动车辆1489台次，抢救人员256人，挽回财产价值近亿元，圆满完成各项消防安保任务。

2014 年 11 月 28 日，机关准军事化训练

【火灾防控】2014年，开展全市第二次清剿火患战役、重大火灾隐患集中整治、今冬明春火灾防控以及开发区、工业园区建设工程、劳动密集型企业整治工作，检查单位场所2778家，临时查封单位51家、责令“三停”39家，罚款210万元，拘留19人，整改重大火灾隐患9家、火灾隐患663处。

【规范执法】2014年，推进全市建设工程消防设计审核技术审查与行政审批分离。深化消防执法规范化建设，组织开展监督、火调（火灾调查）干部培训和执法现场讲评、交叉检查、质量考评、网上抽考。规范执法档案室建设、执法档案管理，推广运用执法记录仪，组建火调技术服务队，倒查火灾事故责任。

【宣传教育】2014年，市公安消防支队组织召开消防宣传媒体座谈会、专项整治新闻通气会，与宣传、教育、民政、文化等部门加强宣传协作，和省市媒体开展战略合作，搭建宣传平台。开展法制月宣传、九九消防平安行动、119消防宣传周等宣传活动，通过短信、微信、微博等普及消防知识，组织消防培训150余期。

【执勤训练】2014年，市公安消防支队加强整建制中队实战化训练、考核、比武，开展灭火救援准备工作会战，冬训和新兵第二阶段军事业务考核取得全省第三名，基层指挥员、攻坚队员培训考核取得全省第二名。编制火警五级、应急救援四级响应机制，实行分类、分级调度指挥，通信技能比武获得全省第四名。

【基础建设】2014年，现代工业新城消防站建成投入使用。启动消防救援培训基地及东坡区永寿镇、彭山区青龙镇、仁寿县汪洋镇、洪雅县柳江镇消防站有关建设。增配消防车5辆及配套器材，50%的乡镇配备多功能轻型消防车、消防摩托车，80%现役中队配齐灭火救援“四个一”作战单元。

【党政同责】2014年，市政府专题研究解决消防工作问题，与各区县政府、3个园区管委会和23个部门签订落实目标责任，制定《消防工作考核办法》，组织消防工作专项检查和考评3次。

【队伍建设】2014年，市公安消防支队召开全体党员大会选举产生党代表，制定实施加强和改进党建工作、党委学习工作生活制度的意见和基层党组织建设工作指南。班子成员对口联系“帮建支部、帮抓干部、帮带骨干”。组织开展基层党委（支部）书记培训。通过“双考”调优配强7个基层班子。

【政治教育】2014年，市公安消防支队开展“牢记强军目标、献身强军实践”“为何从警、如何做警、为谁用警”主题教育，组织“一人一课题”巡回授课、主题教育知识竞赛，开设“东坡文化大讲堂”，搭建政治工作落实平台，建设警营影院、星级俱乐部、文艺小分队、家文化、安全文化、励志文化。

【安全管理】2014年，市公安消防支队制定实施加强和改进安全工作意见，实施“网格化”管理、车辆装备器材和作战训练安全排查整治、安全工作教育整顿、“学制度、懂制度、用制度”等活动，推广运用双向行车记录仪、营区监控等技防手段。制定实施《督察巡视工作规定》，定期暗访、研判、曝光问题隐患。

【作风建设】2014年，市公安消防支队加强“五型机关”建设，规范各类文件、会议、公务接待、检查考核，缩减行政性消耗经费及“三公”经费。深化群众路线教育实践和“万警进万家”亲民助民活动，上门为300余家企业和群众家庭解决实际困难。组织召开“向人民报告”暨向社会公开述职述廉大会，公布《便民利民九条措施》。

【廉政建设】2014年，市公安消防支队制定实施《廉政风险评估预警制度》，开展一岗一牌廉政风险告知、消防执法廉政回访、廉政警示教育、见学实践活动。加强干部离任经济、执法责任审计、任前廉政谈话和工程招投标、大宗物资采购等全程监督工作，前移关口，防止腐败产生。

（眉山市公安消防支队）

人民防空

【概况】 2014年，市人防办挂牌市政府办公室。全市人防系统按照市委“四个一流、四个作为”要求，以推进人防“六个一”建设为抓手，扎实工作，取得新成效。

【宣传教育】 2014年，开展人防宣传“五进”（进机关、进学校、进社区、进企业、进网络）活动。全市组织小学校18所、社区6个宣传人防知识。在中心城区及5县主城区开展人防法律法规宣传。利用报纸杂志、电视、广播、宣传橱窗、短信等媒体开展人防（民防）应急救灾知识宣传。结合“9·18”警报试鸣放，组织30余所学校10万余师生开展应急疏散演练。首次在社区开展疏散演练，利用天盛长岛建成的人防工程，组织社区群众参加防空防灾应急疏散演练。在《眉山日报》及网络上举办眉山人防（民防）知识竞赛。社会各界踊跃参与，收回答卷1.76万份。抽奖评出一、二、三等奖37人。在通信网络群发人防（民防）宣传教育短信30万条。全年发表人防工作动态类稿件近60条。其中光明网采用1条，中国人民防空网采用11条，云讯网采用1条，四川新闻网采用4条，眉山新闻网采用40余条。受教育群众70万人次。

【“六个一”建设】 2014年，推动市县两级人防基本指挥所建设，市级人防基本指挥所完成立项；市级人防中型机动指挥所进入设备安装阶段。仁寿县小型机动指挥所建成投入使用，彭山、洪雅小型机动指挥所立项，进入可研阶段，其余区县做前期准备工作。市级核心疏散基地确定。全市规模化人防工程在建7个，面积6万余平方米。计划1300平方米的人防宣传基地随同基本指挥所项目建设。万人以上乡镇安装警报报知系统1套。

【行政审批】 2014年，市人防窗口受理行政审批及行政征收项目29件，实现办件受理率、满意度、评议率三个100%。荣获“流动红旗窗口”称号7次，工作人员获“窗口服务明星”称号7次。全年收到6家企业赠送锦旗6面，得到相关单位和办事群众的普遍好评和赞誉。

【收费工作】 2014年，全市收取易地建设费1.56亿元，其中市级3600万元，区县1.2亿元。

【指挥通信】 2014年，全市新安装防空警报器12台，防空警报网络系统日趋完善。年末全市安装防空警报器109台，其中眉山中心城区39台，区县主城区52台，万人以上乡镇18台，在“9·18”防空警报试鸣放中鸣放率100%。视频互联互通、超短波电台收发报运行良好。

【基层组织建设】 2014年，在眉山中心城区、5县主城区、岷东新区建设基层人防组织6个。年末全市建成人防基层组织22个。

【人防队伍、准军事化建设】 2014年，全市组建人防专业队伍350人，开展相应训练。组织全市人防系统进行准军事化训练。

【业务培训】 2014年，召集全市100余家房地产商，通过召开座谈会和邀请专家授课，以会代训实施人防工程建设有关政策、法律法规和技术培训，推进人防工程建设。

（余美静）

2014年9月18日，人防宣传进社区

民主党派·工商联

中国民主同盟眉山市委员会

【概况】2014年，民盟眉山市委有盟员163人。其中市直总支盟员76人，东坡区总支盟员45人，彭山县总支盟员42人。盟员中具有研究生学历14人，大学本科学历108人，大专学历35人。公务员有35人，退休盟员34人。省政协委员1人，市人大常委2人，市人大代表3人，市政协常委2人，市政协委员12人。在职盟员中有厅级领导干部2人，县处级领导干部5人，科级领导干部18人。

【思想建设】2014年，民盟眉山市委以主委会、市委会以及盟员培训会等形式，组织学习民盟省委、中共眉山市委、市政府相关文件，了解当前中心工作，增强盟员走中国特色社会主义政治道路的决心和信心。引导盟员学习中共中央总书记习近平一系列重要讲话，开展“坚持和发展中国特色社会主义”学习实践活动和贯彻落实中共十八大及十八届三中、四中全会精神。开展民盟四川省组织成立70周年纪念征文活动。盟员撰写《盟龄25年》《眉山民盟政协委员在抗震救灾的日子里》《我记忆中的最“瘦”盟机关》《情系松江》《梦萦眉山》等纪念文章，被民盟四川省级组织成立70周年纪念刊物《使命催人奋进》收录。加强盟史研究。召开民盟眉山市委盟史研讨座谈会。眉山盟组织老领导、老盟员以口述回忆，梳理眉山民盟组织建立过程。汇编制作纪念民盟四川省级组织成立70周年纪念书法集，编撰成《纪念民盟四川省级组织成立70周年——民盟眉山市委员会书法作品集》。

【组织建设】2014年，民盟眉山市委注重参政议政能力、工作能力、业务能力等，多角度、多渠道发现优秀人才，高标准、高质量发展入盟盟员12人。开展统一战线和多党合作政策理论及时事政治教育，帮助后备干部思想上、政治上尽快成熟，早完成角色转换。组织、推荐中青年盟员骨干前往民盟中央、中央社会主义院和市社学院集中学习培训。盟市委组织、推荐盟员干部到中央社会主义学院培训2人、县处级盟员干部前往省社会主义学院、西南财经大学参加培训3人、盟员干部参加市社会主义学院轮训43人。民盟眉山市委启动东坡区、彭山区总支届中调整，“主战场第一线”科级干部3人进入东坡区、彭山区总支领导班子，2人任总支副主委、1人任总支支委。盟市委发展高素质、热爱民盟、品行端正的“80后”“90后”年轻人，发展的新盟员中，“80后”占40%、“90后”占近10%，平均年龄34岁以下。吸纳眉山知名律师事务所主任律师3人。

【参政议政】2014年，民盟眉山市委在省、市“两会”期间，提交省政协提案1件，市人大建议4件，市政协提案21件。其中《关于深入治理黑龙滩水质污染问题的建议》作为政协大会发言，得到党委政府重视，通过相关部门承办，收到良好社会效应。

【调查研究】2014年，民盟眉山市委注重社情信息数量和质量。全年民盟社情民意9条，其中被盟中央采纳1条、省委统战部采纳1条、省政协采纳3条、盟省委采纳2条、市政协采纳2条。盟市委副主委兼秘书长江林撰写的《关于加强农村基层医疗机构药械监管的建议》经盟省委研究室编辑整理后，被全国政协常委、省政协副主席、盟省委主委赵振铣署名，在全国政协十二届二次会议上作为个人提案使用。主动参与盟省委委托课题《完善安全生产监管体系的建议》《文化旅游项目同质化问题的调查及建议》研究，在眉山、雅安等地调研后，形成调研报告。完成《关于加快发展我市现代职业教育的建议》调研课题，在眉山市党外人士座谈会上发言，得到与会领导肯定。高校支部主委李义调研撰写的《高校院校专业建设与区域经济联动发展的思考——以眉山职业技术学院为例》《小微企业参与高职教育建设的实现路径研究——以眉山职业学院建筑装饰工程技术专业为例》获四川民盟职业教育研讨论文二等奖；《新时期地方高校民盟基层组织建设面临的困境和对策》获四川民盟职业教育研讨论文三等奖。

【社会服务】2014年，民盟眉山市委开展农村教育"烛光行动"。安排3.53万元用于提高农村教育教学质量，改善农村学子学习环境和生活条件。其中为仁寿县曹家乡谢山中学捐赠捐资2万元、教学投影设备1套、计算机1台、图书1000余册；为松江初中捐赠报纸杂志40种，价值6600元；为彭山区乡村中学初三学生捐赠学习用书8658元。开展"捐资助学""送教下乡"等活动。彭山区总支副主委周建伟为黄丰中学、义和中学初三优秀学生发放建伟奖学金8000元，市直总支盟员艾柏杨为松江初中6名贫困学子捐赠9000元，为眉山高职院5名学生捐款9000元。东坡区盟员教师孙少辉主动申请赴金川中学支教2年。彭山区盟员老师任继超、李桂珍等人数次前往彭山区黄丰中学，为乡村学子授课解惑，受到学生欢迎。盟市委了解到洪雅县余坪镇中心小学校学生食堂受"4·20"芦山地震影响，成为C级危房后，向盟省委争取到援建资金50万元，食堂得以重建。关注农村建设，建言献策。通过协调、多方努力，遂资眉高速路开设虞丞进出口，解决水果"出山难"问题。解决联系户养兔销路不畅问题。引导其饲养"跑山鸡"，养殖多样化，降低投资风险。为生活困难群众送慰问金、生活用品2.15万元。

【信息宣传】2014年9月，民盟眉山市委网站上线。通过"思想建设""组织建设""参政议政""社会服务""民盟文化""盟员风采""基层组织"七大板块，展现眉山民盟各项工作和盟员风采，发挥政策宣传、理论学习、思想引导和盟务活动报道等作用，受到全市盟员欢迎和好评。利用各种媒体宣传重大盟务工作、重要活动、盟员业绩风采，全年发表各种信息40余条，被采纳38条。其中《四川民盟》采纳2条，《四川政协》采纳1条、《眉山日报》采纳2条，盟省委网站采纳14条，市政协网站采纳19条。开展《群言》杂志订阅，为市直总支、东坡区总支、彭山区总支各订阅20本，总订阅数占全市盟员的36.81%。

（民盟眉山市委）

民建眉山市委员会

【概况】1997年，民建在彭山县和眉山县（现在的东坡区）各有一个基层支部，有会员18人。2002年5月民建省委成立直属眉山总支，有会员30人。2009年12月，成立民建眉山市委，设主委1名，副主委3名，秘书长1名（兼职），委员5名。2014年，民建眉山市委辖东坡、彭山、市级机关3个总支，6个支部，有会员100人，平均年龄44.3岁，其中非公有制经济人士52人，有大专以上文化程度82人，有中高级专业技术职称55人，有全国政协委员1人、省政协委员1人，市政协副主席1人、常委3人、委员7人，市人大代表3人、常委1人。

【组织建设】2014年，民建眉山市委落实每两月1次、各总支每三月1次学习制度；组织和推荐会员参加中央，省社会主义学院，省统战，市统战的招商、新会员、基层班子等各类学习培训会55人次。按照"注重质量、注意数量、保持特色、优化结构"原则，发展会员12人，培养入会积极分子8人，会员人数100人。班子成员数增至7人，指导优化调整机关和彭山总支对支部班子，充实一些热爱和热心于会务事业的年轻会员到支部班子成员中。市委及各个总支全年开展组织活动5次，参与会员125人次，缔结友好基层总支1个。完成市委换届筹备工作。

【参政议政】2014年，民建眉山市委组织提议案培训班，培训会员23人。提交市政协大会发言材料1篇，集体提案10篇，撰写调研报告4篇。完成理论文章3篇，其中向民建省委提交2篇。撰写西部大开发征文2篇，上报省委会1篇。

【社会服务】2014年，民建眉山市委完成各项捐资28万余元。市委主委祝明洪前往彭山召开老会员座谈会，慰问全市60周岁以上老会员，发放慰问金4000元。慰问生病和家中病故亲属会员3人。会员和会员企业为联系点捐款13万余元。捐资13万元资助困难学生35人。到基层开展以法律咨询、种养殖业技术培训、慰问贫困户等活动35人次，受益群众500余人，发慰问金1.1万元。

【信息宣传】2014年，民建眉山市委发行《眉山民建》12期，宣传市委及会员工作动态、信息、交流会员思想、学习经验，宣传民建思想、理念。信息宣传稿件被各级媒体采用35篇，眉山政协网、市委统战部、《眉山日报》等市级宣传媒体采用35篇，四川政协、《四川民讯》等省级网站、刊物采用21篇，中央级网站、刊物采用5篇。

（梁维君）

中国民主促进会眉山市委员会

【组织概况】2014年，中国民主促进会眉山市委员会（以下简称"民进眉山市委"）下设民进东坡区总支（下设2个支部）、民进彭山区总支（下设2个支部）、民进市直机关事业总支（下设2个支部）。全年发展新会员8人，退休会员45人。年末有会员123人（东坡区总支63人、民进彭山区总支29人、市直机关事业总支23人），其中女会员53人。成员界别中普通教育50人，医药卫生15人，文化艺术9人，公有制经济4人，新社会阶层12人，政府机关22人，人大、政协机关3人，党派机关2人，团体2人，司法机关1人，新闻出版1人，其他2人。会员中有省级政协常委1人，市级人大代表2人，县级人大代表1人。市政协委员12人，县政协委员13人。政府实职3人。

【自身建设】2014年，民进眉山市委以基层组织建设为重点，结合创先争优和学习实践活动，通过六个方面举措推进组织建设。开展会章会史教育和组织会员外出传统教育，召开专题学习会、中共十八大精神和法治理念讲座、班子成员结合形势现身说法和基层会员结合实际工作分享心得等，加深对中国特色社会主义的理论认知和政治共识了解，坚定会员对中国特色社会主义的道路自信、理论自信和制度自信。征集会内思想动态，及时整理反馈基层诉求，通过集中座谈、组织活动、电话随访、定期约谈等，收集掌握基层会员在中共十八届三中全会、十八届四中全会等重大会议召开后，人大成立60周年、政协成立65周年和民进四川省委成立30周年等重大时间节点的思想动态。了解会员关心的普遍性、关键性、苗头性问题和意见建议，重点收集基层会员对党中央和国务院重大方针政策、法律法规及重大活动的思想反映和会员对社会热点难点问题的意见建议并及时报送上级组织和相关部门。民进市委获民进四川省委2014年“会内思想动态信息征集工作”先进集体。加强班子成员和基层组织班子会员党的统战理论和多党合作制度以及会务工作学习。主委梁勇参加民进中央2014年第一期民进市、县级组织主委培训班；会员10人参加市委统战部组织的基层组织班子成员培训班。民进市委会全年指导基层组织开展学习活动、座谈会20余次，制定培训内容并自主举办提案工作培训会、基层组织通讯员摄影知识讲座和十八届四中全会精神辅导报告会等培训活动5次，组织会员6人参加全市统一战线成员服务招商引资及经济合作培训班、会员10人参加市委统战部组织的民主党派新会员培训班，会员14人参加北京市司法局副局长吴庆宝在丹棱作的社会主义法治建设讲座，会员2人参加民进四川省委全省专职干部培训。推进基层组织生活制度化、常态化，市委会加强与市委统战部、各基层组织所在区县统战部和会员所在单位中共党组织的交流协商。基层组织开展会员摄影展、雷锋车队等活动。在民进中央开展的持续一年的创先争优活动年终评比中，市机关事业总支获“民进全国组织建设先进基层组织”荣誉称号，东坡区总支和彭山区总支分获“民进四川省组织建设先进基层组织”荣誉称号。抓组织发展保持基层组织活力，发展有代表性和影响力的社会人士8人加入民进。

【参政议政】2014年，民进眉山市委提交省政协提案2件，市政协提案11件，区县政协提案20余件。其中《关于加强眉山中心城区社会治安环境治理的建议》在市政协三届四次全委会上发言，被市政协列为重点提案并由市政协副主席督办。围绕深化改革创新加快转型升级强力推进全市经济跨越发展，组织会员前往丹棱、青神等区县开展调研，形成《眉山市第三产业转型升级研究》调研报告，提出建议和意见，受到市委、市政府和相关部门重视和采纳。组织教育界会员围绕深化教育领域综合改革，构建利用信息化手段扩大优质教育资源覆盖面的有效机制，促进教育均衡公平开展调研，形成《用互联网思维破解教育均衡的难题》调研报告，为市委、市政府掌握全市基层教育现状，实施科学决策提供新鲜思路和参考素材。参加各类政治协商活动，参加市委、市政府、市政协、市委统战部召开的各种征求各民主党派、无党派人士意见座谈会、协商会，及有关部门组织的专题视察活动，提出意见建议，发挥参政党作用。

【社会服务】2014年，民进眉山市委关注弱势群体，开展“三下乡”服务活动，全年开展三下乡服务活动8次，参与会员110人次，联系服务困难群众10户，资助残疾学生、贫困学生和留守儿童105人，帮扶孤寡老人91人。为踏水村贫困大学生和林区公路建设捐助5万元；协调供电部门投资16万元新延伸10千伏线路0.4千米，新装100千伏安配变1台，新建配电房1座，改造低压线0.4千米；帮助联系村解决会议方凳145张。为东坡区修文镇农民开展义诊活动，服务群众30余人。参与为白血病儿童募捐活动募集手术费用20余万元。会员9人参加市区两级统战部组织的同心民生服务队，捐助现金、衣物和生活用品等共折合3.2万元。市委会组织会员向贵州省金沙县贫困学生捐助书籍394册。东坡区总支筹备成立以无偿急难扶困为初衷的雷锋车队，连续三年开展“爱心送考”活动；为攀枝花市盐边县红果彝族乡贫困学生60人捐助书籍400册、运动鞋120双和御寒衣物18箱。彭山区总支帮扶残疾人特殊学校和皇陵乡小学贫困学生40人捐款捐物9000余元。传播先进文化促进文化繁荣，主办“同心共筑中国梦·眉山民进会员摄影作品展”，挑选优秀摄影作品100幅，歌颂祖国繁荣，展现“同心共筑中国梦，建设富裕美好和谐眉山”成就。在东湖酒店和激情广场向市民免费展出，参加市级两会代表委员和市民驻足观赏。会员律师李思行立足岗位开展法制宣传教育活动，在企业、社区、学校开展法律知识讲座10余次。会员张珊山创办红舞鞋舞蹈培训学校，参加中央电视台《非常6+1》栏目、“让爱撑起生命的伞”义演义卖义捐，快乐61亲子嘉年华、中国第六届泡菜展销会等活动。

【信息宣传】2014年，民进眉山市委开展民进亮点工作思想宣传，获民进四川省委2014年“新闻宣传工作先进”专项表彰。发挥信息平台作用，调动基层信息员积极性，全年报送思想宣传信息51篇，其中被民进中央采用3篇，《民族》杂志采用1篇，《四川统一战线》采用1篇，省政协网站采用8篇，四川民进网站采用47篇，市政协网站采用45篇，眉山日报采用1篇。开展“岁月钩沉民进情缘”主题征文活动，各基层组织发动会员挖掘征集题材，组织人员撰写，收集主题文章3篇。市委会获得民进四川省委2014年“岁月钩沉　民进情缘主题征文活动组织工作”先进表彰。

（民进眉山市委）

中国农工民主党四川省委员会眉山市总支委会

【组织建设】2014年，中国农工民主党四川省委员会眉山市总支委员会（以下简称“农工党眉山市总支”）制发《工作规章制度》手册，包括党员管理、参政议政、服务群众等制度15个。成立参政议政、党建、社会服务、宣传、退休老年活动5个小组，建立党员志愿者服务队。召开二届二次全委会，增补市残联副理事长、市康复医院院长彭洪为农工党眉山市总支副主委。选送10人参加市级以上党员培训。重阳节慰问离退休老党员15人。全市党员增至84人。全国政协副主席、农工党中央常务副主席刘晓峰就农工党眉山市总支工作作出“感谢中共眉山市委统战部对农工党眉山市总支所作的指导帮助工作，希望农工党四川省委会积极与中共眉山市委、市委统战部配合，促进眉山市、四川省经济社会的发展多做贡献，争取农工党眉山市总支早日建成市委会”批示。

【宣传思想】2014年，农工党眉山市总支制定《坚持和发展中国特色社会主义学习实践活动2013—2017年工作规划》。组织班子成员、全体党员学习贯彻中共十八届四中全会精神。组织“中国梦·农工情”征文活动，《放飞中国梦，永恒农工情》等2篇征文被农工党中央采用。党员薛莉参加农工党省委会“中国梦·农工情”演讲赛获优秀奖。在各级媒体发表文章126篇，其中《团结报》3篇、《前进论坛》2篇、农工党中央网站8篇。承办农工党中央理论研究工作会议。

【参政议政】2014年，农工党眉山市总支代表委员为“两代会”提交《关于提升眉山中心城区城市公交服务的建议》等提案议案20余件。向省市报送《眉山各界群众对全国“两会”的期望》《眉山民主党派基层组织建设工作中急需破解的难题》等社情民意11条。在市政协三届四次会上作《关于推进眉彭一体化发展的建议》发言。开展成眉同城发展、加快眉彭一体化发展、建立物流信息平台等专题调研10余次，形成调研报告10余篇。农工党中央机关《前进论坛》全文刊发《关于农村土地承包经营权抵押贷款的调查与建议》。

【社会服务】2014年，农工党眉山市总支争取农工党中央、中国初级卫生保健基金会援建眉山三苏祠纪念馆专项修复工程资金600万元。联系为彭山县中医院争取中国西促会项目资金8000万元。开展“用爱点燃希望”“庆‘六一’，关爱孤残儿童”“邻里守望·爱在身边”、送文化医药科技“三送”活动17次，为困难群众、贫困学生802人捐款捐物金3.18万元。

（何　明）

九三学社四川省委员会直属眉山市委委员会

【概况】2014年，九三学社眉山市委筹备组有社员88人。社员中具有研究生学历7人，大学本科学历58人，大专学历16人。有公务员32人，退休社员19人。省政协委员1人，市人大常委2人，市人大代表2人，市政协常委2人，市政协委员9人；在职社员中有县处级领导干部9人，科级领导干部20人。

【思想建设】2014年，九三学社眉山市委筹备组重点学习中共十八大、十八届三中全会、省委十届四次全会、市三届五次党代会精神。集中开展以坚持中国特色社会主义政党制度、自觉接受中国共产党领导为主要内容的学习实践活动。围绕全市改革发展稳定工作大局和人民群众关心的热点难点问题，发挥参政议政、民主监督职能，精选课题2个，集中力量开展调研，为解决全市全面深化改革发展进程中存在的问题建言献策。围绕眉山市“两个率先”和“三四五翻番”目标，发挥九三学社科技人才优势，投身全市经济建设。组建九三学社同心卫生服务队开展医疗服务，打造仁寿县青岗乡、眉州医院等学习实践活动基地。

【组织建设】2014年，九三学社眉山市委筹备组召开班子会议10余次，组织领导班子成员学习讨论，抓社内重大事项民主协商，领导班子成员深入基层调研20余次。实行民主集中制，重大事项和重要决策领导班子集体讨论后形成决议。开展领导班子谈心谈话活动。筹备组领导班子增进与支社、社员沟通，了解掌握基层骨干及成员思想动态，协助和解决具体问题。全年发展新社员10人。推荐社员10人担任市区县特邀监察员、干部监督员；推荐参加市委统战部组织的培训15人次，参加各类专题培训34人次。参加市委、市政府、市政协、市人大会议、座谈会等30余次，参加社省委会议10余次。各支社组织社员开展专题调研、社会服务和学习活动。集中订阅《中央社讯》《四川社讯》《人民权利报》《四川政协报》《中国统一战线》《四川统一战线》等报纸杂志供社员们学习交流，组织开展“同心共筑中国梦、东坡统战在行动”主题教育活动。

【参政议政】2014年“两会”前夕，九三学社眉山市委筹备组组织社员中的各级人大代表、政协委员开展参政议政专题培训，围绕当前党委、政府中心工作开展专题调研，提高议案、提案质量。针对党委、政府关心的改革发展问题，撰写人大议案4件、政协提案21件。《关于实体经济发展调研情况汇报》在市政协三届十一次常委会的大会发言，得到政协主席王影聪批示，为九三省委经济发展提供建议意见。提案《关于推进文城一体建设中国历史文化名城的建议》被评为1号提案，受市委、市委宣传部高度重视；提案《关于应对职业教育“生源荒”对策建议》被九三省委、九三中央、全国政协采用。

【调查研究】2014年，九三学社眉山市委以提高参政议政能力为主题开展培训，举办提高参政议政能力座谈会。组织社员实地考察峨眉山生态城市建设及西博会期间组织社员参观学习。组织全体社员到岷东新区、铝硅园区、金象园区等地参观考察，为参政议政、信息宣传工作提供基础材料。九三社员担任市政府特邀监察员及各类特约人员10人履行职能，实施民主监督，为公检法机关执法公平公正，提高工作效率提出整改建议。

【社会服务】2014年，九三学社眉山市委筹备组组织在洪雅、仁寿、彭山、东坡区10余个边远乡镇，开展近1万人的困难群众、留守儿童、空巢老人、贫困母亲、宗教人士等群众义诊，发放常见药品，减免医疗费用近100万元。为山区儿童送御寒衣物、文体用具、课外书籍等，为敬老院送米、油、猪肉和慰问金。筹备组组长陈东翔与眉山黄埔同学后代联谊会及眉山关爱抗战老兵志愿者一道，开展关爱抗战老兵活动。主委陈东翔为黄埔、抗战老兵提供免费医疗救助；创办眉山市关爱抗战老兵网站；社员志愿者参加寻找和关爱抗战老兵活动；撰写文章呼吁关注抗战老兵；争取领导支持关爱抗战老兵工作。

【信息宣传】2014年，九三学社眉山市委筹备组健全信息员队伍建设，调动基层积极性。全年形成调研报告7篇，有50余篇信息被九三中央网、九三省委网、《眉山日报》等各级媒体采用，其中《九三学社四川省委关注抗战老兵生存困境》《赶个早集来看病》被《团结报》采用。

（九三学社眉山市委筹备组）

眉山市无党派知识分子联谊会

【组织机构】2014年，市无党派知识分子联谊会（以下简称“市无党派知联会”）第二届名誉会长黄玉蓉，名誉副会长王晓丽、杨波，会长陈宏斌，常务副会长彭远畅，副会长蒋天华、汪志超、岳志红、张娅、雷建军、万永福、吕勇、陈豫川、宋章华、陈蜀黔、徐燕，秘书长邹超。年末有理事241人（常务理事58人）。市直机关分会20人，新社会阶层分会28人，东坡分会21人，仁寿分会35人，彭山分会20人，洪雅分会27人，丹棱分会36人，青神分会24人，眉职院分会13人，金象园区分会17人。理事中省人大代表3人、省政协委员2人（常委1人）、市人大代表24人（常委1人）、市政协委员62人（常委14人）、副县级领导干部22人、科级领导干部41人。

【思想建设】2014年，市无党派知联会组织理事学习中共十八届四中全会精神，市三次党代会精神，全国、省市“两会”精神等。一季度一次会长会和各分会季度学习活动会。开展同心讲座，打造同心品牌。会长陈宏斌到10个知联会分会宣讲中共十八届四中全会精神，为全市党外市人大代表、市政协委员作《党外人士如何履职》培训，为眉山职业技术学院建筑类专业学生300余人作《建筑专业执业规划》同心讲座，为全省非公有制经济代表人士班和各市州讲授《现代企业管理》；洪雅分会理事、县林业局产业办主任曹晓莉现场培训林业专业大户代表、林业专业合作社代表、家庭林场技术人员和有关乡镇的林业员60余人柳杉良种育苗技术。会长陈宏斌参加中央社会主义学院第十一期新的社会阶层人士理论研究班学习，仁寿分会会长、仁寿县人大常委会副主任曾翔参加北京大学生态文明建设暨环境管理与保护专题培训，青神分会副会长、青神县人大常委会副主任吴小萍参加省委统战部进修班第112期县级人大党外副主任班培训，新社会阶层分会副会长叶利辉参加省社会主义学院新的社会阶层人士培训。推荐理事38人参加市委统战部举办的全市统一战线成员服务招商引资及经济合作培训班，全市党外人大代表、政协委员培训班。

【组织建设】2014年，市无党派知联会发展经济、中介、司法、教育等行业骨干29人入会。全年召开会长会3次。利用以会代训的形式，邀请省委统战部知识分子处处长傅烨红和市政协副主席、市委统战部部长、市知联会名誉会长黄玉蓉作辅导讲座；“同心·帮扶工程”管委会全委会1次，开展如何搞好产业帮扶大讨论；各分会、专委会之间开展联谊交流活动9次，密切联系，增进友谊。市无党派知联会改变工作思路，工作放权10个分会，由以往知联会统一管理转变为授权管理。实现分会共同进步，增强组织凝聚力。

【参政议政】2014年，市无党派知联会形成调研报告2篇，提交省、市、区县建议意见、提案43件，反映社情民意12条。其中《关于将市中心血站全体人员社保经费纳入市财政全额预算的建议》被有关部门采纳落实；会长陈宏斌受邀在政协四川省第十一届委员会第二次全体会议上作《关于加强全民诚信体系建设的建议》发言，引起与会者强烈反响，四川多家媒体报道并在相关刊物上全文刊登。常务理事、青神县学道街小学校长张泽军作为全省唯一基层学校代表，在省政府召开的关爱留守学生（儿童）工作电视电话会上作《充分发挥主体作用，让留守儿童健康快乐成长》经验交流，受到省委常委、省总工会主席李登菊肯定。

【社会服务】2014年，市无党派知联会投入改善民生资金88万余元。其中“同心·帮扶工程”向贫困学生捐款8万余元，获眉山市“2014年栋梁工程”捐资助学活动爱心单位称号。向3户养殖专业户、1名大学生自主创业者分别提供5万元无息资金，帮助其创业致富，受到好评；知联会“同心·农业”服务队帮扶仁寿县青岗乡，组织农业专家到盘龙村给当地村民讲解家禽、水产养殖、植物种植技术；丹棱分会副会长、丹棱县华顺出租车有限公司董事长王福华出资60余万元修建丹棱县龙滩景观带，占地800平方米。

【招商引资】2014年，市无党派知联会引进知联会新社会阶层分会副会长、四川东星航空学院院长辜英智投资6.35亿元，在彭山区黄龙溪镇新建四川东星航空职业学院彭山校区。该校是以航空服务、通用航空培训为特色，从事中等职业教育、高等职业教育、应用型的本科综合性大学。分两期建设，建成后年招生4000人，3年后招生1.2万人。

【信息宣传】2014年，发行内部刊物《知联会之声》12期，上报信息40余条。市无党派知联会与绵阳市党外知识分子联谊会签订结为友好团体协议。

【理事风采】2014年，市无党派知联会会长陈宏斌受到省委统战部等单位联合表彰，荣获2013年度四川省“助推民营经济发展流动学校”教学工作突出贡献奖，受聘为四川省“助推民营经济发展流动学校”讲师团特聘教授和省民企现代管理中心主任；洪雅分会理事、高庙古镇酒业有限公司董事长戴健勇为旅游卫视专题片《最美中国·走进洪雅》栏目现场讲解；眉职院分会会长、眉山职业技术学院机电工程系主任袁泉组织召开眉山职业技术学院机电工程系2014年双选会，吸引包括知联会理事企业在内的全市46家用人单位代表参加，提供就业岗位600余个，实现校企人才资源共享、多方共赢，打造校企合作新典范。

（朱　丽）

中国国民党革命委员会四川省委员会直属眉山市总支委员会

【概况】2014年，中国国民党革命委员会四川省委员会直属眉山市总支委员会（以下简称民革眉山市总支）有党员62人，其中眉山市级机关和企事业单位支部29人，东坡区支部33人。总支主委1人，副主委2人，支委4人。党员中具有大学以上文化的44人，大专文化6人。高级职称12人，中级职称27人。马琴、宗晰分别上挂商务部、环保部锻炼一年。

【政治理论学习】2014年，民革眉山市总支每月政治学习1次。重点学习中共十八届三中、四中全会《决定》，组织开展专题讨论。申魁林主讲专题集中学习中共十八届四中全会精神；彭程专题辅导学习《中华人民共和国宪法》。组织统一战线理论学习，提升实际工作能力，43%的党派成员参加各级各类专题培训。

【两个文明建设】2014年，民革眉山市总支定点帮扶东坡区秦家镇一里村贫困学生10人。东坡区支部定点帮扶修文镇罗营村，开展“惠民政策宣讲会”，帮扶贫困生12人。长期联系眉山特殊学校，每年为特校学生免费体检，赠送学习用品。组织党员中的书法爱好者，为思蒙、白马群众免费赠春联。民革党员、四川华信恒富集团公司董事长王永树向东坡区教育局捐款100万元，设立“华信恒富教育基金”用于评选资助师德高尚的“最美东坡教师”和品学兼优的贫困学生。党员吴爱玲、陈贤云、刘沫、王必强、夏良辉、黄卫东、马琴、何安友等捐钱捐物资助贫困群众。7人分别被政府部门聘为国土资源系统、银行系统行风监督员、特约审计员、特邀税务监督员。

2014年11月24日，眉山市工商联副主席、四川玫瑰园房地产开发有限公司董事长姚国庆向抗战老兵发放慰问金

眉山市工商业联合会

【参政议政】2014年，市工商联通过区县、园区调研，召开民营企业家座谈会等形式，收集对眉山发展的意见和建议，针对企业实际困难和问题，与相关部门沟通协调解决。形成《眉山市工业园区发展建议意见》（在政协第三届眉山市委员会第三次会议上作大会发言）等集体提案15件和《民营企业发展中的问题及诉求》等调研报告3篇。

【招商引资】2014年，市工商联签约项目4个，投资总额27.3亿元，履约项目2个，投资20亿元，其中10亿元以上项目1个。争取全联、省联支持，市工商联、国资委在北京举办民企入眉投资说明会，现场签约项目18个，投资总额218.8亿元。牵线搭桥，力促商务部投资促进事务局与眉山市人民政府签订产业投资促进框架合作协议。

【百企联百村】2014年，市工商联引导企业投入帮扶资金890万元。围绕产业带动、基础建设、扶贫助困、全民创业等，支持各联系村经济、社会发展，丹棱实现乡镇和村参与活动“双覆盖”。

【企业培训】2014年，市工商联与清华大学举办为期1年的眉山现代企业管理高级研修班，培训企业管理者50余人；组织50家企业参加省工商联在眉举办的全市民营企业融资服务及技术咨询培训；组织区县工商联及行业商会相关人员赴北京参加人力资源和社会保障部、中华全国工商业联合会举办的“商会劳动争议预防调解能力建设培训班”学习；邀请北京市律师协会资深律师为企业开展法律风险防范讲座。

【维权】2014年，市工商联发挥“一个中心、五个平台”（即市非公有制经济维权投诉中心、企业发展协调服务平台、行政监察服务平台、法律咨询服务平台、仲裁调解服务平台、危机处理服务平台）维权作用，全年受理企业投诉5件，全部办结。其中协调相关部门为眉山希望太平洋置业加快项目落地、建设推进速度维权，挽回直接经济损失2000余万元。

（市工商联）

2014年，眉山市工商联与清华大学联合举办为期1年的眉山现代企业管理高级研修班

群众团体

眉山市总工会

【组织建设】2014年，全市有工会组织6874个，企业工会组织覆盖率99.96%，职工入会率99.98%。设立乡镇（街道）、社区工会工作专项资金，补助131个乡镇（街道）工会、212个社区工会专项工作资金171.5万元。

【经济建设】2014年，市总工会开展劳动竞赛、技能比武。组织1300余家企业47万职工开展各类劳动竞赛，规模以上企业竞赛面95%以上，劳动竞赛先进个人1500余人。“五强五化”（班组建设做到制度规范化，执行力强；竞赛指标化，战斗力强；技能复合化，创新力强；管理精细化，竞争力强；作风民主化，凝聚力强）“先进班组”480个。参加省总工会“东锅杯”技能大赛，团体成绩全省第四，获优秀组织奖。开展群众性合理化建议活动。提合理化建议2.12万条，采纳和实施1.38万条，科技成果转化1.2亿元以上，企业活动面87%以上。报送创新成果1580余项，其中参加省总职工创新成果决赛10项，获优秀成果4项，列全省第三位。开展“安康杯”劳动竞赛，全市294家企业参赛。推荐评选全国“安康杯”先进单位2家，省“安康杯”先进单位2家，省“安康杯”优胜班组2个。宣传新《中华人民共和国安全生产法》。落实《中华人民共和国职业病防治法》，全市高危行业企业全部签订高危行业职业病防治专项集体合同112家，覆盖职工5.8万人，全省领先。

【劳动管理】2014年，市政府修订《眉山市劳动模范评选管理办法》。在全市面向基层和一线推荐评选劳动模范，副县级以上领导干部不参评，尊重区县和市级牵头部门意见，推荐评选出群众公认、事迹突出的市级劳动模范50人。市委、市政府召开眉山市第四届劳动模范表彰大会，表彰市级劳动模范50人。推荐评选全国“五一”劳动奖章1人、全国工人先锋号1个、省“五一”劳动奖章2人、省工人先锋号2个、省“五一”劳动奖状2个。开展“劳模关爱月”活动，宣传报道劳模事迹379人次，走访慰问劳模579人次，发放劳模“三金”（两金）86.27万元。组织省部级以上劳模214人免费健康体检。

【工资集体协商】2014年，市总工会制发《眉山市工资集体协商质效评价标准》，指导区县开展“集中要约月”活动。指导企业分工种开展工资集体协商，促进协商由“协商最低工资标准”向“协商整个薪酬体系”转变，实现提质增效。打造示范单位30个。全年新签（续签）工资专项集体合同1445份，覆盖企业（含个体户）7873家，工资专项集体合同签订覆盖率98.5%。市委办、市政府办评选表彰工资集体协商工作先进集体40个、先进个人100人。举办工资集体协商工作专题培训班。市、区县、乡镇工会分级举办工资集体协商专题培训班。组织企业工会主席、协商指导员、职工代表、协商代表开展专题学习5937人次，培训如何结合企业实际，提高协商质效、规范协商程序、提高合同文本操作性等，探讨协商工作中出现的问题和难点。选送工会干部17人参加省总工会在中国劳动关系学院、夹江县和德阳市举办的专题培训班。

【厂务公开】2014年，市总工会将厂务公开民主管理工作纳入党风廉政建设重要内容，实行区县和园区专项目标考核。建立公有制企业厂务公开、职代会（职工大会）建制率100%，建会非公有制企业厂务公开、职代会（职工大会）建制率99%。

【困难帮扶】2014年，市总工会推进困难职工帮扶工作项目化运作。

申报生活保障、医疗帮扶、金秋助学、职业培训、法律援助5大类10个困难职工帮扶项目，争取到各级各类资金近780万元。其中央财政、省财政和省总工会专项帮扶资金444万元，市、区县财政配套资金近200万元，市、区县工会留成经费配套资金136万元，保障困难职工帮扶促进民生改善开展。帮助困难职工就业再就业1109人，慰问高温作业一线职工1.21万人；资助家庭困难职工子女上学1898人，帮扶救助困难职工6316户，建档困难职工应助尽助。强化项目资金安全监管。推行银行卡发放困难职工帮扶项目资金，扩大银行卡发放覆盖面。完善困难职工档案，实行依档施助、帮扶实名制的动态管理机制，建档困难职工帮扶救助全覆盖。开展资金使用情况检查和回访受助困难职工，确保项目资金使用安全。

【互助互济】2014年，市总工会完善职工医疗互助保险预赔付机制。全年预赔付993人71万元；办理女职工大病互助保险4904人，参保金额70.35万元，赔付职工24人37万元；建立市级机关和事业单位工会会员生病住院慰问制度，组织慰问住院职工21人，发放慰问金2.8万元。

【维稳工作】2014年，市总工会加强农民工工资清欠工作。发挥工会督促检查、欠薪信息上报和欠薪违法通报等维权职责作用，建立全市工会农民工工资拖欠信息网络上报、跟踪处理机制。全年接到投诉218件（次），转移处理回复率100%。排查全市停产企业停工职工状况。统计调查规模以上企业629家。市总工会、市人社局建立专项工作联动机制，排查全市企事业单位、在建工地职工（农民工）工资支付及缴纳社会保险情况，督促人社部门执法，呼吁企业关爱职工、依法依规支付职工工资或基本生活费。加强企业工会劳动争议调解。全市50人以上的企事业（1456家）全部建立劳动关系矛盾纠纷调解室，覆盖职工7.6万人。全市企事业工会调处各类矛盾纠纷1275余件（次），调解成功率90%以上。

【服务群众】2014年，市总工会、市城管执法局在城区有条件的机关、企业、社区和小区建设“环卫工人之家”101个。每个“环卫工人之家”按“六个一”标准，配备一个室内场所、一套桌凳、一台微波炉、一台饮水机、一套冷暖电器，环卫工人步行15分钟内可达。市总工会、市城管执法局、市妇联筹资11.5万元慰问贫困环卫职工40人、贫困环卫母亲80人、网络评选出“最美环卫工人”10人。全年收到省总工会舆情7件，回复7件，满意率100%，舆情发生全省排位末尾。

【文体宣教】2014年，市总工会开展社会主义核心价值体系教育，加强职工队伍“四德”（社会公德、职业道德、家庭美德、个人品德）建设，向省总工会推荐“最诚信职工”“最敬业职工”2人。实施《眉山市职工素质建设工程五年规划》，企事业单位开展“创争”活动面94%以上。开展“凝心聚力跟党走、复兴中华立新功”主题教育活动，组织职工参加“用劳动托起中国梦”征文、诗歌、微博比赛和“聚焦最美劳动者”职工摄影大赛。加强职工书屋建设，建成“全国职工书屋示范点”职工书屋1个、全国职工教育培训优秀点1个、全国职工教育培训示范点1个。参加四川省第二届职工文化节职工歌手大赛和乒乓球比赛，获乒乓球赛男子双打第六名。组织开展眉山市第二届职工篮球赛，决出一等奖11个、二等奖11个、优秀组织奖6个。开展“无毒社区”“无毒单位”“无毒职工”创建活动和“职工拒绝毒品零计划”活动，发放宣传资料5000余份。参与企业文化和职工文化建设。加强工会网络舆情监控处理，开展职工人文关怀和心理疏导，全年回复处理网络舆情6条。

【自身建设】2014年，市总工会开展党的群众路线教育实践活动。召开党组专题会6次、党员干部集中学习会19次。班子成员带头，每人至少开展专题辅导1个；实地学习先进典型2次；开展实践课堂教育8次；组织观看主题教育片和警示教育片，开展观影心得讨论。组织专题学习讨论4次，开门评风收集意见建议156条。“一把手”与班子成员之间、班子成员之间、班子成员与分管部室负责人之间开展交心谈心活动。实行领导干部个人整改清单销号制度，落实一件，销号一件。建立健全长效机制34项，其中废止制度2项、合并制度4项、新设立制度7项、修改完善制度27项。在全市工会系统开展庸懒散浮拖专项治理，制定每周例会、主席办公会、党组会议等制度，落实首问责任制、服务承诺制、按时办结制等制度，提高工会工作办结效率。筹资30余万元完成半山村集中供水点建设，新增引水入户46户。推动生猪出栏1500头，土地流转33.33公顷。出资6000元维修垃圾池9口。指导整理“U”形渠2.3千米，整理山坪塘3口。打造“绿色基地”0.83公顷。送春耕物资费用1万元。为贫困家庭学生80人提供助学金4万元。为计生三结合户送复合肥24袋。组织党员到社区报到。为社区提供建设开放式小区2万元。筹资7500元看望慰问困难党员、老党员15人。开展“两走一对接”活动。前往彭山区、丹棱县、青神县企业开展走访活动，了解企业招工难、扩建资金、用电、新进员工技能、薪酬等方面存在的问题，帮助解决。

（市总工会）

共青团眉山市委

【概况】2014年，共青团眉山市委（以下简称“团市委”）内设办公室、组织宣传部、工农青年部、学校少先队工作部，下属事业单位关工委办公室。全市有青年126.82万人，其中团员32.98万人；有基层团委299个，总支预测215个，支部3622个；有团员干部1325人（专职632人）。

【就业创业】2014年，团市委采取“1+X”（创业青年+技能培训+创业资金+结对导师+孵化基地）创业扶持模式，帮助青年实现就业创业。建立300万元眉山青年创业基金，作为担保向创业青年发放贷款1500万元，无抵押贷款额度放大为20万元，利率9%~9.15%，为创业青年8人发放担保贷款68万元；优选有朝气、有干劲、善学习、善思考创业青年30人，安排创业导师“一对一”或“多对一”定向孵化；建立实体商业、电子商务、蔬菜、花卉、竹编、茶叶、藤椒青年创业基地7个。邀请北京艾瑞集团总监王岳到眉山作《中国电子商务产业数据分析及发展趋势研究主题报告》。培养农村青年致富带头人、乡村创富好青年54人；举办竹编艺术、信息化技术、家政服务、汽车维修等培训132期，培训能人7800人。发放青年小额贷款400余万元，扶持青年68人成功创业。YBC（是中国青年创业国际计划的缩写，旨在动员社会各界特别是工商界的力量为青年创业提供咨询、资金、技术、网络支持以帮助青年成功创业）扶持大学生村干部创业项目16个，到位无息贷款78万元，居全省第一。团市委、市人社局等部门共同建立高校毕业生就业见习基地30个，组织青年131人上岗实习。探索“1237”青年就业创业服务模式，团省委书记刘会英批示并转发通报。

【宣传工作】2014年，团市委动员眉山主流网站从业青年、网络青年领袖筹建市新媒体从业青年联盟。拍摄“微”视频，《80，90》《传承》等5部青春励志视频吸引万名青年点击。开设网络“微”访谈，每月邀请眉山先锋人物、成功人士与青年网上访谈，传递青春正能量。建立网络、微博、微信、手机报四位一体网络宣传平台，组建400人网络宣传员队伍。眉山团市委腾讯微博活跃程度仅次于眉山市政微博“微眉山”，排名全市第二。微信公众平台有粉丝近5000人，分设V服务、V活动、V公益三个板块，每周推送信息2次~3次，将思想引领、公益活动、青年服务有机结合。策划“六一”微博祝福活动、七彩成长营和周末体验微信报名等活动20余次，提升共青团工作传播度和认可度。

【品牌服务】2014年，团市委利用青年服务直通车，青年5000余人成为会员，长期享受15个合作商家折扣服务。社区环保换一换每月一次，吸引青少年2000人将废塑料品废报换取绿色植物，增强环保意识。七彩成长营每半月一次，运用消防支队、工厂、敬老院、农庄等实践基地作用，让青少年体验生活，感悟社会，增进亲子关系。“我是城市小主人”城市体验每月2次，为城区上万名少先队员及家长提供园林、环卫、文明劝导等岗位的主题体验教育活动，帮助家长加强对孩子的认同感。中学共青团工作被团中央书记处书记傅振邦3次肯定性批示。

【扶持青年公益组织】2014年，团市委依托市群团服务中心，开展服务青年公益组织、发布公益项目和组织公益行动三项重点工作。下发《关于全市青年社会组织调查摸底工作的通知》，摸底统计全市备案类青年社会组织、民政部门登记注册的青年社会组织、青年自组织3类青年社会组织，全市有青年社会组织65家愿意与共青团开展合作。在青联换届中，新增社会组织界别，社会组织负责人8人成为青联委员。帮助5个社会组织办理项目落地、人员联系、民政注册等事项。团市委试点购买公益组织服务，通过项目比选，公众投票，集中补助15个示范公益项目，每个1万元，重点项目20个，每个5000元，后备项目20个，每个1000元。

【志愿者服务】2014年，全市扶持眉山爱心联盟、螺丝帽、“8090”爱心点滴、反扒等青年公益组织，长期服务社区居民，特别是社区环保“换一换”吸引青少年1.5万人将家中废塑料瓶、废报纸换领绿色植物，志愿服务让居民感受到社会温暖。采取“宣传引导居民参与服务—取得爱心积分—兑换公益服务（物品）”运行模式，激励群众主动参与社会社区管理服务，此模式被中国青年报大篇幅报道。开展“快乐学校”——百支大学生服务队到眉山关爱留守学生活动，包括北京大学、清华大学以及西南交通大学在内的50余所高校的100支志愿者队伍到眉山开展7—10天的留守学生关爱活动，实现关爱活动全市广覆盖、星级留守学生之家全覆盖。东坡岛青年志愿者文明宣导活动主动作为突出“快”，宣传做足“广”，劝导展现“柔”，服务力求“实”，12月有3500余名青年志愿者上岛服务，相关工作获得市委书记李静2次批示。全市招募注册志愿者1.1万名，建立服务站15个、服务基地28个，组建专业服务队16支。

【救助弱势青少年】2014年，团市委实施“爱心圆梦”工程，筹资39万元，救助新生111人上大学；实施“新年心愿·青春微力量”大型公益暖冬行动，帮助完成2710个贫困学生心愿，折合现金137.1万元。广州蒙尔特公司捐赠3.2万元，帮助学生80人上学；争取上级捐赠13万元赠送贫困学生1100人爱心包。争取团省委、中青基会、省青基会支持，筹资8万元修建快乐图书室8所，确定295万元修建仁寿汪洋红阳村小、凤陵乡坪园村小、洪雅柳新小学、柳江赵河小学、丹棱双桥小学5所希望学校。创建“星级留守学生之家”83所，建立30所快乐学校，1万名志愿者与1万名留守学生结对。

【基层共青团工作】2014年，团市委将全市131个乡镇（街道）划分为“工”“城”“农”“游”四种类别，分别建立工作推进制度，实现“青年在困难时想得起，找得到，靠得住的团组织”的目标。以“工”为主的基层团组织，建立多个企业团组织、青年社团和青年自组织等，借助组织、人员、智力优势，联系、服务和影响企业青年。以“城”为主的基层团组织，深入院落、楼栋发展志愿服务队伍，带动居民参与社区活动。以“农”为主的基层团组织，开展订单式技能培训，促进农村青年就业；留守儿童结对全覆盖、服务个性化、关爱机制化。以“游”为主的基层团组织，建立青字号农家乐，体现共青团青春元素；开展青年志愿者服务景区行，提升景区文明指数。全年42个乡镇开展工作试点。

【考核保障机制】2014年，共青团工作纳入目标绩效考核和党建工作重要内容，班子配备、人员经费、民生工程纳入考核内容，增加工作主动性。团市委每年单项考核区县和市属团组织，每月通报一次重点工作和民生工程完成情况。每年区县委常委会听取一次工作汇报，落实共青团专项经费，乡镇和街道团委每年2万元工作经费。

（曾啟洲）

眉山市妇女联合会

【妇女就业】2014年，眉山市妇女联合会（以下简称“市妇联”）将妇女居家灵活就业工作纳入全市民生工程，列入区县党政目标绩效考核。全市开展以“种养殖业、竹编、刺绣、钩线、来料加工、家政服务”等为重点的妇女居家灵活就业技能培训48期4200人次，建立妇女居家灵活就业示范基地16个，帮助和带动妇女1.2万人创业就业，从事居家灵活就业的妇女人均增收2500元以上。5月，全国妇女手工编织协会会长、全国妇联原党组副书记、副主席、书记处书记沈淑济，全国各省市区妇联和人社部门领导70余人到眉山考察指导竹编产业促进妇女就业创业工作，眉山妇女居家灵活就业工作经验在全国会议上交流。

【救助贫困母亲】至2014年，市妇联连续8年将贫困母亲救助工作纳入民生工程。全年全市救助贫困母亲1798人，发放救助金122万元；市妇联、卫生部门开展“两癌”（乳腺癌和宫颈癌）预防科普宣传讲座20场次，完成“两癌”免费筛查7.2万人次，落实救助资金50万元，救助贫困“两癌”患病80人。

【信访维权】2014年，市妇联在重点乡镇试点开通“12338”维权服务热线，形成“1+6+N”（市级+6区县+部分重点乡镇开通维权热线）维权服务网络。到村、社区、学校、企业举办法律维权、家庭教育、健康保健知识讲座以及艾滋病、禁毒知识宣传157场次，1.2万人参加讲座，现场接受群众咨询1万余人次，发放宣传资料4.8万份。建立妇女维权信访代理员队伍、婚姻家庭调解队伍568支，全年接待信访432件次，全部结案。建立巾帼志愿者队伍240支，招募巾帼志愿者1.24万人。

【关爱妇女儿童】2014年，全市举办关爱留守儿童活动86场次，关爱留守儿童1.1万人次，为留守儿童（困境儿童）送救助金及凉被、书包、文具、玩具等学习生活用品折合人民币90.5万元。开展孕产期保健知识培训56场次，准妈妈及家属2280人参训。争取“母亲创业循环项目”“国际小母牛社区综合发展”“母亲水窖校园安全饮水工程”等项目20余个，到位资金、物资折合人民币330万元，惠及妇女群众10万余人。

【干部队伍建设】2014年，市妇联举办首届乡镇妇联主席培训班和

2014年5月9日，全国妇女手工编织协会会长、全国妇联原副主席、书记处书记沈淑济（右三）一行到青神县妇女竹编居家灵活就业基地考察指导

2014年“六一”节前夕，市妇联组织慰问儿童

巾帼志愿者服务能力培训班，选派优秀女干部88人赴清华大学、厦门大学、浙江大学等高校参加女干部研修班学习。建立女性人才储备库，储备女性人才1339人。培养选拔工作做法在全国妇联《妇工要情》刊载宣传，女干部培养选拔工作经验全国推广。

（市妇联）

眉山市社会科学界联合会

【理论学习】2014年，眉山市社会科学界联合会（以下简称市社科联）以理论学习为突破口，多层面组织学习，提升广大社科工作者政治思想素质。深入开展中共十八大、十八届四中全会、省委十届五次全会精神学习宣传，开展党的群众路线教育实践活动。

【社科规划评奖】2014年，全市立项市级社科研究规划课题45项，其中重点课题22项、一般课题23项。组织四川省社科规划立项申报，《“枫桥经验”与社会纠纷解决机制研究》获省社科规划项目立项；《苏东坡全传丛书》获省社科规划市州项目立项；1篇论文在省社科联牵头主办的八市“成都经济区建设与发展论坛”上获表彰。组织申报四川省第十六次社会科学优秀成果评奖，全市收集优秀作品40余项，组织相关专家学者成立评审委员会，经过初评，上报《(新编）中国古代文学作品选读》《创新“四种模式”加快“四个转变”统筹城乡发展研究》2篇有代表性成果参加省第十六次社会科学优秀成果评奖。

【社科学术活动】2014年，市社科联牵头组织市发改委等单位参加“成都经济区建设与发展论坛”，发布眉山研究成果，提升知名度。市社科联参加全国大中城市社科联第25次工作会议，被评为“全国先进社科组织”，在大会作题为《让哲学社会科学走进群众生活——眉山的实践与探索》交流发言。通过召开规划评奖工作会、学会联席会、学术交流会等方式搭建学术交流平台，形成科研攻关合力。组织区县社科联负责人参加全省基层社科联工作培训会议，组织市级各学会负责人专题培训2次，组织社科骨干深入基层调研2次。

【社科普及】2014年，市社科联组织创建省、市、区县社科普及基地，发挥基地作用，开展多种形式普及宣传活动，全市12个县级社科普及基地、5个市级社科普及基地、1个省级社科普及基地创建成功，实现省、市、县三级社科普及基地全覆盖。全年开展市县联动的规模科普活动“科普宣传月”“三下乡”“科技活动周”等活动20余次，宣传“科普条例”。开展社科人文讲坛81场次，直接受众3.5万余人次，间接受众12.7万人次。

【信息宣传】2014年，市社科联编印会刊《眉州学刊》4期，刊载论文、调研报告、对策研究等60余篇，50余万字。开设“党的群众路线教育实践活动”“学习贯彻省委十届四次全会精神”等专栏，选登重要文章17篇。指导区县社科联和市级学会抓信息工作。全年在“四川社科在线”、《四川社科界》《社科界信息》、每日科技网等省级媒体刊发社科类信息74条（篇）。被省社科联表彰为全省社科联系统2014年度信息工作先进单位。

（市社科联）

眉山市文学艺术界联合会

【文艺活动】2013年，由中国书协和眉山市人民政府主办，四川省书协、眉山市委宣传部、市文联承办的第四届中国西部书法篆刻作品展在眉山启动。2014年完成征稿、评审、展览、出版作品集等工作。征集作品8136件，评出入展作品298件，其中优秀作品16件，有315件在眉山市体育馆展出，展出作品移交三苏祠博物馆永久馆藏。中国书协副主席何应辉，分党组成员、副秘书长张陆一、研究部副主任刘恒等担任评委和监委。眉山10人入展，名列省内市州第二位。中国书协理事、篆书委员会副主任、吉林省书协副主席、吉林大学古籍研究所教授、博士生导师丛文俊在作品展上作《当代书法学习与创作》专题讲座。作品西部展的成功举办，填补四川省和眉山市没有举办过全国性专业书法大赛空白。展览规模、作品质量、办展水平和服务质量，受到中国书协、西部十二省市书协高度评价，2万余人观展，四川卫视等20余家媒体予以报道。“香约彭山，艺术‘橙’现欢乐春天”——四川省文联“送欢乐·下基层”文艺志愿服务惠民演出走进彭山，为百姓奉献精彩文艺演出；与省艺术院在眉山市体育馆举办“四面风”书画联展，展出省内知名艺术家李兵、李国莲、范小平、黄泽江、吴晓东书画作品70余件；与人民文学杂志社举办“中国著名作家走洪雅”采风创作活动，著名作家蒋子龙、舒婷、阿来、刘醒龙等参加采风活动；与省美协在眉山激情广场举办“迎新春2014年四川省第十一届漫画双年展”，展出作品150余件，弘扬主旋律，凝聚正能量。市文联、市民协开展眉山民间故事征文活动，收到作品400余篇，评出二等奖6篇、三等奖12篇、优秀奖20篇。组织25件书法作品，参加在海南儋州市举行的第五届东坡文化节“情系东坡——儋州眉山黄冈惠州四市书法联展”，市作协刘川眉作《千载诗书城，万古苏东坡》演讲交流。颁发第五届在场主义散文奖。旅美台湾作家王鼎钧《王鼎钧回忆录四部曲》、许知远《时代的稻草人》获在场主义散文奖；毕飞宇《苏北少年“堂吉诃德”》、塞壬《匿名者》获在场主义散文奖提名奖；刘醒龙、詹谷丰、贾梦玮、纳兰妙殊、王开岭、葛水平、阿微木依萝、张新颖、王龙、王月鹏的单篇散文获在场主义散文奖新锐奖。

【文艺创作】文学。2014年，《橙黄橘绿书系》文史类五本著作，即徐康著《东坡志林百篇赏析》、赖正和著《漫话苏东坡》、徐丽著《苏东坡与西园雅集》、郗伯康遗著《郗伯康东坡剧作选》和宋学镰著《彭祖秘术–养疗篇》，由中国文史出版社出版发行。周闻道主编的《在场主义散文奖五年》丛书、周闻道长篇散文《国企变法录》《暂住中国》，张生全长篇历史小说三部曲《蒙哥大帝》《不倒翁冯道》等优秀文学著作全国公开出版发行；其中《国企变法录》入选2014年度中国影响力图书，海内外上百家媒体予以报道。刘川眉《品中国神童》获上海市文明办、上海市文联“好童书”奖。市作协会员、全国战斗英雄郑家才著《铸梦军旅》、青年作家刘寅著纪实文学《探秘苏东坡》、市作协与市政协文史委合作编选的《跨过鸭绿江——眉山抗美援朝故事》，棱子、许岚、孙文华的诗集和伍俊华主编的诗集《天府茗诗》正式出版。

美术。2014年，辜志勇油画作品《聆听》入展第十二届美术展并获进京展提名奖和四川省展优秀奖。邓枫国画作品《吉祥如意》入选第十二届美术展，“西部风情”入选中国美协举办的吉祥草原画展获优秀奖。刘起伏作品《苗乡九月》入选中国美协举办的第二届中国画线描艺术展。吕应鑫作品参加在中国美术馆举办的“中国画名家中堂作品展”，在苏州举办的“全国第七届当代著名花鸟画家作品展”，在江苏盐城举办的“2014全国中国画名家学术邀请展”，在上海举办的“最具学术性当代中国画名家邀请展”等多地展出。吕应鑫、熊明作品参加在天津举办的“水墨前沿中国画名家作品典藏展”。王宏远作品参加厚土开封百名中国画艺术家邀请展，参加中国国家画院建院十周年精品展。吕应鑫、谢泰伟、汪晋权、朱福昌、曾伟、王宏远、李旭、陈静、陈新、杨雪鸿、孙贵山、辜智勇、袁泉、邓平、秦富伟作品入选“第十二届全国美术作品展”四川省预展。在“2014四川省第十一届漫画双年展”中，赵启明、黄举彩作品获二等奖，李耀奎获三等奖，罗仕军、方华彤、李旭、汪晓霞获优秀奖。

书法。2014年，杨江帆作品获第五届中国书法兰亭奖佳作奖三等奖，入展由中书协主办的四堂杯、长江杯、赵孟頫奖、西部展4次国展。李国莲入展中国书法家协会主办的首届海峡两岸女书法展。陈冬文、陈仲文、姜志臻、李国莲、李雅玲、刘君文、王亮、杨勇、杨江帆、余涛等10人作品入展中书协主办的第四届中国西部书法篆刻作品展。眉山市书协被四川省书协评为西部展组织工作先进集体和书法工作特别贡献奖。

摄影。柴树清《蔺草收割人》入选中国摄影家协会第15届国际影展。鲁争作品《天路》获由中国摄影家协会、中国财政摄影家协会共同举办的摄影作品展铜奖。廖勇《异乡的蔺草》获第三届徐肖冰杯全国摄影大展佳作奖。在第六届中国原生态国际摄影大展中，李劲《收蔺草的母亲》组图获影像故事类二等收藏，《锦鸡苗族服饰制作》(组图)获民间技艺类优秀收藏；柴树清《藏乡日出》获民居环境类三等收藏；杨凯《端午乡村运动会》获民族体育类优秀收藏。在中国摄影家协会圣洁甘孜·情歌故乡甘孜州首届国际摄影大展中，王国荣《神之舞》获铜奖，余纪桦《新都桥晚秋》获佳作奖，覃建华、李隆德、朱家枢、盛晓波、巨全毅、柴树清、王志辉、吴琳慧、韩脉平等获优秀奖。王国荣《春江水暖》获中华全国总工会、中国摄影家协会“中国梦·劳动美·幸福路”首届全国职工摄影大赛铜奖。在四川省第十六届摄影艺术展中眉山作者有30幅作品入选，其中获金奖1名、铜奖6名，李劲作品《收蔺草的女人》获金奖。在西南六省市摄影联展中，盛晓波获金奖，柴树清获优秀奖。李幼萍《送温暖》入选四川省文化厅畅想中国梦·展示新四川全省群星璀璨美术书法摄影优秀作品展览。

音乐。2014年，歌曲《你就是雷锋》（王晋川词）获四川省第十三届“五个一工程”入选奖。歌曲《诺苏耶莫》（王晋川词）获四川省第七届少数民族艺术节三等奖。歌曲《我不是小孩》（刘戈曲）入选省音协《我们在阳光下》少儿歌曲专辑。王晋川作词、绍兵作曲的歌曲《妈妈的泡菜坛》入围四川广播电视台主办的“四川广播新歌征集评选活动”，岷江音乐台重点集中介绍该作品。在四川省“群星奖”大赛中，眉山选送的舞蹈《小辫儿甩》（赖永毅作曲）获二等奖；曲艺《我的家乡美》（陈伟词、侯铭曲），歌曲《仙客来》（胡舒词、赖永毅曲）、《把地球扛在肩上》（杨西米、袁子沣词曲）获三等奖；歌曲《出水芙蓉》（赖永毅词）获优秀奖。歌曲《没有天花板的舞台》（刘戈曲）入选省委宣传部、省文化厅联合出品的《动感地带·群众广场舞歌曲精选》专辑。

舞蹈。2014年，舞蹈《冬之情》《最好的朋友》获中央电视台少儿频道“大手牵小手”栏目表演金奖，参加“大手牵小手走进绵阳”节目录制。9件舞台艺术作品获四川省首届农民艺术节暨“群星奖”大赛等级奖。

广播电视。2014年，市广播电视台选送的纪录片《为了大山的希望》获省视协四川省第二十七届中国电视“金鹰奖”优秀入围作品奖、省视协“优秀对农电视节目”三等奖。

戏剧。2014年，小品《村支书》获省优秀剧本奖，川剧灯调小品。《捐》代表眉山市参加四川省首届农民艺术节暨群众艺术群星奖获一等奖。市剧协唐稚明获四川省创作先进工作者奖。

民间文艺。2014年，陈云华竹编作品《吾福长久》、张保珍竹编精品坤包获中国文联、中国民协、江苏省文联主办的首届长江流域民间艺术博览会“金菊奖”金奖。《人民日报》2014年6月7日第五版专版刊登宣传竹编工艺大师陈云华通讯《竹子编出美好生活》。彭山少儿竹琴演奏《我的家乡美》（陈伟词、侯铭曲），参加在清华大学举办的第十届校园时代全国青少年才艺展演活动获金奖。眉山作者刘昌有撰写的网评《河神娶妻》、《西厢记·拷红》，参加人民网、新华网、光明网联合启动“聚焦核心价值观——中国传统名诗词、名故事、名折子戏推荐活动”，被中华诗词学会、中国民间文艺家协会、中国戏曲协会分别评为一等奖和二等奖。

【文艺人才】2014年，抓文艺人才摸底，建立文艺人才资源库。开展中青年文艺人才培训，鼓励18名文艺骨干进京到省参加培训。举办文联公益大讲堂。先后邀请20余名文艺专家举办12期专题讲座，涉及文学、书法、美术、摄影、民间文艺等，普及专业文艺知识，参训2000余人次，眉山创作整体水平提升。入国家级、省级协会34人，其中周记臣等9人加入中国电视艺术家协会，罗晓蓉、张国民加入省作协，王治中等7人加入省书协，汪志超等4人加入省摄协，顾伶俐、陈云华等8人加入省民间文艺家协会，谢晓芹等4人加入省电视艺术家协会。关心文艺名家，加大文艺名家创作成果宣传，在政治上给予关心，在创作上给予扶持，在情感上沟通交流。

【文艺惠民】2014年，组建“文学”“书画摄影”“舞台艺术”三支特色文艺志愿服务队伍，实现文艺惠民常态化。先后组织到眉山市消防特勤支队、三苏雕像广场、洪雅瓦屋山镇举办书画惠民活动，到青神县西龙镇万沟村举办“生态茶乡”诗会，到洪雅柳江古镇举办眉山市第二届戏剧节等。举办节庆文艺活动接地气，元旦期间，市摄协与市政协举办“东坡故里·多彩眉山”摄影作品展；在洪雅柳江古镇曾家园举办“中国梦·最美眉山”文艺展演活动，为游客和当地百姓送去100余幅书画精品和精彩的文艺演出；举办“庆‘七一’眉山文艺走进龚村活动”，20余位文学、书法、美术志愿者为村民送去书籍和书画作品；组织会员创作作品参加第六届中国泡菜节展销会暨中国泡菜品牌大赛书画摄影展；举办“庆国庆·印象新眉山”五人油画展，展出眉山知名油画家袁泉、辜志勇、邓平、李友宜、秦富伟眉山写生作品40余件；举办“迎新春·新眉山”百名文艺家走基层等文艺惠民活动。建立基层文艺创作基地，实现文艺惠民阵地化。省摄影家协会在洪雅县汉王乡建立手机摄影乡村辅导站，市文联在洪雅县柳江古镇、东坡区白马镇龚村建立文艺创作基地。参与群众文化活动，市音乐家协会、市舞蹈家协会积极参与全市广场舞和广播体操推广普及，市戏剧家协会心连心艺术团送欢乐到基层演出150多场。全市文联系统2014年开展文艺惠民活动40余次，直接服务群众上万人次。

【文艺交流】2014年，市文联副主席、市诗歌协会会长伍俊华在乐山为乐山师院、四川理工大学的学生讲授诗歌写作；三苏书画院召开《苏东坡全传》丛书作者座谈会，徐州、惠州、儋州、常州及眉山作者14人参加座谈会，重点研究东坡全传的写作问题，并对《苏东坡全传》丛书各卷的撰稿落实到人；雅安市作协一行到眉山考察在场主义，两市作家就在场主义的核心价值观、理论建设、创作呼应等方面的情况进行交流沟通；市作协常务副主席刘川眉在“四川政法大讲坛”作《千年英雄苏东坡》专题讲座，全省14万干警通过视频听讲；市作协组织作家赴乐山市采风参观，并与乐山市部分作家进行座谈交流，加强两地文学交流和互动；眉山市与重庆永川区音乐人共同举办的交流活动——“重庆市永川区·四川省眉山市文化艺术交流座谈会”在永川举行；三苏书画院书画家参加在泸州举办的第12届川中南七市老年书画联展活动，有4幅书法作品和2幅绘画作品参加联展，并入编《蜀南墨韵》作品集；“眉山自贡文化交流音乐会”在眉山举办。

【创作采风】2014年，市散文学会组织眉山、成都及大邑散文作家到青神举行采风创作活动；市美协组织“眉山人画眉山——走进丹棱”写生创作活动，50余会员参加，写生创作近300件作品，48件优秀作品相继在东坡区文化馆、丹棱大雅堂展出；在丹棱县梅湾湖举行“最美眉山·走进丹棱”文艺走基层采风创作活动，12位国家级、省级眉山书画家在百米长卷上书写20余首桃花诗、词、赋，描绘10余幅桃源美景和荷塘清趣；市作协组织作家赴丹棱县开展采风活动，登大雅堂、走梅湾、赏万亩桃园，创作一批诗歌、散文作品，分别在眉山日报、眉山作家报上开辟专栏发表；市作协组织会员到市中心城区部分重点文化生态工程项目参观采风，撰写一批诗文，在《眉山日报》和《东坡文学》上开辟专栏发表；市诗协组织会员先后到黑龙滩、思蒙河、乐山、五通桥、犍为、宜宾、泸州、永川等地开展采风创作活动；市摄协组织悦兴樱花摄影、瓦屋山杜鹃摄影、发现老峨山之美等采风创作活动。

【阵地建设】2014年，市文联编印《眉山文艺》2期和《眉山文联年鉴（2013）》；市作协《东坡文学》《东坡诗刊》各出刊4期、《眉山作家报》2期；市散文学会《在场》出刊4期，市美协《眉山美术报》、市摄协《眉山画报》，东坡区《百坡》、仁寿县《魅力仁寿》、彭山县《彭山文艺》、洪雅县《瓦屋山》、丹棱县《大雅艺苑》、青神县《中岩》定期出刊。

【自身建设】2014年，组织市文联和区县文联干部参加中国文联和省文联业务培训。新成立市检察官文联和苏东坡书法艺术院，完成市散文学会换届。加强行业自律、行业监督和协会管理。市文联办公室、东坡区文联和洪雅县文联被省人社厅和省文联评为2014年度省文联系统先进集体，沈荣均、袁超群评为先进个人，袁超群作为唯一先进代表在全省文联系统作大会经验交流。办好文艺期刊网站，加大文艺宣传，眉山文联和专业协会工作在人民日报、中央电视台、《四川日报》、四川卫视以及国家级、省级专业媒体作宣传报道，《眉山文艺》、市政府网“千载诗书城”栏目和专业协会办刊办网质量水平广受好评。

（胡志蓉）

眉山市红十字会

【概况】2014年，全市红十字医疗机构2个（县红十字医疗机构1个）。市红十字会领导机构第一届理事会有会长1人、副会长6人、常务理事23人、理事68人，有团体会员单位228家，个人会员1.9万人，红十字志愿者2000余人，建立社区红十字服务站27个，基层红十字会124个。

【项目建设】2014年，四川省红十字会承诺向眉山市红十字会提供“4·20”芦山地震援助资金1360万元，对实施灾区重建项目，与眉山市人民政府建立《关于援助芦山地震灾后恢复重建备忘录》，涉及东坡区三苏乡卫生院190万元、东坡区广济乡卫生院200万元、洪雅县三宝镇卫生院300万元、洪雅县精神康复医院150万元、丹棱县石桥乡卫生院100万元、丹棱县双桥镇卫生院260万元、丹棱县顺龙乡卫生院150万元，要求所有援建项目于2015年12月30日前建成使用并提交审计报告。

【募捐救助】2014年，眉山市红十字会为云南鲁甸“8·03”地震灾区开展募捐活动，募集资金7.6万元，及时汇缴至四川省红十字会。

【防病减灾宣传培训】2014年，眉山市红十字会开展红十字相关知识、防灾减灾知识及无偿捐献知识等宣传，利用“5·8”世界红十字日博爱周开展宣传、义诊、卫生救护培训等工作；开展中小学校、机关企事业单位、城镇社区和农村社区人群初级卫生救护培训，传授自救互救和防灾减灾技术，以降低自然灾害和突发事件对公众的生命与财产损失。全年分市直属单位、东坡区、仁寿县、彭山区、洪雅县、丹棱县和青神县7个区域，培训8个市直属企业和15个乡镇的32个村3万余人。

（岑俍桧）

法　治

政法委工作

【维护稳定】2014年，市委政法委推进社会稳定风险评估，推进“维稳跟着项目走”基层基础规范化和制度化建设。组织全市重大项目社会稳定风险评估688件，化解稳定风险点1546个。开展以打击强揽工程、强买强卖、阻挠施工、盗抢施工材料等为重点的“雷霆”专项行动，全市破获涉及项目、企业违法犯罪案件65起，抓获违法犯罪嫌疑人120人，打击各类严重破坏市场经济秩序犯罪32件84人，查办工程建设领域、能源资源领域和商业贿赂职务犯罪48件62人。全市重点项目未发生因征地拆迁和项目建设群体性事件。以“零进京、零聚集、少到省、不出事”为目标，按照“属地管理”“谁主管谁负责”原则，落实“一岗双责”（领导干部既要抓好业务工作，又要以同等的注意力抓好维稳工作），健全完善维稳工作机制，开展“情报信息大收集、矛盾纠纷大调解、信访问题大化解、社会治安大整治、重点人员大管控”行动，确保重要节日和中共十八届四中全会、“亚太经合组织领导人会议”、西博会、北京APEC（中文备注）峰会、第四届东坡文化节暨第五届四川泡菜展销会等重要会议和敏感节点期间全市社会政治稳定。加强反恐防暴处突机制建设，以反恐防暴处突“四个常态化”（应急力量常态化、巡逻防控常态化、集中整治常态化、应对处突常态化）为抓手，按照总人口2%比例组建防暴反恐“红袖标”义务巡逻队伍，形成专群结合应急力量配置体制。组织开展反劫持人质、群体性事件处置实战演练6次，提高各级各部门应急处突能力，全年未发生暴恐事件。健全完善维稳情报信息收集研判预警机制、“大一统”维稳情报信息综合处理平台，构建专群结合、“横向到边，纵向到底”情报信息网络。

【平安眉山建设】2014年，完成全市执法办案区规范化改造。推进法治城市“八大体系”（依法执政体系、法治政府体系、法治环境体系、全民学法体系、基层自治体系、依法经营社会信用体系、监督网络体系、法治舆论宣传体系）建设。实施“法治文化亲民、法律服务为民、法治环境惠民”三大行动，深化“六五”普法。依托“法律七进”（法律进机关、法律进学校、法律进乡村、法律进社区、法律进寺庙、法律进企业、法律进单位），在区县组织开展“法律服务暖民心”“送法下乡”暨依法治市集中宣传活动，组织承办四川省首届“治蜀兴川”法治论坛，开展眉山市第二届“十大法治人物”评选表彰活动，引导群众自觉遵纪守法，依法理性表达诉求、依法维护权益、履行法定义务。开展法治示范创建活动。围绕普法品牌打造、建立法律顾问制度、建设法治文化阵地等法治建设重点，在全市启动法治示范创建活动。全年创建全国示范区县2个、全省示范区县4个、示范企业20个、示范学校30个、示范单位40个、示范村50个。全市281个市、县两级政府部门、368个企业、380个行政村（社区）聘任法律顾问，组建法制宣传队伍67个、法律援助工作站和法制辅导站43个。法律顾问为市、县两级党委常委会和政府常务会会前学法、宣讲法律46次，为各级机关上法制课310次。

【社会治理工作】2014年，在全市推进网格化服务管理。6月，城市网格化服务管理实现全覆盖。8月，农村网格化服务管理实现全覆盖。全市召开网格化服务管理工作推进会2次，编写网格员培训教材，逐县开展网格员培训。网格化服务管理工作进入常态化，流转事项办理逐

2014年12月18日，市委政法委深入联系村举办法治讲座

步规范。全市录入人口信息328.82万条，其中特殊人群信息1.6万条；办结各类民生事项3.37万件。加强治安防控“六张网”（情报信息网、基础防范网、视频监控网、网络管控网、打击整治网和区域协防网）建设，在东坡区中心城区新建高清城市报警监控系统前端点位300个，治安高清卡口8套，全市增加网吧行业监控和乡镇天网监控700余个。全年挂牌整治社会治安突出问题13个，彻底整治并摘牌10个，整改中3个。全市破刑事案件3453起、查处治安案件1.16万件，打击处理各类违法犯罪嫌疑人9234人。破获公安部督办“7·03”网络贩婴案、“7·06”网络赌博案、“5·08”特大酒托诈骗案、“7·08”组织领导传销活动案、公安部督办“9·30”网络贩毒案、东坡区“6·11”抢劫杀人案等大案要案，提升人民群众安全感。市综治委制发文件统一规范“三级联创”活动组织领导、考评办法、基层台账等，将其纳入综治目标考核重要内容分解落实到相关责任部门。在洪雅县开展综治基层台账建设试点，召开全市综治基层台账统一规范推进会，完善和规范区县、乡镇（街道）、村（社区）综治基层台账。开展基层平安创建和行业平安创建活动，配合成绵乐铁路客运专线开通，通过制播电视片、散发宣传资料、制作标示标牌等进行安全宣传。全年未发生铁路交通事故，“三电”（电力、电信、广播电视）案件发案比2013年下降10%。统一规范校园安保工作。全市所有校、园均配备专职保安，按标准配备执勤器械。中心城区校、园均安装“一键式”报警系统。推进平安建设宣传工作，组织开展见义勇为表彰奖励、禁毒宣传教育、综治和平安建设宣传月等系列宣传活动，提高群众知晓率和参与率。推进特殊人群服务管理改革综合试点。市委专门研究改革试点的组织领导、职责分工和工作保障等事项，成立以市长任组长，2名市委常委、2名副市长任副组长的特殊人群服务管理改革综合试点领导小组，区（县）成立以区（县）长为组长的改革试点工作领导小组和专项工作组，市、区（县）均制定改革试点工作具体实施意见，明确目标任务和工作方案，从组织、物资、考核等方面加强工作保障。

【“大调解”工作】 2014年，全市“大调解”以“改革促创新，创新促突破”为重点，升级眉山“大调解”工作。市委办、市政府办下发《关于深入推进“大调解”工作“六化”建设的实施意见》，召开全市深化和完善“大调解”工作会议，推动全市“大调解”工作向常态化、规范化、科学化发展。巩固调解组织“五进”（进城镇小区、进农村院落、进车站码头、进规模性市场商场、进产业园区景区）活动成果，推广农村中心户调解室“五站”（社情民意气象站、政策法规宣传站、经济发展指导站、社会事务服务站、矛盾纠纷终结站）模式，在人口相对集中的村（社区）建立农村中心户调解室5300个，实现“哪里有群众，哪里就有调解组织；哪里有矛盾纠纷，哪里就有调解工作”。在矛盾纠纷多发易发的16个重点领域，分别以政府令或多个部门联合发文等形式出台规范性调解工作机制或暂行办法，促进行业性矛盾纠纷专业化化解。市委决定实施“诉非衔接”（诉讼与非诉讼衔接）试点，强化“诉非衔接”工作平台建设，加强法院与非诉调解组织对接衔接机制，“诉非衔接”试点工作继续保持全国领先。按照“五个一”（设立统一标示牌、绘制一面文化墙、落实一个中心户、设置一个宣传栏、组建一支工作队）模式，新建农村调解文化大院2800个，总数增至6500个，成为农村普法新载体。推广“调解一次纠纷，上好一堂法制课”活动，用法治思维和法治方式化解矛盾。全年各级调解组织受理矛盾纠纷2.67万件，调解成功2.62万件，调解成功率98.1%。

【执法监督工作】 2014年，开展“千案千评”（对眉山市1000件案件进行评查）工作，市委政法委制发《关于做好2014年“千案千评”专项活动的通知》，部署2014年全市“千案千评”工作，扩大社会关注度高、群众反映大和涉法涉诉信访案件在评查案件中比重。各地各部门完成千案千评自查和1000件案件评查任务，自查率100%，复查率100%。市委政法委以调研督导形式，检查验收“千案千评”专项活动，督促相关单位整改检查中发现的问题。加强涉民生案件专项清理和执结，清理涉民生执行积案182件，执结178件。加强征信体系建设，在全市开通“点对点”网络执行查控系统。开展司法救助，落实司法救助145件195人，支出司法救助专项资金161余万元。加强涉法涉诉信访改革，市委办、市政府办制定《眉山市依法处理涉法涉诉信访问题的实施意见》，将涉法涉诉信访问题依法纳入法治轨道。全年全市接待处理群众来信来访188件次，排查出重点涉法涉诉信访案件13件、涉法涉诉信访积案25件，全部转交政法部门依法处理并落实稳控责任。年末重点涉法涉诉信访案件无一再访，涉法涉诉信访积案全部化解。推进轻刑快办，市委政法委出台《眉山市依法快速办理轻微刑事案件的实施方案》，统一制定标识，建立月报制度。全年办理轻刑快办案件73件，缩短办案周期，提升群众满意度，在全省推广。

【政法队伍建设】2014年，全市政法系统以开展第二批党的群众路线教育实践活动和全市政法系统“转变作风，司法为民”活动为重点和载体，聚焦“四风”查摆问题，解决群众反映强烈突出问题。组织开展中共中央总书记习近平重要讲话精神“大学习大讨论”活动、“党的光辉历史和优良传统”“中共十八大和十八届三中全会精神”“总书记习近平系列讲话精神”专题辅导讲座和省委书记王东明在省直政法部门调研座谈系列重要讲话精神学习，组织开展“3+3”（“入党为什么、当干部做什么、为后人留下什么”和“好干部怎么做、好班子怎么建”专题讨论、“什么是正确的权力观、地位观、利益观”和“改进作风怎么办”专题讨论、“为了谁、依靠谁、我是谁”和“群众路线怎么走”专题讨论）专题讨论和“怎么看、怎么办、怎么干”等大讨论活动。组织干警学习中央政法委公开通报的10起典型案件、《警示录——四川省政法干警违法违纪典型案例选编》、省委政法委公开通报的5起典型案件。组织干警参观眉州监狱警示教育基地，开展警示教育心得体会交流座谈会。主要领导带头，班子成员分工负责，采取发函、上门座谈、发放征求意见表等形式，紧扣“四风”，广泛征求相关部门和社会各界意见。围绕“为民务实清廉”要求和中央、省、市各项工作纪律规定，查找、梳理“四风”方面存在突出问题，普遍开展交心谈心活动，人人对照检查，撰写对照检查材料，开展整改活动。活动中，查纠政法各部门各单位问题3260余个（次），执法监管部门和窗口服务单位门难进、脸难看、事难办等突出问题得到有效整治。举办全市综治及网格化服务管理工作培训会、全市社会稳定风险评估机制建设专题培训班和北京大学眉山市社会建设与社会管理专题培训班，邀请知名专家教授举办“政法大讲堂”专题讲座7期，参训干警2400人次。

（市委政法委）

2014年11月6日，市委政法委、市法学会联合市依法治市领导小组办公室、市委宣传部共同举办眉山市第二届“十大法治人物”颁奖典礼

政府法制

【机构】2014年10月27日，市政府办公室挂眉山市人民政府法制办公室牌子。

【法治政府建设】2014年，市政府印发《2014年度推进依法行政工作安排》，从推进行政决策规范化、依法规范行政权力运行平台等八个方面突出做好依法行政工作，将完成情况和行政行为被依法撤销、变更，确认违法，责令改正或履行法定职责内容作为考核依据。制定《眉山市重大行政决策程序规定》《眉山市人民政府严格依法行政规定》《眉山市行政执法程序规定》《眉山市政府合同管理办法》，完善政府依法决策制度。制定《政府法律顾问团管理办法》，聘请市政府法律顾问4人，为政府参谋顾问。全市参与申报四川省推进依法行政示范创建单位59个，通过公示单位54个。

【规范性文件备案审查】2014年，市级各单位执行规范性文件备

2014年9月5日，市政府秘书长肖忠良（左三）到市法制办指导法制工作

案审查制度。市法制办审查规范性文件、政府性合同及政府重大决策事项261件，提出建议意见280余条，办理省人大省政府地方性法规、规章征求意见稿19件，提出建议意见26条。审查信访复核案件5件，会办人大代表、政协委员议案、提案1件，向省政府报送备案规范性文件20件，备案率100%。6区县政府向市政府报送备案规范性文件29件，按规定审查和“三统一”登记。

【动态监管行政权力】2014年，市政府制定《眉山市市级行政审批项目监督管理办法》。实施行政审批项目动态管理，推进行政管理重心由事前审批向事中事后监管转移。动态监管行政权力3.46万项，其中行政处罚3万项、行政强制1058项、行政征收294项、行政确认546项、行政裁决95项、行政给付76项、其他行政权力2503项。清理市级部门前置审批项目31项，采集涉及13个行政审批部门的行政审批前置中介机构110余家。取消行政事业性收费项目6项，公布涉企行政事业性收费项目101项，公布市级（涉企）经营服务性收费目录（23项）、2013年以来取消、免征、停收、降低的涉企行政事业性收费项目38项以及2014年放开实行市场调节价的经营服务性收费项目3项。对照省政府第三批取消调整的行政审批项目，对应清理和发文公布，取消1项，下放区县5项，新增12项。根据省政府第四批取消调整的行政审批项目，对省政府下放的29项行政审批项目承接24项，下放区县18项（全部下放5项、部分下放13项）。

【行政复议】2014年，成立眉山市行政复议委员会，由复议委员会统一审理市政府受理的行政复议案件。全年办理行政复议案件72件，结案67件（维持15件、调解29件、确认违法3件、驳回申请4件、不予受理16件）。

【行政执法监督检查】2014年，市依法行政领导小组印发《关于做好依法行政突出问题承诺整改工作的通知》，开展中期督查，督查东坡区政府、洪雅县政府和市公安局等8个主要行政执法部门依法行政突出问题承诺整改情况。市级26个主要执法部门梳理突出问题55条，梳理的问题及整改方案通过门户网站向社会公布，接受社会监督。经省政府同意仁寿县将城市管理相对集中行政处罚权延伸到汪洋、视高等16个乡镇先行试点。调研全市重点乡镇、经济强镇、园区所在乡镇、城区近郊乡镇等28个乡镇行政执法工作，形成《乡镇行政执法工作的探索与思考》。清理合同工、临时工执法人员430人，全部清退或转岗。行政执法人员领取省政府统一制发的行政执法证4068人，公安、工商等执法人员领取部门执法证件5697人。

【妥善处理涉法事务】2014年，市政府相关部门协商与处理眉州大道改造工程相关事宜。应诉叶文彬、王有明诉市政府土地行政复议案。撤除补偿苏母公园经营项目。依法妥善处理交通中心涉及国有土地征收补偿纠纷、眉山市城市管理委员会办公室与四川艾德广告实业有限公司广告合同纠纷、洪雅七里沟联办电厂投资债务纠纷、外滩金色年华施工合同纠纷案各类涉法事务10余件。

【行政调解】2014年，市法制办制定《深入推进行政调解工作“六化”建设细化方案》《关于规范行政调解窗口标准的函》，推动全市行政调解工作规范、有序开展。宣传先进典型，向省政府法制办、市委政法委报送行政调解典型案例10余件，调研文章3篇，信息5篇，参评的道路交通事故纠纷案被省“大调解”领导小组评为“大调解优秀案例”二等奖。《眉山市加强行政调解助推依法治市》工作信息被省委办公厅每日要情第202期刊登。全年全市受理行政调解案件1.27万件，成功调处1.26万件。

【仲裁指导】2014年，市法制办收到仲裁申请31件，受理10件，不予受理21件。受理案件中裁决3件、调解4件，涉及标的额9084万余元；创新引入“第三人”仲裁机制，妥善处理外滩·金色年华房地产项目工程承包合同纠纷等疑难案件，实现法律效果、社会效果有机统一。

（市法制办）

公安工作

社会治安管理

【概况】 2014年，全市“110”有效接处警6.78万起，比2013年（下同）降5.12%；全年破各类刑事案件3004起，降23.2%，抓获各类刑事案件涉案嫌疑人1745人；查处行政案件1.78万起，增长17.3%，行政拘留2847人。在四川省公安机关政风行风建设群众满意指数调查结果中，眉山市满意综合指数列全省市（州）第六名，其中治安状况第九名，打击犯罪力度第六名，服务质量第四名，队伍形象第五名。

【维护稳定】 2014年，市公安局定期开展情报会商，分析研判不稳定因素、突出警情。收集各类涉稳情报信息1820余条（甲级情报581条），分析研判上报《公安国保信息》198期、《维稳综合分析研判报告》12份、《情报研判专报》26期、《网络舆情》127期，超前化解群体性事件23起。全年受理信访事项1135件，办结1092件；办结中央、省移交重点涉法信访案件11件，保持非法上访“零进京”、集访“零到省”目标。调解各类矛盾纠纷1.9万起，调解成功率99.43%。全市公安机关分4批次，出动警力180人增援藏区维稳，为维护四川藏区社会稳定贡献力量。

【防暴反恐】 2014年，市公安局针对云南“3·1”、新疆“5·22”等一系列暴力恐怖案（事）件情况，制发《眉山市公安局关于严防暴力恐怖案件发生的紧急通知》。迅速开展情报信息收集研判和涉疆、涉藏等重点人员管控，组织警力在广场、车站、商场等复杂场所开展武装巡逻与危险、爆炸物品的管理等，收集研判各类情报信息130条，全市65名涉疆人员全部落实管控措施，有效防范和控制暴力恐怖案（事）件发生。

【邪教防范处理】 2014年，全市公安机关立邪教案件24起，全部破案。破获全国首列“法轮功”邪教组织录音电话反宣案暨“3·26”专案、省督“SCF1407”等有影响的邪教案件，刑事拘留12人，行政拘留10人，教训训诫21人，搜缴各类反宣品2.40万份，捣毁邪教活动窝点9个。开展中央部署的“7·20”专项工作，破获专案19起，稳控13人。专案侦查彭山县民运重点人，依法打击“6·04”重点人，挤压民运、资化等敌对势力在眉山市的活动空间。市公安局国保支队与市国安局在反邪工作中建立的无缝对接合作机制，受到副省长侍俊肯定性批示，省公安厅用《四川公安防范处理邪教工作》简报印发全省学习借鉴。

【侦查破案】 2014年，全市立各类刑事案件1.09万起、抓获犯罪嫌疑人4358人，抓获逃犯268人，破命案28起、现案破案率96.55%。刑侦民警远赴浙江台州抓获潜逃13年的命案逃犯，侦破命案积案1起，破获公安部督办的“7·03”网络贩婴案、“5·28”网络赌博案，省公安厅督办的青神“2013·10·22”系列盗窃案、仁寿“2013·11·26”系列盗窃机动车案。“5·08”特大酒托诈骗案、东坡区“6·11”抢劫杀人案、仁寿“11·12”抢劫杀害出租车司机案、仁寿“11·16”剧毒弓弩故意杀人案等大案要案。破毒品刑事案件142起，缴获各类毒品7.72千克，破获公安部督办的“9·30”网络制贩毒案，摧毁涉及全国30个省的制、售毒品网络犯罪团伙，破获公安部督办的团伙制贩毒案，捣毁制毒窝点3个、贩毒窝点1个，抓获制贩毒犯罪嫌疑人10人，省公安厅专发贺电肯定。破经济案件154起，挽回经济损失5200余万元，处置应对银丰实业、融易融公司涉嫌非法吸收公众存款等涉众经济案的追赃挽损和维稳安抚工作。

【治安管理】 2014年，全市受理治安案件1.75万起，查处违法人员7373人。查处涉黄案件188起368人、涉赌案件334起1138人、涉毒违法案件924起1452人。开展“打四黑除四害”行动，捣毁黑作坊7个、黑工厂5个、黑窝点35个，打掉各类团伙28个，抓获违法犯罪嫌疑人89人。开展缉枪治爆专项行动，检查涉枪、

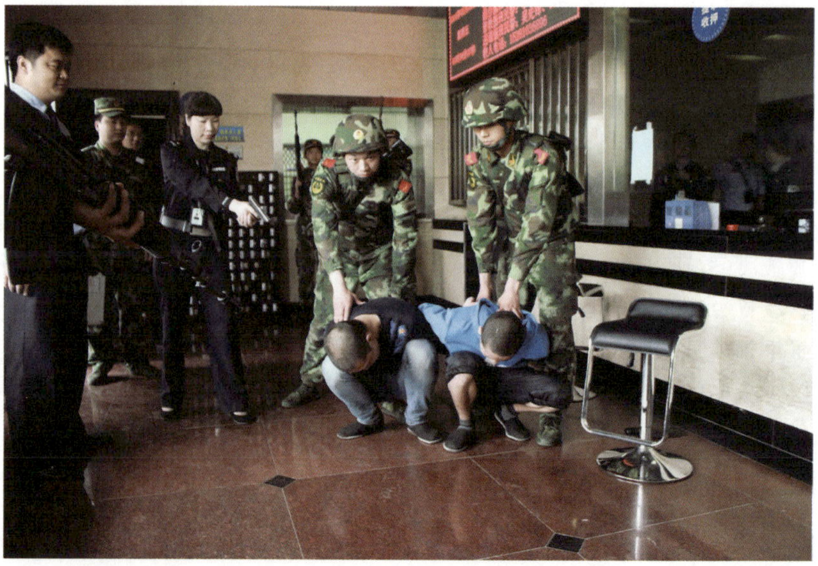

2014年5月9日，全市公安监管场所联合驻所武警开展反恐防暴处突演练

涉爆、危化品重点单位场所230家，整改隐患53起，收缴各类枪支424支、各类子弹15万余发、管制刀具3120把，集中销毁劣质雷管6万余发。破获公安部督办的“赵怀真生产销售不符合安全标准食品案”，抓获涉案嫌疑人9人，挡获涉案肉制品2吨，移送起诉5人。破获公安部督办的销售假冒烟草制品案，涉案价值2000余万元，挡获涉案嫌疑人11人，刑事拘留9人，依法起诉8人。

【户政管理】 2014年，市公安局印发《2014年推进户籍管理制度改革工作方案》《2014年服务新型城镇化全市“农转非”目标任务和考核办法》。全市人口信息录入信息系统管理353万人，身份证号码无重错，出生地、籍贯采集率100%。法定结婚年龄人员的婚姻状况、16周岁以上人员文化程度采集率98%、96%，18周岁以上人员的职业和服务处所采集率90%，16周岁以上常住人口人像采集率97.8%，达到部颁标准。全市制发居民身份证16.68万张。其中4月1日起制发有指纹信息的居民身份证11.7万张。全市新增非农业人口3.6万人。开展户口登记管理专项清理整治，自查自纠302件，清理应销未销户口1181个，清理纠正户口登记项目差错962个。超生、非婚生、无计划生育的婴儿办理入户登记2806人。

【流动暂住人口规范化管理】 2014年，全市公安机关登记流动人口10.12万人，比2013年（下同）增加7.89万人。暂住人口中，男性6.03万人、女性4.09万人。2013年7月1日至2014年6月30日，全市发暂住证9401人，增加1957人。在流动人口、暂住人口管理中破获刑事案件78件，查处治安案件1647起。

【社会治安防控体系建设】 2014年，市公安局建立全市中心城区和县城镇社区警务室42个、农村警务室58个、医院警务室9个，每个警务室采取“3+3”（3个民警+3个辅警）或“1+N”（1个民警+多个辅警）模式，落实专职社区民警71人、驻村民警61人。建立完善治保会1083个4845人；建立治保小组3878个1.1万人，建立治安联防组织机构705支，配备治安联防队员6687人。全市在治安防控中为破案提供线索428条，抓获各类违法犯罪人员130人。

2014年3月14日，全市公安机关全警联动开展治安大清查大整治集中统一行动

【维护医疗机构治安秩序】 2014年，市公安局制发《关于维护医疗秩序打击涉医违法犯罪专项行动方案》，市公安局、市卫生局督导检查全市4所三级以上医疗机构、9所二级以上医疗机构、2所中心卫生院内部安保及相关辖区派出所工作情况，指导推进建立医院警务室9个，维护医疗机构治安秩序。

【行业管理】 2014年，全市927家旅馆上传旅客信息554.08万条，比2013年增长64.2%，通过旅馆业信息系统抓获网上逃犯47人，查处不如实登记上传旅馆78家，查获吸毒案件29起，抓获各类违法人员98人次，停业整顿15家，旅馆上传信息100%。结合“5·17”世界电信日、“西博会”等大型安全保卫活动，全市集中开展废旧金属收购业、机动车修理业、歌舞娱乐场所等专项整治行动。检查废旧金属收购点1286家（次）、机动车修理企业665家（次）、歌舞娱乐场所248家（次），发现安全隐患52处，发放整改通知书30份，捣毁盗窃通信设施犯罪团伙2个，刑拘10人。发放护线宣传品1.8万份，协调破坏通信设施事件2起。市商务局、市公安局等部门组织清查非法集资，实地核查验审全市典当行14家，上传典当信息91条，典当行治安管理信息系统运行正常，日常管理到位。印章企业制作上传印章信息7029条，为社会提供咨询服务42次，提供线索的案件涉案金额1.2亿元。

【禁黄禁赌】 2014年，全市治安部门办理涉黄刑事案件49件，刑事拘留涉案人员26人，逮捕18人；行政案件68件，行政拘留72人。捣毁涉黄窝点34个，组织卖淫团伙9个。办理涉赌刑事案件110件，刑事拘留53人，逮捕41人；行政案件246件，行政拘留190人，收缴各类赌博机具1654台。捣毁涉赌团伙14个，办理省公安厅督办的网络赌博案，抓获涉案嫌疑人12人，移送起诉7人，扣押涉案赌资3000余万元。

【防范电信诈骗宣传】 2014年，市公安局与银行监管分局、通信运营商协调、磋商，建立防范与打击电信诈骗犯罪查询工作绿色通道长效机制。与《眉山日报》、眉山电视台开展防范电信诈骗宣传活动10余次，发放《眉山市打击电信诈骗犯罪宣传防范手册》《电信诈骗防范建议书》《眉山警方提示您：谨防电信诈骗》《防范电信诈骗宣传材料》《电信诈骗案件的15种主要手法》等宣传单1.1万份，提高广大人民群众防范多发性侵财、拒绝非法集资、远离毒品思想意识。

【信息化建设】 2014年，市公安局投入经费703万元，升级改造指挥中心“三台合一”系统和指挥中心；建设眉山中心城区高清“天网”前端点位300个、“标清改高清”点位220个，将区县公安（分）局1118个“天网”前端点位纳入市公安局指挥平台归口调度；建设市级图综平台、机动车稽查布控平台、“动中通”，新建综合监控平台1套、治安高清卡口8套、机动车缉查布控平台1套、“动中通”卫星通信系统1套。交警支队自主研发“易键通”单警执法终端。全市采集标准地址166万余条、实有房屋126万余条、实有人口196万余条、实有单位8.12万条、从业人员36万人。标准地址分类比例100%。

【网络舆情导控】 2014年，市公安局制订《眉山市公安局舆情导控员队伍建设方案（试行）》，在市公安局各部门及区、县公安局组建网上舆情导控员队伍，配备专兼职网上舆情导控人员200人，建立相关机制规范舆情导控员队伍。举行眉山市全市网安监控业务比武活动。参与公安部、省公安厅舆情导控53次，发布跟帖8410条；上报全市网络舆情导控工作情况报告15份。

【网上巡查】 2014年，市公安局网监支队处置公安部十一局下发专项有害信息5条；发现异地、境外网站专项有害信息并按要求通报上报3256条；处置异地通报的专项有害信息1577条；完成公安部、省公安厅下发落地信息24人次。市公安局开展落地调查37人次。发现并通报异地违法信息1352条；接收并处理上级下发违法信息8条；接收并处理异地通报违法信息25条；全市发现并处置违法信息8条。全市网安开展网吧集中整治专项行动7次，发放宣传资料200余份，检查网吧930家次，查验上网人员身份证件1300余张，盘查可疑人员80余人，更新全市网吧基础信息管理电子台账30余家，行政处罚违规经营网吧52家，配合工商部门取缔黑网吧4家。建议接入单位关闭（暂时）网站（栏目）24个，责令限期整改4个，批评训诫12人。

【警卫保卫】 2014年，完成全国人大常委会副委员长张平，全国政协副主席刘晓峰，最高人民法院院长周强，中共中央政治局原委员、全国政协原副主席杨汝岱，省委书记、省人大常委会主任王东明到眉山考察的警卫任务5批次。完成省“两会”、中韩自贸区第十一轮谈判、第六届中国泡菜展销会等等各类大型活动、会议安保任务65次，活动举办安全。

【公安宣传】 2014年，全市2600余名民警深入156个基层单位和5000余户联系群众家庭，收到各类建议、意见200余条，为群众办好事1万余件，创新推出便民利民措施128条，得到人民群众认同。在省级媒体上稿900余篇（次），在中央级媒体上稿180余篇（次）。

【执法规范化建设】 2014年，市公安局组织编写《眉山市公安机关执法工作制度汇编》《案件办理工作流程》《刑事行政案件示范卷宗装订规范》3本执法手册，修订完善《办理侵财性案件证据标准》《眉山市公安机关办理取保候审案件规定》《眉山市公安机关办案区管理使用规定》等执法工作指南，指导案件办理。建立健全重大复杂案件合议制度、案件“四级审核”（办案部门法制员、办案部门负责人、法制部门、分管局领导审核）制度、个案评判工作制度，一案一审，一案一评，对执法活动实施全程法律指导和全程规范，实现“四无”（无错案、无行政诉讼败诉、无行政复议撤销、无国家赔偿）工作目标。市公安局法制、禁毒、治安、网安部门牵头，采取警综平台随机点选方式，开展全市禁毒、治安、网安部门管辖的14起重点案件个案监督评查。

2014年12月4日，市公安局组织法制部门、东坡区公安部门在三苏雕像广场开展法制宣传

严打整治专项行动

【“打黑除恶”专项行动】 2014年，全市公安机关开展打黑除恶专项行动。全市破获刑事案件70起，捣毁黑恶势力犯罪团伙13个，抓获团伙犯罪嫌疑人76人。

【“灭枪”行动】 2014年，全市公安机关开展“灭枪”专项行动。立涉枪案件40起，破案40起，缴获各类枪支47支，打击处理40人。

【打拐专项行动】 2014年，市公安局开展打击拐卖妇女儿童犯罪专项行动。破拐卖儿童妇女案件369起，解救妇女儿童202人；打掉拐卖犯罪团伙60个，打击处理234人；抓获在逃人员19人；办结公安部督办线索1条。破案数超过前三年平均数(344起)。

【打击“两抢两盗一诈骗”犯罪专项行动】 2014年，全市开展打击多发性侵财犯罪专项行动。破系列案439串，捣毁团伙439个；追缴盗抢汽车116辆，摩托车1441台。其中捣毁盗抢工地和柴油的团伙2个，盗窃摩托车、电瓶车团伙30个，捣毁入室盗窃、通讯诈骗、街面抢劫、抢夺、扒窃等团伙49个。追回损失1400余万元。

【网上追逃】 2014年，全市公安机关抓获各类在逃人员388人（眉山232人），省公安厅B级通缉在逃人员6人，历年在逃人员29人，外省市在逃人员68人、四川省外市在逃人员88人、命案在逃人员6人。

【扫毒害专项行动】 2014年9月，市公安局开展“飓风扫毒”专项行动。破获毒品案件326起，其中毒品刑事案件34起、治安案件292起；抓获毒品犯罪嫌疑人35人；缴获各类毒品4996克，其中传统毒品466克，合成毒品453克；查获吸毒人员335人，强制隔离戒毒92人；查处涉毒场所38家，其中黄牌警示5家。

【“治爆缉枪”专项行动】 2014年，市公安局在全市开展民用爆炸物品安全生产专项整治行动5次，排查涉爆单位34家、涉枪单位50家、剧毒化学品从业单位23家、放射性物质从业单位19家，发现安全隐患53起，全部落实整改措施。开展宣传教育活动68次，散发传单标语2.4万份，收缴各类枪支424支、各种子弹15万余发、管制刀具3120把。全市抓获涉枪、涉爆违法犯罪人员6人。此项工作排全省第二名。

【打四黑除四害专项行动】 2014年，全市公安机关出动警力3546人次，排查线索255条。侦破制售假劣食品案件3起，假劣药品案件1起，管制刀具案件2起，假证案件1起，盗销“三车一机”案件22起，涉黄案件21起，赌博刑事案件16起。捣毁黑作坊7个、黑工厂5个、黑窝点35个，打掉各类团伙28个。抓获违法犯罪嫌疑人89人，其中治安拘留37人，刑事拘留7人，批准逮捕2人，移送起诉7人。

【开展民营企业周边社会治安整治工作】 2014年，市公安局开展民营企业周边社会治安整治，出动警力5718人次，走访企业1915家，发现隐患241起，整改隐患234起，排查矛盾纠纷509起，抓获违法犯罪人员61人。清查出租房屋92套，清查行业场所866家，查处治安案件148起，刑侦拘留105人，侦破刑事案件33起，刑事拘留37人。

【打假专项行动】 2014年，全市公安机关立制售伪劣商品和侵犯知识产权犯罪案件38起，涉案金额1410.5万元；破案36起（省厅督办案件1起），移送起诉案件27起；抓获犯罪嫌疑人59人，移送起诉41人；捣毁制假团伙19个，捣毁制售假窝点31个；缴获涉案假烟530条、伪劣饮用水桶2500个、病死牛肉和猪肉制品4.5吨、假酒100件。

【侦破省督制售伪劣药品案】 2014年4月，青神县公安局立案查处县食药监局移送的制售伪劣黄芪(中药材）产品线索，成功破案。

【打击涉众型经济犯罪专项行动】 2014年，全市公安部门立非法集资、传销等涉众型经济犯罪案件12起，涉案金额2.89亿元；破案9起，移送起诉案件10起，挽回经济损失1300万元；抓获犯罪嫌疑人60人，移送起诉19人；捣毁非法集资和传销团伙8个，捣毁传销窝点16个。

【打击商业贿赂犯罪专项行动】 2014年，全市公安部门立商业贿赂犯罪案10起，涉案金额近2500余万元；破案4起，移送起诉案件3起，抓获犯罪嫌疑人5人，移送起诉3人。

（李志康　陈天宇）

检察工作

【打击刑事犯罪】 2014年，全市检察机关批准逮捕各类刑事犯罪嫌疑人1130人，起诉2078人。其中打击非法经营、传销、合同诈骗、非法吸收公众存款、逃税骗税、制售假冒伪劣商品和侵犯知识产权等破坏市场经济管理秩序犯罪，批捕55人，起诉75人。

【查办和预防职务犯罪】 2014年，全市检察机关深入机关、企业、乡村、社区和学校开展预防职务犯罪宣讲、讲座61场次，受教育7000余人次，反响良好。促进预防成果转化，《关于惩治和预防职务犯罪年度报告》得到市委肯定。加强侦防一体化工作，结合办案开展随案预防，发出检察建议42份，促进相关单位建立健全制度12项。全年全市检察机关立案查办职务犯罪48件62人，追赃挽损2570余万元。其中贪污贿赂犯罪42件50人，渎职侵权犯罪6件12人；查办大案45件，查办县处级以上国家工作人员11人。抓获在逃职务犯罪嫌疑人1人。

【履行监督职能工作】2014年，全市检察机关加强刑事诉讼监督，监督侦查机关立案26件，纠正不应当立案而立案1件；纠正漏捕32人、漏诉59人；提出刑事抗诉11件；组织开展清理久押不决案件专项检查活动，书面纠正刑事诉讼和监管活动违法41件。推进减刑、假释、暂予监外执行专项检察，纠正提请假释不当6件，监督保外就医期满的罪犯收监执行刑罚1人。深化诉讼结果、过程及执行“三位一体”的民事行政诉讼监督格局。提出抗诉、再审检察建议8件，监督民事执行案件14件，开展民事行政诉讼中的违法行为调查6件。从严惩治司法腐败，查办司法人员职务犯罪3件7人。

【案件流程规范管理】2014年，全市检察机关深化案件管理机制改革，运行检察机关统一业务应用系统，全程、统一、实时、动态管理和监督执法办案活动，发出办案期限预警189次。依托案件管理大厅和门户网站提供网上网下一站式服务，接待辩护人、诉讼代理人及当事人案件查询、阅卷、申请会见承办人562人次，听取辩护人意见38人次。开展“千案千评”活动，评查案件235件。

【队伍建设】2014年，全市检察机关抓理想信念教育和职业道德教育，加强检察文化建设，引导检察人员坚守职业良知和法律底线，涌现出以眉山十大劳动模范、十大法治人物之一的旷汉峰为代表的先进典型。加强依法履职能力建设，提高执法办案能力、群众工作能力、科技信息化应用能力和新媒体时代社会沟通能力。组织岗位竞赛练兵、技能培训、基层检察人员轮训35期，受训干警1300余人次，新补充检察人员11人，市检察院干警中层干部竞争上岗30人，获市级以上表彰22个集体、59人次。推进基层检察院规范化建设，完善科学合理的执法工作规范、办案程序和检察业务考评机制，推行廉政风险防控、干警执法档案、办案质量终身负责等制度，推进案件信息化管理，强化内外监督和过错责任追究，促进执法规范化。彭山区检察院被评为全省基层检察院“四化”建设示范院。

【内部运行监督与接受外部监督】2014年，全市检察机关以党的群众路线教育实践活动为契机，废止、修订和新增纪律作风、文风会风、公务接待、车辆管理等相关规定46项。专项整治执法突出问题、涉案财物管理、警车使用等问题。推进基层检察院规范化建设，完善执法工作规范、办案程序和检察业务考评机制，推行廉政风险防控、干警执法档案、办案质量终身负责等制度，推进案件信息化管理，强化内外监督和过错责任追究，促进执法规范化。主动接受人大、政协和社会各界监督。向人大报告工作，向政协、各民主党派、工商联、无党派民主人士通报工作63次；寄送《联络专刊》3500余份；邀请参加工作视察、“检察开放日”活动、专项执法检查、听庭评议活动25次。深化检务公开制度改革试点，以执法办案信息公开为重点，将检务公开延伸到执法办案全过程。升级改版检察门户网站，建成案件信息公开系统、大型户外电子显示屏等检务公开信息化平台，开通微博、微信、手机报，公开法律文书560份，发布案件信息97条、手机报19期350余条。搭建检察邮政信访绿色通道，在全市250余个邮政代办点摆放检务公开宣传栏和5万个免费带资信封。引入第三方参与矛盾纠纷化解，健全公开审查、公开答复制度，开展现场释法说理工作600余次，公开答复和公开听证16件次。委托第三方测评检察工作，发放调查问卷1000余份，收集意见并整改140余条。检务公开制度改革试点受到市委书记李静、市长宋朝华等领导肯定批示，“检务公开眉山模式”在全省推广，被省检察院记二等功。

（薛良荣）

2014 年，眉山市检务公开制度改革试点工作被省检察院荣记集体二等功

法院工作

【概况】2014年，眉山市中级人民法院下辖东坡、彭山、仁寿、青神、洪雅、丹棱6个基层法院，19个

人民法庭。内设20个职能部门，下设事业单位1个，挂靠设立正县级机构2个（市司法调解中心、市诉调对接中心）。全年全系统工作受到省级以上表彰42人次，受到省市领导肯定性批示27次，1人被评为全国法院先进个人，在四川省统计局社情民意调查中心组织的第三方测评中排名全省第三位。市法院被命名为全国多元化纠纷解决机制改革示范法院。

【刑事审判】2014年，在全市推行减刑假释案件公开开庭审理，全年审结减刑假释案件1135件，公开开庭率100%。全市法院审结刑事案件1530件，判处被告人刑罚1850人，结案率96.53%。其中市法院审结157件，结案率95.73%。惩处涉恶涉毒、“两抢一盗”、故意杀人、故意伤害、绑架等严重危害社会治安犯罪617件925人，审结职务犯罪案件43件，判处贪腐分子58人刑罚。

【民事审判】2014年，市法院落实《服务工业园区办法》，推进创新眉山建设，审结企业劳动纠纷案件1039件，深入各工业园区开展法律服务58次。全市法院审结民商事案件1.47万件，结案率94.69%。其中市法院审结1020件，结案率85.14%。化解婚姻、继承、“三养”、相邻等纠纷3760件，审结合同、公司类商事纠纷5742件。

【行政审判】2014年，全市法院审结行政案件130件，结案率90.28%。其中市法院审结61件，结案率85.92%。结合行政执法中存在的问题及时向行政机关提出司法建议18条，增强行政人员运用法治思维和法治方式解决问题能力，促进行政机关履职，推进法治眉山建设。

【执行工作】2014年，在全市建立覆盖金融、公安、国土、工商、房管等24家单位的“点对点”网络执行查控系统，高效查控2363人被执行人存款7450万元、房地967宗、车辆401台。完善失信被执行人信用监督、威慑、惩戒机制，纳入最高法院失信被执行人名单库142人次，纳入人民银行征信黑名单50人次，对被执行人实施司法拘留45人次，提升执行效率。法定审限执结率、执行标的到位率均排名全省第一。全年全市执结案件3514件，执结率98.51%，执结标的额4.73亿元。其中市法院执结案件153件，执结率97.45%，执结标的额1.55亿元。

【立案工作】2014年，全市法院立案2.14万件，比2013年（下同）增长4.17%，审结21206（含旧存）件，增长4.90%，结案率95.70%，降0.46%。其中市法院立案2732件，增长24.35%，审结2652（含旧存）件，增长24.98%，结案率92.92%，降1.64%。

【诉非衔接】2014年，市委、市人大常委会分别下发《进一步深化“诉非衔接”改革的工作意见》，促进“诉非衔接”多元化纠纷解决工作制度化、规范化和常态化。全市组织非诉调解人员调解技能培训9次，创新培育物业、泡菜、房屋拆迁等专业化、行业性调解组织，拓宽矛盾纠纷解决网络途径，确保人民群众有纠纷都能及时“喊得应”调解组织。市法院“诉非衔接”工作受到全国广泛关注，通过全省社会治理现场会予以推广，成为眉山推进治理体系和治理能力现代化的城市名片。

【诉讼辅导】2014年，市法院新建诉讼服务中心，为人民群众提供“一站式”“全方位”诉讼服务。全年经诉讼辅导分流非诉渠道化解纠纷2127件，当事人自愿放弃诉讼或诉讼辅导法官即行调解化解纠纷3356件，速裁审理案件2095件，进入法院的矛盾纠纷70%以上在司法的“大前台”得到分流化解。

【信访工作】2014年，推进涉诉信访改革。全市法院实行信访台账、风险评估、定期排查和包案化解制度，着重源头治理，着力积案化解，全市法院无新增到省进京非正常访案件。实施涉诉信访依法终结制度，确立涉诉信访导入、处理、退出工作机制，适用诉访分离机制妥善化解信访老案12件。全年全市法院信访总量比2013年下降23%。

【司法救助】2014年，落实中共中央总书记习近平“绝不允许让普通群众打不起官司”要求。市法院制定“司法救助管理办法”，规范司法救助的申请、审批和发放程序，开展司法救助，全年向107件140名孤寡残幼、低保人员等经济困难当事人发放司法救助金104.89万元，为4287件案件当事人缓、减、免交诉讼费1021.14万元。

【司法公开】2014年，推行裁判文书公开，应当公开的裁判文书上网公开率100%。推行执行信息公开，当事人在四川执行公开网、“12368”短信平台或诉讼服务中心可自主查询执行措施、财产处置、案款收支等执行案件信息。推进审判流程公开，投用审判流程公开系统。推行诉讼辅导公开，满足人民群众差异性、个性化的司法公开需求。建设法治教育陈列馆，集中展示东坡法律文化和法院诉讼文化。拍摄《法庭纪实》电视栏目，制作眉山版“今日说法”，让群众在眉山法治故事讲述中接受普法教育。

【队伍建设】2014年，全市法院系统招录干警51人，轮训干警7618人次，支持干警参加在职学历教育42人，选送优秀干警50人到北京大学集中学习。开播《法庭纪实》电视栏目，刊发《东坡司法评论》，拍摄司法为民主题微电影。落实“三条红线”（工作责任红线、廉政责任红线、信访责任红线）制度，节假日封存公务用车，每日通报工作任务、指纹考勤和规范着装情况，整治“庸懒散浮拖”。规范党组会、审委会、院长办公会议事程序，明确法官会见当事人及其利害关系人的场所、时间，完善委托司法鉴定、评估、拍卖和物资采购等操作规程，防范司法重点领域、重点岗位和关键环节的廉政风险。建成四级法院联网的网络投诉举报平台，公布举报电话、邮箱，随案发放“廉政监督卡”，接到群众举报62件。开展“一对一”联络、“法院开放日”等活动，邀请人大代表、政协委员和人民群众观摩庭审、见证执行800余人次。向代表、委员定期报送《眉山法院》报及时反映法院工作动态。开展直接联系服务群众活动，帮助联系村改建桥梁1座，新增种植经济作物2公顷。开展各类文体活动，丰富干警业外活动，凝聚队伍，推动工作，成立读书会、书画摄影小组、健身舞蹈小组、男女篮球队、男女乒乓球队、男女气排球队，坚持每月开展1次小型活动，每半年开展1次大型活动。

（张文娟）

2014年11月8日，市司法局组织律师等在彭山区牧马镇发放法制宣传资料

司法行政

【概况】2014年，市司法局获市委、市政府以上表彰19次，获全省司法行政系统综合考评先进单位。受到省、市领导肯定性批示11次，“调解一次纠纷，上好一堂法治课”专项工作受到省委书记王东明肯定，在《四川日报》头版头条宣传报道。眉山荣获全国“六五”普法中期先进市。

【普法工作】2014年，市委办、市政府办印发《关于深入推进“法律七进”的实施意见》，建立市级领导牵头、相关部门各司其职、协力配合工作机制，落实“法律七进”(进机关、进学校、进乡村、进社区、进寺庙、进企业、进单位)。打造“心连心艺术团”法治文化品牌，编排法治文艺节目深入乡村、社区演出147场。组建“知名律师宣讲团”深入学校、社区、园区宣讲法治课60余场次。市、区县两级分别在青神县、仁寿县、彭山区开展“法律服务暖民心”“送法下乡”暨依法治市宣传、“法律进乡村”启动仪式等法治活动3次。建立法治示范区县1个、示范乡镇20个、示范企业20个、示范学校30个、示范单位56个、示范村50个。“法律七进”工作经验在全省交流。

【律师工作】2014年，市司法局深入工业园区了解外地律师到眉山执业情况，提出规范管理意见。查处违反律师执业纪律2人。组织律师开展“外来企业大走访”“法律服务进万家”等活动。全市律师担任法律顾问912家，代理诉讼案件3211件，办理非诉讼业务331件，提供法律咨询10594人次，代写法律文书1564份，参与信访值班286人次。

【公证与司法鉴定】2014年，组织开展全市公证质量大检查和“让群众感知公证公信力”活动。公证机构办理公证14652件，为群众上门办证187件，上门服务251人次，减免公证费14万元。开展鉴定提速活动，推行鉴定上门服务制度，司法鉴定中心办理鉴定案件1352件，上门服务667件，减免鉴定费3.8万元。

【法律援助】2014年，新建法律援助受理大厅，开展受援人回访活动，扩大受援事项，增加受援人群，提供法律援助1.88万人次，其中办理案件1050件，其他服务16.71万人次，挽回和避免经济损失851万元。

【法制工作与司法考试】2014年，市司法局完成行政权力网上运行47项，经市纪委、市监察局、市法制办审核通过。国家司法考试实现零差错，多次受到司法部、省司法厅通报表扬和奖励。

【人民调解】2014年，实行调解跟着项目走、跟着大事走、跟着节点走、跟着积案走、跟着行业走，筑牢社会和谐稳定的第一道防线。做好“诉非衔接”工作，“诉非衔接”经验在全省推广。全年全市开展排查5618次，受理调解案件1.46万件，调解成功1.42万件，调解成功率98%。全市2023个人民调解委员会的名称、印章、标识、徽章、工作程序、文书格式达到“六统一”。

【基层法律服务】2014年，完成全市基层法律服务2013年度检查和2014年度注册，注册法律服务所41家、基层法律服务工作者144人。完成基层法律服务行政审批185件，行政审批办结率100%。建设村（社区）司法工作站10个。组织全市基层法律服务执业资格报名、考试。

【安置帮教与社区矫正】2014年，拟定全市特殊人群服务管理改革试点实施方案，开展社区服刑人员监管教育帮扶改革综合试点。联合锦江监狱加强服刑人员帮教和过渡性安置帮教基地建设，开展“亲情帮教大走访活动”。组织清理排查社区服刑人员，掌握基本情况，突出重点监管。建立适用轻微刑事案件快速办理调查评估制度，严把社区服刑人员入口关。落实出监必接必送政策，确保刑释人员不脱管、漏管。加强全国社区矫正信息管理系统建设，6个区县全部完成信息登记和录入工作。

【队伍建设】2014年，市司法局组织开展群教活动。局领导班子查找问题30个，制定整改措施17项；局班子成员查找问题155个，制定整改措施64项。组织直接联系服务群众“四支队伍”深入联系乡、社区走访慰问困难群众82人，筹措帮扶资金7万元，创建一个面积为1公顷的绿色基地。“走基层、惠民生”工作荣获全市先进。进一步推进党风廉政建设，确保干警不出事、干成事。市司法局党风廉政建设工作被省司法厅通报表扬。

（市司法局）

眉州监狱

【概况】2014年，眉州监狱坚持依法治监，各项工作得到持续提升，实现监狱“六零”（罪犯脱逃、重大狱内案件、较大以上安全生产事故、重大公共卫生安全事故、群体性事件、影响较大的负面舆情为零）目标，在全省监狱绩效考核评比中获一等奖。

【维稳能力建设】2014年，眉州监狱深化安全隐患专项排查整治，建立违禁品查禁机制。落实卫生责任制，通过省食品药品监督管理局组织的餐饮服务食品安全等级A级验收。

【治监能力建设】2014年，眉州监狱推进狱务公开、计分考评及循证矫正试点，建成狱务公开门户网站。举办首届“新起点”艺术节和即将刑释人员就业招聘会，开展“警民亲”大走访、“百子千妻万母”亲情帮教活动。

【队伍建设】2014年，眉州监狱开展学习中共中央总书记习近平系列重要讲话“大学习大讨论”等专题活动，挖掘宣传眉山市依法治市先进个人薛伟、拾金不昧民警蒋玉霞、眉山见义勇为好人张力等典型。推进“战训合一”，构建和高校合作办学培训模式，建立科级领导到地方挂职锻炼长效机制。

【廉政建设】2014年，眉州监狱落实中央“八项规定”、省委“两个意见”（《关于建立健全作风建设长效机制的意见》和《关于认真贯彻“三严三实”要求，进一步加强党员干部教育管理监督的意见》）“一个决定”（《中共四川省委关于坚持思想建党与制度治党紧密结合全面推进从严治党的决定》），开展“增强党性、严守纪律、廉洁从政”专项教育和“5+3”（庸、懒、散、浮、拖、油、躲、缺）专项整治等活动，加强党委班子廉政学习、民警队伍廉政教育、民警廉政警示教育，落实铁规禁令。

【保障能力建设】2014年，眉州监狱推进监狱企业改制，完成高度戒备监区、教育改造中心等基础设施建设。加强信息化建设，自主设计开发监区RFID（定位系统）巡更系统及电脑身份识别软件，完成监狱基础建设二期工程配套信息化项目建设，通过构建教育专网实现信息化向教育改造的深度拓展。

（眉州监狱）

2014年4月10日，眉州监狱开展劳动改造能手亲情帮教活动

经济管理

综　述

2014年，全市实施省委“三大发展战略”（实施多点多极支撑发展战略，构建全省竞相发展新格局；实施“两化”互动、城乡统筹发展战略，形成“四化”同步发展新态势；实施创新驱动发展战略，增强转型发展、跨越提升新动力），做好“五个主题年”工作，经济社会保持健康平稳发展势头。全年全市地区生产总值实现944.89亿元，比2013年（下同）增长10.1%，比全省增速高1.6%，居全省第四位。规模以上工业增加值增长10.2%，比全省增速高0.6%，居全省第八位；地方一般公共预算收入75.2亿元，增长15.6%，比全省增速高5.8%；全社会固定资产投资922.98亿元，增长22.1%，比全省增速高10.1%，居全省第五位；社会消费品零售总额319.71亿元，增长12.9%，比全省增速高0.2%，居全省第十二位。第一产业增加值152.19亿元，增长3.9%。第三产业增加值252.81亿元，增长11.2%，增速居全省第三位。

发展改革管理

【规划编制】2014年，市政府印发《眉山市实施多点多极支撑推进跨越发展规划（2013—2017年）》，市政府办印发《眉山市“十三五”规划编制工作方案》。启动全市“十三五”规划编制工作。开展《眉山市“十三五”基本公共服务均等化规划》调研及编制工作。编制全市灾后重建规划，将社会管理类项目170余个，估算总投资4.5亿元，纳入芦山地震灾后恢复重建公共服务设施建设专项规划。

【项目投资】2014年，全市全社会固定资产投资922.98亿元，比2013年增长22.1%；招商引资到位资金650亿元。新签约并履约法国达能、中联重科、汇源果汁、中建钢构等世界500强、中国500强或投资10亿元以上项目25个。16个省重点项目完成投资62.48亿元，进度位居全省市州第二位；100个市重点项目投资307.44亿元。岷江汉阳航电工程、联合利华（四川）全球生产基地和天府仁寿大道视高段等重点项目建成投入使用。全年举办5批次370个重点项目集中开工和竣工，开工项目投资164.59亿元，竣工项目投资237.43亿元。

【资金争取】2014年，全市争取到中央补助资金5.7亿元，比2013年增长27%，落实第一期开行棚改贷款24.7亿元。争取到省发展改革委调整眉山市《芦山地震灾后恢复重建总体规划项目》，全市新增规划投资2.75亿元。争取到国家发展改革委批复同意市资产经营公司发行公司债券14亿元、仁寿县资产经营有限公司发行企业债券。申请眉山市宏大建设投资有限公司发行第二期公司债20亿元。

【产业园区】2014年，全市争取到国家、省预算内园区引导资金500万元。清理全市开发区情况，形成《眉山市2013年开发区发展情况的报告》《眉山市重点产业园区信息情况汇总表》。

【天府新区】2014年，眉山参与天府新区调规及扩规，扩规面积500平方千米；争取将仁寿中岗乡、向家乡纳入省空港经济区；参与制定眉山天府新区支持政策；争取省支持组建黄龙溪至彭祖山养生休闲经济区、三岔湖至高家镇到黑龙滩旅游经济带；天府新区眉山片区计划开工项目84个，总投资372亿元，全年计划投资108.39亿元，实际完成投资83.85亿元，完工项目18个。

【成眉合作】2014年，市政府印发《2014年眉山区域合作六大行动方案》，涉及成都、资阳、雅安经济社会各领域6个大项、22个子项。参与成都经济区多边合作，重点与成都区县、资阳、雅安、乐山合作。召开雅眉区域合作座谈会，签署《雅安—眉山区域合作框架协议》《交通合作协议》《旅游合作协议》，启动雅眉区域合作。完成与毗邻市的交通路网对接。全省首个飞地园区甘眉园区新增规模以上工业企业7户、销售收入83亿元、工业用电量26.3亿千瓦时。

【第三产业】2014年，全市第三产业收入252.8亿元，比2013年（下同）增长11.2%，增速居全省第三位。全市第三产业投资540.41亿元，增长27.2%，比全社会固定资产投资增速（22.1%）高5.1%，拉动全社会固定资产投资增长15.3%。全市87个三产重点项目投资197.32亿元。全市举办各类促销活动115次。

【产业发展】2014年，市政府制发《2014年全市产业转型升级年工作方案》，加快构建现代产业体系；制定全市《服务业改革发展工作方案》，汇总上报全市服务业改革推进情况。争取到位2013年第二批战略性新兴产业发展专项资金，仁寿莱福德科技有限公司专项资金900万元。仁寿欧迅石油天然气钻采服务项目、四川金核辐照技术有限公司高能电子辐照生产项目、成都森科制药有限公司中成药生产（一期）建设项目申报为2014年省预算内基本建设投资“现代服务业、新型工业化及其他”项目。

【综合交通建设】2014年，全市综合交通33个重点项目完成投资121.86亿元。成绵乐铁路、遂资眉高速公路建成通车，成昆铁路扩能改造工程进度全线领先。成都经济区环线高速公路东坡区段控制性工程建设展开；仁沐高速公路施工图设计及预算获省交通运输厅批复，签订征地拆迁协议。眉山至资阳城际铁路纳入《成渝经济区城市群城际铁路网规划》，上报国家发展改革委审批。汉阳航电1、2号机组并网发电。

【工业交通】2014年，眉山市发改委、乐山市发改局开展仁寿经沐川至马边调整公路试验路段仁寿至井研段工程可研评估。眉山市发改局批复省道106线仁寿至眉山段增设防眩设施工程、106线杨家沟大桥维护整治工程、雅安望鱼至瓦屋山公路灾后恢复重建工程及全市公路安保工程（路侧护栏）及其他公路工程；争取到省发改委批复岷东大道项目。

【招投标管理】2014年，市发改委核准公开招标的国家投资工程建设项目86个，其中政府投资工程建设项目81个，在立项审批（可研批复）一并核准，单独核准其他国家投资工程项目5个。直接参与现场监督123项次，组织区县现场监督96项次，全市进入市公共资源交易中心交易的政府投资项目249项次，招标控制价43.86亿元，中标金额35.5亿元，节约资金8.36亿元，节资率19.07%。牵头办理新增不可预见突发工程认定23次，审核新增工程资金5600余万元。

【项目稽查】2014年，市发改委配合省重大项目稽察办开展专项稽查4次，办理举报投诉案件6起，严肃处理查证问题，暂停项目2个，重新启动项目3个。不予退还投标保证金610万元。企业被列入不良行为记录1家，市场禁入1年；6家企业受到半年内不得参加眉山市范围内政府投资工程建设招投标活动处理；16家轻微违规企业被约谈。有效打击投标人虚增业绩、弄虚作假、骗取中标等行为。

【政务服务】2014年，市发改委将清理编制完成的77项行政权力，全部录入行权平台运行系统，按要求试运行。其中行政审批（行政许可）3项；行政处罚73项（招投标类行政处罚35项、价格类行政处罚38项）；政府内部审批事项1项。全年行政服务中心窗口办理行政审批189件，其中并联审批项目45个，总投资93.3亿元，行政审批办结率、满意率、及时率均为100%。

【社会事业】2014年，全市争取到社会事业项目中央补助资金1.23亿元，比2013年增长21%。审批社会事业项目27个，估算总投资7亿元。

【体制改革】2014年，市发改委制定《眉山市开展负面清单管理模式改革试点工作方案》，确定在彭山经济开发区、金象化工产业园区试点。两个试点区域制定内资准入负面清单。制定《关于服务业改革发展的实施意见》，明确改革任务30项。印发《关于划分市和区县企业投资项目核准权限的通知》，调整和缩小核准项目范围，进一步简政放权。

【公车改革】2014年，成立眉山市公务用车制度改革领导小组，启动全市公务用车制度改革，涉及全市单位150家，一般公务用车1725辆，完成公务用车制度改革摸底数据统计上报工作，报省车改办审核通过。

【医药改革】2014年，全市职工医保、城镇居民医保和新农合三项基本医保参保（合）率稳定在98%以上，城镇居民医保和新农合人均政府补助标准增至320元。全市所有基层医疗卫生机构和村卫生室坚持实施基本药物制度，实现覆盖率、零差价销售率、网上采购率、阳光采购积分合格率均为100%。三级、二级医院基本药物使用比例分别为38%、57%，基层医疗机构门急诊次均药品费用下降20%、住院次均药品费用下降34%。强化卫生基础设施建设，社区、乡镇卫生院、村卫生室标准化建设达标率分别为92.31%、97.69%、83.63%。

【能源建设】2014年，开展全市9个压缩天然气加汽站和3个压缩天然气汽车改装厂安全大检查，专项检查9个高瓦斯煤矿、2个煤与瓦斯突出煤矿的瓦斯防治情况；争取洪雅吴河至夹江三洞110千伏输变电工程由乐山、眉山发改委核准。岷江汉阳电航枢纽工程220千伏送出工程项目建设投入运营。

（市发展改革委）

工商行政管理

【工商登记制度改革】2014年，改革工商登记制度。市政府印发《眉山市市场主体住所（经营场所）登记管理办法（试行）》等。实施企业信用信息公示制度，印发《企业信息公示暂行条例及配套规章》等宣传册5万册，制作宣传动画在电视台播放，组织实施年报公示，全市1.04万户企业申报信息公示联络员备案，7832户市场主体完成年报公示，年报率57.78%。全年全市新增市场主体1.37万户，其中企业2269户，比2013年增长64.18%。

【民营经济】2014年，市委、市政府作出《关于加快推进民营经济跨越发展的决定》，成立市委书记、市长任组长的领导小组，召开全市民营经济工作会议以及每季度联席会议，制定《眉山市民营经济发展目标考核办法》。落实各级关于促进民营经济发展的各项政策，结合法律进民企等活动，加强走访联系企业、调查研究、非公有制党建、小微企业帮扶，搭建银政企融资平台融资1.22亿元。成立行政审批代办、一费制缴费、金融服务“三个中心”，优化发展环境，搭建园区等企业发展平台，表彰优秀民营企业，激发民营企业家干事创业活力。

【商标管理】2014年，在全市宣传培训新《商标法》，组织3户企业申报全省第二轮商标战略实施示范企业，指导企业参加“川货全国行”“万企出国门”等活动。开展商标战略进园区和商标战略示范基地、示范县创建。全市70%园区建立商标服务站并提供固定办公场所。省工商局在全市确定商标战略示范基地、示范县各1个。全市新申请商标注册220件，新创立中国驰名商标1件，新注册地理标志证明商标1件，新认定2013年度市知名商标24件，初审认定四川省著名商标6件并公示。

【执法监管】2014年，在全市开展“红盾春雷行动2014”，查处案件177件，案值408.55万元。开展“处非”专项行动，加强监管，协助处突维稳，削减存量，全年全市削减投融资理财信息咨询类企业37户。开展“红盾网剑2014”、反不正当竞争执法、农资商品和成品油质量监测、打击传销、格式条款监管、违法广告整治、查处取缔无照经营等工作，全市工商系统查处经济违法违章案件1016件，案值923.33万元。

【依法行政】2014年，全市工商系统规范行政权力运行，完善行权平台建设，清理非行政许可、行政许可和行政处罚事项，取消4项非行政许可审批，承接省政府下放的3项行政许可，编制《眉山市工商局行政执法手册》。开展行政执法检查，规范行政执法程序，细化行政处罚自由裁量权，制定行政许可、行政确认、其他行政权力（备案）裁量标准。深化行政调解，采取行政调解“六化”建设等有力措施推进行政调解，全年市工商局2个行政调解案件被评选为眉山市优秀案例。

【消费维权】2014年，市工商局加强流通领域商品质量监管，监督经营者落实商品质量管理责任，抓专项整治行动，抽查检验9类商品194个批次。开展新《消费者权益保护法》宣传普及和集中学习培训，组织“消费教育讲堂”活动，建立和完善“消费教育示范基地”，发布消费提示和警示。加强消费维权体系建设，扎实推进“一会两站”“12315”“五进”和“12315”平台数据信息录入，强化市场商场超市消费维权服务站规范化建设，建成消费维权服务站18个。全市接受各类消费咨询6600余人次，处理各类消费者投诉举报951件，为消费者挽回经济损失182万元。

【作风建设】2014年，市工商局开展教育实践活动，开展“三项治理”、解决“四风”方面突出问题。贯彻落实“两个责任”。理清两个责任具体内容，防止有权力无责任、有责任不落实现象。推进正风肃纪，制定9个专项治理方案，整改存在问题，开展“慵懒散浮托”和收受红包礼金专项整治活动，加强监督检查，确保实效。

【体制调整】2014年，全市工商系统推进管理体制调整。完成《三定方案》和机构、编制、人员、经费、资产、档案等移交，做到下达编制数不变，领导职数不变，工商所级别不变。

【其他工作】2014年，市工商局优化领导班子结构，建立动态人才库，基层干部参训率100%。加强数据质量建设，实现数据信息共享，加快信息化设备更新换代，实现网络畅通率100%，资源资产数据采集及时率、完整率、准确率和利用率均100%。2013—2014年，省工商局专项补助眉山工商局基层建设经费560余万元，基层工商所规范化建设100%。

（市工商局）

安全生产监督管理

【概况】2014年，全市各类生产经营性事故死亡29人。其中生产经营性道路交通事故死亡24人、工矿商贸事故死亡5人。亿元GDP死亡率下降25%，工矿商贸就业人员10万人死亡率下降31.3%，道路交通万车死亡率下降13.2%。发生较大事故1起，连续4年无重大及以上事故发生。

【责任体系构建】2014年，市、区县党委、政府均制定安全生产“党政同责”暂行办法；市、区县政府主要负责人担任同级安委会主任；市、区县政府制定安全生产“一岗双责”规定；市委、市政府将重点行业领域专项整治细化为33项，分别由10位市级领导挂帅、23个部门牵头负责、相关部门配合，形成齐抓共管合力；市、区县安全监管部门每季度向同级组织部门通报安全生产考核情况。

【事故防范体系建设】2014年，实施“三零”（零死角排查、零容忍整改、零放过处理）工作法，市安监部门开展隐患排查治理。实行每月一排查、每月一整改、每月一通报。全年明察暗访单位4.5万余个次，排查整治各类事故隐患2.6万余处，其中整治完成省级3处、市级28处挂牌督办重大隐患。按照“全覆盖、零容忍、严执法、重实效”要求，集中开展安全生产大检查，组织836个督查组9554人次，抽查企事业单位和场所3749家次，责令限期整改1342起、停产停业8家、暂扣或吊销证照5个。市、区县采取政府购买服务方式，聘请专家诊断重点企业。300余家企业利用四川省隐患排查信息系统报送隐患排查治理信息2000余条（项）。

【煤矿和非煤矿山专项整治】2014年，抓春节后煤矿复工复产，聘请专家组开展煤矿异地交叉检查，专项检查全市煤矿企业瓦斯防治情况。调整煤矿行业管理职能，推进煤矿整顿关闭和兼并重组，关闭仁寿县杉树煤矿。开展全市煤矿、金属非金属矿山业主、矿长谈心对话活动190人次。全年，省、市、县三级联动，检查煤矿152矿次，排查整改隐患1086件、全面停产整改整顿4矿次。实行煤矿瓦斯超限报警当作事故处理制度，全年煤矿瓦斯超限报警64次，比2013年减少67次，其中三级报警3次，查处3矿次。完成仁寿县与威远县威仁片区水患治理联测。落实金属非金属矿山两个“双十条”规定，检查金属非金属386矿次，排查隐患1931件，实施停产整改32矿次，关闭（退出）金属非金属矿山37处。

【危险化学品和烟花爆竹专项整治】2014年，完成全市危险化学品“两重点一重大”企业自动化控制系统改造14家，拉网式排查易制毒化学品企业8家、危化品生产企业42家、加油站255家、危化品经营单位211家。开展全市危险化学品、烟花爆竹企业负责人谈心对话活动100人。专项执法检查烟花爆竹，排查整改各类安全隐患652处，停产整改烟花爆竹生产企业2家，查处非法经营、超范围经营烟花爆竹案7起。

【加强职业健康监管】2014年，开展全市职业危害作业现场检测310家，职业危害接触人员体检2.3万人次，职业危害申报企业240家，现状评价企业265家，建成职业卫生规范化管理企业30家。

【道路交通专项整治】2014年，成立全市道路交通综合整治办公室，建立联合执法机制。完成安保工程（路侧护栏）建设652.31千米。128个乡镇成立农村交管办，配备专职人员457人，430个重点村设立512个劝导点。排查三类以上维修企业198家。设立路面管控点18个，新建固定超限检测站9个。全年检测货运车辆80.43万台次，查处双超车辆1.74万台，卸载货物22.08万吨，行政刑事拘留恶意冲关、妨碍执行公务驾驶员15人。

【特种设备专项整治】2014年，开展液化石油气、车用压缩天然气、永久气体充装站及涉氨企业、电梯维保单位等专项整治行动，排查重点监控特种设备425台套。检查特种设备生产、使用单位868家，检查锅炉、压力容器、电梯、起重机械等设备8600余台，气瓶1万余只。排查整治重大特种设备安全隐患37个，立案查处特种设备违法行为8起。

【粉尘防爆和涉氨整治】2014年，全市218家企业集中开展粉尘防爆隐患排查整治。全市涉氨制冷企业开展专项整治25家，关闭不符合产业政策、不具备安全生产条件的涉氨制冷企业6家，更换制冷工艺4家，提升改造15家。

【基层基础建设】2014年，全市131个乡镇（街道）均成立安监所（安办）、交管办、驾驶人安全协会分会等，配备专兼职人员。全市地质灾害隐患点设立专职监测人员586人，完成地质灾害避让搬迁524户。实施“安信工程”，全市建成一级安全标准化企业3家，二级安全标准化企业30家，三级安全标准化企业200余家。市委、市政府奖励新建成二级标准化的企业每户3万元，开展表彰优秀民营企业、眉山市知名商标等评选活动，实行安全生产“一票否决”制。全市乡镇开展“四川省安全社区”建设工作10个。各乡镇结合开展群教活动，实施工作场所、学校、道路交通、消防、家居、社会治安、老年人安全等各类促进项目12类76个大项160个小项，落实工作经费398.7万元，带动项目经费4.76亿元，解决乡镇重点问题276个、群众需求249项。6个乡镇通过审核评定，被省政府安委会命名为“四川省安全社区”，11个乡镇（园区）启动“四川省安全社区”建设。

【安全文化建设】2014年，全市开展安全生产知识“七进”（进企业、进农村、进社区、进学校、进机关、进景区、进家庭）活动。印制新《安全生产法》《职业病防治法》读本送各部门、重点企业、乡镇2万册。各区县组织宣讲队到乡镇、进企业开展“新安法”宣讲活动。组织开展“安全生产月宣传咨询日”活动。开展“寻找最尽职的安全操作手、最负责的安全管理者、最履职的安全监管者”评选和“三巡演”活动。开展“三寻找”先进典型巡演活动20场。新华社、《中国安全生产报》《四川工人日报》、新浪新闻、网易新闻、四川在线等媒体报道活动情况。各级组织、人力资源、党校（行政院校）将安全管理纳入公务员、事业人员培训内容，各类主体培训班增开领导干部安全管理课程。组织开展“安康杯”竞赛，被评为全省先进组织单位。蒙牛公司、605地质队、洪雅幺麻子食品有限公司等建成省级安全文化建设示范企业。

（市安监局）

审　计

【机构】2014年，眉山市审计局撤销金融审计科、经贸审计科、农业与社会保障审计科，新设财政审计科、金融审计科、行政事业审计科、企业审计科、农业与资源环保审计科、社会保障审计科，人事科更名为人事监察科。

【审计成果】2014年，市审计局完成审计项目891个，查出主要问题金额63.97亿元，其中违规金额3.92亿元、管理不规范金额60.05亿元；损益（收支）不实5.11亿元；审计处理处罚金额61.07亿元，其中应上缴财政3.34亿元、应减少财政拨款或补贴5332万元、应归还原渠道资金15.23亿元、应调账处理金额29.31亿元；审计发现非金额计量问题34个；审计促进整改落实有关问题资金38.23亿元，其中增收节支16.5亿元、已调账处理金额19.5亿元、审计促进拨付资金到位453万元、审计后挽回（避免）损失22万元。移送司法机关、纪检监察机关和有关部门处理事项31件。出具审计报告和专项审计调查报告186篇。提出审计建议303条，提交审计信息129篇，被批示、采用42篇。向社会公告审计结果10篇。获全国政府性债务审计公务员集体三等功；获人社厅、审计厅表彰的（4年一次）全省审计先进集体；1个项目获全省十大优秀审计项目，1个项目获全省表彰项目；在审计业务绩效考核中名列全省第三。

【财政预算执行审计】2014年，市审计局完成预算执行审计项目28个，延伸审计单位14个，审计查出问题金额47.48亿元；财政决算审计项目20个，延伸审计单位6个，审计查出问题金额11.75亿元。

【经济责任审计】2014年，市审计局完成经济责任审计项目58个，审计查出问题金额3.13亿元。

【固定资产投资审计】2014年，市审计局完成固定资产投资审计项目760个，送审投资27.44亿元，核减投资1.94亿元；提出并被采纳审计建议258条，促进建立健全规章制度10项；移送案件线索1件。

【企业审计】2014年，市审计局完成企业审计项目1个，审计查出其他问题金额75万元。

【专项资金审计】2014年，市审计局完成专项资金审计项目3个，延伸审计单位2个，审计专项资金总额4.21亿元，审计查出问题金额1.31亿元。

【信息化建设】2014年，市审计局建立全市审计会商系统，向省审计厅上报计算机审计方法和案例9个，通过计算机审计中级培训考试1人。

（万秋池）

2014年8月15日，召开“全国土地出让收支和耕地保护情况审计”眉山市审计组进点见面会

统　计

【统计业务】2014年，市统计局完成核算、工业、投资、商贸、农经、服务业、人口和就业、能源和环境、社会、科技、“两纲”统计监测、小康监测等工作。加大各专业统计分析力度，及时反馈全省经济信息和眉山在全省的情况。开展统计法制宣传，执行统计数据审核评估，制止统计数据虚报、瞒报、伪造、篡改等违法行为。

【统计改革】2014年，市统计局完成《关于国家有关重大统计改革动向的报告》，获市委书记和市长肯定性批示，市政府第83次会议专题研究部署。印发《眉山市统计局贯彻实施全面深化统计改革总体方案重点工作任务分工意见》《眉山市统计局建设现代化服务型统计行动方案及责任分工》，细化“改革”任务，掌握改革动向及对全市主要经济指标的影响。组织区县、部门、园区学习统计改革精神，分析改革事项，把握改革动向，谋划改革办法，制定改革措施。收集整理全市各级各部门在执行现行统计制度和实施全面深化统计改革过程中好的思路和成功的做法，翔实反映眉山统计改革动向。

【统计服务】2014年，市统计局围绕眉山“稳增长”，加强统计监测和咨询服务。搜集社情民意动向，开展文化产业、“两化”互动统计监测，推进“三农”工作重点调查。执行《成都天府新区统计监测方案(试行)》，服务成都天府新区科学发展、加快发展。利用市政府门户网站、统计内网、统计外网、主流媒体等渠道规范发布统计信息，解读经济形势；及时回复公众咨询留言，引导社会关注经济发展质量、效益和可持续性。

【统计基层基础建设】2014年，全市6个区县统计局全部通过省统计局规范化建设达标验收，其中彭山区统计局被省统计局评为规范化建设示范单位；完善部门、乡镇、企业统计基础工作，按照规范化建设标准强化机构建设、队伍建设、制度建设、业务建设和统计管理。2014年眉山统计基层基础建设获全省一等奖。

【统计法制建设】2014年，市统计局坚持将统计普法宣传纳入各级普法规划；推进《统计法》“七进”活动；开展“3月法制宣传月”活动，利用“6·26”全国禁毒宣传日、“12·4”宪法宣传日等重点宣传新《统计法》《四川省统计管理条例》和《四川省人民政府关于进一步加强统计工作的意见》等；加强统计从业资格考试和统计人员继续教育培训，提升统计从业人员持证率和注册登记率。强化统计巡查和执法检查，每季度对“四上”企业开展巡查；采取市县联动、专业协作方式联合开展统计执法检查，重点查处统计数据造假和各级各部门干预统计数据的统计违法行为。组织统计执法骨干参加省统计局业务培训，提升统计执法能力。

【经济普查】2014年，市统计局完成现场采集数据、数据审核纠错、质量抽查、汇总评估等阶段性工作。组织普查人员近4000人完成全市第三次全国经济普查。全面摸清全市第二、三产业家底。初步汇总，全市从事第二、三产业活动的单位1.4万余个，比第二次经济普查（下同）增加近2000个，增长16%；全市个体经营户16万余户，增长14%以上。全市第二、三产业法人单位及有证照个体经营户从业人员71万余人，增加16万余人、增长30%。普查期间，全市无违反《统计法》及《普查方案》要求的违纪违法行为发生。

（市统计局）

统计调查

【概况】2014年，眉山调查队以抓党员干部作风转变为切入点，加强调查业务基础工作，强化系统管理，提升工作质量，提高调查服务水平。眉山调查队在全省调查系统综合考核中获第七名，获奖专业11套。

【调查业务】2014年，住户调查培训讲台下移至区县，组织全市记账户面对面培训840户。建立主要畜禽监测公示制度，推行畜禽监测明白卡和调查点挂牌。定期通报生猪调出大县核定数据和工作推进情况。CPI调查基期轮换，推进工价调查“一套表”联网直报。实行科室岗位“AB”角；推行调查关系告知制度、国家调查企业挂牌制度；建立企业信用档案制度；探索和实践区县+辅助调查员共同参与新模式。各专业推进“5+5”模式，编印《专业工作指南》。收集整理住户、畜禽监测和县级粮食抽样调查三个专业调查网点在眉山市所辖区县的分布情况950余个，汇编成《眉山市基层调查人员联系手册》。强化宣传培训、一线督导、质量控制、红线意识；优化调查方法，创新“以支推收”方式，完成全市46个普查区6081户个体经营户的数据采集和上报。

【专项调查】2014年，组织开展国家统计局住户调查基层基础报表测试评估；围绕民生民意和经济发展开展重大课题研究，撰写的《城乡一体化住户调查中的数据质量控制探讨与实践》被四川调查总队作为重点课题；做好党风廉政建设民意调查、四川科技成果转化率调查、依法行政第三方测评等国家调查任务。开展党风廉政建设、市级单位对园区新区授权和服务满意度调查等专项调查。开展眉山市检察院机关群众满意度民意调查、社会公益调查大学生价值观调查、社会青年组织调查、农村土地流转情况、农村留守妇女儿童状况等方面调查。其中《眉山市部分农村留守老人生活状况调查》获省委常委李登菊批示。

【法制建设】2014年，实行独立调查、独立上报，加大案件查办力度，防止统计数据弄虚作假；抓统计普法集中宣传活动，制定工作方案，组织人力、物力，实施“法制宣传月”、“6·26”禁毒宣传日、“9·20统计开放日”等重要时点普法宣传活动，向群众发放普法宣传资料1000余份，印制《走近中国统计，了解国家调查》宣传手册500余份发放给调查企业和调查对象；开展“六五”普法活动及法律“七进”活动，全年组织开展送法到调查企业、调查点和联系乡镇、村10次以上。聘请2名律师担任常年法律顾问；开展数据质量大检查，加强被处罚单位跟踪回访，巩固执法成果。全年查办统计违法违纪案件4起，其中立案1起，眉山调查队、市统计局查处案件1起。

【调查服务】2014年，眉山调查队编报各类经济信息、信息专报、调研报告被省以上采用294篇次，被中办国办采用16篇次、国家统计局采用35篇次，省“两办”采用14篇次，四川调查总队内网采用230篇次。被省部级领导签批2篇次、市级领导签批5篇次。

（杨　益）

价格管理

【价格改革】2014年，市发改委完成居民用气分档气量调查测算，指导区县贯彻落实阶梯水价，推进居民生活用水、用气“一户一表”改造。落实瑞能硅材料公司和相关电力企业直接协商签约购买电量6.03亿千瓦时。明确企业新建自备电厂系统备用费，规范花溪电力公司趸售电价及销售电价，调整通济堰所属电站上网电价。减少行政事业性收费和服务性收费项目，取消37项、免征24项、停收7项、降低1项、放开7项，取消经营服务性收费许可证申领和年检。

【价格调控】2014年，全市消费价格指数比2013年上涨1.9%，略高于全省消费价格指数涨幅，社会物价总体水平保持稳定。争取省上扶持生猪、粮食、农机购置等专项扶持资金，促进粮油和生猪生产，保障供应。储备原粮2.9万吨，小包装食用油210吨，大米2100吨，国家临时储存菜籽（油）74412吨确保市场应急供应。

【价格监测预警】2014年，强化全市价格监测、分析、预警，规范工作制度，推进价格民生服务。开展价格监测、预测预警、市场巡视、动态分析和市场调研等。提高市场价格监测预测准确性，为政府调控物价提供科学依据。

【价格信息分析与发布】2014年，每月收集全市物价政策信息，向省物价局报送相关信息。每月收集编发价格政策、商品价格、价格网上信息等，向市“新农通”农村移动信息化办公室报送信息8篇以上，保证每月至少1条信息通过“新农通”平台上传到农户手机上。全年市级上报各类报表130余期，区县上报各类报表350余期。形成价格预测预警分析材料14期，全年在省发改委价格与收费栏目里的价格监测网上采用8篇。

【资源价格改革和要素保障】2014年，全市3家企业（瑞能多晶硅、铝业一期、铝业二期）执行留存电量政策，电量22.16亿千瓦时，减少电费支出3.46亿元；瑞能多晶硅、铝业一期、铝业二期执行直购电政策，电量6.04亿千瓦时，减少电费支出6600万元；辉腾金属、林德气体、丹甫机械、阳光纸业、丰泰纸业、飞云铝业、明坤建材等7家企业执行富余电量消纳政策，电量4794.11万千瓦时，减少电费支出299.18万元。协助洪雅凯迪生物质发电厂申报生物质发电上网电价政策0.75元/千瓦时，接网工程补助0.01元/千瓦时，其中接网工程补助为每年企业增加效益约225万元。对接省发改委解决四川金象赛瑞化工有限公司生产用气结算比例问题，企业年减少支出1490.48万元。

【资源价格改革和改善民生】2014年，完善全市社会救助和保障标准与物价上涨联动机制实施办法，居民消费价格指数（CPI）同比涨幅连续3个月达3%，或CPI中粮食价格同比涨幅连续3个月超过10%，全市统一启动联动机制，发放价格临时补贴。发放2013年下半年“低保”“五保”家庭用户每月15千瓦时免费用电补贴18.62万户次876.42万元。市天然气价格专项调节金账户拨付1257.06万元，补贴眉山城区城市公交和东坡区农村客运气价上涨成本，补贴用于城市公交车辆更新500万元。彭山、青神、丹棱继续试点居民电价与四川电网同价政策，全年减少居民电费支出3300余万元。

【价格与收费专项检查】2014年，开展全市涉企收费、医药卫生服务价格和银行金融行业等专项检查，查处价格违法案件6件，经济制裁325.66万元。其中，退还158.28万元，罚款167.37万元。

【涉企收费专项检查】2014年，启动涉企收费专项检查下查一级、移交处理。专项检查市区县交通局、住建局及其下属单位、协会近40个。检查工商银行、农业银行、中国银行以及乐山、德阳和成都商业银行等收费。

【重点时段市场价格监管】2014年，春节、清明、“五一”、端午、中秋、国庆等重大节假日期间，全市出动检查组170余个，发放宣传资料、宣传册等4800余份，政策提醒告诫函200余份，规范各类商铺1100余家，重点检查大型商场超市30余家、各类农贸市场10余个以及各地客运中心站、旅游景点景区门票价格和停车收费等，维护市场价格秩序。

【价格举报】2014年，全市受理群众价格政策咨询举报72件。其中咨询28件，价格违法行为举报44件（来信2件、来电63件、电子邮件4件、来访3件）。举报案件协调办结43件，查处办结1件，实现经济制裁1600元，办结率100%。

【成本监审】2014年，完善《眉山成本监审档案管理制度》等5项制度，组织开展彭山区人民医院医疗服务成本监审，完成国家、省安排布置的农产品成本和重要商品的调查任务，创新农产品调查管理制度。创立“农本基础工作月”活动，实施责任管理制度、AB岗工作制度、目标考核制度、误工补贴等制度。

【价格认证】2014年，全市办理各类价格鉴定、认证631件，比2013年（下同）增长9.36%，标的总金额8292万元，增长2.5%。眉山市价格认证中心荣获全国认证工作先进单位，彭山、丹棱、青神荣获全省先进单位。

【“一费制”缴费服务】2014年1月，公布2014年《眉山市市本级涉企收费目录》（行政事业性收费），在市政务服务中心电子信息台（触摸屏）、市政府网站、《眉山日报》上公示、公告，印制成册分送到企业、园区。5月补充公布2014年《眉山市市本级涉企收费目录》（经营服务性收费）涉及11个部门，23个收费项目。清理并公示2013年以来取消、免征、停收、降低的涉企行政事业性收费项目38项（取消16项、免征16项、停收5项、降低1项）；放开实行市场调节价的涉企经营服务性收费3项，督促各执收部门及时变更收费许可证，将取消、免征、停收、降低及放开的涉企收费项目及标准的措施落到实处。

【收费年审】2014年，市发改委、市财政局开展2013年度行政事业性收费及“收费许可证”年审。市级审验行政事业性“收费许可证”正本61本、副本65本，行政事业性收费单位的收费总额4.8亿元，年审合格率100%。推动收费管理工作信息化、规范化、科学化，完成行政事业收费及“收费许可证”相关的信息梳理、编制录入。

【医疗服务价格】2014年，取消药品加成，降低大型医用设备检验价格，调整新增部分医疗服务价格，逐步理顺医疗服务比价关系，促进公立医疗机构建立科学合理的补偿机制。开展彭山区人民医院2013年度医疗服务项目定价成本监审。实行全市非公立医疗机构医疗服务价格市场调节价，公布全市公立医疗机构名录。

（市发改委）

质量技术监督

【质量工作机制】2014年，市政府印发《眉山市贯彻实施质量发展纲要2014年工作计划》，修订印发《市政府质量奖评审管理办法》，将质量安全和质量发展主要指标纳入政府绩效考核体系。承办全省“质量月”活动启动仪式并发布眉山市首份《质量状况白皮书》，将质量分析领域扩大到“四大质量”（产品质量、工程质量、服务质量、环境质量）。

【质量品牌建设】2014年，全市申报“彭山葡萄”“文宫枇杷”国家地理标志保护产品2个。金象赛瑞化工股份有限公司获第三届四川质量奖，创建丹棱陶瓷建材产业园区，天府新区仁寿视高经开区获准创建“四川省知名品牌创建示范区”。全市新增第十一届四川名牌16个、省级中小学质量教育示范基地2个，评选出第二届市政府质量奖6个，丹棱县、东坡区首次设立政府质量奖。

【产品质量监管】2014年，市质监局实施117家工业产品、31家食品相关产品企业分级分类监管。全年实施省、市工业产品监督抽查700批次，合格679批次，比2013年增长1.6%。开展农资、建材、纤维制品等“质检利剑”专项打假行动10次，办理行政案件38件，受理处置各类质量举报投诉290余起，维护消费者合法权益，全市未发生区域性、行业性制假现象。

【特种设备安全】2014年，市质监局组织开展特种设备打非治违专项行动，检查企业800余家、特种设备8600余台（件）、气瓶1万余只，检验各类特种设备4714台（件），检验发现并消除重大安全隐患37个，全年未发生特种设备安全检验责任事故和安全事故。协调培训机构举办特种设备作业人员培训班28期，培训特种设备管理、操作人员1100余人。修订《眉山市特种设备事故救援应急预案》，指导压缩天然气加气站、电梯维保单位开展应急救援演练8次，启动“特种设备安全综合

2014年7月23日，省政协副主席罗布江村（前排右一）观摩泡菜产品理化指标检验操作

2014年3月13日，市质监局指导青神县企业品牌建设工作

监管信息系统”建设。全市18家企业开展风险评价和分类监管试点。彭山、丹棱质监局开展安全监察工作规范化建设，探索“区域监管、分片包干、责任到人”监管新模式。

【标准化工作】2014年，市质监局制定《竹编生产工艺技术规范平面竹编》《农村敬老院建设和管理规范》省级地方标准2项，发布区域性地方标准5项，修订国家地标保护产品标准7个。指导20家企业建立企业标准体系，指导6家企业采用国际标准9项，新备案企业标准32项、修订21项，组织开展标准执行情况监督检查6次。仁寿县信访局、彭山铁通公铁物流被确定为全省服务标准化试点单位，青神椪柑建成“四川省精品农业标准化示范区”，全市省级农业标准化示范项目通过验收考核5个。

【计量工作】2014年，市政府印发《眉山市贯彻实施〈四川省计量发展规划（2014—2020年）〉2014年度工作计划》，完善计量发展机制。市质监局加强计量检定和量值传递，全市新建社会公用计量标准4项；检定在用强检计量器具9.08万台（件），检定率97%；抽检定量包装商品164批次，合格率100%；在集贸市场、加油站等10个领域开展民生计量行动，引导102家单位签订诚信计量自我承诺书；集中约谈直接涉及民生的“水、电、气”3家检定机构，开展6家法定计量技术机构专项检查；服务节能减排，开展能源计量审查49家。

【认证认可工作】2014年，市质监局组织开展电机生产企业、玩具产品强制性认证专项检查3次，检查企业96家、商场超市21家，打击查处非法认证等违法违规行为；监督检查自愿性认证企业73家、获证实验室13家，查处超期使用中国计量认证标志实验室1家；组织全市资质认定实验室完成全国检验检测数据统计直报试点51家；指导洪雅县申报第二届“四川省有机产品认证示范创建县”，通过专家组现场审查。

【法治质监建设】2014年，市质监局完成全省质监系统“推进依法治省、深化法治质监建设”示范试点任务并通过考核验收，制定并试行《行政处罚裁量权适用规则和行政处罚裁量标准》，建立会前学法、以案说法、QQ（即时通信软件）学堂等学习培训制度；建设行政权力基础运行平台，行政权力网上公开规范运行350项。

【践行群众路线】2014年，市质监局建立特种设备安全、计量惠民志愿服务队2支，将“办公室”转移到企业“现场办公”，指导40余家企业解决安全生产技术难题56个，为7个工业园区免费提供安全教育培训11次；进企业、医院、农村、市场、社区155次，免费检测计量器具4693台（件）；全年减免涉企产品质量检验、检测收费324余万元，惠及企业100余家。新华社、《四川日报》等主流媒体宣传报道市质监局在群教活动中“心系群众、立说立改”典型事例4次。

2014年9月2日，全省质量月活动启动仪式在眉山举行

【质监行政体制改革】2014年，启动质监行政管理体制改革。市政府办印发《眉山市质量技术监督局主要职责内设机构和人员编制规定》，明确设立眉山市质量技术监督局为市政府工作部门。眉山市质监局由省质监局垂直管理调整为眉山市人民政府分级管理。全市市级以下质监部门行政管理体制由垂直管理调整为分级管理。全市质监系统机构改革思想不乱、队伍不散、工作不断、监管不软。

（市质监局）

食品药品监督管理

【机制建设】2014年，市委、市政府将食品安全评价检测、学校食堂食品安全、建立可追溯制度、食品药品总体合格率等四项指标列入市政府年度绩效考核体系，实行食品安全一票否决制。与各级政府、职能部门、生产经营企业签订责任书，健全食品安全政府领导、食安委牵头、成员单位各负监管职责、企业为主体的“四位一体”责任体系。全市建立乡镇（片区）监管所68个，落实专兼职工作人员155人。加强乡镇（片区）监管所建设，争取省、市、县财政资金300万元建设标准化建设试点监管所12个，统一配置办公用房，配备快检设备和执法装备，公示职责和制度，落实工作经费。眉山市食品安全检（监）测能力项目立项，市政府解决配套资金和土地，开展项目环评、地勘、规划设计等工作。

【食品综合协调监督】2014年，市食品药品监督管理局（以下简称市食药局）试点食品质量安全追溯体系建设，确定生猪由养殖、屠宰到生产加工、流通、餐饮5个环节10户企业开展追溯试点，指导企业建立健全档案，完善索证索票、台账管理制度，构建由农田到餐桌的食品安全质量溯源体系，逐步推进奶制品、蔬菜、水果等大宗食品质量溯源。组织开展“两节”期间食品安全、“魔爽烟”类食品、肉及肉制品等专项整治，开展食品药品行业安全生产大检查。

【食品生产经营监管】2014年，市食药局开展食品主体调查，全市调查食品生产经营主体2.31万户，其中有证2.02万户、无证2946户。制定眉山市《蔬菜盐渍池质量安全控制规范》，指导泡菜企业提升质量水平。开展超过保质期食品清查，查扣超过、擅自涂改保质期食品1.21吨。建立婴幼儿配方乳粉质量监管长效机制，落实婴幼儿配方乳粉专柜专区销售和责任追究制度，建立质量安全事故先行赔偿和追偿制度，在18家药店开展婴幼儿配方乳粉试点销售，检查婴幼儿配方乳粉经营主体8813户次，规范清理不符合标准和要求经营者84户。全市抽检食品2232批次，核查处理不合格及问题食品184批次。实施眉山市学校食品安全三年行动计划。推进学校食堂透明厨房建设和网上监控管理，291所学校食堂实行透明厨房管理。探索学校食堂食品安全社会监督，学校食堂聘请义务监督员6家，为全省6个试点市州之一。制定《农村自办群体性宴席食品安全管理实施意见》和《农村自办群体性宴席专业加工服务者管理办法》，在青神县实施“农家宴”集中就餐示范点并召开现场推进会，推进“农家宴”管理。全市公示管理乡村厨师1281人，培训2199人次，备案登记管理“农家宴”9986起，消除安全隐患738个。开展餐饮服务市级示范单位复评，建成餐饮服务食品安全国家级示范县1个，省级示范县2个、示范街5条、示范店11家，市级示范乡镇（街）14个、示范店108家，县级示范乡镇30个、示范街10条、示范店217家。全年完成重大活动及节假日餐饮服务食品安全保障117次。

【药品生产流通监管】2014年，强化药械安全监管，落实药品、医疗器械、化妆品质量主体责任，推行“两书一报告”“月巡季查”制度，巩固网格化管理和市场巡查制度。加强药品生产经营诚信体系建设，市食药局制定《眉山市药品生产安全信用体系建设管理办法》，评定诚信药品生产企业17家、批发企业21家，警示2家。开展虚假违法药械广告在线监测，向工商部门移送虚假违法广告8347条次。全市抽检药品823批次，核查处理不合格及问题药品35批次。监测上报药品不良反应报告3675例、可疑医疗器械不良事件报告414例、药物滥用监测报告1467例。

【食品药品应急管理】2014年，开展全市食品安全风险研判和预警。制定食品药品安全事件分级标准、响应规定以及防范应对工作规范，明确事件处置原则、职责分工、处置程序。组建眉山市食品药品安全应急管理专家库，在彭山区举办首次食品安全事故应急处置演练。

【食品药品专项整治】2014年，在全市开展食品药品安全“百日攻坚”“亮剑行动”、农村食品“四打击、四规范”、医疗器械“五整治”等专项整治，打击制售有毒有害食品、不符合标准食品、假劣药品等违法行为。全年检查各类生产经营使用单位2.62万户次，责令整改企业908户次，查办违法违规案件1870件，比2013年（下同）增长133%，移送司法机关案件27件，同比增长107%，配合公安机关抓获犯罪嫌疑人47人，增长370%，捣毁制假售假黑窝点19个。

【食品医药产业发展】2014年，在全市推行食品医药产业服务“零距离”，开展“两走一对接”活动。市政府审议通过《关于扶持眉山经济开发区新区（西部药谷）医药产业发展的意见》。市食药局深入科创制药、国家新药评价中心等重点医药企业上门指导规划，指导药品企业实施药品生产质量管理规范（GMP）、药品经营质量管理规范（GSP）规范，与省食品药品监管局对接，解决企业实际问题和困难，帮扶青木、博佳等5家药品生产企业通过新版GMP认证，辰龙、名阳重新注册20个药品批准文号（新药注册品种1个），药品经营企业通过新版GSP认证134家，支持、协助园区引进志豪、四通等大型医药企业。

【社会共治】2014年，市食药局与中国医药报、四川电视台等10余家主流媒体建立合作关系，建立网络评论员队伍和网络舆情互动联通信息共享机制，开通官方政务微博，在各类媒体刊登稿件68篇，在市食药局网站公开监管动态439条，发布政务微博230余条。开展科普宣教，建成饮食用药安全科普宣传站41个，开展“3·15”、食品安全宣传周、安全用药月等系列主题宣传21次，发放各类宣传资料6.78万份，接受咨询6752人次。制定《眉山市食品药品违法行为举报奖励办法（试行）》，公布投诉举报电话，处理投诉举报640件，落实资金兑现投诉举报奖励。

（市食药局）

国有资产管理

【机构】2014年，市国资委下设办公室（党委办）、企业监管科、行政事业资产科、纪检监察室、投资科5个科室，市董监事会工作办公室、市开发性金融合作办公室2个事业单位。

【国企运行】2014年，全市国有企业83户，资产总额443亿元，比2013年（下同）增加119.8亿元、增长37.5%，其中市属国企资产总额170亿元，增加140亿元、增长14.2%；国企净资产244.7亿元，增加64.9亿元、增长36.1%，其中市属国企增长4.4%、区县国企增长62.6%。全市国企资产负债率44.3%，低于全省市州平均水平19.1%。全市净资产增速、总资产增速名列全省第一位。

【资本运营】2014年，全市注入优质国有资源，增强企业投融资能力，推动国有经济布局结构调整优化，促进国有资本合理流动。发挥市级投融资企业在全市政府性重大项目投融资的引领作用，眉山发展（控股）有限公司和眉山市资产经营有限公司资产规模136亿元，为城市重点建设项目提供资金保障。继宏大公司发债16亿元后，2014年市资产经营公司发行企业债券14亿元，用于“两宋荣光”眉州大道、滨江大道、苏母公园及彭山、青神、丹棱县域城市基础设施建设。争取省开发银行棚户区改造专项贷款资金22.6亿元（到位3.2亿元）。服务东坡文化核心建设，落实东坡宋城公司纱縠行南段及东坡金城形态改造项目贷款资金6500万元。推进苏母公园、王家渡桥工程项目前期建设。全年融资17.85亿元。

【投资促进和招商引资】2014年，引资项目4个（央企投资项目3个），总投资13.74亿元。招商引资列全省国资系统首位。

【综治和维稳】2014年，市国资委实行领导干部带头下访、公开接访、蹲点研究制度，全年接访46次；实行矛盾纠纷月排查制度，全年排查化解矛盾纠纷26起；重大疑难矛盾领导包案，调处国企职工历史遗留问题6起，群众满意度100%。开展安全生产知识宣传教育和培训26次，覆盖2300余人次；开展“安全生产大检查”和安全隐患大排查调处24次，整改隐患14处；开展督查8次，全年未发生生产安全责任事故。

【联系服务群众】2014年，市国资委深入仁寿县涂家乡永裕村20余次，帮助制定发展规划。争取交通、水利项目6个503.5万元；落实场镇建设、土地整理等民生、扶贫项目5个，协调帮扶资金56.4万元。帮助建成场镇街道1千米，安装天燃气1200余户，解决安全饮水6000余户；创建“绿海明珠”，出资1万元扶持永裕村，完成涂家乡成片造林33.33公顷和永裕村植树造林0.67公顷。组织职工开展主题志愿服务活动5次，参与活动260余人次，帮助所联系群众排忧解难；为有创业能力的农户提供担保贷款，培育致富带头人；聘请专业医生救治久病困难户，关心关怀特困户生产生活。全年永裕村村民人均收入增长15.6%。

（程　亮）

眉山发展（控股）有限责任公司

【指标完成情况】2014年，眉山发展（控股）有限责任公司资产规模154亿元。全年投资总额9.78亿元，融资到位资金3000万元，实现营业收入10.87亿元，营业利润8500万元。

【转型发展】2014年，眉山发展（控股）有限责任公司争取政策支持。形成《生存与发展——国发〔2014〕43号文后眉山发展公司的“危”与“机”》《坚定不移推进转型升级勇做眉山国资国企改革排头兵》《以“契约化”方式将投融资平台公司打造成综合性产业集团》等调研成果。全盘部化为市委、市政府重要决策，开启“实体化、市场化、规范化”转型发展。制定《转型发展目标任务分解表》，确定牵头领导、责任部门（子公司），明确完成时限、实施路径、具体目标等，实行每周一盘点，每月一督查，季度一研究。各高管服从大局、勇于担当，辞去公务员身份，将行政工资关系转入公司，理顺政企关系，推动可持续发展。

【项目建设】2014年，眉山发展（控股）有限责任公司投资1.2亿元，建成交通中心商业服务楼、公交车站、站前广场、广场绿化、地下停车场A区、地下出租车站B区等工程项目；“眉山第一屏”交通中心LED广告显示屏建成投用；铁环东路、岷江大道西延段、紫竹西街、秋岚东街和裴城路等配套周边市政道路完工。建设路灯、标牌、周边绿化等附属设施。投资1.86亿元，建成东坡城市湿地公园核心区、湖滨路亲水平台和栈道园林景观工程、老泉桥、颖滨桥等项目。阜成路改造工程、庄店花园小区项目开工建设；开展污水处理二厂和生物净化处理池施工图项目设计；完成眉山城区宋韵型公交候车亭式样设计方案编制并通过市规委会审议。

【项目融资】2014年，眉山发展（控股）有限责任公司利用交通中心商业服务楼和地下停车场建设项目获得市建行1.2亿元授信，到位3000万元。衔接农行、工行，包装庄店小区、第二污水处理厂等项目融资。抓宏大建投公司二期债券和人保直投资金申报，破解融资难题。对接国泰君安证券等金融机构，尝试短期融资券、中期票据、私募债、流动资金等融资方式。采取理财投资、票据结算、体制内拆借融通等方式，提高资金使用效率。

【市场运营】2014年，眉山发展（控股）有限责任公司承担市级农村土地综合整治项目建设10个，完成项目投资3000万元，新增耕地指标466.67公顷、销售收入1956万元，“双挂钩”项目投资收益863万元。按照收益最大化和风险可控原则，与银行合作开展短期理财投资，实施投资理财30余批次，投资收益210万元。协助修订《眉山市户外广告和招牌管理办法》，印发《眉山城市规划区户外广告公共载体经营权拍卖办法》，举行户外广告经营权拍卖会，成交价154.2万元。通过公开竞价，实现交通中心LED调试闲置期使用权出让收入48万元。组织闲置安置房拍卖2次，成交额900余万元。旗下子公司合资成立物业公司，营业收入30余万元。探索股权投资农村商业银行和眉山东站商务中心招商营销，争取国有企业投资收益最大化。完成“中韩自由贸易区（FTA）第十一轮谈判”接待保障。成功申报“绿海明珠千湖之城”“天府花园文化名城”商标，核定在林业产品、服装、运输服务、农业产品、美术用品等38个大类、小类商品和服务项目上使用352个。

【内部管理】2014年，眉山发展（控股）有限责任公司制定《总经理办公会议事规则》《员工绩效考核和薪酬管理暂行办法》《行政运行费用管理暂行办法》《工程变更管理暂行办法》《建设工程现场代表岗位职责（试行）》等制度，新设立审计法务部，进一步完善约束机制。利用《眉山要情》、省国资委网站、市委群教办、四川新闻网、《眉山日报》、微眉山等省市媒体，报道公司重大工作100余次，点击率100万人次，提升公司形象。创办“发展论坛”，聘请省内外专家、教授向员工传授理论和实战知识，增强员工能力。开展演讲、征文、素质拓展等文化活动，活跃公司氛围。组织健康体检，推行生病住院看望慰问，为大龄员工购买城镇职工互助医疗保险。尊重员工主体权利和创造活力，多方收集员工好的建议意见，营造人心思干、有为有位良性氛围。

［眉山发展（控股）有限责任公司］

国土资源管理

【重点项目用地】2014年，全市中心城区所在乡镇土地利用总体规划上报省政府待批准备案，一般乡镇规划备案全部完成。全年上报省厅建设用地64批2347公顷，获批2187公顷，以保障重点项目建设和保障性安居工程建设用地。

【资产经营】2014年，全市出让土地294宗970.71公顷，合同价款收入120.16亿元，收益83.015亿元，土地出让收入入库95.28亿元。

【耕地保护】2014年，市国土资源局印发《关于落实最严格的耕地保护制度的通知》，进一步明确各级政府是耕地保护的责任主体，各级政府主要负责人是本辖区耕地保护第一责任人以及各级各部门耕地保护的共同责任。市、县、乡镇政府层层签订耕地保护目标责任书，纳入年度考核，严格奖惩，实行一票否决。开展土地整理项目新增耕地分等定级质量评定，全年省统征整理事务中心开展全市完工的23个土地整理项目新增耕地质量评定，出具项目耕地质量等别评定报告。加强“金土地”工程实施监管，实施土地整理项目21个，整理土地1.58万公顷，新增耕地1057公顷，建成高标准基本农田2.12万公顷。

【国土资源执法管理】2014年，市国土资源局出台《眉山市耕地破坏程度认定办法》，成立眉山市耕地破坏程度认定委员会，查处破坏耕地和基本农田的违法行为，开展耕地破坏程度认定。巩固2013年土地例行督察成果。开展卫片执法检查和动态巡查，逐一排查国土资源部下发卫片图斑地块，利用“12336”和信访平台捕捉土地违法线索，发现问题，严肃查处。

【地质灾害防治】2014年，全市组织开展地质灾害隐患点排查工作42次，设立地质灾害群测群防监测点480处，发放地质灾害防灾工作明白卡480份，地质灾害防灾避险明白卡2224份，安装使用滑坡预警伸缩仪62台，安装滑坡裂缝报警器558个，在重要地质灾害隐患点的显著位置设立警示牌。建立市、县

（区）、乡（镇）、村、社、农户六级预警预报体系和要情会商机制，及时传达到地质灾害隐患点所在乡、村、社防灾责任人和具体的监测人，预防地质灾害。完成中小型地质灾害治理工程68处、重大地质灾害治理工程6处、地质灾害避险搬迁安置561户（灾后恢复重建避险搬迁安置524户、非“4·20”地震受灾县避险搬迁安置37户）。全市无因地质灾害造成人员伤亡和重大财产损失。

【矿产资源管理】2014年，市国土资源局开展安全生产大检查和“打非治违”联合执法行动，下发工作方案，各区县国土资源局联合公安、经信、安监、工商等部门组成检查组，开展非煤矿山企业拉网式安全生产大检查。全市组织涉矿检查组98批272人次，检查非煤矿山218家、煤矿企业13家，查处非煤矿山无证开采违法行为37起、责令停止37次，责令停产企业8家，问题整改率100%。全市非煤矿山无重大事故发生。

【征地拆迁补偿安置】2014年，落实批后征地实施程序，履行“两公告一登记”“九公开”制度，按程序实施征地拆迁；以“保障被征地群众原有生活水平不降低”为原则，按照补偿标准及时支付各项补偿费用；推行留地、还房、货币等安置方式，眉山中心城区采取与城市居民小区无落差的统规统建住房安置和货币安置模式。开展被征地群众免费再就业培训和创业培训，为被征地群众提供免费职业指导和职业介绍。全年全市实施集体土地征地拆迁1400公顷，安置征地拆迁群众1.65万人。

【信访工作】2014年，市国土资源局印发《关于切实做好当前维护社会稳定工作方案的通知》，实行领导接访、全员办信访以及当天办理制度，及时公开信息，妥善处置群众诉求，依法保护群众利益。全年市国土资源局受理群众来信和上级转交办件75件，接待群众来访259批894人次，行政调解22件，全部达成协议。全年未发生因国土资源问题引发的群体性事件和大规模群众上访，实现“零非访、零聚集、不出事”目标。连续6年未发生进京非正常上访。化解持续14年的信访积案1起。

【信息化建设】2014年，完成全市国土资源“一张图”业务审批系统建设，开发建设用地预审、农转用报批和土地供应审批系统，整合原有系统，建成统一的办公门户，实现核心数据图文一体化网络办公，规范国土资源业务办理流程，提高国土管理服务水平和工作效率。深化政务信息网上公开，连续3年被国土资源部评为政务信息网上公开示范单位。

【管理改革】2014年，印发《眉山市国土资源局建设用地报批审查方案（试行）》，简化用地报批程序。市委、市政府审议通过《眉山市2014年开展工业用地弹性年期出让及低效存量工业用地退出机制改革试点方案》，在区县组织实施。基本完成集体建设用地使用权、宅基地使用权等确权登记颁证，并开展验收工作；建立农村集体土地所有权确权登记数据库，市级宗地统一编码工作通过招投标确定作业单位，指导区县完成招投标工作。市政府下发《眉山城市规划区内工业企业退二进三暂行办法》等文件，明确规定土地资源市场化配置、集体经营性建设用地入市、闲置土地处置以及用地考核奖惩措施等。市政府印发《关于加强矿产资源管理的规定》，深化矿产资源市场化配置改革，完善竞争有序、公开出让矿业权制度。市政府印发《关于加强土地出让管理工作的规定》，进一步完善土地出让管理。市政府下发《关于改革完善眉山城市规划区集体土地征收管理工作的通知》，推进征地制度改革。

【地籍管理】2014年，进一步规范土地登记程序，清理行政许可项目，减少审批事项，下放审批权限，强化简政放权。全年市行政服务中心国土资源窗口办理行政审批（服务）项目2.08万件，发证1.96万本。

（市国土局）

投资与招商

【概况】2014年，市委、市政府确定“产业集群招商年”。全市招商引资实际到位资金651.03亿元。其中省外到位资金401.81亿元，居全省第二位。第十五届西博会，眉山市签约项目51个、合同金额552亿元，项目合同金额居全省第二位。中外知名企业四川行，眉山市签约项目57个、合同金额579.88亿元，项目合同金额居全省第四位。

【招强引优】2014年，全市签约项目中履约的世界500强、中国500强企业或投资额10亿元及以上的重大项目25个、合同金额461.3亿元。引进高新技术企业11家，战略性新兴产业人才（团队）带项目来眉落户14个，重点高校、科研院所来眉建研发中心、创新中心、孵化转化机构15个。中建钢构、法国达能、汇源果汁、红星美凯龙、中联重科等重大项目落户眉山。

【招商引资】2014年3月，在北京举办“眉山市创新驱动·校（院、所）市合作恳谈会暨项目签约仪式”，邀请84家大学（院、所）的相关负责人出席会议，眉山与16所高校、科研院签署合作协议。围绕眉山科技、教育、经济和社会发展的需要，与北京师范大学、中国食品发酵工业研究院等高校、科研院、所签订战略合作协议，加强关键技术的交流与合作。引进中国果汁行业第一品牌汇源果汁投资20亿元建设果汁生产基地及西南营销中心项

2014年2月27日，在眉山举办“走进西部 共谋发展——中国香料香精化妆品工业协会理事眉山行暨2014年眉山市日化产业推介会”

目；世界500强中建钢构投资15亿元落户仁寿县建西部制造基地项目；中国500强中联重科投资5亿元落户仁寿县建环卫机械、塔机制造项目；行业排名第一的知名企业红星美凯龙投资25亿元落户仁寿建家居建材市场及物流配送中心项目。永辉超市、升达林业等一批重大项目落户眉山。实施“一园区一主业”，推进产业集群发展。各区县、园区突出主导产业，促进产业发展集约高效，提高投入产出比。眉山经开区新区生物医药“西部药谷”、青神县机械制造产业“机械产业之都”、眉山金象园区化工产业等专业园区初步形成。

【平台搭建】2014年，开展“季度招商活动”。在眉山举办“走进西部·共谋发展——中国香料香精化妆品工业协会理事眉山行暨2014年眉山市日化产业推介会”；在北京成功举办“眉山市创新驱动·校（院、所）市合作恳谈会暨项目签约仪式”“知名企业走进四川眉山投资说明会暨项目签约仪式”两大投资促进活动；参加中外知名企业四川行活动，在成都举办“创新驱动·转型升级——中外知名企业四川行眉山市投资说明会暨项目签约仪式”眉山专场活动；参加省委、省政府举办的“四川省电子信息产业发展投资洽谈会”“四川汽车产业发展投资洽谈会”等专题招商活动。眉山市利用第十五届西博会投资合作平台，组织参加开幕式暨西部国际合作论坛、西部采购商大会等大会主要活动。在成都举行“转型升级·产业集群——2014年眉山市招强引优投资洽谈会”，法国达能、微软集团、霍尼韦尔、洲际集团、比利时索尔维集团、香港米高集团、苏泊尔等国内外知名企业云集眉山专场活动，签约重大项目13个252亿元。邀请新疆企业负责人开展“新疆企业走进眉山活动”，30余位企业家到眉山考察。开展“1+6”小分队招商（市成立1支招商小分队，由市长率队，相关市领导、市投促局主要负责人和项目涉及的相关区县长参加；六个区县各成立1支小分队，由区县长率队，县级相关部门负责人参加，分层级、有重点地开展招商活动）。全年各级领导率队开展小分队招商700余次，签约项目24个126.98亿元。开展“三走一请”（走出去，走下去，走上去，请进来）招商。集中领导、集中时间、集中精力，选择重点地区、重点产业和重点项目，走出去开展多层次、多渠道的招商洽谈活动；成立签约项目督查组，对项目进行回访督查，协调相关部门帮助解决项目建设过程中遇到的实际困难和问题，推进项目尽快履约、开工、建设、投产；市投促局、市政府各驻外经合局主动到省投促局、省政府驻外办事处对接工作120余次，捕捉项目信息70余条；主动邀请知名企业、知名商协会300余家企业到眉山开展投资考察。

【招商方式】2014年，市政府驻外经合局与省政府驻外办事处、商协会、咨询公司等建立合作关系。组织企业参加省、市重大招商活动，挖掘、筛选、储备、跟踪项目信息。整体改版推出门户网站中英文版，面向全球招商。设置栏目49个，上传信息415条。利用微信、QQ等媒介，提供有效项目信息88条。发挥统一战线优势，捕捉项目信息。建立落户企业回访机制，促进其扩大投资或加快投资。加强与招商企业沟通，搞好项目服务，扩大信息资源，引导企业现身说法、以商招商。分析产业发展趋势，编写物联网产业、调味品产业、医药产业、养老服务业等16个产业招商分析报告，筛选重点招商目标企业，提升招商针对性和精准性。推出以眉山市电子信息、机械装备、新材料、新能源、精细化工、生物制药、农副产品精深加工、现代服务业等八大优势产业和基础设施建设为主的包装项目72个，总额1700余亿元。

（市投促局）

公共资源交易

【概况】2014年，市公共资源交易中心（下称市交易中心）组织各类交易项目457项79.38亿元，节约资金15.7亿元。其中政府性投资项目272项（次），总投资额（控制价）46.99亿元，中标金额38.05亿元，比预算控制价下浮8.94亿元，下浮比例

19.01%。投资额比2013年增长1倍。组织完成采购项目132个，采购预算1.19亿元，采购资金1.01亿元，节约资金1800万元，节资率15.1%；完成土地拍卖、挂牌出让宗地47宗174.88公顷，成交金额29.7亿元；组织产权拍卖会6场，起拍价1.2亿元，成交价1.5亿元，溢价率20%。

【内部管理】2014年，市交易中心制定政府采购货物类和服务类公开招标文件范本，引入模板化编制方式，提高招标文件编制效率，方便投标人制作标准化投标文件，限制专家自由裁量权，减少恶意废标。支持本地企业特别是中小微企业参与政府采购，禁止将非国家规定强制性资质或强制认证、供应商业绩和实施经验、注册资金等作为资格条件，鼓励本地企业和本地产品高效公平参与竞争。建立拍卖机构诚信库，通过公开征集与资格审查，确定9家入围拍卖机构。市交易中心制定《眉山市公共资源交易中心入围拍卖机构进场交易管理办法》，与9家入围拍卖机构签订《国有产权交易辅助拍卖工作协议》，量化考核入围拍卖机构。市交易中心制定《入围拍卖机构随机抽取办法》，每个交易项目均通过电脑自动随机抽取拍卖机构。编印新的《业务工作标准化操作流程》，定岗、定责、定人，实现管理全覆盖高效率，制定业务工作标准化“流水线”。利用电子交易平台，改版原有网上办事大厅，实现业务对口在线咨询帮助，全力为投标人服务；将提供三方服务的银行、CA（电子证书）办理、软件使用纳入网上办事，提供实时帮助，群众网上办事一目了然。

【改革创新】2014年6月起，实行政府投资建设工程项目网上受理和网上备案。网上受理项目业主单位招标事项，市交易中心不再现场受理。项目招标公告、招标文件、中标候选人公示和中标通知书，监督部门同步采取网上备案，不再纸质备案，实现建设工程招投标全流程电子化。“眉山金象化工产业园区金象大道一期东段工程”项目，利用市、区县两级统一的电子交易平台，由监督部门再临时确定评标地点，通过异地远程电子评标成功。政府采购“网上竞价”模式实现“价廉”“省时”“公正”。全年，“网上竞价”项目65个，预算资金1522.22万元，成交金额1321.65万元，节约资金200.57万元，节约率13.18%。省委《每日要情》报道眉山市网上竞价经验。

（熊利红）

气　象

【气象服务】2014年，市气象局发挥“两个体系”（农业气象服务体系和农村气象灾害防御体系）示范建设优势，以准确及时的预警预报、积极主动的气象服务，在全市防汛抗旱防灾减灾、第六届中国泡菜展销会、森林防火、节假日保障等重大保障工作中发挥“消息树、发令枪”作用，为全市防汛减灾“零伤亡”做好气象决策参谋与保障。

冬、春气象服务。2014年年初眉山市部分区县出现不同程度春旱后，及时组织实施抗旱增雨作业，在眉山市上空实施多架次飞机增雨作业，有效增加降水，为农业生产提供条件。做好春运气象服务，市气象局对外发布春运专题预报，滚动预报未来三天的天气。制作发布春运专题预报31期，春节专题预报9期，森林火险气象等级预报40期，微博80条，气象信息快报1期，大雾橙色预警信号2期。

灾害性天气预警服务和重大活动气象服务。2014年全市发生区域性暴雨天气过程5次，市气象局发布预警信息14次，地质灾害风险预警13次，预报准确，服务及时，减轻灾害损失。做好重大活动气象保障服务，市气象局上下联动，严密监测，跟踪服务，分别在东坡区多悦镇两河口作业点、仁寿县文宫镇作业点开展人工消雨作业，为全省县域经济工作现场会在眉山召开及第六届中国泡菜展销会提供气象服务。

农气象服务。制定农气象服务周年方案和决策气象服务周年方案，撰写各类服务材料150余篇，为眉山市春播、夏收和秋种提供准确及时

2014年7月31日，省气象局副局长陈忠明出席“三农”大讲堂，作题为《气候变化与可持续发展》专题报告

的气象服务；深化“直通式”气象服务，市气象局、市统计局、农技站、植保站等部门开展4次联合会商、田间调查，召集30余家种粮大户、专合社、专业种子、化肥、农药公司召开“直通式”技术交流服务现场会；开展为农服务“两个体系”建设，彭山区、仁寿县2014年专项建设全面完成。

森林防火气象服务。2014年2—4月气温偏高，林区气象火险等级持续偏高，市气象局加强火险预报服务，每天三级以上火险等级预报和实况及时通知市护林办，制作森林火险专题预报5期，通过电视、手机短信等途径宣传，为全市提供森林防火服务。

【气象现代化建设】2014年，彭山区气象局一体化综合业务平台建成，实现现代化指标（气象工作政府化、业务现代化指标）。建成视频会商系统、综合观测业务运行监控、预报服务三大部分组成的综合业务平台；完善气象观测系统，构建由自动站（1套自动站和1套新型自动站）、21个区域自动站组成的监测网；建成农业小气候自动观测站1个，土壤湿度监测站1个，配备便携式自动土壤水分观测仪器1套，应急气象观测设备1套、移动气象监测自动站2个；开通区政府应急办、防汛办、国土局及13个乡镇公服平台客户端服务，完善气象灾害预警信息发布平台和农业气象业务平台建设；在岷江现代农业园区建立葡萄农业气象实验基地，设立标识牌，安装显示屏、小气候观测设备，开展现代农业气象观测及农业气象适用技术示范。制定葡萄周年服务方案，开展葡萄生产全过程的农业气象精细化服务；在锦江乡正华村与彭山区植保站共建蔬菜农业气象实验田。推进彭山、仁寿“三农”专项建设，受到省气象局肯定。

【气象法制建设与依法行政】2014年，市气象局落实中心组会前学法、重大项目合同法规审查等制度，组织法律“七进”和气象执法培训等活动。市气象局、市行政服务中心、市规划局、市建设局等部门联合开展“并联审批”，办理行政许可（审批）项目86件，零投诉。完成行政权力网上公开运行工作的行政权力清理、录入和网上试运行。开展氢气球活动审批和气象探测环境保护等行政执法检查8次。

（市气象局）

2014年4月16日，气象为农服务志愿队前往仁寿县禾加镇幸福村开展志愿活动

工 业

综 述

【工业发展情况】2014年，市政府下发《关于眉山市2014年工业发展的意见》《关于实现2014年一季度工业经济“开门红”的意见》《眉山市促进工业企业转型升级创新发展若干政策》等文件，激励工业经济稳定增长、稳步发展。全年全市实现全部工业增加值457.3亿元，占GDP（国内生产总值）的48.4%，对GDP贡献率55%，拉动经济增长5.1%。

【经济运行情况】2014年，全市629户规模以上（以下简称“规上”）工业企业实现工业总产值1267.5元，比2013年（下同）增长22.4%；规模以上工业增加值增长10.2%，高于全省平均水平0.6个百分点，居全省第8位；工业性固定资产投资362.9亿元，增长16.8%；技改投资255.6亿元，增长20.7%；规模以上工业利润总额73亿元，增长6%；工业入库税金22亿元。

【企业培育】2014年，全市规模以上工业企业629户，其中新增规模以上工业企业54户，退出29户。盈利企业594户，占全部规模以上工业企业（下同）94.4%，亏损企业35户，占5.6%。年产值上亿元企业361户，1亿元—5亿元企业316户，5亿元—10亿元企业36户，10亿元—20亿元企业8户，40亿元以上企业1户；培育“专精特新”企业66户，“小巨人、成长性”企业97户；培育省级企业技术中心1户；培育省级小企业创业示范基地3户，新增小微企业430户。投资400万元，建成投运眉山市中小企业服务中心。

【工业投资】2014年，市经信委开展“两走一对接”活动，建立重大项目领导联系制度，实行重点企业、重大项目定向帮扶，重点推进，全年全市完成工业性固定资产投资362.9亿元，比2013年（下同）增长16.8%；技改投资255.61亿元，增长20.7%。全市实施投资千万元以上工业项目298个，其中新开工项目121个，竣工投产项目107个；其中34个工业项目被列为省重点项目，完成投资63亿元；3个重大产业化项目投资7.58亿元。

【能源要素】2014年，全市有500千伏变电站2座，220千伏变电站8座，110千伏变电站32座；220千伏输电线路32条719.16千米；110千伏输电线路77条791.12千米，全社会用电量96.4亿千瓦时，比2013年（下同）增长2.23%，其中工业用电量75.8亿千瓦时，增长0.7%；新建仁寿汪洋至夹江黄土外径660毫米、夹洪外径219毫米管线竣工投运，全市天然气骨干网完成整体布局，天然气供应瓶颈制约彻底解决。全年全市天然气供应量6.1亿立方米，增长2%；有成品油批发经营企业2家，油库4座，零售加油站218座，加油点19座，销售成品油32.5万吨，增长10%；公路货物运输周转量52.08万万吨千米，增长20%。

【产业发展】2014年，全市“六大”优势产业规模以上企业516户，占规模以上工业企业户数的82%，实现总产值1108亿元，占全市的88%。其中机械装备产业规模以上企业108户，产值280亿元；食品及农产品加工产业规模以上企业96户，产值255.6亿元；化工产业规模以上企业97户，产值249.1亿元；建材产业规模以上企业175户，产值230.1亿元；新能源新材料产业规模以上企业26户，产值56.6亿元；电子信息产业规模以上企业14户，产值26.2亿元。

【园区发展】2014年，全市13个重点工业园区固定资产投资254.29亿元（基础设施投资56.49亿元），实现税金20.42亿元，主营业务收入813亿元、占全市的64.2%。其中彭山经开区完成160亿元，甘眉（铝硅）园区完成113亿元，金象园区完成75亿元，仁寿视高经开区完成146亿元，仁寿文林园区完成70亿元，青神县工业开发区完成69亿元。100亿元以上园区3个，50亿元—100亿元以上园区3个。

【淘汰落后产能】 2014年，全市重点实施醴泉河、思蒙河小流域污染治理，淘汰和关闭污染严重的造纸企业3户；实施丹夹陶瓷走廊黑烟囱连片整治，集中实施8户企业节能节水、循环化生产技术改造，总投入1.68亿元；实施仁寿县汪洋片区大气污染治理，重组优化耐材企业14户，淘汰耐材落后生产线6条，关闭26条。列入省资源综合利用试点企业10户，开展企业清洁生产试点12户。全年淘汰落后产能37户，淘汰耐火材料产能16.22万吨，水泥产能30万吨，造纸产能19.2万吨，铁合金产能3万吨，陶瓷产能2641万平方米，节约标煤51.96万吨。全年单位工业增加值能耗比2013年下降11.89%。

【信息化建设】 2014年，市经信委牵头全市发展智慧城市建设；响应国家信息消费政策，市政府印发《关于印发眉山市促进信息消费扩大内需实施方案的通知》；贯彻落实国家"宽带中国"战略部署，联合公安、环保、住建、规划等8部门发布《关于加快实施"宽带中国"2014专项行动的通知》；加快推进全市全域"宽带乡村"示范工程、"TD-LTE"跨越工程及"数字眉山 光网城市"等重大项目；制定和实施《两化融合深度行动计划》，围绕企业信息化发展，组织区县经信局和相关企业负责人、技术人员参加百度翔计划培训会和天府云商培训会，全年培训600余人；完成天府新区视高园区、彭山经开区数字园区基础设施建设；全年电信业务总量比2013年增长21.47%，通信行业重点项目投资5.1亿元。

【向上争取工作】 2014年，市经信委积极争取留存电量、直购电试点和丰水期富余电量政策，为企业节约用电成本3.5亿元。争取各类项目资金，支持企业发展。全年为100余户企业争取项目109个1.67亿元。其中园区平台项目1750万元、新兴产业项目5637万元、技术改造项目2361万元、节能减排和淘汰落后项目5547万元、中小企业项目1420万元。富生电器获战略性新兴产业项目资金2000万元。制定工业经济"开门红"奖补政策，兑现48个项目奖补资金1000万元。

【无线电管理】 2014年，市经信委年检全市2601部电台，年检率100%。监测无线电频率9800余小时，受理并及时查处有害无线电干扰案件12起。排除省广电604台受卫星干扰器和成绵乐铁路客运专线GSM-R移动通信系统（专门为铁路通信设计的综合专用数字移动通信系统）受GSM（全球移动通信系统）直放站干扰事件。协调成绵乐铁路客运专线GSM-R移动通信系统受眉州监狱手机屏蔽器干扰事件。参与全国普通高校招生考试、全国英语四六级考试等30场各类无线电考试保障任务，出动移动监测车68台次，人员150人次，使用监测设备100余套，保障时间386小时，阻断个类疑似作弊信号53个，在医师资格考试中查获作弊案1起2人，作弊车辆1台、设备1套、手提计算机1台。开展各类宣传活动，发放宣传册3000余册、宣传短信25万条，悬挂宣传标语30余条，出动宣传车车辆20余次，人员50余人次。

【帮扶工作】 2014年，市经信委开展直接联系服务群众活动，与仁寿县三圣社区两委联合举办农业技术培训会3次，为社区居民传授粮食生产和枇杷种植技术，引导农村剩余劳动力转移450人。帮助改造和新建垃圾池7口，结合"绿海明珠"创建工作，绿化社道公路2.5千米，增补玫瑰花750株；种植各种花草、树木2000余株；成片造林0.33公顷，整理辖区土地，格田改造13.33公顷，硬化水泥路650米，沟渠整治和维修4千米，整治山坪塘2口、蓄水池2口。资助贫困大学生1名，帮助43户困难群众解决资金、技术等生产生活困难。

（市经济和信息化委）

供 电

【概况】 国网四川省电力公司眉山供电公司（以下简称国网眉山供电公司）于2001年12月26日随眉山建市而成立，是四川省电力公司下属特大型一类供电企业，经营区域覆盖全市1区5县及成都部分地区,供电范围7390余平方千米，服务人口360余万。公司成立以来，围绕建设"一强三优"（电网坚强、资产优良、服务优质、业绩优秀）现代公司战略目标，提升企业综合实力。眉山电网形成以两座500千伏变电站为支撑，以220千伏输电线路为骨干网，110千伏环网双电源供电的格局。2014年，公司有35千伏及以上变电站73座（不含500千伏变电站），变电容量528.53万千伏安；35千伏及以上线路178条2355.492千米。全年售电量85.61亿千瓦时，比2013年增长2.59%；完成线损率5.17%，比考核指标低0.03%；电网投资5.27亿元；电网运行平稳，实现安全生产2119天；综合排名列省公司系统第2位。

【人力资源】 2014年，国网眉山供电公司有职工728人，省公司控股委托眉山公司管理的县级供电企业长期职工1026人。有高级职称的75人、中级阵穭的218人、初职称的830人。

【教育实践】 2014年，国网眉山供电公司开展教育实践活动。拟定

2014 年，国网眉山供电公司“心连心”服务站志愿者义务为彭山果园小区更换路灯

专项整治方案11项、整改细则62条和专项整治措施82条，实现问题整改率100%。注重心桥工程建设，深化“包片进村”，开展服务乡镇，推进“一乡一品”农网规划；建成“心连心”服务站10个，开展志愿服务310次，解决问题230个；实施困难员工和结对村社帮扶，落实员工帮扶项目9项，完成仁寿新田村千亩核桃林种植。加快便民缴费工程建设，推广“掌上川电”APP（应用程序），公司各类收费网点1343个。活动民主测评满意率100%。

【安全生产】2014年，国网眉山供电公司安全生产以“安全管理提升”活动为主线，实施安全专项行动，完成“9210”年度安全工作目标。开展隐患排查治理，消除隐患233项。强化安全教育，培训各类人员3500余人次，提升员工安全意识。开展反违章巡查435次，查处各类违章139项次。强化风险预控，发布六级及以上电网风险预警55项次。加强应急体系建设，编制各类应急预案32项、现场处置方案92项。完成中韩自贸谈判会等46项重大保电任务。

【电网建设与发展】2014年，国网眉山供电公司完成眉山电网滚动规划修编。推进智能电网建设，建成投产110千伏及以上工程5项，新增变电容量55.02万千伏安，线路158千米。争取政府政策支持，落实配套资金1.85亿元，解决岷东新区电网建设。完成农网改造项目260个，涉及资金1.8亿元，整治低电压台区621个。完成道孚、巴塘无电地区农网工程建设任务。推进220千伏石化园输变电工程建设，打造省公司标准工艺示范工地。220千伏宝飞等7个工程通过国网优质工程验收。完成科技项目4项，申请发明专利19项，实用新型专利16项。

【体制改革】2014年，国网眉山供电公司完成“三集五大”（人、财、物集约化，大规划、大建设、大运行、大检修、大营销）体系建设，理顺体制机制。实施“95598”业务上划和配网抢修业务整合，提高服务质量和抢修效率。数据监测与任务协同并重，有效发挥运监中心作用。完善绩效管理制度体系，县公司绩效管理达标率列省公司第一名。

【经营管理】2014年，国网眉山供电公司建立全面预算闭环管理体系，实现综合计划与预算无缝衔接。强化营配数据清理及质量管控，完成贯通任务70%。规范业扩报装办理，全年新增容量37万千伏安。落实电费回收责任，电费回收风险可控、在控。摸排全市小区供配电设施情况997个，完成玫瑰园16区等10个小区供配电设施移交。理顺集体企业管理模式，各责任主体责权利关系更加清晰。统筹推进集体企业“资金池”建设，实现与“省级资金池”接轨运行。完成三新公司专业承包和劳务派遣资质办理，推进“子改分”（子公司改分公司）工作，平台作用有效发挥。

2014 年，国网眉山供电公司实施农网改造

【依法治企】2014年，国网眉山供电公司执行“三重一大”（重大事项决策、重要干部任免、重要项目安排、大额资金的使用，必须经集体讨论做出决定）决策制度，规范议事工作规则。配合国家审计署延伸审计，完成省公司资金管理专项检查。开展各类专项自查、自审，开展线损管理、集体企业薪酬管理等协同监督，有效规避企业经营风险。开展公务用车、办公用房规范整治，“三公”经费、会议费分别比2013年下降25.63%、95.73%。推进效能监察，规范供电所资金管理。做好主多分开遗留事项处置，完成太阳风公司清算关闭等工作。

【“三个建设”】2014年，国网眉山供电公司健全集体企业党组织体系和工作机制。推进干部管理，提拔交流中层干部44人，纳入后备管理41人。通过中高级职称复审87人，被评为省公司优秀人才17人。深化民主管理，审议通过议案9项。推进企业文化进班组落地实践，通过验收27个班组。强化国网品牌塑造维护，公司品牌贡献度连续2年位列省公司系统第一。

（税秀花）

金象化工产业园区

【概况】2014年，金象化工园区规模以上企业实现销售收入69亿元，比2013年（上同）增长11%；规模以上工业增加值增长9%；完成固定资产投资34亿元，增长80.5%，其中工业固定资产投资31亿元，增长85%，工业技改投资13.5亿元，增长73%；外贸出口3100万美元，降14%；完成基础设施投入2.36亿元，增长13%；新增规模企业9家。10月，通过第三批四川省知识产权试点园区验收。

【项目推进】2014年，新开工四川锦成50吨/年淤浆聚乙烯催化剂、友禾科技12万吨/年硫酸钾、新都化工15万吨/年水溶复合肥、眉山顺应四氧化三钴三元材料、誉丰生物科技30万吨/年复合肥、道弘新材料5000吨/年丙烯酸酯橡胶、新威能源100万吨/年蒸汽、四川惠盛10万吨/年生物柴油、四川星利6000吨/年涂料及缓蚀剂项目9个。四川锦成50吨/年淤浆聚乙烯催化剂、友禾科技12万吨/年硫酸钾、誉丰生物科技30万吨/年复合肥等项目竣工。

【招商引资】2014年，全区新签约引进总投资20亿元年产1亿平方米高分子复合膜及研发中心项目、投资5亿元年产10万吨生物柴油项目、投资5亿元年产12万吨硫酸钾、4万吨氯化钙项目等工业项目15个，其中10亿元以上项目3个，亿元项目11个，引进高新技术企业1家，研发中心1个，战略性新兴产业人才带项目1个。全年招商引资签约总金额53.8亿元，到位资金21.09亿元。

【基础设施建设】2014年，完成君乐路一期、眉洪路道路整治工程，基本完成金华路二期、金象大道一期等道路骨干路网建设。做好园区水、电、气配套建设，保证生产企业和在建项目所需。与眉山经开区新区共建的污水处理厂完成场平、施工便道的修建、招投标。完成象耳中桥广场绿化及工业环线与金桥大道交叉口绿化。争取新区建设资金800万元，园区棚户区改造被列入省住建厅2014—2017年度计划。

【融资工作】2014年，对接建设银行眉山分行、农发行、兴业银行等银行机构12家，建立合作关系5家；对接太平洋证券等金融机构16家，建立合作关系1家；对接成都市政集团等非金融机构资金5家。全年通过银行融资、村社公司融资、延时付款、社会资金周转等方式融资共到位1.07亿元，基本保证园区基础设施建设所需。

【安全环保】2014年，园区与锐安公司签订安全检查服务外包合同，与园区生产经营、施工在建共21家企业签订《2014年安全生产目标责任书》，通过组织专业检查与安全大检查、打非治违专项行动，督促企业完善各相关安全生产要素。启动省级安全社区建设，代表眉山市通过省委安全生产专项督查和省政府消防安全督查。排查安全隐患441处，整改370处；召开安委会5次，安全培训工作会1次，开展应急演练10次，发放宣传资料1500余份。7月，成立园区环境保护局。推进生态园区建设，关停燃煤锅炉，实现

金象化工产业园区

集中供热；对园区重点污染企业实行重点监管，排除环保隐患。新进项目落实安全环保“三同时”要求，把好准入关。

【国土工作】2014年，园区完成2个批次68.34公顷土地用地报批组件，获省人民政府1个批次49.11公顷报地的用地计划指标，保障园区发展用地。接受国家审计署对园区2008—2013年土地出让收支和耕地保护情况专项审计。新华社等主流媒体到园区开展“美丽国土·天府行”专项采访。通过国土资源部总督办对园区土地集约节约利用情况督查。完成对园区成都邮电通信设备厂分厂1.27公顷、成都禾创药业有限公司0.99公顷的收储任务。开展土地动态巡查，制止34起拆除各类非法搭建4833平方米。

【征地拆迁安置】2014年，推行“三公开三分离”（三公开即拆迁程序公开；政策、标准公开；拆迁结果公开。三分离即丈量、测绘和清点；计算、复核和支付补偿费用；宣传政策，动员拆迁三项工作分离）新政策，全年新拆迁面积90余公顷，安置503户1137人，安置面积5万平方米。通过技能培训、就业引导、组织现场招聘会、提供公益性岗位等措施，实施农民转变为城镇居民500余人，转变为产业工人、第三产业经营者和其他从业者600余人，城镇化率比2013年增长8.3%。

【社会事业】2014年，创新社会管理模式，建立农村劳动力实名登记入库及动态管理系统，实行网格化管理。落实领导包案制度，加强信访积案化解。

（金象化工产业园区管委会）

铝硅（甘眉）园区

【经济运行情况】2014年，甘眉（铝硅）园区实现工业总产值123亿元；主营收入120亿元，其中新兴产业主营业务收入58亿元；固定资产投资23亿元，其中工业固定资产投资18.5亿元（技改投资7.68亿元）；新增规模以上企业7户，规模以上工业增加值增长9.7%；入库税金1.27亿元。

【产业发展】2014年，甘眉（铝硅）园区续建产业项目9个，新开工24个，竣工19个，完成投资17亿元。园区安排200万元工业经济奖补资金用于引导、鼓励企业生产。创建产学研创新联盟2个，园区企业申请专利8件（其中发明2件）。引进建设西南第一大铝型材项目——四川阳光坚端铝业有限公司投资40亿元年产20万吨工业和建筑型材生产项目。引进锂电池正极材料领域国内第一、世界第二的天津巴莫科技股份有限公司投资30亿元30000吨/年高电压正极材料及动力电池三元材料项目和路翔集团投资10亿元的2.2万吨/年电池级锂业项目。

【基础建设】2014年，园区实施基础设施建设项目22个（新开工项目10个、续建项目12个），总投资5.2亿元，竣工15个，完成投资4亿元。建设园区投资9600万元的甘眉大道和投资1.4亿元的康定大道，甘眉大道竣工通车。开工建设园区品质最高的修文安置小区，占地1.53公顷，投资1.8亿元，规划为18层电梯公寓，建成后可安置1136户。建成园区美感最好的铝硅大道堆坡绿化工程和甘眉大道3.1千米绿化。

【要素保障】2014年，园区征拆项目用地93.67公顷。报批土地2批次25.8公顷。完成凌江村土地整理578公顷，获得土地占补平衡指标53.33公顷。争取留存电量24亿千瓦时，使用直购电4.56亿千瓦时，为园区企业降低生产成本3.6亿元，为甘孜州财政增收6720万元。在省长魏宏关心下，四川瑞能公司使用留存电量1.4亿千瓦时，节约生产成本1900万元。完成康定大道1亿元BT融资。争取到省预算内补助资金项目3个1600万元。

【安全环保】2014年，成立园区安监（环保）局，配备人员、办公执法装备。开展安全检查165次，出动检查人员257人次，检查各类生产经营单位132家，排查一般安全隐患367个，下发限期整改通知15份，企业落实整改资金256万元。查处违法生产11起，责令企业停产整顿3家。创新实施安全环保风险诚信保证金制度，企业缴存安全环保风险保证金29家。创建安全生产标准化企业10户。

【软环境建设】2014年，园区实施维稳跟着项目走。编制27个开工、竣工重点项目社会稳定风险评估报告，排查28个在建项目社会稳定风险点81个并全部化解。组建维稳信息员队伍，收集研判涉稳信息36条。全年受理群众直接信访164件次，上级交办36件次，办结率100%。落实政务服务首问负责，成立20人组成的要素保障、企业减负等四支服务队伍，为企业解决问题30余个。配备企业网格管理员20人，并搭建网格化服务管理信息平台。全年办理工商营业证照组织机构、税务等证照27件，审批事项85件，办结满意率100%。

（铝硅〈甘眉〉产业园区）

南车眉山车辆有限公司

【概况】2014年，南车眉山车辆有限公司下设子公司3个，分公司2个，车间5个和管理部室21个；有员工3653人，其中工程技术人员414人，经营管理人员516人，技能操作人员2619人；有固定资产10.72亿元，占地面积79.42万平方米，建筑总面积36.39万平方米。全年销售收入14.88亿元。

【规划发展】2014年，南车眉山车辆有限公司创新发展模式，发展新产业。全年完成紧固件合资、哥伦比亚、泡沫铝、新疆维保、低地板有轨电车、PVC公路护栏、LFT高分子材料、铸钢车轮、铸钢合作和汽车变速器发展性项目认证10个。新产业项目实现实质性运作4个。南车眉山紧固件公司与四川元泰达公司成立合资公司，针对物流托盘、桥墩防护、军工市场和轨道交通领域，开拓连接技术与复合材料市场，合资方案获南车集团认可；南车眉山物流装备公司与北京化工大学合作，将LFT材料应用到汽车、铁路等领域，包括汽车前摆臂和挡泥板、铁路货车制动阀和SQ6底板等产品，启动低地板有轨电车项目，拟采用“项目总包”模式，由公司牵头组建项目公司承建现代眉山有轨电车项目。主要承担眉山现代有轨电车项目的设计、融资，以及车辆、线路、供电、通信、信号等系统的提供和施工，最后交付运营，形成公司开展现代有轨电车造修及工程总包能力，成立项目组，配合地方政府开展项目的前期工作；哥伦比亚铁路运营项目：采用“投资入股”模式，眉山公司入股Trencar公司，共同运营哥伦比亚国内铁路523千米，主要承运集装箱、散装货物等货物，项目按计划推进。

2014年9月26日，南车副总裁楼齐良在眉山与市委书记李静会谈

【经营管理】2014年，南车眉山车辆有限公司推进以精益生产、精益管理为主要内容的管理提升活动，开展管理提升活动经验总结，公司级重点提升项目34个、专项提升项目16个全部按计划要求完成整改。通过全面评价，总结经验，固化成果，专项整改项目结题总结106个，形成管理提升案例65个。修订完善及优化相关制度和流程，完成制度修订或新增28个。完善单位绩效指标体系，细化对各直属单位精益工作开展情况评价体系和办法，直属单位关键指标实行年度承包，公司重大管理课题以公司高管为首席承包人承包，按月、季度开展责任制考核和绩效评价。全面预算管控，强化费用管控，结合生产经营及订单情况，调整年初预算，调减23.71%，下调非生产性费用以及职务消费支出，确保研发、市场、新项目等费用。开展控本经营，降本增效，从材料定额优化、工艺定额优化、委外加工业务、余料再利用、材料采购价格等方面开展成本项目攻关，P70型车材料采购价格比攻关前降低835元/吨；抛丸预处理工艺的运用节约成本524元/辆；通过直接采购更符合工艺尺寸的侧板用料，材料利用率提高3%，定额下降44.7千克/辆。优化主产品定额，L70型粮食车每台车可节约原材料140千克，降低单车材料成本700元；涂装油漆工艺改进，SQ6型和L70型车油漆实耗较上年分别降低3.10%和4.23%。C70E型车单车直接材料成本比2013年降低308元、P70型车单车材料成本降低78元。推行价格精益管理，降低采购成本，全年节约采购成本约2000万元。

【科技创新】2014年，南车眉山车辆有限公司开展科技研发46项，突破160千米/小时快运活动侧墙棚车、大容积棚车和凹底双层集装箱平车三大关键技术，完成30吨轴重KM100型铝合金运煤漏斗车等11项新型货车设计，完成6种整车、5种转向架样机试制，3种国铁大轴重货车首次实现批量生产，年度签约出口货车1042辆，交付出口货车675辆，新产品贡献率29.6%。80吨级国铁货车研发，完成C80EF、C80EFZ型敞车列车混编试验，C80E/C80EF型样机通过铁总专家组技术评价，首批投入运用考验400辆。结合27吨货车技术成果，开展80吨级黄磷罐车、食用油罐车及集运砟、平砟功能于一体的新型石砟漏斗车技术研究，完成技术调研与方案设计。30吨铝合金漏斗车项目，完成KM98AF型铝合金煤炭漏斗车样机整备、车辆静强度、冲击试验、线路动力学试验和空、重车卸货试验，通过中国南车会同中国神华组织的设计方案审查和样机评审。转向架技术创新，以径向转向架为主线，重点研究30吨轴重低动力转向架技术、副构架轻量化技术，进一步降低设计成本，提升性能品质；研究采用轴箱交叉支撑技术的160千米/小时快速货车转向架，构建涵盖米轨、准轨、宽轨，重载、快速的径向转向架族谱。完成DZ3型27吨轴重径向转向架各项型式试验，通过铁路总公司设计方案及样机试用评审，通过样机技术评价，首次批量生产300辆份投入线路运用。完成采用轴箱交叉支撑技术的160千米/小时快速货车转向架设计及样机试制，被铁路总公司预先授予“HZ160E”型产品型号。开展铁路货车基础研究和关键技术创新，完成铁路总公司既有线运用27吨轴重货车技术经济论证、铁路货车有关技术管理文件制修订、年度铁路货车专项试验研究及C70A型敞车制动系统技术改进方案。“30吨轴重重载铁路货车关键技术研发及产业化应用”入选2014年四川省科技支撑项目计划，获得科技经费100万元。完成专利申报104项，其中发明专利36件，取得国内专利权78项，其中中国发明专利6项、日本发明专利1项。

【市场营销】2014年，南车眉山车辆有限公司实施“低成本”“差异化”营销策略，调整和优化产品结构，开拓海外市场，发展新产业市场。国内市场全年新签铁路货车整车订单1583辆，配件订单2240万元，实现销售收入10.39亿元；30吨轴重铝合金煤炭漏斗车、150型制动系统、铝合金用紧固件等产品在神华市场取得突破性进展；制动科技实现外销收入1.79亿元。海外市场全年新签订单4.7亿元，实现销售收入占公司营业收入的18.4%，阿根廷项目签单整车950辆，创2004年以来最高单笔签单额。新产业紧固件进入城轨、汽车、军工、矿山及重型机械等路外市场，实现外销收入1.54亿元。

【生产运营】2014年，南车眉山车辆有限公司编制生产作业预排计划和滚动计划38套，管控生产过程中的关键时间节点，指导各单位提前做好生产准备。完成各个品种生产前数据准备，保证生产单位按时开工。加强转产过程作业计划执行监督，每日按计划检查物料供应情况和工艺技术准备情况，协调每种车型生产前准备，促进零部件投产如期启动以及工序转产有条不紊地进行。创新生产组织模式，实现异地组织生产，灵活组织配件供应和临时委外加工，提升公司综合生产能力。建设“6621”精益运营平台，建立高效物料配送体系，在每个车型投入生产前，组织制定生产线工位物料配送的策划方案和外协外购件包装发运的模块化方案，明确配送工具、物流路线、期量标准等相关内容，确定物料配送到工位的方式、时间、频次。规范配件招标采购流程，通过南车电子商务平台招标。

【基建与技改】2014年，南车眉山车辆有限公司完成基建更改投资2030万元，订购各类设备282台（套）。主要完成新建国家级技术研发中心内外装修及配套设备购置，交叉杆生产所需设备购置，新建车轮车轴库房，新材料项目厂房所需设备购置，澳大利亚大容器棚车生产项目建设，污水处理站的改造等基建技改项目。

【质量管理】2014年，南车眉山车辆有限公司强化质量损失管理，建立质量损失体系，搭建和完善质量故障损失率统计分析工作平台。加强统计数据真实性、准确性检查监督，实施强化质量损失原始数据的监控和确认，保证质量损失统计数据真实性和准确性。将售后服务工作中收集到的制动管系漏泄、铸件裂损等惯性质量故障信息反馈给各相关单位，通过各相关部门的联合攻关活动提高产品生产制造质量。制定落实年度质量降损专项整治计划，开展产品质量安全风险管控，完善质量安全风险防控体系。构建由产品投标、研发、工艺设计、采购、制造、售后服务等全过程的产品质量安全风险防控体系。

【四川制动科技有限公司】2014年，四川制动科技有限公司主营铁路机车、客车、货车及地铁、城市轻轨制动产品研制、生产、销售。注册资本6667.9万元，厂房面积34962平方米，在册员工776人，其中生产工人599人。中、高级工程技术管理人员108人，工人技师98人。全年销售收入2.13亿元，其中外销1.78亿元、内销3500万元，利润20万元。公司实施产品差异化竞争策略，加强产品技术储备，实施主动润滑C型制动缸装车运用、神华C70A车制动系统改造、MUD货车空气制动系统、150型制动系统推广，开拓自备车市场、国际市场和检修市场，促进公司走上制动产品技术引领轨道。加强国际市场开拓，与澳大利亚合作研究澳大利亚货车检修机制，基本满足澳大利亚中国企业出口近1万辆货车用130阀、120AK、三级空重、500型、600型闸调器等检修配件供应。开发150型阀在澳大利亚货车上替代W5进行运用考验。加强新产品开发，研究世界主要空气制动系统标准及发展方向，重点进行AAR、UIC独联体制动系统推广其系统产品应用，加强与出口主机厂技术交流，制订多种出口货车、客车、机车制动系统方案。持续开展160千瓦/小时快运货车制动系统研究、标准制订及试验装备研制，优化160千瓦/小时快运货车制动系统及其零部件优化设计及试验验证。开展120型阀典型故障攻关及LBC-1型主动润滑运用考验，神华C70A制动系统改造及运用考验。通过合资合作方式，开发低地板有轨电车制动系统。利用公司制动技术优势，建立国内外制动系统维保基地。

【眉山南车紧固件科技有限公司】眉山南车紧固件科技有限公司于2005年7月成立，2013年7月改制为南车眉山车辆有限公司全资子公司，占地4.93公顷，总资产1.18亿元，年生产能力1000万套。2014年生产销售各类拉铆钉销套392个规格3000余万件，销售收入1.66亿元，净利润1530万元。公司采用先进材料、技术、工艺，不断优化产品设计，建成国内最大拉铆钉试验中心，形成以铁路货车专用拉铆钉、单面拉铆钉、可重复拉铆钉、短尾拉铆钉、拉铆销、铆螺母、油堵铆钉、防漏铆钉、宽范围拉铆钉等多个品种、多种规格产品系列。铁路车辆专用拉铆销研制获得中国铁道科学技术三等奖；拉铆钉研制及批量应用获得“中国铝业杯”首届中国企业青年创新奖优秀奖。拥有各项专利33项，其中“可重复使用拉铆钉”获得第十二届中国专利优秀奖。公司通过IRIS国际铁路行业标准、国军标质量管理体系认证。新产品开发立项14项，其中螺纹挤压防松紧固连接系统（公制系列）研制项目，在新疆东风汽车有限公司生产沙漠车中完成小批量装车；地铁用单面拉铆钉实现批量装用；低地板车用紧固产品实现签订供货；泡沫铝物流托盘产品，取得用户认可；铁路棚车内衬用墙板拉铆钉实现批量生产装车。全年申报发明专利4件、实用新型专利6件，其中授权实用新型专利2项。与四川元泰达有色金属材料有限公司达成成立合资公司协议。开发路内外市场，铁路市场拉铆销产品市场占有率70%以上。路外市场开发实现新突破。汽车市场与陕西汽车、长沙龙展、四川现代、北汽银翔、东风小康等企业建立合作意向，比亚迪、中集冷藏车铆钉进入样品认证；军工市场实现2万套装车运行；海外市场进入印度和日本市场取得订单，实现国际贸易收入200万元；矿山及重型机械市场，与33家矿山工程机械取得业务联系，销售170万元。

【眉山南车物流装备有限公司】 眉山南车物流装备有限公司由原同升专用汽车分公司2003年3月5日改制而成。2014年4月30日改制为眉山南车物流装备有限公司。公司占地5.47公顷，拥有专用汽车生产标准厂房7500平方米，钢结构生产厂房约7400平方米。公司下设专用汽车制造、钢结构制造2个车间及5个管理部门，有正式员工86人。全年销售收入2.19亿元、利润2万元。开展物流运输业务、LFT复合材料项目业务调研。开发出集装箱自卸半挂车，迅速推向市场。全年签订各类专用汽车410台，其中普通自卸车145台、半挂车265台、经销整车147台；钢结构业务新签订单1000吨。新开发两轴、三轴平板自卸半挂车，完成即有半挂自卸车产品结构优化方案，成功申报包括铁路车辆称重系统在内专利7项。完成澳大利亚20英尺骨架式集装箱半挂车、澳大利亚大棚车工序转运车设计与制造、保温半挂车技术准备、成铁物流公司平车运输半挂车方案、轻量化前顶自卸半挂车研发、澳大利亚粮食漏斗车称重装置方案。与主机厂、经销商结成产业上下游联盟，拓展铁路散装货物业务，打造集装化“门对门”运输周转仓指定、研发企业。开拓铁路产品业务，开展160千米活动侧墙棚车用集约箱、集装笼等项目的研究，生产苏丹棚车40台、SQ6型铁路货车300台、L70型粮食车180台、GQ70型罐车540台的底架、端墙等铁路配件生产；完成40台出口澳大利亚大容积棚车整车组装。

（汪清泉）

2014年12月3日，眉山市副市长唐宏（左二）到南车眉山车辆有限公司调研

眉山现代工业新城办公室

【机构】 2012年1月，成立眉山现代工业新城办公室。11月，确定眉山现代工业新城办公室为市政府派出机构。内设综合科、产业发展科、投资促进科3个中层科室。设立眉山现代工业新城投资服务中心，为下属核定收支、全额管理、定额补助科级事业单位。2013年2月，组建眉山现代工业新城投资有限公司，为全资国有公司。8月，组建总部经济区国土资源分局。10月，成立园区公安分局城西派出所。

【总部经济区建设】 2014年，开展总部经济区（A区）PPP（公私合作模式）建设运营项目战略投资企业招商，制定《总部经济区（A区）PPP建设运营项目战略投资企业招商工作方案》等文件，完成招商公告发布、法律尽职调查、专家组评审、领导小组审议、市委市政府审定等会务和材料筹备，确定中景恒基投资集团股份有限公司为眉山现代工业新城总部经济区（A区）PPP建设运营项目战略投资企业，向中选战略投资企业发放中选通知书。与中景恒基集团沟通磋商项目《战略合作协议》《投资合作协议》，形成13稿讨论意见，梳理出协议核心要点，供领导参阅决策，为签订合作协议打基础。

【现代工业新城建设】2014年，眉山现代工业新城销售收入428.1亿元，比2013年增长23%，占全市工业销售收入的34%；规模以上工业增加值增速增长10.4%,高于全市0.2个百分点；固定资产投资152.3亿元，增长15.4%，占全市的16.5%;其中工业固定投资110.5亿元,增长12.6%，占全市的30.5%;招商引资实际到位资金152.7亿元，增长12.6%,占全市的23.4%；入库税金9.7亿元;新增规模企业17户，占全市新增数的31.5%;农民转变为产业工人2.5万人，城市化率提高2.5%。现代工业新城在全市工业经济中的比重稳步提高，在“以工为主统筹城乡”建设中发挥引领作用。

【招大引优】2014年，眉山现代工业新城签约项目39个，其中10亿元项目6个。围绕主导产业和产业集群发展，变单一项目招商为集群招商，变单个项目招商为产业链招商，重点引进产业和行业龙头企业。全年新开工项目28个，总投资220亿元。其中市级以上重大项目21个，投资45亿元。调整产业结构，淘汰落后产能，引进战略性新兴产业项目。清退和淘汰多孔硝铵、醋酸乙酯丁酯等产能过剩项目10个，新上三元材料、四氯化三钴等战略性新兴产业项目。抓产学研联盟，增强转型升级。建立产学研创新联盟25个，申报各类专利69件。推进眉山经济开发区扩区调位，通过省级相关部门专项评审，向省政府提交扩区调位申请。彭山经济开发区扩区调位前期工作基本完成，等待省发展改革委明确扩区调位的基本方案。

【基础设施建设】2014年，眉山现代工业新城基础设施建设总投入25亿元，服务功能建设投资加大。全年公共服务设施建设投入10亿元，城市服务功能明显增强。推进绿海明珠大会战园区会战，重点实施绿色廊、骨干道路、重要节点绿化，提升园区生态质量和绿化品位。新增绿化面积168.35公顷，其中成片绿地面积97.2公顷，新栽植完成园区道路绿化32.6千米，建成园区“绿色基地”3个。

（眉山现代工业新城办公室）

经开区新区西部药谷

农　业

综　述

2014年，全市农作物总播种面积43.09万公顷，比2013年（下同）增长0.9%，其中粮食作物播种面积29.48万公顷、降0.3%；油料作物播种面积5.6万公顷、增长1.8%；药材播种面积2529公顷、降2.7%；蔬菜播种面积5.65万公顷、增长7.6%。全年粮食产量164.44万吨、降0.4%，其中小春粮食产量29.12万吨、增长3.2%，大春粮食产量135.32万吨、降1.1%；油菜籽产量9.79万吨、增长3.8%；茶叶产量2.09万吨、增长3.0%；水果产量86.63万吨、增长6.8%；蔬菜产量145.7万吨、增长5.9%。全年肉类总产量30.8万吨、增长6.0%，其中猪肉产量21.6万吨、增长5.8%；牛肉产量0.7万吨、增长9.4%；羊肉产量0.7万吨、增长5.7%；牛奶产量14.5万吨、增长3.0%；禽蛋产量5.4万吨、增长2.8%。年末生猪存栏207.8万头，奶牛存栏6.8万头。生猪出栏302.1万头，羊出栏53.7万只，家禽出栏2936.1万羽。全年完成营造林建设1.52万公顷；年末森林面积29.4万公顷，森林覆盖率45.97%，增长0.47%。全年水产品产量10.51万吨、降14%；水产品养殖面积1.52万公顷、降4.8%。年末耕地保有量17.06万公顷，全年新建成高标准农田0.91万公顷，治理水土流失104.5平方千米，完成45座病险水库整治，解决33.52万农村居民安全饮水问题。年末农业机械总动力235万千瓦，全年机耕作业面积25.62万公顷，主要农作物耕种收综合机械化水平56.16%，新建机耕便民道2206千米，更新改造提灌机械3684台次。全市实现农林牧渔业总产值256.08亿元，增长5.3%，其中农业116.21亿元、林业6.96亿元、牧业113.32亿元、渔业14.62亿元、服务业4.98亿元。农业、林业、牧业、渔业产业结构比为23.4:1.4:22.8:2.9:1。实现农业增加值12.92亿元，其中农业6.51亿元、林业4545万元、牧业4.48亿元、渔业1.26亿元、服务业2220万元。农民人均纯收入1.04万元，增加1101元，农村社会稳定。

（邓君华　管　韬）

种植业

【概况】2014年，全市种植业实现农业增效、农民增收，粮食总产164.44万吨（新口径），比2013年减产6604吨；种植业产值114.63亿元；泡菜产业实现销售收入121.77亿元；种植业农民人均增收351元。

【粮油生产】2014年，全市粮食播种面积29.48万公顷，粮食总产量164.44万吨（新口径）、减产6604吨，油菜籽总产9.79万吨、增产0.34万吨；实施测土配方施肥17.5万公顷、秸秆覆盖2.4万公顷，开展高标准农田验收认定和补充耕地质量验收评定，新建高标准农田0.91万公顷，获省联席会议高标准农田建设绩效考核第二名。建设“千斤粮万元钱”粮经复合基地1.32万公顷，油高产创建万亩示范片50个。实施病虫害统防统治21.8万公顷，其中专业队伍统防统治19.09万公顷、绿色防控示范2.71万公顷，农作物病虫危害损失率控制在2.21%以下。仁寿县被评为全国粮食生产先进县。

【现代农业发展】2014年，全市都市近郊型现代农业在“三园一城”“三个走廊”实现新突破。整合项目资金1.24亿元，推进14个万亩核心示范基地建设，在核心区完成田型调整691公顷、田间道路和沟渠建设319千米、新建设施农业97公顷。东坡泡菜城原料基地、仁寿兆嘉蔬菜示范区、彭山公义示范区、洪雅槽渔滩茶叶示范区、丹棱梅湾水果示范区、青神西龙茶叶示范区形成产业新亮点。新植和改造果菜茶等特色优势产业1.27万公顷。按照“产业的典范、主体的典范、安全的典范品牌的典范、加工的典范、观光的典范”6大标准，基本建成6个“3+3”示范点。丹棱县梅湾湖度假村创建全国休闲农业与乡村旅游示范点。

【泡菜产业发展】2014年，中国泡菜城建设步伐加快。市委、市政府下发“扶持泡菜城泡菜产业发展的意见”，推进“六个一”造城计划，国家级泡菜质检中心、泡菜产业技术研究院投入运行，改造泡菜博物馆、泡菜城广场、泡菜风情街等基础，产业聚集功能和文化品位提升。建成泡菜原料基地2.79万公顷，新建标准化生产线20条，总数增至135条，研发新品56个，全年泡菜加工量142.17万吨，泡菜产值121.77亿元，比2013年增加16.85亿元，保持全国领先、全省第一。东坡泡菜走上央视《舌尖上的中国(第二季)》、凤凰卫视《中国深度财经》专题节目。

【农产品质量安全】2014年，市政府下发《关于加强农产品质量安全的实施意见》，各区县政府制定实施方案，县乡村三级农产品质量监管的机构、人员、装备、经费有所改善。市农产品质量检测中心项目建设竣工，设施设备升级完善，“双认证”成功复查换证；6个区县部级检测站项目全覆盖，在农产品基地建立农产品质量安全生产档案，推进农产品质量安全可追溯，全市农产品质量例行监测抽检合格率99%以上。全市推广标准化农产品生产技术规程14.67万公顷，推广绿色防控2.14万公顷，新申报认证无公害农产品、绿色食品、有机食品35个。洪雅县创建全省农产品质量安全监管规范化县。

【农村经营管理】2014年，全市124个乡镇完成航空摄影，73个乡镇启动经营权调查作业，完成确权登记面积1.96万公顷。全市新增农村土地流转0.75万公顷，农村土地流转率30%，农村土地规模化经营率超过20%。全市新增50亩以上种植业规模经营业主571个，新注册种植业家庭农场115个，新建部省市标准化合作社56个，成为全市培育新型农业经营主体的主力军、主战场。新华社《内参清样》刊载青神县发展家庭农场做法。

【项目工作】2014年，依托“厅市合作”争取项目，全年全市申报农业项目68个，估算总投资8.5亿元；实际争取到位项目50个，到位部省项目资金6.7亿元，其中四项补贴外项目资金2.98亿元。项目规划和实施向“三园一城”“三个走廊”、粮经复合万亩基地集中。

【民生工程】2014年，全市新建农村户用沼气池4807口，小型沼气工程49处。基层农技人员知识更新培训和乡镇条件建设均达100%，开展新型农民培训1.88万人、农民实用技术培训140.62万人次。建立行政权力公开运行平台，下放行政审批许可事项3项、非行政审批许可事项10项，办理农业综合执法案件122件，调解农资纠纷24件，为农民挽回经济损失253万元，获得省优案卷6卷。

【农业机械化发展】2014年，全市向上争取农机购置补贴资金6536万元，实施农机购置补贴机具7.1万台套，修复改造提灌机械3686台次，机耕便民道建设2167千米，农机总动力225万千瓦，主要农作物耕种收综合机械化水平56%，无较大及以上农机安全事故发生，推行拖拉机上专业检测线检测，组织参加全国农机手大赛4人进入全国百强、1人进入全国10强。拖拉机“三率”水平达到规定要求。继续建设东坡、仁寿、彭山3个农机化示范县（区）培育县。彭山区被评为全国平安农机示范县。

【行政效能建设】2014年，市农业局修订《五化管理制度》，调整新增班子议事规则、纪检跟着项目走工作制度。实行重点目标项目化管理，按照市委市政府、省农业厅下达的目标，分解15个方面、50个小项重点工作，一月一通报、一季一次现场推进会、年终考核通报；实行项目工作集约化管理，在“两纵一横”区域实施项目2.68亿元，集中度占可安排项目的92%；安全稳定工作前置化管理，年初有计划，特殊节点有部署，处置有预案，全年未发生安全稳定事件；日常工作规范化管理、干部人事工作科学化管理落实，确保运行管理科学、规范、高效。

【第六届中国泡菜展销会】10月31日至11月3日，在眉山举办第六届中国泡菜展销会。邀请中国食品工业协会、中国长寿促进会为大会主办单位，重庆、浙江、山东、湖北、湖南、河南、福建、宁夏、黑龙江、四川10省、自治区、直辖市的100余家泡菜企业参会参展。举行首届中国泡菜品牌大赛、“东坡味道”中国泡菜制作大赛、中国泡菜包装设计展评、泡菜主题书画摄影展评、中国泡菜品牌对话，发表《中国泡菜眉山宣言》。眉山市政府与中国食品工业协会签订《中国泡菜展销会永久会址协议》，确定眉山为中国泡菜展示展销的唯一举办地。新华社、中央电视台、《香港大公报》等47家知名媒体进行宣传报道。凤凰卫视派出专业团队和一线主持采访报道。

（钟　忠）

林　业

【概况】2014年，全市营造林1.14万公顷，新规划创建万亩林业产业示范基地5个，市级林下经济示范基地6个，新建林业专业合作社5个、家庭林场11个，创建市级示范社4

个。年末全市有林农专业合作社87个(专业合作社86个、花协1个)，成员1.43万户，带动农户数5.52万户。全年全市完成投资近13亿元，发动群众144.8万人次，植树栽花1000万余株，新增绿地1万余公顷，巩固提升多色谱林业景观带148.15千米和园林景观节点24个，完成32个乡镇“集镇拥翠工程”和29个村“百村绿色家园工程”建设任务，新增工业园区绿地240公顷，建成绿色基地130个，完成道路绿化58.9千米。东坡岛湿地公园、苏辙公园、亲水平台、仁寿高滩湿地公园、彭山“五湖四海”、青神竹林湿地公园等一批精品工程相继竣工。森林覆盖率45.97%（含四旁树）。巩固退耕还林成果3.57万公顷。常年管护森林面积9.6万公顷。无较大森林火灾。林业总产值167.51亿元。农民人均林业收入1312.2元。

【林产工业】2014年，全市林业总产值167.51亿元，比2013年（下同）增加14.67亿元。农民人均林业收入1312.2元、增加282.4元。市林业局制发《2014年全市青神竹编产业推进工作要点》，明确相关部门目标任务，组织开展季度督查，履行牵头部门职责。组建青神县国际竹艺城发展投资控股有限公司，与省内外19家竹企业签订入驻竹编园区投资意向协议。制定“扶持竹产业和雷竹基地发展建设的若干政策意见”，青神县财政每年投入竹编产业发展扶持资金1000万元以上。建成面积20公顷的中国首家竹林湿地公园，培育雷竹为主的竹基地1333.33公顷。眉山获国际竹藤组织、中国竹产业协会第九届中国竹文化节举办地授牌。

【义务植树】2014年，全市义务植树311万株，参加义务植树人数144.8万人次，尽责率90%以上。

【现代林业产业基地】2014年，重点围绕“万亩林亿元钱”示范区打造，突出青神县、丹棱县现代林业重点县建设，新规划创建万亩林业产业示范基地5个。东坡区、青神县以园林绿化种植基地建设为重点，发展香樟、蓝花盈、桂花等珍贵树种；仁寿县以天府花海观光农业园区为核心区，融合一、三产业，打造花卉园林及珍贵树种生产基地；洪雅县利用现有茶园，采取林茶套种模式，发展桂花、银杏等珍贵树种基地；丹棱县以林业重点县建设为契机，推进以巨桉为主的工业原料林基地建设。

【林下经济发展】2014年，重点推进洪雅林场以森林生态旅游、中药材种植、林下养殖、根雕加工为主的林下多种经营发展，制定林场林下经济发展规划，推荐洪雅林场申报国家级林下经济示范基地。在全市启动林下经济示范基地评选，经过区县推荐，市级核查，认定市级林下经济示范基地6个。

【林业生态旅游】2014年，加强全市森林生态旅游宣传，组织开展生态旅游景观观赏指数监测、报送和发布。成功申办2014四川花卉(果类)生态旅游节分会场暨丹棱不知火及桃花生态旅游节。完成丹棱九龙山省级森林公园总体规划，成立公园管理机构。实施森林公园建设项目，指导完成瓦屋山森林公园2013年度国家级补助资金项目建设，完成九龙山森林公园2014年度省级财政扶持资金项目规划。全年全市生态旅游收入26.5亿元。

【天然林保护工程】2014年，市、区（县）政府、林业部门分别签订天保工程目标责任书，落实“四到区县”（目标、任务、资金和责任到区县）。继续停止天然林商品性采伐，落实9.65万公顷森林的管护责任，实施集体公益林生态补偿3.35万公顷。国有林业单位职工五项社会保险参保率100%，补贴全市61名一次性安置的国有林业职工147.14万元。

【退耕还林工程】2014年，加强巩固退耕还林成果专项建设，全面完成2013年建设任务，其中种植项目1.05万公顷，养殖项目26.16万平方米，菌类培植项目4万袋（棒）。计划分解下达，完成设计批复。2013年新增巩固退耕还林成果专项建设全面完成，发展种植业1027.6公顷，建生产便道22.4千米。6月，眉山市通过国家退耕还林阶段验收。

【血防工程造林】2014年，启动733.33公顷林业血防工程林建设项目，完成作业设计并通过评审。4月，国家林业局巡视员王前进一行莅临眉山市检查指导林业血防工作，肯定眉山市林业血防工作取得的成绩。

【集体林权制度改革】2014年，在全市推行最低限额保障制度，防止林权流转中的“三过”（面积过大、时间过长、价格过低）问题。推广“公司+农户”“专合组织+农户”等模式，采取林农以林地入股的方式合作造林，防止林农失山失地，推进林地规模经营、集约经营。

【森林防火】2014年，开展森林防火“二三四工程”〔突出“两个重点”（联防联保和火源管控），强化“三个保障”（队伍保障、物资保障、经费保障），确保“四个落实”（应急预案落实、制度落实、特殊人群管控落实、防范措施落实）〕示范村创建和“责任落实年”活动，全年无较大以上森林火灾发生，实现建区17年来无较大以上森林火灾发生。在省政府组织召开的全省森林防火工作会上，眉山市森林防火“二三四工程”示范村创建活动经验在大会上交流，受到副省长曲木史哈等点名表扬。

【林业有害生物防治】2014年，落实森防目标责任制，强化林业有害生物监测预报，开展防治，组织开展“绿盾”暨“利剑2014”云贵川渝藏林业植物检疫联合执法专项行动，全市防治林业有害生物1.15万公顷，无成灾情况发生。

【野生动植物资源保护】2014年4月，开展为期10天的以“保护野生动植物，建设鸟语花香美丽眉山”为主题的宣传教育活动。开展爱鸟护鸟活动，成立全市爱鸟护鸟大队，通过《眉山日报》和眉山主流网站向全市发出《爱鸟护鸟倡议书》，组织开展志愿者爱鸟护鸟劝导活动。开展伤病野生动物救助，救助受伤国家二级保护野生动物白鹇、国家一级保护野生动物黑颈鹤各1只。

【森林公安】2014年，全市集中开展亮剑行动、森林火灾案件侦破和查处专项行动、2014天网行动、2014利剑行动等专项行动，保持林区涉林违法犯罪行为高压态势。全年立刑事案件90件，破案77件，办理各类涉林行政案件325件。收缴木材208.95立方米，活立木59株，珍贵树木19株，野生动物制品200余件，罚款36.44万元，打击处理各类违法犯罪人员407人，挽回经济损失268万余元，有效打击涉林违法犯罪分子嚣张气焰，保护林区森林资源。全年市森林公安局刑侦工作受省林业局集体嘉奖2次。（刘渝南）

水　利

【概况】2014年，全市向上争取资金5.41亿元，水利工程建设投入10.59亿元，整治病险水库45座，综合治理重点中小河流治理4.97千米，综合治理岷江堤防8.2千米，解决33.52万农村人口饮水安全问题，改造中心城区市政供水管网26.8千米，完成大中型灌区续建配套与节水改造7千米，治理水土流失面积104.5平方千米，全市水产品总产量10.5万吨，实现渔业经济总产值38亿元，渔业增加值增长4%。

【骨干水利工程】2014年，彭山县龚家堰小（1）型水库通过加坝增加库容，达到中型工程规模。扩建后总库容1092万立方米，有效库容863万立方米。完成土石方回填及补水工程3个隧洞，完成进度的55%；东坡区穆家沟水库作为中心城区城市第二水源工程和应急备用水源工程，规划总库容1764万立方米，兴利库容1114万立方米，年供水量约3000万立方米，完成90%前期工作；青神县复兴水库扩建工程完成70%前期工作；洪雅县总岗山病险水库工程完成进度的28%，洪雅县花溪渠病险水闸工程完成进度的31%。

【千湖之城建设】2014年，恢复和新增水域面积32.5平方千米，完成引水工程67处，整治山坪塘750口。全市水系建设规划、保护规划、水系蓝线规划均完成，“四湖”建设前期工作顺利推进；青神防洪治理工程、洪雅引青入城、龚家堰水库扩建等续建项目按照计划推进；青神汉阳电航工程于7月11日下闸蓄水，1号2号机组并网发电，3号机组调试中；东坡区城市湿地公园核心区（建筑除外）完工、“南湖”湿地公园开工建设；仁寿县高滩水库完成拆迁、安置工作，洪雅总岗山病险水库整治完成枢纽主体工程建设，彭山县“长寿湖”完工，青神县竹林湿地公园完工，丹棱县“丹心湖”完成开挖工程、“丹顶湖”清淤、截污、管道安装工程全部完成，实施附属工程。

【农田水利基本建设】2014年，全市新增和恢复蓄引提水能力1475万立方米，新增有效灌面4720公顷，恢复和改善灌面1.01万公顷，新增节水灌面9800公顷，计收水费2940万元，栽插水稻11.45万公顷，提前8天“关秧门”。完成东坡区、仁寿县、洪雅县、彭山县、青神县中央小型农田水利重点县建设，总投入2.04亿元，新建渠道160.36千米，整治渠道663.94千米，整治石河堰66处，整治山坪塘413口，新建蓄水池367口，新建和整治泵站95座。新增节水能力1041万立方米，新增粮食综合生产能力2.26万吨，年新增经济作物产值2833万元。丹棱被确定为中央财政小型农田水利重点县，工程建设期为三年。

【防汛抗旱】2014年，全市召开管委会和灌区代表大会，布置落实年度供水计划、调配水方案、抗旱保栽等各项具体措施，开展保栽分析，按照“分级管理、分级负责”原则，汛前公示各级防汛行政责任人、技术责任人、岗位责任人和全市2000人以下山洪灾害危险区防汛

2014年3月21日，市水务局在激情广场举行“加强河湖管理，建设水生态文明”“3·22”世界水日中国水周集中宣传活动

安全责任人，编制完善山洪灾害预警转移预案；明确中心城区61个内涝隐患点责任单位，落实整改和应急抢险责任；执行汛期24小时值守制度，电话抽查8次，汛期印发《防汛抗旱简报》23期，发送领导指示、重要天气消息等短信息160余条（次）；全市组织防汛抢险队伍80支2556人；储备麻袋20.59万条，编织袋24万条，编织布1.05万平方米，铅丝37吨，桩木100立方米，块石0.85万立方米，砂石料10.55万立方米，橡皮舟11艘，冲锋舟23艘，机动船39艘，救生衣3845件，救生圈360只，总价值760万元；基本建成基层防汛抗旱体系，预警响应机制完善，强化防汛演练，提高抢险队伍实战水平，增强应急反应能力，实现全市“不死人、不垮坝、不决堤”目标，全市平稳度汛。

【民生水利】2014年，全市除险加固病险水库45座，治理水土流失面积104.5平方千米，治理重点中小河流4.97千米，大中型灌区续建配套与节水改造7千米，综合治理岷江堤防8.2千米。

【水产业】2014年，全市水产养殖面积1.61万公顷，其中新增面积133.33公顷，水产品产量10.5万吨，渔业经济总产值38亿元，渔业增加值比2013年增长4%。生产各类优质鱼苗58亿尾、优质鱼种1.77万吨，新增现代渔业经营业主10户，渔民专业合作社2户，注册水产养殖、营销企业8户，注册家庭渔场9户。水产品抽样送检346个，检测合格率100%。

【农村饮水安全】2014年，推行“规模化发展、标准化建设、规范化管理、企业化运营、用水户参与”农村饮水建设模式，努力实现“农村供水城市化，城乡供水一体化”。全市投资1.83亿元，解决33.52万人饮水安全问题，农村自来水普及率85%，建成的集中供水工程水质合格率100%。实施农村安全饮水经验被《人民日报》《光明日报》等中央媒体宣传报道，仁寿县“统筹城乡全域安全饮水、全域灌溉”发展模式具有借鉴意义。

【城市供排水】2014年，市中心城区改造市政供水管网26.8千米，建设污水管网77.08千米，城区污水收集率85%。城市污水处理厂（二期）项目10月底整体投入试运行。开展眉山市城市排水综合防涝规划编制和排水防涝设施普查及数字化信息平台建设等工作。市供排水总公司售水2480万吨，处理污水2100万吨，发展新用水户1.68万户，“一户一表”改造4268户，成立“城乡供水服务小队”，直接为群众分忧解难。

（市水务局）

四川省都江堰黑龙滩灌区管理

【机构】2014年，四川省都江堰黑龙滩灌区管理处内设办公室、政工科、工程管理科、供水经营科、计财科、发展与经营管理科、综合执法科、工会、伤残办公室。辖属单位有航管所、渔政分站、黑龙滩水库水资源保护管理办公室，陵阳站、文宫站、李家沟库渠站、钟祥站、禾加干渠站、富加站、水库站，工程总公司、建筑综合服务公司、物资供销公司、电厂、旅游公司、宾馆、四川省都江堰勘测设计院眉山分院。

【经济收入】2014年，黑龙滩灌区水利收入4571万元，其中仁寿县财政农业水费收入1000万元，城市生活、工业水费收入1100万元，综合经营收入860万元，其他收入和营业外收入1095万元，财政补贴收入516万元。

【引用水】2014年，春灌黑龙滩灌区6.08万公顷耕地满载满种。用水68天，比常年提前14天；水量少。春灌用水比计划用水节约3800万立方米；零水毁。春灌用水期间未发生水毁事件1起，未发生水事纠纷。全年灌区引水2.47亿立方米。灌区蓄水量3.42亿立方米，其中黑龙滩水库蓄水3亿立方米，中小型水利工程蓄水4200万立方米。

【工程建设】2014年，黑龙滩灌区争取续建配套与节水改造、维修养护项目和黑龙滩水库放水设施应急整治资金7122万元，其中满井分干渠渠道续建配套与节水改造项目32.88千米，省发改委、省水利厅下达资金6642万元；黑龙滩灌区年度维修养护项目经费400万元；中央特大防汛资金项目80万元。

【灌区防汛】2014年，灌区管理处分析汛期极端天气形势，编报黑龙滩水库、李家沟水库、东南总干渠城区段度汛方案、防洪抢险应急预案，汛期按照防汛制度加强汛期管理，分析汛期情况，制定预案，开展汛前检查，做到早安排、早部署、早准备，确保黑龙滩水库、李家沟水库、东南总干渠城区段以及灌区安全度汛。

【水质保护】2014年，灌区管理处采取水资源保护管理措施，争取市县支持，落实每年300万元水质保护专项经费。黑龙滩水库渔业资源管理办公室升级更名为黑龙滩水资源保护管理办公室，增加管理人员，明确工作职责，重新划定工作范围，建立健全管理制度。适时打捞清除水面漂浮物；撤出违建板房360平方米、帐篷33个；收缴、拓沉快艇、钢板船等30余艘，拆除钓鱼平台40余个；开展“禁泳”活动等。确保黑龙滩水库水质常年保持国家饮用水水源标准。

【经费保障】2014年，灌区管理处建立差额经费保障机制，向市政府争取到每年定额补助经费516万元，费用一定3年，其中市承担172万元、县承担344万元。仁寿县政府将管理处农业水费1000万元纳入县财政预算。仁寿县政府制定政策，以管理处争取工程项目资金3000万元为基数，每超1000万元政府补助管理处100万元用于项目前期工作经费、工程项目配套资金。仁寿县政府将黑龙滩大坝反恐防暴经费每年30万元纳入县财政预算。

【信访稳定】2014年，灌区管理处争取相关政策，化解信访矛盾，为原水产公司改制职工落实再就业岗位22个。狠抓伤残稳定和服务，及时化解矛盾，受理伤残人员来信来访25件，争取仁寿县政府伤残补助资金50万元调整全县459名伤残人员补助标准。加强渔业生产安全、库区船舶运营管理，工程运行及建设安全。全年未发生安全事故，未因信访事件影响单位稳定。

（余 涛）

通济堰灌区管理

【防汛抢险】截至2014年9月，通济堰灌区年汛期平均降雨量588毫米，最大降雨量714毫米。强降雨主要集中在7月，其中降雨量最多的大礼湃工区366毫米。7月30日至31日灌区发生强降雨，其中新津145毫米、大礼湃138毫米、多悦110毫米、眉山149毫米、思蒙202毫米，造成思蒙灌区的二、三支8处渠道溃堤、5处滑坡。

【春灌用水】2014年，春灌期灌区平均降雨量99毫米，进口引进水量为2.03亿立方米。全灌区于5月25日全面实现2.94万公顷水稻满栽满插，比计划提前11天完成春灌任务。

【环境生态供水】2009年7月起，通济堰灌区连续5年为通惠河、醴泉河等河流实施环境生态供水，其中通惠河2立方米/秒，年供水量5800万立方米以上；醴泉河4.52立方米/秒，年供水量1.3亿立方米以上。

（岳 蕾）

畜牧业

【概况】2014年，全市实施“五型”（设施型、生态型、风味型、观光型、效益型）畜牧业，稳步推进都市近郊型现代畜牧业。全年全市畜牧业产值115.6亿元。

【奶产业】2014年，全市存栏奶牛6.8万头，主要有荷斯坦奶牛、西门塔尔奶牛、娟姗奶牛等品种。市内蒙牛、新希望、菊乐、美妙四家乳制品加工企业，日处理鲜奶能力1400吨。创建国家和省级标准化示范奶牛场12个，其中国家级标准化示范奶牛场8个，居全省首位，位居西南地区前列。

【生猪产业】2014年，全市出栏生猪302.09万头，存栏纯外种母猪8896头、外二杂母猪19.81万头。推进规模化、标准化养殖，年出栏生猪50头以上农户1.72万户，规模养殖占总数的72.2%。有国家生猪标准化示范场4个，省级生猪标准化示范场11个。引导龙头企业打造现代生猪生产基地，仁寿玉泉以“公司+基地+农户”模式，带动养猪农户300余户。

【肉兔产业】2014年，全市出栏肉兔2189.66万只，出栏肉兔500只以上农户9143户，规模养殖占总数的71.6%，良种化率97.5%。依托肉兔良繁和规模饲养、现代畜牧业财政资金项目，建设肉兔生产基地，青神县众鑫养兔基地年出栏肉兔100万只。

【家禽产业】2014年，全市家禽出栏2936.09万只，年出栏肉鸡2000只以上农户3102户，肉鸡规模养殖占总数的77.9%，良种化水平97.7%。推广温氏、巨星“公司+农户”合作养鸡模式，发展合作农户1200余户。

表4　2014年眉山市畜牧生产情况

类别	计量单位	2014年	2013年	±%
肉类总产量	吨	307984	288602	6.7%
禽蛋产量	吨	53535	53441	0.2%
牛奶产量	吨	145019	140454	3.3%
出栏生猪	头	3020901	2960680	2.0%
出栏肉牛	头	58329	53726	8.6%
出栏肉羊	只	537258	520950	3.1%
出栏家禽	羽	29360949	28804648	1.9%
出栏肉兔	只	21896558	21112095	3.7%
年末生猪存栏	头	2078388	2074775	0.2%
年末牛存栏	头	124885	122759	1.7%
年末山羊存栏	只	388588	374372	3.8%
年末肉兔存栏	只	7604343	7405205	2.7%
年末家禽存栏	羽	13075614	12530962	4.3%

【现代畜牧业试点】2014年，落实各项扶持政策，探索解决土地、环境、资金等制约现代畜牧业发展突出问题路径，完成现代畜牧业深化试点。编印《蓬勃发展的眉山现代畜牧业》，总结宣传全市现代畜牧业深化试点成果，受到省农业厅领导肯定。

【都市近郊型现代畜牧业】2014年，实施“五型”（设施型、生态型、风味型、观光型、效益型）畜牧业，建设都市近郊型现代畜牧业。以养殖设施机械化、自动化和智能化为重点，建设洪雅现代牧业万头牧场、蒙牛千头牧场、眉山温氏、眉山万家好、丹棱巨星等为代表的设施型畜牧业。以构建农牧业可持续发展体系为重点，建设东坡区茂华生态养猪场、新希望眉山生态牧业、彭山保胜生猪养殖园区、仁寿大化优质生猪养殖示范园等为代表的生态型畜牧业。以为不同层次的都市消费群体提供品种多样、风味独特、生态安全的畜禽产品为重点，建设雅妹子、雅嫂、九升、王家渡等为代表的风味型畜牧业。以特色养殖、特色消费为重点，建设江口林下生态养殖观光园、镜湖山庄农牧业观光园区、蜀色天香家庭牧场等为代表的观光型畜牧业。以推广科学养殖、现代经营管理方式、加强畜牧品牌建设为重点，建设效益型畜牧业。

【机制创新】2014年，规范发展畜牧专业合作社，扩大养殖户参与合作社。全年规范发展畜牧专业合作社541个，带动农户9.5万户。推广“寄养”“代养”“订单养殖”“公司+农户”等模式，化解养殖户缺技术、缺资金、缺市场等问题。开展生鲜乳收购价格协调机制试点，发挥奶价协调委员会指导监控鲜奶收购价作用，促进奶业持续稳定发展。

【畜产品加工】2014年，全市有肉食品加工企业11个，加工量12.6万吨；乳制品加工企业4个，加工量20.3万吨；小家禽和兔加工企业18个，加工量4.1万吨；禽蛋加工企业15个，加工量7.3万吨；饲料生产企业65个，加工量159.8万吨。

【项目建设】2014年，全市向上争取项目30个2亿元；完成现代畜牧业建设项目48个，投资4.3亿元。

【畜牧科技】2014年，在全市开展千名畜牧科技人员进村入户网格化服务群众活动，选派畜牧科技人员1214人以村为基本服务网格单位，每个村落实畜牧科技人员1人，负责畜牧技术指导和服务，做到“全面覆盖，界线明确、不留空白、不交叉重叠”。联系乡镇128个，村（居委会）1232个，适度规模养殖户7898户，饲料和畜产品加工企业106个，联系养殖户人均畜牧业增收1016元。

【疫病防控】2014年，全市调运各类疫苗11571.2万毫升。免疫牲畜口蹄疫656.3万头（只）、猪瘟569.3万头、高致病性猪蓝耳病525.4万头、高致病性禽流感4222万只、鸡新城疫3118.9万只，羊小反刍兽疫32.9万只，犬只狂犬病62.3万只。各强制免疫病种均超额完成省农业厅规定的群体免疫密度，常年保持95%以上目标任务，规定病种免疫抗体合格率均超过省农业厅和市“民生工程”70%目标要求，全市未发生区域性重大动物疫情和动物源性公共卫生事件。

【畜产品安全】2014年，全市2016家规模养殖场（小区）产地检疫申报受理率100%，130个生猪定宰点官方兽医全部驻场。产地检疫畜禽4777.9万头（只），屠宰检疫畜禽1693.9万头（只）。无害化处理1476个年出栏50头以上规模场（小区）申报的2.2万头病死猪，屠宰加工企业无害化处理猪肉产品2.2吨。开展兽药专项整治行动6次，监督检查饲料经营门市1800家，查处违规经营的饲料门市1家，查处不合格饲料产品0.5吨。查处饲料相关案件33起，其中立案调查处理的案件8起，处罚资金7.97万元。检测瘦肉精10.22万头份，检测结果均为阴性；生鲜乳监测抽样1027份，三聚氰胺和黄曲霉毒素M1检测结果均为阴性，确保畜产品质量安全。

（市畜牧局）

眉山岷江现代农业示范园区

【概况】2014年，眉山岷江现代农业示范园区（以下简称“园区”）与东坡区、彭山区承办全市农村工作现场会和农村改革现场会，形成国内领先都市近郊型现代农业示范园区雏形。

【基础设施建设】2014年，完成园区南北门户高速路引导标识、南部入口景观标识等项目设计。整合现代农业、新村建设、土地整理、千亿斤粮食、小农水、农业综合等各级项目资金8300万元，按照1公顷/块、硬化机耕道、水渠标准完成高标准农田建设733.33公顷，整治1600公顷。按照“业主规划投资、政府项目配套”原则，业主投资3000余万元整治中门户周边耕地186.67公顷；投资1.2亿元、总长33千米，可供游客自驾、骑游、步行的园区农业旅游观光大道竣工；完成农旅观光大道两侧的景观改造、1个限高设施建设和葡萄园3千米木栅栏安装、葡萄酒桶观景台建设，开工建设南部入口景观标识、2个高速路景观标识、葡萄廊架、8个限高设施和与当地产业相融的6个景观节点。

【村落民居建设】2014年，园区管委会和区县指挥部商讨资金筹措、项目招投标、杆管线搬迁、政策制定等问题，研究“土地双挂钩项目”建设模式，协调市国土资源局、市城乡规划局、电力公司支持土地双挂钩项目立项、变电站建设和项目用地。投资3900万元、总面积2.6万平方米的北门户马林聚居区建设完成总工程量50%；北门户所在的双挂钩项目区参加报名1474户，完成拆迁731户，选择货币化安置323户。南门户121户拆迁农户聚居房建设进入招投标程序。中门户启动环境配套的产业基地建设，种植高端果蔬136.67公顷、完成生产通道路基7.5千米、沟渠6.7千米。

【土地信托流转】2014年，推行土地信托流转，园区农地流转和预流转率78%。2013年试点后，园区管委会指导区县在园区的7个镇成立土地流转服务公司，以农民自愿为前提推行信托方式规范流转土地经营权，实现以前农地流转自发、零散、无序向规模、规范转变，预防违约、复垦、用地连片等一系列问题。园区3866.67公顷耕地（不含天府新区青龙区域）流转2453.33公顷，未流转耕地预流转600公顷。

【培育新型经营主体】2014年，园区培育新型经营主体，规模经营面积占总耕地58%。新引进眉山川宝农业科技有限公司占地71.6公顷建设农业产业观光园，岷江现代农业公司投资1亿元、占地133.33公顷种植蓝莓、葡萄。50亩以上农业企业、专业大户、家庭农场、专合组织122户，其中种植葡萄31户、水稻、菜47户、蔺草8户、红心柚13户、其他23户，经营面积2253.33公顷。

【政策保险全覆盖】2014年，园区管委会探索从耕、播、种、收、售、保险、金融、信息方面建立专业化分工和社会化服务体系。按照"政府引导，市场运作、自主自愿、适当补贴"原则，联合保险公司推出水稻制种保险，新开发蔬菜、水果种植特色保险，园区主要产业实现政策保险全覆盖。园区管委会利用园区发展专项资金在区县财政补贴业主保费基础上，再补贴业主应缴保费的50%，调动业主积极性，解决农业经营自然风险。全年业主购买水稻制种保险66.67公顷，缴纳保费10万元，补贴后业主缴纳保费1.5万元，保险公司赔付32万元；购买蔬菜保险426.67公顷，缴纳保费32万余元，补贴后业主缴纳保费3.2万余元，保险公司赔付22.8万元。1户业2013年秋季购买水稻制种保险53.33公顷，自缴保费1.2万元，其中24.67公顷受到不同程度损失，获赔28.1万元。

【农村贷款融资】2014年，园区管委会和人行眉山中心支行、东坡区信用社争取，成功创建为全省首批"支农再贷款支持现代农业省级示范基地"，人行眉山中心支行单独向东坡区和彭山区信用社发放专项支农再贷款支持园区建设，2015年起每年发放园区内贷款金额不低于2亿元，园区内业主可享受在一般支农再贷款基准利率基础上下浮10%的优惠。

【信息平台服务】2014年，园区新型经营主体开发的网络信息服务平台运行，发布、获取和查询土地流转、市场行情、植保气象、劳务供求、种子种苗、农用机械、农业技术、产品营销、金融保险、专家指导等信息。投资14万元建成六要素气象监测站2个；区县、园区管委会落实专人收集更新各类信息，确保发布信息准确、权威和及时。

【农产品安全创建】2014年，协调市农业质量检测中心在园区设置专门监测点，定期抽检园区内企业产品，公布检测报告，增强产品竞争力。全年抽检天天鲜蔬菜合作社的茄子、金云彩公司的红秋葵、种植大户范庆种植的莲藕、禾苗公司的豇豆和茄子5个样品，合格率100%。

（眉山岷江现代农业示范园区）

旅游业

综　述

2014年，全市旅游工作以建设全省旅游经济强市为目标，围绕市委、市政府中心工作和全省旅游工作部署，贯彻落实《旅游法》，实施以游为主统筹城乡和旅游园区大会战，推进重点旅游项目建设，发展乡村旅游，促进眉山旅游快速发展。全年旅游收入180.65亿元，比2013年（下同）增长24.5%；接待游客2386.1万人次，增长22.79%；旅游项目投入72.9亿元；农民向三产经营者和从业者转变3.8万人。全市有国家级森林公园、国家A级景区，国家、省、市级文化保护单位，省级风景名胜区，宗教活动场所120余处，名镇和古镇9个。其中AAAA级景区2个，AAA级景区4个，AA级景区4个，国家级森林公园1个，省级旅游度假区1个；有星级宾馆10家（五星级1家、四星级1家、三星级4家、二星级4家）；旅行社8家（省一级5家、二级1家）；全国农业旅游示范点4个，规模农家乐近700家；旅游汽车运营公司2家；重点旅游商品生产企业50余家，青神竹编、东坡肘子、眉山泡菜、雅妹子腌腊制品、仁寿芝麻糕特色旅游商品100余件。

旅游项目建设

2014年，以“全省投资促进年”为核心，以政策扶持促建设，市委、市政府制定《促进当前全市经济稳定增长的二十六条措施》，重大旅游项目从土地出让、税费、水电气费等给予优惠和减免。拓展招商渠道，与北控水务集团等实力企业达成黑龙滩长岛污水处理厂等项目合作意向，与北新大弘置业有限公司签约中岩东坡文化城项目，协议引资40亿元。推进东坡宋城等重点项目12个，投入58.5亿元；启动建设东坡养生植物园、“天府农耕　响水六坊”等项目12个，投入10.2亿元。

乡村旅游

2014年，围绕“统筹城乡攻坚年”目标，践行“三大发展战略”，推进“以游为主·统筹城乡”。丹棱梅湾湖被列为全省首批13个乡村旅游提升行动试点项目之一，成功创建成全国休闲农业与乡村旅游示范点。指导仁寿县通过全省乡村旅游示范县复核验收，新评定乡村旅游示范乡镇8个、示范村8个，新建星级标准农家乐、乡村酒店22家，新

2014 年，眉山旅游（重庆）推介会

2014年，副市长汪树槐（中）参观四川国际旅游交易博览会眉山展馆中的琅玉瓷器

建星级旅游厕所15个；全市乡村旅游收入22.5亿元，举办桃花节、梨花节等乡村旅游节庆活动20个。

景区建设

2014年，实施品牌创建工程，推动旅游业转型升级，提升旅游服务质量和效益。市旅游、市食药监、质监部门编制《星级农家乐厨房建设与管理规范》《星级农家乐厕所建设与管理规范》2个地方标准。眉山创建为第三批省级旅游标准化示范市；仁寿县创建为第三批省级旅游标准化示范县；七里坪旅游度假区等6家涉旅企业创建为第三批省级旅游标准化示范企业。东坡区白马镇推进省级乡村旅游标准化实验区建设。黑龙滩景区创建为国家AAAA级旅游景区，东坡区蒙牛乳业和丹棱梅湾村成功创建为国家AAA级旅游景区。东坡宋城、瓦屋山、柳江古镇、黑龙滩4个旅游景区按国家AAAAA级旅游景区标准建设，大雅堂、中国泡菜城等6个旅游景区按国家AAAA级旅游景区建设。

宣传营销

2014年，以“迎春祈福、踏青赏花、避暑采摘、冰雪温泉”为主题，创建“东坡故里天府眉山”品牌，抓整合营销和媒体宣传，提升眉山旅游知名度和影响力。组织参加各类旅游展示展销会4次，举办“山花烂漫、相约眉山”“东坡故里、天府眉山”等旅游专场推介会3次，举办专题摄影展3次；举办参加各类旅游节庆活动、旅游展示展销会50个（次）；邀请成都旅行商和高星级饭店61家110人参加第六届中国泡菜展销会暨第一届中国泡菜品牌大赛；整合推出春季赏花线路和眉山精品线路10余条，制作派发各类旅游宣传资料13万份，接待咨询游客10万余人次；在央视“远方的家江河万里行”、《一城一味》、韩国首尔SBS电视台等国内外知名媒体，专题宣传眉山丰富的旅游资源吸引游客。

行业管理

2014年，以“优美环境、优良秩序、优质服务和游客满意”为目标，贯彻落实《旅游法》为重点，制发《眉山市依法治旅规范市场工作方案》（2014—2016年），完善行政执法行为，执法人员全部持证上岗。清理行政权力，核查行政权力69项，公开规范行政权力运行。市旅游、工商、物价部门开展“绿盾行动”专项治理行动，开展联合专项检查117次，维护市场秩序。强化旅游应急管理，在岷江东湖饭店举行“2014年眉山市旅游饭店消防应急演练”，妥善处理网络舆情和投诉50件，办结率、满意率均为100%。全市星级饭店通过年度复核10家；万宏大酒店等4家饭店通过年度绿色旅游饭店复核。

（市旅游局）

商　贸

综　述

【招商引资】2014年，全市外资引进工作以外商并购合作和承接转移为重点，拓展引进外资新渠道。全年新批外商、台港澳侨投资、增资项目4个，合同利用外资2958万美元，外商投资到位金额2.06亿美元，连续8年过亿美元，连续3年过2亿美元。新引进法国达能、法国欧尚等2户境外世界500强企业。亚洲最大的工业和物流基础设施提供商与服务商——普罗斯集团投资2400万美元股权并购青岛海尔仓储物流项目。承接1家外地外资企业迁移落户眉山。内资招商引资14.5亿元。

【对外贸易】2014年，全市商务系统开展“万企出国门”活动，开展国际贸易培训、引导等工作，中小企业主动走出国门寻找商机，全市132家企业参加广交会、亚欧博览会、东盟博览会、首尔国际大展、香港灯饰展、西博会等各类国际性展会，使用标准展位154个，各项成交金额3200多万美元。全年新增外贸企业53家，有实际外贸出口企业8家。彭山金云彩农业合作社、仁寿县龙潭鳖业专业合作社打入韩国市场，开始全市生态绿色农产品出口之旅。眉山与中国轻工工艺品进出口商会合作创建中国蔺草出口基地和中国竹编出口基地。蔺草企业直接出口额1298.95万美元。全年进出口总额3.32亿美元。

【社会消费品零售】2014年，全市采取增大限上商贸企业总数，加大限上商贸企业培育，壮大商贸企业队伍。市商务系统每月研判社会消费品零售数据；每季度通报一次全市社会消费品零售运行情况，分析存在的问题，提出改进措施，做好社会消费品零售增速测算；邀请统计、国税、地税等相关部门研讨解决新增企业入统问题；利用“营改增”政策，推动企业“主副分离”，释放新的能量。春节、端午、中秋、国庆等节日期间，组织商贸企业开展促销活动，推动居民消费增长。在全市开展惠民购物全川行动，举办各类会展会节、惠民促销活动110余次，吸引350余家次商场超市、250余家次餐饮企业、1500余家次生产企业参与，吸引顾客人流量3200余万人次，商品零售额近120亿元。清理与培育限上批零住宿餐饮业，全市有503户限上企业，净增加248户限上企业，上报23户企业（个体户），待国家统计部门审核。全年入库限上商贸企业比2013年（下同）增加220家。全市社会消费品零售总额319.63亿元，增长12.9%。

【电子商务】2014年，市商务局开展全市电子商务发展调研，市政府成立电子商务发展领导小组，制定“眉山市促进电子商务发展实施意见”。创新电子商务模式，开展电子商务进农村创建活动，形成“工业品下乡、农产品进城”双向循环模式，仁寿县进入全国电子商务进农村示范县行列，与北京京东集团签约。引导、培育全市开展电子商务创业发展，各区县形成一批具有发展活力的小微电商企业。全年全市电子商务交易额240亿元，比2013年（下同）增长45%，其中网络零售交易额50亿元，增长60%。电商主体（含个体户）4800余个，从业人员3万人，年交易额100万以上企业22户。国际商业机器公司（IBM）西南卓越云计算中心的建设提升数据处理水平，引进6家知名电商企业，亚马逊、IBM、易网公司、当当网已投入运营，西南网贸港、苏宁易购正加快建设，京东已签约仁寿，正吸引微软、莱鸟物流前来洽谈合作。眉山电子商务发展形成火烧木、不知火、鱼饵料、食品等网络畅销产品。

【农产品流通体系建设】2014年，市商务局组织开展“东坡味道全国行”活动，分别开展北京站、苏州站、长春站、上海站等活动。华东、华中地区50余家企业与眉山100余家农产品加工企业和农村专合组织签订18亿元供货协议。“东坡味道”在国内外建立形象店12个，注册成立“东坡味道”农业发展有限公司，建立“东坡味道”官方网站和电商平台。“东坡味道”产品销往美国、德国、韩国、日本等国家和中国香港地区。

【行政审批】2014年，市商务局按照“两集中两到位”，清理规范行政权力事项，优化办事流程，提高效能。市商务局行政审批将所有行政审批事项集中到行政审批科并前移到政务服务中心办理，实行一个窗口对外。清理全市商务行政权力，系统审查和归并过去清理公布的项目；调减已经移交、下放、取消的项目；调类、调增新授权、依法设立的项目。调整后，商务行政权力97项（其中行政审批10项、行政处罚63项、行政强制1项、其他行政事项23项）。全年承接省下放行政权力1项（加工贸易审批）；省下放区县行政权力4项（鼓励类投资1亿美元以下外商、台港澳侨投资企业合同、章程审批，外商、台港澳侨投资独资项目章程审批，外商、台港澳侨投资项目合同、章程变更审批，外商、台港澳侨投资企业境内投资项目合同、章程审批）；市下放区县的行政权力2项（再生资源备案、洗染业备案）；办理生猪定点屠宰厂（场）、小型生猪屠宰场点审批和猪肉品质检验人员资格认定审批2项行政职能移交。全年受理各类行政审批、备案登记等事项160件（审批事项76件、公共服务事项84件），按时办结率100%。

【市场建设】2014年，市商务局支持农产品批发市场和乡镇农贸市场升级改造，实施圣丰农产品批发市场冷链项目，改变全市无大型冷冻、冷藏库市场状况。加强市场监测，商业预付卡、生活必需品市场供应、商务诚信建设等市场公共服务体系。打击侵权假冒伪劣，规范和净化市场秩序。自查清理2005—2012年万村千乡市场工程项目。市商务系统扩大监测范围，完善市场监测体系，全市新增监测样本企业7个，应急保供企业2户，县级商务预报开通率100%。全市有监测样本企业59个、百县监测3户、应急保供企业4户和眉山商务预报信息平台，涉及批发、零售、餐饮、住宿、娱乐健身等7个行业，超市、百货店等7种业态，生活必需品监测包括粮食、食用油、肉类等12个大类57个品种。建立防汛抗旱组织保障体系和防汛应急机制，加强防汛安全检查，做好汛期物品储备，保障防汛物资和主要生活必需品市场供应充足，确保安全度汛。组织省级冻猪肉储备企业四川玉泉农业集团有限公司完成2013年省级冻猪肉轮库任务1205吨；2014年省级冻猪肉储备任务1200吨收储和1月份轮库部分冻猪肉出库工作。市商务、工商、国税、地税、发改委等部门开展零售商向供应商违规收费检查，规范市场秩序，促进公平交易。

【特种行业管理】2014年，完成典当、拍卖行业2013年度年审及核查，13家典当企业和10家拍卖企业全部通过年审及核查。新批仁寿县舟渡典当有限公司、四川汉海拍卖有限公司。开展典当、拍卖行业的风险排查，未发现典当、拍卖企业有非法集资、吸收或变相吸收公众存款、发放高利贷的情况。完成2012年老旧汽车报废工作，补贴符合补贴标准车辆121辆138.7万元。完成2013年、2014年老旧汽车报废审核，2013年发放老旧汽车报废补贴12.6万元，补贴车辆7辆。加强报废汽车行业和二手车的安全检查，专项检查报废汽车回收公司2家、报废汽车回收站点4个、二手车交易市场5家。提出完善安全管理制度，建立巡查制度，规章制度上墙，消防设施更新等要求。

【物流】2014年，成立市现代物流业发展领导工作小组，加强物流业发展统筹领导。推动大型物流项目建设，彭山县投资1.5亿元的青龙铁路化工物流中心库项目可研报告通过审批。彭山青龙物流园区、远程物流等物流项目、彭山青龙商贸物流城三期、天府青龙会展中心等项目投入5.8亿元。年末全市有物流公司225家，个体户318户，纳入全市交通、运输、仓储和邮政业统计体系的限上单位237户，物流从业人员13万人，物流业营业额103亿元，纳税近8200万元。物流园区和企业建设初具规模，形成以彭山青龙物流园区为代表的“三园区、四中心、八配送中心”总体格局，以粮食、钢、铝、硅、货车、芒硝、瓷砖等产品为主的大宗物流，天下粮仓、圣丰国际农商中心的建设带动商品流转。

【食品安全监管】2014年，组织各区县商务局肉类专项整治，抽查涉及食品加工和销售的企业。加强生猪屠宰行业监督管理，打击生猪私屠滥宰、制售注水肉、病害肉不法行为，确保上市猪肉食品质量安全，保证市场猪肉供应稳定。以“尚德守法，提升食品安全治理能力”为主题开展食品安全宣传周活动。组织东坡区商务局在城区广场设立商务系统食品安全宣传点，集中宣传肉制品专项整治阶段性成果，宣传讲解如何鉴别名酒真伪，现场发放宣传资料900余份，解答群众咨询220余人次。组织人员到生猪屠宰企业、超市发放食品安全宣传手册，开展食品安全普法宣传，科学引导食品消费。在眉山商务预报、眉山商务之窗网站播放视频《如何选购放心肉》。

【专项督查】2014年，市商务系统开展单用途商业预付卡管理，专项检查全市已备案的规模发卡企业8家，重点检查企业台账、执行“三项制”度等情况，要求企业及时整改发现的问题。牵头专项整治电视购物，市商务局、市经信委等7部门联合印发《眉山市电视购物专项整治工作实施方案》，全市监测电视购物广告229条，覆盖电视频道12个，未收到电视购物举报投诉。组织洪雅县商务局检查洪雅松潘民族茶厂，检查边销茶储备数量和企业仓库安全情况，向商务厅提交边销茶储备执行情况报告。

【打击侵权假冒】2014年，全市6个区县、市级相关部门制定打击侵权假冒工作方案，成立领导小组，开展日常工作。6月17日，全国打击侵权假冒办公室副主任李振中一行到仁寿县开展农村打假专项整治调研，肯定全市打击侵权假冒取得的成绩。全年全市出动执法人员1.2万余人次、执法车辆4200余台次，检查经营单位9900余户次，印发各类简报50余期。在省市县三级媒体刊登各类新闻稿件50余条。

【茧丝绸监管】2014年，市商务系统完成“鲜茧收购资格认定”复审，经过初审、复审、公示，全市5家企业37个茧站、点换发“鲜茧收购资格证书”。全年发蚕种4.96万张，收购1106.9吨，收购综合价格39.2元/千克，促进农民增收和新农村建设。

【民爆销售企业安全监管】2014年，市商务系统加强民爆安全监管，与鑫顺民爆公司及各分公司签订民爆安全责任书；加强安全检查，实行重大节日前检查及每季度安全检查；逐个、逐项检查全市各民爆仓库，未发生民爆安全事故。全年全市安全供应民爆产品炸药2986吨，各种雷管289万只，保障社会经济发展需要。

【药品流通行业调研】2014年，市商务系统组织实施全省药品流通行业“十二五”发展规划，摸底清查全市药品企业，建立全市药品流通行业重点企业联系制度。指导玉祥大药房、和平药房、李记药房、方通药房4家零售药店合并重组为1家批发零售药房。新增两家药品直报监测样本企业。

【消除地区封锁打破行业垄断】2014年，市商务局制定《眉山市消除地区封锁打破行业垄断工作任务分解表》，与市发改委、法制办等11个部门召开部门协调会议，传达国家、省相关文件精神，明确责任分工。全市未制定歧视、限制、排斥外地企业、外地产品，实行地方保护、地区封锁的相关规定。

【生猪屠宰管理】2014年，市商务局开展液氨专项整治，检查生猪屠宰企业，保证企业生产安全；开展打击私屠滥宰和病死猪病害猪肉非法交易等违法活动，保障市场肉品供应质量，让广大市民吃“放心肉”。全年全市屠宰生猪200余万头，县城上市生猪定点屠宰率100%，乡镇进点屠宰率99%以上；开展专项治理8次，出动人员1300余人次，车辆300余台次，发放宣传资料3700余份，检查生产经营个体800余个次，定点屠宰企业410余户次。

【会展】2014年，市博览事务局组织相关企业参加第十五届中国西部国际博览会（西博会）、第十届中国食品博览会（食博会）、第十七届中国西部国际投资暨进口消费品交易会（渝洽会）、第十八届中国东西部合作与投资贸易洽谈会暨丝绸之路国际贸易博览会（西洽会）等国家级综合性国际展会、全国知名品牌展会14个，为经贸合作、技术合作、招商引资搭建平台。邀请亚太经合组织中国工商理事会秘书处、商务部、四川博览事务局等有关上级单位和服务买家到眉山考察会展设施10余次，重点推荐彭山恒大金碧天下国际会议中心、黑龙滩长岛洲际酒店、岷江东湖饭店等会议设施。争取中韩自由贸易区第十一轮谈判定点眉山，首次承办国家级国际谈判活动、首次接待超100人规模外国国家政府代表团，境内外100余家媒体、网站多语种集中报道。促成眉山市、四川博览事务局召开战略合作工作会议，续签市、局《战略合作协议》，规划部署未来3年合作内容和目标。引进外地企业到眉举办2014眉山市美食节暨百姓购物节商品博览会、2014年眉山市冬季商品展销会等大中型展会6个。协办第六届中国四川泡菜展销会、眉山市第四届“五一”房产汽车文化节等全市重点会展活动。

第十五届西博会眉山市设工业主题馆574平方米、农博会展馆510平方米，组织92家重点企业、龙头企业、农村示范专合组织，400余种工农业产品参展。组织参加第十五届中国西部国际博览会开幕式暨第七届中国西部国际合作论坛、第七届中国西部国际采购商大会、2014韩国-四川经贸合作论坛等各类活动38项，其中重大活动5项、大型论坛活动11项、对接洽谈会4个。“转型升级产业集群——2014年眉山市招强引优投资洽谈会”签约重大项目13个252亿元；全省“大签约”活动签约项目51个552亿元。酸菜鱼佐料等3种产品获农博会金奖，“云华”竹编等9种产品获农博会特色产品奖，丹棱不知火、橘橙等7种产品获农博会消费者欢迎奖。省委书记王东明、省长魏宏、省委常委李昌平等先后巡视眉山展馆，肯定西博会参会参展各项工作。2014年眉山市会展工作获省委、省政府通报表彰。

第十届食博会规划、设计、搭建体现东坡文化特色的眉山展馆360平方米，组织6区县26家企业、合作社参展，产品涵盖糖酒、茶叶、泡菜、肉制品、土特产、水果等，现场展卖收入87万元，协议销售额1100万元，受到观众和媒体的广泛关注与好评。第十届食品博览会后，邀请台南市企业家代表团一行17人到眉山考察对接，恳谈产业合作。

（市商务局）

供销商业

【概况】2014年，全市供销系统实现商品销售5.7亿元，比2013年（下同）增长5.6%。实现利润495万元，增长1.85%，新发展专合组织3个。年末全市有农村专合组织26个、会员2100户，入会农户2000户，带动农户3.2万户，实现收入3500万元。

【农村专业合作组织】2014年，全市供销系统围绕农业主导产业，新发展农民专业合作组织3个，吸收农民入社。利用农资企业优势，与农民结成利益共同体，开展配方施肥，指导农民生产，方便农民购肥、施肥。

【农资市场管理】2014年，全市供销社农资企业发挥农资供应主渠道作用，组织货源，确保农资供应。搞好储备、保证质量；设立品种、价格公示牌，明码实价，不超范围经营；自查自纠，逐步建立诚信档案，推进企业诚信经营，创立品牌，增强企业自律意识；检查所经营的主要农资商品，违反政策或质量未达到有关要求的纠正或不准销售；实行农资连锁经营“四统一”（统一建设标准，统一店标、统一配送商品、统一服务标准）。全年全市供销社农资企业销售各类化肥40余万吨，满足全市农业生产需要。

【企业改革】2014年，全市区县供销社所属企业98%完成改制。做好调研和协调，加快基层社改制进程。市、县供销社尽力为职工排忧解难、争取上级政策，做好政策解释、宣传，将矛盾化解在系统内部。

【维护稳定】2014年，全市供销系统开展“社会治安宣传月”“五五普法”活动。节日慰问老上访户，化解矛盾。帮助解决老干部、老职工反映的特殊问题和具体困难。全年接待上访人员300人次，问题处理在基层，未上交矛盾。推行安全生产工作行政首长负责制和责任追究制。年初各区县供销社与企业签订安全生产目标责任书，安全生产早布置、早落实，各种隐患消灭在萌芽状态。加强对外承包租赁门市、改制企业以及烟花爆竹经营安全管理，抓事前防范。全年组织安全检查240余次，发现隐患并及时排除隐患。

（市商务局）

粮食商业

【概况】2014年，全市粮食系统各级领导班子加强自身建设，建设“五型”（学习型、创新型、法治型、服务型、和谐型）粮食系统。在市三届五次党代会作风建设测评中，市粮食局评价为“好”和“较好”所占比例99.22%。在全省综合目标考核中，眉山粮食工作位居全省第二，市粮食局被人力资源社会保障部、国家粮食局评为全国粮食系统先进集体。

【粮食宏观调控】2014年，市粮食局启动《四川省2014年中籼稻最低价收购执行预案》。全市粮食市场库存充裕，市场粮价总体平稳有序。加强专储粮油轮换管理，确保各级储备粮油安全。实施储备粮油轮换靠前管理，落实储备粮油轮换空仓（罐）验收检查制度，加强轮换事前、事中、事后监管。开展春、夏、秋季粮油普查，均为“四无”（无霉、无鼠雀、无虫、无事故）粮仓。市级储备粮规范化、精细化管理面95%。

【粮食流通产业】2014年，眉山市粮食储备库5万吨仓储设施建设项目开工，新征土地3.33公顷，项目总投资3500万元，争取中央和省级财政资金补助1800万元，到位资金2500万元。彭山县青龙粮食物流园区建设项目占地4.07公顷，是集粮食储备、中转、配送交易及管理服务为一体的现代粮食物流园。项目总投资4800万元，到位资金2200万元，已完成投资1750万元，一期主体工程综合楼和其他附属设施基本完工，二期工程完成招投标，开工建设。

【粮食流通监管】2014年，市粮食局落实依法行政工作和行政执法

2014年11月5日，市委常委吴季友（右二）在东坡区检查中籼稻托市收购工作

2014年9月24日，市粮食储备库5万吨粮食仓储设施建设项目开工建设现场

责任制。做好粮食法制和普法依法治理。开展粮食流通监督检查。全系统开展执法检查132次，出动人员435人次，检查企业402个次，未发现严重违规违法行为，协调解决中籼稻托市收购中出现的6件举报问题，维护粮油市场流通秩序。完成国家发改委等四部委安排部署的粮食库存专项检查任务。

【粮食应急保障】2014年，市粮食局落实全市小包装成品粮大米2100吨、小包装菜籽油210吨储备指标。加强小包装成品粮油库存管理，加大监督和检查力度，确保数量真实、质量可靠，保障应急需要。开展《中华人民共和国突发事件应对法》《眉山市粮食应急预案》等法案宣传，提高粮食应急知识普及率，修订《眉山市粮食应急预案》。完善应急管理组织体系建设，建立《眉山市粮食局领导班子应急管理工作责任制》《眉山市粮食局关于进一步加强和改进应急管理的工作方案》等。完成全市粮食应急供应、配送、加工、储运网点选定，上报全市应急供应网点146家、配送中心7家、加工企业12家、储运企业6家。省粮食局授予眉山7个企业供应网点为省级粮食应急供应网点。

【服务“三农”】2014年，实施农户科学储粮工程，全市完成农户科学储粮专项1.67万户。推进粮油产业化经营，优质粮油订单收购数量171吨，促进农民增收3420万元。执行粮油托市收购政策，完成稻谷托市收购7万余吨，农民增收2000余万元。

【项目工作】2014年，全市项目建设目标任务15个，投资5500万元，实际在建建设项目21个（完成项目18个），完成投资9035万元。全年向上争取项目资金1.28亿元，比2013年（下同）项目个数增加8个、增长53%；投资增加3865万元、增长74.8%；资金争取增加3000万元、增长30.6%。

【安全生产和信访稳定】2014年，市粮食局落实安全生产一把手负总责和“一岗双责”责任制，全年无各类安全生产事故发生。加强维稳、信访工作，实现“零进京、少上省、不出事”目标。加强安全宣传和检查，提高安全生产意识。围绕粮食科技活动周、《条例》实施周年纪念日、“食品安全宣传周”、世界粮食日、“节约一粒粮”行动启动仪式等活动，开展法制宣传。开展百日安全生产、安全生产月、汛期安全、粮食仓库清查、粉尘防爆检查、安全生产大检查、打非治违专项行动、粮油仓储企业消防安全专项整治等活动，全系统连续17年安全稳定无事故。

【直接联系服务群众】2014年，市粮食局党组专题研究直接联系服务群众工作16次，主要领导和领导班子成员带队到联系镇、村13次，全体职工为联系对象提供帮扶资金和慰问物资5万元，帮助联系社区争取协调引进资金1000余万元。优化联系村（社区）产业结构，居民收入大幅增长，实现信访“三无”目标。在联系村（社区）、社区群众的满意度测评中，市粮食局满意度100%，被市委评为全市直接联系服务群众先进单位。在仁寿县兴盛镇五星社区种植榆树、菩提树等“绿色基地”1公顷。

石油商业

【概况】2014年，中国石油眉山销售分公司（以下简称“公司”）在册员工517人，其中库站操作服务人员412人、管理人员82人、领导班子成员5人。在营加油站60座，加气站1座。

【汽柴油销售量】2014年，公司销售总量24.58万吨，比2013年（下同）增长7.44%，剔除中石化串换因素，实际增长9.8%，高于全省平均增幅2.2个百分点。实现纯枪销量20.07万吨，增长4.93%，其中汽油增长6.52%、柴油增长3.28%。

【销售收入】2014年，公司销售收入19.15亿元，比2013年（下同）增长3.88%。利润2288万元，增长35.99%。平均投资资本回报率14.54%。上缴税费1963万元，费用总额8715万元，控制在预算范围内。

【市场供保】2014年，在油品资源偏紧情况下，公司落实专人驻点催调资源，确保市场供保。全年调入汽柴油24.4万吨，比2013年增加

2014年4月22日，太和油库义务消防队和市消防支队在太和油库联合开展消防灭火实战演练

2014年5月30日，眉山市质量技术监督管理局、中石油眉山公司在新区加气站举办加气站消防演练

1.5万吨，增长6.7%。区域市场成品油供应未出现脱销断档现象，支持天府新区、岷东新区和省市重点工程用油，发挥区域市场主渠道地位作用。

【安全环保】2014年，公司严守“三条红线”（安全、质量、计量），开展“四不两直”（不发通知、不打招呼、不听汇报、不用陪同接待，直奔基层、直插现场）安全质量监督检查。开展工程项目、电器隐患、车辆交通等专项治理和安全生产大检查。发现和整改问题隐患257个，安排隐患专项治理资金493万元。

【油品自校自检】2014年，公司接受省市质量技术监督部门周期性油品抽检。内部开展油品自校自检，各批次油品取样留样，确保油品质量合格、计量准确。加强对油料接卸、油品运输、加油站自校、油品回罐等环节监管，全年接受质量计量内外部抽检180批次，抽检合格率100%，实现“零伤害、零事故、零污染、零重大数质量事件及新闻危机”目标。

【改造工程】2014年，公司投入700万元，重点实施主要城区、交通要道、景区沿线等加油站升级达标改造，完成油气回收改造加油站14座。

【网点建设】2014年，公司争取投资资金1799万元，新增立项加油（气）站1座，完成投运3座。通过股份合作、盘活存量、迁建换点、主动竞拍、国资平台等方式争取项目，东坡岛加油站新建项目启动施工图纸设计，东坡尚义、彭山彭祖、青神城北等“以一换二”方案与当地政府签订协议或达成共识，简蒲高速服务区项目进入细节谈判，仁寿视高A、B站股份合作项目进入报批实施阶段。东坡胜利等13座第一批油气回收改造工程完成。汪洋服务区、仁寿停车区审计并转资5148万元，比预算节约费用821万元。

【非油业务】2014年，公司以“昆仑好客”便利店、压缩天然气加气业务等为重点，增设加油站便利店12座，将眉山特产系列泡菜、东坡肘子、龙眼酥、芝麻糕等地方特色产品引入便利店销售，方便外地客人购物。非油销售收入2389万元，非油利润244.5万元。非油新业务占比29.17%，比2013年增长2.87%。

【惠民利民工程】2014年，公司将仁寿县鳌陵乡毛坝村、正华村和宝峰村作为公司服务联系点。全年联系仁寿县村民20户，为村民送去帮扶资金及物资2万余元。公司内部开展“挂包帮”和扶贫帮困工作，科级干部联系加油站60座，党员联系群众160人。安排资金20余万元帮扶生活困难员工140人次，为基层群众解决生产生活问题300余个。

2014年11月13日，中国石油眉山销售分公司篮球队参加眉山市“超级大乐透杯”职工篮球比赛获得一等奖

【员工自建房】 2014年，公司启动职工自建房，改善员工生产生活环境。

【优质服务】 2014年，公司规范加油站文明用语，规范操作服务，开设农机、市政建设、重点工程、防灾救灾、重要行业加油“绿色通道”，为客户提供快捷服务。

（中国石油四川眉山销售分公司）

烟草专卖专营

【概况】 2014年，眉山市烟草专卖局、四川省烟草公司眉山市公司辖东坡区、彭山区、仁寿县、洪雅县、青神县、丹棱县6个县级烟草专卖局（分公司）以及1个物流中心。在岗职工370人。

【经营效益】 2014年，全市销售卷烟47.2亿支（9.44万箱），比2013年（下同）降1.4%；销售收入28.1亿元（含税），增长6.04%；税利6.14亿元，增长9.4%。

【专卖管理】 2014年，全市破获涉烟案件1834起，罚没烟草专卖品412.32万支，破获一类网络案件3起、假烟网络大案2起，查获案值5万元以上案件37起，行政处罚1822人，移送刑拘34人，逮捕判刑24人。

【公益事业】 2014年，四川省烟草公司眉山市公司捐赠40万元（眉山市儿童福利院4.5万元、眉山“金叶”敬老院3万元、青神县河坝子镇、仁寿县板燕乡油村2.4万元、彭山区中国水电七局高级技工学校8万元、仁寿县乡村学校识经小学3.1万元、仁寿县第二高级职业中学8万元、东坡区、丹棱县慈善总会6万元、青神县河坝子镇玉蟾村5万元）。参加义务献血活动，献血2000毫升。

（市烟草专卖局）

财政·税务

财　政

【全市预算执行情况】2014年，全市地方一般公共预算收入75.2亿元，比2013年（下同）增长15.6%。全市地方一般公共预算支出182亿元，增长5.5%。其中一般公共服务支出23.9亿元、增长4.6%；公共安全支出8.3亿元、增长3.7%；教育支出29.7亿元、增长7.3%；社会保障和就业支出23亿元、增长7%；医疗卫生与计划生育支出19.7亿元、增长4.7%；农林水支出26亿元、增长5.6%；资源勘探电力信息等支出4亿元、增长3.6%；城乡社区支出13.1亿元、增长6.6%；文化体育与传媒支出2.3亿元、增长5.4%。全市预算总收入189.6亿元（地方一般公共预算收入75.2亿元、上级返还性收入和转移性收入106.2亿元、地方政府债券转贷收入4.9亿元、上年结余收入3.3亿元），预算总支出185.3亿元（一般公共预算支出182亿元、转移性支出0.4亿元、政府债券还本支出1.9亿元、调出资金0.3亿元、增设预算稳定调节金0.7亿元），收支品迭滚存结余4.3亿元（结转下年支出结余3.2亿元、滚存净结余1.1亿元）。全市地方政府性基金收入107.3亿元，增长23.8%。地方政府性基金支出110.9亿元，增长22.5%。

【市级预算执行情况】2014年，市级地方一般公共预算收入16亿元，比2013年（下同）增长17.2%。市级地方一般公共预算支出26.5亿元，增长9.1%。市级预算总收入31.9亿元（市级地方一般公共预算收入16亿元、返还性收入和转移性支付收入11.1亿元、地方政府债券转贷收入2.4亿元、上年结余收入2.4亿元）；预算总支出28.36亿元（当年一般公共预算支出26.53亿元、对口广安市援助支出0.03亿元、上解支出0.1亿元、地方政府债券还本支出1亿元、增设预算稳定调节金0.7亿元），收支品迭滚存结余3.5亿元（结转下年支出结余2.7亿元、滚存净结余0.8亿元）。市级地方政府性基金预算收入23.7亿元，增长11.4%。地方政府性基金预算支出22.7亿元，增长13.9%。

【民生工程】2014年，全市拨付“民生工程”财政性资金37.61亿元。其中拨付中央、省财政性资金25.2亿元，市级财政性资金2.96亿元，区县级财政性资金9.45亿元。“民生工程”各个项目全部完成。

【政府采购监管】2014年，全市政府采购预算金额6.74亿元，实际采购金额5.70亿元，节约1.04亿元，资金节约率15.48%，开展各类采购活动2786次。对服务项目需求科学分类，按照方式灵活、程序简便、竞争有效、结果评价原则，印发《眉山市财政局关于印发政府向社会组织购买服务项目政府采购工作流程的通知》，市政府下发《眉山市政府采购监管工作规定》。推进政府向社会组织购买服务，规范政府购买服务的程序。

【保障性安居工程】2014年，安排保障性安居工程建设资金5亿元（中央和省级4.8亿元、市级0.2亿元）。

【政府向社会力量购买服务】2014年，按中央、省政府推进政府向社会力量购买服务工作的要求，市政府办印发《关于推进政府向社会力量购买服务工作的实施意见》，市级部门完成居家养老服务和农作物病虫害2个试点项目，指导各区县启动此项改革。

【国库集中支付】2014年，建立预算单位、财政内部各业务科室、代理银行和人民银行相互制约的清算制度。市财政采用指标控制用款计划，用款计划控制支付，资金通过代理银行支付，人民银行金库清算模式，推动和指导市级预算单位准确合理编制基本支出用款计划和项目支出用款计划，科学控制财政资金现金流量，确保财政资金安全。加强与税务、人行沟通协调，组织调研、宣传，提高全市纳税人签约率、联网扣税笔数和金额，推进批量扣税业务、银行端查询缴税和刷卡缴税业务。

【公务卡改革】2014年，市级194个独立核算单位发公务卡2750张，消费还款1万笔，消费金额2548万元，比2013年增长1.23%。推行公务卡结算，方便预算单位用款，减少现金流量，增强资金使用透明度，规范公务消费，防止财务违纪违规行为。

【支持教育发展】2014年，落实财政教育投入法定增长任务。全年市财政安排教育事业专项资金1.3亿元。实施学前教育第二轮“三年行动计划”，加快幼儿园改扩建，扩大学位资源。开工建设公办幼儿园目标任务11所，实际开工建设13所。开工建设义务教育学校教学用房目标任务3000平方米，实际开工建设9893平方米。实施营养改善计划食堂建设目标任务1204平方米，完成1350平方米。开工建设农村教师周转宿舍20套。“两中心”（眉山市全民健身活动中心和青少年体育活动中心）和国家示范性综合实践基地项目有序推进。

【文化投入】2014年，市财政安排文化产业发展专项资金1000万元、文体事业发展专项资金800万元用于文化产业发展，文学、艺术、体育成就奖和乡镇文化站建设、村文化活动室建设、农村电影放映、社区书屋建设、广电事业发展、新闻出版事业发展、文物和非遗保护、其他体育事业等。全市完成各类公共文化服务建设项目2998个，总投资4819.7万元。继续做好公共博物馆、纪念馆、图书馆、文化馆、美术馆免费开放；启动19个“幸福美丽新村（社区）文化院坝”试点建设；在中心城区建成10个电子阅报屏；完成农村每村每月一场公益电影放映；全市无线地面数字电视覆盖率70%，发展农村地面数字电视用户近2万户，列全省第二；完成400余个行政村的广播“村村响”建设；组织开展各级各类群众文化活动2000余场次，惠及群众900万人次。支持东坡文化核心区建设，完成全市可移动文物年度普查，开展全市“非遗”普查并建立“非遗”档案数据库。

【科技投入】2014年，落实各项科技创新优惠政策，鼓励企业增加研发投入。全年市财政安排科学技术经费963万元，其中科技创业投资补助资金100万元、科学技术奖励基金53万元、科技成果转化补助资金100万元。实施省市科技项目170项，争取到位项目资金5195万元，比2013年增长26%。

【农业发展】2014年，统筹安排专项资金3000万元，支持眉山岷江现代农业示范园区重点项目建设；安排中国泡菜城建设专项资金2000万元，提升泡菜城建设成果和影响力；安排专项资金1450万元，支持“绿海明珠”建设及青神竹编产业发展；落实农民专业合作组织发展和家庭农场扶持资金1350万元，促进农民专业合作组织、家庭农场等新型农业经营主体发展。落实惠农强农补贴10149万元，其中退耕还林政策性补助4376万元、农作物良种补贴2381万元、农业机械购置补贴3392万元。

【财政投资管理】2014年，安排征地拆迁安置资金4.89亿元，安排市级政府性工程资金5.35亿元，推进城市基础设施建设。统筹资金按时还本付息，全年拨付还本付息资金4.62亿元，维护政府信誉。

【财政投资评审】2014年，评审市级政府投资项目154个，送审总金额16.5亿元，审定金额15.6亿元，审减金额0.9亿元，综合审减率5.5%。其中预算项目117个，送审金额16.41亿元，审减金额0.88亿元，平均审减率5.4%；结（决）项目37个，送审金额1209.8万元，审减金额211.6万元，平均审减率17.5%。

【交通建设】2014年，支付省道106线和省道103线路面改造工程回购款和投资收益5861万元。审核拨付滨江大道债券资金1.67亿元。安排眉山象耳至思蒙公路建设项目2014年贷款本息2100万元。安排公交公司政策性亏损和车辆更新财政补贴资金1300万元。安排成昆铁路资本金4690万元。市财政局、市交通局、市发改委等开展2014年安全护栏建设规划及验收。

【工业发展】2014年，市政府制定《2014年度工业经济开门红奖补资金管理使用办法》《天府新区眉山片区2014年度专项扶持资金管理办法》《眉山市促进工业企业转型升级创新发展若干政策》。调整完善市、区和市级园区财税体制。执行园区财税政策，安排拨付园区财政资金4.9亿元。严格资金管理，加强项目核查，统筹安排工业发展资金8457万元，核减不合规财税资金2313.57万元，确保资金安全。

【社会保障】2014年，完善企业职工基本养老保险制度。连续第十年调整企业退休人员基本养老金水平，全市退休职工20.21万人享受此次调整政策。完善城乡居民社会养老保险制度。全年下达补助资金3.92亿元，支持做好城乡居民社会养老保险工作，提高城乡居民社会养老保险参保率。完善城乡居民医疗保险制度。各级财政对新型农村合作医疗、城镇居民基本医疗保险的补助水平，由2013年的年人均280元增至320元，其中新农合财政补助资金8.28亿元，城镇居民基本医疗保险财政补助资金1.45亿元。保障基层新机制稳定运行，落实基层医疗卫生机构实施基本药物制度的财政补偿政策，下达中央、省和市级财政补助资金2411.19万元，补助每个村卫生室7000元。完善县级公立医院取消药品加成改革，按核定收入减少额的20%补助，保障县级公立医院取消药品加成。加强食品安全整治经费保障。拨付相关部门食品安全工作相关经费601万元，比2013年增长5.25%。加强社会保障，各级财政拨付城市低保资金1.94亿元、农村低保资金2.12亿元。开展重特大疾病医疗救助，帮助解决重特大疾病贫困患者的医疗困难，下达城乡医疗救助资金6593.66万元。扩大救助范围，城乡医疗救助范围由城乡低保对象、农村五保户，扩大到低收入重病患者、重度残疾人、低收入家庭老年人等特殊困难群体。做好救灾资金保障，拨付春荒、旱灾等自然灾害救灾资金590.5万元。通过政府购买服务的方式，构建眉山市居家养老服务机制，为高龄老人和困难老人提供居家养老支持服务，帮助解决老年人晚年生活问题。

【会计管理】2014年，市财政局以“服务广大会计考生、考务工作零差错”为会计考务出发点和落脚点，组织7500余人次参加会计专业技术职称资格考试、高级会计师考试、会计从业资格考试和注册会计师考试考务，获全省注册会计师考务工作先进单位，作为全省唯一单位，在大会作会计考务工作经验交流。组织全市财政干部职工和注册会计师行业党员参与“全国百家网站暨中国普法官方微博宪法知识竞赛”，400余名财政干部参与网上答题，100余名取得满分成绩。组织全市行政事业单位财务人员400余人参加行政事业单位内部控制规范培训学习。邀请财政部科研所副研究员、市长助理王晨明讲解。眉山市注册会计师行业党总支获全省2012—2014年先进地方行业党总支称号。

【财政资金检查】2014年，市财政局组织开展天然气价格专项调节金收缴情况专项检查。专项检查市级城市燃气公司转供压缩天然气销售企业代征天然气价格专项调节金。市级、仁寿县和丹棱县转供压缩天然气销售企业应征调节金778.16万元，实缴780.03万元。代征单位应征尽征，及时足额上缴国库，未发现截留挪用，违规使用财政票据等问题。开展全市文化专项资金监督检查。市财政局、市文广新局开展全市二区四县中央补助“三馆一站”免费开放项目经费、中央补助农村文化建设项目经费、中央补助地方文化体育与传媒资金和省级财政公共文化服务体系建设项目经费四项文化专项资金联合检查。发现资金未专账核算、资金拨付不及时、未经批准变更实施内容，开支内容超范围等违规问题，责成区县财政局整改。开展政府性投资项目资金管理使用情况检查。市财政局开展2014年在建的裕丰苑安置区、“东坡宋城”1期工程、东坡城市湿地公园核心区、滨江大道东坡段四个政府性投资重点项目检查。纠正和规范合同管理中存在施工内容变更未签订补充合同、合同条款违反审计规定、施工合同中未载明中标单位账号和开户银行等问题，以及项目资金管理中存在未纳入国库集中支付管理、支付审批程序不合规、财政补助政策变动未报批、资金支付未按合同约定执行、项目资金未实行专账核算、超标列支建设单位管理费等问题。

【会计监督检查】2014年，全市组织检查医药行业和公共交通行业选择检查单位15户，其中国有及国有控股企业6户、行政事业单位9户。发现违规问题单位户数12个，违规金额2499.58万元。检查发现被检查单位在国家政策执行、预算管理、会计核算、税费、财务管理、内部控制和会计检查存在问题，要求单位限期整改。

【专项治理】2014年，开展贯彻执行中央“八项规定”严肃财经纪律和“小金库”专项治理。全市2013年有违纪违规问题的单位381户，涉及金额4774.3万元，2014年有违纪违规问题的单位172户，涉及金额475.29万元。检查发现“三公经费”管理方面存在无预算列支出国访问经费、公车管理不规范、公车运行费超预算，存在超预算列支接待费和超标准列支接待费；会议费、培训费存在超预算列支、违反规定发放奖金过节费；财务会计存在资产管理不到位、报账资料不完整、会计人员无证从业、设立“小金库”，全市2013—2014年发现私设“小金库”2个。以上问题，在自查自纠中整改和处理。补缴税款、退还违规所得、追回违规支出、调账处理，党纪政纪处分12人，3人被移交司法机关。开展收受红包礼金专项检查督查。重点检查单位81户，其中党政单位61户、事业单位19户、社会团体1户。重点开展现金支出管理情况、财政资金管理和财务会计管理情况检查。发现大额提取现金和乱发钱物等问题，清退乱发钱物、报销内容不合规15.49万元。开展滥发奖金、工资、补贴和“顶风违反中央‘八项规定’、个别单位接待费居高不下”专项整治。重点督查全市二区四县。

（王　睿）

国家税务

【税收收入】2014年，全市国税组织税收30.71亿元，比2013年（下同）增长2.01%，增收6043万元，税收规模列全省第11位。其中企业所得税5.91亿元、增值税19.85亿元、消费税1.25亿元、车购税3.7亿元、个人所得税5万元；东坡区13.7亿元、

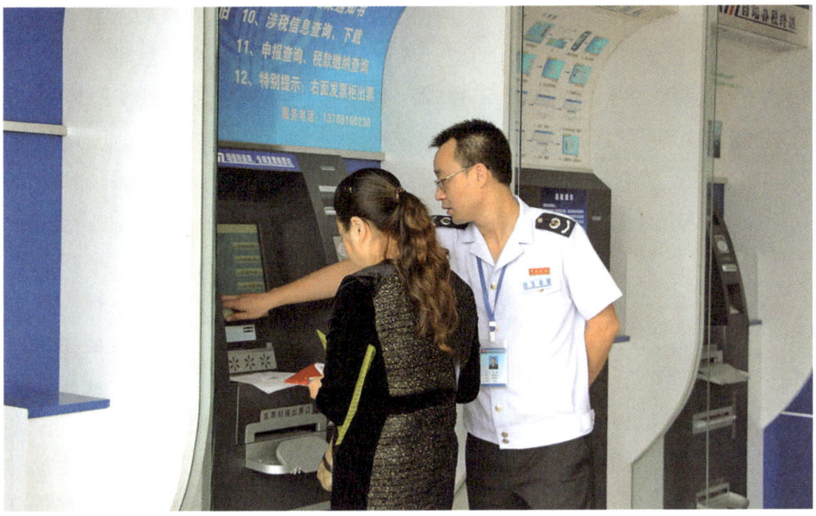

在24小时自助服务区，纳税人申报、缴税、报税、清卡、验旧、配票等所有日常业务均可在自助办税终端完成

仁寿县4.75亿元、彭山县3.69亿元、洪雅县2.78亿元、丹棱县1.13亿元、青神县2.57亿元、经开区2.1亿元。中央级收入22.52亿元，全市地方公共收入5.33亿元，增收4894万元、增长10.12%。市级地方公共收入1.33亿元，增收1344万元、增长11.23%。

【税收优惠】2014年，全市办理税收优惠14082户（次），减免税8.89亿元。其中3万元的增值税起征点按期落地，惠及小微企业和个体工商户13.12万户（次），享受增值税优惠3.96亿元。小微企业所得税优惠政策兑现率100%，2020户纳税人受益，优惠税款3636万元。办理出口退（免）税9570万元，降17.34%。增值税转型税收优惠1.99亿元，支持金融资本市场税收优惠3052.08万元，鼓励高新技术类税收优惠1482.89万元，改善民生类税收优惠4663.61万元（增值税），西部大开发类税收优惠1.40亿元，支持农业税收优惠3.81亿元（增值税），促进中小企业发展等其他优惠3961（增值税）万元。

【税收改革】2014年，推进新纳入试点的铁路运输、邮政业和电信业“营改增”试点扩大范围，“营改增”试点平稳运行。至2014年底，“营改增”试点纳税人2450户，比2013年（下同）增长60%；缴纳“营改增”增值税1.14亿元；试点纳税人减税面92%，减税27%；试点纳税人和原增值税纳税人减税2.3亿元，增长137.5%。绩效管理工作实现全员参与、全程覆盖、全面落实，被省国税局评为全省国税系统绩效管理先进单位。

【税收征管】2014年，建立风险管理工作规划、联动机制、工作规程，五项风险管理指标全部达标。实施房地产、地方金融、货物运输及货物运输代理三大产业链，6个工业园区企业风险管理，落实所得税汇缴核查、股权投资收益核查、大额普通发票税前列支专项核查、非居民企业投资收益专项核查、出口退税等风险应对任务。全年接收和派发风险任务314户，应对260户，查补入库税款3156万元，查减留抵44万元，查减亏损440万元，查增所得1688万元。建立泡菜行业综合应用风险指标体系和评估模型。市政府制定《全市税收征管保障办法》。加强所得税税基管理，严格企业所得税征收方式的确认办法，征税面增至61.66%。所得税汇算清缴申报率100%，预缴率91.89%，差错率为零。构筑出口退税风险防范新格局，实行分级化运行、常态化监控、专业化应对。探索工业模型管理，通过“以电管税”入库增值税比2013年增长47%。稽查部门查补入库税款5000余万元，占全市国税收入的1.63%。强化户籍管理，税务登记户增减率15.15%，净增税务登记户3978户，补税29万元，罚款1.9万元，注销5253户，变更纳税人基本信息6219条。强化普通发票管理，全市检查普通发票3995户（次），查处875户（次），补税596万元，罚款93万元。完善和落实列名企业税收联络员管理服务、事先商定、走访纳税人、年度预告等制度。完善列名

彭山区国税局升级《纳税服务规范》，成功核发全市首套国地税联合税务登记证

企业基础管理，完成50户列名企业的遵从评价，为83户列名企业量身定制分户电子税收手册。建立列名管理企业税源核心监控指标体系，建立首轮指标近170个。

【纳税服务】2014年，开展全员走访纳税人行动，走访纳税人1.12万户，发出调查1.12万套，回收率100%。眉山纳税人走访率89.4%，居全省第一。当场解决涉及纳税人问题385个；收集纳税人反映的问题或建议9大类117个。电话回访纳税人320户，制定整改措施39条，建立机制制度11个。推出“便民办税送春风行动”纳税服务创新举措，开通涉税事项“全市通办”业务，开通纳税服务官方微信平台，在仁寿局试点倒置办税流程纳税服务模式，在东坡区、仁寿县试点自助代开发票系统，在市中心城区建成3个车购税便民办税点，在东坡区局建成启用24小时自助办税厅，在彭山建成全省首个国税、地税、工商联合一体化服务厅。中央电视台、《中国税务报》和《四川日报》等13家主流媒体报道纳税服务情况。推行网络申报，网络申报推行面、使用面分别位居全省第一位和第三位。提供电子缴税，签约率、电子扣税笔数占比、金额占比3个指标均位居全省前三位。精减表证单书25个，公开“四个清单”（公开行政审批、执法权力、纳税人信用状况、优化管理事项）。推行全职能办税服务厅，抓《全国税务机关纳税服务规范》落地执行。

（市国税局）

地方税务

【税收收入】2014年，全市地税组织收入62.03亿元，比2013年（下同）增加4.85亿元、增长8.48%。其中税收收入59.58亿元，增加4.77亿元、增长8.71%；基金附加2.45亿元，增加771万元、增长3.25%。税收收入总量居全省市州第9位，提升1位，税收增幅高于全省平均水平1.31%，列全省市州第11位，列成都片区6个征收单位第3。中央级税收6.05亿元，增加4714万元、增长8.46%；省以下税收收入53.54亿元，增加4.3亿元、增长8.74%；市及市以下地方公共财政收入43.37亿元，增加5.67亿元、增长15.04%；市级地方公共财政收入8.71亿元，增加1.65亿元，增长23.38%。

【依法治税】2014年，市地税局开展依法治国、依法治省、依法治市和依法治税学习和宣传。简政放权，加速职能转变，开展税收规范性文件、行政审批事项、行政权力、税收优惠政策等清理，清理市级规范性文件28件；开展行政处罚案卷评查，专项督查东坡区局等4个区县局税收执法，评查6个区县局、3个直属单位2013年度税务行政执法案卷。清理行政审批事项39项，将涉税审批服务集中到市政务服务中心地税窗口办理，实行“一站式”审批服务。通过行政权力运行基础平台和监察平台，清理并对外公开行政权力90项。开展“依法行政示范单位”创建活动和“会前学法”活动，建立法律顾问制度；开展税收宣传进企业、进社区、进校园等法律“七进”活动。

【税收改革】2014年，全市地税系统推进“依法治税、信息管税、服务兴税、人才强税、廉洁从税”五大战略。开展税收风险管理机制建设试点，搭建并上线运行税收风险管理平台，全年推送风险任务11批2470户，应对完成率87.45%，入库税款及滞纳金885.2万元，移交国税1户；以税收风险管理为契机完成征管数据清理，建立税源监控与税收分析平台。推进税制改革，平稳推进“营改增”扩大范围，企业实现“营改增”1000余户，减少营业税基数1.5亿元；落实煤炭资源税改革、四川省重大水利工程建设基金管理办法和煤炭价格调节基金等新政。开展绩效管理，制定《眉山市地税系统绩效管理办法》《眉山市地方税务局机关绩效管理办法》，建立完善绩效考评指标体系。加强基础信息平台建设，建好风险管理、电子档案系统等基础运行环境；财税库银横向联网、网上申报、网上办税等各类软件平台陆续运用，启动土地增值税项目同步管理和数据采集系统开发应用。

【纳税服务】2014年，市地税局开展“便民办税春风行动”，推行首问责任制，简化办税流程，精简并废止首批14项涉税业务表证单书。投入60余万元实施市政务中心办税服务厅标准化建设，在大厅办理全部审批服务事项，解决纳税人“两头跑”问题，市政务中心地税窗口全年办件5.3万件。完善“12366”纳服热线管理，增设各区县局“12366”远程座席，全年解答并处理纳税人关注的政策疑难、热点问题近3000条。推行《全国县级税务机关纳税服务规范》，推进免填单服务，建立统一纳税服务平台，受理网络申报2000余件。在办税服务大厅运行自助办税终端。拓展税收法律宣传方式，全系统新设立纳税人学堂7个，举办税收政策专题培训42期4000余人次，实现网络、实体纳税人学堂同步运作。编印《眉山纳税服务》期刊，免费赠阅4期1.2万份。

【税收优惠】2014年，全市地税系统落实小微企业营业税、小微企业所得税、西部大开发、促进就业等税收优惠政策3.6亿元。

【税务稽查】2014年，全市地税系统开展税收专项检查，查处涉税举报案件，打击发票违法犯罪活动，全市稽查部门组织企业自查403户，组织检查64户，查补收入1.47亿元。开展稽查积案清理，追缴积案欠税128万元，税务处理涉及欠税265.8万元。

（市地税局）

金　融

金融协调管理

【信贷投放】2014年，市政府金融办公室为全市各银行业金融机构提供综合协调服务。全市人民币各项贷款余额734.78亿元，比2013年（下同）增加116.39亿元、增长18.82%。其中市内银行业金融机构增加94.14亿元，异地金融机构增加22.25亿元。

【信息报送与通报】2014年，全市金融业信息沟通网络运行平稳。每月按时收集本地和异地金融机构信贷投放情况，以“一月一通报”形式全市通报，收集全市金融业改革、创新、发展的经验和思路，以动态形式发送全市金融机构、区县政府金融办公室，择优报送市委、市政府及省政府金融办公室。

【银行企业项目对接】2014年，每月组织市内外金融机构到市、区县工业集中区对接项目，重点项目实行专行负责、专人负责、限时办结制度。全年走遍全市所有13个工业园区，召开大型对接会4次，对接项目146个，总投放信贷资金61.18亿元。

【债券】2014年2月，市资产经营公司发行债券14亿元，9月，仁寿县资产经营公司发行债券12亿元。债券的发行为市、县两级重点建设项目提供金融支持。

【企业上市】2014年，市金融办组织证券公司等金融机构对全市200余家企业进行主板、创业板、新三板、新四板上市和挂牌培训，建立上市企业后备资源库36家。邓仕食品、森茂家具等10家企业在“新四板”成功挂牌。

【保险】2014年，全市6个区县农村小额人身保险参保211万人，保费收入7596.14万元，赔付金额4722.47万元。全市产、寿险保费收入34.75亿元，比2013年（下同）增长5.81%，其中产险保费收入11.31亿元、增长22.07%，寿险保费收入23.44亿元、降0.5%。

【小额贷款公司管理】2014年，全市设立小额贷款公司15家，注册资金20.3亿元。年末贷款余额20.89亿元。

【融资性担保机构监管】2014年，全市设立融资性担保公司10家，注册资金8.48亿元，担保能力84.8亿元。年末融资性担保余额9.38亿元。

【信用建设与改善金融生态环境】2014年，全市金融机构无重大案件和安全事故发生，未出现因非法集资、民间高息借贷而引发的群体性事件。　（谭璟烨）

银行业

【概况】2014年，全市银行类金融机构17家，营业网点446个（当年新增18个），从业人员5020人。全年金融业实现增加值25.03亿元，比2013年（下同）增长11.6%；净利润19.8亿元，增加5.03亿元、增长34.06%。

【资产业务】2014年，全市银行业金融机构资产总额1384.91亿元，比2013年（下同）增长13.39%。其中本外币各项贷款余额626.52亿元，增长17.68%；增速降6.72%，居全省第11位；全年新增贷款94.14亿元，减少10.29亿元。不良贷款余额20.9亿元，减少1.47亿元，不良贷款比例3.34%，降0.87%，高出全省1.61%。

【负债业务】2014年，全市银行业机构负债总额1340.77亿元，比2013年（下同）增长12.75%。其中本外币各项存款余额1255.22亿元，增长12.47%；增速降7.17%，存款增速居全省第8位；全年新增存款139.21亿元，减少44.02亿元。

【金融改革】2014年，农业银行继续深化“三农金融事业部”改革，服务“三农”能力加强；邮政储蓄银行拓展业务范围，支农支小成效明显。农村信用社继续推进产权制度改革，经营管理机制完善，资金实力增强。仁寿、青神信用联社推动农商行改制工作。

中国人民银行眉山市中心支行

【概况】2014年，中国人民银行眉山市中心支行设办公室、货币信贷管理处、调查统计处、会计财务处、科技处、货币金银处、国库处、内审处、人事处、外汇管理处、事后监督中心、保卫处、纪检监察办公室、宣传群工部、会计核算中心、后勤服务中心16个处室（部），辖仁寿县、彭山县、洪雅县和青神县4个县支行（洪雅县支行负责洪雅和丹棱两县业务），有职工195人。

【货币政策】2014年，全市继续贯彻执行稳健货币政策，加强金融机构窗口指导，运用差别存款准备金动态调整、支农再贷款、再贴现等货币政策工具，推动全市信贷合理适度增长，信贷结构进一步优化。全市金融机构全年新增贷款94.14亿元，比2013年减少10.29亿元，增速居全省第11位。地方法人金融机构新增贷款31.33亿元，为全年合意贷款额度的99.30%，符合调控预期。开展“央行小微票据通”，办理再贴现1.24亿元；考核达标的彭山珠江村镇银行执行13%的优惠存款准备金率，地方法人机构给予支农再贷款支持，全年发放支农再贷款6.26亿元，建成支农再贷款示范基地7个，眉山岷江现代农业示范园区成为全省首家“支农再贷款支持省级现代农业示范基地”。开展“金融机构下基层”银政企对接、“民营小微企业融资对接”“金融支持稳增长眉山银政企对接”及“金融扶助‘暖冬行动’”等银企对接活动，促进信贷供需有效衔接，中小企业贷款、涉农贷款、重点项目贷款、创业就业贷款增长明显。以实施“新型农村经营主体主办行制度”“中小企业融资培育工程”“金融支持创业就业三年行动”为抓手，推进普惠金融发展。

【支付结算】2014年，人行眉山市中心支行支付系统安全高效运行，通过支付系统清算资金115万笔7924亿元，比2013年（下同）分别增长15%、13%。全市发行银行卡687万张，布放ATM机879台、POS机2.2万台、发展特约商户7513户，分别增长2%、20%、16%、64%，创建省级银行卡刷卡无障碍示范区5个，市级银行卡刷卡无障碍示范区2个，县级银行卡刷卡无障碍示范区5个。农村支付“迅通工程”建设取得显著成效，在全市选取136个助农取款服务点，升级建成农村新型金融综合服务平台。全年助农取款服务点发生查询业务63.52万笔，取款业务68.08万笔2.2亿元，代理缴费业务16.5万笔0.32亿元，转账业务12.81万笔0.74亿元，以银行卡为基础的电子支付手段在全市农村地区的应用逐步扩大。11家支付机构向人民银行报备在眉山开展第三方支付业务，完成支付业务63万笔38亿元，分别增长85%、197%。

【经理国库】2014年，国库会计标准化管理通过四川省分库评估验收。初步建立国库会计分析框架和分析指标体系。国库电子化业务快速发展，全市纳税人与银行签订电子缴税扣款协议100%，全年电子缴税26.98万笔70.71亿元，占比分别为96%、80%，位居全省第一位和第二位。开展“其他公共资源（资产）有偿使用收入”直缴入库和“种粮大户财政补贴”、公交成品油补贴、社区干部补助等直拨业务，办理直缴入库205万元，直拨业务4719笔738.25万元，惠及社会公众2000余人。配合财政部门做好全省分税制体制改革、扩权试点县和眉山市（区）财税体制改革相关工作。组织发行凭证式国债6977.94万元，储蓄国债（电子式）1.28亿元；兑付无记名国债本息506.26元。

【人民币发行与管理】2014年，人行眉山市中心支行组织发行基金调拨，保障元旦春节期间旺季现金供应和社会经济发展现金需求。构建以主办银行为依托，以主办网点为前沿的小面额钞币供应长效机制，小面额人民币市场需求全面保障。开展人民币净化工程建设，搞好残损人民币回收，净化市场流通人民币。开展银行业金融机构对外误付假币专项治理，组织金融机构完成自动取款机升级改造和A类点钞机配备，推进冠字号码查询管理，金融机构柜面A类点钞机配备覆盖率100%，金融机构自助设备和营业网点对外支付现金实现冠字号码记录查询。开展“反假宣传月”活动和反假知识培训，提高群众反假意识，全年收缴假人民币154.1万元（公安机关收缴22.23万元）。

【反洗钱】2014年，人行眉山市中心支行按照风险和效率原则，督促义务主体履行反洗钱工作职责，开展5家反洗钱义务主体履职情况现场检查，1家履职不到位的机构处以10万元罚款。加强与义务主体、司法机关、纪委的线索会商，共同打击洗钱犯罪及上游犯罪，配合公安机关协查案件10次，配合市纪委协查案件2次，结合已宣判案件，探索建立眉山市洗钱类型分析框架。采用举办高级管理人才培训班等方式，培训管理层和一线员工反洗钱管理和操作技能800人次。利用金融机构柜台和农村新型综合服务平台等载体，向社会公众介绍反洗钱相关知识，宣传洗钱危害性，发放宣传资料2万余份。完成金融机构年度洗钱风险评估，重点可疑交易报告管理规范。

【外汇管理】2014年，实施货物贸易和直接投资外汇管理制度改革、外债外汇管理制度改革和服务贸易改革，简化行政审批程序，优化收付汇工作流程，降低社会成本，推动贸易投资便利化，促进全市对外贸易大幅增长。全市出口总额2.25亿美元，比2013年（下同）增长4.33%，进口总额1.59亿美元，增长15%。

【金融稳定】 2014年，依托金融稳定风险监测系统，人行眉山市中心支行开展17家银行业机构风险监测，开展银行同业业务、票据业务、理财业务等重点风险环节督查和稳健性评估，作出风险提示并提出整改要求。完善应急管理制度，指导各银行业机构修订预案，实现地方政府、人民银行和金融机构预案无缝对接。帮助金融机构维护债权，参与4家企业资金链风险处置。参与地方政府对非法集资及民间借贷风险的处置，协助清理整顿227家融资理财机构、6家支付机构、3家网贷平台。开展《存款保险条例（草案）》征求意见和风险监测。指导农村信用社改制农村商业银行，关注农业银行“三农金融事业部”改革进展，督促不达标的2家“三农金融事业部”落实相关整改措施。

【信用体系建设】 2014年，人行眉山市中心支行组织开展“6.14信用记录关爱日”征信集中宣传活动，自编、自导、自演《大清征信局》征信宣传微电影。开展建设银行眉山分行、彭山县农村信用联社征信执法检查。市政府制定《社会信用体系建设规划纲要（2014—2020）》，人行眉山市中心支行、市发改委联合制定《眉山市企业重大信用信息共享及信用报告运用合作备忘录》，眉山成为四川省6个试点“银行授信与企业诚信挂钩系统”市州之一。采集企业有关食品药品安全、环境保护、打击假冒侵权、工程建设、司法执行、金融等领域信用信息，推进企业诚信与银行授信挂钩联动共享系统建设，按季向银行机构通报企业重大信用信息。仁寿县政府印发《2014年仁寿县农村信用体系建设方案》，构建“政府主导、人行牵头、银政农联动”组织领导机构和信息采集机制，采集20万户农户信用信息。开展县域金融生态环境测评，东坡区、洪雅县、丹棱县进入全省178个参评县的B档。推广中征应收账款融资服务平台，促成全省首笔中征平台业务成交。

【金融管理】 2014年，人行眉山市中心支行开展金融机构“两综合、两管理”。完善开业管理流程，核准3家县域支行开业，备案2家网点机构开业，开展新设机构经营调查和回访10次。建立重大事项报告责任追究机制和无重大事项零报告制度，全年收到并处置金融机构报告的重大事项92件。修订完善综合评价评分细则，对排名靠后机构实施稳健型评估和综合执法检查。综合执法检查辖内4家银行机构，开展专项执法检查5次，责令金融机构整改检查发现的问题。

【金融消费权益保护】 2014年，人行眉山市中心支行健全金融消费权益保护工作机制，强化综合评价考核；加强工作前瞻性指导，制发《关于进一步加强金融消费权益保护工作的指导意见》；搭建金融消费权益保护人才交流平台，开展“金融消费权益保护日”“金融知识宣传月”等宣传活动，宣传普及金融知识；畅通消费者投诉渠道，开通“12363”投诉咨询专线电话，处理消费者投诉，全年金融消费者投诉结案率和满意率均为100%。

中国银行业监督管理委员会
眉山监管分局

【概况】 2014年，全市银行业资产总额1384.91亿元、负债总额1340.77亿元，分别比2013年（下同）增加163.57亿元、151.66亿元，分别增长13.39%、12.75%；各项存款余额1215.42亿元，增加138.42亿元，增长12.85%，排名全省第9位；各项贷款余额626.53亿元，增加94.15亿元，增长17.68%，居全省第10位；实现利润19.71亿元，增加4.94亿元，增长33.46%。全年无金融案件和安全事故发生。

【市场准入退出管理】 2014年，眉山银监分局核准高管任职资格17人、初审1人，核准机构新设4项、变更17项。回访新设机构1个、特色支行3个。

【现场检查】 2014年，眉山银监分局开展现场检查9项，发现问题65个，发出监管意见书11份，提出监管意见59条。

【非现场检查】 2014年，眉山银监分局建立月度风险分析制度，结合非现场监测情况约见高管谈话19人次；组织开展农村信用社、村镇银行2013年度监管评级；监测分析和考核不良贷款月度和不良资产季度。逐月报送非现场检查系统数据；收集全市农村信用社10万元以上企业贷款台账，建立全市农村信用社单笔500万元以上大额不良贷款监测台账，按季分析；及时风险预警和提示，落实突发事件发现报告岗位责任制。及时提示大额贷款、泡菜行业、房地产信贷风险、“两高一资”和产能过剩行业贷款风险，持续监测和预警关注类贷款。

【金融服务】 2014年，眉山银监分局支持重点项目建设，印发《关于做好重点项目建设金融服务工作的通知》，深入各片区调研并多次组织重点项目现场推进和服务对接。银行业机构与30个重点项目建立信贷关系，贷款余额40.9亿元，比2013年（下同）增加7.43亿元，增长22.22%。引导信贷向第三产业倾斜。印发《眉山银行业支持城镇化发展的指导意见》，银行业向第三产业（不含房地产业及个人消费贷款）新增贷款40.44亿元，增长67.47%。举行银企对接会7次，向58户签约企业发放贷款11亿元。年末小微企业贷款余额239.69亿元，增加50.43亿元，增长26.65%。涉农贷款余额409.85亿元，增加56.64亿元，增长16.03%。水利建设、青年创业、助学贷款、保障性住房等民生领域贷款余额2.11亿元。改善融资难题，引导银行业机构推出“连连贷”“互惠贷”“惠商贷”“小企业商超供应链贷款”等业务品种，解决小微企业申贷、续贷问题和满足不同客户融资需求；督导银行执行政府指导价政府定价目录，缓解融资难、融资贵问题。

【风险处置】2014年，眉山银监分局加强突发性信贷违约风险监管，建立大客户、集团客户风险监测体系，督促银行强化风险排查、分类施策、跟踪监测、严格问责等措施。加强融资平台贷款风险管控。国有银行全面退出平台贷款、农信社无新增平台贷款、村镇银行无平台贷款，全市银行业对眉山融资平台贷款均甄别为政府负有偿还责任的债务，平台贷款保持零不良。加强房地产贷款风险管控。全辖房地产贷款余额151.96亿元，不良率0.12%。推进产业优化升级。产能过剩行业贷款5.38亿元，比2013年（下同）减少1.29亿元，不良贷款1.97亿元，减少1800万元。尚未完成淘汰的落后产能企业2户、余额4500万元，减少1200万元。年末全市银行业不良贷款余额20.9亿元，减少1.47亿元，不良贷款率3.34%，降0.86%。加大案件防控力度，召开案防工作会3次，对17家机构开展从业人员处罚信息登记制度调查、法人机构同业银行结算账户开立情况调查、抵押贷款真实性排查等5项案防督查。

【安全维稳】2014年，眉山银监分局按季召开银行业安全保卫工作联席会议，组织银行营业网点防暴应急演练1次，开展专项安全检查3项。成立消费者权益保护办公室，确定专人负责舆情日常监测和导控、接信接访工作，全年收到各类投诉29件，全部办结。

【银行业改革创新】2014年，推动农信社改制。全程参与制定实施方案，现场督导10余次。促请青神、仁寿两地方政府分别出资5451万元、3480万元收购捐赠资产、抵债资产，帮助清收政府背景及公职人员不良贷款，帮助推进两县联社改制；促请丹棱县政府出资2100万元，帮助丹棱联社完成财务重组；推进东坡、彭山农信社合并组建眉山农商行。科学开展年度机构网点发展规划。引导服务网点下沉和支持符合条件的网点升格并重，引导服务网点向新兴工业园区、新型城镇化中心和小微企业集中区集聚，优化机构网点布局。全年支行升格为分行1家，分理处（储蓄所）升格为网点型支行6家，新设城商行支行3家。推进同业业务和理财业务改革。选择东坡区联社开展同业新规执行情况专项检查，督促收回到期的同业存放款项6亿元。按季监测和分析银行个人理财产品和机构理财产品销售情况。

眉山市农村信用社

【经营指标】2014年，眉山农村信用社存款稳步增长。年末全市农村信用社各项存款余额391.28亿元，比2013年（下同）增加70.91亿元，增长22.13%。各项贷款余额217.55亿元，增加29.24亿元，增长15.53%，主要投向“三农”贷款196.12亿元，增加25.85亿元，增长15.18%；小微企业贷款11453户，贷款余额101.45亿元，增加17.58亿元，增长20.96%。涉农贷款余额196.12亿元，占贷款总额的91.15%，信贷结构持续优化。全年全市系统不良贷款占比3.72%，下降1.41%。推进金融服务创新，年末全市系统银行卡存款余额44.5亿元，增加10.52亿元；银行卡业务收入0.15亿元；网上银行、手机银行、短信银行功能持续优化，科技服务能力增强。

【改革转型】2014年，全市农村信用社树立流程银行理念，优化业务流程，完善法人治理，推进风险管理，建立现代商业银行人力资源与绩效考核机制，形成完备的流程体系。省联社眉山办事处成立产权制度改革领导小组，推进产权改革；青神县联社和仁寿县联社被省政府列入2014年全省“农村信用合作联社改制组建农村商业银行”规划；市政府将仁寿、青神“农改商”写入2014年《眉山市政府工作报告》。

【企业内部建设】2014年，全市农村信用社以文化建设为抓手，推进全市系统协调可持续发展。按照为民务实清廉总要求，开展党的群众路线教育实践活动，做到“规定动作不走样，自选动作有特色”，党员干部灵魂得到洗礼、思想受到教育，提升宗旨意识和党性修养，整治作风问题，提高信用社社会形象和行业地位。开展业务技能培训，全系统通过领导导学、专家讲学、共同研学等形式，借助视频、多媒体等工具，所有员工受到教育，员工业务素质提升。全市系统通过职工技能比赛、组建篮球队、羽毛球队、足球队、创办内部刊物等形式，丰富员工业余文化生活，提高企业向心力、凝聚力、创造力。

（杨　云）

中国工商银行股份有限公司眉山分行

【概况】2014年，中国工商银行股份有限公司眉山分行下辖东坡区本部和彭山、丹棱、洪雅、仁寿、青神5个一级支行，机关设置部门11个，物理网点20个，在职员工438人。

【存贷款业务】2014年，全市各项存款余额146.2亿元，比2013年（下同）增加9.42亿元、增长6.9%。其中对公存款（不含同业存款）余额50.8亿元，增加1.34亿元、增长2.7%；储蓄存款余额92亿元，增加5.2亿元、增长6%。各项贷款余额71.4亿元，增加11.8亿元、增长19.8%。

【资产质量】2014年，全市不良贷款余额1.36亿元，比2013年减少2500万元，余额占比1.96%，降0.79%。

【主要业务发展】2014年，工行眉山分行加强同城发展，支持眉山全域天府新区建设，天府新区眉山区域贷款余额21.5亿元，比2013年（下同）增加4.98亿元；实行金融服务进园区，支持四大新兴产业发展，向全辖各大工业园区贷款9.4亿元，增加2.76亿元；贴近市场，多渠道满足中小企业资金需求，投放小企业贷款11.2亿元，余额8.3亿元；解决政府平台企业融资难题；核销存量不良贷款本息9868万元。

【内控案防】2014年，工行眉山分行加强操作风险管控和案件防范力度，落实管理人员“一岗双责”；加强员工教育，打击销售飞单行为；开展专项排查，配合眉山银监分局现场检查，防范违法违规行为；重点强化代理业务风险、外部欺诈风险传染渗透、存款偏离度管理和同业业务专营等监管新规的执行、中间业务收费不合规、信贷资产质量管控、销售行为失范、反洗钱涉敏及涉恐风险管理、第三方支付与互联网金融业务风险、业务连续性及信息安全风险、国际金融业务风险等管控和治理。

【服务】2014年，工行眉山分行加强服务渠道优化，增强服务实体经济能力，以加快推进网点改造和优化布局为主，以物理网点为轴心带动自助银行、助农取款点辐射周边重点乡镇，提高客户办理业务的便利性；加大各类自助设备投产力度，完善刷卡消费环境，丰富客户自助办理业务种类；健全服务组织管理，抓网点建设、经营、管理、服务、营销、考核等涉及网点经营管理；提高营业网点服务水平，推进网点综合化提升，开展指标分析、监测、通报和全辖网点沟通、联系、指导，促进网点综合服务水平不断的不断提升；实施网点服务流程标准化建设和基本服务设施标准化管理，强化网点柜员、大堂经理、网点负责人等关键岗位的主动服务，构建随时、随地、随心的线上线下一体化服务模式。

（陈兴睿）

中国农业银行眉山分行

【概况】中国农业银行眉山分行筹建于1998年1月22日，12月23日经成立眉山地区分行，1999年1月正式挂牌，2001年2月更名为中国农业银行眉山市分行，2009年更名为中国农业银行眉山分行。2014年12月24日，彭山县撤县设区，原彭山县支行更名为眉山彭山支行。市农行辖东坡、彭山、仁寿、洪雅、青神、丹棱等6个支行，对外营业网点48个。2014年，全行按照“稳中求进、稳中有为”总基调，推进经营转型，夯实管理基础，保优势、补短板、严责任、守底线。各项存款、贷款、中间业务收入等主体业务市场份额继续保持工、农、中、建四大行首位。

【经营指标】2014年，全行各项存款余额260.4亿元，2013年（下同）增加17.89亿元，增速高于全省1.02%；各项贷款余额99.83亿元，增加13.43亿元，增速高于全省5.17%；实现中间业务收入1.17亿元，增加955万元。各项存款年增量全省排名第7位，各项贷款年增量全省排名第11位，中间业务收入全省排名第13位。在眉山四大行中，农行各项存款余额占44.15%、增量占37.2%，个人存款余额占53.09%、增量占57.91%，各项贷款余额占41.41%、增量占35.49%，中间业务收入市场占比34.32%，七项指标居同业首位。突出重点项目信贷投放，加大小微企业信贷培育力度，完成“两个不低于”监管要求。加大渠道建设力度，新建离行式自助银行10个，新布放智付通463台、各类自助设备68台，网络金融分流率增长17.63%。加大服务“三农”力度，新发放惠农卡1.53万张，设置“惠农通”服务点3528个，覆盖全市所有乡镇和83%的行政村。加大涉农贷款投放力度，县域贷款增速高于全行平均增速的2.05%，涉农贷款增速高于全行平均增速的11.48%，圆满完成监管目标。

【内部管理】2014年，农行眉山分行完成BoEing（蓝海引擎，即农行新的核心业务系统）四期工程一阶段投产切换，上线综合办公信息系统2013版及冠字号码查询信息系统，支持金融IC社保卡项目、公积金金融互联平台、天然气代收费项目等。改善服务品质，眉山分行营业室被市人行评为“眉山市城市金融服务示范网点”。把党的群众路线教育实践活动作为改进全行作风、推进发展的主线，制定《办公规范手册》《首问责任及限时办结管理办法》，开展以“弘扬三苏文化，提升党员素质”为主题的党员承诺践诺活动。组织开展县域青年英才选拔培养，优选员工5人进入第一阶段培养锻炼。全年培训各类人员7381人次，1名员工获眉山市劳动模范称号，3名员工获省分行建功立业标兵称号。组织开展监狱警示教育活动，开展廉洁从业相关规定、银行从业人员“50个严禁”、客户经理“10个严禁”等培训，与市检察院、市纪委建立联防共建机制，形成案防合力。

（杨昊云）

中国农业发展银行眉山市分行

【机构】2014年，中国农业发展银行眉山市分行（以下简称农发行眉山市分行）内设办公室、计划信贷管理部、客户部、财务会计部、信息技术部、人力资源部、内部审计部、监察保卫室、机关服务中心、营业室10个部室。辖仁寿、彭山、青神、丹棱、洪雅县支行5个。有职工150人，其中高级职称1人、中级职称33人，大专以上学历135人，党员96人。

【业务范围】2014年，农发行眉山市分行办理粮食、棉花、油料收购、储备、调销贷款；办理肉类、食糖、烟叶、羊毛、化肥等专项储备贷款；办理农、林、牧、副、渔业的产业化龙头企业贷款；办理粮食加工转化、棉花深加工企业贷款；办理农业科技、农业基础设施建设、农业综合开发、农业生产资料贷款和农业小企业贷款；办理粮食、棉花种子贷款；办理粮食仓储设施及棉花企业技术设备改造贷款和其他粮食企业贷款；办理业务范围内企事业单位的银行承兑汇票业务；国内外保函业务；发行金融债券；代理财政支农资金的拨付；办理业务范围内企事业单位的存款及协议存款同业存款等存款业务和开户企事业单位结算业务；办理代理保险、代理资金结算、代收代付等中间业务；办理粮棉油政策性贷款企业进出口贸易项下的国际结算业务以及与国际业务相配套的外汇存款、外汇汇款、同业外汇拆借、代客外汇买卖和结汇、售汇业务；办理经国务院或中国银行业监督管理委员会批准的其他业务。

【指标完成情况】2014年，全年发放各项贷款23.63亿元，比2013年减少14.57亿元，收回各项贷款23.69亿元，多收1.13亿元；各项贷款余额69.52亿元，减少520万元。全行各项存款余额9.46亿元，增加3494万元；日均存款余额12.40亿元，增加2.94亿元。各项营业收入4.50亿元，增加3151万元，增长7.54%，账面利润1.59亿元，减少882万元，人均利润103万元。全年综合收息率100%。

【粮油收购信贷工作】2014年，农发行眉山市分行以支持粮油收购为业务工作重点，抓粮油信贷，在不“打白条”前提下防控风险，抓资金供应，确保支持粮油收储不出大的问题。全年受理各类粮油类贷款申请265笔（展期贷款252笔、新增贷款13笔），审批粮油贷款46.37亿元（展期贷款42.17亿元、新增贷款4.2亿元）。贯彻落实2014年中籼稻最低价收购方案，启动快速办贷机制，保障收购资金需求，做到“钱等粮”。市分行与粮食部门共同选定企业25户、设置收购库点35个（市内企业14户，设置收购库点19个；市外企业11户，设置收购库点16个）。至年末投放最低收购价中晚稻贷款2亿元，支持中央储备粮眉山直属库收购中晚稻6.78万吨、入库值1.87亿元。

【支持农业产业化经营】2014年，农发行眉山市分行择优支持国家级、省级龙头企业和行业排名靠前、拥有较高品牌知名度和商业信誉的重点骨干龙头企业；符合“五好”（老板好、体质好、经营好、管理好、信誉好）标准的龙头企业。重点抓存量客户流动资金续贷，早准备、早入手、早申贷、不断档。全年投放龙头加工企业贷款6.78亿元，支持地方经济发展。

【支持现代农业和新农村建设】2014年，农发行眉山市分行以新农村建设为重点，支持以政府融资平台为主线，以利于提高农业综合生产能力和提升土地集约利用水平的农业农村基础设施建设项目。加强与资金计划部门沟通协作，及时反馈项目续贷需求，合理调配信贷资源，保证资金供应，防止因本行工作原因出现“半拉子工程”。落实贷款条件。全年全行向7户客户投放中长期贷款6.95亿元，占批未放贷款的87%，落实贷前条件的客户信贷资金需求投放率100%。市分行及时收集全省贷款营销较成功的项目资料，组织相关人员学习借鉴，明确贷款营销方向。组织各县支行主管行长、客户业务部主管、贷款营销骨干在市分行集中参加总行农业开发和农村基础设施建设信贷工作视频会议，开展营销培训，促进信贷业务持续健康发展。申报中长期项目贷款8个15.2亿元，申报项目中获总行审批项目1个4.5亿元。

【中间业务】2014年，农发行眉山市分行开办咨询顾问业务、国际业务，拓宽中间业务收入领域。全年代理保险手续费收入39.99万元，比2013年增加4.42万元；国际结算业务金额860万美元。

【风险管理】2014年，农发行眉山市分行把2014年作为全面基础管理年，加强制度建设、督导检查、内部审计和推进法律事务发挥保驾护航作用，夯实基础管理，防范合规风险。重点开展贷款企业全面风险排查。排查2013年末有贷款余额企业67户，贷款余额63.78亿元；重点开展信贷制度执行风险排查和信贷制度清理，废止文件27份，继续执行16份。按照总行“查问题、抓整改、强机制、利长远”总体要求，完善全行办贷管贷制度，规范业务操作。

【内部管理】2014年，农发行眉山市分行推进企业文化建设，开展职工活动，举办银企对接会2次，对接签约客户2户，签约金额600万元，走访小微企业客户经理35人次，走访小微企业18户，达成融资意向金额2.36亿元。举办小微企业座谈会5场次，受众客户量29个，发放宣传资料284份。参加市政府组织的法制宣传日活动，宣传银行相关法律知识。在市委市政府党政网“经济金融”版块登载农发行眉山市分行“办事指南”“金融产品和服务”和支持地方经济发展信息。

（徐巍洧）

中国银行股份有限公司眉山支行

2013年

【概况】中国银行股份有限公司眉山支行（中行眉山支行），内设公司业务部、中小企业中心、个人金融部、计划财会部、综合管理部、监察部及营业部，辖属经营性支行8个（含仁寿支行、彭山支行）。2013年，中行眉山支行坚持“稳中求进，转型图强”工作基调，以提高质量和效益为中心，以调整结构为重点，以内生动力机制和精细化管理为抓手，实现业务平稳健康发展。

【跨境业务】2013年，中行眉山支行跨境结算和国际结算居市场第一，人民币跨境结算量7629万元，国际结算1.2亿美元。

【中小企业营销】2013年，中行眉山支行开展中小企业新模式营销，建设中小企业特色支行。全年新增9户企业授信批复1.22亿元。年末中小企业新模式贷款净增3892万元，余额2.5亿元。银监口径下，小微企业贷款余额3.59亿元，比2013年增加1.88亿元、增长110.3%。

【个金授信】2013年，中行眉山支行调整零售贷款工作方针，强化客户营销，拓展业务领域，营销多个优质楼盘项目，优化客户结构，拓展发展空间。仁寿支行取得二手房贷款的产品资格，丰富县域贷款品种。

【内控管理】2013年，中行眉山支行引入激励约束机制，加强日常内控风险管控，由监察、计财部门做好日常监督和排查。组织学习稽核内控条线文件，通过吸收间接经验，提升支行内控管理能力。

【作风建设】2013年，中行眉山支行要求各级领导班子和管理人员带头树立好服务意识，转变工作作风，贴近基层、客户和市场。从经费管理、车辆管理、文件简报、会议和接待管理等方面，严禁铺张浪费。成立“一把手”任组长、各分管行长为副组长、各部门负责人为组员的“我为基层办实事”领导小组，按季到网点调研，定期收集基层网点存在的问题并及时解决，提高网点效能，提升竞争能力，促进基层网点做优做强。

【文化建设促发展】2013年，中行眉山支行开展为困难职工送温暖活动，看望生病、困难职工送去关怀与慰问；开展“温暖献爱心”“情系剑门骄子，爱心成就梦想”“情系眉山，爱在中行”等爱心活动，传递正能量。开展宣传各类先进典型，以先进人物、事迹激励员工，营造争优创先良好氛围。提高全行员工身体素质，搭建和谐企业文化平台。开展“户外郊游”“爱电影”“职工乒乓球赛”等活动，参加省分行组织的乒乓球比赛、水上竞技运动等各项活动，组织参与眉山市万人长跑、眉山市运动会，获得围棋个人第3名、羽毛球女子团队第4名的成绩。

2014年

【机构】2014年1月27日，中国银行股份有限公司眉山支行升格为中国银行股份有限公司眉山分行，仍隶属于中国银行股份有限公司四川省分行管辖。中国银行股份有限公司眉山分行（以下简称“中行眉山分行”）内设公司业务部、中小企业中心、个人金融部、计划财会部、综合管理部、监察部及营业部，辖属经营性支行8个（含仁寿支行、彭山支行），在职员工169人。

【存贷款业务】2014年，中行眉山分行实现考核利润5165万元，比2013年（下同）增长33.29%。本外币核心存款余额41.21亿元，增加7.81亿元，增长23.39%。本外币各项贷款余额19.07亿元，增加4.21亿元，增长28.34%。实现中间业务收入1986万元，增长7.35%。本外币公司存款（不含表内理财）14.18亿元，增加4.22亿元，增长42.42%。其中行政事业存款10.23亿元，增加2.72亿元，增长43.95%；企业存款（不含表内理财）3.37亿元，增加9221万元，增长37.72%。11月末存款增加3.32亿元，四大行市场份额占比增长1.01%，位列第一。

【资产质量】2014年，中行眉山分行零售不良贷款余额236万元，比2013年（下同）减少107万元；不良率0.25%，降0.16%。总体呈下降趋势，低于全省平均水平。

【授信效益】2014年，中行眉山分行对公表内授信余额8.59亿元，比2013年（下同）增加1.45亿元，增长20.36%。其中，企业贷款6.34亿元，增加1.62亿元，增长34.25%。信贷资产种类和结构得到优化。取得内部银团贷款1.3亿元；投放本地优质房地产开发项目开发贷款1.73亿元；完成2笔9200万元的票据再贴现。对公信贷资产保持零不良，关注类贷款实现余额、占比双降。

【国际结算业务】2014年，中行眉山分行国际结算1.09亿美元，比2013年（下同）减少1270万美元，市场份额57.75%（11月），位列同业第一；跨境人民币结算量2.72亿元，增加1.95亿元，市场份额43%（11月），位列当地同业第一。

【为群众办实事】2014年，中行眉山分行召开全行性会议2次；行发文177个，比2013年减少96个；分行行长分部门、网点召开员工座谈会10次，分管行领导到联系点调研26人次，征求意见和建议244条。重新装修公司业务部、个人业务部，增加车位15个。新增仁寿支行3家（欧洲映象、天梯、南坛路）、彭山1家加强型自助银行及眉山职业技术学院自助服务点；替换下西街支行、东坡大道支行自动取款机旧机；为环湖路支行、东坡大道支行各新增存取款一体机1台；管理自助设备45台。新批眉山苏源路和眉州公馆两处离行式自助银行。新建自助银行和离行式自动取款机10台，增长率100%。

【内控防范风险建设】2014年，中行眉山分行召开多次风险管理与内部控制委员会专题会议，涵盖个人业务、银行卡业务、公司业务风险防控、网点安全保卫、监管机构文件精神传达、案件排查工作部署、双线风险防控责任落实等。制定《中国银行眉山分行2014年案件防控工作要点》，全年无案件和重大违规违章事故发生。制定《2014年基层机构案件防控工作达标活动实施方案》，对全辖9个经营性机构进行案件防控工作责任制落实、员工履职等全面达标检查，检查覆盖率100%，有1个营业网点达到A级标准，全行达标率100%。

中国建设银行股份有限公司眉山分行

【渠道建设】2014年，中国建设银行股份有限公司眉山分行（以下简称建行眉山分行）在岷东新区开设岷东支行，成为首家入驻此区域的国有商业银行，为岷东新区提供全面、完善、优质的金融服务；

【主要业务指标】2014年，建行眉山分行利润总额2.6亿元。全年一般性存款余额145.37亿元，一般性存款日均新增10.7亿元。贷款余额52.73亿元，贷款比2013年增加9.11亿元，全行信贷资产保持零不良。

【支持地方经济】2014年，建行眉山分行关注眉山市经济社会发展，加大信贷投放和金融创新力度，服务地方建设，保证重大、重点项目投入，“抓大不放小”，贷款额度上给予小企业、个人类客户支持，强化风险控制，支持优质客户，确保“两个不低于”（增速不低于全部贷款增速，增量不低于上年同期）经营目标，支持地方经济。信贷支持的小企业客户迈上“百户”新台阶，对无机构网点的县域投放贷款，实现信贷投放“全覆盖”。支持铁路、公路、环保产业、医院、机械制造等项目，加大民生领域金融服务力度，与学校、医院业务合作，顺应居民消费需求升级，支持个人住房按揭、房屋装修和汽车分期、电子商务等金融需要。加大新兴园区金融支持力度。运用金融创新产品，为企业量身定制金融服务方案，解决园区企业融资途径少、成本高困难。

【党风廉政建设】2014年，建行眉山分行通过案防例会、部门工作会议、网点晨会等，组织领导人员及员工学习重要规章制度及案例。以“正风肃纪　勤业守廉”主题教育活动为载体，组织开展学习与教育活动，包括领导人员学习、党委书记上党课、组织员工观看警示教育片及廉政教育片、参观监狱及廉政教育基地、员工趣味体育活动、专题讨论、撰写学习心得体会、参加学习规章制度考试、与员工签订《建设银行四川省分行员工2014年学习规章制度承诺书》等，规范员工从业行为，提升职业素养和服务理念，促进工作作风转变。纪委书记讲析案例等，培养员工积极向上的人生观和价值观，筑牢思想防线。组织领导干部参与网络培训，学习《领导干部廉洁合规》培训课件，提高领导人员思想素质。以组织员工学习行风建设工作书目或文件、召开行风监督员座谈会、发送问卷调查等方式，开展民主评议行风活动。开展案例警示教育活动、非法集资风险专项排查、案件风险排查、“管控关键环节　防范突出风险”案件专项治理、员工异常行为排查。

【安全保卫】2014年，建行眉山分行开展“百日安全生产活动”；落实平安创建“基础建设年”工作；节假日实行分行领导带班和中层干部坐班制，值班期间检查营业场所、自助设备、办公楼消防，确保安全运营无事故；按月、按季召开安全保卫工作例会，组织学习总行、省分行安全保卫相关文件制度，查找问题，及时整改，杜绝各类案件和责任事故发生；成立安全自评领导小组，对照评估标准逐条自查初评。完善应急预案38个，组织营业网点按季开展预案演练；建立消防器材有效使用年限和设备性能管理台账；建立委托外包公司驻行人员档案；完成全辖营业网点、自助设备及分行本部对讲系统、“110”报警系统、烟感系统、灯光联动报警系统安装，保证各项设施正常运行。

【风险防控】2014年，建行眉山分行明确任务目标4项、制定具体任务24项、确定责任部门，多次联动风险和经营条线专项调查各行业，掌握行业共性和风险点，把握行业变化规律、经营周期，优选客户，避免盲目营销；持续加强客户运营及资金链分析。贷前审查客户银行资金交易流水，贷后定期打印客户银行资金流水，核实客户经营情况，监测客户异常资金走向；按照“区别对待、有进有退”经营原则，加强风险识别能力，针对不同的客户分别采取不同的风险控制措施，实行产能过剩行业和限制性行业压缩和退出策略。全行实现信贷质量不良额为零、不良率为零目标。

【反洗钱】2014年，建行眉山分行制发《眉山分行2014年反洗钱工作要点》《眉山分行2014年反洗钱培训计划》等文件。监测大额交易、可疑交易报送、客户风险等级分类情况，加强督促个金条线和财会条线，做好洗钱风险防范。邀请人民银行专家到眉山开展反洗钱培训，提升反洗钱人员工作水平。

2014年3月17日，四川省科协、邮储银行四川省分行在眉山召开“银会合作”推进会

中国邮政储蓄银行股份有限公司眉山市分行

【概况】2007年成立中国邮政储蓄银行有限责任公司，2012年1月21日更名中国邮政储蓄银行股份有限公司。中国邮政储蓄银行股份有限公司眉山市分行（以下简称邮储银行眉山分行）下辖6个区县支行、100个营业网点（自营网点20个）。2014年，邮储银行眉山分行个人储蓄余额29.04亿元，公司存款余额22.9亿元，信贷资产22.84亿元。自营业务收入1.92亿元，比2013年（下同）增长28.43%，列全省第7位；利润总额4534万元，增长43.46%，列全省第6位。

【教育培训】2014年，邮储银行眉山分行推行“岗位薪酬+固定绩效+浮动绩效”激励约束机制，调动员工工作积极性。推行“三定”（定岗、定编、定员）试点，为全省人力资源工作决策提供依据。

【主要业务】2014年，邮储银行眉山分行加大自助设备投入，建成离行自助银行1个，开建自助银行3个，电子银行体验区7个，为客户提供更直观的业务体验。推广宣传金融IC卡，全年金融IC卡发卡18.15万张。实现网点无线保真全覆盖，大堂经理配备平板电脑开展电子银行客户服务等。以“银协合作”基础，提高服务“三农”能力，全年向涉农专业协会和所属种植养殖大户发放贷款3954笔3.82亿元，“三农”贷款余额1.85亿元。推进“贷动青春”青年创业小额担保贷款，与团市委签订《“贷动青春”青年创业小额担保贷款合作协议》，团市委筹集300万元作为专项担保资金支持青年创业。

【综合管理】2014年，邮储银行眉山分行组织全行中层干部和信贷人员87人开展警示教育活动，邀请眉山市检察院职务犯罪预防处处长庞云鹏为邮政金融从业人员培训预防职务犯罪知识。加强监督检查，开展员工行为排查、支行高管履职检查、非法集资排查等，确保制度有效执行。全年预备党员转正32人，发展入党积极分子2人。评选出2012—2013年度先进基层党组织2个，优秀共产党员10人和优秀党务工作者3人。

【内控管理】2014年，邮储银行眉山分行以制度建设和执行力为重点，推进各部门（条线）案防管理目标落实，以教育培训、检查督促、整改问责为手段，实现“零”案件目标。开展网点合规性检查，排查网点100个，运用非现场手段，疑似数据排查91.6%。推进反洗钱环境、产品/客户、控制、沟通、调整5项评估指标达标，识别和监控疑似洗钱风险客户，防范洗钱风险。规范授权管理，完善市分行统一法人授权管理体制，全年审查合同133份1455.79万元，审查率100%。开展信用风险监测和预警，定期组织资产分类及偏离度检查。

保险业

中国人民财产保险股份有限公司眉山市分公司

【概况】1999年9月6日，成立中国人民财产保险股份有限公司眉山市分公司，保费规模3250万元。2003年7月19日，中国人民保险眉山市分公司更名为中国人民财产保险股份有限公司眉山市分公司，负责管辖东坡区、仁寿、彭山、洪雅、丹棱、青神、科工园7个分支机构。主营各类财产保险、责任保险、信用保险、人身意外伤害保险等业务。至2014年年底，全市建立保险服务机构50家，农业保险服务站130个，“三农”保险服务点1221个，专业人员600余人及专兼职农险员1400余人，理赔服务专用车60余辆，“95518”服务专线每天24小时为客户提供130余个险种的咨询、承保、理赔等保险服务，保费规模5.6亿元。为全市26万余台车辆、300余家企业和12万余城镇居民提供1200亿余元的保险保障；为10万余名城镇职工提供350亿余元的医疗风险保障；承办580余所学校校园方责任险，为学校提供80余亿元校园方责任风险保障；为全市81余万户农民提供种、养殖业风险保障。2014年，公司支付直接赔款3.31亿元，缴纳税金6828.23万元，其中代收车船使用税2691.44万元。支持眉山经济发展，为企业恢复生产、人民生活及社会稳定起到了重要作用。

【“95518”服务】2014年，人保财险眉山市分公司加强“95518”服务专线建设，以“优质、高效、热情、周到”为服务宗旨，为保户提供24小时全天候服务。受理各类出险报案、受理各类保险投诉、保险咨询、提供紧急救援。在全国任何一个地方拨打“95518”，即可与当地中国人民保险股份有限公司分支机构取得联系，并得到方便快捷的保险服务。

【规范经营】2014年，人保财险眉山市分公司开展整顿规范活动，对内加强合规思想教育，对外倡导行业自律，带头规范市场秩序，依法合规经营，遏制眉山车险市场高手续费、高成本、不合理折扣的非理性竞争行为，堵塞违规源头，主动督促、协助行业协会制定相关管理办法。

【客户服务】2014年，人保财险眉山市分公司在全系统组织开展优质服务大讨论。公司进一步树立“发展是第一要务”观念，推进新的发展战略，增强全体干部员工“大服务”意识，增强在经营过程中做好服务工作的自觉性，树立“机关为基层服务，二线为一线服务，全员为客户服务”的大服务观念。加强优质服务观念教育和优质服务技能培训，组织开展“金牌服务工程—规范服务达标”活动，推广客户经理制，明确与其岗位相关的客户服务标准，将规范要求融入日常工作中。通过学习、培训提高员工整体服务水平，逐步形成标准化、制度化的服务体系。在省公司客户满意度调查中眉山分公司列全省第一，在保险行业协会评比中，眉山分公司获全行业第一。

【服务“三农”】2014年，人保财险眉山市分公司与财政、畜牧、农业等有关部门在全市范围内开展水稻、玉米、育肥猪、能繁母猪、奶牛政策性农业保险，承保农户近900万户次，提供农业风险保障资金105亿余元。

（孟琼艳）

中国人寿保险股份有限公司眉山市分公司

【概况】2014年，中国人寿保险股份有限公司眉山市分公司（以下简称“人寿保险眉山市分公司”）贯彻落实四川省分公司“夯基础，强服务，促转型，增效益，严内控，防风险”思路和决策部署，围绕“抓队伍、强本部、均发展、增效益”年度工作思路，推动眉山国寿持续、健康、均衡发展。公司被总公司评为“先进基层党组织”；连续11年被四川省分公司评为A类公司。

【业务发展】2014年，全公司总保费收入8.09亿元，规模列全省第五位，综合考评列全省第一位，公司总保费占全市寿险市场份额的35.14%，以较大优势保持行业领先地位。全年上缴各类税收1724万元。

【理赔给付】2014年，人寿保险眉山市分公司处理各类支付业务支出4.02亿元，处理各类赔案5.78万件，支付各类赔款6550.22万元，比2013年增长11%。审核医疗类案件1.49万件，剔除不符合条款及社会医疗保险费用约1734余万元，维护保险资金安全，保护参保客户合法权益。

【队伍建设】2014年，人寿保险眉山市分公司强化人员管理建设，完善新人育成体系，提升队伍执行能力和应对市场竞争综合能力，全年组织1247人参加代理人资格考试，通过率80%，为2051人提供就业岗位；培育新型管理干部队伍，发挥员工所长，完善培训机制，提升员工综合能力；完善绩效考核办法，促进经营科学化，管理精细化，考核具体化。

【客户服务】2014年，人寿保险眉山市分公司强化保单基础管理与服务，加强新单填写质量审核，提高新单信息准确率；以“主动、便捷、高效、透明理赔”为主题，提升理赔服务品质。落实满期、退保风险排查、红利派发应对及防范化解经营风险。结合“国寿客户节”“牵手”客户服务活动，开展VIP客户服务活动与增值服务活动，为客户提供丰富多样的个性化服务，组织开展“牵手国寿　成就未来”少儿绘画活动、“牵手国寿　一生无忧”养生保健专题讲座、“牵手国寿　睿智家庭生活”知识讲座，到特殊教育学校开展“牵手国寿　传递爱心”客户服务公益活动等。开展“鹤彩无限”特约商家优惠活动，为持卡客户提供医、食、住、行、玩、用六大类优惠活动。

【服务“三农”】2014年，人寿保险眉山市分公司按照“政府搭台、保险公司运作”模式，推动服务“三农”业务发展。发展以农村小额人身保险为代表的多项惠农保险业务，为全市65万余名农村群众提供150亿元意外和医疗保障，服务新农村建设大局、服务统筹城乡发展的深度和广度持续扩大。

（赵雪梅）

中国太平洋人寿保险股份有限公司眉山中心支公司

【概况】中国太平洋人寿保险股份有限公司眉山中心支公司（以下简称“太平洋寿险眉山中心支公司”）成立于2002年7月，隶属于中国太平洋人寿保险股份有限公司四川分公司，保险销售服务网络覆盖全市。辖仁寿、洪雅、丹棱、彭山、青神5家支公司和城区、东坡2家营销服务部。2014年年末，从业人员1693人（内勤人员70人、业务人员1623人）。

【业务发展】2014年，太平洋寿险眉山中心支公司规模保费3.72亿元，占全市市场份额的15.21%，列第二位。个险核心业务增幅高于市场21.52%，占全市市场份额第二，比2013年（下同）增长3.12%；银保市场份额新保期缴第一；团险非健险增长37%；客户经营实现双达标高增长。全年中支机构赔付1048万元，其中意外身故赔付310万元、疾病身故赔付518万元、重大疾病赔付138万元、各类医疗赔付82万元。各类给付1.91万件，给付金额4467万元。公司上缴税收700余万元。

【产品和服务】2014年，太平洋寿险眉山中心支公司在售险种200余个，覆盖人寿保险、年金保险、健康保险、意外伤害保险等多个领域。强化诚信建设，完善95500全国客户服务电话体验和高端客户增值服务；公司将智能移动终端、3G无线网络、第三方实时支付、保险智能引擎、微信平台等有效结合，在行业内打造并推出“神行太保”智能移动保险生态系统，推动销售和服务模式转型升级。全年总公司推出的新保险产品主要有东方红年金保险（分红型）、安行宝两全保险、安享年年年金保险（分红型）等产品。

【推广宣传】2014年，太平洋寿险眉山中心支公司发展涉农险种，拓展“三农”保险广度和深度，制定《关于开展眉山市新型农村合作医疗附加意外伤害保险》试点方案。结合全市不同地区经济条件，制定“普及型”“适中型”“高保障型”三个保障方案，各县、区结合当地农村经济状况选择，按照低收费、高保障、保本微利、突出社会效益原则试点，为全市农村居民提供优质、高效的保险服务。公司推广的“安贷宝”支农、惠农险种产品，尝试完善地方农业保障体系。宣传“村村通”服务，主动走进企事业单位接洽、宣传，提供量体裁衣保险服务。依托政府、行业协会支持，宣传保险核心价值理念，宣传保险行业形象，普及保险知识和文化，营造全社会“学保险、懂保险、用保险”热潮。举办“院坝保险知识讲座会”“小交会”等1000余场次、利用重大现场理赔活动开展保险宣传教育活动20场次，“3·15”和全国保险宣传期间开展保险宣传、保险咨询活动，向5万余城乡居民普及保险知识，让社会各界企事业单位加深保险认识和了解。

【合规与品质管理】2014年，太平洋寿险眉山中心支公司建立完善费用管理、业务管理、资金风险管理、合规管理、安全管理和后援保障等6大类系列管理制度近30个，严格岗位职责，分清责任，强化相互监督和相互制约机制，防范各项合规风险发生。管理办法中明确“突出维稳、关注后续”，以维护消费者权益为己任，以客户感受良好为标准，做好信访接待、客户投诉处理等工作，防范投诉及维稳风险。全年处理客户各类投诉300余件，处理结果客户满意，其中21人投诉客户在公司化解矛盾后加保，加保保费上100万元。

（邓　茂）

交通·邮政

交通运输

【交通基础设施建设】 2014年，全市加大交通建设资金投入，推进交通基础设施建设，全年完成投资81.48亿元。高速公路快速推进，遂资眉高速公路眉山段于11月9日建成通车，成都经济区环线高速公路蒲江至简阳段全线开工建设，仁（寿）沐（川）高速公路眉山段完成征地拆迁、开工建设。干线公路有序推进，“四箭齐发”（工业大道、滨江大道、岷东大道、天府仁寿大道）四条大道开工58.4千米、完工25.2千米，眉青快速通道东坡区段主体工程完工，省道305线洪雅城区段、大峨眉旅游西环线洪雅至柳江段进行路基施工，遂资眉高速公路丹棱连接线路面施工。农村公路完成建设里程492.14千米，安保工程完成753.26千米。眉山交通中心、彭山和青神综合交通站场完成主体工程建设，进入内部装修和设施安装。青神汉阳航电完成船闸砼浇筑、航道渠化、机电安装、金属结构制作等工程，首台机组并网发电。大中修工程完成国道213线仁寿罗板桥至井研段、省道106线仁寿至富加段、省道103线新津界至眉山太和段路面大修。

【遂资眉高速公路眉山段建成通车】 遂资眉高速公路眉山段起于眉山与资阳交界处老棚湾，接遂资眉高速公路遂宁至资阳段终点，经仁寿县、东坡区、丹棱县、洪雅县，止于洪雅县止戈镇唐埃山，接乐雅高速公路，全长119.135千米。由四川省交通运输厅公路勘察设计院、四川省交通运输厅交通勘察设计研究院、中交第二公路勘察设计研究有限公司勘察设计，双向四车道，路宽24.5米，设计时速80千米/小时，沥青混凝土路面。全线设特大桥3座、大桥37座、中桥36座、小桥17座、隧道3座、涵洞及通道425道，互通式立交13处，有仁寿、眉山、三苏服务区3处，北斗、洪雅停车区2处。2009年12月经公开招商，泸州鑫福矿业集团有限公司中标为项目投资人，2010年7月19日在东坡区永寿镇举行开工动员大会，中铁八局集团第二有限公司、四川瑞通工程建设有限公司等单位中标承建，四川省亚通公路工程监理所负责工程监理。2014年11月9日，遂资眉高速公路眉山段建成通车，总投资86亿元，完成路基土石方3342万立方米，桥梁16.61千米，隧道1.95千米。

【成都经济区环线高速公路简阳至蒲江段】 成都经济区环线高速公路简阳至蒲江段属成都经济区环线高速公路的南段，位于成都市、资阳市、眉山市境内，起于资阳市简阳市禾丰镇与成安渝高速相交对接德阳至简阳段，经仁寿县、彭山区、东坡区，止于成都市蒲江县天华镇，与蒲江县至都江堰段对接，全线长126.33千米，预算投资146.68亿元，其中眉山市境内长76.4千米，预算投资91.8亿元。全线有桥梁113座22.27千米，隧道2座4.23千米，双向6车道，设计速度100千米/小时，沥青混凝土路面，设枢纽互通6座（眉山市境内2座，分别为与成自泸高速公路交叉的古佛枢纽互通、与成乐高速公路交叉的永丰枢纽互通），一般互通11座（眉山市境内7座，分别为元通互通、松林互通、黑龙滩枢纽互通、土地互通、眉山互通、悦兴互通、多悦互通）。项目经省政府办公厅批准，采用BOT（建设—经营—转让）模式建设，授权眉山市牵头，眉山市、成都市、资阳市人民政府为项目实施工作责任主体。2013年11月，通过公开招投标，中国铁建投资有限公司和中铁二十局集团有限公司组成的联合体为中标投资人，组建项目公司中铁四川简蒲高速公路有限公司负责建设管理。2013年12月26日，在仁寿县黑龙滩

2014年，东坡区眉蒲路盘鳌桥吊装梁板施工

举行成都经济区环线高速公路简阳至蒲江段项目建设开工动员大会。省人大常委会副主任张东升出席仪式，市委书记李静致辞，市委副书记、市长宋朝华主持仪式。2014年4月，在眉山举行成都经济区环线高速公路眉山段征地拆迁工作协议签订仪式暨征地拆迁动员大会，8月全线开工建设，全年完成投资18.3亿元。

【仁沐新高速公路仁寿段建设】 仁沐新高速公路北起眉山市仁寿县满井镇，与遂资眉高速公路相接，经乐山市井研县、五通桥区、犍为县、沐川县，止于宜宾市屏山县新市镇与宜宾至攀枝花高速公路相接，全线长203.21千米，估算投资221.99亿元，双向四车道，路宽24.5米，设计时速80千米/小时，沥青混凝土路面。2012年，完成工可编制并通过评审，由乐山、眉山、宜宾三市人民政府采取市企共建模式建设，授权乐山市交投公司开展项目前期工作。2013年，引进四川省高速公路建设开发总公司，负责项目建设营运管理，三市政府以土地入股建设。同年11月5日，仁沐新高速公路仁寿至井研试验段在乐山市井研县三江镇同意村举行开工动员大会。2014年6月，乐山、眉山、宜宾三市政府与四川省高速公路建设开发总公司签订项目投资协议。11月，眉山段27.8千米（估算投资25.3亿元）开工建设，完成投资3亿元。

【工业大道建设】 眉山工业大道起于省道428线（原省道103线）眉山市东坡区与乐山市夹江县交界处，止于彭山区青龙镇接国道245线（原省道103线），全长61.9千米。设计标准为一级公路，双向六车道，设计速度80千米/小时，路幅宽64.5米，沥青混凝土路面，估算总投资46.7亿元。按统一规划、统一标准，属地管理、分步实施原则，投资建设分别由东坡区和彭山区负责。2013年开工建设彭山石化园区段、石化园区至东坡区界段4.8千米，其中彭山石化园区段3千米建成通车。2014年完成投资3.6亿元，累计完成投资6.6亿元。

【滨江大道建设】 眉山滨江大道起于青神县城，经东坡区、彭山区，止于成都市新津县界接国道245线（原省道103线），全长67.4千米。设计标准为公路一级，双向八车道，设计速度60千米/小时，路幅宽88米，沥青混凝土路面，估算总投资66.2亿元。按照统一规划、统一标准，属地管理、分步实施原则，分别由市交通运输局、彭山区、东坡区、青神县负责建设。2013年10月分段开工建设眉山岷江二桥至彭山界段、彭祖新城段14.9千米，其中彭祖新城段4.2千米建成通车。2014年完成投资6.18亿元，累计完成11.78亿元。

【岷东大道建设】 眉山岷东大道起于青神县中岩寺，经东坡区、彭山区，止于成都市双流县黄龙溪双黄路，全长72千米，设计标准为一级公路，双向六车道，设计速度60~80千米/小时，路幅宽64.5米，沥青

2014年，新改扩建的国道315线（原省道106线）眉山岷江二桥

混凝土路面，估算总投资52.6亿元。按照统一规划、统一标准，属地管理、分步实施原则，分别由东坡区、彭山区、青神县和岷东新区管委会负责投资建设。2013年11月起分段开工建设彭祖山至黄龙溪段、岷东新区段、永寿至崇礼段共31千米，其中岷东新区段10.4千米完成主体工程，2014年完成投资6.58亿元，累计完成投资18.1亿元。

【天府仁寿大道建设】天府仁寿大道起于国道351线（原省道106线）仁寿城东，绕仁寿县城，经大化、清水止于双流界，接成都天府大道，全长53千米，估算总投资70亿元，占地455.8公顷，设计标准为一级公路，双向八车道，设计速度80千米/小时，沥青混凝土路面。仁寿县负责投资建设，2011年10月启动前期工作，2012年12月开工建设视高段5.8千米，2013年5月开工建设清水段1.9千米。2014年年底，视高清水段7.6千米完成主体工程，完成投资8.04亿元，累计完成投资9.14亿元。

【大峨眉国际旅游西环线建设】大峨眉国际旅游西环线新建工程起于省道106线洪雅延伸线，经止戈镇、东岳镇、花溪镇、柳江镇、高庙镇，止于峨眉山市与洪雅交界处，全长64.2千米（主线长56千米，青衣江四桥、止戈、东岳和柳江含4条连接线长8.2千米），计划总投资41.3亿元（主线40.3亿元，连接线1亿元），设计标准为一级公路，双向四车道，沥青砼混凝土路面，其中起点至柳江段32.15千米，设计速度80千米/小时，路基宽度21.5米；柳江至终点段23.85千米，设计速度60千米/小时，路基宽20米。2013年9月开工建设，2014年完成投资2.69亿元，累计完成投资4.47亿元。

【汉阳航电首台机组建成投运】岷江汉阳航电枢纽工程位于眉山市青神县境内，是岷江中游8级航电规划的第7级，为省市重点建设项目。采取业主投资开发模式，2010年8月，青神县政府与葛洲坝集团公司签订意向投资协议，2012年9月与青神金弘能源公司正式签订投资协议，湖南水利水电勘察设计研究总院设计，工程总投资10.69亿元，按4级航道标准建设，常年可通行2×500吨级船舶，设计装机容量7.2万千瓦，年发电量约3.08亿千瓦时。2012年9月18日开工，由广东水电二局股份有限公司施工建设，四川大桥水电咨询监理有限公司负责监理。2014年7月24日，首台机组完成72小时满负荷试运行，投产并网发电。工程从开工到首台机组发电，建设时间21个月，是岷江中下游第一个建成投入使用航电工程。

【公路养护管理】2014年，眉山市公路养护管理以路面养护为中心全面养护，日常养护、周期养护和预防性养护相结合，高标准、严要求，逐步实现公路畅、洁、绿、美，提高公路养护质量，确保公路安全、通畅。普通国省干线公路路面使用性能数（PQI）值为88，列全省第五名，优良等路比例居全省第一名。整治公路病（危）桥9座，投资1395.1万元。公路绿化补植70千米、养护站维修6座。实施安保工程652.31千米，投资1.97亿元。整治省督办的重大隐患1处，投资585万元。全年全市公路养护未发生重特大公路交通安全责任事故，无因公路隐患造成的安全事故，无人员死亡，无直接经济损失。

【春节旅客安全运输】2014年，市交通运输局成立以局长任组长的春运工作领导小组，加强春运组织领导。1月16日至2月24日40天春运期间，市、区县两级交通部门储备运力，组织管理人员开展春运客货源调查，预测全市春运道路水路总客运量。按照“先重点、后一般，先干线、后支线”原则，重点安排运量较大的眉山至成都、仁寿至成都等线路，落实运力储备保障。按照属地管理原则，落实运输企业春运安全生产主体责任，加强安全运输宣传教育，与客、货运输企业签订安全生产责任书212份，企业与经营业户、驾驶员签订安全承诺书1.15万份。组织3个检查小组深入各运输企业、站点，审查道路运输业、运输车辆和从业人员准入资格，审查年率100%。企业不具备相应经营资格，车辆技术等级和类型等级与开行线路不符，驾驶人员无从业资格或数量配置不齐的，未通过安全警

2014年11月19日，市交通运输局在眉山交通技校开展防灾应急演练，向学员传授消防器材使用知识

示教育和专项安全驾驶培训的，禁止参加春运。客运站落实“三不进站、五不出站”［三不进站：危险品不进站、无关人员不进站（发车区）、无关车辆不进站。五不出站：超载客车不出站、安全例检不合格客车不出站、驾驶员资格不符合要求不出站、客车证件不齐全不出站、“出站登记表”未经审核签字不出站］规定，加强安全检查，设“三品”（易燃、易爆、危险品）查堵岗，行李、包裹检测率100%。春运期间，全市日均投放营运车辆3259辆（出租汽车878辆、公交车459辆），开行33.17万班（趟）次，运输旅客849.15万人次，比2013年（下同）增长3.1%。其中道理旅客运输521.18万人次，城市公交运输旅客186.62万人次，出租汽车运输旅客141.35万人次。全市客运车辆实现零事故、零伤亡，无旅客滞留，旅客投诉降54.2%。

【道路旅客运输】2014年，市交通运输局重视市民投诉和群众诉求、人大代表建议和政协代表提案，突出行业管理特点，开展全市道路旅客运输“春风”行动。制定惠民便民举措30项。成立“雷锋号”出租汽车爱心车队，树立服务群众旗帜，传递正能量；城市公交客运实行老年人免费，70岁以上老人、现役（伤残）军人、盲人携相关有效证件享受免费乘车服务；公交普通卡享受9折、学生卡享受8折优惠；眉山客运中心站发出的客运车辆提供当日《眉山日报》免费阅读；实行全程无障碍购票，二级以上客运车站设置救助点，为因特殊情况无法购票乘车的旅客提供帮助；二级以上客运车站和高速客运车辆为旅客提供免费饮水服务；客运中心站与四川票务网对接，全省联网售票；市级以上客运车辆在行车途中播放眉山人文宣传视频，向旅客介绍眉山市情，全市出租汽车内配备“爱心箱”，为乘客提供防暑、晕车等常用药品，及时更换座套，车辆每三天检查一次；眉山城区3路、11路、16路三条公交线路为乘客提供免费无线网络服务等。

【道路运输安全】2014年，在全市设置道路运输安全宣传标语500幅，宣传标牌321块，发放宣传资料10万份，印制法规书籍1.2万本；培训运输企业安全管理人员711人、道路运输从业人员3731人次、路政执法人员10期60人。市交通运输局组织人员到区县、各运输企业、公路沿线和交通工程施工现场，督促检查交通安全工作。与212家货运企业、1.2万家个体业户签订安全责任承诺书，排查三类以上机动车维修企业385家，规范安全操作程序和经营行为。加强公路路面监管，设立路面管控点18个，投入资金600余万元，购置便携式称重仪11台，固定地磅3台，执法车4辆，执法记录仪63台，规划新建固定超限检查站9个。全年出动执法人员5.65万人次，执法保障车1.04万辆次，检测各型货运车辆89.69万辆次，查处超限超载车辆1.80万辆，卸载货物22.08万吨，督促切割改拼装车辆货厢3458个，全市货车超限率控制在2%。省道106线杨家沟大桥实行限载、限速通行，设置限高装置，在两个劝返点24小时执勤。增设省道106线仁寿至眉山段防眩设施，加强安保工程（路侧护栏）建设，安装路侧护栏652千米。水上交通继续保持“三为零”（无事故、无经济损失、无死亡人数）目标，道路运输未发生无源头管理责任事故和较大以上安全事故，公路及在建工程未发生安全事故，安全生产事故指标保持在省交通运输厅和市政府下达的控制指标内。

【大峨眉国际旅游西环线一级公路收费立项】2014年，眉山市洪雅至峨眉山大峨眉国际旅游西环线一级公路项目经省交通运输厅、财政厅、发展和改革委员会审查，报经省政府批准，符合《收费公路管理管理条例》规定的技术等级和规范要求，被省交通运输厅、财政厅、发改委《关于洪雅至峨眉山公路收费立项的批复》批准同意按政府还贷公路立项建设。为全省2013年取消省政府还贷二级公路收费以来首条也是唯一获得收费立项批复的政府还贷一级公路。

【平安交通建设集中整治】2014年，全市集中专项整治检查运输企业519个，营运车辆6231辆，整治安全隐患27处，查处非法营运车辆54辆，清理规范罐式车辆，严格“一车一罐一品”、罐体检测和紧急切断装置安装。停航、停运未达经营资质条件、不适航客渡船3艘，督促区县政府及时落实渡口安全隐患整治，撤销彭山区无人过渡“两河口渡口”和“青龙上渡”，完成1012艘自用船清理，取缔存在安全隐患自用船12艘，依法扣押非法抽砂船25艘，当场销毁1艘，整治青龙下渡、锁江渡、府河渡口码头。修补公路路面坑凼6万平方米，整治公路桥梁10座，增设更换警示标牌139块，安全警示带2千米，安装照透镜24块，清除路障1370处，处理损毁、占用公路案件19起，检查在建公路桥梁工程项目20个，查处整治安全隐患3处。

【“12328”交通运输服务监督热线】2014年7月1日，设立眉山市交通运输服务监督中心（以下简称“中心”），开通“12328”交通运输服务监督热线电话。中心招聘工作人员6人，实行24小时值守，全天候受理群众涉及全市交通运输方面的咨询、建议和投诉。市交通运输局参照相关单位运行规程，制定《眉山市交通运输服务监督中心运行规程（试行）》，明确机构设置、运行流程、工作纪律和考核办法。至年底，受理群众反映1395件（投诉类

578件）。在交通运输部运输司副司长王水平率队莅临四川调研“12328”交通运输服务监督电话建设情况汇报会上，眉山市交通运输局作经验交流发言，获交通运输部调研组领导肯定。《眉山日报》以《建立大中心，有力提升政风行风》为题报道中心工作。

（魏　平　刘书全）

路政管理

【道路交通安全综合整治攻坚年行动】2014年，市路政管理、市公安交警部门在全市5个高速公路出入口设置联合执法点及治超警示标志，实施高速公路超载超限车辆管控。各高速公路管控点按照省、市相关规定和轴载标准检测进入高速公路的货运车辆，实施卸载和劝返检测认定为超载超限车辆。开展普通国省道治超，各区县路政大队落实固定检测站点计重设备18个、卸载机具和卸载场地，公安交警、交通路政、运政、农机等部门联勤联动，一站式查处，强化国省干线路面管控，打击超载超限车辆。路政、公安、武警、特警等部门集中开展超载超限车辆通过绕行、逆行和强行冲关等方式逃避超限检测行为专项整治行动，打击车辆冲关、逆行等行为。7月起，高速公路以外普通公路上行驶的货运车辆超限率20%~30%的，现场教育并卸载放行；超限率30%以上的组织驾驶员或车主学习相关法律法规1~7天并经考试合格后，卸载放行，暂不处罚。治超由单纯的严管重罚转变为教育和处罚并重，由“治标”向“治本”转变。加强宣传，设置横幅标语、宣传展板，主动联系省、市电视台和眉山日报、四川新闻网等采访报道龙正联合执法点治超工作中的典型案件，与驾驶员代表座谈，公示治超标准、处罚标准，接受社会监督。全市路政系统设置宣传标语106幅，宣传标牌321块，发放宣传单10万余份。全年全市上路5.65万人次，出动执法车辆1.03万台次，检测货运车辆89.69万台次，查处超限货运车辆1.80万台，全市货车超限车辆比例2%。省高速公路管理系统“身边人·说身边事”巡回报告会，市路政支队《治超攻坚展风采》报告入选作经验交流。涌现出全省交通系统先进典型范泽林。

【制度建设】2014年，市交通运输局下发《眉山市公路平交道口设置规范》《眉山市路政执法全范围全过程全覆盖技术监督管理办法》。市路政支队制发《眉山市公路路政巡查管理办法》《眉山市公路路政管理工作考核实施办法》《眉山市公路路政管理支队聘用人员管理办法》《眉山市公路路政管理支队聘用人员考核奖惩办法》等制度。确保干线公路每天有路政人员巡查、执法人员及时清理各类路障，规范各类占（利）用公路、公路用地行为，严格控制公路两侧建筑红线，严厉查处各种违章占用、侵占、挖掘、损坏公路及配套设施的行为，查处双超车辆和抛洒滴漏车辆，保护公路安全和畅通。全年全市查处损坏公路及其设施案件38处，查处占用公路及其留地案件42处，清理路障5553处。规范办理行政许可、行政处罚、行政强制案件。公开行政许可办理所需要件、办理流程、承诺时限，接受服务对象监督。在权利运行监督平台上公开行政处罚案件办理，接受纪检监督部门监督。行政强制案件办理通过法律顾问把关。实行区县路政部门考核管理。增强大件运输保通保畅服务，全年保障运输大件148件，眉山市大件运输工作被省交通运输厅评为先进。市路政支队负责的检测站实现音频、视频全监控，上路执法人员全程开启执法记录仪。

【安全隐患排查】2014年，市路政支队成立检查组，全市国、省道及主要的县、乡道每月开展1周以上拉网式安全隐患排查。及时整治排查中发现道路安全隐患。全年发现隐患49处，下发整改通知书13份，整改17处，限期整改32处。未发生较大安全责任事故。

【执法队伍建设】2014年，全市路政系统开展“百日学法守法用法”活动和执法轮训。集中学习法律法规2次，组织全体执法人员业务知识考试，合格率100%。开展区县路政大队轮训10期，主要内容为法规学习和综合执法实践，每期1个月，每批6人，轮训60人，占全市路政正式执法人员总数的1/3以上。加强党风廉政建设和行风建设。支队全体职工（含聘用人员）均签订《党风廉政建设目标责任责任书》《拒收不送红包礼金承诺书》《廉政承诺书》。

【信息宣传】2014年，市路政支队信息被省级部门简报采用2条，被市级部门简报采用2条，被市交通运输局网站采用24条，被省交通运输厅交通手机报采用7条，被《眉山日报》头版采用5篇。其中1篇在全市交通系统推荐学习。

【超限检测站重建】2014年，实施省道106线国家一类超限检测站重建。重建检测站位于眉山市东坡区复盛乡中坊村，占地面积1公顷，总投资850万元。施工单位四川德盛建设有限公司，监理单位四川绵竹东方工程咨询设计有限责任公司。按相关程序招投标和设备采购，检测站土建工程于2014年9月启动，12月完成检测车道和办公楼等主体工程建设。

（张　雪）

邮政管理

【概况】2014年，全市邮政业业务总量2.79亿元，居全省第十一位，比2013年（下同）增长20.51%，增速居全省第十位。邮政业业务总收入2.57亿元，居全省第十二位，增长14.28%，增速居全省第六位。快递业务总量547.25万件，居全省第六位，增长92.50%，增速居全省第一位。快递业务总收入6817.34万元，居全省第八位，增长54.19%，增速居全省第八位。全年全市登记在册快递品牌21个，法人企业15家，分支机构65处，从业人员1353人，快递车辆131辆。邮政普遍服务网点遍及全市各个乡镇。民营快递企业在乡镇设立分支机构或代理点50个，网点覆盖率39.37%。

【内部建设】2014年，市邮政管理局开展第二批党的群众路线教育实践活动。提出建设“两型”（纯洁型、学习型）队伍，实施“两化”（精细化、目标化）管理的局机关队伍建设总体要求。印制《眉山市邮政管理局内控体系工作流程表》，加强内控体系建设，梳理工作内容36项，明确职权的运行流程、时效和审批层级。开展“学法守法用法”百日教育培训活动，梳理法律法规62个并分步学习，印制成册分发辖区各快递企业。加强行业管理，快递法人企业和跨市备案分支机构建立独立电子和纸质台账30个，内容包括年度报告、应急预案、安全责任书、日常检查材料、整改材料、处罚材料、投诉处理情况等。

【基础建设】2014年，按照《眉山市“十三五”物流业发展研究课题各部门任务分解》要求，提出“十三五”快递业发展规划思路，主要包括总体指标、服务内容、服务能力、服务水平与服务质量、企业培育、人才培养、监管队伍建设等内容。市政府办下发《关于加快电子商务发展的实施意见》，提出“发展快递物流，培育一批信誉良好、服务到位、运作高效的快递物流企业”。加快社区、农村网络购物快递投送场所和设施建设。允许快递企业采用12座以下中小型客车开展快递收投业务，过渡期结束后，企业采用符合行业标准的封闭式货车。

【普遍服务】2014年，开展邮政普遍服务和机要通信服务监督检查。规范集邮市场，召开“诚实守信、共建和谐集邮市场”座谈会，开展特种邮票和纪念邮票专项监督检查和机要通信专项检查，完成《人民日报》投递时限和机要邮件时限监测。补建空白乡镇邮政局所。市邮政管理局、市发改委、市邮政分公司到彭山、青神县实地调研，建立问题台账，挂牌督办，补建空白乡镇邮政局所9处。移交、运营率均为100%，列全省第一名。开展邮政普遍服务基础设施普查。普查区县邮政普遍服务网点232处，向市邮政分公司下发责令改正通知书，整改普查中存在的问题，作出同意撤销网点2处，不同意撤销网点4处的处理意见。市邮政分公司在《眉山日报》向社会公告撤销名单。开展邮政法定业务开办专项检查。检查2014年计划开办的汇兑网点32处。推进村邮站建设。市邮政管理局、市农工委、市邮政分公司，召开座谈会，研究村邮站建设方案，市邮政公司制定《眉山市村邮站建设实施方案》，估算村邮站运营成本。检查抽检邮政用品用具产品质量。

【市场监管】2014年，在全市展开快递市场专项整治行动。出动1088人次，抽查邮政网点170个，快递企业网点102个，制作询问笔录7份，下发责令改正书2份，约谈企业5家，做出行政处罚4起，责令整改2起，罚款1.9万元。市邮政管理局召开安全生产、法律法规宣贯、普遍服务基础设施普查、行业统计调查、分支机构备案、扫黄打非、旺季服务保障、行业管理等会议，与企业签订安全生产责任书，在企业设立安全信息员，建立半年、年终报告制度，落实企业是安全生产责任主体。市邮政管理局、市公安局、国安局联合成立寄递渠道治安管理领导协调小组，制定联合检查工作机制和联席会议制度。市邮政管理局、市公安局、市公安消防支队、眉山国家安全局组织全市邮政、快递企业从业人员123人安全生产综合培训暨消防演练1次。抓快递业务旺季服务保障。制定《快递业务旺季服务保障方案》《快递业务旺季应急预案》，在“双十一”“双十二”、元

2014年，眉山市邮政管理执法人员在韵达快递眉山公司开展“双十一”快递高峰时间段检查工作

旦、春节等旺季期间，成立运力监控、现场督导、新闻宣传专项小组，全面开展工作，确保旺季期间安全与畅通。推进快递营业场所标准化建设。组织企业代表赴宜宾学习考察26家，与宜宾市邮政管理局、宜宾市快递协会及园区代表座谈交流。向全市快递企业下发《眉山市快递服务网点综合测评实施方案》，按照基础建设、服务质量、其他三类，快递企业评价内容及要求分类28项，设置不同分值，开展快递服务网点综合测评。实地调研青神、仁寿县，召开交流座谈会、协调推进会20余次。向市商务局提出改进城市快递车辆管理、快递企业入驻电子商务集聚区、加快快递物流园区建设等建议与意见，争取优惠政策，促进电子商务与快递业的协同发展。专项统计调查市邮政分公司、区县邮政局、各备案快递服务网点，更新信息台账。

【行业宣传】2014年，市邮政管理局与《眉山日报》互动协作，快递业务旺季服务期间尤其在“双十一”等大篇幅专版连续报道。利用“3·15”消费者权益日、世界邮政日、“6·26”国际禁毒日、“12·4”国家宪法日等，集中开展宣传活动。深入联系村、社区、客运中心站开展志愿服务活动6次，帮扶慰问、宣讲政策，为群众排忧解难。走访慰问全市邮政、快递企业困难职工。全年上报政务信息54期，新闻稿件含图片新闻31期，其中政务信息被国家邮政局网站采用2篇，四川省邮政管理局网站采用24期，新闻稿件被《中国邮政快递报》采用4篇，内刊《四川邮政管理》采用5篇。新闻宣传工作列全省第五位。

（张　燕）

四川省邮政公司眉山市分公司

【概况】2014年，眉山市邮政局更名为四川省邮政公司眉山市分公司。全年业务总收入规模、业务总量分别排名全省邮政第十三位、第九位。荣获2014年度全省邮政安全生产劳动竞赛优胜企业、2014年度全市十大民生工程工作先进集体、全市先进基层党组织。

【能力建设】2014年，四川邮政眉山市分公司开工建设洪雅邮件处理中心，筹备仁寿邮件处理中心建设。完成网点转型升级改造25个及空白乡镇局所9个建设。新建邮政便民服务站222个，总数增至731个。叠加分销产品销售、广电收视费、公交充值等新业务10余项。调整眉山—洪雅、仁寿—成都、眉山—尚义邮路，开通东馆、盘鳌机动车邮路，加快进出口邮件传递速度。

【文化建设】2014年，四川邮政眉山市分公司开展“转型升级之我见”主题演讲、“超越自我　熔炼团队”拓展训练。建职工食堂5个；建设农村支局（所）小家66个，购买和更换冰箱、乒乓球台、书柜等生活、体育、工作用品20余种，农村支局（所）逐步实现标准化、生活公寓化。开展“暖冬”慰问活动，向62个营业网点员工发放羊毛被、高压锅等物资。

【服务地方】2014年，四川邮政眉山市分公司以赏瓷、集雅为平台，举办“藏真”集邮品鉴会，融入艺术鉴赏、文化收藏、古玩鉴定等元素，推动集邮文化良性、健康发展。四川邮政眉山市分公司、市教育局、共青团眉山市委、眉山市少工委等部门联合开展“新鸿雁飞越中国梦”青少年书信创意征集——2014年青少年书信文化活动，全市328所中小学校约12万名学生参加，让学生了解优秀传统文化和书信发展史，发挥想象、创新思维，放飞梦想，树立积极、健康价值观。深入直接联系服务的仁寿县方家镇斑竹村开展春节“送温暖”活动，给18户联系群众送慰问金及米、油等慰问品。

信息业

中国电信眉山分公司

【概况】 2014年，中国电信眉山分公司推进“光网城市、数字眉山”建设和信息惠民“宽带乡村”民生工程建设。完成仁寿590个行政村试点的全域“宽带乡村”工程。10月，东坡区、彭山县、洪雅县、丹棱县、青神县629个行政村纳入“宽带乡村”扩大试点工程建设。公司全年收入4.8亿元。

【市场经营】 2014年，中国电信眉山分公司收入4.8亿元，比2013年（下同）增长12.58%，全省排名第三，占全省比重增长0.16%。收入市场份额30.63%，全省排名第五。全市电视用户14万余户，全省排名第八。光纤宽带用户增加8.5万户，增长29.6%。全市手机总用户市场份额突破20%，全省排名第八。存量保有主要指标居全省前列。新建实渠127家，渠道数量实现三分天下有其一。以市场化为原则健全开放渠道体系。

【网络运营】 2014年，中国电信眉山分公司以LTE（4G）建设为焦点，开通基站673个、室分系统74个。LTE网络覆盖全市所有城区、一类乡镇及13个二类乡镇，面覆盖率97.5%，下行速率45.75兆比特／秒，上行速率30.11兆比特／秒，单站造价控制在6万以内。全光网覆盖能力形成。光网全域覆盖住房57万套，128个乡镇及4县2区城区95%以上覆盖（仅剩新建的楼盘和安置小区），1346个行政村光纤通达率78%。网络接入能力56万个端口，其中光纤到户端口45万个占比78%，利用率52%，可支撑发展H（光纤）用户5万户。退铜13万线对公里，缩容公共交换电话网络（PSTN）交换端口8.9万个，退网PSTN局站近120个，退网数字用户线路（DSL）设备120台。设备退网PSTN年节约成本100万元（机房面积600余平），DSL退网节约成本20万元（机房面积360平方米）。开展宽带安装维护队伍技能培训和认证，光网装维技能普及率超过90%。

【数字眉山建设】 2014年，中国电信眉山分公司推进全光建设。5月17日起，全市公众家庭光纤宽带用户免费升速10兆，过半用户步入“光速”时代。年末电信光纤宽带用户20万户，其中20兆~100兆光宽用户9万户，户均带宽15兆。市政府办印发《关于实施全域“宽带乡村”工程的通知》，中国电信眉山分公司推进宽带乡村建设。先在仁寿县590个行政村开展试点，10月起扩大工程至东坡区、彭山县、洪雅县、丹棱县、青神县629个行政村。工程建成后全市行政村光纤宽带通达率超过95%，20兆宽带接入能力超过90%，宽带用户渗透率超过35%。依托光网，推进眉山智慧城市建设，网格E通、应急对讲、智慧电力、计生E通、政企WiFi等智慧政务、智慧产业、智慧民生信息化应用得到快速发展。96196政务热线投入使用，省市县三级行政审批电子监察系统建成。眉山生产企业直接上线“四川全企入网工程”的重点项目——“天虎云商”电子商务综合信息化平台，促进“眉山造”名优特新产品拓宽销路、开拓市场。

【基础管理】 2014年，中国电信眉山分公司精减机关，优化12个县级经营单元岗位设置，45人充实生产一线。投入50余万元改善一线员工生产、生活条件。推进划小承包，加速倒三角体系建设步伐，实施东坡区分区经营及运行维护体制优化，实现以支分局为基本单位，实行收入认领，配置成本资源及有效支撑保障。优化存量体系，流量承包经营。开展天翼信息村合作投资模式、宽带信息村保证金模式、渠认领承包、商客分局化小承包、运维分局划小承包等创新管理模式，提高合作代理商、内部员工积极性。开展节能降耗，推进光进铜退、交换机退网关电。铜缆处置获取直接投资近1000万元，成本800余万元，设备退网节约成本100万元，DSL退网节约成本20万元。

【企业文化】2014年，中国电信眉山分公司开展“冬送温暖”“夏送清凉”活动，慰问基层一线员工1138人次；向全市困难员工13人发放帮扶款；春季营销和暑期营销慰问基层团队32个，“五必访、五必贺”（员工生病住院必访，员工及直系亲属去世必访，员工家庭遭遇特殊困难必访，员工家庭出现重大纠纷必访，员工之间现出不和谐必访；员工荣获先进必贺，员工生日必贺，员工结婚必贺，员工生育必贺，员工退休必贺）探望慰问员工96人次。邀请省公司“心灵直通车”心理辅导员对装维员工开展员工心理辅导讲座，舒缓员工压力。举办“电信电视杯”员工唱好声音PK赛选拔，开展以“相约美丽春天·分享美好生活”为主题的“三八”节花艺活动，“2014天翼美好徒步行”和助力春促员工“好声音”PK赛、“我的光影ZONE”员工摄影大赛及各分工会小组活动等文体活动，丰富员工文化生活，提升员工的意志力和竞技能力。

中国移动通信集团四川有限公司眉山分公司

【概况】2014年，中国移动通信集团四川有限公司眉山分公司（以下简称“眉山移动”）按照全市建设“数字眉山”、促进信息消费拉动内需等要求，统筹城乡发展战略，推进“两化”互动，加快4G、智慧城市和宽带网络建设。全年服务客户近170万户，客户市场份额76%，实现运营收入9.39亿元，比2013年（下同）增长8.78%；基站增至3850个，

2014年1月14日，市委书记李静一行到眉山移动调研慰问，了解4G建设情况，并体验4G网络

渠道营业网点759个、一村一店1188个，企业综合实力和客户服务水平持续保持全市行业领先。

【网络建设服务】2014年，眉山移动加快信息高速公路网络建设，完成计划投资3.5亿元。本地运营商启动TD-LTE（第四代网络通信技术，简称“4G”，TD-LET为4G制式之一）网络建设工作，建设4G基站1521个，4G网络实现6区县城区、高校及景点连续覆盖，以及128个重点乡镇全覆盖和自然乡镇部分覆盖，手机下载速率由3G网络下的0.8兆位/秒左右提升到4G网络下的50兆位/秒左右。加大网络密度建设，每万平方千米2G、3G基站数均超全省平均水平，所有行政村、95%自然村无线网络无缝覆盖。落实“宽带中国”战略，推进信息化及全业务发展，省—市出口带宽实现50G，5区县的市—县出口带宽实现10＊20G（仁寿2＊20G），新建集团专线3235条；投资1.2亿元，实现城区50%的小区、所有乡镇和500个村的光纤宽带网络覆盖。其中与市委组织部合作，依托农村光纤宽带网络同步完成全市远程教育专网接入450个村，为全市基层党组织工作开展提供支撑服务。

【市场经营】2014年，眉山移动以4G为牵引，培育群众信息化生活习惯，推动民生应用带动个人信息消费，全年发展4G用户15万户。2月18日，启动4G商用活动，组织客服人员将4G高速网络体验和各类丰富应用送进政企、商圈、校园、乡镇，组织渠道商家开展4G应用培训，常态化开展驻点活动，促进市民体验优质4G网络。通过彩信、微信公众平台、无线城市等新媒体方式开展“智慧城市”相关知识普及，提高市民科技素养和对新技术的应用能力，增强群众认知度和参与度。下调4G资费，实施流量“双封顶”政策，为群众生活提供“看得见、摸得着、用得上”的智慧服务，引导并培育群众信息化生活习惯，在方便群众生活的同时拉动市民个人信息消费水平提升。

【智慧城市建设】2014年6月17日，四川移动与眉山市政府签订《推进眉山“智慧城市”建设战略合作协议》，眉山移动全面参与“智慧城市”建设运营。全年签约重点信息化应用项目53个，其中智慧门户依托“无线城市”平台，以政务、民生、产业为主题，为市民实现包含政策法规、城市企业名片、电费

查缴、电影/客运订票、惠生活商户联盟等信息接入内容60余项，月均访问量8万人次，月均点击量80万次。平安城市整合公安、城管、公路监控和社会监控资源，承建仁寿、洪雅、丹棱三县“平安城市”工程并交付使用，建立基层社会治安综合治理管理信息平台。为市城市管理行政执法局搭建数字化城市管理平台，实现城市管理“网格化”，促进城市管理从定性、粗放、低效走向定量、精确、高效。

【“受尊敬”企业建设】2014年，眉山移动公司推进手机“实名制”管理，简化业务套餐和办理流程，改善服务短板提升窗口服务品质，客户综合满意度78.85，居全市行业之首。推进企业文化建设，荣获中国移动集团公司“三星级企业文化示范点”称号，企业文化管理经验获全市多个企事业单位肯定和借鉴学习。做好企业社会责任践行，在东坡、仁寿等多个农村学校建立“爱心图书馆”，组织开展的“每个孩子都有一个梦想——留守儿童圆梦太平洋影院”主题活动引起社会较大反响，得到市级媒体、企业合作伙伴和受助学校师生好评，获四川移动十佳实践项目。

（眉山移动）

中国联通眉山市分公司

【市场发展】2014年，中国联通眉山市分公司（以下简称眉山联通）业务收入比2013年（下同）增加5.8%，新增移动用户19万户（3/4G用户11万户），新增固网宽带用户1.2万户。

【网络建设】2014年，眉山联通加大基础网络、移动通信网络投入，完成工程建设投资1.2亿元。其中，移动无线网投入4303万元，传输网投资2907.55万元，启动LTE工程建设，475站点全部开通。

【客户服务】2014年，眉山联通以管理创新为出发点，以提升服务能力为根本服务宗旨，实现管理方式、服务方式、线上服务营销、整体效能四个转变，提升管理、服务、生产三大能力，以能力塑造品牌，打造公司核心竞争力。

中国铁塔股份有限公司眉山市分公司

【概况】2014年7月18日，成立中国铁塔股份有限公司（简称中国铁塔），是由中国移动、中国联通和中国电信共同出资设立的大型信息基础设施综合服务企业。9月30日，中国铁塔四川省分公司在成都注册。10月27日，中国铁塔眉山市分公司（简称眉山铁塔）在眉山注册，11月25日正式揭牌。公司内设综合部、运营发展部及建设维护部三大部门。经营范围包括铁塔建设、维护、运营；基站机房、电源、空调配套设施建设、维护、运营；室内分布系统的建设、维护、运营；基站设备的维护。

【业务运营】2014年，眉山铁塔公司以示范站工程为样板，加强流程、成本、安全及质量管控，单站建设成本较三家运营商平均造价节省1.17万元每站。12月4日，大地湾村“第一塔”建设完工；12月29日，首批示范站集中交付，标志着眉山铁塔完全具备铁塔基站的新建能力。公司联合中企华评估机构及合作伙伴，通过“分组协同”管理，开展3家运营商铁塔基站等资产清查。清查示范站48个。

【企业管理】2014年，眉山铁塔整合本地电信行业资源，提升电信网络基础设施效益和效率。创新技术产品，加大研发投入，实现移动基站小型化、美观化、隐蔽化，解决城市铁塔林立问题。创新管理模式，借鉴互联网思维，推行企业阳光化、透明化运作，实行人、财、物集中统一管理，IT及研发由总部一点支撑全网。创新体制机制，建立现代企业制度，坚决去行政化，坚持市场化选人、用人。培养员工日清日结、统筹安排、沟通学习、执行高效、时间管理、闭环管理“六大习惯”，开展目标管理、运营管理、绩效管理及工作清单管理等项目建设。

2014年11月25日，眉山铁塔公司揭牌成立

城乡建设与环境保护

城乡规划

【规划编制】 2014年，市城乡规划局重新审视眉山城市总体规划、各县城市总体规划以及部分乡镇总体规划，优化城镇定位、功能布局、发展规模，明确城镇发展边界。实施区域规划，编制完成眉山城区环城区域、眉山城区南部和北部区域规划。编制完成眉山市“百园”规划、历史文化名城保护规划、“千湖之城”眉山中心城区水系规划、眉山城区建筑风貌控制性详细规划、川西宋式建筑表现形式、东坡文化景点概念规划、岷东新区西片区城市夜景亮化规划和综合交通规划等。完成“五馆一中心”项目初步方案。编制乡镇和景区规划，基本完成全市各乡镇规划县级层面审查，思蒙镇、富加镇、柳江镇、杨场镇、西龙镇等14个重点乡镇总体规划通过市审查。完成彭祖山风景名胜区规划修编，开展黑龙滩、中岩寺风景名胜区规划修编、报批。指导完成新村聚居点规划255个，幸福美丽新村规划40个，新农村综合体规划13个。

【行政许可】 2014年，市城乡规划局执行首问负责制、限时办结制、责任追究制等行政效能制度，办理规划行政许可，全年出具规划设计条件151份，办理《建设项目选址意见书》132份、“建设用地规划许可证”145份、“建设工程规划许可证”126份、“乡村建设规划许可证”37份，规划“一书三证”办证率、办件评议率、满意率100%。

【规划设计方案审批】 2014年，全市所有规划和项目方案实行市规划局业务会初审、专家技术把关和市规委会审议“三级会审”，其中组织承办规划委员会会议7次，审议项目91个。抓项目设计方案审查，审批建设项目52个，建筑面积223.7万平方米，其中房地产开发项目46个216万平方米。组织开展特色屋顶构架征选活动，传统文化、建筑元素与现代建筑形式相结合，优化改造湖滨路西岸建筑外观，提升城市形象。

【测绘管理】 2014年，建设地理信息公共平台，完成三维规划辅助决策系统、眉山数字旅游指南系统、眉山市领导工作用图3个示范工程。完成《眉山城区综合地下管网普查》《2009眉山城市坐标系扩建》等基础测绘。完成《眉山市科工园地形图测绘项目》《眉山市西北片区地形图测绘》等10个测绘项目质检。完成测绘单位年度注册审查转报和成果汇交17家。完成国家涉密成果使用审批8项、红线图审签58幅、规划放验线110宗。

【规划核实】 2014年，市城乡规划局修订完善《关于加强眉山城区建设工程规划核实管理的通知》《眉山城市规划区建设工程规划放验线工作规程》等。加强项目放验线、规划核实、建成使用等环节监督，全年完成规划核实80宗、面积141.9万平方米，发出整改通知单42份，核发竣工规划核实合格证73份，依法追缴土地出让金和城建规费154余万元。

【规划监督执法】 2014年，市政府办下发《眉山城市规划区违法建设共同监管暂行办法》，整合相关部门力量，形成合力，及时查处违法行为。开展违法建设专项治理，拆除违法建筑4万余平方米，遏制违法建设。按照市政府《中心城区违法改变地下车库使用功能进行专项治理方案》《东坡湖西岸专项治理工作方案》，组织开展专项治理，实现“还库于车，还路于民”。

（市城乡规划局）

城市建设

【城镇建设】 2014年，全市加强城市新区基础设施建设、“百万安居工程”“百镇建设试点”、产业发展、生态环境5项重点工作和户籍、土地、社会保障、社区管理、投融资5项改革，推进新型城镇化，提高城镇化质量。危旧房棚户区改造工作受到省政府副省长黄彦蓉肯定性批示；保障性安居工程开工率居全省第二名。“两宋荣光”眉州大道被评为全省最美街景城市道路。保障性安居工程开工14861套（公共租赁住房4147套、棚户区改造10714套、定向分配农民工住房586套），开工率100.93%。农房建设开工15798户，完工率100%。第一、二批棚改贷款获批7个项目30.5亿元。全市8个省级试点镇投资4.29亿元，落实建设用地指标34.73公顷，吸纳转移农业人口1.79万人。规模以上企业工业总产值1260亿元；工业增加值比2013年（下同）增长22.4%；工业投资360亿元，增长15.8%；74户战略新兴产业总产值228亿元。工业新增就业人员9100人，建筑业新增就业人员1.2万人，服务业新增就业人员3.8万人。推进“绿海明珠”“千湖之城”“百园之市”三大工程建设，全市建成区绿地3013.63公顷，中心城区建成区绿地率33.4%。全年全市城镇建设投入184.1亿元，市政基础设施项目开工建设80个、投资约43.24亿元（城市新区市政公用设施建设投资18.34亿元），新增城镇建成区面积16.46平方千米，新增城镇人口4.96万人；城镇化率增至40.46%、增长1.51%。市住房和城乡建设局“百万安居工程”、重大项目建设等40项工作受市委、市政府表彰。新型城镇化、房地产发展、房交会、信访维稳、棚户区改造等工作15次受市委、市政府主要领导肯定。

【房地产业】2014年，市住房和城乡建设局（以下简称“市住建局”）举办两届城乡统筹房产展销会，赴成都、青海西宁、西藏拉萨、甘孜康定等地开展城市营销；为房地产、建筑、物管企业解决问题14个。全市房地产新开工500.6万平方米，商品房销售320万平方米，销售量、开工量在全省排位分别居第四、第六。全市房地产开发投资150.5亿元，比2013年（下同）增长24.5%；建筑业产值196.68亿元，增长28.5%。眉山城区全年销售房屋1.28万套102.8万平方米，住宅首次购房比例68.5%。

【民生工程】2014年，全市保障性安居工程开工14861套，基本建成6236套，竣工4468套，投资约12亿元。棚户区第一批6个项目贷款24.7亿元，占全省首批贷款总额的1/13，东坡区城南棚户区改造项目被列入第二批贷款项目，贷款额度5.8亿元。

【安全管理和工程质量】2014年，市住建局制定《眉山市工程质量治理两年行动实施方案》，强化质量安全监管，加强城市危旧房排查整治，落实工程建设五方主体项目负责人质量终身责任，遏制建筑施工违法发包、转包、违法分包及挂靠等违法行为，提升全市工程质量水平。全年6个工地通过省级标化评审，8个工程通过省优质结构工程评审。组织安全生产检查51次，发现并及时整改隐患340条，督促指导眉山城区68个在建工地开展“千万农民工同上一堂课”活动，受教育人员1.1万人次，免费送发资料1万份。开展行政处罚46件101.6万元，分别比2013年（下同）降76.3%、57.8%；其中眉山城区开展行政处罚2件21.6万元，分别降80%、63.5%。

【作风建设】2014年，市住建局班子成员带着建议提案，带着信访诉求，访困难群众、干部、代表委员，为社区解困、为企业解忧、为村组解难、为乡镇服务。全年职工268人深入联系单位和联系户2789人次，走访基层党员群众1828天，人均10次以上，慰问群众286户。以制度建设为抓手，完善工作措施，筑牢党风廉政建设和反腐败防线。制发《关于聚焦四风改进作风加强为民务实清廉的意见》《2014年度党风廉政和反腐败工作要点》等文件。参与东坡湖截污干管等20个市政工程项目和国有土地上房屋征收项目1个，总投资约4亿元；介入下属单位选人用人全过程，严格审查拟订方案、民主评议、竞争上岗演讲、公示等环节，保证选人用人公开、公平、公正。全年提拔使用副科级以上干部30人，未收到相关投诉和举报。单设监察内审科，明确纪检组长分工，给予经费保障，加强纪检监察机构建设。在全省住建系统政风行风群众满意度测评中排名第五。

【灾后重建】2014年，全市27个全省总规项目有序推进，全部开工建设，完工22个，居全省首位；完成投资19.2亿元，完成投资率99.6%，居全省首位。

【维稳调处】2014年，市住建局制定《眉山市房地产领域处置信访维稳工作方案》，修订完善《领导干部接访约访和干部下访制度》《群众来访当天办理工作制度和流程》《处置群体性上访事件应急预案》《信访维稳形势研判例会制度》等制度。全年受理信访480件，办结471件。化解九龙豪府、锦地上城、世嘉丽晶3期、春天公馆、金府城市之星、清枫丽舍、外滩金色年华、派克蜜城、龙跃熙炎景城、尚都公馆等15个项目涉稳问题，受到市委李静书记3次肯定性批示。

（市住建局）

住房公积金管理

【住房公积金归集及贷款】2014年，全市住房公积金缴存单位2223家，缴存职工10.76万人，缴存14.06亿元。截至年底，缴存总额55.92亿元，缴存余额31.33亿元。全年提取7.18亿元，提取总额24.59亿元。发放个人住房贷款0.55万笔11.72亿元，回收个人住房贷款1.99亿元。全市累计发放个人住房贷款2.16万笔36.41亿元，贷款余额29.09亿元，个贷率92.86%。住房公积金增值收益5279.8万元，其中，提取贷款风险准备金972.22万元，提取管理费用1109.88万元，提取城市廉租房（公共租赁住房）建设补充资金3197.7万元。贷款风险准备金余额2908.97万元，上缴城市廉租房（公共租赁住房）建设补充资金1.09亿元。住房公积金个贷率和资金使用率排名全省前列，住房公积金管理工作在省住建厅综合考核排名第一位。

【住房公积金政策】2014年，全市行政事业单位缴存比例首次统一确定为12%。完成各单位缴存基数控高提低。提请市政府常务会议审议通过，为全市大学生村干部、“三支一扶”（大学生在毕业后到农村基层从事支农、支教、支医和扶贫工作）大学生建立住房公积金制度。

【行政效能建设】2014年，“12329”热线服务系统投入使用，全年为公积金缴存职工和群众提供各类业务咨询、查询、投诉建议等综合服务24692余次，满意率99%以上。通过流程再造，改进服务，贷款办件流程由19天减至7天；放款由3日内放款提高到次日；职工提取住房公积金由3日提高到同行实时到账、跨行次日到账。推进信息化建设，实现与受托银行的实时核算，成为全国首个全面贯彻住建部《住房公积金基础数据标准》《住房公积金银行结算数据应用系统与公积金中心接口标准》“两个标准”的公积金中心，全国、全省住房公积金贯彻“两个标准”会议在眉山召开，眉山市介绍工作经验。

（眉山市住房公积金管理中心）

城市管理

【群教活动】2014年，市城市管理执法局组织开展群众路线教育活动，按照“规定动作整标准、创新动作整漂亮”思路，以问题为导向，边学边查边改，全局党员干部每周至少自学5小时。开展集中研学、专题讨论、案例研讨、经验交流等，用城管案例教育一线人员。组建党员志愿服务队伍5支，全方位、网格化开展便民利民服务。局党组成员深入城管一线，“面对面”倾听意见建议17条。开展“我为一把手建一言”活动，发放5大类“城管调查问卷”1000余份，邀请建筑工地、摊贩、个体工商户及市民代表召开座谈会9场，查摆“四风”等突出问题57条。通过局长邮箱、城管热线、城管门户网站和在城区街道办建立城管窗口3个，受理市民投诉156条，全部办结，重复投诉为零。实施老城区“亮化让绿化”行动，解决“林荫街照明不足”问题，做法被《人民日报》头版专载。

【队伍建设】2014年，市城市管理执法局理制发《关于进一步明确各部门职能职责的通知》，理清部门职能职责，提升行政效能。整合执法队伍，直属大队更名为市容管理支队，对执法编制“松绑”，由原来“只进不出”变为“总数控制、可进可出”。管理主体与执法主体有效融合，成立街面管理小组，下移管理重心，下沉执法力量，管理与执法有机结合。调整园林绿地卫生保洁职责，提高园林、环卫管护经费，初步形成“大城管”格局。开展“我为美化眉山出份力·我为环卫工人送清凉”主题活动，社会各界向环卫工人捐赠物资价值近30万元，设立“环卫工人之家”101个，发放困难慰问金、先进奖励金9万元，提高环卫工人经济待遇、社会地位。

【城市管理】2014年，城市管理加强日常保洁。部分街道保洁由1班8小时调整为2班16小时，将绿地保洁纳入日常管理，实行街面和绿地保洁一体化；重大集会、节假日提前部署，提高重要路段、重点场馆、重点时段保障能力；推行大街以机械化清扫、冲洗为主，小街以人工保洁为辅的道路清扫作业新模式，实施机械化洗扫综合作业；生活垃圾处理方式由填埋式调整为焚烧发电式。强化市政维护，每日巡查与定期检查相结合，规范打围作业，确保施工安全；及时排除隐患，修复人行道759万平方米，车行道2.83万平方米，检修路灯1.42万盏次、配电控制柜1500余次，加装漏电保护器3000余个；破解林荫街道照明不足难题，改造桂香街、芙蓉街、景贤路等59条林荫街道800余组路灯，由10米降至4米，被《人民日报》头版刊载。强化绿化养护。1月成功创建国家园林城市。中心城区绿色街道增补植乔灌木122条9万余株；眉州大道、岷江大道等主要干道补植乔木2000余株、灌木100万余株、草坪8000余平方米；修剪造型老城区100余条街道行道树2万余株，重点对眉州大道、东坡大道、湖滨路等重要干道绿化植物疏枝、整形；投放鲜花120余万盆，增加城区交通岛、花箱、绿地等的鲜花投放品种和数量，城市绿化多姿多彩、花开四季。强化街面秩序。拆除城区所有大型户外广告；合理安排管理时段，市场、广场、夜市摊点等重点地段、场所占道经营监管不缺位；组织4个巡逻组和1个督导组开展东坡湖沿线和水面巡查，向东坡湖投放生物和化学物质4400余包，改善东坡湖水质和沿线秩序；集中整治学生上学、放学时段校园周边坐商、游商占道经营，确保交通畅通；增补安装湖滨路等地段健身设施、休闲座椅，苏辙公园竣工开放，为市民提供舒适、整洁的出行、休闲、生活环境。

【项目建设】2014年，市城市管理执法局实行项目清单制，明确具体责任人，列出任务清单，作出完成承诺，合理安排时间和进度，完成一项注销一项。实行项目实施前、实施中、实施后无缝隙、全过程监管，按照质量不减、时间缩短原则推进项目。年末苏辙公园建成并向市民开放。眉山市生活垃圾处理厂垃圾大坝加固及配套工程在汛期前完成，数字化城管建成并通过竣工验收，眉山市生活垃圾焚烧发电项目确定最终投资人并启动前期工作，其余项目推进迅速。

【环境治理】2014年，市城市管理执法局通过发放宣传资料、媒体曝光脏乱差、进学校开展专题讲座等形式开展环境治理宣传教育活动，提高市民素质，城区环境综合治理逐步转变为市民主动行为。完善《社区环境综合治理工作考核办法》，打破社区考核"吃大锅饭"格局，拉开考核差距，社区开展工作情况直接与以奖代补资金挂钩。完善《城区环境综合治理网格化管理联络员考核办法》，实行联络员一月一考核，严格奖惩，考核结果与年终评先评优挂钩。开展小广告专项治理、清沟渠排污泥专项治理等行动，增强公众参与自觉性，从源头上根治乱贴小广告行为和排除内涝隐患。岷江大道被评为"四川省十大最美街道"，成为全市继眉州大道、湖滨路后的第三条"四川省最美街道"。

（马　莉）

城乡环境综合治理

【概况】2014年，眉山市城乡环境综合治理按照全域治理、科学治理、依法治理和常态治理，实施"五大行动计划"（环境质量新提升、设施建设新突破、容貌秩序新气象、美丽乡村新面貌、文明卫生新风尚），2013年、2014年眉山市城乡环境治理工作连续两年获全省一等奖。

【农村生活垃圾治理】2014年，眉山市"因地制宜、分类收集、村民自治、市场运作"的农村生活垃圾处理模式（丹棱"龙鹄模式"）得到住建部认可，在全国农村生活垃圾治理工作电视电话会上作为三大模式之一（丘区模式）向全国推广。

【示范创建】2014年，实行眉山城区环境综合治理一月一考评、一月一通报制度和全市每季度"十佳""十差"乡镇考评制度，完善季度"十佳""十差"乡镇奖惩机制和眉山市城乡环境综合治理体制机制，促进长效管理。丹棱县城和秦家镇等4个镇（乡）以及永江村等45个村庄创建为"2013年度全省环境优美示范城镇乡村"。丹棱县城在全省"环境优美示范县城"创建中排名位列全省第一。

【城乡环境治理"七进"活动】2014年，推进城乡环境治理"七进"（进机关、进学校、进社区、进村社、进企业、进景区、进家庭），市环境治理进机关活动得到省直机关工委肯定，在眉山召开全省机关系统现场会上，学习推广眉山经验。

【民生工程】2014年，眉山市创建2014年度"美丽乡村"45个。45个村庄实现"布局优化、质量强化、配套深化、卫生洁化、村庄绿化、环境美化"。

【"四化"达标】2014年，全市达到"清洁化、秩序化、优美化、制度化"标准的有眉山城区及5县城，镇（乡）达标95%以上、村庄达标80%以上。实现环境治理村（居）民自治的行政村96%、社区100%。强化城乡设施建设和管理。新建、改建、扩建乡镇污水处理站22个，新建、改建、扩建垃圾处理场7个，新增垃圾处理中转站45个，新增垃圾桶、果屑箱7764个，新建、改造公厕49个，新增环卫车辆246辆。全年市城乡环境治理办开展检查督查暗访273余次，督查覆盖128个乡镇，曝光各类问题1358余处。

【宣传教育】2014年，在《眉山日报》开辟专栏，每周1篇专题报道全市环境治理工作信息，在市、县两级媒体开设治理工作专题、专栏32个。在公共场所设置治理工作宣传栏、标牌1782个。市城乡环境治理办制作《眉山市城乡环境综合治理五年成果掠影》画册，展示眉山市城乡环境综合治理五年成效。开

2014年3月17日，市城乡环境治理办到洪雅县将军乡高岩村开展"绿色基地"创建植树活动

2014年8月18日，市城乡环境治理办志愿者向群众讲解文明卫生知识

通区县“96198”热线，投诉热线向区县延伸，全年全市接到投诉209起，全部处理。全市组建志愿者服务队203支5200余人，开展志愿者服务活动794次，成立文明劝导员队伍212支2000余人，举办城乡环境综合治理群众性主题宣传活动473次，编发治理工作简报278期。

（市城乡环境综合治理办）

环境保护

【服务发展】2014年，全市环保系统主动服务、提前介入，推动项目落户眉山。全年审批建设项目330个，总投资139亿元。省环保厅审批重大项目24个。强化建设项目试生产现场检查和验收，环保验收竣工项目90个。在全市开展建设项目环境影响评价和“三同时”制度执行情况专项检查，清查并督促企业整改2012年以来开工的建设项目285个。下放环评审批权限，确认除东坡区外5个扩权县行使市级建设项目环评审批权限，委托区县环保局负责组织开展市级审批建设项目竣工环保验收。

【大气污染防治】2014年，全市构建大气污染防治长效工作机制。市政府印发《眉山市大气污染防治行动实施方案》，明确各级各部门任务，落实相关责任。市政府办印发《关于成立眉山市大气污染防治工作领导小组的通知》《眉山市大气污染防治行动实施方案2014年度实施计划》，成立市长任组长的眉山市大气污染防治工作领导小组。市政府组织召开大气污染防治工作推进会2次，与主要牵头部门和各区县政府签订目标责任书，加强工作督促和检查。实施扬尘、机动车尾气、燃煤和餐饮油烟等专项治理行动，核发新注册车辆环保标志2.7万张，完成加油站油气回收80家，淘汰10蒸吨以下小锅炉67台，淘汰黄标车和老旧车6625辆。开展重点区域大气污染源整治，仁寿县汪洋片区68户涉气企业全部停产治理，丹棱县陶瓷行业7户重点企业开展强制性清洁生产审核，全市淘汰落后产能工业企业28户。加强监测能力建设，投入1500万元新建空气自动监测站15个，新增PM2.5（环境空气中空气动力学当量直径小于等于2.5微米的颗粒物）、臭氧、一氧化碳等重要大气指标监测，每日发布空气质量数据。

【小流域治理】2014年，市环保局全面整治醴泉河，实行流域总量控制，不再审批新的排放水污染物项目。开展水污染企业深度治理，造纸企业全部停产治理，完成治理任务恢复生产，出台政策鼓励企业退出造纸行业，关闭和退出企业13家。开展农村面源整治，启动场镇污染治理，推进畜禽养殖污染治理。以思蒙河流域列入“全省重点流域整治示范区域”为契机，实施各项整治项目，流域水质明显好转。启动毛河、柴山河、越溪河、梓潼河、安溪河等小流域综合整治，编制整治方案，推进流域工业企业、农村面源和村镇生活污染治理。全年向上争取各类项目资金7760万元，其中中央和省农村连片整治资金4759万元，居全省前列。搞好秸秆禁烧和综合利用，发动区县探索综合利用新模式，秸秆禁烧取得实效。

【总量减排】2014年，市环保局开展全市重点行业、重点区域的综合整治，分类整治泡菜食品企业63家，停产整改12家，限期整改21家。治理工业园区污染，全面排查金象化工产业园区、铝硅工业园区等重点工业园区企业，淘汰不符合国家产业政策落后产能，落实排污许可证制度和总量控制制度，实施13个超标超总量排放企业强制性清洁生产审核。全年完成重点减排项目77个，化学需氧量、氨氮、二氧化硫、氮氧化物分别削减2.10%、2.57%、6.63%、0.04%。全市星级饭店、A级旅游景区结合企业实际情况加装计量装置、节水型设备、新型节能光源、空调控制、建筑保温隔热、洗衣房能耗控制、厨房能耗控制、热回收技术。

【生态创建】2014年，洪雅县、青神县、丹棱县启动国家级生态县创建。洪雅县通过国家级生态县技术核查，《青神县国家级生态县建设规划（2013—2017）》通过专家评审，丹棱县启动国家级生态县建设规划修编。东坡区、彭山区、仁寿县创建省级生态县，彭山区通过省级生态区技术核查，东坡区开展省级生态区创建攻坚，仁寿县开展生态细胞创建。启动生态工业园区建设，金象化工产业园区完成生态工业园区建设规划编制。全年创建国家级生态乡镇1个、省级生态乡镇4个，创建市级生态村96个、市级生态家园452个。

【饮用水源地保护】2014年，全市加强农村饮用水源地保护，建立饮用水源地档案库，制作饮用水源保护区示意图，取缔乡镇集中式饮用水源保护区12个。56个乡镇集中式饮用水水源地水质达标率91.7%。加强5县城集中式饮用水水源地保护，开展专项检查，督促整改存在问题。抓黑龙滩饮用水水源保护，推进黑龙滩水库生态功能区保护和建设。中心城区及5个县城城镇集中式饮用水水源地达标率100%。

【环境监管】2014年，市环保局开展整治违法排污企业、保障群众身体健康环保专项行动，打击环境违法行为，解决群众关注、反映强烈的热难点环境问题。全年受理各类环境污染举报投诉168件，办结率100%，群众满意率98%。立案查处环境违法行为9起，处罚金额30余万元。全市足额征收排污费2612.7万元。加强全市国、省控重点污染源企业督查，向8户企业发出环境监察通知书。专项整治全市工业园区环保问题，督促园区完善并正常运行环保设施。专项执法检查大气污染防治，出动执法人员900余人次，检查涉气企业85户次。市环保、住建部门开展建筑施工检查，检查建筑施工单位63家。开展国控重点污染源企业在线监控数据有效性审核和发放合格标准，全市有效传输率94.6%，居全省前列。全年未发生有影响环境污染事件，无因环境污染引发群体性事件。

【环境监测】2014年，市环保局开展委托性监测283次，监督性监测204次，取得各类监测数据63万个。全年发送空气质量日报365期，取得监测数据33万个。发送水质自动站周报53期，取得监测数据24万个。开展资质复查暨绩效考核和资质认定扩项，通过资质审查206项，资质认定198项。完成扩项上岗考试79项。为企业开展免费监测服务，免收监测服务费273万元。投资541万元新建成的4个空气自动监测站，具备国家要求空气质量新标准全项目监测能力，对外公布数据。抓能力达标建设，市环境监测中心通过二级站标准化建设验收，青神县环境监测中心通过三级站标准化建设验收。开展国控企业监测信息公开，全市24户国控企业自行公布率90%以上，监督性监测公布率100%。

【环境质量】2014年，岷江干流出境断面水质综合平均达四类水质，主要超标污染因子为总磷，青衣江出境断面水质优于三类，球溪河北斗断面平均为三类水质，黑龙滩集中式饮用水源优于三类；空气质量达二级天数占92.4%；功能区噪声和区域环境噪声质量级别为“较好”。

【队伍建设】2014年，市环保局按照“四好班子”建设要求，开展组织、制度、作风建设，打造团结、和谐、拼搏、奋进的班子队伍。开展经常性干部教育，开展“环保课堂”集中学习10次，组织干部职工参加各类培训480人次，参加国家、省、市和部门组织的各类学习会、报告会32次。加强党组中心组学习，创建学习型机关。开展行政权力依法规范公开运行平台建设，推进机关政风行风建设，规范行政行为。调整纪检组长分工，建立健全定期研究解决重大问题、有效防控廉政风险、协调推动重点工作体制机制。制发《勤政廉政约谈办法》，约谈科级及以上干部20余人次。组织科室及直属事业单位负责人开展述责述廉活动2次。反对“四风”，发文、会议、三公经费支出分别比2013年减少10%、50%、62%。落实“两个责任”做法受到环保部纪检组肯定，刊载于环保部《纪检监察》和网站。

【直接联系群众】2014年，市环保局配合凤凰村“两委”调整产业结构，全村种植青花椒66.67公顷，水产养殖26.67公顷，新建蔬菜基地0.67公顷。帮助联系村解决交通、水利、电力等基础设施建设困难。为联系村争取“最后一千米”断头路硬化改造项目资金25万元。修建简易人行桥3座。帮助联系村建立绿色基地，种植核桃树1.33公顷，在庭前院后栽种香樟、南果各类树木0.33公顷。组织党员先锋队，帮助联系户抢收抢种。到联系村开展中共十八届四中全会精神宣讲，走访慰问困难党员。

（市环保局）

2014年8月21日，环境保护部副部长吴晓青（左二）到眉山调研全市环保工作

教育·体育

综　述

2014年，全市有各级各类学校901所。其中幼儿园444所、小学210所、初中125所、九年一贯制学校63所、高中28所、中职校17所、特校5所、高校9所（本科类高校有四川大学锦江学院、四川工商学院、成都信息工程学院仁寿天府校区、中国武警警官学院仁寿校区4所；高职专科高校有眉山职业技术学院、四川城市职业学院眉山校区、四川东星航空职业学院、四川科技职业学院、成都艺术职业学院青神校区5所）。在校学生43万人，教职工3万人（专任教师2.44万人）。

全市有各类体育场地2240个，其中公共体育场2个、体育馆5个、村级农民体育健身工程537个、全民健身路径242条、乡镇体育健身中心3个、其余场地1451个。有业余体校6个，市级体育社会组织16个，县级57个。国家级体育传统项目示范学校1所，省级10所，市级11所。国家青少年体育俱乐部10个。省级阳光体育示范学校6所。有专职教练25人，体育教师884人，各级社会体育指导员和体育骨干1620人。

2014年，眉山市教育体育系统围绕市委市政府中心工作，以实施教育六大工程为抓手，向上争取资金3.15亿元，新建、改扩建校舍9万平方米。以改革招生考试制度为重点，深化教育领域综合改革。坚持立德树人，素质教育向纵深推进，提升教育质量。促进教育公平，解决教育热点难点问题。加强内涵建设，各级各类教育协调发展。全民健身增强体质，编排并推广独具眉山特色的大众广场健身操。免费开放体育场馆，接待体育健身人员59万人次。组织开展各项体育活动，参加140万人次。教体系统安全稳定，各项目标任务全面完成。

教育体育综合改革

【招生考试制度改革】 2014年，眉山市教体局印发《关于深化义务教育学校招生改革的通知》，规范义务教育招生秩序。实行划片招生、就近入学，实施义务教育学校学生学籍信息化管理，破解义务教育择校难题。义务教育招生改革经验被编入全省教育领域综合改革简报，全省推广学习。制定《关于做好2014年高中阶段教育学校招生考试工作的意见》，改革考试报名及志愿填报方式，严格招生考试报名资格条件，改革物理、化学实验操作、体育、考点设置形式及志愿设置及录取方式。

【人才培养模式改革】 2014年，严格执行规范办学的各项规定，开展义务教育阶段学校“减负万里行”活动。改革普通高中课程，稳固教育质量。改革中高职衔接培养制度，市内12所中职校与7所省级以上示范（骨干）为主的高职院校签订中高职衔接合作协议。开展中高职衔接推进会议5次。

【体育公共服务供给方式改革】 2014年，取消体育社会组织登记、年检前置审批和群众体育、商业性赛事活动审批，全市新增体育社团2个。体育行政部门通过政府购买服务、项目资助等方式，支持各类体育社会开展活动12次。全年新建农民体育健身工程86个、全民健身路径55条。体育系统体育场地全部免费开放，部分学校在不影响教学的前提下分时段免费开放。

教育重大项目建设

【资金争取】 2014年，全市向上争取资金3.15亿元，其中义务教育经费保障资金1.7亿元、学生资助资金5000万元、基础建设经费9500万元。

【项目建设】2014年，投资1.5亿元，新建、改扩建校舍9万平方米。编制《眉山市全面改善义务教育薄弱学校基本办学条件实施方案》，投入5367万元改善贫困地区义务教育薄弱学校基本办学条件。启动青衣小学建设，推进眉山市示范性综合实践基建设，实施一期工程。推进灾后恢复重建，项目开工率99.3%，完工率90%，投入资金2.8亿元，新建、改扩建校舍35万平方米。

【跟踪引进高校建设】2014年，推进四川工商学院、成都信息工程学院仁寿天府校区、中国武警警官学院仁寿校区、四川城市职业学院眉山校区、四川东星航空职业学院、四川科技职业学院、成都艺术职业学院青神校区7所高校建设，四川城市职业学院、四川科技职业学院、成都艺术职业学院开工建设，四川工商学院一期工程建成使用，首批招生2300余人。

基础教育

【学前教育】2014年，启动实施第二轮学前教育三年行动计划，规划三年建设幼儿园32所，新建和改扩建幼儿园13所，学前三年毛入园率89%。开展《3—6周岁儿童学习与发展指南》学习培训，要求小学一年级实行零起点教学。规范幼儿园招生行为，公办幼儿园原则招收3周岁以上儿童，设大中小3个年级。组织幼师40人参加高级研讨班学习培训。在仁寿县举办学前教育现场观摩学习活动。

【义务教育】2014年，东坡区、彭山区通过国家教育督导团义务教育基本实现均衡目标的检查验收；青神县接受省政府教育督导团检查验收。抓控辍保学，妥善解决进城务工人员4000余人随迁子女入学问题。全市义务教育入学率100%、巩固率94.1%。

【普通高中教育】2014年，统筹两类高中发展，普通高中招生计划总数按初三毕业生人数的50%核定。完成普通高中学业水平考试、综合素质考评。严格学籍管理。提高高中阶段在校生巩固率和毕业率，高中阶段毛入学率90%。加强示范性普通高中的建设和管理。巩固10所省级示范高中确认成果，推动洪雅中学、仁寿中学、华兴中学升级创建。开展6所市级示范性普通高中复核认定。

【特殊教育】2014年，制定《眉山市特殊教育提升计划（2014—2016)》。全市5所特校和1个特教中心在校学生314人。普通学校随班就读残疾儿童少年2480人。

【德育工作】2014年，评选市级“三好”学生283人、优秀学生干部138人、先进班集体48个。评选校园文化“十佳学校”，命名“绿色示范学校”20所。建“全国优秀家长学校实验基地”30所。基地校涵盖幼儿园、小学、初中、高中四个层面。创建“全国优秀家长学校”，东坡区眉师附小等5所学校接受检查验收，围绕严重不良行为青少年、农村留守学生工作重点，通过摸情况、建台账，掌握重点青少年基本情况，完成核心指标体系建设。通过结对子、勤帮扶、常回访，实现有效帮扶管理。全年全市47所学校设置心理咨询室，配置兼职心理辅导老师300余人，推进心理健康教育常态化。以重要节日、纪念日为契机，开展“中国梦”“三爱”“三节”“中华经典　亲子诵读”“携手—青春无毒·中国梦”“关爱传递　温暖你我”志愿服务等活动。

【体卫艺国防教育】2014年，落实中小学体育课程设置标准，开齐开足体育课，保证学生每天1小时体育锻炼时间。创建省级阳光体育示范学校10所，评定市级阳光体育示范学校19所。建立定期组织综合性学生体育赛事制度，全市中小学生田径运动会和中小学生棋类比赛规模均达1000人以上。实施《国家学生体质健康标准》，实行学校体育工作自评公示和年度报告制度。选派体育教师20余人参加国家和省级培训，鼓励和指导体育教师参加体育科研。各中小学校将健康教育课纳入教学计划，每两周在活动类课程安排一课时开健康教育课，开课率100%。开展艾滋病和禁毒知识教育。制定眉山市艺术教育五年行动计划，确定彭山县为全省艺术教育试点区县；组织实施“四川省第十届中小学优秀艺术人才大赛”眉山分赛区比赛活动，全市5000名余学生参加该比赛。全市高一新生1.6万人参加军训。在四川省“美丽中国”第二届少儿手绘地图大赛中，获省级一等奖1名、二等奖2名、三等奖3名、优胜奖5名，市教体局获组织奖。

中等职业教育

【中职招生就业】2014年，全市中职招生17539人。中职毕业生12586人，就业率98.7%。10所中职校开展对口高职升学班教育教学，中职毕业生1015人参加高职单招考试报名，上线录取766人，录取率76%；510人参加对口高职招生考试，51人升入本科院校，348人被高职专科录取。

【职教基础能力建设】2014年，争取到位中央、省、市职教建设专项资金3950万元。市政府印发《关于加快发展现代职业教育的实施意见》，组建眉山市职业教育集团，推进集团化办学。选送专业教师20人参加国培，青年教师11人到企业实践，教师58人参加省级培训。集中开展汽修专业教师全员培训，培训与技能鉴定结合，有教师11人取得高级工、教师2人取得中级工证书。认定“双师型”教师428人。

【职教重点学校和重点专业建设】2014年，中国水电七局高级技工校“国家中等职业教育改革发展示范校”（以下简称“国示”）建设接受教育部等委托省开展的评估验收。仁寿二职中开展“国示”后示范建设，与第三批“国示”建设学校四川省商业服务学校结对发展。眉山卫生职业学校创建市级重点学校，其护理专业创建市级重点专业。新开设专业7个，向省教育厅报备2015年拟新增专业3个。

【“9+3”免费教育】2014年，全市招收“9+3”学生394人，召开“9+3”管理工作座谈会3次。发展“9+3”学生党员，“9+3”学生团员476中，参加党课培训98人，递交入党申请书68人，培养入党积极分子31人，预备党员1人。2011级毕业学生76人中，11人应征入伍、6人升学、2人被州内基层单位公招录取，毕业生就业率100%。

成人教育

2014年，全市开展各类成人教育培训10余万人次，其中农村劳动力转移培训6.11万人，农村实用技术培训6.04万人。

民办教育

【概况】2014年，全市贯彻落实《民办教育促进法》，鼓励社会力量办学。开展民办教育各类政策清理，纠正对民办学校的各类歧视政策。支持民办学校，投入233万元建设普惠性民办幼儿园，全年创建市级普惠性民办幼儿园31所。

【民办教育监管】2014年，市教体局调研、指导民办教育。加强民办学校招生简章备案管理，组织开展全市民办学校年检，向所检学校下发年检通报。

体育工作

【群众体育】2014年，实施《眉山市全民健身实施计划（2011—2015年）》，逐步形成覆盖城乡的全民健身公共服务体系。成立眉山市健美操协会，发展社会体育组织9个，增加各级各类健身站点近20个。举办2014年“体彩杯”眉山市第十七届万人健身跑活动、全民健身主题活动，组织市级机关拔河、跳绳、50米迎面接力比赛，眉山市第七届体育舞蹈及全民健身桥牌、武术、广场健身操等比赛50余次。依托体育单项协会，开展体育舞蹈、太极拳（剑）、健身操等展示活动近100次，30万余人参与。全市举办各级体育竞赛活动300余次，参加全民健身活动140余万人次。创编《眉山市广场健身操》，常年开展广场义务教学活动。开办各类培训活动17次768人次，择优推荐参加国家级、一级培训23人次。组织全国第四次国民体质抽样监测4820人；举办各类科普知识宣传讲座和体育健身“大讲堂”7次；开展体育表演、展示活动17次，指导群众科学健身100余万人次。市教育体育局等15个单位、冯学东等14人被四川省体育总局评为2011—2014年度四川省群众体育先进单位和先进个人。

【竞技体育】2014年，备战四川省第十二届运动会，开展田径、篮球、足球等全市业余训练项目18个。组建眉山市体育代表团，派出20支代表队350余名运动员、教练员和工作人员参加省十二运会18个大项比赛，获8金11银11.5铜和团体总分777.5分及体育道德风尚奖。输送的运动员罗雅丹在南京青少年奥林匹克运动会上获赛艇女子双人单桨1000米银牌，在2014年全国赛艇锦标赛上获女子8人艇单桨有舵手2000米冠军；高雪在南京青少年奥林匹克运动会上获女子橄榄球铜牌；车林霄在全国皮划艇锦标赛上获男子500米双人艇第三名、男子1000米双人艇第四名。全市运动员28人被选调到省集训，其中林星宇、胡想琳进入省专业运动队。向省大专以上体育院校输送体育后备人才330人。3人被授予国家一级运动员称号，16人被授予国家二级运动员称号，8人被授予国家一级裁判员称号，15人被授予国家二级裁判员称号。东坡区眉山一中被国家体育总局、教育部评为国家级体育传统项目示范学校，被国家体育总局授予国家级青少年体育俱乐部。

【体育产业】2014年，完成全国第六次场地普查，全市有各类体育场地2182个，人均体育场地面积0.67平方米。在公交车身及《眉山日报》《博周刊》等媒体宣传公益体彩。组织中国体育彩票冠名赛事10个，申请宣传经费37万元。全年体彩销售1.16亿元。4个项目获上级补助326.5万元，包括农民体育健身工程86套、健身路径4套，社区多功能运动场1个，文化体育传媒补助项目1个。7个体育场馆获免费低收费开放补助760万元，其中中央、省补助金681万元。

民生工程

2014年，全市教育民生工程全面完成目标任务。高校毕业生就业率93.4%，开工建设公办幼儿园13所。减免在园幼儿保教费8100人，义务教育阶段学生作业本费应免尽免。中等职业学校招生1.75万人，中职学校2.15万人免除学费，资助中职业学校学生7600人。资助地方属普通高校学生1700人，资助普通高中学生1.61万人，国家奖学金等资助普通高校优秀本科学生110人，资助业余训练学生运动员58人。开工建设农村义务教育学校食堂1350平方米，农村义务教育学生营养改善计划3600人。开工建设农村教师周转宿舍20套，开工建设义务教育学校教学用房9893平方米。体育场馆免费开放接待59.3万人次。

队伍建设

【校（园）长培训】2014年，开展校（园）长和学校中层干部培训1655人次。其中省级以上培训114人次。市教育局依托高校组织开展校（园）长高级研修第三轮培训，校园安全培训等，培训校（园）长341人。区县培训校（园）长582人次。主要培训内容为校（园）长专业发展、校园文化建设、学校安全管理等。培训中小学校中层管理干部618人次。

【教师培训】2014年，全市校长和教师参加培训4万人次。其中国家级培训119人次、省级培训6191人次、市级培训3131人次、区县培训3.04万人次。

【先进表彰】2014年，市政府表彰优秀教师73人、优秀校长15人，市劳动模范1人、市拔尖人才1人；推荐评选省特级教师14人、省第12批优秀专家1人，省农村义务教育学校教师贡献奖40人、农村困难教师资助计划11人，全国模范教师、优秀教师4人，全国先进集体1个，推荐全国教书育人楷模1人；开展优秀教师和集体事迹宣传30人。

【教师职称评审】2014年，按个人申报，逐级审查推荐，推荐评审教师职称高级164人，组织评审教师和教练员职称中级503人、初级27人。

【对口支教】2014年，实施省委《行动计划》和国家“三区”人才支持计划，对口支援凉山三县教育。选派优秀教师30人赴凉山三县任教；接收受援县学生到眉山市就读90人；选派援藏教师10人；落实国家“三区”人才支持计划人员补助资金86万元。

【教师资格认定】2014年，认定教师资格证3991人。其中高中阶段教师705人、初级中学教师981人、小学教师536人、幼儿园教师1769人。

招生自考

【普通高校招生】2014年，全市参加各类普通高校招生统考2.13万人。其中1.97万人参加全国普通高校招生统考，录取1.59万人（文科6147人，理科8569人，艺术1010人，体育223人）。职业高中、中师毕业考生1383人参加全省职教、高职对口招生统考，录取1076人（本科层次35人、专科层次1041人）。

【成人高校招生】2014年，全市参加成人高校招生考试4701人，录取3979被，录取率84.6%。其中高中起点专科录取3470人（文科607人、理科2863人），高中起点本科录取9人，专升本录取500人。

【高等教育自学考试】2014年，组织高等教育自学考试2次，参考1.25万人，报考2.31万科次，毕业29人。

【非学历证书考试】2014年，全市参加全国计算机一至四级考试7808人次，参加全国英语一至三级考试7577人次，参加全国大学英语四六级考试1.48万人次（四级1.11万人次、六级3703人次）。

教育科研

【科研课题立项与成果推广】2014年，全市教育科研立项省级资助金课题8项，其中重点课题2项。开展市首次教育科研资助金项目评审，立项25项。组织完成市一小、洪雅中学等10所学校参加的四川省校本研修示范校申报评选及推荐。以深化拓展型和活动研讨型2种主要方式开展“基于游戏的小学数学自主探索式教学研究”等优秀教科研成果推广。

【课程改革】2014年，全市实施高中课程课改，完成省级培训，组织高一、高二教师1600人跟进式培训，邀请省内外专家30余人次到眉山专题报告和讲座。成立高三学科中心指导组，开展地方课程教学研讨活动，培训教师1200余人次。

【教学研究】2014年，全市教师在各级各类刊物上发表文章1000余篇。组织青年教师参加优质课竞赛，获全国一等奖1人、获省一等奖13人。组织相关学科论文或教学成果、教学案例等评选活动，获得省一等奖9人、二等奖22人、三等奖35人。

【教育学会】2014年，按照眉山市第三届教育学会章程，组织开展教育教学研究活动。编辑出版眉山市《基础教育改革实践与研究（四）》。

教育装备与信息化

【教育装备】2014年，全市教育技术装备投入6000万元，配备数字教室650套、计算机网络教室30间、理化生实验室9间、数字校园2所，按标准新装备学校20所，全市学校装备达标率70%以上。

【教育信息化】2014年，市教育体育局印发《眉山市教育信息化建设实施方案》，电信和移动公司建设网络宽带“校校通”，中小学校校园宽带全覆盖，10%的学校带宽1000兆以上，40%的学校带宽500兆以上，40%的学校带宽100兆以上。班班通数字教室覆盖率80%以上。全市学校人人通覆盖率20%以上。教学点教育资源完成全市覆盖工程。加强教育信息化平台应用工作。指导学校用好四川省教育资源公共服务平台、四川省教育管理公共服务平台。建设240所中小学数字校园。做好四川省教育资源平台和四川省中小学数字校园注册使用，开展部署实施教育管理平台建设。提升教师数字化教学能力，开展数字化教学教师培训2000人次，开展数字化教学课题研究，向省电教馆报送“中小学教育信息化应用与发展”国家级课题17个。

【两项考试】2014年，全市191所初中2.34万名考生参加初中理科实验操作考试。1.8万人参加高中信息技术学业水平考试。

教育督导

【机构和队伍建设】2014年，全市实行中小学校责任督学挂牌督导制度，各区县均完成挂牌。调研区县责任区督导工作情况，召开全市教育督导责任区督学培训会，培训责任区督学。

【督政】2014年，在全市开展义务教育均衡发展工作督查。重点督导检查东坡区、彭山区、青神县义务教育均衡发展工作。举办全市义务教育均衡发展工作培训会，部署全市义务教育均衡发展工作。各区县启动义务教育均衡发展迎检。组织专家督查检查东坡区、彭山区、青神县、丹棱县义务教育均衡发展工中存在的问题，提出整改意见，限期整改。

【督学工作】2014年，市政府教育督导团制定《关于开展对全市普通中小学素质教育工作督导评估的工作方案》，开展素质教育督导评估，县级教育督导部门评估中小学53所。完善《中职校办学水平督导评估细则》，下发《眉山市人民政府教育督导委员会关于印发中职校办学水平督导评估细则的通知》，启动第二轮中职校办学水平督导评估，督导评估丹棱县职高。市教育局、市政府教育督导团制发《关于加强幼儿园督导评估工作的意见》，开展学前教育督导评估，评估幼儿园1所，区县评估幼儿园12所。围绕教育中心和重点、难点工作开展专项督导检查。全市重点开展农村义务教育阶段学校基本办学条件专项督导、学校教育教学质量与管理工作、高中课改、学校安全工作、中小学体育卫生工作等专项督导。

党风廉政建设

2014年，市教育体育局制定《2014年党风廉政建设和反腐败工作的意见》，完善《2014年党风廉政建设和反腐败工作任务分工表》。制定《关于在群教活动中开展政风肃纪切实解决“四风”突出问题的实施方案》，重点督查严格财经纪律、厉行节约等突出问题11个。开展收受红包礼金、选人用人不正之风、“靠山吃山”等专项整治。全年党组会议专题研究党风廉政建设和反腐败工作10次，层层签订党风廉政建设主体责任书32份。7家直属事业单位开展述责述廉。参与项目采购监督、验收等14次。组织全体干部职工观看警示教育片4部，赴警示教育基地学习1次，学习警示教育读本2本。开展群众路线实践教育活动，征集意见和建议400余条，综合梳理15方面的问题。互相提出批评意见84条，实行清单式整改。开展学校伙食团经费管理、治理教育乱收费、师德师风、规范办学行为等专项督查5项，落实整改意见13条。受理教育乱收费信访举报件48件，办结48件，办结率100%，查处教育系统乱收费案件12件，清退违规收费金额及代收金额约33万元，处理相关责任人7名。重新聘请行风监督员10名。

依法行政

【依法治理】2014年，全市贯彻落实《四川省依法治省纲要》《眉山市依法治市纲要》，成立依法治市、依法治教领导小组和工作机构，市教育体育局制发《眉山市教育系统全面推进依法治教的实施意见》《眉山市教育系统重大决策事项社会稳定风险评估实施办法》。建设四川省行政权力依法规范公开运行平台，教育行政权力依法规范公开运行。

【法律进学校】2014年，贯彻落实《全面推进依法治校实施纲要》《四川省关于深入推进“法律进学校”的实施意见（2014—2016)》。在全市开展学校内部管理制度规范化建设，健全完善学校法人治理结构和内部管理制度。开展依法治校示范校创建活动，全年创建市级依法治校示范校2所，复查市县级依法治校示范校。成立“法律进学校”领导小组，制定“法律进学校”实施方案。“法律进学校”活动与法制宣传教育相结合，与思想政治教育相结合，与课堂课外教育相结合、与主题教育活动及日常法制宣传教育相结合，将法制教育纳入学校教育全过程。落实“六五”普法规划，开展法治宣传月、宣传周、宣传日活动，开展以法治宣传教育为主题的辩论赛、知识竞赛、演讲赛、征文比赛、文艺演出等青少年校园文化活动。

安全及其他

【学校安全】2014年，市教育体育局与各区县教育局、各级各类学校层层签订学校安全稳定工作目标责任书，落实安全工作责任制。执行安全工作领导干部分片包干制度，加强各类安全工作专项督查。完善市、县、校三级培训体系，与市级相关部门联合组织安全培训5次，培训800余人，教育系统内安全教育培训8次，培训820余人，区县教育局开展培训30余次1.3万人次；各级各类学校开展专项安全教育2000余次41万余人次。加强反恐防暴工作，制定预防暴恐袭击工作预案，组织开展应急演练1000余次。“防灾减灾月”“5·12”“9·18”等时期开展应急逃生演练1800余次，增强师生自我保护意识。加大“三防”投入，全市学校聘请专业保安1032人，寄宿制学校配备专职宿舍管理教师1023人。配备完善视频监控6893个、远红外线2850个和电警棍、对讲机、一键式报警器等设备设施。做好校车安全监管，建起三维全程监控平台和相关制度。做好消防、防溺水等安全工作。开展隐患排查，集中整治，排查各类安全隐患230余次、整治隐患230余处，整改率100%。

【学校食品安全三年行动计划】2014年，全省学校食品安全现场会在眉山召开，眉山市学校食品安全工作得到省、市主要领导肯定。编印《眉山市学校食品安全三年行动计划工作指南》1万册，印发《学校卫生工作制度》2万册。加强食品安全教育，全市学生受教育面100%。全年全市投入资金1.29亿元用于学校改水、改厨、改厕。学校生活饮用水检测合格率100%、食堂标准化建设合格率84%、水冲式厕所合格率73%、师生食品安全知晓率100%。

【语言文字工作】2014年，贯彻落实《国家中长期语言文字事业改革和发展规划纲要（2012—2020年）》《通用规范汉字表》。开展省、市语言文字规范化示范校创建，全市创建市级语言文字规范示范学校3所。开展汉字听写大会比赛，组织选拔学校参加第二届“文轩教育杯”中国汉字听写大会四川赛区总决赛，取得优异成绩。眉山市东坡区实验中学代表队首次参加中国汉字听写大会获亚军。组织开展第17届全国推广普通话宣传周活动，发放宣传资料1万余份。加强普通话培训测试管理，实施普通话机测，全年举办培训班7期，培训测试880人。

（市教育体育局）

眉山职业技术学院

【概况】2014年，眉山职业技术学院（以下简称眉职院）建筑总面积11.1万平方米，教学设备设施总价值2372余万元，馆藏纸质图书37.85万余册，在校学生6592人，专任教师263人。设有师范教育系、农业技术系、商贸旅游系、机电工程系、基础部、技工学校、生产研发中心等7个教学科研单位。

【省级示范性高等职业院校培育项目建设】2014年，眉职院召开誓师动员大会、项目推进布置会7次、阶段工作总结会1次；拟定《学院2014年（1—8月）示范建设任务目标进度表》《学院（2014年8月—2015年3月）示范建设任务目标进度表》；制定完善《示范建设绩效考核办法》《示范建设项目审批流程》《示范建设推进落实流程》《示范建设经费报销流程》《示范建设验收流程》等制度；发布《创示简报》16期、《创示建设通知》13期、《检查通报》5期，完成《学院示范院校建设中期自评报告》提纲和起草2014年建设任务。

【内涵建设】2014年，眉职院学前教育和畜牧兽医两个专业被四川省教育厅确定为2014年四川省高职院校省级重点专业建设项目，《财务管理实务》成功申报“省级精品资源共享课”；有省级示范培育项目重点建设专业项目2个，院级重点培育建设专业2个，四川省高职院校省级重点专业建设项目2个，被省教育厅立项的高等教育人才培养质量和教学改革项目5个，院级立项的教学改革项目11项，院级精品课程9门，省级精品课程5门，省级精品资源共享课程2门。学生参加全国职业院校技能大赛“中华茶艺技能”获一等奖，四川省高职院校中餐主题摆台技能竞赛获三等奖，四川省高职院校会计技能大赛会计手工与信息化业务处理项目获团体优胜奖，获第十届高职高专实用英语口语大赛四川省复赛三等奖，2014年四川省大学生白酒品评技能大赛获团体二等奖和优秀组织奖。

【学生工作】2014年，眉职院开展“法律进学校”活动，完成《大学生思想政治教育工作测评体系（试行）》自查自评，开设道德讲堂。完成学生资助，推荐国家奖学金获

2014年7月1日，眉山职业技术学院学生获得全国职业院校技能大赛（高职组）中华茶艺技能大赛团体总分第一名、一等奖

得者6人，国家励志奖学金获得者173人，国家助学金获得者2025人，评定学院奖学金371人，助学金获得者250人。

【队伍建设】2014年，眉职院引进本科及以上专业技术人员13人(副高级职称1人、硕士研究生8人)；派出骨干教师和干部72人到省内外(台湾)进修培训；组织37个工种的教师38人参加四川省职业技能鉴定考评员培训；派出教师3人到企事业单位挂职锻炼，安排教师10人到企业顶岗培训，专任教师人均企业实践时间10.58天；商贸旅游系“旅游人才培养创新研究团队”荣获眉山市争创“人才创业创新创优优秀团队”活动首批资助团队。

【招生就业】2014年，眉职院首次单独招生。全年录取新生2582人，其中三年制大专2456人（四川2411人、云南1人，重庆40人），五年制大专126人，超额录取23%，实际报到2209人，其中三年制大专2083人，新生超额录取率23%，报到率80%。新建校外实习就业基地30余个。邀请197家单位（企业）到学院参加实习就业双选会，提供顶岗实习岗位2800余个，安排大中专毕业生参加顶岗实习2353人。全年毕业学生2095人，一次性就业2003人，自主创业27人，就业率95.6%。

【科研工作】2014年，全院省级课题立项4项，市级课题立项2项，院级课题立项9项。教师发表论文140篇，其中公开发表86篇，核心期刊6篇；出版教材8部，专著1部。科研成果获得省级三等奖1项，市级一等奖1项，市级二等奖5项，市级三等奖1项。

【社会服务】2014年，眉职院、市教体局、农业局等政府部门、眉山市会计师协会等行业组织、华西希望集团等企业、仁寿二职中等学校、眉山市第一幼儿园等幼儿园组建眉山市职业教育集团。组建师范专业、涉农专业等办学共同体6个，组织召开中高职衔接研讨会5次，开展中高职课程体系衔接研究，制定专业的中高衔接人才培养方案10个。与甘孜州职业技术学校、中国十九冶高级技工学校、眉山科学技术学校联合开展五年一贯制普通高职教育。对口支援彭山二职中、眉山机电职业技术学校等4所区域内中职学校，培训中职教师50人次。眉职院、市职教学会联合开展全市职业院校师生职业技能大赛。成立眉山职业技术学院培训鉴定中心，增设鉴定工种4个，鉴定工种增至50个。学院专家教授深入农村一线开展农业技术培训和现场技术指导，培训指导农民2000余人；承办2014年度眉山市基层农技人员知识更新培训，培训学员400余人；参与培训东坡区及青神县的幼儿园园长、幼儿教师1200余人；承办市级各部门和单位的各类培训和考试，培训和参考人数2万余人次。

【优化育人环境】2014年，眉职院中央财政支持的畜牧兽医实训基地和建筑装饰工程技术实训基地建设如期完工，新增教学仪器设备价值389.55万元，总价值增至2372.31万元，启动教职工食堂项目和运动场改造项目基础工作。完成《期刊论文库》招标与使用培训，新购中国知网5个全专辑加15个专题电子资源。完成综合平台、离校管理系统以及相关设备招标采购。开展反恐防暴、地震、消防应急演练。完善人防、物防和技防“三位一体”的校园治安防控体系。建立完善应急预案，提高突发事件防范和处置能力。

（眉山职业技术学院）

四川大学锦江学院

【概况】2014年，四川大学锦江学院（以下简称学院）被国家体育总局授予“全国啦啦操实验高校”称号；蝉联中国独立学院综合实力百强排行榜第五位；被腾讯网教育年度总评榜评为“中国最具知名度独立学院”；受到《中国日报》、中国新闻网、人民网、腾讯网、《中国教育报》《华西都市报》、四川新闻网等媒体报道660余次。

【党建工作】2014年，学院组织全校师生开展庸懒散浮拖和收受红包礼金专项整治，全校科级以上干部签订《领导干部拒收不收红包礼金承诺书》。省教育纪工委检查全院贯彻落实中央和省委改进工作作风、密切联系群众有关规定情况。全年培训入党积极分子1074人次，发展和转正党员1022人。发展团员118人。开展优秀团组织生活观摩55次，精品团日生活14次。

【章程建设】2014年，学院以章程建设为契机，规范法人治理结构，明确行政领导班子、党委、学术机构的权责关系；制定完善校务会、党委会、学术机构等议事规则和决策程序；修订各部门职责和岗位职责，新制定教学、人事、财务等重要规章制度20余个，开展法律进校园系列活动，推进学校依法治校、依法治教进程。

【教学改革】2014年，学院召开校级教学改革研讨会4次，确定课程体系和教学内容改革原则和目标；启动课程考核方式改革，加大过程考核力度；推行教考分离试点，开展大学英语、微积分等部分课程试题库建设和计算机基础课机考探索；引入慕课教学资源，开展慕课教学试点。

【教学管理】2014年，学院推进教学质量监控体系建设和运行。召开以“规范教学过程，严把质量标准，提升教学质量”为主题的2014年教学工作会，深化对教学工作规范重要性的认识，明确质量监控体系建设工作步骤和重点。加强教学实施环节“三听三查”（领导听课、教学督导听课、同行听课；常规检查与专项检查相结合、定期检查与随机检查相结合、全面检查与重点检查相结合），抓考试环节管理。

【教学基本建设】2014年，优化专业设置和专业结构，增设本科专业2个、专科专业3个，停办专业1个，暂停专业招生2个；完善专业负责人制度；启动新一轮人才培养方案修订，修订新一轮课程教学大纲；规范教材选用和评价机制；与微软（中国）公司合作建立四川省唯一“微软技术实践中心”；新建校外教学实习基地18个；“酿酒工程人才与技术产学研创新战略联盟”被四川省科技厅列为省级产业创新战略联盟。

【学生教育管理】2014年，学院实施班主任制度，选聘专职教师133人担任2013、2014级班主任。加强辅导员队伍教育、培养和管理，强化辅导员业务能力和素质培训，提高辅导员综合素质。加强学生干部队伍建设、培养和管理，实施全校学生干部骨干培养计划；开办大学生骨干培养学校，开展培训12次，建立校、院、班三级学生干部配合协调工作机制。

【学生素质培养】2014年，学院优化学生素质教育架构和通识教育课程体系，启动学生素质“五大养成”计划（绅士淑女养成计划、学养拓展计划、健身行动计划、特长培养计划、互助关爱计划），重点培养学生人文、科学素养和健全人格。全年举办锦江大讲堂等校级学术讲座18场、专职教师学术讲座120余场；开展校级第二课堂活动96项；开展关爱空巢老人和留守儿童、助农支教、西部支教、社会实践三下乡等系列活动80余项；举办社团特色活动248次；成立电子设计创新协会、机械设计制图协会等学习类社团6个。学生参加各级各类竞赛获得省级及以上奖励193项，其中学科竞赛获奖173项。学生申请专利40项。

【队伍建设】2014年，学院加强干部考核、选拔和培养，提拔优秀青年干部充实部分单位领导班子；引进高层次教学、管理人才20人。完善教职工薪酬体系和考核办法，落实专职教职工月奖励制度；加强兼职教师资格审核和管理。开展青年教师教学大赛和教案大赛；实施青年教师科研立项资助，12个项目获得校级立项；教职工39人取得中级专业技术职称，教师1人取得高级专业技术职称；启动校内专业技术职务低职高聘。全年专职教职工获得校外荣誉及奖励68项，发表论文46篇，出版教材3本，其中1本列为国家级规划教材，承担、参与科研项目25项，4个项目获四川省教育厅人才培养质量和教学改革项目立项。教授阎钢荣获由教育部社会科学司指导、教育部高校思想政治理论课教学指导委员会和《思想理论教育导刊》评选的“全国高校思想政治理论课教师年度影响力十大标兵人物”荣誉称号。

【学生就业考研】2014年，学院新建就业基地10个，举办双选会和专场招聘会56场。毕业生一次就业率97%。2014届毕业生104人通过研究生入学考试国家控制线；68人被境外大学录取，其中1人被沙特阿拉伯—阿卜杜拉国王科技大学录取，并获每年7万美元奖学金。

【教育交流与合作】2014年，学院与美国布里奇波特大学、太平洋路德大学、英国胡弗汉顿大学、德国欧福大学、日本崇城大学、鹿儿岛大学、瑞士HTMi酒店和旅游管理学院等10余所国外高校签订合作协议项目；与英国博尔顿大学、索尔福德大学新建立校际合作关系，商定“2+2、3+1、3+1+1”等合作项目；英国、德国、日本、韩国等12所大学和教育机构校长、专家教授以及韩国驻成都领事馆领事到校交流访问。

【信息化建设】2014年，学院推进信息化试点，启动课程视频录播系统、在线自助学习平台建设和教务系统硬件更新升级工作；启用校园网，完善扩展校园网应用系统建设。

【文献资源建设】2014年，学院新增图书2万余册，新增CNKI（中国知网）数据库专题4个，成为CALIS（中国高等教育文献保障系统）成员馆，实现与全国高校图书馆信息资源共建、共知和共享。

【安全保卫】2014年，学院落实“校园110”工作制度，加强干部带岗督查、校园巡逻和治安保卫等；校园技防设施第二期工程建设竣工，安装启用高分辨率监控摄像头161个，整体提升校园及重点目标区域防范水平。

【校园建设】2014年，学院完成学校三期剩余土地调规、供地，修订校园总体规划。第八教学楼投入使用，完成第三教学楼改造工程、学生公寓热水系统建设、学校档案馆、教务试卷档案室、酿酒综合实验室等工程项目建设；完成景观公园绿化及公园周边广场、道路改造工程；完成学院南路路基、桥闸建设；启动图书馆、影剧院、彭溪河桥梁等项目设计。

【大型活动】2014年，学院承办团省委、省学生联合会等主办的第五期“四川省大学生骨干培养学校”暨“第三期藏区‘9+3’学生骨干培训班”开学典礼；省残联、省教育厅、团省委、眉山市人民政府主办的“中国梦 我的梦 凝心筑梦”——全省高校公益行活动首场演出；团中央学校部、团中央网络影视中心等主办的“青年好声音”全国大学生音乐大赛西南赛区决赛。

（张达懋　廖秀花）

科学技术

科技管理

【概况】2014年，全市科技工作围绕市委、市政府《关于实施创新驱动发展战略的意见》战略部署，强化“创一流、出经验”，科技进步对经济增长的贡献率48%。四川东坡中国泡菜产业技术研究院牵头“四川优质泡菜产业国家科技特派员创业链”被科技部批准为国家级科技特派员创业链基地，获得国家倾斜支持。组建全省“东坡泡菜专利联盟”。四川科瑞森生物工程有限公司在上海股权托管交易中心Q板挂牌。

【科技平台】2014年，眉山市建成省级高新技术产业化基地5家，培育国家高新技术企业13家、省级创新型企业16家，全市国家高新技术企业42家。筹建省级工程技术研究中心2家，市级工程技术研究中心6家。新建8个优势产业产学研合作创新联盟，组建全省“东坡泡菜专利联盟”。

【科技项目】2014年，全市组织实施省市科技项目170项，争取省级以上到位项目资金5195万元，比2013年增长26%。实施重大科技成果转化项目30项，引导企业投入8.2亿元。

【科技成果】2014年，新鉴定市级以上科技成果22项。专利申请80件，其中发明专利224件。全市新增转化实施专利技术180项，实现产值81亿元。获得“2014年四川专利奖”一等奖1项、三等奖1项。实现技术合同登记额5794万元，比2013年增长35%。

【农业科技】2014年，全市下派科技特派员821人次，引进农业新品种95个，推广农业新技术108项；实施科技开发项目83项，年利润1.19亿元；组建农村经济作合作组织和专业协会198个，会员4.5万人，辐射带动农民14万余人。

【产学研协作】2014年3月8日，在北京举办创新驱动·校（院、所）市合作恳谈会暨项目签约仪式，90家在京科研院校参加活动，16家科研院校与眉山有关单位签订战略合作协议。组织28高新企业参加第四届中国（西部）高新技术与金融资本对接会。组织24家科技型企业和36个项目参加第二届中国（绵阳）科技城国际科技博览会。在成都经济区科技投资推介会上，眉山与成都、绵阳等其他7市举行“共建创新驱动发展先导区”启动仪式。

【科普活动】2014年，开展全市“科技之春”“科技活动周”“科技下乡”等大型科普宣传活动，举办科技创新和知识产权讲座10场次，科技培训55期3600人次，赠送各类科技资料2.8万份。建立科技特派员服务站52个，创建科技特派员创业服务信息平台20个，15米科普长廊1个。

【知识产权】2014年，全市专利申请911件，其中发明专利282件。组织联合执法和专利专项执法检查12次，登记专利标注产品200余件，查处假冒专利案件10件。仁寿视高园区和彭山经开区列入第四批省级知识产权试点园区，金象园区和彭山经开区通过省级知识产权试点工作验收。东坡区建立6个知识产权工作站。全年新增专利消零企业50家，专利消零企业增至212家。

（市科技局）

科学技术普及

【科普宣传活动】2014年，全市科普工作以《全民科学素质行动计划纲要》为统领，广泛开展全民科学素质提升活动。围绕“创新发展、全民行动”主题，组织干部、科技人员2320人参加各类科普“六进”（进学校、进乡村、进社区、进企业、进军营、进机关）活动180余场次，受益群众35余万人次；补助100

余万元，新建科普宣传画廊10个，修缮村级科普宣传栏120个；按季度对800余个村级“站栏员”及时更换张贴科普挂图4万余幅，受益群众42万余人次。

【基层科普行动计划】2014年，全市基层科普行动计划工作获中国科协、财政部表彰奖励项目8个，获省科协、省财政厅表彰奖励项目10个，获奖补资金237万元；争取到位省科协科普基础设施建设专项资金100万元；开展全市优秀农技协、优秀科普示范基地、优秀农村科普人才推荐评选。评选出优秀农技协20个、优秀科普示范基地11个、优秀农村科普人才10人。基层科普行动计划工作成为全市科协服务“三农”重要品牌，湖南省、重庆市、绵阳市科协等省市州科协到眉山考察参观。

【青少年科普】2014年，举办眉山市第13届青少年科技创新大赛；组团参加全省、全国的青少年科技创新大赛，参加在雅安汉源召开的四川省第29届青少年科技创新大赛。眉山获省级一等奖4个、二等奖22个、三等奖24个、组织奖4个；组织参加在河南举办的第五届“熊博士”全国青少年科学影像节展评活动，东坡区苏祠中学、仁寿一中校选送作品获全国一等奖。参加全国第14届“明天小小科学家”活动，眉山选手获三等奖1个。组团参加省青少年智力运动飞叠杯邀请赛获花式团体亚军；邀请中国流动科技馆、省流动科技馆到洪雅县、仁寿县开展科普巡展，活动免费向青少年及社会公众开放，15万余人次参观。

【金桥工程】2014年，全市金桥工程实现省级立项备案33项，立项备案产值44亿余元。市金桥工程省级立项备案数、立项备案产值连续3年位居全省第二位。市级立项备案38项，立项备案产值45亿余元。市政府下发《眉山市金桥工程考核办法》，市政府每三年专项评选表彰全市金桥工程工作1次，每次表彰经费50万元。市政府办表彰全市金桥工程优秀项目一等奖6个、二等奖9个、三等奖15个，奖励金额40.5万元。

【银会合作】2014年，市财政给予“银会合作”每年100万元专项贴息；市科协、市财政、市邮储银行修订完善《银会合作考核奖励办法》；全市继续享受省邮储银行农技协小额贷款利率、期限、额度优惠政策。全年邮储银行向全市农技协及会员户发放优惠小额贷款3983笔3.2亿元。省科协、省邮储银行联合在眉山召开以“推广眉山银会合作经验、促进现代农业加快发展”为主题的全省推进会。

【学术交流】2014年，市级学协会组织开展学术交流活动50余场次，5000余人次参加；开展眉山市第七届优秀科技论文评审，全市征集各类科技论文169篇，组织专家初评、终评，评出一等奖18篇、二等奖25篇、三等奖33篇；组团参加四川省第七届博士专家论坛，全市2篇论文入围，南车眉山车辆厂科协高级工程师邓成尧在会上作交流发言；投入3万余元印发《畜禽健康养殖实用技术手册》《健康生活食品安全》《眉山市科协工作全搜索》等科普资料3万余份册。

（李成军）

2014年8月20日，中国科协党组书记尚勇调研眉山农技协

传　媒

广播电视

【概况】2014年，眉山电视台开设《眉山新闻联播》《每日快报》《1840龙门阵》等自办栏目5档，每天自办节目时长100分钟。电台开设《眉山新闻》《阳光政务》《天天美食》《越摆越起劲》等自办栏目10档，每天自办节目时长600分钟。完成市委、市政府对外宣传片、市情片、汇报片等高清专题片18部。眉山广播电视报发行周刊，每期28版，每期发行量8000份。完成全市党的群众路线教育实践活动部署会议、创建国家园林城市总结暨“绿海明珠”大会战动员大会、眉山市推进依法治市工作等40余场直播、录播活动。经营收入2556万元，比2013年增长17.19%。

【主题宣传】2014年，眉山电视台开设“主动作为创一流　转型升级促跨越”“为民务实清廉　践行群众路线”“践行社会主义核心价值观·身边人身边事”“依法治市推动眉山发展”“深入学习贯彻省委十届五次全会精神”“整治庸懒散浮拖　干在实处谋发展”等专栏24个。播出广播电视新闻7000余条，重点报道眉山主动作为创一流典型、群众路线教育实践活动开展情况及典型、践行社会主义核心价值观的典型，以及重点园区、重点项目、三产发展、民生工程、文化立市等情况。

【对外宣传】2014年，眉山广播电视台在省级以上新闻媒体播发稿件476条，其中电视新闻357条（中央电视台播发39条，在央视《新闻联播》播出3条），广播新闻119条（中央人民广播电台播发9条）。其中眉山广播电视台跟踪报道的眉山聋儿薇薇找耳蜗事件，受到中央媒体和省级媒体关注，《四川眉山：义卖募捐　爱心凑钱装“新耳”》等6条新闻在央视新闻频道《新闻直播间》等栏目播出，由眉山广播电视台协助市残联举办的义卖义演活动募捐物资10余万元，让薇薇重获新“声”，发挥主流媒体舆论引导作用，弘扬社会主义核心价值观和社会正能量。

【媒体活动】2014年，眉山电视台举办“春季户外听友会”“‘五一’房产汽车文化节”“黄丝带爱心送考”“声动眉州”“寻找长寿老人”“最美环卫工人”“眉山市第二届法治人物颁奖典礼”等大型媒体活动18次。

【节目改版创新】2014年4月1日，眉山电视台面向社会公开征集和选定的眉山广播电视台新台标与观众见面。新台标以眉山和天地为基本元素，采用“中国红”与“媒体蓝”色彩结合，抽象化眉山字母简称中的“M”，传达出眉山作为“千载诗书城”的文化特征。投资20余万元，全新包装《眉山新闻联播》《每日快报》《1840龙门阵》《经济周刊》片头、片尾、背景。

【节目创优】2014年，眉山电视台在全省、全市广播电视节目评优中，作品获奖58件，其中作品获2013年度市级广播电视政府奖43件（优秀奖20件）；获2013年度四川广播电视节目奖（新闻类）（《愚昧酿成的苦酒》10件、《为了大山的希望》获优秀奖，提名奖8件）；获省委宣传部、省记协等部门通报表彰5件。

【网站建设】2014年，眉山广播电视台网站全新设计UI（用户界面），增加互动模块、视频播放模块，升级换代系统设备，增强安全性、操作性。全年上传视频新闻2469条（新闻以整个节目合并上传）、专题800余条、各种文字图片新闻及专题3000余条。向眉山市政府门户网站传送新闻约1000条。每天独立IP（网络之间互连的协议）访问量约3000个，页面访问量约1.2万次，其中眉山市外点击占40%。

【新媒体建设】2014年，眉山广播电视台投入60余万元，启动新型媒体平台建设，注册完成手机移动客户端应用程序（APP）“智慧眉山”，涵盖五大板块：新闻资讯、本地服务、生活广场、我的收藏、报料互动，完成平台用户界面与运行公测。

【广播电视“村村通”工程】2014年，完善和优化全市地面数字电视节目平台和微波传输链路，完成“解决20户以下收听收看广播电视问题”672个村，发展地面数字电视用户2.3万户，完成广播村村响540个行政村。

【电影工作】2014年，组织全市农村公益电影放映1.42万场。全市大型院线电影院6家，票房年收入3000万元。

【广播电视宣传管理】2014年，全市评出2013年度眉山市广播电视节目政府奖98件，其中市级优秀奖42件、市级提名奖56件。全市选送广播电视节目参加省级广播电视节目奖评选18件，获得省级优秀奖2件、省级提名奖10件。全省公益广告大赛，市文广新局荣获组织奖。眉山市选送的1部微电影获省第三届创绿活动“美丽四川”微电影大赛入围奖。眉山市选送7件短消息作品在省第三届创绿活动“广播电视短消息大赛”评比中获得奖项。

【安全管理】2014年，市文广新局加强各区县安全播出情况检查，排查安全播出隐患。全市未发生安全播出事故。全年眉山广播电视台开展安全培训24次，组织应急演练4次，提高技术人员和值机人员安全意识和应急能力。投资300余万元建成的眉山广播电视台大洋睿逸高标清播出系统投入使用。投入20余万元，增加监控点和门禁系统。全年广播电视安全播出6500小时。

（市广播电视台）

新闻出版

【扫黄打非】2014年，全市“扫黄打非”围绕重大活动、重点工作、重要节点，以净化出版物市场环境为主线，以查堵政治性非法出版物和扫除淫秽色情出版物为重点，组织开展系列专项行动，始终保持“扫黄打非”高压态势，确保全市出版物市场安全稳定，多次接受全国“扫黄打非”办和省“扫黄打非”办检查并受到肯定。全年全市出动执法人员1.08万人次，出动执法车辆1950台次，检查出版物市场经营单位4150家次，立案6件，办结8件，警告8家次，责令改正22家次，罚款3.50万元，没收违法所得1026元。市“扫黄打非”工作在全省综合考评中名列第三。推进政府机关软件正版化，眉山市、成都市代表四川省接受国家推进使用正版软件部际联席会议检查组检查验收并受到肯定。

【公共服务】2014年，市文广新局争取市印刷协会和京东公司向全市社区书屋及学校捐赠110万元码洋图书和5万张电子书卡，提升书屋公共服务能力。开展“我的书屋我的梦”中小学生读书征文活动，选送的5名学生作品获全国农村少年儿童阅读活动优秀征文奖。争取成为全省首批电子阅报屏试点市，在中心城区建设电子阅报屏10个，丰富市民精神文化生活。组织第五届中国国际版权博览会组团参展，受到国家新闻出版广电总局和省委、省政府领导肯定，被省新闻出版广电局评为优秀组织奖并通报表彰。

【印刷业】2014年，全市有印刷企业137家。其中出版物印刷企业3家、内资印刷企业1家、包装装潢印刷企业35家、其他印刷品印刷企业98家。全年全市印刷企业资产总额11.34亿元、工业总产值11.14亿元、工业增加值2.04亿元、工业总产出11.49亿元、销售收入11.03亿元、利润总额7163.2万元、营业税金及附加1027.55万元、从业人员3643人。

【发行业】2014年，全市有出版物发行单位144家。全年全市出版物发行单位从业人员296人、年出版物年销售额2491.13万元、年利润484.08万元。

眉山日报社

【宣传】2014年，眉山日报社突出抓多个战役性宣传。抓党的群众路线教育实践活动宣传，宣传各地、各部门党员干部深入基层、走访调研、服务群众、征求意见、立行立改，特别是深入开展“从一对夫妇再生育缺陷孩子看如何把服务群众‘最后一公里’落到实处”、“为官当有为”等大讨论，发稿800余篇，在全市形成良好舆论氛围；抓市“三会”召开及贯彻落实宣传。开展春节期间活动宣传、创业就业惠民宣传、产业转型升级宣传、统筹城乡攻坚宣传。宣传眉山市创新工作机制，实现“两化互动”统筹城乡，全面落实强农、惠农、富农政策的举措和措施等。宣传产业集群招商，推出眉山创新驱动招强引优系列报道。宣传主动作为创一流、“文化立市”。宣传贯彻中共中央总书记习近平在全国文艺工作座谈会上的讲话，“七一”期间，《眉山日报·博周刊》推出156个版“文化立眉山”特刊。宣传泡菜节、西博会、“两宋荣光”眉州大道建设、东坡城市湿地公园建设等重点工作。眉山日报社记者采写的有关群众路线教育实践活动、春运工作、文化下乡、重点工程建设等新闻在《人民日报》、新华社、中新社、《经济日报》《四川日报》等省级以上主流媒体发稿184条。其中在《人民日报》、新华社上稿55条。全年实现重大政治性、政策性宣传“零差错”。

【网站】2014年，眉山网及时刊发国内外重大新闻，对外宣传眉山，宣传报道市委、市政府中心工作，围绕市委、市政府中心工作开设宣传专题10余个，正确引导网络舆论。眉山网与市文明办联合开展眉山城市精神征集活动，收到来自全国的信件200余封。眉山网上半年被泛成渝网络联盟评为十大最具公信力网站，被全国地市网络传播联盟评为2014年最有影响力品牌奖。

【经营】2014年，传媒公司完成2015年各专刊、专栏招商、招标，通过政策引导整合部分专刊，形成经营组合，发挥人力、物力组合优势。在经营策划上下功夫，每个专刊策划上出新意、见成效。承办人偶剧演出、举办车展、房交会、啤酒节、推出高铁特刊等；拓展市外经营市场，培育和开发市内大客户，新签单笔170万元、80万元经营合同各1个。

【事业发展】2014年8月，眉山日报报业传媒有限责任公司挂牌运行，公开招聘员工6人，经营收入全部转入公司账户，实现宣传、经营“两分开”。组建丹棱新闻部，2月起每周周二、周五报纸的5、6版出版《眉山日报·丹棱版》。眉山日报社建成眉山日报公众微信账号、眉山日报法人微博、眉山在线新闻客户端（APP）等新兴媒体。

（眉山日报社）

2014年5月8日，“中国梦·眉山情”文艺晚会

文 化

综 述

2014年，全市有文广新局6个（市及四县一区），文旅体新局1个（东坡区），文化事业单位36个。其中，市和区县文化市场综合执法队伍（支队、大队）7个；市、县级文化馆7个，图书馆7个，文物管理所7个，博物（陈列、纪念）馆4个，美术馆2个，电影公司7个。全年全市获得国家级命名或表彰的品牌（先进个人）2项，工作在全省交流经验5项，文化工作被省、市表彰为先进29项。各项指标快速提升，在全省18项指标中，有9项指标提升了3位次，其中演出观众人数排名第五，每万人拥有博物馆面积排名第六。

文艺创作与文化活动

【文艺创作】2014年，市文广新局组织参加四川省首届农民艺术节暨民间艺术节，“群星奖”音乐、舞蹈、戏剧、曲艺、论文比赛获一等奖1个、二等奖2个、三等奖4个、优秀奖3个；“画说蜀变”农村风情书画展评比获一等奖3个、二等奖1个、三等奖5个，获奖总数和名次均居全省第一。市文化馆组织创作、王晋川作词的歌曲《你就是雷锋》获四川省第十三届精神文明建设“五个一工程”优秀作品奖。彭山竹琴表演节目获全国“第十届校园时代”金奖。市文广新局组织开展眉山市第三届戏剧小品（小戏）作品比赛，作品《钓鱼》获一等奖；组织“中国梦”主题文艺创作，创作歌曲《小平情·中国梦》、歌舞《妈妈的泡菜》、舞蹈《竹风眉韵》等作品30余个；围绕群教活动，编排歌曲、音乐快板等作品11个；开展“眉山人画眉山”——走进丹棱大雅堂活动，创作作品200余幅；举办“眉山市‘三农’书画作品展”，入展作品60余件；承办四川省第四届漫画作品展，120件作品在眉山展出。

【群众文化活动】2014年，市文广新局在全市举办元旦春节“文化惠民季”“文化惠民乡村行”“文化进万家”、群众广场舞大赛、五市书画联展、国庆文艺晚会等系列活动20余次，组织开展群众文化活动2000余场次，惠及群众900万人次。承办央视少儿频道《大手牵小手》走进眉山选拔录制活动，在央视播出三集。与省歌舞剧院签订战略合作协议。举办“中国梦·眉山情”文艺晚会。青神千人广场舞活动登上央视社会与法频道《社区英雄》栏目。东坡区“心连心”艺术团巡回演出150余场。市文化馆开展合唱、舞蹈2支队伍培训近300课时，举办少儿舞蹈、美术培训27班次，举办全市广场舞及民乐培训80余人次。市图书馆开展经典诵读等阅读推广活动16场，举办“让‘悦读’成为一种生活方式”公益讲座和文化市民大讲堂4期。

【图书馆】2014年，市图书馆围绕“阅读，请到图书馆”主题，开展全民阅读活动，让图书馆服务惠及大众，建设和传播“书香眉山”文化品牌。举办“一万张网上读书卡送市民”、寒暑假“光影伴书香”少儿影院、“七彩童话”故事主题沙龙、“改进工作作风密切联系群众”等公益图片展览、图书推荐专架、公益宣传片进闹市等活动。全年办理借书卡954个，持证读者3566人；接待来馆读者5.89万人次，书刊流通6.78万册次。网站浏览44.6万人次；新增藏书4185册，藏书总量3.52万册。自建“三苏研究与品鉴资源”数据库，建设公共文化服务平台、眉山地方特色数据库，提供学术期刊、报纸、科技成果、国标全文等文献的检索和下载，为读者利用电子资源和更好开展科研工作、学术研究等提供便利。

【文化馆】2014年，市文化馆免费为业余文艺团队和机关企事业单位提供文化活动场地。为12支业余文艺团队提供服务，服务群众8000余人次。市文化馆建设合唱团、舞蹈队，常规训练，悉心辅导，提供演出平台，全年培训近300课时。在全市庆祝新中国成立65周年综艺晚会上集中展示合唱团、舞蹈队工作成果，举办文化惠民乡村行、群众路线教育实践活动文艺小分队文化进万家系列文艺演出活动。组织合唱团与德阳市文化馆百灵合唱团交流学习，组织舞蹈队参加四川电视台“耀舞扬威”电视群众舞蹈创意竞技秀选拔赛，进入复赛。市文化馆开展少儿艺术培训，举办舞蹈培训21个班次、少儿美术培训6个班次，培训学生550余人次。举办少儿艺术培训汇报演出和少儿美术作品展。以市一小为教学基地，成立眉山市少儿合唱团，专业训练。市文化馆改编5首原创歌曲，推出一批新的广场舞作品，举办全市第三期广场舞培训，50人参训。开办古筝、二胡公益普及培训，采取小组课教学模式，吸引学员20余人。

【美术馆】2014年，市美术馆与丹棱县文广新局、丹棱大雅堂主办“眉山人画眉山”——走进丹棱大雅堂写生作品展。全市艺术家60余人参加写生创作，在丹棱梅湾湖、老峨山、大雅堂等景点写生，创作作品200余幅，精选46幅在眉山东坡区文化馆及丹棱大雅堂展出。市美术馆与市文联、三苏祠博物馆联合主办眉山市书法骨干培训，邀请全国著名书法家李国胜到眉山讲学，讲学以书法技巧及创作为主题，为期3天，40余人参与。举办眉山市“三农”书画作品展，征集全市本土作者创作的反映“三农”题材的作品120件，由书画专家评审出一、二、三等奖作品12件，入展及特邀作品48件，选送作品在“画说蜀变”农村风情书画展评比中，获奖总数和名次均居全省第一。市美术馆承办四川省第四届漫画作品展，120件作品在眉山展出。

文化阵地建设

【概况】2014年，全市有乡镇（街道）综合文化站131个，专（兼）职文化专干213人；群众文艺队伍798支，群众文艺指导员367人；村（社区）文化室1347个。四川省民间文化艺术之乡6个，中国民间艺术之乡1个。东坡区文化馆、仁寿县文化馆被文化部评为三级馆，东坡区图书馆、仁寿县图书馆被评为一级馆，青神县图书馆被评为二级馆，市图书馆、彭山县、洪雅县图书馆被评为三级馆。

【文化基础建设】2014年，全市免费开放文化馆7个、图书馆7个、美术馆2个、博物馆及纪念馆2家、乡镇（街道）综合文化站131个。全年完成各类公共文化服务建设项目2998个，投资总额4819.7万元。启动19个“幸福美丽新村（社区）文化院坝”试点建设。

文化市场监管

【文化市场管理】2014年，全市新审批歌舞娱乐场所4家，印刷企业4家，互联网上网服务营业场所43家，内资65件，办理行政许可事项变更103件。全市文化市场经营单位959家，其中启动互联网上网服务营业场所准入试点386家；引导歌舞娱乐场所规范化经营277家。全市文化行政审批办件数110件，审批群众满意率100%。推进文化市场数字化、标准化、规范化管理，完成行政权力依法规范公开运行平台和全国文化市场技术监管与服务平台建设。开展文化市场营业场所环境专项整治和行业经营业态转型升级提升形象工作。启动文化经营场所混搭经营试点，引导社会资本加大投入，推动产业发展。完成全市文化市场信息服务平台建设，纳入服务对象及管理工作人员649人，发布政策信息，加大信息服务力度。

【文化市场综合执法】2014年，市文化市场综合执法支队开展“两会”期间文化市场安全大检查、全市文化消费市场火灾防控、“三个一遍”（对文化市场经营秩序规范一遍，对经营场所涉及的文化内容查处一遍，对文化经营场所经营安全排查一遍）专项检查等综合执法行动10余次，开展“三化建设”“大练兵大比武”“执法案卷和执法能手评比”执法业务培训，提高全市文化市场综合执法队伍整体素质。全年全市出动检查人次4.68万人次，检查经营单位1.77万家次，立案调查110家次，比2013年（下同）增长14%，办结案件108件，增长13%，行政警告105家次，责令改正83家次，责令停业整顿4家次。查处音像制品商店、游商5家，收缴盗版光盘500余张。整合内部资源，市、区县联合执法查处收缴违规设置翻牌机、铃铃机117台，现场销毁捕鱼机57台。全市办结案件128件，非网吧类35件，其中市支队立案查处办结10件。市文广新局被评为四川省文化行政执法案卷评比优秀奖。市文化市场综合执法支队查办的“四川省眉山市某印刷厂未按规定承印内部资料性出版物案”被评为2014年度全省文化市场重大案件。文化市场“三个一遍”工作经验被省文化厅转发，文化部技术监管平台首批上线地区推广应用业务系统培训和省文化厅“双评”培训会在眉山召开。

文化产业

【概况】2014年，全市文化产业投资5.2亿元，实现增加值4.05亿元。

新增文化经营单位数111户、从业人员1443人。青神县阳光钱柜娱乐有限公司营业收入331万元，比2013年增长41.8%。市政府下发《关于加快文化产业发展的意见》。编制《眉山市文化产业招商引资手册》。

【文化旅游业】2014年，文化旅游11个重点项目稳步推进。东坡宋城，柳江、江口及高庙318文化大院4个项目被列入中国文化产业重点项目手册。东坡宋城被省文化厅推荐为深圳文博会9个重点项目之一，一期区域业态调整规划方案和政策通过市规委会、市政府常务会议审议。丹棱大雅堂开园，接待游客13万人次。推荐云华竹编、三苏祠线装书、仁寿彩陶、龙须雅纸等12项产品申报省级特色文化创意产品。

【文化传媒业】2014年，推进全市广电网络数字化、网络化、双向化改造和技术升级，发展高清电视。市广播电视台开办网络广播电视台，提高市县自办节目和公益节目比重。全市有线数字电视用户47万户，新建星级影院1家。广电产业收入2亿元。引进奇人影视公司投资建设传媒大学和东坡影视城。丹棱拍摄电影《被爱情眷顾的热土》。东坡宋城公司投资拍摄的电影《找个高富帅》在全国上映。依托眉山泡菜产业，推进印刷包装产业发展。引进四川齐乐雅源投资有限公司投资10亿元在丹棱建设包装印刷产业孵化园，入驻企业5家。培育出版物发行市场，初步形成中心城区有书城、县有新华书店、乡有出版物销售网点的市场体系。全年出版物发行单位销售收入3881.6万元，比2013年增长13%。

【文化娱乐业】2014年，元旦、春节期间举办文化惠民消费季及文化产品展销活动。量贩式KTV、网吧、书城、院线影院、文化用品及工艺美术品销售等行业178户文化经营商家参与，40万人次消费，消费总额2200余万元。发展单体网吧，全市新发展单体网吧34家，新发展歌舞娱乐场所4家。引进陕西铭人娱乐文化有限公司投资3080万元建设眉山铭人娱乐会所。

文物保护

【可移动文物保护】2014年，全市完成国有单位文物收藏情况调查和文物清库，举办可移动文物普查业务培训班3期，全市可移动文物普查进入数据采集和软件平台录入；与省博物院联合举办眉山文物精品展，宣传普及文物保护知识。

【不可移动文物保护】2014年，全市完成省级以上文物保护单位保护范围和建设控制地带划分和上报；完成三苏祠、丹棱白塔、瑞峰崖墓群等全国重点文物保护单位的保护维修项目立项和经费申报；完成三苏祠16处古建筑维修和眉州古城墙北段保护维修工程；完成眉州古城墙南段维修保护及周边环境整治的编制，市规委会审议通过；完成国保报恩寺主体维修比选及防雷工程和白蚁防治工程询价采购。

【考古发掘】2014年，市文广新局配合省考古院完成东坡区象耳工业园区、东坡区崇礼镇、穆家沟水库和岷东达到等项目考古勘察和发掘；完成全市文物古建筑调查报告，草拟文物古建筑及历史建筑保护规定，上报市政府；完成全区历史文化遗迹遗址专项调研；完成全市第六批和第七批国保单位记录档案的编制。

【博物馆工作】2014年，完成洪雅县陶瓷博物馆申报材料的编制和上报；完成眉山市博物馆规划设计相关工作。

非物质文化遗产保护

【非物质文化遗产】2014年，青神竹编入选国家级“非遗”生产性保护示范基地，命名为全省“非遗”传习基地，作为全省两项名录参加深圳文博会。全市4个项目（惠通东坡肘子制作技艺、彭祖山“三月三”朝山会、洪雅师道戏、瑞峰端午龙舟节）入选第四批省级“非遗”名录，列全省第三。东坡泡菜、东坡肘子申报国家地理标志保护产品。开展全市“非遗”普查，建立“非遗”档案数据库。市政府公布第五批市级“非遗”项目名录8项和第二批扩展项目1项。举办全市“非遗”保护工作培训班，培训40余人。完成《眉山市非物质文化遗产名录集萃》编纂。仁寿陶艺参加四川省首届农民艺术节暨民间艺术节“农民文化广场汇”展演，获省厅领导高度评价。“文化遗产日”期间，开展“非遗”文化“五进”（进广场、进校园、进社区、进军营、进机关）活动，吸引观众8万人次。

三苏祠博物馆

【概况】2014年，三苏祠博物馆围绕“三心两地”［全国三苏文物（资料）收藏保护中心、全国三苏文化教育研究中心、全国三苏文物（资料）展览陈列中心、世界闻名的人文旅游胜地、世界苏氏宗亲拜谒圣地］建设目标，以项目为抓手，推动各项工作开展。三苏祠博物馆被四川省政府授予“四川服务名牌”称号，被四川省旅游局评为四川省廉政文化进景区示范点。

【“4·20”地震灾害重建】2014年是三苏祠博物馆“4·20”地震灾害重建的第二年，重建工作有序推进。完成三苏祠文物保护规划编修。完成三苏祠保护本体维修工程、三苏祠避雷工程项目，消防和安防系统改造工程项目进入财评阶段。三苏祠保护维修工程三期（保护展示）设计方案通过市规委会评审、省文物局组织的专家评审，报国家文物局评审。完成三苏祠和三苏纪念馆展览陈列调整提升工程的内容策划设计初步方案，报市规委会审定。

【"东坡宋城"建设】2014年，三苏祠博物馆参与"东坡宋城"工程建设，做好宋城工程建设规划的评选、灯光工程设计、景观规划设计、工程招投标、工程拆迁及群众稳定、商户补助发放、景区治安等工作。市政府办成立"东坡宋城"景区管理综合协调领导小组；成立眉山市"东坡宋城"景区管委会，制定《东坡宋城景区管理办法》《东坡宋城景区交通组织方案》，开展"市容市貌整治、交通秩序整治、业态调整"三大战役。申报9个市、省及国家级文化发展项目，到位3个项目410万元。"东坡宋城"入选全国一般重点文化产业项目。

【展览陈列】2014年，三苏祠博物馆完成全国二、三级博物馆运行评估材料的编制和上报；三苏祠馆藏元代版本两种、明代版本一种被列入《第四批国家级珍贵古籍善本目录》，成为国家级珍贵古籍善本。

【宣传营销】2014年，推进三苏祠博物馆宣传营销，选调专人负责闭馆期间的宣传营销，及时宣传报道三苏祠维修进展情况，研发新旅游产品，开拓新业务。

档案工作

【规范化管理】2014年，市档案馆成功创建省一级综合档案馆。仁寿县档案馆成功创建国家一级综合档案馆，实现全市"零"的突破。全市完成档案工作规范化管理认定、复查单位83个。

【信息化建设】2014年，市档案馆数字档案馆建成并通过市电子政务建设项目审查工作小组验收。完成档案收集、存储、管理和利用平台建设，建立政府信息公开查询台，馆藏档案全部数字化，数字化率位居全省市州第一。建立文件级目录数据30.2万条、全文数字化280.60万页。县区投入档案信息化专项经费401.4万元，完成目录数据140余万条、全文数字化665万页。

【接收征集】2014年，全市接收文书、婚姻、工程、实物等档案2.64万卷、10.8万件。其中市档案馆接收文书档案2.67万件、工程档案187卷、照片档案5盒。征集1940年日军绘制的军事地图复制件3张进馆。

【行政执法检查】2014年，贯彻落实《中华人民共和国档案法》《档案管理违法违纪行为处分规定》等档案法律法规，市档案、监察、人社、法制等部门联合开展档案行政执法检查。全市执法检查机关、企事业单位82个，其中市档案局行政执法检查单位10个。

【档案馆建设】2014年，中央下达洪雅县档案馆建设项目投资计划574万元，省级配套100万元。

【重大建设项目】2014年，市档案局联合相关部门督查重大工程建设项目档案工作109个，登记重大建设项目档案124个。完成省道106线眉山段路面改造工程档案等5个重大工程档案竣工验收。

【新农村建设】2014年，东坡区万胜镇、多悦镇、复盛乡，彭山区公义镇、洪雅县余坪镇，丹棱县石桥乡成功创建省级新农村建设档案工作示范乡镇。市档案、农业部门开展农村土地承包经营权确权登记试点，东坡区土地乡完成农村土地确权档案资料收集整理和全文数字化，得到省农业厅肯定。

【民生档案】2014年，市档案局深入市社保局、医保局、房管局、住房公积金等单位业务指导，与市人社局联合印发社保档案整理操作规程，全市社保档案通过省验收。

【国有破产企业档案】2014年，市档案馆完成馆藏国有破产企业档案清理、编目及数字化加工7个，方便群众查阅利用。

【档案查阅利用】2014年，全市建立查阅利用室、现行文件利用中心，完善档案利用检索工具。仁寿县升级改造查阅利用大厅，东坡区新建便民窗口服务平台，实行档案查询利用"一站式"服务。严格执行利用档案零收费规定，简化手续，改进服务方法，全市接待查阅利用档案1.73万人次，查阅利用档案3万卷次。

【档案安全】2014年，市档案馆购置自动温湿度监控设备1台、冷冻杀虫冰柜1个，安装摄像头19个，实

2014年9月11日，省档案局局长丁成明（右二）到眉山市档案馆调研档案工作

现库内库外全范围、全方位监控。东坡区政府解决专项经费40余万元加固维修档案馆，6个区县购置34具干粉灭火器、8台空调、13樘防盗门及防磁柜、密集柜等安全设施设备，档案安全保管条件有较大改善。组织开展全市档案安全执法检查，落实人防、物防、技防措施，确保档案实体和信息安全。

【档案宣传与档案文化建设】2014年，在《眉山日报》第四版开展“国际档案日”系列宣传活动。利用档案馆爱国主义教育基地举办主题展览，接待群众干部学生2000余人次。向各级上报档案工作信息102条，被《中国档案》采用1条、中国档案资源网采用59条、省档案局网采用73条。重视档案编研工作，全市列入省档案局项目课题3个，完成编研资料19项。

【档案法制宣传】2014年，市档案局参加全市“送文化下乡”、3月法制宣传月、“12·4”法制宣传日等活动，为青神县河坝子镇赠送购书经费500元、档案法律书籍30本。

【档案业务培训】2014年，全市选派参加全省档案业务培训72人次。市档案局举办为期3天的全市档案基础业务、档案信息化专题培训，专兼职档案人员180余人参训。

党史研究

【党史征编、研究】2014年，市委党史研究室加强党史资料征集，多渠道征集党史资料300余万字，图片1000余张，音像等资料10余份。与市委组织部联合出版发行《中国共产党眉山组织史（1997.05—2012.12）》。完成《中国共产党眉山历史大事记（2014）》，总结、回顾和思考市委2014年工作。完成《中国共产党眉山历史（1950—1953）》编写。启动《三线建设在四川（眉山卷）》、《中国共产党眉山历史（1997—2015）》编撰。

【党史宣传教育】2014年，市委党史研究室编印发行《眉山党史》季刊4000册，面向全市机关、学校、企事业单位、乡镇免费赠阅。开展全市革命遗址调研，撰写的论文《眉山市革命遗址的保护与利用》被列为2014年眉山市哲学社会科学重要课题，被《眉州学刊》2014年第3期刊用。开展中共党史教育基地申报和命名。组织全市党史系统干部参加全国党史论坛，全省党史系统纪念邓小平诞辰110周年、纪念“三线建设”50周年学术研讨会，石厢子会议暨川南游击纵队的历史影响等征文活动，选送论文11篇，其中5篇入选省级研讨会并参加研讨交流，一篇获四川省第十六次党史学科优秀成果三等奖。

【区县党史】2014年，市委党史研究室加强区县党史工作指导。调研革命遗址，促进革命遗址的保护和开发利用；指导区县中共党史教育基地申报和命名；为区县党史部门审核文稿，提出建设性意见和建议，全年审稿阅稿100余万字。彭山县编撰出版《中国共产党彭山县历史文献（2013）》，编撰完成《中国共产党彭山历史大事记（1993—2012）》，在《彭山报》上开辟“彭山历史上的群众路线”专栏；东坡区出版发行《中国共产党东坡区（眉山县）历史大事记（1993—2012）》，《中国共产党眉山历史（1949—1978）》获2014年四川省党史学科优秀成果一等奖；青神县启动《中国共产党青神县委组织史（1993—2013）》编撰，与市、县委组织部合作拍摄“纪念西山红军起义80周年”专题片，成立青神县老区建设促进委员会，发挥“红色文化宣讲团”作用，宣传党的历史；仁寿县启动《中国共产党仁寿历史（1977—2006）》编撰，与县档案局举办“见证历史、沧桑巨变”党史教育大型图片展览；丹棱县编撰出版《中国共产党丹棱县历史文献资料（2013）》；洪雅县出版发行《峥嵘岁月稠——记洪雅地下党的革命活动》。

（市委党史研究室）

地方志工作

【贯彻法规】2014年，市地方志办（以下简称市志办）全力推行新修订的《四川省地方志工作条例》（以下简称“条例）。市志办运用手机短信、电视台滚动字幕、地方志网站等多种形式，开展新《条例》的学习、宣传活动。3月，联合市法制办组成执法检查组，检查市发改委等8个市级单位新《条例》落实情况，深化依法修志意识，推进全市依法修志工作形成常态。

【修志工作】2014年2月，召开全市市志年鉴业务培训会，全市近140个部门撰稿人员和六区县地方志办负责人参训。邀请省地方志办领导、专家到眉山市专题指导《眉山市志》编纂工作。市志办采取点对点，面对面上门指导市级部门。对部分单位不合格稿件反复上门指导、电话指导、现场指导100余次。组织市志编辑部业务人员分赴绵阳、德阳、广元、内江等地学习调研，与同行交流志鉴编修经验。至年末，完成《眉山市志》教育、科技、旅游等43个单位、部门资料编辑，完成大事记总纂、统计数据（1997—2012年）整理，共60万字。指导部门修志，全年审查通过《眉山市城市管理志》《眉山市司法行政志》《眉山市住房和城乡建设志》等11个部门志。

【年鉴工作】2014年，《眉山年鉴（2014）》调整年鉴篇目，“保险业”并入“金融”，“信息业”并入“工业”，城乡建设与环境保护进行归类合并。在图片编辑中创新设置三大版块，突出市委、政府当年工作主题，做到图文并茂。提高编纂

2014年4月16日，市地方志办志愿者协助交警疏导交通

质量，突出权威性、可读性。8月完成初稿，12月公开出版发行。

【地情开发】2014年7月，市志办组织专人编纂反映眉山建制沿革、地方文化、乡风民俗等内容的地情图书《志说眉山》出版发行，免费发放至市级各部门及相关单位。与眉山电视台合作，在新闻综合频道《每日快报》开设“志说眉山”专栏。7月2日开播，每周播出3期反映眉山风俗习惯、特色文化、风景名胜等内容的电视节目，11月结束。《眉山地方志》由半年刊改为季刊，除保留工作交流、区县工作动态内容外，突出地方文化特色，杂志由原来的60页增至90页，丰富内容，增强可读性。眉山地方志网站升级改版，突出信息更新的频率和时效性，网面浏览无卡顿。开展方志文化“五进”（进社区、进农村、进学校、进机关、进部队）活动。到联系社区和联系村开展宣传。开展地方志理论研究和课题探，完成“两宋时期眉山进士文化研究”课题，该文被《巴蜀史志》2015年首期刊用。

【规范化管理】2014年，市志办整理规范全办各种门类和载体档案，分类清理编排各种书籍资料，完善档案管理设施设备，健全各项管理制度。经市档案局综合考评，市地方志办档案工作达四川省机关档案工作规范化管理二级标准，现场颁发档案工作规范化管理省二级奖牌和证书。

【业务指导】指导区县年鉴编纂，各区县志办一年一鉴，当年出版发行。指导各区县志办通过互联网、新闻媒体、公共电子屏幕等载体，利用法制宣传日等活动宣传地方志工作。指导区县志办开展地情开发。彭山县出版《黄丰镇志（1996—2011）》，全书八篇33章约30余万字，对保护乡镇社会和自然资料，体现时代精神风貌具有重要意义；东坡区党史县志办编辑出版《东坡英烈》，专题记述20余名东坡烈士的英勇事迹，收录烈士英名近500人，弘扬革命英雄主义和爱国主义；洪雅县编纂《携手洪雅》纪实画册，挑选150余幅图片、文字资料5万余字，推介洪雅旅游资源；青神县出版第一本校注版旧县志——光绪版《青神县志》，以“修旧如旧”为前提，便于当代人阅读；丹棱县2014年启动清乾隆十年版和清道光二十三年版两部旧志整理；青神县启动首部机械行业志《青神县机械工业志》编纂，全面、系统记述青神县机械工业发展情况，为机械产业持续发展提供参考依据和经验总结；洪雅县完成《峥嵘岁月稠——记洪雅地下党的革命活动》一书编纂、校对和出版发行，通过关工委下发到各学校。

卫　生

卫生事业管理

【概况】 2014年10月28日，成立市卫生计生委，将原市卫生局、市人口计生委的职责整合划入市卫生计生委，核定机关行政编制29名，内设科室16个。2014年年末全市有各类卫生机构2059个，其中疾病预防控制中心7个，卫生执法监督所7个，妇幼保健院7个，中心血站1个，单采血浆站2个，血防站2个，医院47个，卫生院130个，诊所（门诊部）290个，社区卫生服务中心11个，村卫生站（室）1484个。床位1.44万张（医院床位8137张，卫生院床位数5343张）。卫生人员1.92万人（卫生技术人员1.37万人）。执业（助理）医师5762人，注册护士5015人，药剂人员680人，技师（士）695人（检验人员468人），其他技术人员734人。每千人口有卫生技术人员3.85人，每千人口有医师1.65人、注册护士1.33人。市民平均期望寿命74岁。

【“新农合”工作】 2014年，全市新农合参合农民258.68万人，参合率99.94%，居全省第二；人均筹资标准390元，筹集基金10.09亿元。最高支付限额15万元，比2013年增加3万元；政策范围住院费用报销比77.23%，实际住院补偿比64.32%，居全省第四。重大疾病医疗保障病种增至22个（新增儿童苯丙酮尿症、儿童尿道下裂），开展农村居民大病保险。推进支付方式改革和新农合异地即时结报工作。制定《眉山市新农合不予支付和部分支付医疗费用范围（试行）》《关于调整新农合报销规定推进分级诊疗工作的通知》，全市参合农民累计受益777.61万人次，其中住院补偿40.46万人次，住院补偿7.53亿元，次均补偿1862元，总体受益率300.61%，基金使用率85.38%。

【基层综合改革】 2014年，巩固国家基本药物制度和基层运行新机制，基层医疗机构100%上网采购药品并实行零差价销售，基本药物货款以县（区）为单位全部及时足额支付，基本药物2日配送到位率95%；全市公立医院基本药物使用量和销售额二、三级医院分别为52%、38%。全市170家医疗机构药品和医用耗材上网采购率100%，平均积分合格率100%，全市药品和医用耗材平均阳光积分分别为103.8分、110.5分，网上药品集中采购工作名列全省前茅。加快医疗机构药品、疫苗电子监管系统建设工作，完成条码扫描器和数字证书采购。

【县级公立医院改革】 2014年，巩固全市县级公立医院取消“以药补医”成果，统筹推进补偿机制和药品供应、价格机制综合改革。2013年10月至2014年年底，全市县级公立医疗卫生机构取消药品加成让利8029.86万元（门诊2284.32万元、住院5745.54万元），药品占总收入由42.4%降至38.5%，门急诊、入院、出院、手术人次及病床使用率比2013年增长15.65%、23.91%、24.55%、14.56%、25.06%。市政府制定《眉山市县级公立医院综合改革实施方案》，10月起在全市所有县级公立医院启动综合改革试点。

【相关领域改革】 2014年，市医改办制发《关于建立完善分级诊疗制度的实施意见》以及相关配套文件，开展全覆盖宣传和政策解读培训，10月起实施分级诊疗，全市基层医疗机构90%与上级医疗机构签订双向转诊协议，三级医院向下转诊病人占总数20%。完善绩效分配机制，奖励性绩效工资占比调整到50%以上。建立健全医疗责任保险和医疗纠纷第三方调解机制，所有县级以上公立医疗机构参加医疗责任险。建立疾病应急救助制度，全面启动疾病应急救助基金申请、核销工作，全年支付患者发生费用13

万余元。配合发改部门开展《全国医疗服务价格项目规范（2012年版）》医疗服务项目新旧对接。

【体系建设】2014年，开展全市“十二五”卫生事业发展规划执行情况专项评估，完成市级“十二五”规划纲要中期评估、省级卫生“十二五”专项规划评估，修订完善《眉山市2011—2020年区域卫生规划》。市政府出台《关于印发眉山市促进健康服务业发展专项行动计划的通知》，市卫生局拟定《眉山市“十三五”健康服务业发展研究》课题，完成《2011—2015年乙类大型医用设备配置规划》中期调整方案。向上争取2014年中央项目211个（历年之最），争取中央资金14350万元；其中市人民医院儿童病区项目争取中央资金达4000万元，创单个项目历史新高。市人民医院全科医生培养基地项目竣工投用并启动二期工程建设，市中医医院启动整体迁建前期工作，市妇幼保健院二期工程主体完工；推进洪雅县中医医院、青神县妇幼保健院、丹棱县妇幼保健院、洪雅县精神康复医院等项目进度；全市92.31%社区卫生机构（全省第二）、99%的乡镇卫生院（全省第一）、90%以上的村卫生室达标。全年新审批民营医疗机构设置许可16家、执业许可10家、诊所14家、门诊部2个，新增床位数840张；投资2.2亿元的眉山心脑血管病医院综合大楼项目建成投用，投资2亿元的仁寿运长医院项目和投资近1亿元的眉州医院、仁寿中鑫医院建成投用。至年底，全市民营医疗机构56家，开放床位3483张，比2013年（下同）增长27.9%；诊疗量65.09万人次，增长26.68%。

【服务百姓健康行动】2014年，开展“四个联系”（领导联系服务科室、行政后勤联系服务临床、辅助科室联系服务诊疗一线、医务人员联系服务患者家庭），强化预约诊疗、优化服务流程、加强人文关怀等八大措施，二级以上医院推行节假日、双休日门诊和同级医疗机构检验检查结果互认，13家医院开展预约诊疗，三级医院预约挂号量占20%，推行“先诊疗、后结算”。推行“病情费用双公开”制度，二级以上医院为住院患者提供每日费用清单。医疗机构在患者入院24小时内，与患方签署不收和不送“红包”协议书。组建医疗专家便民服务队，开展“百名专家走基层、健康服务到门口”活动，全年开展大型义诊6次，基层坐诊500余人次，义诊2.88万人次，发放宣传资料6万余份，减免费用3.9万元。强化行风建设监管，认真落实国家卫计委“九不准”规定，全市医院投诉比2013年（下同）降50%，医院服务投诉降80%，患者综合满意度96%以上。

【医疗质量管理】2014年，市人民医院、仁寿县人民医院通过三级乙等复核，青神县人民医院创建二级甲等，丹棱县人民医院通过二级甲等现场评审，洪雅县、彭山县人民医院通过二级甲等复查现场评审，实现每个县有1所二级甲等以上综合医院。开展“医疗质量万里行”活动，建成输血、急诊急救等质量控制分中心29个，二级以上医疗机构全部开展临床路径管理，三级综合医院开展20个专业70个病种，二级综合医院开展15个专业60个病种。开展二级以上医疗机构和储血点专项督导检查。仁寿县人民医院开展护工规范化管理试点。加强医院感染管理。组织开展“医院感染周”活动，开展二级以上医疗机构医院感染专项检查。

【医患纠纷预防处置】2014年，市卫生局印发《关于进一步加强医疗机构治安保卫工作的通知》，开展“平安医院”创建，完善三防设施建设。建立完善医患纠纷处置警医联动机制，市卫生计生、公安部门督导检查，确保全市二级甲等以上医院全部建立警务室、调解室和视频监控系统，与辖区派出所建立医患纠纷处置警医联动机制。市政府印发《眉山市医患纠纷预防与调处暂行办法》，市、县（区）均建立第三方调解机构。执行《眉山市医患纠纷责任追究制度》，强化责任追究。推行医疗责任保险，所有三级医疗机构和公立二级医疗机构、66.7%规模化民营医院、92%乡镇卫生院参保。全年报告纠纷120起，比2013年（下同）减少5起，赔偿514.31万元、减少189.65万元，无赔偿17起；协调处理纠纷18起，市级受理8起，调解结案率100%。

【卫生对口支援】2014年，深化成眉区域医疗卫生合作，市人民医院、仁寿县人民医院、仁寿县中医医院、仁寿县第二人民医院与成都中医药大学附属医院签订医院联盟协议。强化城乡对口支援，全市3所三级医院和13所二级医院派出83人支援2所县医院、4所民族地区医院和33所乡镇（中心）卫生院，下派人员445人次、比2013年（下同）增长12.94%；基层诊疗量、人员培训量、人员进修量分别增长13.52%、14.9%、5.22%。强化远程诊疗，全市县级医院开展远程会诊占院外会诊比例32%，远程服务量增长21%。

【紧急医疗救援】2014年，启动卫生应急指挥信息系统项目建设，开展全市“120”急救并网统一调度前期工作。检查仁寿等5县院前急救体系建设、管理等工作，督导考核急救站点院前急救工作，急救出诊率100%。组织21支参赛队伍和63名选手参加眉山市第一届医疗急救知识技能竞赛。参与医疗保障48次，派遣医务人员138人次、救护车17车次。

【干部保健】2014年，做好4名省管干部到华西体检服务，完成944名领导干部健康体检，参检率84%，满意度100%。

【无偿献血】2014年，市卫生局拟定《眉山市公民医疗临床用血报销血费规定》，简化报销手续。全市开展临床输血单位备案评审及临床用血储血点检查。组织无偿献血宣传活动10次，召开第十一届稀有血型联谊会。东坡区、仁寿县爱心献血屋建成投用，其余4区县有序推进。全年自愿无偿献血1.63万人次，献血量3.14万U（1U等于200毫升），其中400毫升献血比例91%，临床成分输血比例99%。

【公共卫生服务】2014年，全市人均基本公共卫生服务经费35元，40%下沉村卫生室。建立市级基本公共卫生服务项目技术负责人制度，免费为居民提供11大类43小项基本公共卫生服务。创新健康档案“三格式”动态管理和家庭台账式管理模式，建立规范化电子档案288.26万份，规范化电子档案建档率97.16%；儿童、孕产妇、老年人、高血压、糖尿病管理率分别为98.38%、98.07%、70%、60.51%、50.80%；重性精神病管理率58.84%。综合绩效考核名列全省第三。

【传染病防控】2014年，市疾控中心新增检验项目100项，新增寄生虫病虫卵检测10项，填补了寄生虫病病原检测项目空白，通过二级甲等疾控机构现场评审。加强传染病管理，全年报告甲乙类传染病4316例，发病率145.74/10万，比2013年（下同）增长8.20%；死亡31人，降16.22%，彭山区创建急性传染病防治示范区通过考核。强化免疫规划，95%的乡镇接种单位达到规范化门诊要求，其中“AAA级”接种门诊15个，儿童免疫规划单苗基础免疫、加强免疫和抽样调查接种率均在95%以上，洪雅县成功创建全市首个省级免疫规划示范县。强化重点疾病防控，成立眉山市性病艾滋病防治协会，开展“12·1”世界艾滋病日大型宣传活动和领导干部艾防知识与政策巡讲，全省艾滋病综合防治示范区工作会议在眉山召开，东坡区被纳入国家级艾滋病综合防治示范区创建单位；开展“3·24”世界防治结核病日宣传活动及百千万志愿者结核病防治知识传播行动，巩固洪雅县省级结核病综合防治示范区成果，青神县启动省级示范区创建，全市发现并治疗活动性肺结核病人1384例，其中涂阳肺结核病人469例，登记涂阳肺结核病人治愈率94.14%；彭山区顺利通过血吸虫病传播阻断达标考核，东坡区、仁寿县推进血吸虫病传播阻断分步达标，受到国家血防春查组肯定；报告狂犬病1例，报告犬伤就诊人数2.60万例，接种狂犬疫苗2.6万例，注射免疫球蛋白1592例，规范处置率100%。

【地方病和慢病防控】2014年，完成碘盐监测和碘缺乏病健康教育项目，碘盐合格率、合格碘盐食用率99.78%，达到国家消除碘缺乏病标准；洪雅县开展克山病消除县级自查，完成燃煤污染型地方性氟中毒监测和丝虫病监测工作；洪雅县新发麻风病人1例。开展全人群死因监测工作，东坡区、仁寿县启动省级慢病综合防控示范区创建。加强精神卫生工作，制定《严重精神障碍患者救治救助和防控改革试点工作方案》，指定东坡区精神病医院作为市级定点医院，代为行使市级精神卫生机构职能。确诊重性精神疾病患者9445例，检出率3.19‰，检出管理率84.35%，病情稳定率85.67%。

【妇幼社区卫生】2014年，开展“妇幼健康服务年”活动，举办全市妇幼健康知识技能竞赛，市卫生局被省卫计委评为全省妇幼健康服务工作先进集体，妇幼保健与社区卫生科被评为“四川省巾帼文明岗”，眉山市代表队在“四川省妇幼健康技能竞赛”中荣获团体一等奖、优秀组织奖；眉山选手代表四川省参加“全国妇幼健康技能竞赛”荣获妇幼保健专业二等奖。实施妇幼卫生项目，全市孕产妇住院分娩率99.94%，剖宫产率控制在43.03%；农村育龄妇女增补叶酸服用率99.79%，依从率80.06%；孕产妇、3岁以下儿童系统管理率分别为98.07%、98.01%，新生儿疾病筛查率97.96%，孕产妇、婴儿、5岁以下儿童死亡率分别控制在7.87/10万、4.72‰、8.73‰。新版《出生医学证明》电子签发率100%，废证率0.87%。巩固社区卫生城市居民全覆盖成果，仁寿县城东社区通过省级示范社区卫生服务中心现场复核；推行社区首诊制度和全科医生团队服务进社区服务模式，洪雅县洪川镇、丹棱县丹棱镇、彭山县凤鸣镇试点，签约率66.13%。

【卫生执法监督】2014年，全市食品安全风险监测340份，开展委托食品样监测10类223份样品，监测项目44个。办理企业标准新备案1份，变更备案20份，延续备案3份。实施医疗机构日常监督巡查，开展打击非法行医专项整治，检查医疗机构2513家，监督覆盖率100%。全市6家职业健康检查机构监督覆盖率100%。开展中、高考期间学校卫生和手足口病防控专项检查，完成398所学校传染病防治、生活环境卫生督查，行政处罚不合格学校42家。督导农村饮用水安全，开展涉水产品生产企业14家、消毒产品19家日常监管，新审批消毒产品2个。实施4632家公共场所量化分级管理，建立健全公共场所基本档案。规范行政审批，将医师注册和护士注册职责下放到区县，受理卫生许可220件，按时办结率100%，创建成三星级政务服务窗口。

【卫生应急管理】2014年，建设市卫生应急指挥与决策系统，全市二级以上医院配备应急管理人员。加强突发公共卫生事件监测，市级及县（区）开展突发公共卫生事件风险评估，组织、人员、技术、物资“四落实”。市卫生局制定《眉山市2014年地震重点危险区地震专项卫生应急预案》《眉山市埃博拉出血热卫生应急预案》，全市突发公共卫生事件保持在全省较低水平。青神县省级卫生应急综合示范县通过考核验收。

【中医工作】2014年，加强基层中医药服务体系建设，94%的乡镇卫生院、90%的社区卫生服务中心设立中医科（室），65%的村卫生站、95%的社区卫生服务站能提供中医药服务，所有中医医院建立“治未病”科室，基层中医药服务量40%。开展“基层中医药服务能力提升工程”，启动洪雅县中医药资源普查试点工作。推进中医药“名医、名科、名院”战略，开展第二届眉山市名中医评选，申报市级重点中医专科5个，加快7个省级重点中医专科创建进程，市中医医院成功申报2014—2015年度省级科研项目。加强人才队伍建设，承办四川省中医医院财务管理骨干培训班，市中医医院确定为国家中医住院医师（全科医师）规范化培训基地，东坡区苏祠社区卫生服务中心确定为基层中医类别全科医师规范化培训基地。东坡区创建全国基层中医药工作先进单位通过评审验收，洪雅县通过全国先进单位复评。完成国家基层中医药适宜技术服务能力建设项目，集中打造乡镇卫生院4个、村卫生室213个。

【农村卫生】2014年，开展乡村医疗机构达标评审，评审合格中心卫生院33个、乡镇卫生院84个、村卫生室1176个，评审达标率分别为89%、89%、79%。启动“群众满意的乡镇卫生院”创建活动，15%的乡镇卫生院建成“群众满意的乡镇卫生院”。实施基层基本医疗服务和基本公共卫生服务能力“双提升”工程，每个乡镇卫生院有1名以上全科医师，51家基层医疗机构与“大家检验中心”建立共建合作关系，所有村卫生站配备中医理疗、中药设备，实现信息化平台建设全覆盖。在洪雅、彭山、丹棱开展乡村医生签约服务试点，签约率达到90%以上。

【爱国卫生】2014年，巩固6城区省级卫生县城（城市）创建成果，推进中心城区创国家卫生城市工作常态化，洪雅县加快创建国家卫生县城，仁寿县启动创建国家卫生县城，彭山区、丹棱县通过省级卫生县城复审；新创建省级卫生乡镇6个、省级卫生村53个、省级卫生单位17个、省级无烟单位17个。实施健康促进项目，播放公益广告20部、2000余次，开展各类健康知识巡讲和宣传活动41场次，受众目标人群2.43万人，发放宣传资料5.2万份。集中开展春秋季“四害”（苍蝇、蚊子、老鼠、蟑螂）消杀活动，投放鼠药25吨、灭蚊蝇蟑螂药16吨，清理滋生地2000余处。完成2013年1.1万户改厕任务，全市卫生厕所普及率74.82%。开展控烟工作，张贴“禁止吸烟”标识1.3万张，发放宣传资料11.8万份，发送公益短信4万条，接受义诊3万余人次。

【人才队伍建设】2014年，在仁寿、彭山、洪雅推行全科医生特设岗位试点计划，直接考核招聘医学类大专以上学历执业医师30人。开展农村定单定向医学生免费培养4人。开展医师资格补充认定，受理申请补充认定8人（符合要求7人）。受理154人参加卫生专业高级职称评审（副高133人、正高21人）。选派骨干10人参加第三批“援助民族地区行动”。市卫生计生委、人社部门联合评选表彰“十佳护士”10人，单独表彰“优秀护士”60人、“30年护龄护士”93人。开展选人用人专项整治。推进卫生机构改革，市政府印发《眉山市卫生和计划生育委员会主要职责内设机构和人员编制规定》，完成市新农合管理中心职责和人员、编制划转。启动事业单位分类改革，完成10个直属卫生事业单位（参公除外）分类工作。

【科技教育】2014年，市医学会完成第三届常务理事会换届选举，新成立心血管等分会、专业委员会8个。审批通过市继续医学教育项目33项，举办市级专委会学术活动31次，继续医学教育覆盖率100%，学分达标率96.5%。组织4699人参加卫生专业技术资格考试，其中职称考试2440人，护士资格考试2259人，合格2089人；878人参加医师资格技能考试，合格率71.2%。组织6388人参加护士定期考核，参考率99.98%，合格率99%。开展2014年项目全科医学师资培训30人、基层全科医生理论集中培训50人。市人民医院泌尿外科完成省级重点专科建设项目，仁寿县人民医院肾病内科申报省级重点专科建设项目。全市共接受医疗事故技术鉴定案例21例，终（中）止案件7例，完成鉴定14例，属医疗事故8例，事故构成比57%。

【信息化建设】2014年，加快市、县卫生信息数据中心和卫生信息平台建设，全市县级以上公立医院全部建成并运行HIS系统（覆盖医院所有业务和业务全过程的信息管理系统），市中医医院和彭山县、洪雅县、青神县、丹棱县人民医院建成院内PACS系统（影像归档和通信系统），仁寿县建成区域医学影像会诊中心和远程诊断中心。启动省基层管理信息系统（二期）建设，落实设备托管机房，基层卫生信息化建设覆盖率50%。推进数字化医院建设，完成市人民医院，丹棱县、青神县人民医院数字化医院评审。强化卫生行业信息安全等级保护，市中医医院、青神县、丹棱县人民医院完成信息系统定级备案和等级保护。

【卫生法制宣传】2014年，推进“六五”普法，启动“法律进机关”活动。举办法制宣传活动23场次，发放宣传资料1.5万余份，张贴宣传画140张，悬挂横幅标语68幅，接待群众来访咨询2000余人次。

【直接服务联系群众】2014年，开展干部直接服务联系群众工作，组织局机关及所属党支部筹集3.6万元在仁寿县始建镇杏花村建立核桃基地20亩，帮助当地群众勤劳致富；现场调研联系村灌溉用水的沟渠和提灌站维修情况，落实帮扶资金，保障村民生产用水。开展党组织和党员社区“双报到”，认领对桂香街社区的帮扶项目，通过义诊活动将健康知识送到社区居民家门口，解决社区实际困难和问题。

【群教活动】2014年，市卫生局机关及直属单位12个党支部、408名党员立足“服务百姓健康”主题，围绕“为民、务实、清廉”，聚焦“四风”突出问题，开展党的群众路线教育实践活动，编发信息被省委活动办采用1次、市委群教办采用3次，市卫生局被市委评为群教活动先进集体。采取多种方式评风纳谏，发放意见征求表273份，收集意见建议83条，召开座谈会12次，收集意见建议50余条。开展批评和自我批评，查摆局党组班子问题20个，检查“四风”问题、服务群众“最后一公里”问题及关系群众切身利益问题6类28个。推进正风肃纪行动，抓市委“9+2”专项整治，压缩会议、精简文件，全面清理超标超配公车、超标办公用房、多占住房，压缩“三公”经费，坚决整治“会所中的歪风”“收红包”及购物卡、党政领导干部兼职等问题。修订机关管理制度10个、完善行风作风建设制度4个，削减“三公”经费30%，压缩会议50%、精简发文65%、评比表彰活动减少50%，转化软弱涣散基层党组织1个。

【行风建设】2014年，巩固廉政风险防范工作成果，抓政风行风民主评议及软环境测评。加强“八项规定”执行情况监督检查，开展“私人会所专项整治”，科级及以上干部全部签署承诺书。督导医疗机构执行“九不准”，实行医患双方签署拒绝收红包协议，医务人员严守法纪红线、职业道德底线。开展收受红包礼金专项整治，全体职工签订不收受红包礼金承诺书。选派公立医院重点岗位人员31人参加全省反腐倡廉培训，开展市直单位新提拔3名科级干部廉政谈话和考试。强化政（院）务公开，推进医药购销和项目资金监管领域商业贿赂专项治理，加强新农合基金使用监管，参与电子扫描仪招标。印发《关于做好迎接民主评议政风行风工作的通知》，层层召开动员会议，征求群众和服务对象意见建议151条，集中整改问题，“面对面”接受干部群众评议，通过市纠风办民主评议。做好全国“两会”、春节等节假日期间卫生系统维稳及反恐怖工作，实现“零进京、零到省、少到市、不出事”。全年受理各类来信、来电、来访94件次，比2013年下降5%，办结率100%。

疾病预防控制

【艾滋病防治】2014年，艾滋病防治工作纳入市政府对区县和部门的考核。制定眉山市特殊人群服务管理改革综合试点工作方案及目标管理考核细则。开展“12·1”世界艾滋病日大型宣传活动和全市领导干部知识与政策巡讲、电影下乡，半年督查和目标考核区县和部门艾滋病防治工作，培训新录用公务员约200人。成立眉山市性病艾滋病防治协会。下发进一步规范全市艾滋病抗病毒治疗工作文件，抗病毒治疗工作由市疾控中心移交市人民医院。开展国家“十二五”重大专项“吸毒人群美沙酮与抗病毒联合治疗减少死亡和HIV（人类免疫缺陷病毒）新发感染研究”现场干预和中期评估。制定艾滋病、梅毒宣传教育效果评估方案并组织开展评估。美沙酮门诊和仁寿县、洪雅县延伸点工作进一步规范，门诊病人保持在200人以上。指导市人民医院、市妇幼保健院开展哨点监测。督导区县疾控中心4次，完成艾滋病疫情分析4期，报送艾滋病防治信息38条。承办四川省艾滋病综合防治示范区工作会议。

【结核病防治】2014年，全市发现并治疗活动性肺结核病人1488例，其中涂阳肺结核病人506例，涂阳占全部活动性病人的34.01%。总体到位率97.71%，筛查率100%，治愈率94.78%。开展“3·24”世界防治结核病日宣传、百千万志愿者结核病防治知识传播行动、结核病防治知识进千校和千村万户活动并向省级推荐优秀志愿者8人。举办学校结核病防治专题培训。市级和东坡区、仁寿县获2013年结防知识进千校活动优秀组织单位表彰，东坡区获2013年结核病防治工作质量优秀单位表彰。洪雅县巩固省级结核病综合防治示范区创建成果，青神县启动第二批省级结核病综合防治示范区创建。

【血吸虫病防治】2014年，彭山区通过血吸虫病传播阻断达标考核，指导东坡区、仁寿县推进血吸虫病传播阻断分步达标和东坡区创建全省血吸虫病综合防治示范区。东坡区代表全市接受农业部国家血防春查组检查，防治工作受到检查组肯定。全市查螺8946.88万平方米，药物灭螺4297.6万平方米，人群查病52.76万人，化疗18.64万人次，治疗晚血病人759人次。

【狂犬病防治】2014年，全市报告狂犬病1例，报告犬伤就诊人数2.72万例，伤口规范处置2.72万例，规范处置率100%。接种狂犬疫苗2.72万例，接种率100%。注射狂犬病免疫球蛋白1649例。

【霍乱、肺炎等传染病防控】2014年，市疾控中心监测全市重点场所、重点人群霍乱等肠道传染病，未发现霍乱和疑似霍乱病例。在市人民医院（哨点医院）开展流感监测，报告流感样病例1.10万例，占门诊病例的2.14%，采样检测476例，检出B型流感病毒4例、季H3流感病毒48例、A未分型流感病毒1例。开展不明原因肺炎、SARS（重症急性呼吸综合征）及人禽流感预警病例主动搜索，未发现病例。

【疫情和传染病管理】2014年，全市报告甲乙类传染病4647例，发病率156.25/10万，比2013年（下同）增长5.74%。发病数居前五位的分别是肺结核、乙肝、梅毒、痢疾和丙肝。死亡38人（艾滋病35人、狂犬病1人、肺结核1人、乙肝1人），增长2.70%。报告发病上升幅度较大的病种主要是麻疹（增长300%）、伤寒和副伤寒（增长140%）。报告丙类传染病8277例，增长59.63%。上升最明显的病种为手足口病（7386例），增长94.22%，其中重症109例、死亡1人。

【公共卫生应急准备及处置】2014年，市疾控中心加强突发公共卫生事件监测、培训和报告，强化应急物资管理及资料完善。严格疫情值守制度，保证信息畅通，组织、人员、技术、物资“四落实”。确保全市突发公共卫生事件及时、规范、科学处置，突发公共卫生事件维持在全省较低水平。

【免疫规划】2014年，儿童免疫规划单苗基础免疫、加强免疫和抽样调查接种率均在95%以上。4岁以下儿童脊灰、麻疹疫苗查漏补种接种率分别为97.26%、97.31%。分别完成AFP（急性迟缓性麻痹）、麻疹、AEFI（疑似预防接种异常反应）病例监测15例、82例、129例，各项指标均达到要求。全市145个乡镇接种单位95%达到规范化门诊要求，其中“AAA级”接种门诊15个。规范使用《儿童预防接种信息管理系统接种点客户端》《中国免疫规划信息管理系统》。开展入托入学儿童查验预防接种证工作，妥善应对东坡区中铁医院新生儿乙肝疫苗接种事件，洪雅县成功创建眉山市首个省级免疫规划示范县。

【卫生监测】2014年，完成食品安全风险监测360份。完成城市水质监测187份，农村饮水监测640份。完成公共场所监测62家462份、完成消毒监测18家，监测样品314份。完成全年蚊、蝇监测任务，蝇密度为1.76只/笼，蚊密度为2.7只/笼·小时。换发从放人员个人剂量计530人分。

【卫生检验】2014年，完成艾滋病抗体检测369份，确认全市艾滋病筛查结果为阳性的657人。完成病毒载量检测461份。完成丙肝抗体检测340份、梅毒抗体检测369人份、CD4淋巴细胞检测700份。完成流感病毒核酸检测482份、手足口病病毒核酸检测269人份、麻疹核酸检测76人份。完成从业人员谷丙转氨酶及肛拭培养检测9570份。完成尿碘检测301份、盐碘50份、水碘10份。

【地方病和慢病防治】2014年，完成碘盐监测和碘缺乏病健康教育项目，碘盐中位数28.34毫克/千克，碘盐合格率、合格碘盐食用率99.78%，未发现非碘盐；仁寿县开展碘缺乏病病情监测，8—10岁儿童甲状腺校正肿大率4%，校正肿大率2.23%，达到国家消除碘缺乏病标准。确诊、治疗输入性疟疾病例18例，个案录入和疫点处置率均为100%。洪雅县开展克山病消除县级自查，搜索出登记在册的心肌病病例241例，未搜索出疑似克山病病例，完成燃煤污染型地方性氟中毒监测和丝虫病监测，采血镜检531人，未发现微丝蚴，现存晚丝病人10人，已登记建档。洪雅县、丹棱县土源性线虫病监测和青神县土源性线虫病综合防治试点项目均完成现场监测及检测任务。洪雅县1例现症麻风病人顺利完成联合化疗，筛查其密切接触者，未发现麻风病患者。全民健康生活方式行动区县覆盖率100%；全市建设各类健康支持性环境16处，开展现场活动35次，培训指导员850人，推广健康支持性工具3种。6区县均开展全人群死因监测，全年全市报告死亡病例2.12万例，人群粗死亡率6.02‰。仁寿县启动省级慢病综合防控示范区创建；东坡区完成创建，等待省级验收。

【示范区创建】2014年，青神县省级卫生应急综合示范县、土源性线虫病综合防治示范区、结核病综合防治示范区，东坡区血吸虫病综合防治示范区、国家级艾滋病综合防治示范区，仁寿县省级艾滋病综合防治示范区，彭山区急性传染病防治示范区及仁寿县、东坡区慢性病综合防治示范区工作深入推进，其中青神县省级卫生应急综合示范县、彭山区急性传染病防治示范区通过考核验收，创建工作成效显著。

【检验检测】2014年，通过全省疾控机构标准化建设等级评审。新增检验项目96项，其中基本检验项目61项，扩展检验项目35项。基本检验项目开展率由33.6%提高到60.6%，扩展检验项目开展率由13.40%提高到33.9%，新增寄生虫病虫卵检测10项，覆盖全国五大寄生虫病中的疟原虫、血吸虫、钩虫、丝虫等四种，填补市级疾控机构寄生虫病病原检测项目的空白。

【标准化建设】2014年，成立标准化建设等级评审工作领导小组，下设创建办公室，制定创建工作实施方案，明确时间步骤，分解评审指标任务，落实分管领导、责任科室和责任人，确保一级抓一级，层层抓落实。在参加省上组织的集中培训基础上，特邀省疾病预防控制中心专家到市疾控中心开展专题培训，多次开展内部全员培训，学习评审细则和操作手册，赴德阳市、自贡市疾控中心参观学习。制定奖惩措施，建立工作保证金制度，将标准化建设等级评审与科室年终目标考核、个人年度考核、个人晋职晋级挂钩，调动干部职工工作积极性。实行工期倒排制度，由创建办牵头对各科室工作计划完成情况进行周督导、周通报，确保创建工作有序推进。争取市政府和市级有关部门支持，新增人员编制9名，落实40.5万元用于DR（数字化医用X射线摄影系统）采购和DR室改造，解决艾滋病检测设备购置经费190万元，提高艾滋病、血吸虫病、手足口病等重点疾病防控工作经费财政预算额度。10月，通过省上组织的创建二级甲等疾控机构现场评审。

【健康体检和健康教育】2014年，完成各类从业人员体检约9100人，合格办证9000余人。接待咨询服务1.2万人次，提供餐具消毒药800余瓶，对残疾从业人员免费体检15人。利用“3·24”“4·25”“5·15”等宣传日和电话咨询、电视、报纸及街道设立咨询点等形式开展宣传活动。市级开展街道咨询活动13次，电视宣传10余次，报纸宣传5次，发放宣传单等资料18.2万份。

（市疾病预防控制中心）

妇幼保健

【妇幼保健项目】2014年，全市艾滋病检测任务完成率110.9%，梅毒检测任务完成率110.9%，乙肝检测任务完成率110.9%；孕产妇HIV（人类免疫缺陷病毒）抗体检测率99.97%，孕产妇梅毒和乙肝表面抗原检测率均为99.94%。艾滋病感染孕产妇用药率85.71%，比2013年（下同）增长5.71%；感染产妇所娩婴儿抗病毒药物应用比例100%，增长10%；早期诊断率100%；随访在案人工喂养率100%。HIV母婴传播率0%，下降9%。农村妇女宫颈癌初筛完成率108.71%，乳腺癌初筛完成率114.67%。农村孕产妇住院分娩补助项目全年补助13845人，补助率100%。农村妇女增补叶酸服用率99.79%。增补叶酸知识知晓率98.9%。

【新生儿疾病筛查】2014年，全市新生儿疾病筛查率98.14%，标本采血合格率99.51%，召回率为由2013年的57.67%增至90.78%。

【孕产妇系统管理】2014年，全市孕产妇系统管理率98.07%，死亡率7.87/10万。3岁以下儿童系统管理率98.01%，5岁以下儿童死亡率7.04‰，婴儿死亡率4.72‰，辖区剖宫产率43.02%。孕产妇死亡率、婴儿死亡率连续多年低于全省控制线，婚检率列全省第一名，医疗机构新生儿疾病筛查率处于全省先进行列。

【妇幼保健技术】2014年，市妇幼保健院组织开展全市妇幼健康知识技能竞赛，评选出先进集体和个人奖项。加大母婴保健技术管理力度，邀请省级专家开展产儿科适宜技术培训，派出专家下基层指导，对全市11家助产机构开展质量控制检查和分类督查，强化母婴保健技术督导，开展全市孕产妇死亡评审和新生儿死亡评审2次，以评促建，以评促改，提高全市母婴保健技术。

【妇幼卫生信息管理】2014年，市妇幼保健院通过召开保健工作例会，以会代训开展妇幼信息业务技术培训，实施季度考核，提高信息报送质量。开展住院分娩网络直报，提高全市妇幼信息质量。母婴证件管理规范，电子签发率100%，废证率0.79%。

眉山市人民医院

【概况】2014年，眉山市人民医院门诊83.91万人次，比2013年（下同）增长14.3%。急诊5.06万人次，增长49.7%。出院4.48万人次，增长8.9%。手术1.55万台次，增长14.8%。健康体检1.65万人次，增长21.7%。患者平均住院日8.6天，减少0.4天。病床使用率106.7%，增长3%。

【医疗质量与医疗服务】2014年，眉山市人民医院落实职能科室深入临床一线的长效制度，建立长效督导机制，管理重心下沉，监督关口前移。每季度召开质量追踪会1次，查找问题分析原因、总结经验教训，提出整改意见，提高整体医疗质量水平。开展医院感染管理、抗菌药物临床应用专项整治、临床合理用血专项检查。申报心血管疾病介入治疗、综合介入治疗、膝/髋关节置换治疗技术、经皮肾镜技术、输尿管镜技术、基因扩增检验技术等二类技术10种。首批申报普外、泌尿、妇科、耳鼻喉科、骨科、呼吸内科等腔镜技术10种并获得批准。完善医院三级医疗质量与医疗安全管理体系，健全住院总医师考核制度，编制住院总医师手册。全年选拔骨干医师24人担任11个治疗区域住院总医师。开展突发传染病“埃博拉出血热”疫情处置应急演练，组队参加市“120”院前急救比赛和全市首届妇幼健康管理技能竞赛。应对全市暴发的小儿手足口病疫情，调配人力，设置小儿手足口病区。强化服务能力建设，举办医师论坛活动、窗口科室技能操作比赛，开展“打造标杆服务窗口”礼仪培训，成立青年志愿者服务队、医疗应急服务队、共产党员先锋服务队等队伍5支，定期组织便民服务活动。

【公立医院改革】2014年，眉山市人民医院做好分级诊疗实施前各项准备，开展分级诊疗政策宣传，与各区县医院、社区服务中心、乡镇卫生院签署双向转诊协议，制定医院分级诊疗制度及实施方案。市人民医院与丹棱县人民医院、洪雅县人民医院、彭山区第二人民医院、苏祠卫生服务签订对口支援协议，下派优秀医务人员指导。响应省卫计委“关于千名卫生干部援助民族地区计划”号召，选派骨干医师1人援助阿坝州金川县人民医院一年。选派心内科骨干医师1人赴东帝汶执行两年援外任务。

【科研、学科发展】 2014年，眉山市人民医院申报肾内科四川省乙级医学重点专科动态验收及甲级医学重点专科，完成放射科创建四川省乙级医学重点专科和泌尿科省乙级医学重点专科动态管理验收申报，中医康复科通过市级中医重点专科评审。设置胸心外·烧伤科、血液内科，申报职业病诊断与职业病健康体检诊疗技术项目。全年申报市级科技立项4项，申报省科教厅科研立项1项。申报并开展新技术新项目21项。加强交流合作，与复旦大学附属中山医院开展远程影像会诊，和成都中医药大学附属医院签订战略合作协议，与成都军区总院签订双向转诊协议。

【人才队伍建设】 2014年，全院在职职工1451人，其中管理人员22人，卫生专业技术人员1200人，其他专业技术人员64人、工勤人员163人。全年招聘人员122人，其中专业技术人员114人（医疗46人，护理46人，医技4人，工程2人，影像7人，财会3人，药剂4人、经济人员2人，工勤人员8人）。引进招聘人员中硕士16人，全日制本科44人。

【基础建设】 2014年，全科医师楼投入使用。完成业务综合楼施工招标前期工作和设计方案调整，完成肿瘤中心灾后重建项目直线加速器、新区医疗放射装置、碘131治疗室的环境影响评价，放射项目预评价评审。申报获批中央计划内投资项目儿童医疗服务体系建设项目资金4000万元。实施ICU（重症加强护理病房）扩建装修工程，安装第一住院大楼新风系统。

（李继红）

眉山市妇幼保健院

【概况】 2014年，眉山市妇幼保健院（以下简称市妇幼保健院）收治门诊病人15.05万人，比2013年（下同）增长22.8%，收治住院病人及孕产妇6105人，增长10.98%。业务收入增长20%。资产总计5592万元，增长18.9%。危重病人抢救成功率100%，床位使用率103.92%，平均住院日5.17天，优于标准要求。在全省妇幼保健机构综合排名中，医院名列第一方队，获“四川省五一标兵岗”荣誉。医院二期工程完成竣工验收。

【抗菌药物管理】 2014年，市妇幼保健院专项整治抗菌药物，实施抗菌药物使用分级审批制度和目标管理制度，监控各科抗菌药物使用情况，设置目标限值，严格控制用药比例，严格执行抗菌药物管理实施办法，奖罚分明。全院抗菌药物使用率控制在30%以下。

【学科建设】 2014年，市妇幼保健院设立助产士和麻醉医师门诊，为孕妈妈提供咨询服务，实施无痛分娩，无创接生，减轻孕妇分娩痛苦，提高分娩质量，降低剖宫产率。开展青春期保健，婚前、孕前保健，围绝经期保健，妇女营养咨询，产后康复；提高生殖内分泌、不孕不育科技术，协助45对不孕不育夫妇成功孕育宝宝。产后康复科新开展气压治疗，促进患者或产妇血液循环，预防深静脉血栓。拓宽儿童保健业务，新开展儿童骨密度检测、儿童心理卫生咨询、气质分析，新生儿神经系统测评等，填补全市儿童保健服务项目空白。开展小儿心脏超声心动图、甲功、性激素、血HCG、HCY、肺炎衣原体、支原体血清学检测、PCT、心肌损伤标志物等项目检测。设置中医科，建立具有中医特色的优生优育、生殖保健、孕产妇及儿童保健模式，对偏颇状态者进行辩体施养、辩体施膳、辩体施治等综合性干预。

【爱婴医院】 2014年，市妇幼保健院对照爱婴医院复核新标准，逐条分解，逐条落实，全面加强爱婴医院建设和规范管理，推行母乳喂养，非医学指针剖宫产率逐月下降，顺利通过省市复评。

【医疗质量管理】 2014年，市妇幼保健院清理修改完善相关工作制度、职责50余条，进一步完善医疗质量检查标准，狠抓核心制度落实，坚持季检查、月考核、周查房、日抽查相结合，督查执行，持续改进，奖惩兑现，确保制度落到实处。加强病例质量监控，对病历质量实施院科两级分级质控和科室间交叉质控，展评全院优秀病历和问题病历，以评代训，全院甲级病历率92.6%，病历完整率100%，无丙级病历。推行以医疗安全知识培训为先导，严格医疗制度和操作规程为核心，强化医患沟通技能、优质服务病人为重点，病人安全和满意为目的的管理模式。严格管理，不定期督查，及时整改安全隐患，确保全年无重大安全事故和纠纷发生。

【科研带教和对口支援】 2014年，市妇幼保健院支持和扶持临床科研项目开展，通过市级科研成果鉴定1项。增强专业技术人员带教能力，全年带教实习生31人，进修生16人。外派对口支援石棉县、丹棱县妇幼保健院等地医疗机构16人。

【院感管理】 2014年，市妇幼保健院完善三级院感网络管理体系，加强重点区域院感监测，严密监控院感动态，开展医疗废物流失、泄漏、扩散应急演练，全年监测结果合格率97.99%。环境监测合格率100%，医院感染现患率小于10%，无院感事件发生。

【护理质量】 2014年，市妇幼保健院实施优质护理服务示范工程，优质服务覆盖面100%。加大专科护士培训力度，抓护理“三基三严”培训，强化沟通技能和服务技巧，提高护理人员业务素质。定期检查护理质量，基础护理合格率100%、专科护理合格率95%以上。

【队伍建设】2014年，市妇幼保健院引进各类专业技术人才19人。先后派出86人外出学习、培训、进修，开展院内“三基三严”培训、考核12次，参培率100%。鼓励在职人员参加学历教育，提高专业技术知识和水平。

眉山市中心血站

【献血宣传】2014年，眉山市中心血站以悬挂布标、宣传展板、发放宣传单、设立咨询台等形式开展无偿献血宣传。“3·5”“6·14”“七一”等节日策划、组织无偿献血宣传活动4次。在高校、部队、企事业单位开展“捐献可以再生的血液，挽救不可重来的生命”“军民鱼水情，子弟兵献血献爱心”等无偿献血宣传活动8次，发放宣传资料1.2万份。在市级公务员中开展“人民公仆奉献热血”为主题的无偿献血活动8次，发放宣传资料1000余份，150人参与无偿献血，采集血液240单位。在四川大学锦江学院、眉山职业技术学院等高校开展无偿献血知识宣传讲座6次。通过报刊、电视、网络等和新闻媒体宣传无偿献血，宣传报道无偿献血工作新闻22篇，其中中国输血协会4篇，《眉山日报》10篇，《四川输血信息》4篇，眉山卫生公众信息网4篇。眉山市广播电视台每日快报、四川电视台公共频道联播四川分别2次专题报道眉山市无偿献血量8400毫升金奖申报者，专题报道市中心血站的采供血工作过程。

【稀有血型献血者管理】2014年，眉山市中心血站组织召开第十一届稀有血型招募培训会，建立稀有血型应急库，现在册并保存着通讯联系的稀有血型人员140人，新增41人，组织稀有血型应急献血28人次，稀有血型献血两次以上献血比例占40.5%，确保全市稀有血型病人用血及时、安全、足量。

【志愿者服务队管理】2014年，眉山市中心血站完善无偿献血志愿者服务队建设和管理。招募注册志愿者25人，培训志愿者6次，志愿者69人参加无偿献血宣传服务。

【质量管理】2014年，眉山市中心血站完善采供血过程监控，从人、机、料、法、环、信、监等方面监控采供血全过程尤其是各环节关键控制点和涉及的全部工作场所。明确和细化各过程的关键控制点，修改检查记录，细化记录填写。加强改进结果追踪验证，保证改进措施落实，持续改进。开展质量控制，全年抽检全血和成分血、采供血关键物料、关键设备、工艺卫生等1349次，统计分析抽检结果，组织17台（件）设备使用前确认。加强不合格项和不合格品管理，按程序处理发现的不合格项和不合格品。全年落实验证改进措施36项。报废血液无一漏审或漏处理。召开质量分析会7次。开展献血服务质量情况和血液质量情况满意度调查，献血服务满意度98.12%，临床医疗机构用血满意度99.60%。

【爱心献血屋】2014年5月19日，位于中心城区三苏雕像广场的眉山市第一座固定献血屋——东坡区爱心献血屋投入使用，献血屋面积102平方米，全年采集2977人次。7月30日，仁寿县爱心献血屋对外开放，采集1588人次，11月23日停止使用。

【血液采集】2014年，全市自愿无偿献血采集率100%，自愿无偿献血1.63万人次，献血量3.14万单位；其中400毫升献血1.5万人次，献血比例91%。农村自愿无偿献血6536人次，献血量1.28万单位，献血比例40%。献血量比2013年增长1.4%。血液分离率99%以上。

【血液供应】2014年，眉山市中心血站供应临床红细胞类2.87万单位（调出全血20单位），其中成分血比例99%；供应血浆2.26万单位（调出血浆9212单位）；供应冷沉淀1328单位；供应浓缩血小板6049单位。红细胞类供应量比2013年降1.0%。

【内部管理】2014年，眉山市中心血站组织站级培训11次，全站继续教育培训26学时，培训内容包括职业道德教育、临床输血新知识、新观念、临床咨询、征询体检等，科室培训50学时以上。确保在岗员工每年获得75学时继续教育培训；卫技人员继教学分25学分。组织职工51人参加远程项目培训，取得相应学分，参加国家级培训4人、省级培训19人、市级培训11人，3人取得四川省核酸检测技术培训合格证书，2人取得采供血机构质量体系内部审核员培训资格证。对新进7人进行输血相关法律法规、单位规章制度、医德医风等岗前培训并考核评估。选派检验人员2人前往北京市血液中心进修半个月，学习血液检测、血型检测、血液质量控制等业务知识。组织全站执业护士业务技能操作考核。

人民生活与社会保障

人口和计划生育

【概况】2014年，全市出生36389人，占控制数的86.64%，符合政策生育率83.49%。自然增长率3.30‰。低生育水平持续稳定。

【宣传教育】2014年，全市计生部门巩固和完善各级人口文化阵地，新建新农村人口文化示范基地30个，完成三年建成100个人口文化示范村目标任务。组织到13个村开展人口计划生育“三下乡”宣传服务活动，慰问基层优秀计生干部及基层困难计生工作者100人、慰问计划生育特殊家庭60户，发放年画、对联和围裙、袖套、环保袋、雨伞、毛巾等计划生育宣传资料、宣传品5.60万份。参加计生“三下乡”活动约群众3000人。全年在市级主要媒体刊登人口计生稿件110篇，省级媒体220篇，国家级媒体23篇，其中《中国人口报》刊登18篇，头版7篇。加强网络信息和舆情监测，正确回应网友留言，全年回复各类网友留言44件次。

【计生惠民帮扶】2014年，全市为农村计划生育家庭奖扶对象7.14万人、特别扶助对象3232人和独生子女父母51.78万人发放奖励扶助金1.12亿元。落实特别扶助对象参加新农合补助1876人11.26万元。资助农村困难独生女647人就学，落实助学资金23.25万元。组织开展计生“三结合”帮扶，完成计生“三结合”1.14万户（新增户3862户、帮带户7558户）。新增帮扶基地152个，落实帮扶资金280余万元。慰问计划生育特殊家庭80户，发放慰问金和物质5万余元。

【统计质量】2014年，市计生委建立多元化人口信息采集机制。在全市全面实施手持移动终端信息采集机制。仁寿县移动终端采集信息覆盖面81.4%，其余5个区县实现所辖村（社区）全覆盖，全市覆盖面91.54%。全市利用移动终端采集和修改人口计生信息34.2万条，数据处理率95.74%。继续推行组级起报制度。将基层信息采集工作重心下移到组，村级每月召开例会，组长定期上报辖区内人口计生信息，实行责任到人，定期考核，奖惩严明，确保基础数据真实可靠。开展人口基础信息共享。各区县人口计生局依托全员人口数据库与公安、人社、医保、民政、卫生等部门开展人口基础信息共享，建立常态化的共享合作机制。开展基础信息核查，全面提升数据质量。组织开展人口基础信息核查修正、单独夫妇信息核查、重复人口清理和出生死亡人口定期核查清理等工作，提升全市PIP（个人信息管理）平台数据质量，数据质量误差率控制在5%以内，全市PIP系统国家个案数据质量评估一直保持在甲级标准以上。

【依法行政】2014年，市计生委落实规范性文件统一登记、统一编号、统一发布的“三统一”制度和规范性文件有效期制度，坚持规范性文件合法性审查制度和规范性文件备案审查制度，所有规范性文件坚持在发布15日内报相关部门备案审查。专项检查区县依法行政工作，评查社会抚养费征收和再生育审批案卷，全市违法生育立案数占违法生育总数的96%，行政执法案卷合格率97%以上，全市无行政侵权案件，无具体行政行为被责令撤销的情况。全面推行社会抚养费征缴、收支“两分离”和征收标准、征收程序、征收结果“三公开”的新型征管机制，加大对违法生育对象的查处，依法征收社会抚养费。切实做好人口计生信访维稳工作，加强不稳定因素排查、矛盾化解和重点案件稳控，确保人口计生系统信访稳定。全年受理群众来信来访2111件（次），办理转办案件4件。

【优质服务】2014年，全市开展计生免费手术2.09万例，门诊咨询11.85万人次，查环查孕143.58万人次，发放避孕药具38.68万人次，妇女病检查18.88万人次。开展避孕节育优质服务，实施生殖道感染干预工程，干预出生缺陷。开展“关爱女性健康——乳腺疾病普查活动”，普查育龄妇女约3300余例。加强免费孕检工作指导和质量控制。在国家卫计委组织开展的第五次室间质评通报中，东坡区被评为优秀项目县。全年检查农村育龄夫妇2.50万人，城镇育龄夫妇2542人。开展妇幼健康年活动。组织参加妇幼健康技能竞赛，派出技术服务人员组成眉山代表队参加全省妇幼健康技能竞赛获得集体一等奖和个人优秀奖，受到省卫计委表彰。洪雅县计生服务站获得省卫计委全省妇幼健康服务工作先进集体。做好病残儿医学鉴定工作。全市实际参加病残儿医学鉴定195人，符合病残儿医学鉴定标准180人，符合率为92.3%。培训计划生育技术服务人员，组织参加免费孕检的市级培训24人次，省级业务培训18人次，参加国家、省“六千人才培训计划”8人次。组织开展计划生育服务机构及人员执业许可校验工作。校验“计划生育技术服务机构执业许可证”73份，技术服务人员“计划生育技术服务合格证”212份，新办“计划生育技术服务人员合格证”28份。校验率100%。抓好计生服务站项目建设。投入资金509万元，用于东坡区计生服务站和仁寿县计生服务站的改扩建项目，改扩建面积3400平方米。加强计划生育药具管理。全市药具自助免费发放网点1601个，省内外流动人口2.22万用第二代身份证领取药具，全市免费发放避孕药具91.92万元。药具应用率99.84%，药具使用随访率98.71%，药具使用有效率98.62%，药具知情满意率99.90%，流动人口药具可及率100%，药具占综合节育措施比率91.24%。

【流动人口计划生育服务管理】2014年，市计生委推进四位一体（政策一体化、机制联动化、服务均等化、管理信息化）流动人口基本公共服务模式，提升服务管理水平。全年入库流动人口64.2万人，个案信息入库率99%；流动人口重点信息反馈率99.43%、接收率98.84%，及时率96.56%。强化流动人口网络办理一孩生育服务登记工作，全年受理流动人口一孩生育服务登记88例，办结79例，实现“零”投诉。

（市卫计委）

主要商品价格

【概况】2014年，全市经济下行压力较大，进入经济发展新常态。农业经济形势稳定，小春增产，大春丰收，畜牧业生产稳定；工业经济趋缓向稳，但下行压力依然较大；消费品市场总体趋于稳定，增速有所放缓；物价水平低位运行，价格下行压力较大，1—11月全市居民消费价格总水平（CPI）累计上涨1.9%。监测的主要商品价格运行特点为成品油价格震荡向下；非居民用气价格上调；农资价格有涨有跌；粮食类运行平稳；鸡蛋、鸡肉、牛肉保持高位运行；经济作物中油菜籽、桑蚕茧收购均价低于2013年水平。

【能源和工业生产资料价格】2014年年初，成品油中的汽油和年底0号柴油分别由国三升级到国四，全年成品油价格上半年呈震荡小幅向上，下半年受全球石油市场供应充裕（美国、中东原油高产）、需求乏力，美元走强，国际原油价格持续暴跌，国内成品油价格经历十连跌，全年成品油价格呈4涨14跌态势，年中旬最高，年底最低，年底最后下调的成品油90号（无货）、93号、97号汽油、0号柴油价格分别为5.74元／升、6.12元／升、6.6元／升、5.83元／升，比2013年（下同）分别下降17.41%、17.41%、17.40%、20.03%，全年均价为6.85元／升、7.31元／升、7.88元／升、6.97元／升，除0号柴油下跌4%多，其他均下跌1%多。

上半年建材类价格中水泥受公路治理超限超载、需求不足、生产原料上涨等因素影响呈震荡小幅向上，下半年受需求有所回升、运费连续下降等因素影响呈震荡小幅向下，全年水泥价格震荡后基本持平，年底32.5、42.5强度水泥价格分别为380元／吨、450元／吨，比2013年（下同）分别持平、下降2.17%，全年均价分别为385元／吨、460元／吨，均价分别上涨3.59%、7.81%。

平板浮法玻璃全年价格运行比较稳定，变化不大，其中年初受需求下滑，厂家下调价格，降幅比较大，10月受房地产释放出有利因素需求回升略有上涨，12月受需求平淡以及成品油价格持续下降影响略有下降，其他时间段运行平稳，全年价格震荡后略有下降，年底价格为23元／平方米，比2013年（下同）降4.17%，全年均价为23.67元／平方米，降5.62%。

胶合板、密度板价格全年保持稳定，监测的胶合板、密度板价格分别为59元／张、95元/张。

水电气价格中非居民用气价格上调。1月，非居民用天然气销售价格每立方米上调0.32元，9月起执行，上调后眉山市非居民用气价格为3.36元/立方米，上调10.53%，为2013年8月上调后再次上调。11月起，全市压缩天然气销售价格执行全省统一零售价3.8元/立方米，停止征收天然气价格专项调节金。

其他能源和工业生产资料价格中工业用水、工业用电全年运行稳定，价格分别为4元／吨、0.86元／千瓦时，保持平稳运行态势。

【农业生产资料价格】2014年，化肥价格有涨有跌，其中尿素价格上半年震荡幅度较大，下半年小幅平稳上涨，全年震荡后呈下降，氯化钾全年小幅震荡后也呈下降，复合肥（三元、硫基、含氮磷钾各15%）全年呈小幅平稳上涨，其他化肥品种运行比较稳定，12月份监测的化肥价格尿素、碳酸氢铵、过磷酸钙、氯化钾、复合肥（三元、氯基、含氮磷钾各15%）、复合肥（三元、硫基、含氮磷钾各15%）各县平均价格分别为1.91元/千克、0.69元/千克、0.72元/千克、3.36元/千克、3.1元／千克、3.38元/千克，比年初分别为下降8.61%、持平、下降1.37%、下降2.89%、持平、上涨5.30%，1—12月监测的化肥综合均价为2.17元/千克，其中尿素、碳酸氢铵、普通过磷酸钙、氯化钾综合均价比2013年降11.58%。

生猪价格震荡后有所下降。2014年一季度生猪价格受产能偏大、需求疲软影响，比2013年下降约28%；二、三季度受短期出栏下降、冻猪肉收储等因素影响，出现反弹，涨约34%；四季度受政府放储、供应充足出现下降，幅度收窄，全年震荡后年底与年初相比呈下降，年底价格为675元/50千克，比年初降16%，全年生猪均价为674.75元/50千克，均价比2013年降9.48%。

仔猪价格震荡向。仔猪价格全年运行走势与生猪基本相似，不同的是震荡频率比生猪大，幅度不如生猪（除年底受天气冷不利养殖、个别县仔猪出现病情喂养减少价格降幅比生猪大），其中一季度仔猪价格小幅震荡向下；二、三季度震荡上涨约13%；四季度下降20%，全年震荡后年底与年初相比呈下降，年底价格为10.2元/千克（处于近三年来的低位），比年初降36%，全年仔猪均价6.98元/千克，比2013年降14.98%。

玉米价格震荡向。上半年玉米市场价格先后受生猪市场不景气、需求疲软，陈玉米逐渐减少等因素影响呈小幅先抑后扬，下半年受玉米主产区发生严重干旱，未来玉米减产预期增强，收购价上涨（全市玉米价格最高上涨到3.04元/千克），10月后新玉米逐渐上市呈小幅先扬后抑，全年震荡运行后年底与年初相比呈上涨，年底价格2.88元/千克，比年初上涨6.27%，全年玉米均价为2.8元/千克，比2013年均价上涨1.45%。眉山市彭山区青龙玉米批发市场监测情况来看，全年走势与各县均价走势基本一致，其中8月底处于全年最高价位，为2.96元/千克，与4月底最低价相比上涨23.33%，全年震荡运行后有所上涨，年底价格2.59元/千克，比年初上涨3.19%，全年玉米均价为2.65元/千克，比2013年上涨3.52%。全年从各县和青龙玉米批发市场监测情况看，玉米价格涨跌幅度与2013年相比增大。

农药价格基本稳定。全年全市农药价格运行基本稳定（除乙草胺4月份上涨一次，上涨2.38%），多菌灵、草甘膦异丙胺盐、阿维菌素、乙草胺价格基本保持在3.15元/100克、3.90元/100毫升、8.65元/100毫升、8.60元/100毫升。

麦麸价格出现上涨。2014年3月、5月、7月、8月分别受运价上涨、玉米持续上涨带动等因素影响麦麸价格出现上涨，4月出现下降，其他月份运行稳定，全年运行后呈上涨，年底价格为2.49元／千克，比年初上涨15.81%，全年均价为2.41元／千克，均价比2013年上涨8.07%。

棚膜、地膜价格运行稳定。农膜中的棚膜、地膜价格全年保持在15元/千克、15.7元/千克，运行平稳。

其他农资中水稻、玉米、小麦种子均价分别为51.39元/千克、26.92元/千克、8元/千克。

【经济作物收购价格】2014年，油菜籽价格呈小幅震。受气候条件好，农作物病虫害轻，长势好于上年，全市油菜籽面积比2013年稳中有增，产量有所增加，监测期间油菜籽收购价格呈小幅震荡，均价低于2013年同期，收购均价为259元／50千克，比2013年同期收购均价降7.17%。

桑蚕茧价格呈现下降。与2013年一样，受收购季节质量影响，整个收购期桑蚕茧收购价格呈小幅震荡，因2014年世界经济不景气，奢侈品市场下滑打压国内桑蚕茧原料出口，收购期间桑蚕茧收购价格呈震荡向下，11月最后一期均价为1498元／50千克，均价比6月第一期降15.03%，价格低于2013年水平，收购期间均价为1631元／50千克，比2013年降16.80%。

【居民服务价格】2014年，眉山市城市居民服务价格大部分保持稳定，部分有所变化。其中液化石油气（瓶装气规格变为120元/11千克·瓶）1月份期间出现上涨，涨幅13.40%，之后一直保持稳定，年末价格10.91元/千克，2013年液化石油气价格保持在9.62元/千克。2014年4月中旬，市发改委按照全省有线数字电视基本收视维护费标准的通知，5月起城镇居民用户主终端收费标准统一调整为23元/月·户，农村居民用户调整为22元/月·户，为多年来眉山市电视收视费首次调整。

宾馆住宿价格在春节、国庆等重大节假日期间恢复原价，节后恢复平时打折价，监测的宾馆住宿价格节日期间价格为196元/间·日，平时打折价为158元/间·日，变化幅度20%左右。

长途客运票价中的超长线路在春节期间出现上涨，其中眉山到重庆（由原来的138元/张上涨到147元/张）上涨幅度6.52%，节后恢复原价，年底11月份因成品油持续下降，眉山市客运票价部分线路按照道路旅客运价改革方案，相应下浮3.33%，超长线路票价因与上限价有较大差距，没有执行到位，保持不变，其他时间段客运票价保持稳定，全年客运票价在部分线路有所变化的情况下均价保持在0.33元/人千米，与2013年相当，基本稳定。

医疗服务价格中人均门诊费用、人均床日费用全年呈小幅震荡，全年监测期间均价为201.62元/人次、828.15元/床日。其他居民服务价格中的交通运输、居住、电信电视、医疗、教育、旅游全年保持平稳。

【主副食品价格】粮食价格运行平稳。2014年全市粮食类中大米、面粉价格与往年有涨有跌运行不一样，全年运行稳定，其中本地大米、珍珠米、面粉价格稳定运行在2.26元／500克、2.89元／500克、2.35元／500克，其中超市大米、面粉全年降价促销活动较多。

肉类价格猪肉震荡持平。全市肉类中猪肉价格上半年呈小幅先抑后扬，下半年呈小幅先扬后抑，震荡运行后全年持平，年底猪肉（肋条肉）价格12.5元／250千克，全年均价为12.08元／250千克，比2013年降7.43%；鸡肉（鸡场鸡）价格5月出现一轮上涨外，上涨20.83%，其他时间段运行平稳，现价格为14.5元／250千克，全年均价13.67元／250千克，与2013年相比上涨10.87%；牛肉（牛腩）价格结束前几年持续向上走势，2014年全年运行平稳，价格为29.5元／250千克，均价比2013年上涨6.96%。

淡水鱼价格震荡持平。监测的淡水鱼中花鲢、鲫鱼价格全年呈小幅先扬后抑，其中年中旬出现上涨，之后平稳向下，全年震荡运行后持平，草鱼因不是眉山市主要消费鱼类，且零售很少，全年运行稳定，年底以上三种鱼类价格分别为9.5元／250千克、9.5元／250千克、8.5元／250千克，全年均价为9.92元／250千克、9.52元／250千克、8.5元／250千克，比2013年分别上涨3.77%、下降0.63%、上涨2.29%。

食用植物油中调和油呈现下降。受进口食用油原料价格走低，各品牌商相继宣布降价，调和油价格分别于4月、6月、10月、11月出现下降，累计降幅16.13%，年底价格56.95元／5升，全年均价63.33元／5升，比2013年降10.04%，处于近几年较低价位；食用植物油中桶装菜籽油除1月出现一轮下降，其他时间段运行稳定，年底均价66.40元／5升。

鸡蛋价格震荡向。受供应、需求、节日等因素影响，全年鸡蛋（饲料蛋）价格呈震荡向上，其中9月鸡蛋价格处于历史最高价位，为6.9元／250千克，年底基本呈稳中小幅向下走势，全年震荡运行后呈向上，年底价格为6.38元／250千克，比年初上涨20.38%，全年均价为5.88元／250克，比2013年上涨12.43%。

蔬菜价格呈现震。受季节上市、节假日消费和气候变化等因素影响，蔬菜价格与往年一样呈现震荡趋势，1—12月监测的其中10类蔬菜周报综合均价为2.73元／250千克、3.17元／250千克、3.01元／250千克、2.54元／250千克、2.03元／250千克、1.94元／250千克、4.76元／千克、4.72元／千克、5.26元／千克、4.96元／千克、4.82元／千克、5.40元／千克，全年综合均价为2.53元／250千克，低于2013年，降5.24%。

其他主副食品价。监测的主副食品中调味品和调料类中生姜（老姜）价格全年呈大幅先扬后抑，受生姜产区种植面积减少，产量下降，姜农惜售，老姜库存减少，供需失衡等因素影响从年初到10月呈持续上涨走势，之后新老姜上市量增加，价格快速下跌，因为生姜容易保存，2014年生姜价格大涨大跌，不排除人为炒作因素，10月最高价格为13.19元／250千克，比最低时涨183.05%，年底价格5元／250千克，比年初上涨7.30%；大蒜（瓣蒜）小幅震荡后持平，年均价3.26元／250千克，比2013年（下同）降17.88%；花椒小幅震荡后向上，年均价64.53元／250千克，涨24.82%；牛奶（盒装）价格小幅震荡后持平，年均价2.97元／盒；监测的其他食品中食用盐、白砂糖、干辣椒、豆腐、方便面、矿泉水全年运行稳定，价格分别为2.14元／250千克、9.09元／250千克（袋装）、23.67元／250千克、1.5元／250千克、2.5元／袋、1.55元／瓶。

（市发改委）

社会事务服务

【殡葬管理】2014年，全市火化遗体1.64万具，火化率到78%，比2013年增长5.5%，火化区火化率95%以上。推进免除城乡困难群众基本丧葬费工作，青神县、丹棱县、洪雅县实行全民惠民殡葬。全年全市免除困难群众基本丧葬费442万元，5824人。符合条件且有意愿的困难群众，死后不出一分钱，可在彭山县莲花公墓行草坪葬或花葬。全市建成农村公益性公墓18个。开展“党员干部带头推动殡葬改革承诺签名”活动。党员、干部300余人现场签名，庄重承诺。举办“眉山市第二届集体公益生态葬仪式”活动，彭山县莲花公墓面向社会为低保、五保、流浪乞讨人员等困难群众和重点优抚对象58人提供免费生态葬。指导全市公墓开展“鲜花换纸钱”“鲜花换鞭炮”“时空信箱”“黄丝带”“心愿卡”等活动，引导祭祀群众移风易俗，推广“绿色殡葬”。新华社、中央政府门户网站等各级媒体报道和转载200余篇次。全市公墓等殡葬场所接待祭祀人员58.34万人次，机动车辆7.36万台次。11月3日至5日，中国殡葬协会在彭山县召开中国殡葬协会科技文化工作委员会年会暨“东西交流·共融发展——中小型殡葬服务机构发展与提升研讨会。”在民政部一〇一研究所“中国殡葬文化与科技公共服务网络平台建设”专项支持下，出版《珍爱生命教育》《孝亲敬老教育》《廉洁清明教育》《殡葬改革宣传》等眉山殡葬文化系列丛书，民政部社会事务司司长张世峰，中国殡葬协会会长戚学森，一〇一研究所所长李伯森担任丛书顾问。

【救助管理】2014年，开展未成年人社会保护试点，确定仁寿县为试点先行地区，经验得到民政部和省民政厅肯定并推广。6月17日至20日，全国未成年人社会保护试点工作讲习班暨经验交流大会在仁寿县召开。来自全国26个省（自治区、直辖市）的民政部门代表180余人、国际救助儿童会代表及国内外未成年人保护专家交流未成年人社会保护试点经验。民政部副部长窦玉沛、四川省副省长曲木史哈、省民政厅厅长黄明全、市委书记李静、市长宋朝华、副市长辜永忠等出席会议。仁寿县未成年人社会保护“1685”工作模式被中央综治办、共青团中央、中国法学会评为未成年人健康成长法治保障制度创新最佳事例，全国25例，全国民政系统仅此一例，到京作大会经验交流。市救助管理站受到民政部“寒冬送温暖”专项救助行动通报表扬。开展街头救助，实现街头救助经常化，提升救助管理工作软硬件水平，按照“自愿求助、无偿救助、依法救助”原则，主动保护性救助流浪未成年人和老年人。开展流浪乞讨人员救助管理政策宣传月活动。街头救助常态化，减少反复流浪现象。巩固“接送流浪孩子回家”“流浪孩子回校园”专项行动成果，建立完善横向和纵向救助服务网络，逐步实现全覆盖。促进社会力量参与救助服务。加强救助管理机构能力建设和业务培训。全年全市救助流浪乞讨人员5118人，其中未成年人265人。救助信访处理率100%，办结率100%。仁寿新建救助管理站和未成年人救助保护中心。彭山区、洪雅县改建救助管理站。丹棱救助管理站开建。规范管理使用救助补助资金，做好中央财政流浪乞讨人员救助补助资金使用管理情况自查和检查。

【婚姻、收养登记管理】2014年，全市办理国内结婚登记3.21万对，离婚登记1.04万对，婚姻登记合格率100%，违法办理婚姻登记查处率100%。推进婚姻登记工作标准化、信息化建设和等级评定。改善婚姻登记窗口服务软硬环境，组织参加省民政厅婚姻登记处组织的婚姻登记员培训。制作、使用婚姻登记工作标识。指导有条件的区县开展结婚颁证仪式、婚姻家庭辅导服务、和谐婚姻文化建设。推行法定节假日和特殊日婚姻登记预约制，加强婚姻登记高峰期应急管理。仁寿县民政局婚姻登记处争创国家3A级婚姻登记机关，加强硬件投入，新建全市一流办公场所。开展数据补录，补录量80%以上，仁寿县补录新中国成立以来的30余万条婚姻登记数据。开展结婚颁证仪式，民政部副部长窦玉沛在仁寿为一对新人颁发结婚证。眉山市作为收养评估试点地区，拟定试点方案上报民政部，8月1日起分阶段开展收养评估试点。全年全市办理国内收养登记40件，收养登记合格率100%。做好涉外送养，推动大龄、特需儿童回归家庭。涉外送养材料上报合格率100%。

【民间组织管理】2014年，全市新登记社团34个（直接登记3个），民办非企业单位54个（直接登记1个）。其中市级新增社团9家，新增民办非企业单位7家，依法注册登记各类社会组织1341个（社团656个，民办非企业单位685个）。完成2013年度民间组织年检，年检率96.2%。举办全市社会组织登记管理机关工作人员和社会组织负责人培训班，80人参训，提高全市社会组织登记管理机关和社会组织从业人员的能力素质。配合市纪委检查市级重点协会学会13个，清理整顿全市行业协会商会，找准和纠正典型问题。

（市民政局）

社会保险和社会保障

【养老保险】2014年，市政府办公室印发《眉山市城乡居民基本养老保险实施办法》，实现新农保、城

2014年，人社系统收集城乡居民社保信息

2014年，市人社局联系服务创业青年，指导其发展产业

镇居民保险制度统一，与职工基本养老保险制度相衔接。刑满人员纳入基本养老保险保障范围，明确居民可在政策范围内自由选择养老保险类型，统一新农保、城居保与城职保转移接续等相关条件、程序。推进社会保险基金社会监督试点，市政府办公室印发《眉山市社会保险基金社会监督试行办法》，公布监督举报奖励办法和监督举报电话，受理查处举报案件3件，收回多领取社保基金1.5万元。开展社保基金专项检查，勒令整改发现的24个问题。城乡居民养老保险待遇每人每月提高5元，各档次政府补贴增加10元，全市企业退休人员19万人基本养老金每月人均增加152.1元。城乡居民养老保险参保163.67万人，当期征缴1.79亿元，支出待遇3.89亿元。职工基本养老保险在岗职工参保26.31万人，当期征缴36.65亿元，支付待遇31.26亿元。

【工伤保险】2014年，全市工伤保险参保15.6万人，基金征缴6154万元，支付待遇8609.58万元。

【生育保险】2014年，全市生育保险参保14.14万人，基金征缴2675.41万元，支付待遇1750.5万元。

【医疗保险】2014年10月，市新农合职能划入人社部门，推进城镇职工医保、城镇居民医保和新农合三项基本医保的统筹管理。市政府办公室印发《眉山市城乡居民大病医疗保险实施方案》，调整城镇职工和城镇居民基本医保最高支付标准，分别由20万元、12万元调升至22万元、13.5万元。建立疾病应急救助制度，市政府办公室印发《眉山市疾病应急救助管理暂行办法》，全年救助150人次，拨付救助经费86万元。社会保障卡医保功能实现“一卡通”，参保人员持卡医疗实现即时结算和异地就医结算。全市城镇基本医疗保险参保71.9万人，其中城镇职工参保26.1万人，基金征缴7.12亿元，支付待遇5.82亿元；城镇居民参保45.78万人，基金征缴1.97亿元，支出待遇1.96亿元；新农合参保258.68万人，新农合基金征缴10.08亿元。

【失业保险】2014年，全市失业保险参保10.2万人，基金征缴9228.92万元，支付待遇2141.4万元。

【劳动保障监察】2014年，受理举报投诉案件143件，调解135件，调结率94.4%，责令改正21件，行政处理2件，向公安机关移送涉嫌拒不支付劳动报酬罪案件8件，追发工资报酬、经济补偿等963.16万元，涉及职工1016人，到期结案率100%。开展清理整顿人力资源市场秩序专项行动，组织联合执法力量144人次，检查职业中介机构40家，开展用人单位遵守劳动用工和社会保险法律法规情况专项检查，检查用人单位440户，涉及劳动者3.38万人，查处案件96件，其中拖欠工资案件42件、未依法缴纳社会保险费36件、其他案件18件。开展工资、社保问题大排查，查出问题65个，其中建设领域25个、生产领域40个。

【劳动人事争议调解仲裁】2014年6月30日，全省“诉非衔接”现场会在眉山召开，省委政法委书记刘玉顺肯定市人社局“诉非衔接”工作。全年全市各级仲裁机构受理案件1872件，结案1805件，调解结案率88.7%，到期结案率100%，列全省第一，涉案金额7984.05万元。

（肖　鑫）

老龄工作

【概况】截至2014年年底，全市60岁以上老年人口71.52万人，占户籍总人口的20.26%。有各类老年组织1627个，入老年人协会会员43.5万人。有老年学校107所，老年学员2.39万人。

【高龄补贴增长及老年优待规定】2014年，建立全市80周岁以上老人高龄补贴增长机制。落实老年优待规定，完善老年人高龄补贴增长机制列入对各区县的目标考核内容。全市80—89周岁老人每月高龄补贴不得低于10元、90—99周岁老人每月高龄补贴不得低于20元、100周岁以上老人每月高龄补贴不得低于500元（创建“第四轮敬老模范县”的80—89周岁老人每月高龄补贴不得低于20元、90—99周岁老人每月高龄补贴不得低于50元）。东坡区建立百岁老人生日慰问金（每人每年600元）；仁寿县百岁老人建立重阳节、春节慰问金（每人每年800

元)；洪雅、丹棱、青神等县免除老年人基本丧葬费。组织全市老龄工作督导员和区县老龄工作督导员到各区县、乡镇开展优待老年人工作和老年人权益保障督查调研。市政府印发《眉山市老年人优待规定》。

【重要活动】2014年，全市有百岁老人282人。市老龄办、眉山电视台联合筹划“寻找眉山长寿之星”大型电视节目。倡导健康科学生活方式，宣传眉山长寿养生文化，弘扬孝亲敬老时代风尚，营造敬老、爱老、助老良好社会氛围。市民积极参与，市中医院全程派医务人员负责老年人身体健康。眉山市常务副市长、老龄委主任吴小可出席颁奖大会并作讲话。社会各界、企事业单位、为老服务志愿者参加颁奖大会。开展以“关爱老人，构建和谐”为主题的敬老爱老助老活动。开展“敬老月”活动，市财政及时安排慰问经费和宣传活动经费。各老年组织组织有益于老人身心健康的各种活动。《眉山日报》刊登“关爱老人，构建和谐”——“敬老月”尊老敬老爱老助老倡议书。开展走访慰问和为老志愿服务活动。市委、市政府、市人大、市政协主要领导到各区县基层和市社会福利院慰问农村特困老人、“五保”老人、空巢老人、百岁老人、老劳模、困难老党员、离休老干部等500人，发放慰问金和慰问品25.6万元。市级各部门、各区县和乡镇党委政府，分别慰问本部门离退休老年人和辖区内部分老人。各区县慰问老年人9046人，发放慰问金慰问品224.4万元。结合党的群众路线教育实践活动分别到联系村开展关爱空巢老人志愿服务活动，社会各志愿服务队开展关爱老人送温暖活动。眉山电视台和眉山市志愿服务网均作翔实报道。全市在“敬老月”活动期间，市、区县报社制作专题70期，通过电视台做宣传节目和慰问活动宣传60余期，印发各类宣传资料20余万份，悬挂各类“敬老、爱老、助老”宣传横幅标语100余幅，老年文艺宣传演出2000场次。向手机用户发送尊老、爱老、助老和老年节祝福短信90万条。各级老年组织以及机关单位组织庆典活动并采取包宴席、摆坝坝宴等形式庆祝老年节。乡镇、村（居）老协举办“庆重阳”坝坝宴活动，设宴4.5万桌50余万人。各区县党政领导参加庆祝活动，表彰“好儿女”“好女婿”“好媳妇”“孝亲敬老之星”“老有所先进个人”。

【老年月刊】2014年，由眉山市老龄办主办，眉山市老年协会、眉山市老年大学、眉山假日国际旅行社协办的《眉山老年月刊》创刊。月刊传递政讯，服务民生，立足老龄事业，紧扣时代主题，传播先进文化，贯彻党和国家的路线、方针、政策、法规，弘扬尊老、爱老、敬老、助老的传统美德，彰显“老有所养、老有所医、老有所学、老有所为、老有所乐”的社会风尚。月刊征集老年创作作品1000余个，刊登老年各类创作及书画作品400余幅，传递各区县老龄工作信息100余条，刊载敬老爱老故事和孝亲敬老人物10个。全年免费发放《眉山老年月刊》13万余份。

【老龄事业发展规划】2014年，市老龄办组织各区县和各老龄委成员单位，结合实际将所承担的目标和任务查漏补缺，找出存在的差距和问题，提出进一步实施《眉山市“十二五”老龄事业发展规划》的建议和措施。

【创模】2014年，是推进“创建眉山市第四轮敬老模范乡镇（街道）”工作的重要年和推进创建省级敬老模范县的关键年。市老龄委印发《眉山市第四轮敬老模范乡镇（街道）考核验收标准》。开展各区县“创模”调研督查活动。市老龄办下发《关于开展眉山市第四轮敬老模范乡镇（街道）交叉检查的通知》，开展创建情况检查。丹棱县接受省老龄办组织的市州创模交叉检查，受到检查组好评。

【维护和保障老年人合法权益】2014年，眉山市邀请省老龄办副主任张晋川培训《中华人民共和国老年法》（以下简称《老年法》）。培训眉山市老龄工作督导员、市老龄委成员单位领导、市老年协会会长、副会长、秘书长、各分会会长、各小组组长，区县老龄办主任、老年协会会长、秘书长，乡镇（街道）老年协会会长和区县老龄工作督导员230余人，印发《老年法》学习宣传册6万余册。仁寿县各级老年组织利用召开座谈会、研讨会等形式学习宣传《老年法》；彭山县印制新《老年法》5000份发放到乡镇、小区和村；丹棱县组织驻村干部学习《老年法》；青神县组织宣传《老年法》文艺汇演。

【基层老年协会建设】2014年，市老龄办下发《关于开展示范性基层老年协会创建活动的通知》，开展眉山市示范性老年协会创建活动，各区县将“示范性协会”创建活动与规范化建设相结合，创建个数不少于协会数的10%，以开展示范性基层老年协会创建推动老年协会规范化建设。通过检查评比，区县认定示范性基层老年协会166个（东坡区36个、仁寿县78个、彭山区14个、洪雅县18个、丹棱县9个、青神县11个），市老龄办认定东坡区万胜镇万利村等15个基层老年协会为“眉山市示范性基层老年协会”，省老龄办认定眉山市东坡区松江镇山坝村等5个基层老年协会为“四川省示范性基层老年协会”。全市示范性基层老年协会建设占协会总数的11.9%。

【老年大学】2014年，全市有老年大学7所，其中市老年大学1所、区县老年大学6所。眉山市老年大学被评为四川省A级老年大学，彭山区老年大学和洪雅县老年大学被评为四川省B级老年大学。全年全市老年大学开设音乐、拳剑、柔力球、电子琴、计算机、书法、国画、声乐、健身球、拉丁舞、交谊舞、广场舞、形体舞、摄影、民族舞、萨克斯、诗词等33个专业，126个教学班，招收学员1.36万人次。全年各老年大学办《校园简报》30期，采用稿件400余篇，其中被眉山电视台、《眉山日报》采用18篇，《四川老年教育通讯》采用3篇。全年各老年大学组织联谊交流6次，送文化下乡21次。选送洪雅老年大学的《绿荷秋影》和眉山市老年大学的《和谐大家园》参加“四川省中老年集体舞大赛”，均获三等奖。《和谐大家园》参加颁奖晚会演出。

【养老服务体系建设】2014年，全市养老服务体系建设工作按照以居家为基础、社区为依托、机构为支撑的“9073”（60岁以上的老年人，90%居家养老，7%社区养老，3%机构养老）工作目标稳步推进。多方争取，投入资金6亿余元，新建改建6区县社会福利院和农村敬老院。年末全市城乡养老机构158所，养老床位2.3万余张，每千名老人拥有养老床位33张，居全省前列。开展市级养老服务社会化示范社区创建活动。全市建成省、市两级养老示范社区24个。为社区老年人提供文化娱乐活动、日间生活照料，以及医疗保健、精神慰藉、法律援助等，提高社区老年人幸福指数。建立健全“三无”（无生活来源、无劳动能力、无法定抚养义务人的公民）和“五保”老人供养标准自然增长机制，全市“三无”老人供养标准每人每月400元以上，“五保”老人年集中供养标准4186元。建立80岁以上高龄老人补贴制度，2014年全市为11万名高龄老人发放高龄补贴2230余万元。

（眉山市老龄工作委员会办公室）

残疾人事业

【残疾人民生工程】2014年，全市涉残民生项目10个。全年城乡残疾人居家灵活就业3.18万人；扶持农村贫困残疾人1.36万人发展生产；为贫困残疾人2138人适配亟须的基本辅助器具；救助贫困家庭脑瘫儿童205人；居家托养智力、精神和重度残疾人1452人；资助残疾人托养服务机构12家；残疾人家庭无障碍改造492户；资助重度残疾人3.37万人护理费用；救助贫困家庭重度听力残疾儿童40人；资助贫困白内障患者实施复明手术1284人。

【个性化服务】2014年，全市残疾人“量体裁衣”式个性化服务（以下简称“量服”）平台掌握10.56万条残疾人基本情况和271.56万项次需求信息。全年为残疾人10.47万服务58万项次。其中，社会救助、社会保障、社会福利等社会保障项目4.13万人4.24万项次；康复、教育、就业、改善基本生活条件、扶持发展生产、文化体育等专项服务10.22万人30.48万项次。持证残疾人“量服”服务覆盖率99.36%；平台入库残疾人10.56万人。创建东坡区、仁寿县两个“量服”示范区县、彭山区彭溪镇等5个“量服”示范乡镇、青神县南城镇南沟村等10个“量服”示范村（社区）。

【残疾人就业创业】2014年，青神县中职校被中残联确定为首批国家级残疾人培训基地，眉山市魁手盲人按摩中心等31家企业和专业大户被省残联命名为首批四川省残疾人就业创业示范园区（基地、户）。仁寿“西南网贸港”被确定为残疾人网络创业孵化基地。依托基地建设，全年培训按摩师250人，其中盲人115人；肢体残疾竹编师100余人，种养殖残疾人能手400余人，接纳残疾人4000余人到基地学习。市残联组织参加第四届全省残疾人职业技能竞赛获“团体总分奖”第三名。实施残疾人居家灵活就业（创业）直补项目，直补2622人86.3万元；为自主创业残疾人争取康复扶贫贷款贴息资金和产业发展资金61万元。创新实施残疾人“幸福创业人才工程”，落实100万元扶持残疾人100人创业。安排70万元扶贫贷款贴息资金，扶持农村贫困残疾人发展生产。

【康复事业】2014年，实施残疾儿童康复救助“七彩梦行动计划”，开展听力语言、肢残、脑瘫儿童优先抢救性治疗和康复，给予贫困残疾儿童适配辅助器具补助，康复救助贫困残疾儿童。向精神残疾人400人送温暖，人均资助1000元以上；为生活困难精神残疾人991人解决最低生活保障。全市完成康复手术救助1442人，人工耳蜗植入27人，康复训练1096人，辅助器具适配2830人。承办省聋儿语训培训会。

【残疾人事业体制机制建设】2014年，市委将残疾人专项工作纳入对区县党委的目标考核，市委常委会、市政府联席会议专题听取残疾人工作汇报，市政府召开群团联系会，研究解决有关困难和问题。为市康复中心聋儿语训部解决人员控制数编制13个。

【残疾人组织建设】2014年，开展“量服”培训53期，培训残联干部及残疾人专干、专委2100人次，修改完善“量服”平台数据10.56万人，个性化服务10.47万人。县、乡镇（街道）残联、村（社区）残协有阵地、有牌子、有人员、有经费、有活动。基层残疾人组织规范化、服务型建设达标率100%。用公益性岗位和人员控制数编制等方式解决乡镇（街道）残疾人专干待遇，全面落实村（社区）残疾人专职委员待遇。全市二代残疾人证办证率42%。

【残疾人体育事业】2014年，眉山市91人参加省第八届残运会暨第三届特奥会12个项目，获金牌27枚，打破省记录39项，团体总分名列第六。

【残疾人权益】2014年，眉山市中心城区建立残疾人免费乘坐公交车制度，为符合条件的残疾人盲人、重度残疾人2896人办理免费乘车“爱心卡”。全市残疾学生1217人享受1354项次教育资助，残疾人3436人享受机动轮椅车燃油补贴。启动全国残疾人基本服务状况和需求专项调查。开展助残社会组织和自闭症儿童（少年）摸底调查。

（胡雪怡）

社会福利

【城乡居民最低生活保障】2014年，城乡低保保障标准统一调整到家庭人均收入每月340元以下，农民人均纯收入每年2300元以下，全市纳入城乡低保17.13万户、21.02万人，累计支出保障金3.67亿元，累计月人均补助分别增至220元、113元。落实“救急难”，解决低收入群众突发性、临时性基本生活困难，全市在建立临时生活救助制度基础上，建立城乡困难群众临时救助专项资金。市级财政每年安排200万元临时生活救助基金，当年有结余的，结转下年使用。各区县按照人口规模设定专项资金建立标准，辖区30万人口以上区县按照每年不低于100万元、30万人口以下县按照每年不低于50万元标准设立临时生活救助专项资金。制定临时生活救助专项资金使用管理办法，加强资金监管。各区县建立城乡居民家庭经济收入核对平台，完善部门核对信息提供、比对、反馈等共享办法，建立核对工作机制。建立“一门受理、协同办理”救助工作平台，加强社会救助制度有效衔接。

【城乡医疗救助】2014年，提高城乡医疗救助水平，完善重特大疾病医疗救助方案，扩大救助病种和救助范围，完善医疗救助管理制度，合理确定救助对象。2014年，城乡医疗救助累计救助困难群众44.79万人次，发放救助金6760.06万元。政策范围内住院自负费用救助比例64%；鼓励、资助低保对象和“五保”对象参合参保，资助农村低保对象、“五保”对象参保参合率100%。

【农村“五保”供养】2014年，全市农村敬老院150所，床位2.13万张，“五保”对象2.25万人，其中集中供养对象2.03万人，集中供养率90%。落实全省提高“五保”对象供养标准文件，执行全市“五保”供养标准自然增长机制，全市“五保”供养标准增至每月290元；实际年集中供养标准每年4304元，分散供养标准每年3357元；“五保”供养服务机构事业法人登记比例100%。开展农村养老服务机构安全隐患排查，及时下发检查出问题整改通知书，全市敬老院连续几年安全管理无事故；开展农村敬老院服务标准化试点，确定东坡区金叶敬老院等8所敬老院为试点单位，初步建立相关标准，通过试点形成具有眉山特色的农村养老服务模式，将此标准和模式向全省、全国推广。相关标准化建设工作推进顺利。

【其他福利】2014年，全市新增民办养老床位2540张，维修改造公办机构床位2185张，建设城乡社区日间照料中心66个（城市38个、农村社区28个），为4.38万名困难家庭失能老人和80周岁以上高龄老人提供居家养老服务，创建省级养老服务示范社区1个，建成农村幸福院100个。年末全市有国办福利机构7所，床位1446张，入住老人785人，床位利用率54%。已颁证民办福利机构9所，床位1030张，入住老人290人，床位利用率28%；城镇“三无”人员528人，集中供养285人，集中供养率54%，月均保障标准420元，按月足额发放。全市孤儿440人（集中供养66人，分散供养364人，艾滋病毒感染儿童10人），集中供养每人每月1130元，分散供养、艾滋病毒感染儿童每人每月678元；事实无人抚养儿童291人纳入保障范围，保障标准每人每月300元；实施“福康”行动，组织15名肢残儿童手术矫正和康复治疗；组织7人参加省厅孤残儿童初级护理员培训；市民政局、市人社局、市住建局下发《关于做好全市孤儿成年后就业保障工作的通知》《关于做好全市孤儿住房保障工作的通知》。洪雅县、丹棱县、青神县设立儿童福利指导中心，实现市县两级全覆盖。市民政、国税、地税年检全市福利企业28家，27家（1家企业因未缴纳职工养老保险正在整改推迟年检）福利企业将获得国家退税4500万元，保障残疾职工1264人享有国家政策规定的基本养老保险、基本医疗保险、失业保险和工伤保险等，按月从银行领取工资。全年销售福利彩票2.7亿元。

【慈善救助】2014年，市慈善总会联合四川万景融汇集团、四川景地基业集团、四川玫瑰园房地产、四川精正公司在丹棱县开展春节“送温暖·献爱心·暖身心”慰问活动启动仪式。为丹棱县困难群众、残疾孤儿、残疾人、困境儿童、孤寡老人等50人，每人送价值600元的大米、鲜猪肉、清油、被盖等年货，以及每人600元慰问金。玫瑰园房地产有限公司出资60万元，与市慈善总会共同建立“玫瑰园农村贫困老党员慈善救助基金”。帮扶全市农村贫困老党员500人，救助每人每月50元，连续救助2年。

【慈善助学】2014年，市民政局完成“衣恋慈善阳光”“万景困境儿童慈善救助基金”“浙川情”项目受助对象资格审核和资金拨付，救助贫困学生960人，发放救助资金160万元。开展第十届眉山慈善·福彩帮困助学活动。全市资助贫困学生475人，包括争取省级资助贫困大学新生85人和贫困高中新生90人，市级资助贫困大学新生100人，各区县资助贫困大学新生200人，资助金额累计159.5万元。

（市民政局）

人　物

2014年眉山市市级各部门领导干部名录

眉山市领导机关

中国共产党眉山市委员会

书记李静，副书记宋朝华、刘十庆，常委吴小可、杨勇、宣迅、姜怡、祝云、黄跃、李酌（3月离任）、王光彩、张刁、吴季友、蔺湘（5月任职）、周孝平（11月任职），秘书长黄跃，副秘书长吴江、周立平（12月免职）、胡建辉（8月离任）、廖仁军（12月离任）、杨志忠、杨成芬、宋良勇、彭国超、李祝才（11月任职）、王军（11月任职）、王麒铭（11月任职）、王晨曦（12月任职）、阮永忠（12月任职）

眉山市人民代表大会常务委员会

主任贺文，副主任何久伦、门俊良、陈桂花（10月离任）、陈大权、于忠平（9月免职）、郑夕君，秘书长鲁建伟，副秘书长袁敏（4月任职）、钟开全

眉山市人民政府

市长宋朝华，常务副市长吴小可，副市长辜永忠、吴爱玲、钟毅、周孝平（11月离职）、付庆一、汪树槐、唐宏（10月任职），市长助理谷金山（12月离职）、万怡挺（12月离职）、戴向前（12月离职）、王晨明、刘强（11月任职），秘书长肖忠良，副秘书长徐成良、黄劲松、龙学渊、邹汝林、罗万东、李付贵、廖宇勇、王茂槐、周吉勋、彭敏、严军、陈瑞林、蒋传德、陈开军、梅斌（1月任职）

中国人民政治协商会议眉山市委员会

主席王影聪，副主席李亚非、梁勇、立胡左格、黄玉蓉、朱建文、祝明洪、杨常沙，秘书长陈泽文，副秘书长刘云福，兼职副秘书长代贤军、黄锐、江林、甘晓红

纪检、法院、检察院

中国共产党眉山市纪律检查委员会

书记祝云，副书记魏文彪、王世林、陈卫东，常委宋梅、杨燕昭、袁利民、梁昌秋、徐正刚，副县级室主任曹宇春、万凯（11月任职）、张健（11月任职）

市纪委派出纪工委

书记吴建文（8月任职），委员郑强、王泽华、罗晓玲

眉山市中级人民法院

院长刘楠，副院长李光祥、彭国成、高茜、喻敏（挂职），纪检组长王建勇，政治部主任王世忠，机关党委书记陈映明，执行工作局局长韩胜，审委会专职委员刘军，市诉调对接中心主任徐家雄

眉山市人民检察院

检察长陈兵，常务副检察长万超，副检察长林建新、林泽明、张勇勤，纪检组长李林坤，政治部主任段瑞林，机关党委书记蒋志全，反贪污贿赂局局长邱晓峰（1月离任），反渎职侵权局局长胡忠武

市检察院司法调解中心

专职副主任徐建国

市检察院检查委员会

专职委员申亚辉、彭林泉

党群系统工作部门

市委办公室

主任吴江，副主任阮永忠（1月离任）、彭盛东、徐炯（11月任职），副县级纪检员汪洪萍

市委机关党委

书记何丹丹

市目标绩效办

主任徐驰

市委常委办公室

主任王晨曦

市委督查室

主任李祝才（11月任职），副主任徐炯（11月离任）、黄秀航

综合调研室

主任王建祥

市委保密办（市国家保密局）

主任（局长）李树伦

市委党史研究室

主任徐永利

市委、市政府接待办

主任胡建辉（7月离任）、王麒铭（11月任职），副主任王麒铭（10月离任）、刘轶

市委组织部

部长姜怡，常务副部长王晓丽，副部长胡彬、杨志华、王强、何万高、唐亚平，部务委员黄磊、彭玉霞（12月离任），副县级纪检员伍懿

市委党建办

主任胡彬，专职副主任刘波

市委党员干部现代远程教育中心

主任郑敏璐

市非公有制经济组织和社会组织工作委员会

书记杨志华，副书记李勇刚、廖锦

市委老干部局

局长王强，副局长艾小林

市老干部活动中心

主任陈军

市委宣传部

部长周孝平（11月任职）、李酌（6月离任），常务副部长曾丽霞，副部长廖仁军（12月离任）、邓敏、杨成芬（12月任职），部务委员马炜、罗明，副县级纪检员周天才

市精神文明建设办公室

主任曾丽霞，副主任彭书君

市委对外宣传办公室、市政府新闻办公室

主任廖仁军（12月离任）、杨成芬（12月任职），副主任李伦、王建国

三苏文化研究院

院长方永江

市互联网信息办公室

副主任涂瑛

市委统战部

部长黄玉蓉，常务副部长杨波，副部长钟云胜、何中、王怀端，副县级纪检员周殿志，部务委员潘波

市民宗局

局长何中

市委政法委

书记杨勇，常务副书记徐智勇，副书记雷建勇、王加宾，政治部主任蔡仕华，副县级纪检员林波

市社会治安综合治理委员会办公室

主任徐智勇，副主任徐金华、戴宇

市委维护社会稳定领导小组办公室

主任王加宾，副主任杜光俊、张川

市矛盾纠纷“大调解”协调中心

专职副主任刘正国

市法学会

专职副会长雷永辉

市委政研室

主任王军，副主任周光普，副县级纪检员夏德强

市委防邪办

主任李树明，副主任邱晓峰（1月任职）

市直机关工委

书记俞红梅（1月任职），副书记梁建军、彭怀安（12月任职）、佘华（12月任职），纪工委书记佘华，专职委员彭怀安（12月离任）

市委群工部

部长杨志忠，副部长杨乐园、胡刚、毛秦蓉（1月任职），副县级纪检员杨学良（1月任职）、毛秦蓉（1月离职）

市信访群众疏导调解中心

专职副主任符玉芳

市委编办

主任唐亚平，副主任郑高庆、李晓莉，副县级纪检员贾国平

市事业单位登记管理局

局长何青

市信息管理中心

主任王馨婧

市委农工委

主任陈明芳，副主任钟涛、王英哲，副县级纪检员周泮羽

市总工会

主席祝云，常务副主席张利铭，副主席缪川勋、喻素彬，经费审查委员会主任魏爱武，纪检组长陶建文

共青团眉山市委

书记王艳（12月离任），副书记田波、梁宁

市妇联

副主席王学芳、曹煦

市工商联

主席立胡左格，党组书记、常务副主席钟云胜，副主席黄锐，秘书长刘前线

市科协

党组书记、主席李伟，副主席梁成穗、蒋国珍

市文联

主席王影聪，党组书记、副主席李国莲，副主席顾伶俐

市社科联

主席李酌（6月离任），党组书记、副主席马湘君，副主席李广平

市残联

主席祝云，理事长曾乐斌（12月离任、王艳（12月任职），副理事长张平松、彭洪，纪检组长黄毅梅（1月任职）

市残疾人康复中心（市康复中心医院）

主任（院长）彭洪

市红十字会

会长吴爱玲，专职副会长余平

市政府工作部门

眉山市人民政府办公室

主任徐成良，副主任胡屏、李

永康、赵强（11月任职），纪检组长李军

市政府应急管理办公室

主任周吉勋，副主任吴天文

市政府信息公开办公室

主任段琼

市政府目标督查办公室

主任潘春梅

市政府研究室

主任王茂槐，副主任黄文利

市信息化工作管理办公室

主任邵兵祥

天府新区眉山市建设委员会办公室

主任李付贵

眉山市人民政府热线服务中心

主任杨敏

市投资促进局

局长罗万东，副局长阮永忠（12月离任）、邓川、赖刚（1月离职）、余敏，纪检组长刘光友

市政府驻外经济合作局

驻广东经济合作局局长冯晓东

驻江苏经济合作局局长张红玲

驻武汉经济合作局局长周波

驻上海经济合作局局长李鸿海

驻浙江经济合作局局长李亮

驻北京经济合作局局长刘洋

驻成都经济合作局局长邹镜洋

市发展和改革委员会

主任李建章，党组副书记兰华，副主任兰华、黄海波、李红、牟长海，总经济师罗雪梅，纪检组长余冬梅

市以工代赈领导小组办公室

主任邓刚

市第三产业领导小组办公室

主任周强，副主任符雪梅、杨伟东

市项目工作领导小组办公室

主任姚文第

市招标投标管理办公室

主任王雪平

市综合交通枢纽办公室

主任兰华，副主任李钟玲、董勇刚

市物价局

局长李建章

市价格监督检查局

局长李垚

市经济和信息化委员会

主任王岳，副主任何健、张仕兵，纪检组长邓德均，总经济师徐庆中

市中小企业局

局长胡波，副局长赖崇华

市无线电管理处

处长伍飞龙

市教育局

局长徐井万（12月离任）、廖仁军（12月任职），副局长赵晓明、周俸贵、曾维刚、姚小虎，纪检组长尹曦

市政府教育督导团

总督学郭子明

市招生办公室

主任刘力

眉山广播电视大学

校长叶志华，副校长刘淑琼

市教科所

所长谢宏

市科技局

局长陈付生，副局长张刚、左永成，纪检组长刘天舒

市知识产权管理处

处长宋洪芳

市公安局

局长辜永忠，常务副局长岳剑，副局长金育林、王怀轩、李文彬、刘长林、王正祥、邢光华，纪委书记刘志彬，机关党委书记管生文，政治部主任何升俊

市公安局交警支队

支队长李文彬，政委伍利民

市公安局刑事侦查支队

支队长李柳，政委、阳涛

市公安局巡警支队

支队长甘志伟，政委王胜

市公安局国保支队

政委李国辉

市公安局治安管理支队

支队长李域高

市公安局经济犯罪侦察支队

支队长李忠，政委王元洪

市公安局禁毒缉毒支队

支队长车伟，政委刘强

市公安局行动技术侦察支队

支队长张永频，政委蹇勇

市关押中心（市公安局监所管理支队）

支队长张建中，政委代朝华

园区直属分局

局长余崇强，政委潘峰

岷东新区分局

局长李志伟，政委邹毅

市监察局

局长魏文彪，副局长宋梅、杨燕昭、宋章华

市监察局监察分局

监察员郑强、王泽华、罗晓玲

市民政局

局长余自生，副局长李述清、杨海涛、史跃平，纪检组长郑剑坤

市老龄办

主任李述清，专职副主任程杰

市双拥工作领导小组办公室

主任郑忠东

市司法局

局长赵樱，副局长朱海波、叶忠文、牟锐，纪委书记雷广才（7月任职），机关党委书记徐勇，政治部主任吕光进

市人民调解指导中心

专职副主任蒋励

市财政局

局长宋仕祥，副局长覃建华、邱云祥、王平（12月离任）、张勇，纪检组长徐燕茹，总会计师胡明军，机关党委书记李光

市农发办

主任苏长芬

市政府驻京联络处

主任邱云祥（12月离任），副主任王继、刘汉学（8月任职）

市财政监督检查局

局长侯德宽

市国库集中支付中心

主任冉晓天

市人力资源和社会保障局

局长何万高，党组副书记王平（12月任职），副局长戴中（8月免职）、陈亚、彭玉霞（12月任职），纪检组长钟少云，机关党委书记尹万军（12月离任）、张敏（12月任职）

市就业局

局长李鑫刚

市社保局

局长刘长明

市医疗保险管理局

局长陈建明，副局长戴虹

市军队转业干部安置办公室

主任张敏

市职称改革工作办公室

主任曾学令

市劳务开发暨农民工工作领导小组办公室

主任朱蜀骥

市人力资源和社会保障信息中心

主任曾国林

市人力资源服务中心

主任何万高，副主任詹金松（8月免职）、戴中（8月免职）

市人事考试中心

主任杨国芝

公务员管理办公室

主任蒋勇

劳动保障监察支队

支队长柯文渊

市环境保护局

局长江昌淆，副局长李言、张明、李智勇、龚正君（9月任职，挂职），纪检组长邱永贵，总工程师许政

市环境监察执法支队

支队长赵友中

市环境监测中心

主任宗贵仪

市住房和城乡建设局

局长兰文军，副局长王新东、吴山（12月离任）、张旭冬、曾涛（12月任职），纪检组长杨光华，机关党委书记周文强

市房地产管理局

局长朱典祺

村镇建设办公室

主任郭恩

市住房保障办公室

主任万永高

市建设监察支队

支队长李远君

市交通运输局

局长顾贵鹏，副局长汪文毅、韩顺江、覃建伟、牟德明，总工程师牟德明，机关党委书记崔秀丽，纪检组长陈行，局长助理高艳龙（11月任职，挂职）

市公路管理局

局长刘小伶，副局长陈艾、魏勇刚

交通技工学校

副校长何永列、江朝明、苏志宏（1月任职）

运管处

处长汪卓然

交通战备办

专职副主任陈继刚

地方海事局

局长黄松建

市交通重点工程建设推进办公室

主任宋鹏

市水务局

局长李俊，副局长胡庆、郑绍飞、梁启明、李正清，纪检组长朱润祥，总工程师艾阳泉，机关党委书记文琼

市防汛办公室

主任王成宏

市水产渔政局

局长彭建安

市水务综合执法监察支队

支队长朱科良

市农业局

局长熊英，党组副书记耿毅，副局长潘志辉、余茂军、白炼、刘艺，总农艺师程军，纪检组长魏众侪

市农机事业局

局长熊英，副局长汪建军

市农机监理所

所长潘智勇

市泡菜产业推进办公室

主任潘光辉，副主任张川、王淞

市林业局

局长王澄琳，副局长钟利东、胡宝林、叶志远，纪检组长李群尧

市森林公安局

局长李域安，政委徐强

森林防火指挥部

专职副指挥长白文超

市商务局

局长李秀英，副局长刘继桂、杨美凭、张文清，纪检组长陈勇

市博览事务局

局长刘继桂

市供销社

副主任李崛

中国国际贸易促进委员会眉山市委员会

会长牟建霖，副会长杨勇

市文化广播影视新闻出版局

局长田禾，副局长彭蜀宁、吕泓、曲红、朱龙飞，纪检组长徐松，机关党委书记粟红

三苏祠博物馆

馆长陈仲文

市文化馆

馆长郑蕊

市卫生计生委

主任彭锋（12月任职），副主任李晓萍（12月任职）、王吉宏（12月任职）、梁小林（12月任职）、黄大贤（12月任职）、李亚斌（12月任

职)、陈辉(12月任职)，纪检组长徐容（12月任职）

市卫生局

局长彭锋（10月离任)，副局长夏炬光（10月离任)、谌俊平（10月离任)、王吉宏（10月离任)、黄大贤（10月离任)，纪检组长徐容（10月离任)

爱卫办

主任夏炬光，副主任彭家兴

市疾病预防控制中心

主任谌俊平，副主任冷军、苏涛、肖擎

市卫生执法监督支队

支队长彭建永

市审计局

局长彭惠琴，副局长张征、魏聂、刘志勇、兰可，纪检组长万义(3月离任)，总审计师张亚平

经责分局

局长辜青霞

市统计局

局长郭才文，副局长程志春、余素芬、蔡卫东，纪检组长胡玲，总统计师邹水清

市社会经济调查队

队长刘志勇

市旅游局

局长黄劲松，副局长毛林、李四清、涂勇，纪检组长孙丽琴

市外事侨务台湾工作办公室

主任赖刚（1月任职)，副主任杨涛、潘素梅，纪检组长施丹

市法制办公室

主任袁大可，副主任白刚

市行政调解指导中心

专职副主任柯杉

市城市管理行政执法局

局长王泽文，副局长袁卫彬、时正权、罗敏，纪检组长帅劲东，机关党委书记陈虹，总工程师范建平

市城管执法局行政执法支队

支队长白仲华

市园林局

局长王美金

市粮食局

局长钟建国，副局长刘毅、孙绍全，纪检组长管志祥

市畜牧局

局长万俊才，副局长蔡健、刘云东、余明鑫、苏学文，纪检组长赵敏

市奶业发展办公室

主任蔡健，专职副主任徐彬

市规划局

局长刘友洪，副局长张乐勤、曾涛（12月任职)、张光志，纪检组长舒平，总规划师苏品文

城乡规划设计院

院长李勇刚

市国有资产监督管理委员会

主任贺俊明，副主任岳志云、张岷、武靖宇，纪委书记周文军

市开发性金融合作办公室

主任帅奇

市安全生产监督管理局（市安全生产委员会办公室）

局长（主任）吴光鉴，副局长（副主任）张帆、洪卫刚、陈一江，纪检组长杨梅

市安全监察支队

支队长叶伟

市食品药品监督管理局

局长杨云峰，副局长杨国芳、郑晓、曾扬、吴甚儒、蒋卫东，纪检组长邹泽香，食品安全总监杨鹏旭

市政府政务服务中心

主任康勤，副主任阚建军、余加建，纪检组长曾翠仙

眉山现代工业新城办公室

主任梅斌，副主任冯献忠

市城乡环境综合治理办公室

主任万廷建，副主任杨琴、魏积分

岷东新区管委会

党工委书记、管委会主任白灵贵，党工委专职副书记王毅，副主任向加琪、邓世虎、邹和良、向涛，纪工委书记罗维，党工委副书记王斌（挂职)

甘眉工业园区

党工委书记刘文德，党工委副书记、管委会主任伍红，党工委副书记、管委会常务副主任易刚，党工委委员、管委会副主任何文华、倪纲、彭盆，党工委委员周凌峰、王龙海、王志全。

眉山铝硅产业园区

党工委书记刘文德，党工委副书记、管委会主任伍红，党工委专职副书记周凌峰，党工委委员、管委会副主任何文华、彭盆，纪工委书记王龙海

眉山金象化工产业园区

党工委书记宋骥，党工委副书记、管委会主任付畅文，党工委专职副书记王风，党工委委员、管委会副主任杨志刚、范旺、张亮、雷林，党工委委员、纪工委书记李永超

岷江现代农业示范园区管委会

党工委书记、管委会主任宋良勇，党工委副书记、纪工委书记谭正中，管委会副主任周志军、李国成

市国土资源局

局长李永高，副局长胡昆明、胡明述、李杰，纪委书记曾艳，机关党委书记何萍，总工程师吴建清

土地储备中心

主任刘杰

土地统一征用中心

主任张娅

国土资源执法监察支队

支队长彭玉聪

市地质环境监测站

站长邓鸿杰

市工商行政管理局

局长王北（7月离任)、胡建辉(11月任职)，副局长吴学东、何建琼（11月任职)、卓红梅（11月任职)，机关党委书记王刚（11月任职)，纪检组长沈映波（11月任职)

眉山质量技术监督局

局长王绪（12月任职）、韩全国（2月离任），副局长袁勤、宋忠宁、瞿泽林，纪检组长杜平，机关党委书记杨志祥（12月任职）

市国税局

局长任晓，副局长郭英雷、苟茂林、刘辉、杨映平、李亚非（1月任职），纪检组长张君梅，总经济师张学锋，机关党委书记张晓娟

市地税局

局长冯勇，副局长李祥、侯江浩（2月离任）、卓玉梅、肖山（2月任职），纪检组长王泊，总经济师肖山（2月离任）、罗建忠（10月任职），机关党委书记刘正中，总会计师傅畅江

市气象局

局长尧登宇，副局长杨静、杨义彬，纪检组长孙洪述

国家统计局眉山调查队

队长程志春，副队长贾恒、卢建林，纪检组长张玲华

市邮政管理局

局长覃建伟，副局长熊静，办公室主任吕彦鹏

市人大常委会工作部门

市人大常委会办公室

主任廖明清，副主任易洪涛

市人大常委会研究室

主任黄玲

市人大常委会人事代表外侨工委

主任王仲成，副主任杨加盛（10月任职）

市人大常委会内司工委

主任李康

市人大常委会财经工委

主任杨建林，副主任金玉康

市人大常委会城环资工委

主任王再奎，副主任邓策、岳燕

市人大常委会农工委

主任邱炳光，副主任李建辉

市人大常委会教科文卫民宗工委

主任林晓，副主任李艳（10月任职）

市人大常委会信访办

主任余荣霞

市政协工作部门

市政协办公室

主任刘云福，副主任刘雪萍、高鹏，纪检员章亚梅（12月任职）

市政协研究室

主任代贤军

市政协提案委

主任刘坤

市政协经科委

主任余浩，副主任隋敏杰

市政协农业委

主任杨晓宁，副主任吴英

市政协法群委

主任曾乐斌（12月任职），副主任艾鸿举

市政协教文卫委

主任刘泽军（12月任职），副主任李昌明

市政协学习文史委

主任王莉茹，副主任李勇

市政协民宗委

主任何德全，副主任周丽芳

市政协委员联络处

处长邹明光

市政协机关党委

书记刘忠义

直属事业单位

中共眉山市委党校

校长姜怡，常务副校长李明清，副校长胡永恒、李建伟，校务委员李太权、刘艳、张健，机关党委书记曹阳，副县级班主任吴冬梅

市社会主义学院

院长黄玉蓉

眉山日报社

总编胡鲜明，副总编吴仲渊、朱卫红、王永刚、姚永亮，纪检组长张益明

市机关事务管理局

局长贺建文，副局长陈智红、杨大勇，纪检组长郑贤柱

市档案局（馆）

局（馆）长庞红梅，副局（馆）长徐强，纪检组长张世东（1月任职）

市地方志编纂委员会办公室

主任杨文，副主任刘光伟

市住房公积金管理中心

主任王杰，副主任周祝君，纪检组长陈春宇（1月任职），总稽核袁延（1月任职）

市扶贫移民局

局长杨大兴，副局长魏忠鑫、刘俊辉、罗志军（1月任职）

市公共资源交易中心

主任杨帆，副主任余永忠、吴山（12月任职），纪检组长郭静

市政府金融办公室

主任邓见文，副主任滕波、马向荣（4月离任），纪检组长王军（1月到任）

市人民防空办公室

主任李攀伦（12月离职），副主任邓洪刚

市防震减灾局

局长陈仲池，副局长叶彬

市广播电视台

台长周小川，副台长雷金贵、张剑、乐俊清，总编辑古伯良，纪检组长张浩军

四川省通济堰管理处

处长倪修武，副处长张茂华、雷雨来、王志文，纪委书记赵宇燕，工会主席李忠孝

四川省都江堰黑龙滩灌区管理处

党委书记胡庆，处长肖伟胜，纪委书记苏红兵，副处长袁晓霞、张乃禄、李超

眉山市人民医院

党委书记刘宏眉，院长、党委副书记王建民，党委副书记朱利红，副院长戚刚、许志忠、张锐、龙鸿

川，工会主席杨晓枫

市妇幼保健院

院长张奕，副院长黄建文、谢红、刘绪义

眉山职业技术学院

党委书记王元珑，副书记、院长胡亮（12月离任）、徐井万（12月任职），副书记刘晓琼，副院长邓永前（8月离任）、张望，纪委书记张献华，工会主席胡洪安

民主党派

民革眉山市总支委员会

主委王晓明，副主委宋洪芳、陈贤云

民盟眉山市委员会

主委杨常沙，副主委胡志中、江林，秘书长江林

民建眉山市委员会

主委祝明洪，副主委童应林、周惠、陈静辉，秘书长陈静辉

民进眉山市委员会

主委梁勇，副主委周强、喻旭、甘晓红，秘书长甘晓红

农工党眉山市总支委员会

主委袁敏，副主委龙惠、李晓萍、彭洪

九三学社眉山市基层委员会筹备组

组长陈东翔，副组长邓洪刚、赖崇华、王莉茹

无党派知识分子联谊会

会长陈宏斌，常务副会长彭远畅，副会长蒋天华、汪志超、岳志红、张娅、雷建军、万永福、徐燕、宋章华、吕勇、陈蜀黔、陈豫川，秘书长邹超

军队系统

眉山军分区

司令员鞠会明，政治委员张习，副司令员崔广成，参谋长刘权，政治部主任廖诚周，后勤部部长周开友

武警眉山市支队

支队长尤青海，第一政委辜永忠（副市长、公安局局长），政治委员庞林祥，副支队长周兴勤，副政治委员陈世胜，参谋长黄晓平，政治处主任陈伟（1月任职）、莫文建（1月离任），后勤处处长张礼武

眉山市公安消防支队

支队长魏金涛（1月离任）、董绍棠（6月任职），政治委员李健，副支队长张诚（1月离任）、李长芳、周云（6月任职），司令部参谋长冉轶，政治处主任胡长友，后勤处处长唐兴盛，防火处处长周云（5月离任）、周明（6月任职）

金融系统

中国人民银行眉山市中心支行

行长李玉辉，副行长杨淮、谢红、邓湘海，纪律书记唐国桥（5月离任）

中国银行业监督管理委员会眉山监管分局

局长刘松明，副局长陈光忠（12月离任）、彭铭军、税军（12月任职），纪委书记杨德勇

中国农业发展银行眉山市分行

行长万永利，副行长刘继忠、杨柯、袁野

中国工商银行股份有限公司眉山分行

行长姜海清，副行长陈德庆、杜丹、刘天勇，纪委书记陈德庆

中国银行眉山支行

行长吴飞雪，副行长鲁立国、瞿春、付江英，纪委书记刘政

中国建设银行股份有限公司眉山分行

行长余伟，副行长曾猛，工会主席、副行长黄宗兰，风险主管、纪委书记谢小林

中国农业银行股份有限公司眉山分行

行长任健（9月任职），党委副书记葛秀清（9月离任），副行长葛秀清（9月离任）、万林（9月任职）、张刚、尹鹏、吴奇

四川省农村信用社联合社眉山办事处

主任仇智勇（10月任职）、廖甫江（10月离任），副主任杨宁远，纪委书记王文忠，党委委员曾映红

中国邮政储蓄银行有限责任公司眉山市分行

行长刘强（12月离职），党委书记杨文新（9月离职）、温青春（9月任职），副行长刘伟、张勇

中国人寿保险股份有限公司眉山市分公司

总经理吴超，副总经理陈勇、刘凤先，总经理助理熊晓兵、李惠

中国人民财产保险股份有限公司眉山市分公司

总经理陈军，副总经理杨泽兵，总经理助理黄德波、姚进

中国太平洋人寿保险股份有限公司眉山中心支公司

总经理廖晓林（9月离任）、曾琪（9月任职），副总经理王鸿翔、夏鸿燕（4月离任），业务总监马关懿（9月离任）、李朝菊（9月任职）、黄彦君（10月任职）

市属以上企业单位

四川大学锦江学院

党委书记、常务副校长韦泰旭，副校长王金顺、杨家仕、林宇、熊伟、阙海宝，工会主席刘富德

南车眉山车辆有限公司

总经理孟维新（12月离任），副总经理雷自原、危勇、肖颖、王云东、黄核仁，总工程师潘树平（12月离任），财务总监危勇，党委书记郑平，副书记孟维新（12月离任）、王志强、潘树平（12月任职）

眉山发展（控股）有限责任公司

党委书记、董事长肖巍，党委副书记、总经理彭晓宇，监事会主

席万义，财务总监黄远强，副总经理王靖宇、汪涛、张华（5月任职），总工程师刘海平

岷江东湖饭店

董事长徐继红

眉山市烟草专卖局（公司）

局长（经理）四朗彭措，党组书记周平，副经理杨海智，纪检组长张六一，副局长罗健

中国石油眉山销售分公司

总经理黄斌，副总经理郑井平（1月离任）、钟云环（1月任职）、高佳宾、贾进，总会计师金利歆

眉山市邮政局

局长蒋维平，副局长黄勇军、黄天勇

眉山电力公司

总经理、党委副书记张建明，党委书记、副总经理金富怀，副总经理闵向东、杨迎春、夏军、李伟（4月任职），纪委书记刘开金（4月离职）、田伟（4月任职），工会主席刘开金（4月任职）

眉州监狱

监狱长陈波，政委程勇，纪委书记唐毅，副监狱长贾良伦、周永贵、田承军、李建忠、雷明刚、张生兵、杨建，工会主席杨彬

中国电信股份有限公司眉山分公司

总经理符美辉，副总经理杨戈、杜林（3月至11月）、冯玲莉（11月任职）、潘明、高峰（3月离任）伍炳才（6月离任），资深副总裁高峰（3月任职），督导伍炳才（6月任职）、肖正齐（12月任职）

中国移动通信集团四川有限公司眉山分公司

总经理吴超，副总经理石勇、杨镇澜、李莉（12月任职）

中国联通通信有限公司眉山市分公司

总经理田家，副总经理姜平（8月离任）、吴晓毅（8月离任）、林波、冷芸（8月任职）、杨勇（8月任职）

中国铁塔眉山市分公司

总经理王容，副总经理王晓强

2014年眉山市各区县领导干部名录

东坡区

中共眉山市东坡区委。书记李明舟，副书记孙剑、严明宇，常委李胜华、郭建国、廖小宁、李莉、王全中、邹成双、卢明春（1月离任）、陈霞、袁继东（挂职）、游方全（6月任职）

东坡区人大常委会。主任黄怡，副主任杨华国、陈贤云、张友清、万仲科

东坡区人民政府。区长孙剑，常务副区长李胜华，副区长廖小宁、袁继东（挂职）、岳志红、王正祥、李维义、冷青峰

政协东坡区委。主席张晓勇，副主席彭德方、童应林、张燕、田中文

彭山区

中共彭山区委。书记蔡刚（11月离任），副书记梁磊、俞红梅（1月离任）、王艳（11月任职，挂职）、许磊（11月任职，挂职），常委钟建成、严开义、蒋会强、董武、罗焱、郭茂、李洪强、周代军、黄怡（1月任职，挂职）

彭山区人大常委会。党组副书记罗会华，副主任罗会华、王洪、周惠、余玺樟

彭山区人民政府。党组书记、区长梁磊，党组副书记钟建成，副区长钟建成、蒋会强、廖伟、胡志中、郭益、李忠云、杨宇焰（11月离职，挂职）

政协彭山区委。党组书记、主席谭福轩，党组副书记郑玉忠，副主席郑玉忠、喻旭、毛太忠、卓德松

仁寿县

中共仁寿县委。书记冉登祥，副书记秦彪、彭学先（9月停职）、王蔚苠（7月任职，挂职）、王世林（11月任职，挂职），常委商志忠、王军、孙碧红、明宇、杨建、杨红、骆三勇、陈宏忠、陈涛（6月离任，挂职）、方天（6月离任）

仁寿县人大常委。主任谢六一，副主任彭森茂、杨建文、曾翔、郭建英

仁寿县人民政府。县长秦彪，副县长商志忠、骆三勇、方天（12月离任，挂职）、陈涛（12月离任，挂职）、杨红兵、黄世文、徐燕、胡波、何韵（12月离任，挂职）

政协仁寿县委。主席汪建章，副主席王碧仙、邓世明、汪志林、徐爱民（9月免职）

洪雅县

中共洪雅县委。书记陈万忠，副书记阳运良、王里、岳剑（11月任职，挂职），陈斌（11月任职，挂职）。常委郭建华、尹斗芳、韩杰、杜强伦、尹鸿、黄锦鸿（1月任职）、李警、李国华（6月任职）、彭飞（7月任职，挂职）

洪雅县人大常委会。主任李文新、副主任王利洪、李文祥、曾国春、李康平

洪雅县人民政府。县长阳运良，副县长郭建华、黄锦鸿（1月离职）、彭远畅、李国华（6月离职）、万勤芳、周茂云、张锐（6月任职）

政协洪雅县委。主席李启明，副主席李建全、伍加修、李李、刘明

丹棱县

中共丹棱县委。书记钟维钦，副书记朱莉、郭红、夏荣升，常委齐勇、骆仕明、陈剑、陈于毅、杨

昌勤、王枫、李红兵、杨卫东

丹棱县人大常委会。主任彭红勤，副主任何卫刚、蒋天华、李庆学、梁大卿

丹棱县人民政府。县长朱莉，常务副县长齐勇，副县长杨卫东、杨华、何玉花、王鹏、杨益民、袁勇（11月任职，挂职）

政协丹棱县委。主席李学权，副主席毛咏梅、郑立新、彭和均、宋俊华

青神县

中共青神县委。书记黄国清，副书记胡国民、罗兴建、王茂奎（11月任职）、代贤军（11月任职），常委徐琳、周吉华、谢志、杨德志、胡勇、常伟、车智勇、谭友富（6月离职，挂职）、柏晓明、唐志强（9月离职，挂职）

青神县人大常委会。主任李天祥，副主任张福英、李幼林、周志开、吴小萍

青神县人民政府。县长胡国民，副县长徐琳、车智勇、谭友富（6月离职，挂职）、唐志强（9月离职，挂职）、侯锐、王利清、王碧华、蔡建川、刘华俊（8月任职，挂职）

政协青神县委。主席李志国，副主席罗泽志、汪志超、谭永忠、曾晓宇

表 5　2014年获全国性表彰的先进个人

姓名	单位	获奖名称	授奖单位
宋朝华	市政府	2014年度西南国防动员建设十佳市长	成都军区国防动员委员会
刘　锋	市中级人民法院	全国法院系统第二十五届学术研讨会特别奖	最高人民法院
彭　英	市中级人民法院	全国法院司法行政工作先进个人	最高人民法院
吴菊芬	市委群工部	第八届全国“人民满意的公务员”	中组部、中宣部、人社部、公务员局
陈付生	市科技局	全国知识产权系统人才工作先进个人	国家知识产权局
徐河清	市公安局	全国公安机关警务督察工作成绩突出个人	公安部
龚极峰	市公安局	三等功	公安部
冉劲波	市司法局	全国“六五”普法中期先进工作者	全国普及法律工作办公室
曹　煦	市妇联	2014年全国巾帼建功标兵	全国妇联
窦丽娟	市妇联	2014年全国巾帼建功标兵	全国妇联
刘素清	市妇联	2014年全国巾帼建功标兵	全国妇联
张玲华	国家统计局眉山调查队	全国第三次经济普查先进个人	国务院经普办
李仕贵	青神县委组织部	组织系统“优秀网宣员”	组织部
胡晓琴	青神县初级中学校	全国优秀教师	教育部
韩志珍	青神县中心敬老院	全国农村五保供养工作先进个人	民政部
姚国庆	四川玫瑰园房地产有限公司	第二届“中华慈善突出贡献奖”	中华慈善总会

表 6　2014年获省委、省政府表彰的先进个人

姓名	单位	获奖名称	授奖单位
黄梁锭	市公安局	第五届四川省人民满意的公务员	省委、省政府
杨志忠	市委群工部	第五届四川省人民满意的公务员	省委、省政府
唐　宏	市政府办公室	四川省优秀县委书记	省委

表 7

2014年获省厅级表彰的先进个人

姓名	单位	获奖名称	授奖单位
代贤军	市政协	省政协新闻宣传工作先进个人	省政协办公厅
章亚梅	市政协	四川政协报优秀通讯员	省政协办公厅
徐家雄	市中级人民法院	四川省社会管理综合治理先进个人	省人社厅
张文娟	市中级人民法院	“码上学雷锋系列活动和‘四川志愿·携手圆梦’新书节征文活动”一等奖、三等奖	省文明办
孙春红	市中级人民法院	“码上学雷锋系列活动和‘四川志愿·携手圆梦’新书节征文活动”一等奖、三等奖	四川省精神文明办公室
乔劲松	市中级人民法院	全省法院刑事审判工作先进个人	省高级人民法院
杨登台	市中级人民法院	全省法院刑事审判工作先进个人	省高级人民法院
陈　文	市中级人民法院	“大学习大讨论”活动优秀心得体会获奖者	省委政法委
曾　真	市中级人民法院	“大学习大讨论”活动优秀心得体会获奖者	省委政法委
郭玉珠	市中级人民法院	“大学习大讨论”活动优秀心得体会获奖者	省委政法委
郑洋洋	市中级人民法院	“大学习大讨论”活动优秀心得体会获奖者	省委政法委
谢春魁	市中级人民法院	“大学习大讨论”活动优秀心得体会获奖者	省委政法委
陈　建	市中级人民法院	“大学习大讨论”活动优秀心得体会获奖者	省委政法委
李　杜	市中级人民法院	“大学习大讨论”活动优秀心得体会获奖者	省委政法委
杨成胜	市中级人民法院	全省法院优秀人民法庭先进个人	省高级人民法院
邹建国	市中级人民法院	全省法院优秀人民法庭先进个人	省高级人民法院
罗卫平	市中级人民法院	全省法院践行党的群众路线主题征文活动获奖个人	省高级人民法院
岳龙建	市中级人民法院	保护森林和野生动植物资源专项审判工作先进个人	省高级人民法院
钟　成	市中级人民法院	个人二等功	省高级人民法院
喻　军	市中级人民法院	个人二等功	省高级人民法院
毕旭齐	市中级人民法院	四川省法院系统先进个人	省人社厅
邹建国	市中级人民法院	四川省法院系统先进个人	省人社厅
王雪英	市中级人民法院	四川省法院系统先进个人	省人社厅
谌　英	市中级人民法院	四川省法院系统先进个人	省人社厅
周　昕	市中级人民法院	四川省法院系统先进个人	省人社厅
杨　娜	市中级人民法院	四川省法院系统先进个人	省人社厅
陈友权	市中级人民法院	四川省法院系统先进个人	省人社厅
沈志全	市中级人民法院	2014 年度优秀庭审、庭审标兵、优秀裁判文书和裁判文书上网工作先进个人	省高级人民法院
张　霞	市中级人民法院	2014 年度优秀庭审、庭审标兵、优秀裁判文书和裁判文书上网工作先进个人	省高级人民法院
姚晓莉	市中级人民法院	2014 年度优秀庭审、庭审标兵、优秀裁判文书和裁判文书上网工作先进个人	省高级人民法院
卢　卫	市中级人民法院	2014 年度优秀庭审、庭审标兵、优秀裁判文书和裁判文书上网工作先进个人	省高级人民法院
岳龙建	市中级人民法院	2014 年度优秀庭审、庭审标兵、优秀裁判文书和裁判文书上网工作先进个人	省高级人民法院

续表

姓名	单位	获奖名称	授奖单位
王　敏	市中级人民法院	2014年度优秀庭审、庭审标兵、优秀裁判文书和裁判文书上网工作先进个人	省高级人民法院
汪成虎	市中级人民法院	2014年度优秀庭审、庭审标兵、优秀裁判文书和裁判文书上网工作先进个人	省高级人民法院
刘　锋	市中级人民法院	2014年度优秀庭审、庭审标兵、优秀裁判文书和裁判文书上网工作先进个人	省高级人民法院
李　迪	市中级人民法院	2014年度优秀庭审、庭审标兵、优秀裁判文书和裁判文书上网工作先进个人	省高级人民法院
陈继兵	市中级人民法院	2014年度优秀庭审、庭审标兵、优秀裁判文书和裁判文书上网工作先进个人	省高级人民法院
邱　继	市中级人民法院	2014年度优秀庭审、庭审标兵、优秀裁判文书和裁判文书上网工作先进个人	省高级人民法院
唐寅书	市中级人民法院	2014年度全省法院信息工作先进个人	省高级人民法院
杨雨霖	市中级人民法院	2014年度全省法院信息工作先进个人	省高级人民法院
陈建强	市中级人民法院	2014年度全省法院信息工作先进个人	省高级人民法院
官　桥	市人民检察院	司法警察练兵先进个人	省检察院
杜光俊	市委政法委	四川省维护稳定工作先进个人	省委政法委、省委维稳领导小组、省人社厅
徐玉彬	市委保密办	四川省保密工作先进个人	省委保密办（局）、省人社厅
杨乐园	市群工部	四川省信访工作先进个人	省人社厅、省信访局
周云伟	市群工部	四川省维护稳定工作先进个人	省委政法委、省委维稳办、省人社厅
汤　毓	市公安局	省优秀共青团干部	团省委
廖　英	市公安局	四川省信访工作先进个人	省人社厅、省信访局
张　毅	市公安局	“肃毒害、创平安”禁毒百日攻坚战三等功	省公安厅
谢大维	市公安局	“肃毒害、创平安”禁毒百日攻坚会战嘉奖	省公安厅
张晓曦	市公安局	2013年全省公安机关专业能力大比武业务能手	省公安厅
金　鹏	市公安局	2013年全省公安机关专业能力大比武业务能手	省公安厅
何　霞	市公安局	2013年全省公安机关专业能力大比武业务能手	省公安厅
彭正华	市公安局	2013年全省公安机关专业能力大比武业务能手	省公安厅
刘　建	市公安局	2014年全省公安机关专业能力大比武业务能手	省公安厅
刘　霞	市公安局	2014年全省公安机关专业能力大比武业务能手	省公安厅
洪建波	市公安局	2014年全省公安机关专业能力大比武业务能手	省公安厅
朱　丹	市公安局	2013年全省公安机关专业能力大比武练兵标兵	省公安厅
郭　斌	市公安局	2013年全省公安机关专业能力大比武练兵标兵	省公安厅
彭　力	市公安局	2013年全省公安机关专业能力大比武练兵标兵	省公安厅
李　杰	市公安局	2013年全省公安机关专业能力大比武练兵标兵	省公安厅
秦　静	市公安局	2013年全省公安机关专业能力大比武练兵标兵	省公安厅
杨勇建	市公安局	2013年全省公安机关专业能力大比武练兵标兵	省公安厅
王燕飞	市公安局	2013年全省公安机关专业能力大比武练兵标兵	省公安厅
郎古邓知	市公安局	2013年全省公安机关专业能力大比武练兵标兵	省公安厅

续表

姓名	单位	获奖名称	授奖单位
熊　炯	市公安局	2013 年全省公安机关专业能力大比武练兵标兵	省公安厅
罗海波	市公安局	2013 年全省公安机关专业能力大比武练兵标兵	省公安厅
陈建忠	市公安局	全省公安机关“一标三实”工作个人三等功	省公安厅
胡永强	市公安局	全省公安机关“一标三实”工作个人三等功	省公安厅
沈　巍	市公安局	全省公安机关“一标三实”工作个人三等功	省公安厅
秦　飞	市公安局	全省公安机关“一标三实”工作个人三等功	省公安厅
王洪强	市公安局	追记个人一等功	省公安厅
童建明	市公安局	追记个人一等功	省公安厅
吴中云	市民政局	省信访工作先进个人	省人社厅、省信访局
马　钟	市人力资源和社会保障局	四川省第三次全国经济普查先进个人	省人社厅、省经济普查小组
范　军	市人力资源和社会保障局	四川省信访工作先进个人	省信访局
程元培	市人力资源和社会保障局	四川省维护社会稳定工作先进个人	省委政法委、省人社厅
黄　萍	市人力资源和社会保障局	2013—2014 年度人力资源社会保障统计工作先进个人	省人社厅
陈　琪	市人力资源和社会保障局	2013—2014 年度人力资源社会保障统计工作先进个人	省人社厅
张寅盈	市人力资源和社会保障局	2013—2014 年度人力资源社会保障统计工作先进个人	省人社厅
李　然	市人力资源和社会保障局	2013—2014 年度人力资源社会保障统计工作先进个人	省人社厅
庄　兰	市人力资源和社会保障局	2013—2014 年度人力资源社会保障统计工作先进个人	省人社厅
姜茂青	市人力资源和社会保障局	2013—2014 年度全省人力资源社会保障优秀统计工作人员	省人社厅
李建南	市人力资源和社会保障局	2013—2014 年度全省人力资源社会保障优秀统计工作人员	省人社厅
杨　帆	市国土局	四川省地质灾害防治工作先进个人	省人社厅、省国土资源厅
梁秀林	市国土局	四川省地质灾害防治工作先进个人	省人社厅、省国土资源厅
杨　磊	市安全生产监督管理局	2014 年度全省“安全生产月”活动先进个人	省政府安委会办公室
王　兵	市安全生产监督管理局	2014 年度全省安全社区建设作先进个人	省政府安委会办公室
陈仲池	市防震减灾局	四川省防灾减灾先进个人	省减灾委员会
符路明	人民银行眉山支行	成都分行 2012—2013 年度“优秀共产党员”称号	成都分行党委
刘晓维	人民银行眉山支行	成都分行 2012-2013 年度“优秀党务工作者”称号	成都分行党委
余　慧	人民银行眉山支行	2014 年度成都分行“青年岗位能手”称号	成都分行
闫　玥	人民银行眉山支行	四川国库系统业务知识竞赛个人一等奖	成都分行
闫　玥	人民银行眉山支行	获得财税库银横向联网知识竞赛国库系统个人二等奖	成都分行
魏建英	人民银行眉山支行	四川国库系统业务知识竞赛个人三等奖	成都分行
张　燕	邮政管理局	优秀共产党员	省邮政管理局
张　燕	邮政管理局	优秀通讯员一等奖	省邮政管理局
吕彦鹏	邮政管理局	优秀通讯员二等奖	省邮政管理局
吕彦鹏	邮政管理局	四川省邮政管理系统 2014 年度优秀公务员	省邮政管理局
李　敏	电力公司	四川省“五一”劳动奖章	省总工会

续表

姓名	单位	获奖名称	授奖单位
秦晓丽	东坡区检察院	优秀文书制作	省检察院
潘　胜	东坡区检察院	司法警察练兵先进个人	省检察院
陈正华	丹棱县人武部	践行强军目标优秀人武部主官	省军区
徐　靖	青神县委宣传部	全省优秀网络文明传播志愿者	省文明办
张　强	青神县公安局	2013 年度全省公安交警系统优秀交警大队长	省公安厅交通管理局
吕岸峰	青神县公安局	2013 年度优秀公安交通民警	省公安厅交通管理局
宋志平	青神县保密局	全省保密工作先进工作者	省人社厅、省委保密委办
潘秀珍	青神县科协	2014 年科普工作先进个人	省科技厅、省委宣传部、省科协
童志荣	青神县民政局	四川省退役士兵安置工作先进个人	省军安办
李华英	青神县老促会	四川老区工作先进个人	省老区建设促进会
柏晓明	青神县人武部	三等功	省军区
王玉辉	青神县统计局	四川省第三次全国经济普查先进个人	省人社厅、省统计局
徐洪刚	青神县旅游局	四川老区工作先进个人	省老区建设促进会
段彬茹	青神卫生局	四川省妇幼健康服务工作先进个人	省卫计委
何旭祥	青神县教育体育局	四川省群众体育先进个人	省体育局
兰志祥	青神县教育体育局	四川省群众体育先进个人	省体育局
李华英	青神县党史县志办	四川老区工作先进个人	省老区建设促进会
廖伦万	四川万景房地产开发有限公司	巴蜀慈善奖“十佳爱心捐赠个人”	省民政厅、省国资委、省工商联

市委、市政府表彰的先进个人

一、2013年度维稳、综治、群众和信访、“诉非衔接”改革试点工作先进个人

（一）维稳工作先进个人（100名）

严明宇　东坡区委副书记
邹成双　东坡区委常委、政法委书记
彭德贵　眉山经开区新区党工委委员、尚义镇党委书记
岳志成　东坡区泡菜产业园区管委会副主任
罗丽珍　东坡区委维稳办副主任
万进平　东坡区公安分局党委副书记、特警大队大队长
李　华　东坡区通惠街道党工委书记
胡应江　东坡区白马镇党委书记
冉登祥　仁寿县委书记
彭学先　仁寿县委副书记
胡　波　仁寿县政府副县长、县公安局局长
何建坤　天府新区仁寿视高管委会副主任
邓光友　黑龙滩风景区农村和社会事业发展局局长
吴菊芬　仁寿县委群工部副部长、县信访局局长、县群众接待中心副主任
代　平　仁寿县委组织部常务副部长、县人力资源和社会保障局局长
李沛泽　仁寿县委维稳办副主任
张弘驰　仁寿县文林镇党委副书记、镇长
谭　勇　仁寿县汪洋镇党委书记
蔡　刚　彭山县委书记
黎文林　彭山县委群工部部长
张志春　彭山县委防邪办主任
罗　涛　彭山经开区管委会群众工作局局长
赵飞宇　彭山县彭溪镇党委书记
陈万忠　洪雅县委书记
杨一勤　洪雅县政府办公室副主任、应急办主任
周建华　洪雅县委政法委常委副书记、县委维稳办主任
杨林华　洪雅县洪川镇党委副书记、镇长

钟维钦　丹棱县委书记
刘志勤　丹棱县公安局副局长
谌德友　丹棱县杨场镇党委书记
黄国清　青神县委书记
丁志福　青神县青城镇党委书记
陈永秋　青神县罗波乡党委书记
徐正刚　市纪委常委
王　华　市中级人民法院司法警察支队支队长
余红旗　市人民检察院公诉处检察员
唐　锐　市委办公室秘书五科副科长
钟开全　市人大常委会副秘书长
杨　敏　市政府热线服务中心主任
沈治常　市政府办公室副调研员
高　鹏　市政协办公室副主任
彭玉霞　市委组织部部务委员
潘柯材　市委宣传部网络新闻宣传科科长
金光阳　市委统战部民宗科科长
王加宾　市委政法委副书记、市委维稳办主任
杜光俊　市委维稳办副主任
冷劲涛　市委维稳办应急处突科科长
罗　强　市综治办综合科科长
祝鸿涛　市矛盾纠纷大调解协调中心督办科科长
余　华　市直机关工委纪工委书记
符玉芳　市信访群众疏导调解中心专职副主任
唐亚平　市委组织部副部长、市委编办主任
徐洪平　市委农工委副调研员
庄泽明　市委防邪办综合科科长
刘光友　市投促局纪检组组长
王雪平　市招管办主任
邓德钧　市经济和信息化委纪检组组长
宛露曦　市教育局纪检室主任
李洪兵　市公安局国保支队防邪大队副大队长
蔡向阳　市公安局治安支队枪爆大队大队长
郑忠东　市双拥办主任
牟　锐　市司法局副局长
邓佳玲　市财政局行政政法科科长
王　继　市政府驻京联络处常务副主任
曾　锐　市军转办管理服务科科长
胡明述　市国土资源局副局长
申渊明　市环境保护局法宣科科长
魏　毅　市住房城乡建设局建管科科长
陈　刚　市交通运输局副调研员
朱科良　市水务综合执法监察支队支队长
魏众侪　市农业局纪检组组长
冯　兵　市森林公安局刑侦大队工作人员
陈志全　市供销社供销科科长
管卿熙　市文广新局人事科科长
徐　容　市卫生局纪检组组长
徐士艳　市人口计生委政法科科长
詹　通　市旅游局工作人员
袁大可　市法制办主任
时政权　市城管执法局副局长
辜志鹏　市畜牧局工作人员
窦成明　市城乡规划局工作人员
凌汶青　市国资委副主任科员
吴光鉴　市安全监管局局长
黄珂琦　市食品药品监管局办公室副主任
宋林蓬　岷东新区综治维稳群众工作办公室主任
周凌峰　甘眉（铝硅）工业园区党工委专职副书记
宋　骥　眉山金象化工产业园区党工委书记
高亦静　市总工会办公室主任
田　波　团市委副书记
何　明　市妇联副调研员
罗　刚　眉山日报社编辑中心副主任
冷继承　市机关事务管理局安全保卫科负责人
罗志军　市扶贫移民局副局长
谢佩锋　市广播电视台综合频道副总监
曹建良　眉山国安局副县级侦察员
田仲兵　市工商局办公室主任
肖自力　眉山银监分局仁寿监管办主任
梅　谛　眉山军分区政治部正营职干事
曹新年　武警支队副政委
刘人铭　消防支队东坡区大队百坡路中队中队长

（二）综治工作先进个人（99名）

王培欢　眉山经开区新区党群工作部副部长
罗俊辉　东坡区泡菜产业园区群众工作部副部长
邵金良　东坡区委政法委副书记、区综治办主任
洪维浩　东坡区公安分局国保大队副大队长
王志辉　东坡区苏祠街道党工委副书记
王之铭　东坡区通惠街道党工委副书记、办事处主任
段　棚　东坡区白马镇党委副书记、白马镇龚村党支部书记
陈志安　东坡区思蒙镇综治办副主任
刘锦兵　东坡区万胜镇党委书记
秦　彪　仁寿县委副书记、县政府县长
商志忠　仁寿县委常委、县政府副县长
王　军　仁寿县委常委、县纪委书记
陈文华　天府新区仁寿视高党工委专职副书记
吴明华　黑龙滩风景区党群工作局局长、黑龙滩镇党委副书记、四海社区党总支书记

徐勤农　黑龙滩风景区管委会农村和社会事业发展局副局长
张绍清　三岔湖仁寿景区管委会常务副主任、观寺镇党委书记
余　敏　仁寿县委维稳办工作人员
黄名安　仁寿县委防邪办主任
王继伟　仁寿县民政局局长
周进东　仁寿县文林镇党委副书记
徐　庄　仁寿县文宫镇党委书记
梁　磊　彭山县委副书记、县政府县长
李容梅　彭山经开区管委会财政局局长
辜　欣　彭山县综治办副主任
张　奇　彭山县凤鸣镇政法委书记
王太勇　彭山县牧马镇党委书记
尹斗芳　洪雅县委常委、政法委书记
周茂云　洪雅县政府副县长、县公安局局长
谢宏志　洪雅县委政法委副书记、县综治办主任
李　明　洪雅县委防邪办主任
袁学祥　洪雅县委组织部副部长、县人力资源和社会保障局局长
朱　莉　丹棱县委副书记、县政府县长
陈光烨　丹棱县委政法委副书记、县综治办主任
易玉琴　丹棱县教育体育局局长
梅雪松　丹棱县双桥镇党委书记
胡国民　青神县委副书记、县政府县长
汪　波　青神县南城镇派出所所长
辜义君　青神县黑龙镇党委副书记、政法委书记
何跃华　青神县汉阳镇党委书记
荣小东　市纪委纪检三室副科级纪检员
白　晟　市中级人民法院刑一庭副庭长
张春林　市人民检察院办公室主任
周　娜　市委办公室秘书三科科长
周吉勋　市政府副秘书长、应急办主任
苟　琦　市政协办公室秘书科科长
刘　波　市委党建办副主任
何　艳　市委宣传部宣传科科长
张　军　市爱国宗教团体办公室副主任
张照涓　市委政法委执法督查督办室副主任
赵　玮　市委维稳办信息调研综合科科长
李　翔　市委维稳办协调督办科副科长
徐金华　市综治办副主任
陈新国　市综治办督查督办科科长
俞红梅　市直机关工委书记
徐　冉　市直机关工委办公室工作人员
崔彭群　市委群工部办信科工作人员
李晓莉　市委编办副主任
赵永秀　市委农工委农建科科长
陈　莉　市委防邪办宣教调研科科长
周　泽　市人大常委会内司工委办公室主任
董勇刚　市综交办副主任
杨吉江　市经济和信息化委信访维稳科科长
胡俊英　市教育局安全科科长
高　山　市公安局刑侦支队科员
向　辉　市公安局治安支队主任科员
杨海涛　市民政局副局长
赵世华　市司法局社区矫正工作科科长
徐　欢　市财政局科员
杨　勇　市人力资源社会保障局信访科科长
李　杰　市国土资源局副局长
杨光华　市住房城乡建设局纪检组组长
陈　武　市道路运输管理处副处长
袁勇艺　市农业局办公室主任
李　崛　市供销社副主任
孙鸿雅　市文广新局公共文化科科长
李正平　市卫生局医政科副科长
雒晓谕　市人口计生委政法科工作人员
胡　玲　市统计局纪检组组长
杨海燕　市旅游局办公室主任
彭建胜　市城管执法局办公室主任科员
周　浪　市城乡规划局副主任科员
张　帆　市安全监管局副局长
曾　燕　市食品药品监管局办公室主任
白灵贵　岷东新区党工委书记、管委会主任
王志全　甘眉（铝硅）工业园区党工委委员、东坡区修文镇党委书记
付畅文　眉山金象化工产业园区管委会主任
马国军　眉山日报社采访中心副主任、外宣部主任
杨大兴　市扶贫移民局局长
刘　杜　市广播电视台办公室主任
肖永俊　眉山国安局第四支队支队长
王　北　市工商局局长
孙　群　市总工会副主任科员
袁　琳　团市委副调研员、组宣部部长
周　杨　市妇联办公室工作人员
黄　锐　市工商联副主席
王　建　市残联维权科科长
李向进　眉山军分区政治部副团职干事
黄晓平　武警支队参谋长
李　健　消防支队政委

（三）群众和信访工作先进个人（100名）

岳志红　东坡区政府副区长
陈　建　东坡区人民法院院长
颜　毅　东坡区人民法院常务副院长
杨国全　东坡区委政法委常务副书记
胡建春　东坡区委群工部纪检组组长
邹莉娜　东坡区人力资源和社会保障局军转办主任
周年明　眉山城市规划区征地拆迁安置补偿工作办公室副主任、东坡区苏祠街道党工委书记
岳玉平　东坡区大石桥街道党工委书记
李福明　东坡区大石桥街道党工委副书记、办事处主任
梁利勇　东坡区松江镇党委书记
邹卫东　东坡区悦兴镇党委书记
林　肖　东坡区尚义镇纪委副书记
陈宏伟　东坡区修文镇劳动保障所所长
商志忠　仁寿县委常委、县政府副县长
孙碧红　仁寿县委常委、县人武部政委
杨　红　仁寿县委常委、宣传部部长、县总工会主席
陈宏忠　仁寿县委常委、政法委书记
熊仲辉　仁寿县委群工部办信办案股股长
罗　苹　仁寿县委群工部办公室工作人员
王军成　仁寿县经济和信息化局副局长
王　刚　仁寿县公安局特警大队大队长
王小君　仁寿县公安局副政委
李　锋　仁寿县住房和城乡规划建设局副局长
郭　劲　仁寿县龙正镇政府工作人员
汪　涛　仁寿县富加镇党委副书记、镇长
魏正良　仁寿县大化镇党委书记
周建芳　仁寿县珠嘉镇党委书记
王锡权　仁寿县古佛乡党委书记
伍仕亿　仁寿县鳌陵乡党委书记
钟建成　彭山县委常委、县政府副县长
李忠云　彭山县政府副县长
陈建华　彭山县委群工部副部长
杨海霞　彭山县大调解中心专职副主任
袁智勇　彭山县公安局国保大队大队长
周　贤　彭山县公安局凤鸣派出所所长
杨晓兵　彭山县住房和城乡规划建设局大调解中心专职副主任
邓　斌　彭山县武阳乡党委书记
阳运良　洪雅县委副书记、县政府县长
王　里　洪雅县委副书记
郭建华　洪雅县委常委、县政府副县长
胡天贵　瓦屋山旅游风景区管委会主任、洪雅县瓦屋山镇党委书记
张　锐　洪雅县委办公室主任、县委机关党委书记
陈天容　洪雅县委政法委副书记、县委群工部部长
赵　勇　洪雅县公安局党委委员
陈奇志　洪雅县余坪镇党委书记
夏荣升　丹棱县委副书记
陈　剑　丹棱县委常委、政法委书记
兰文庆　丹棱县委办公室副主任、县委群工部部长
叶　斌　丹棱县文广新局局长
杨　鸿　丹棱县卫生局卫生执法监督所工作人员
胡吉林　丹棱县丹棱镇党委副书记
徐　琳　青神县委常委、县政府副县长
欧建英　青神县委群工部副部长
徐炳全　青神县人力资源和社会保障局局长
刘建林　青神县南城镇党委书记
徐　鹏　青神县瑞峰镇党委书记
万　凯　市纪委（监察局）信访室主任
谭文胜　市中级人民法院培训处处长、立案庭副庭长
刘　锋　市中级人民法院刑事审判庭副庭长
洪永军　市人民检察院控申处书记员
熊　丹　市委督查室副主任
余荣霞　市人大常委会信访办主任
官　凌　市政府应急办工作人员
左小芳　市政协办公室综合科科长
张　微　市委组织部干部训练科科长
罗　明　市委宣传部部务委员
邹　超　市委统战部干部科科长
戴　宇　市综治办副主任、市委政法委办公室主任
胡　敏　市法学会副主任科员
梁建军　市直机关工委副书记
毛秦蓉　市委群工部副部长
周云伟　市委群工部办信科科长
李劲松　市委编办副调研员、综合科科长
祝光强　市委防邪办主任科员
舒　强　市公安局纪委主任科员
窦维刚　市公安局特巡警支队主任科员
李旭峰　市政府驻京联络处办公室主任
贺勇刚　市环境监察执法支队副支队长
魏　毅　市住房城乡建设局建筑管理科科长
邹　卓　市农村经营管理站站长
余文姬　市森林防火指挥部主任
杨　勇　市贸促会副会长
殷灿新　市文广新局非遗科科长

刘　娟　市统计局农村经济调查科副科长
袁　宇　市城管执法局直属大队党支部书记
孙绍全　市粮食局副局长
胥尚龙　市畜牧局办公室副主任
罗海峰　市食品药品监管局办公室科员
杜　波　市政务服务中心督察科科长
杨志刚　眉山金象化工产业园区管委会副主任、东坡区象耳镇党委书记
喻正春　市总工会法律部部长
谢　玲　市妇联权益部部长
张　萍　市工商联会员科工作人员
王　建　市残联维权科科长
舒　林　眉山日报党总支副书记、办公室主任
黄建刚　市机关事务管理局办公室主任
王　伟　市扶贫移民局信访科科长
张　兰　市广播电视台人力资源部主任
梁园康　眉山国安局办公室副主任
周崇新　四川洪运律师事务所主任

（四）“诉非衔接”改革试点工作先进个人（50名）

陈　建　东坡区人民法院院长
余　放　东坡区司法调解中心专职副主任
王海霞　东坡区委政法委纪检员
王海英　东坡区委群工部副部长
帅志军　东坡区政府法制办副主任
余继祖　东坡区太和镇党委书记
徐碧英　东坡区三苏乡党委书记
慎学斌　东坡区修文镇司法所所长
唐　涛　仁寿县人民法院院长
张巍耀　仁寿县人民法院龙正法庭庭长
李知易　仁寿县人民检察院检察长
唐　强　仁寿县矛盾纠纷大调解协调中心副主任
阙　红　仁寿县统战部纪检员
夏荣金　仁寿县司法局局长
吴　垚　仁寿县板燕乡党委书记
严开义　彭山县委常委、政法委书记
彭　明　彭山县人民法院立案庭庭长
张　麟　彭山县委政法委副书记、县综治办主任
成红敏　彭山县委政法委执法督查室主任
干树文　彭山县委群工部副部长
李国华　洪雅县政府副县长
李继成　洪雅县人民法院院长
祁明跃　洪雅县人民法院副院长
曾立龙　洪雅县委政法委副书记、县矛盾纠纷大调解协调中心主任
杨志华　洪雅县司法局局长
刘平然　丹棱县人民法院院长
周玉全　丹棱县矛盾纠纷大调解协调中心主任
何新文　丹棱县司法局局长
彭燕萍　丹棱县司法调解指导中心主任
胡　勇　青神县委常委、政法委书记
陈建军　青神县人民检察院控申科科长
周政银　青神县司法局基层股股长
艾　勇　青神县罗波乡大调解协调中心专职副主任
王美福　市中级人民法院立案庭庭长
辛利平　市中级人民法院立案庭副庭长、诉讼辅导室负责人
辜　帆　市人民检察院民行处副处长
刘正国　市矛盾纠纷大调解协调中心专职副主任
苏明芳　市委群工部督查督办科科长
曾全顺　市经济和信息化委副调研员
姜子伟　市教育局法规科科长
汤　毓　市公安局法制支队支队长
吴中云　市民政局救灾科科长
蒋　励　市人民调解指导中心专职副主任
耿亚南　市财政局工作人员
向　阳　市人力资源社会保障局仲裁科科长
魏志平　市国土资源局信访科科员
丁盛祥　市房管局住房保障办副科长
王伟国　市卫生局信访办负责人
徐溧谦　市法制办行政复议监督科科长
李燕红　洪运律师事务所副主任

二、2013年度都市近郊型现代农业发展（新农村综合体建设）工作先进个人（100名）

马怀满　东坡区泡菜产业园区企业服务中心主任
吕　凌　东坡区委农工办副主任
胡碧俊　东坡区崇礼镇党委书记
邹卫东　东坡区悦兴镇党委书记
王　辉　东坡区尚义镇党委副书记、镇长
周成志　东坡区多悦镇党委副书记、镇长
段　棚　东坡区白马镇党委副书记
王嘉成　四川果色天香生态农业有限公司董事长
冉登祥　仁寿县委书记
秦　彪　仁寿县委副书记、县政府县长
明　宇　仁寿县委常委
林剑英　四川省现代粮食产业仁寿示范园区党工委书记、管委会主任
彭友智　天府花海观光农业园区管委会副主任
钟超文　仁寿县委农工办主任
黄建军　仁寿县农业局局长
吴光文　仁寿县方家镇党委书记

徐　庄　仁寿县文宫镇党委书记
周建芳　仁寿县珠嘉镇党委书记
李　琴　彭山县委农工办副主任
陈小军　彭山县水务局副局长
凌茂君　彭山县农业局局长
钟　阳　彭山县锦江乡党委书记
杨开华　彭山县义和乡党委副书记、乡长
刘江岸　彭山县公义镇武装部部长、副镇长
黄建军　洪雅县委农工办主任
侯天泉　洪雅县农业局局长
孔令兵　洪雅县林业局局长
杨明春　洪雅县畜牧兽医局局长
彭远兴　洪雅县中山乡党委书记
刘卫权　洪雅县止戈镇党委副书记、镇长
郭　红　丹棱县委副书记
徐卫斌　丹棱县委农工委主任
邓　棱　丹棱县水务局局长
赵　进　丹棱县农林局局长
梅雪松　丹棱县双桥镇党委书记
曾　鑑　青神县竹编产业园区管委会群工部部长
宋文贤　青神县委农工办主任
吴　敏　青神县水务局工作人员
祝康晋　青神县农业局党组成员
文　科　青神县林业局产业办副主任
郑文君　青神县扶贫移民局副局长
徐　驰　市目标绩效办主任
徐　炯　市委督查室副主任
王　伟　市委办公室主任科员
邓　廉　市政府办公室秘书六科副科长
李　兵　市政府督查室工作人员
郝雪宏　市政府应急办工作人员
吴梁红　市政协办公室副调研员
王忠明　市纪委案管室主任
刘　波　市委党建办副主任
余　波　市两新党工委组织科科长
李　碧　市思想政治研究会副秘书长
何　中　市委统战部副部长、市民宗局局长
林　波　市委政法委副县级纪检员
赵　玮　市委维稳办综合科科长
夏德强　市委政研室副县级纪检员
刘　恒　市委编办政编科副科长
陈明芳　市委农工委主任
罗颖健　市委农工委综合科科长
邱炳光　市人大常委会农工委主任
徐　阳　市发展改革委副县级干部、农经科科长
程长风　市投促局精细化工产业科科长
刘　鲜　市教育局普教科工作人员
罗成如　市公安局园区分局纪委书记
吴仲华　市民政局社会事务科科长
余　磊　市司法局法规工作科科长
邱云祥　市财政局副局长、市政府驻京联络处主任
李正清　市水务局副局长
郑汉明　市水务局副调研员
余茂军　市农业局副局长
张　川　市泡菜产业推进办副主任
龙述德　市林业局造林科科长
李宏伟　市林业局产业科负责人
陈志全　市供销社综合科科长
杨　宇　市非物质文化遗产保护中心主任
余　瑶　市新型农村合作医疗管理中心主任
罗　明　市社会经济调查队农村经济调查科科长
吕燕芳　市旅游局产业发展科科长
袁大可　市法制办主任
帅劲东　市城管执法局纪检组组长
刘　毅　市粮食局副局长
万俊才　市畜牧局局长
王　帅　市奶业发展办工作人员
蒋卫东　市食品药品监管局副局长
谭正中　眉山岷江现代农业示范园区党工委副书记、纪工委书记
陶建文　市总工会纪检组组长
李　珂　团市委办公室主任
曹　煦　市妇联副主席
徐贤君　市科协科普部部长
谭晓芳　市工商联办公室职员
赵娜娜　眉山日报社采访中心记者
李欣凌　市委市政府接待办工作人员
陈怡林　市扶贫移民局主任科员
伍新星　市政府金融办银行科科员
郑　群　眉山电视台工作人员
王　北　市工商局局长
杜　平　眉山质监局纪检组组长
陈　凡　市农业气象中心主任
张玲华　国家统计局眉山调查队纪检组组长
魏积分　市城乡环境治理办副主任

三、2013年度综合交通大会战先进个人（100名）

廖小宁　东坡区委常委、区政府副区长
王全中　东坡区委常委、区人武部政委
时志超　东坡区交通运输局正科级干部
王　欢　东坡区综交办副主任

陈万强　东坡区综交办纪检组组长
张咏松　东坡区综交办综合股股长
朱永忠　东坡区永寿镇党委书记
左茂安　东坡区三苏乡人大主席
王志全　东坡区修文镇党委书记
梁　霄　东坡区金花乡党委副书记、乡长
张家明　东坡区松江镇政府副镇长
何建坤　天府新区仁寿视高管委会副主任
秦建军　天府新区仁寿视高管委会规划建设国土局局长
陈建国　仁寿县交通运输局局长
袁贵发　仁寿县重点交通建设办公室主任
郭述舟　遂资眉高速公路指挥部办公室副主任
程安兵　遂资眉高速公路指挥部工作人员
谭　勇　仁寿县汪洋镇党委书记
刘俊良　仁寿县交通运输局副局长
吴洪波　仁寿县北斗镇党委书记
高童全　仁寿县公安局副政委
刘勇军　仁寿县富加镇副镇长
张富洪　彭山县交通运输局局长
罗洪刚　彭山县交通运输局副局长
徐　宁　彭山县审计局副局长
王　军　彭山县交通工程管理中心主任
曾大勇　彭山县招投标管理办公室主任
袁　远　彭山县财政评审中心主任
钟　建　彭山县铁建办工程股股长
邓　斌　彭山县武阳乡党委书记
刘全明　洪雅县公路收费管理所所长
刘　波　洪雅县交通运输局工程建养股股长
曾　钧　洪雅县交通运输局办公室主任
杨　宽　洪雅县公安局副局长、交警大队大队长
孙碧忠　洪雅县农业局副科级干部
张明见　洪雅县工业和信息化局副局长、能源监察中心主任
江帮志　洪雅县洪川镇副镇长
赵尚利　洪雅县东岳镇党委书记
骆仕明　丹棱县委常委、县纪委书记
邱述捷　丹棱县政府应急办副主任
骆　艺　丹棱县招监办主任、监察局副局长
何智慧　丹棱县招投标办公室主任
孟权珊　丹棱县仁美镇党委副书记、镇长
王　可　丹棱县双桥镇综治办副主任
顾建峰　丹棱县张场镇党委副书记、镇长
张　铭　丹棱县交通运输局工程股股长
赵湘聪　青神县交通运输局副局长
林　军　青神县交通运输局规划股股长
刘炼强　青神县交通运输局建管股股长
赵萍祥　青神县交通运输局重建股股长
黄志伟　青神县铁建办主任
刘志昂　青神县铁建办工程部部长
彭建中　青神县航电办主任
吴贵银　青神县航电办工作人员
徐宏杰　市纪委正科级纪检员、招监室副主任
黄　丽　市委办公室综合调研室副主任
黄　扬　市目标绩效办副主任
段　阅　市委办公室秘书一科副科长
赵　睿　市政府办公室秘书六科副科长
张　耀　市政府督查室科员
尹桂芳　市政协办公室副调研员
李　喆　市委宣传部办公室科员
陈新国　市委政法委副县级干部、市综治办督查督办科科长
谭红宇　市委群工部办公室工作人员
罗晓璇　市人大常委会财经工委办公室主任
王俣皓　市投促局综合科科长
廖仲秋　市发展改革委副调研员、市铁建办综合组组长
何　勇　市发展改革委副调研员、市铁建办工程组组长
邵庆国　市发展改革委副主任科员
廖礼仁　市三产办主任助理
罗　虎　市公安局交警支队直属三大队大队长
李建兵　市公安局治安支队民警、市铁建办维稳组副组长
唐　春　市财政局人事科科长
高应萍　市社保局副局长
张　娅　市土地统一征用中心主任
黎　萍　市国土资源局综合规划科科员、市铁建办征拆组副组长
陈海东　市环境保护局行政许可科主任科员
程媛媛　市住房城乡建设局城建科工作人员
周应安　市交通运输局办公室副主任
胡建林　市重推办副主任
陈　丽　市重推办综合科副科长
陈火燕　市恒信交投公司财务科工作人员
蒋汉权　市农村供水管理总站站长
张正群　市林业局野生动物（护林防火）站站长
朱春花　市审计局农业与社会保障科副科长
赵星伟　市统计局服务业统计科副科长
沈士婷　市旅游局办公室工作人员

徐溧谦　市法制办复议监督科科长
何佳蔚　市城乡规划局工作人员
帅　奇　市开发性金融合作办公室主任
郑　波　市安全监管局纪检监察室主任
罗智华　市防震减灾局监测科科长
胡永红　眉山发展公司项目管理部副主任
杨　军　岷东新区管委会土地储备中心主任
古良驹　眉山日报社采访中心记者
杨大兴　市扶贫移民局局长
谢晓芹　市广播电视台新闻中心副主任
姜　华　中铁建工集团成绵乐指挥部眉山东站项目部经理
牟世辉　四川鑫福高速公路投资有限公司常务副总经理
付　琼　青神金弘能源投资开发有限公司计划合同部部长

四、2013年度基层政权建设工作先进个人（100名）

赵宇良　东坡区苏祠街道办事处副主任
胡应江　东坡区白马镇党委书记
胡志明　东坡区多悦镇党委书记
刘正德　东坡区土地乡党委书记
杨志中　东坡区万胜镇党委副书记
何　勇　东坡区盘鳌乡党委副书记、纪委书记
李宏燕　东坡区秦家镇党委副书记、镇长
梁　霄　东坡区金花乡党委副书记、乡长
李　翔　东坡区广济乡党委副书记、乡长
文　蓓　东坡区太和镇政府民政办主任
王阳辉　东坡区柳圣乡政府民政办主任
陈奇昌　东坡区悦兴镇政府民政办主任
王明华　东坡区复盛乡政府民政办主任
程少华　东坡区复兴乡政府民政办主任
胡　波　仁寿县政府副县长、县公安局局长
陈德宽　仁寿县政府办公室主任
王继伟　仁寿县民政局局长
邹智勇　仁寿县民政局副局长
张　卉　仁寿县民政局社会事务股股长
韩雨荷　仁寿县委政法委办公室主任
吴　建　仁寿县住房和城乡规划建设局信访办主任
吕正杰　仁寿县治理办主任
闵建柱　仁寿县文林镇副镇长
周淑贞　仁寿县文宫镇政府民政办主任
李小英　仁寿县富加镇大调解中心副主任
陈　虹　仁寿县宝马镇人大主席
刘　敏　仁寿县慈航镇副镇长
舒利娜　仁寿县北斗镇政府民政办主任
李汐涛　仁寿县珠嘉镇副镇长
张永丽　仁寿县文林镇江家坝社区党支部书记
徐明辉　仁寿县彰加镇磨子社区居委会主任
唐玉江　仁寿县兆嘉乡仓田村党支部书记
任学文　仁寿县大化镇前进村党支部书记
蒋会强　彭山县委常委、县政府副县长
巫燕平　彭山县委组织部部务委员、县两新党工委书记
赖育兰　彭山县民政局基层政权股股长
赵飞宇　彭山县彭溪镇党委书记
邱　磊　彭山县牧马镇党委副书记、镇长
王　嫦　彭山县保胜乡副乡长
付夕阳　彭山县公义镇政府民政办主任
徐　琦　彭山县凤鸣镇政府民政办主任
罗国平　彭山县牧马镇政府民政办主任
李云仙　彭山县锦江乡政府民政办主任
王明祥　彭山县谢家镇政府民政办主任
王国清　彭山县青龙镇永远村党支部书记
郭建华　洪雅县委常委、县政府副县长
韩　杰　洪雅县委常委、县纪委书记
杜强伦　洪雅县委常委、县总工会主席、槽渔滩旅游风景区党工委书记
苟雪梅　洪雅县纪委副书记、县监察局局长
刘友波　洪雅县委组织部常务副部长
宋文艺　洪雅县民政局副局长
刘慧玲　洪雅县民政局基层政权股股长
杨曲冰　洪雅县财政局局长
白　韬　洪雅县槽渔滩镇党委副书记、镇长
李菊容　洪雅县中保镇党委委员
郑培芝　洪雅县止戈镇政府民政办主任
李　菲　洪雅县中山乡政府民政办主任
何卫刚　丹棱县人大常委会副主任
王　鹏　丹棱县政府副县长、县公安局局长
王泽敏　丹棱县委组织部副部长
何　艳　丹棱县民政局纪检组组长
刘　笛　丹棱县民政局基层政权股股长
汤学英　丹棱县丹棱镇纪委副书记
谌德友　丹棱县杨场镇党委书记
罗　均　丹棱县仁美镇副镇长
邱正良　丹棱县双桥镇副镇长
王　羽　丹棱县张场镇副镇长
张　伦　丹棱县顺龙乡政府民政办主任
邱琼霞　丹棱县石桥乡党委副书记、纪委书记
罗兴建　青神县委副书记
谢　志　青神县委常委、县纪委书记

王利清　青神县政府副县长
李仕贵　青神县委组织部副部长
王学清　青神县民政局局长
刘　祥　青神县民政局基层政权股股长
陈永忠　青神县财政局社保股股长
杨长金　青神县黑龙镇党委书记
涂成钢　青神县河坝子镇党委副书记、镇长
张建明　青神县青城镇文林社区党支部书记
宋南卡　青神县白果乡楼坊溪村党支部书记
刘永华　青神县瑞峰镇政府民政办主任
王泽华　市纪委派出纪工委委员
赵思晋　市政府办公室秘书三科科员
李勇刚　市两新党工委副书记
周殿志　市委统战部副县级纪检员
朱鸿飞　市委编办事编科副科长
黄绍平　市委保密办（市国家保密局）调研员
罗雪梅　市发展改革委总经济师
唐　彬　市经济和信息化委人事培训科工作人员
罗美群　市教育局信访科科长
覃海东　市民政局调研员
冷昭辉　市民政局基层政权社区建设区划地名科干部
朱海波　市司法局副局长
陈　静　市环境保护局人事科科长
张丽娟　市文广新局艺术科副科长
邹水清　市统计局总统计师
喻素彬　市总工会副主席
郑改霞　市残联副科级干部
高俊明　市公共资源交易中心副县级干部
李　娜　市邮政局办公室副主任

五、"两宋荣光"眉州大道改造工程建设工作先进个人（109名）

郭吉祥　眉山经开区新区管委会副主任
谢红刚　眉山经开区新区管委会住建部部长
刘　平　眉山经开区新区管委会住建部副部长
胡　徐　东坡区泡菜产业园区党工委书记
王　强　东坡区住房和城乡规划建设局办公室主任
刘玖禄　眉山城市规划区征地拆迁安置补偿办副主任
李　华　东坡区通惠街道党工委书记
李福明　东坡区大石桥街道党工委副书记、办事处主任
彭德贵　东坡区尚义镇党委书记
彭怀春　东坡区白马镇党委副书记、镇长
周立平　市委副秘书长
廖仁军　市委副秘书长、市委宣传部副部长、市委外宣办（市政府新闻办）主任
杨志忠　市委副秘书长、群工部部长
魏文彪　市纪委副书记、市监察局局长
杨燕昭　市纪委常委、市监察局副局长
梁昌秋　市纪委常委
徐　敏　市纪委纪检一室主任
邱　鹏　市纪委副县级纪检员、招监室主任
吴　瑾　市纪委执法效能监督室正科级纪检员
徐宏杰　市纪委正科级纪检员、招监室副主任
黄　扬　市目标绩效办副主任
胡　洋　市委办公室秘书三科副科长
蒋传德　市政府副秘书长
潘春梅　市政府督查室主任
徐　洪　市政府办公室副调研员
郝乾江　市政府办公室秘书八科科长
邹　遥　市政府办公室秘书八科副科长
冉袁凡　市政府办公室工作人员
章亚梅　市政协办公室副县级纪检员
吴永枢　市委宣传部干部管理科科长
徐智勇　市委政法委常务副书记、市综治办主任
王加宾　市委政法委副书记、市委维稳办主任
王再奎　市人大常委会城环资工委主任
王永江　市人大常委会城环资工委办公室主任
李建章　市发展改革委主任、市物价局局长
李　红　市发展改革委副主任
罗少军　市招管办副主任
舒华萍　市招管办工作人员
李文彬　市公安局副局长、交警支队支队长
郭小仲　市公安局副调研员
滕　锐　市公安局交警支队秩序科科长
杨静华　市公安局交警支队直属一大队大队长
时正钦　市公安局岷东新区分局副局长
颜　军　市公安局交警支队直属二大队民警
宋仕祥　市财政局局长
张　勇　市财政局副局长
张　华　市财政投资评审中心主任
冉晓天　市国库集中支付中心主任
张劲涛　市财政局投资科科长
李永高　市国土资源局局长
张　娅　市土地统一征用中心主任
邹　伟　市土地统一征用中心副主任
叶建清　市土地储备中心副主任
赵友中　市环境监察执法支队支队长
兰文军　市住房城乡建设局局长

王新东　市住房城乡建设局副局长
吴　山　市住房城乡建设局副局长
张旭冬　市住房城乡建设局副局长
陈　东　市住房城乡建设局办公室主任
邹　涛　市建设工程质量安全监督站副站长
缪　勇　市建设工程质量安全监督站工作人员
杨　柳　市建设工程质量安全监督站工作人员
喻　鹏　市建设工程质量安全监督站工作人员
曹　毅　市建设工程质量安全监督站工作人员
骆　雪　市建设信息指挥中心主任
程　利　市市政工程建设处党支部副书记
叶淑森　市市政工程建设处工作人员
刘燕忠　市市政工程建设处工作人员
刘建华　市城投公司董事长、总经理
唐　敏　市城投公司副总经理
牟德明　市交通运输局副局长
黄松建　市地方海事局局长
黄崇金　市公路管理局主任科员
党　杰　市交通运输局科员
何　为　市水务局副调研员
袁勇刚　市惠民供排水设备安装有限公司管网所副所长
张祺云　市林业局林政科工作人员
彭惠琴　市审计局局长
刘志勇　市审计局副局长
刘卫红　市审计局副县级干部
贺会清　市审计局投资科科长
林海强　市审计局直属分局副局长
杨　博　市审计局直属分局副局长
胡文春　市审计局工作人员
陈　虹　市城管执法局机关党委书记
王美金　市园林局局长
何　雁　市城管执法局东坡分局副局长
高　菡　市园林局工程师
李建国　市城管办直属大队广告管理中队中队长
张洪铭　市路灯管理处副处长
刘刚岭　市园林局工程师
刘友洪　市城乡规划局局长
曾　涛　市城乡规划局副局长
黄兴林　市城乡规划局东坡区分局局长
刘　艳　市城乡规划局行政许可科副科长
谢洪梅　市城乡规划局工作人员
张平文　市城乡规划局工作人员
冯献忠　工业新城办副主任
范　宇　工业新城办国土分局局长
杨　梅　市安全监管局纪检组组长
向加琪　岷东新区管委会副主任
殷良平　岷东新区党工委委员、眉山岷东开发投资有限公司董事长
杨　军　岷东新区管委会土地储备中心主任
肖文成　岷东新区管委会征地拆迁办公室副主任
代贤军　市政协研究室主任
辛　凯　眉山日报社广告中心副主任
余永忠　市公共资源交易中心副主任
陈　骏　市广播电视台社教文艺中心（专题片工作室）副主任
朱　科　国网眉山供电公司发展部主任

六、第四届东坡文化节暨第五届四川泡菜展销会先进个人（99名）

严明宇　东坡区委副书记
李胜华　东坡区委常委、区政府副区长
范纯文　东坡区泡菜产业园区党工委副书记、管委会主任
蹇清华　东坡区泡菜产业局局长
胡碧俊　东坡区崇礼镇党委书记
王　鑫　仁寿县政府办公室副主任
刘俊辉　彭山县委农工办副主任
李建伟　市中级人民法院办公室副主任科员
张继宏　市人民检察院行装处处长
王瑞蕊　市委办公室综合调研室副主任、主任科员
何禹衡　市委办公室信息科科长
王　伟　市委办公室主任科员
李敬熹　市委办公室副主任科员
何　莲　市人大常委会办公室行政科科长
廖宇勇　市政府副秘书长
王　靓　市政府办公室秘书一科科长
李　芸　市政府办公室秘书六科科长
贝文礼　市政府热线服务中心工作人员
刘伟巍　市政协办公室行政科副科长
赵利芳　市委组织部办公室副主任、信访科科长
曾丽霞　市委宣传部常务副部长、市精神文明办主任
邓　敏　市委宣传部副部长
周天才　市委宣传部副县级纪检员
潘斐然　市互联网不良与违法信息举报中心副主任
李敏良　市委统战部副调研员、办公室主任
朱科翰　市法学会学术部副主任
吕　瑛　市直机关工委办公室副主任
胡　刚　市委群工部副部长
金中华　市委农工委综合科工作人员

徐　阳　市发展改革委副县级干部、农经科科长
许舒妤　市经济和信息化委企业科副科长
邵　杨　市教育局学校后勤管理中心工作人员
蒲　进　市科技局农村科科长
王怀轩　市公安局副局长
袁　平　市公安局特巡警支队副支队长
辜苹珂　市公安局治安支队副支队长
夏雨田　市公安局交警支队直属二大队科员
杨海涛　市民政局副局长
叶忠文　市司法局副局长
刘汉学　市政府驻京联络处副主任、市财政局办公室主任
傅晓俐　市人力资源社会保障局工作人员
李　杰　市国土资源局副局长
张志翔　市环境保护局办公室主任
魏　吉　市住房城乡建设局团委书记
韩顺江　市交通运输局副局长
方　媛　市水务局办公室工作人员
熊　英　市农业局局长、市农机局局长
王　淞　市泡菜产业推进办副主任
袁勇艺　市农业局办公室主任
伍春华　市种子管理站副站长
余文姬　市森林防火指挥部办公室主任
杨　勇　市贸促会副会长
彭蜀宁　市文广新局副局长
郑　蕊　市文化馆馆长
潘　毅　市文广新局办公室主任
陈仲文　三苏祠博物馆馆长
唐　密　市卫生局办公室主任
胡　燕　市人口计生委办公室工作人员
刘志勇　市审计局副局长
孙丽琴　市旅游局纪检组组长
赖　刚　市外侨台办主任
邓　科　市外侨台办外事科副主任科员
罗　敏　市城管执法局副局长
谢志伟　市环卫处处长
苏学文　市畜牧局副局长
张建军　市城乡规划信息中心副主任
严新军　市国资委董监事会办公室副主任科员
雷　泽　市安全监管局办公室主任
吴甚儒　市食品药品监管局副局长
黄建春　市政务服务中心综合科科长
邹　馨　眉山发展公司后勤管理员
李　兵　眉山军分区后勤部助理员
张　望　眉山职业技术学院副院长
周承珊　市委党校教研科科长
刘　娟　眉山日报社记者
刘文秀　市委市政府接待办接待科工作人员
李　震　市公共资源交易中心综合部部长
刘行愚　市体育馆馆长
徐　强　市档案局副局长
贺　瑜　市地方志办综合科副科长
罗志军　市扶贫移民局副局长
伍新星　市政府金融办银行科科员
王　欧　市广播电视台新闻综合频道副总监
马　波　市人防办综合科科长
徐建平　市城乡环境治理办工作人员
王　北　市工商局局长
谭俊杰　眉山质监局食品生产监管科副科长
何春朝　市国税局机关服务中心主任
李　祥　市地税局副局长
王　焱　市气象局助理工程师
高亦静　市总工会办公室主任
曾啟洲　团市委工农青年部副部长
何　明　市妇联副调研员
彭　洪　市科协工作人员
谭晓芳　市工商联办公室工作人员
张平松　市残联副理事长
胡志蓉　市文联主任科员
郑　伟　市社科联办公室主任
唐　洋　眉山银监分局办公室主任

七、2013年度青神竹编产业推进工作先进个人（40名）

黄国清　青神县委书记
胡国民　青神县委副书记、县政府县长
罗兴建　青神县委副书记
侯　锐　青神县政府副县长
王利清　青神县副县长
曾　鑑　青神县竹编产业园区群众工作部部长
赵国平　青神县财政局局长
王盛祥　青神县林业局局长
王俊彦　青神县国土资源局局长
杨　宏　青神县教育体育局局长
汤田计　青神县水务局局长
刘　竣　青神县城市规划局局长
刘建林　青神县南城镇党委书记
王泽华　市纪委派出纪工委委员
刘红军　市中级人民法院行装处副处长
黄秀航　市委督查室副主任
黄　丽　市委办公室综合调研室副主任
廖宇勇　市政府副秘书长

彭建刚　市政府办公室副调研员
李　芸　市政府办公室秘书六科科长
徐金华　市综治办副主任
王馨婧　市委编办机构编制信息管理中心主任
浦倩婕　市投促局农副产品精深加工科科长
瞿　喆　市经济和信息化委产业政策科科长
牟长海　市发展改革委副主任
曾维刚　市教育局副局长
蒲　进　市科技局农村科科长
倪　帅　市公安局交警支队直属二大队科员
王志刚　市财政局农业科科长
朱　曦　市国土资源局地籍科负责人
李维强　市农业局科教站负责人
钟利东　市林业局副局长
王　苹　市森林病虫害防治站站长
李文彬　市林业局计财科工作人员
李宏伟　市青神竹编产业推进办工作人员
孙婷姗　市城乡规划局工作人员
曹　煦　市妇联副主席
滕　波　市政府金融办副主任
王　北　市工商局局长
王群英　眉山质监局标准化科副科长

八、2013年度全市创建国家园林城市工作先进个人（100名）

车嘉丽　眉山经开区新区管委会城管办副主任
杨　静　东坡区泡菜产业园区管委会副主任
邹　炜　东坡区政府电子政务和信息公开办主任
范开忠　东坡区住房和城乡规划建设局房管所所长
杨开迪　东坡区水务局纪检组组长
吴　胜　市城管执法局东坡分局副局长
徐淑芳　东坡区城乡环境治理办主任
赵宇良　东坡区苏祠街道办事处副主任
王之铭　东坡区通惠街道党工委副书记、办事处主任
李福明　东坡区大石桥街道党工委副书记、办事处主任
宋友军　东坡区富牛镇党委副书记、镇长
李安翔　市纪委副县级纪检员、办公室主任
熊　丹　市委督查室副主任
聂　川　市委督查室副主任
周凌燕　市委办公室干部管理科科长
詹　瞩　市委办公室秘书四科科长
蒋传德　市政府副秘书长
潘春梅　市政府督查室主任
郝乾江　市政府办公室秘书八科科长
邹　遥　市政府办公室秘书八科副科长
刘　敏　市委宣传部新闻科科长
李　喆　市委宣传部科员
彭怀安　市直机关工委委员
张逸仙　市委编办综合科工作人员
邓　刚　市以工代赈办主任
李　波　市教育局普教科科长
张成伟　市教育局青少年体育科副科长
任福祥　市公安局城管警察大队大队长
底　抗　市公安局办公室科员
宁　昊　市公安局交警支队政工科科长
李　艳　市公安局交警支队政工科副科长
陈万春　市民政局主任科员
肖　蓉　市民政局减灾中心工作人员
谢小英　市财政局监察科科长
刘　骁　市财政局投资科副科长
王　继　市政府驻京联络处常务副主任
邱　敏　市人力资源社会保障局人事科科长
龚　勇　市国土资源局办公室主任
邹　伟　市土地统一征用中心副主任
张　明　市环境保护局副局长
梁正中　市环境保护局生态科科长
周学梅　市环境保护局污染防治科科长
申小军　市环境保护局核与辐射科科长
兰文军　市住房城乡建设局局长
万永高　市住房城乡建设局住房保障办主任
江　南　市住房城乡建设局城乡建设档案馆馆长
程　利　市住房城乡建设局市政工程建设处负责人
王　曦　市住房城乡建设局勘察设计科工作人员
彭保安　市住房城乡建设局城建科工作人员
姚　霞　市交通运输局建设管理科副科长
周应安　市交通运输局办公室副主任
梁启明　市水务局副局长
毛泽勤　市水务局水保站站长
秦拴礼　市水务局副主任科员
彭　庆　市供排水总公司排水公司副经理
张正群　市林业局野生动物（护林防火）站站长
龙述德　市林业局造林科科长
廖联珍　市林业局野生动物（护林防火）站主任科员
林小平　三苏祠博物馆园林基建部副科长
周云容　三苏祠博物馆办公室副主任
代　姣　市卫生局工作人员
刘志勇　市审计局副局长
徐溧谦　市法制办复议监督科科长
王泽文　市城管执法局局长

袁卫彬　市城管执法局副局长
曾　静　市城管执法局办公室副主任
宋　明　市城管执法局城管科科长
夏　雨　市城管执法局执法支队副支队长
蒋　睿　市园林局副局长
颜碧英　市园林局园林养护科副科长
刘刚林　市园林局工程师
刘朝水　市园林局养护科管理一所所长
宋永贵　市市容环境管理支队副支队长
汪　武　市路灯管理处副处长
侯群莲　市市政设施管理处副处长
赵　林　市环卫处副处长
曾　涛　市城乡规划局副局长
尹小兵　市城乡规划局副调研员
刘　艳　市城乡规划局行政许可科副科长
马　涛　市城乡规划局测绘管理科副科长
彭淑彬　市城乡规划设计院工程师
李　薇　市城乡规划设计院助理工程师
周德勤　市宏大公司总经理
杨　军　岷东新区管委会土地储备中心主任
王　卫　市城乡规划局岷东新区分局局长
许　弘　市住房城乡建设局岷东新区分局局长
曾啟洲　团市委工农青年部副部长
熊　剑　眉山日报社编委采访中心主任
李勇军　眉山日报社记者
古伯良　市广播电视台总编辑
周秀红　市广播电视台总编室主任
万廷建　市城乡环境治理办主任
魏积分　市城乡环境治理办副主任
田　炜　市工商局办公室副主任
徐卫红　市气象局气象台副台长
李　玲　市创园办工作人员
晋　浩　市创园办工作人员
宋建平　市创园办工作人员
陈　涛　市创园办工作人员
曾德静　市创园办工作人员

九、2013年度全市城乡环境综合治理（“进机关”活动）工作先进个人（100名）

郭建国　东坡区委常委、区纪委书记
李维义　东坡区政府副区长
范纯文　东坡区泡菜产业园区管委会主任
唐信红　东坡区城乡环境治理办副主任
胡应江　东坡区白马镇党委书记
胡碧俊　东坡区崇礼镇党委书记
何　波　东坡区秦家镇党委书记
霍　刚　东坡区复盛乡党委书记
梁　宵　东坡区金花乡党委副书记、乡长
易春华　东坡区三苏乡政府副乡长
冉登祥　仁寿县委书记
杨　红　仁寿县委常委、宣传部部长、县总工会主席
胡　波　仁寿县政府副县长、县公安局局长
段真龙　仁寿县公安局副局长、交警大队大队长
苏明金　仁寿县城管执法局党组书记、副局长
马　岚　仁寿县城管执法局市政管理所所长
王元根　仁寿县城乡环境治理办副主任
李　明　仁寿县城乡环境治理办宣教中心主任
吴光文　仁寿县方家镇党委书记
谭　勇　仁寿县汪洋镇党委书记
吴长清　仁寿县文林镇党委副书记
彭碧清　仁寿县钟祥镇党委副书记
王美根　仁寿县视高镇党委委员、大调解中心副主任
何天禹　仁寿县大化镇政府副镇长、武装部部长
谢艳华　仁寿县洪峰乡党委书记
梁　磊　彭山县委副书记、县政府县长
王福军　彭山县城管办主任
陈碧秋　彭山县城管办环卫所清扫保洁工人
杨　刚　彭山县公安局副局长、交警大队大队长
杨　义　彭山县城乡环境治理办工作人员
董亚群　彭山县青龙镇城管办环卫组组长
李建超　彭山县观音镇城管办主任
陈永忠　彭山县凤鸣镇平乐社区党支部书记
谢玉民　彭山县保胜乡党委书记
韩　杰　洪雅县委常委、县纪委书记
刘体良　洪雅县城市行政执法局局长
杨　宽　洪雅县公安局副局长、交警大队大队长
郑　涛　洪雅县工商局副局长
冯文祥　洪雅县城乡环境治理办主任
胡国华　洪雅县汉王乡党委书记
李　健　洪雅县瓦屋山镇党委副书记、镇长
易明美　洪雅县柳江镇政府副镇长
何福顺　洪雅县中保镇治理办主任
夏荣升　丹棱县委副书记
王志丹　丹棱县政府县长助理
郭洪燕　丹棱县纪委纠风办主任
杨　旭　丹棱县公安局副局长、交警大队大队长
郭兴建　丹棱县防震减灾局局长
古维芬　丹棱县城乡环境整治办副主任
彭利强　丹棱县丹棱镇政府副镇长
彭映松　丹棱县顺龙乡政府副乡长
蔡建川　青神县政府副县长

刘永义　青神县监察局副局长
张　强　青神县公安局副局长、交管大队大队长
杨胜斌　青神县交通运输局机关党委书记
许燕飞　青神县环境卫生管理局局长
黄志伟　青神县城管办主任
肖丽容　青神县城乡环境治理办工作人员
丁志福　青神县青城镇党委书记
宋　梅　市纪委常委、监察局副局长
高　茜　市中级人民法院副院长
张华建　市委常委办副主任
杨　容　市人大常委会办公室综合科科长
蒋传德　市政府副秘书长
康　琅　市政协办公室行政科科长
黄　磊　市委组织部部务委员
李　碧　市思想政治研究会副秘书长
彭怀安　市直机关工委工委委员
罗家强　市直机关工委群团部副部长
张逸仙　市委编办综合科工作人员
王英哲　市委农工委副主任
张春丽　市投促局办公室副主任
陈明伟　市科技局副主任科员
刘汉学　市政府驻京联络处副主任、市财政局办公室主任
何秋萍　市人力资源社会保障局工作人员
吴　敏　市国土资源局办公室工作人员
王　敏　市环境保护局城市科科长
吴　山　市住房城乡建设局副局长
张　雪　市路政支队办公室主任
宋建平　市水务局办公室主任科员
刘德芬　市农业局土肥站站长
蒋　睿　市林业局办公室主任
潘　毅　市文广新局办公室主任
李建霞　市爱卫办主任科员
周泽萍　市人口计生委计财科科长
辜青霞　市经济责任审计分局局长
高菊花　市旅游执法支队副支队长
罗　敏　市城管执法局副局长
彭　嘉　市城管执法局主任科员
邹敏璐　市城市规划监察支队副主任科员
蒋卫东　市食品药品监管局副局长
廖勇刚　眉山岷江现代农业示范园区服务中心主任
黄海波　眉山日报社采访中心记者
余永忠　市公共资源交易中心副主任
刘　平　市机关事务管理局服务管理科科长
乐俊清　市广播电视台副台长
彭韵霖　市城乡环境治理办综合科工作人员
陈晓芳　市城乡环境治理办督查科工作人员
余若萧　市工商局市场科科员
刘　辉　市国税局副局长

十、2013年度十大民生工程工作先进个人（100名）

李胜华　东坡区委常委、区政府副区长
李　莉　东坡区政府民生办主任
许云贵　东坡区住房和城乡规划建设局副局长
胡碧俊　东坡区崇礼镇党委书记
冉登祥　仁寿县委书记
秦　彪　仁寿县委副书记、县政府县长
代　平　仁寿县委组织部常务副部长、县人力资源和社会保障局局长
王继伟　仁寿县民政局局长
蔡　刚　彭山县委书记
梁　磊　彭山县委副书记、县政府县长
王　松　彭山县委组织部副部长、县人力资源和社会保障局局长
潘　淼　彭山县彭溪镇党委副书记、镇长
杜强伦　洪雅县委常委、县总工会主席、槽渔滩旅游风景区党工委书记
白修明　洪雅县政府办公室副主任、督查室主任
黄建军　洪雅县委农工办主任
白春富　洪雅县水务局局长
肖　琳　丹棱县政府办公室主任、县民生办主任
杨　斌　丹棱县教育体育局副局长
赵　勇　丹棱县房管局副局长、县住房保障办公室主任
梁永霞　丹棱县顺龙乡党委副书记、乡长
陈忠义　青神县政府督查室主任
徐炳权　青神县委组织部副部长、县人力资源和社会保障局局长
杨　宏　青神县教育体育局局长
何　勇　青神县广播电视台副台长
张惠玲　市纪委副科级纪检员
詹　瞩　市委办公室秘书四科科长
胡　洋　市委办公室秘书三科副科长、主任科员
潘春梅　市政府督查室主任
张　耀　市政府督查室科员
李　青　市委组织部干部监督科副主任科员
宋　萍　市两新党工委综合科科长
程　波　市精神文明办志愿服务中心主任
梁建军　市直机关工委副书记
王　玲　市直机关工委组织部副部长

胡　刚　市委群工部（市政府信访局）副部长（副局长）
侯富群　市群众工作中心网络投诉受理科科长
李先芬　市委农工委副调研员
周童生　市发展改革委资源和环境价格科副科长
唐　瑛　市发展改革委农村经济发展科科员
郝凌燕　市教育局语委办主任
李竹青　市教育局政策法规科工作人员
鲜　鹏　市民政局办公室科员
王世忠　市民政局社会福利科科长
叶忠文　市司法局副局长
熊治平　市法律援助中心主任
廖春龙　市财政局预算科科员
何　阔　市财政局工作人员
代崇玉　市人力资源社会保障局监察室主任
潘　君　市就业服务管理局就业科科长
曾　艳　市国土资源局纪委书记
王　昆　市国土资源局工作人员
李　红　市环境保护局农村科科长
周学梅　市环境保护局污染防治科科长
兰文军　市住房城乡建设局局长
万永高　市住房城乡建设局住房保障办公室主任
江　珍　市交通运输局副主任科员
杜丽斌　市公路管理局农建科科长
马永红　市水务局副调研员、水利水保科科长
杨敬钊　市水务局农村供水建设管理总站负责人
白　炼　市农业局副局长
李维强　市农业局科教站负责人
郭　伟　市林业局天保办副主任
张　海　市林业局造林科科员
赵学军　市图书馆馆长
刘　璐　市文化馆声乐辅导干部
夏炬光　市卫生局副局长、市爱卫办主任
刘志荣　市卫生局妇社科副科长
李晓萍　市人口计生委副主任
费　翼　市人口计生委科技科科长
邹方舟　市审计局办公室副主任
何　莉　市审计局行政事业科副科长
杨海燕　市旅游局办公室主任
詹　通　市旅游局办公室工作人员
谢　敏　市城管执法局市政管理处工作人员
赵宇清　市城管执法局科员
钟建国　市粮食局局长
许明勇　市粮食局仓储产业科科长
胥尚龙　市畜牧局办公室副主任
沈爱梅　市动物疫病预防控制中心兽医师
刘建富　市安全监管局综合监督科科长
王　勇　市食品药品监管局药化市场监管科科长
刘晓军　市食品药品监管局办公室副主任
汪　涛　眉山发展公司副总经理
卓　佳　眉山发展公司内勤管理员
陶建文　市总工会纪检组组长
梁　宁　团市委副书记
程　辉　团市委学少部部长
周　杨　市妇联办公室科员
张平松　市残联副理事长
袁丽霞　眉山日报社记者
魏忠鑫　市扶贫移民局副局长
杨文莉　市扶贫移民局扶贫规划项目科科长
李　霞　市广播电视台办公室副主任
陈　航　市广播电视台记者
万廷建　市城乡环境治理办主任
张露露　市城乡环境治理办工作人员
黄刚娣　人行眉山市中心支行副主任科员
杨迎春　国网眉山供电公司副总经理
杜　林　中国电信眉山分公司网络部经理
黄忠祥　中国移动眉山分公司网络部副经理

十一、2013年度天府新区眉山片区建设大变样工作暨成眉区域合作八大行动先进个人

（一）天府新区眉山片区建设大变样工作先进个人（35名）

秦　彪　仁寿县委副书记、县政府县长
骆三勇　仁寿县委常委、县政府副县长
黄世文　仁寿县政府副县长
何建坤　天府新区仁寿视高管委会副主任
段永勤　天府新区仁寿视高管委会副主任
吴茂军　天府新区仁寿视高管委会办公室主任
文　英　天府新区仁寿视高管委会招商引资局局长
钟建成　彭山县委常委、县政府副县长
李忠云　彭山县政府副县长
王　涛　彭山经开区党工委书记
邓　强　彭山经开区管委会主任
陈　宇　彭山经开区管委会办公室副主任
欧月林　彭山经开区管委会信息服务中心副主任
胡江华　彭山经开区管委会信息服务中心副主任
胡　瑞　彭山经开区管委会财政局副局长
熊　念　彭山县经济和信息化局局长
王瑞蕊　市委办公室综合调研室副主任
邹汝林　市政府副秘书长、天府新区仁寿视高党工委书记

李付贵　市政府副秘书长、天府新区眉山市建设委员会办公室主任
黄文利　市政府研究室副主任
徐　洪　市政府办公室副调研员
陈彦娟　市政府办公室秘书九科副科长
王杰宇　天府新区眉山市建设委员会办公室综合科科长
李　丹　天府新区眉山市建设委员会办公室工作人员
万　飞　市投资促进服务中心副主任
符雪梅　市三产办副主任
刘非林　市经济和信息化委产业园区科副科长
覃建华　市财政局副局长
岳志军　市国土资源局副调研员
袁登科　市交通运输局办公室副主任
郭才文　市统计局局长
韩佳音　市城乡规划设计院规划一所副所长
王　浩　工业新城办投资服务中心副主任
陈　敏　市政府金融办综合科科长
马国军　眉山日报社采访中心副主任、外宣部主任

（二）成眉区域合作八大行动先进个人（65名）

冷青峰　东坡区政府副区长
陈　丽　东坡区发展和改革局副局长
廖　静　东坡区融入成都一体化办公室副主任
骆三勇　仁寿县委常委、县政府副县长
陈文华　天府新区仁寿视高党工委副书记
陈青松　天府花海观光农业园区党工委书记、管委会主任
林剑英　四川省现代粮食产业仁寿示范园区党工委书记、管委会主任
王霞莉　仁寿县发展和改革局副局长
袁贵发　仁寿县重交办主任
许宏连　彭山县经开区管委会副主任
郭泳涛　成眉工业集中发展区管委会副主任
罗鸿翔　彭山县政府办公室主任
毛　琨　彭山县发展和改革局副局长
王太勇　彭山县牧马镇党委书记
李雅秋　洪雅县发展和改革局局长
何　杰　洪雅县高庙镇党委书记
李良春　洪雅县七里坪旅游度假区管委会常务副主任
杨　华　丹棱县政府副县长
周　丽　丹棱县发展和改革局办公室主任
曾小平　丹棱县仁美镇副镇长
蔡建川　青神县政府副县长
刘　竣　青神县规划局局长
李　珩　青神县发展和改革局区域合作股股长
周凌燕　市委办公室干部管理科科长
王　军　市委办公室秘书一科科长
李付贵　市政府副秘书长、天府新区眉山市建设委员会办公室主任
文万红　市政府办公室秘书七科科长
欧中国　市政府研究室调研科副科长
王杰宇　天府新区眉山市建设委员会办公室综合科科长
钟　涛　市委农工委副主任
乐　军　市委农工委产业科副科长
赵　静　市投促局投促中心工作人员
李素芬　市投促局综合科工作人员
李建章　市发展改革委主任、市物价局局长
王　兴　市发展改革委区域合作科科长
廖　鹏　市发展改革委办公室主任
孙思洪　市发展改革委能源科科长
姚元文　市发展改革委区域合作科主任科员
王　华　市综交办综合科科长
符雪梅　市三产办副主任
赖崇华　市中小企业局副局长
刘非林　市经济和信息化委产业园区科副科长
孙志军　市教育局职教科科长
谭绘麒　市教育局纪检室工作人员
胡明军　市财政局总会计师
杨　健　市财政局企业科科长
吴建清　市国土资源局总工程师
万永高　市住房城乡建设局住保办主任
万春鑫　市房管局市场管理科科长
秦学军　市交通运输局建设管理科科长
朱欣兰　市交通运输局规划科副科长
杨　勇　市贸促会副会长
钟鹏程　市商务局会展科负责人
王仕胜　市旅游局项目办主任
刘　毅　市粮食局副局长
曾述君　市畜牧局主任科员
冯献忠　工业新城办副主任
冯志刚　工业新城办产业发展科负责人
殷良平　岷东新区党工委委员、眉山岷东开发投资有限公司董事长
查　鹏　甘眉（铝硅）工业园区经济发展局局长
马　林　眉山金象化工产业园区招商局局长
杜晓恩　眉山岷江现代农业示范园区办公室主任
宿丽霞　市政府金融办银行科副科长
伍新星　市政府金融办银行科工作人员
赵　倩　人行眉山市中心支行外汇管理处处长

十二、2013年度全市产业项目建设大会战（重点项目推进、向上争取）先进个人（100名）

吴吉辉　东坡区泡菜产业园区纪工委书记
秦冬梅　眉山经开区新区项目服务中心主任
杨　勇　东坡区项目办主任
彭少勋　仁寿县政府办公室副主任
李　貌　仁寿县政府办公室副主任
徐　刚　仁寿县政府办公室督查督办股副股长
钟建成　彭山县委常委、县政府副县长
邱　磊　彭山县牧马镇党委副书记、镇长
宋　蓉　彭山县项目办项目股股长
杨曲冰　洪雅县财政局局长
张启良　洪雅县住房和城乡建设局局长
唐　智　洪雅县项目办主任
钟维钦　丹棱县委书记
朱　莉　丹棱县委副书记、县政府县长
王泽君　丹棱县发展和改革局局长
黄　川　青神县项目办主任
严尚君　青神县航电办副主任
黄志伟　青神县铁建办主任
张　健　市纪委执法效能监督室主任
陈映明　市中级人民法院机关党委书记
周　娜　市委办公室秘书三科科长
何禹衡　市委办公室信息科科长
唐　锐　市委办公室秘书五科副科长
徐成良　市政府副秘书长、办公室主任
陈小红　市政府办公室秘书九科科长
瞿　波　市委组织部研究室副主任
李　喆　市委宣传部办公室工作人员
王怀端　市委统战部副部长
杜光俊　市委维稳办副主任
张　岚　市群众工作中心疏导科科长
周德林　市委农工委产业经济发展科科长
黄玉屏　市委农工委农业产业化办公室副主任
王安琴　市委农工委市场信息科科长
王保皓　市投促局综合科科长
李建章　市发展改革委主任、市物价局局长
王　英　市发展改革委固定资产投资科科长
宋　波　市三产办综合科科长
刘甜伟　市综交办项目科副科长
姚文第　市项目办主任
李　云　市项目办项目科科长
张仕兵　市经济和信息化委副主任
黄　胜　市经济和信息化委环资科科长
曾　锐　市教育局计财科科长
孙志军　市教育局职成教科科长
谭学成　市科技局调研员
李　俊　市民政局办公室主任
李　丹　市民政局优抚安置科副科长
罗　毅　市财政局社保科科长.
夏　猛　市财政评审中心副主任
苏长芬　市农发办主任
江　华　市人力资源服务中心工作人员
谭云钟　市社保局财务科科员
程泳又　市医保局副主任科员
刘六一　市土地开发整理中心主任
童　兵　市国土资源局地质环境科科长
谭先礼　市环境监察执法支队副支队长
刘润秋　市环境保护局财务科科长
郭　恩　市住房城乡建设局村镇办主任
李思蔚　市住房城乡建设局计财科科长
赵鹏杰　市住房城乡建设局工作人员
陈　刚　市交通运输局副调研员
刘一平　市交通运输局财务科科长
朱欣兰　市交通运输局规划科副科长
胡　庆　市水务局副局长、黑龙滩灌区管理处党委书记
郑绍飞　市水务局副局长
蒋汉权　市水务局供水站站长、规计科科长
温贵宾　市农业局经济作物站副站长
王　梅　市农业质量检测中心主任
汪建军　市农机局副局长
徐　清　市林业局计财科科长
任琳君　市林业局计财科工作人员
李文彬　市林业局计财科工作人员
李　莉　市商务局副调研员
陈仲文　三苏祠博物馆馆长
黄大贤　市卫生局副局长
陈星旭　市卫生局规财科科长
刘泽军　市人口计生委主任
叶勇军　市审计局经贸科科长
彭　秋　市统计局投资和贸易统计科副科长
王仕胜　市旅游局项目办主任
宋　明　市城管执法局城管科科长
钟建国　市粮食局局长
刘云东　市畜牧局副局长
李春燕　市畜牧局高级畜牧师
唐　家　市畜牧局生产科教科科长
杨　磊　市安全监管局法规宣教科科长
徐　燕　市政务服务中心业务科副科长

吴　军　工业新城办投资促进科科长
钟　伟　眉山发展公司项目管理部副主任
向加琪　岷东新区管委会副主任
殷良平　岷东新区党工委委员、眉山岷东开发投资有限公司董事长
韩　勇　甘眉（铝硅）工业园区管委会规划建设局局长
骆淑彬　甘眉（铝硅）工业园区管委会经济发展局副局长
黄　晶　眉山金象园区投资建设有限公司总经理
潘　珩　眉山金象化工产业园区管委会招商引资局工作人员
罗思源　眉山日报社采访中心记者
王志尧　市公共资源交易中心工作人员
魏忠鑫　市扶贫移民局副局长
陈爱军　市广播电视台广告部主任
卢屏君　国家统计局眉山调查队价格调查科副科长

十三、2013年度工业发展先进个人（100名）

冷青峰　东坡区政府副区长
杨　程　眉山经开区新区纪工委书记
邓永祥　眉山经开区新区经济发展部副部长
范纯文　东坡区泡菜产业园区党工委副书记、管委会主任
徐金如　东坡区泡菜产业园区经济发展部部长
王成果　眉山机械产业园区管委会科员
叶红梅　东坡区经济和信息化局局长
赵　翔　东坡区经济和信息化局副局长
黄立林　东坡区经济和信息化局副局长
刘锦兵　东坡区万胜镇党委书记
冉登祥　仁寿县委书记
何建坤　天府新区仁寿视高管委会副主任
段永勤　天府新区仁寿视高管委会副主任
李明元　仁寿县文林工业园区管委会副县级干部
刘　健　仁寿县文林工业园区管委会办公室副主任
陈　刚　仁寿县经济和信息化局局长
沈世祥　仁寿县经济和信息化局纪检组组长
周建中　汪洋循环经济园区党工委书记、管委会主任
邓　强　彭山经开区管委会主任
许宏连　彭山经开区管委会副主任
杨文君　彭山经开区信息中心主任
郭泳涛　成眉工业集中区管委会经济发展部部长
刘　燕　成眉石化园区管委会规划建设局局长
雷梁秋　成眉石化园区经济发展局局长
熊　念　彭山县经济和信息化局局长
赵景宏　彭山县经济和信息化局副局长
龚　勋　彭山县环境保护局局长
黄锦鸿　洪雅县委常委、组织部部长
马承均　洪雅县工业园区生态食品加工产业区管委会副主任
史学平　洪雅县将军乡党委书记、县工业园区机械化工产业区管委会主任
祝国平　洪雅县工业和信息化局局长
周　军　洪雅县工业和信息化局副局长
张明见　洪雅县工业和信息化局副局长
杨卫东　丹棱县委常委、县政府副县长
苟彦忠　丹棱县机械产业园区管委会项目招商服务中心主任
何　勇　丹棱县机械产业园区管委会工作人员
鲁　华　丹棱县经济和信息化局局长
马天海　丹棱县经济和信息化局副局长
牛　敏　丹棱县陶瓷建材产业园区党工委书记、管委会主任
车智勇　青神县委常委、县政府副县长
李　荣　青神县政府县长助理、县经济和信息化局局长
游晓艳　青神县工业开发区管委会主任助理
罗小兵　青神县工业开发区管委会企业服务中心副主任
陈建英　青神县经济和信息化局副局长
丁志福　青神县青城镇党委书记
杨燕昭　市纪委常委、市监察局副局长
王云华　市委办公室综合调研室副主任
梅　斌　市政府副秘书长、工业新城办主任
潘春梅　市政府督查室主任
文万红　市政府办公室秘书七科科长
李　强　市政府办公室秘书七科副科长
刘雪萍　市政协办公室副主任
廖　锦　市两新党工委副书记
李　林　市委维稳办工作人员
周光普　市委政研室副主任
周德林　市委农工委经济发展科科长
程　才　市投促局新能源产业科科长
文晓东　市发展改革委工交科科长
王　岳　市经济和信息化委主任
何　健　市经济和信息化委副主任
张仕兵　市经济和信息化委副主任
徐庆中　市经济和信息化委总经济师
赖崇华　市中小企业局副局长
刘义宇　市经济和信息化委主任助理
黄　琪　市经济和信息化委综合科科长

窦志伟 市经济和信息化委办公室主任
杨 辉 市科技局高新技术发展及产业化科科长
苏晓东 市公安局园区分局副局长
胡明军 市财政局总会计师
张 勤 市人力资源社会保障局人力资源开发科副主任科员
贺 斌 市国土资源局调研员
张雪松 市环境保护局行政许可科科长
郑绍飞 市水务局副局长
冯 攀 市商务局外资科副科长
熊保权 市文广新局副调研员
彭 锋 市卫生局局长
兰 可 市审计局副局长
邹水清 市统计局总统计师
刘 序 市统计局工业科副科长
宋 明 市城管执法局城管科科长、项目办主任
邹 玲 市城乡规划局东坡分局副局长
张颖杰 市安全生产监察执法支队一大队大队长
田洪均 市政务服务中心业务科科长
冷 勇 工业新城办科员
徐 刚 眉山发展公司投融资管理部主任
易 刚 甘眉（铝硅）工业园区管委会常务副主任
彭 盆 甘眉（铝硅）工业园区管委会副主任
赵秀娟 甘眉（铝硅）工业园区管委会科员
张 亮 眉山金象化工产业园区管委会副主任
袁 恒 眉山金象化工产业园区经济发展局局长
钟 山 眉山金象化工产业园区规划建设局局长
马国军 眉山日报社采访中心副主任、外宣部主任
谢佩峰 市广播电视台新闻中心副主任
邵奇林 市工商局外资科科长
黄俊良 市国税局所得税管理科科长
李华清 市地税局第二直属税务分局局长
杨迎春 国网眉山供电公司副总经理
彭国锋 中国电信彭山分公司总经理
姜 平 中国联通眉山分公司副总经理
黄 斌 中国石油眉山销售分公司总经理

十四、2013年度教育体育工作先进个人

（一）教育工作先进个人（42名）

邹义平 东坡区教育局副局长
黄 李 东坡区教研室主任
罗金福 眉山中学校长
李树明 眉山一中校长
吴茂军 天府新区仁寿视高管委会办公室主任
李长青 仁寿县教育局副局长
周伯君 仁寿县教育局教研室主任
吕仲辉 仁寿一中南校区校长
罗友威 仁寿县景圣景房地产开发有限责任公司董事长
王洪伟 彭山县第一中学校长
李华清 彭山县青龙初中校长
王常清 彭山县第二中学教师
万勤芳 洪雅县政府副县长
毛洪远 洪雅县将军中心小学校长
谢耀途 洪雅县教育体育局计财股股长
郭 红 丹棱县委副书记
周宗俊 丹棱县教研室主任
杨 宏 青神县教育体育局局长
辜长生 青神县实验初中校长
罗 寒 市纪委（监察局）干部管理室主任
唐 锐 市委办公室秘书五科副科长
宋志林 市政府办公室秘书五科科长
曾 静 市委组织部副调研员
董理平 市精神文明办未成年人工作科科长
何淑君 市委编办事业机构编制科副主任科员
张 波 市人大常委会教科文卫民宗工委办公室主任
刘红英 市发展改革委社发科工作人员
秦元刚 市教育局办公室主任
杜济迁 市公安局干部学校校长
宋琪龄 市财政局教育科技文化科科长
朱 静 市人力资源社会保障局工资科科长
何 萍 市国土资源局机关党委书记
王 珂 市住房城乡建设局工会副主席
唐 密 市卫生局办公室主任
任 坚 市审计局经责一科科长
周眉梅 市城乡规划设计院规划一所所长
叶 伟 市安全生产监察执法支队支队长
吴季方 市食品药品监管局人事科科长
毛业富 岷东新区管委会统筹城乡工作局副局长、富牛镇党委副书记
李昌明 市政协教文委副主任
程 辉 团市委学少部部长
廖翠萍 市工商局个体科科长

（二）体育工作先进个人（46名）

管卿毅 东坡区文化体育新闻出版局体育事业股副股长
王雪刚 东坡区业余体校副校长
李 勇 苏祠中学教师
田康林 东坡区松江镇宣传文化服务中心主任
黄世文 仁寿县政府副县长
王长久 仁寿县教育局副局长

毛德云　仁寿县老年人体育协会会长
赵文良　仁寿县教育局体育股股长
谢成建　彭山体校校长
李建明　彭山县公义小学校长
吴同碧　彭山县第一小学校长
冯学东　洪雅县教育体育局局长
方德志　洪雅县教育体育局体育股股长
罗　红　洪雅县教研室体育教研员
王新平　丹棱县教育体育局教育股工作人员
龙　选　丹棱县教育体育局体育股工作人员
兰志祥　青神县教育体育局副局长
朱　虹　青神中学校教师
徐　亮　眉山军分区副营职干事
汪艳玲　市委政法委副调研员、政治部副主任
佘　华　市直机关工委纪工委书记
李先芬　市委农工委副调研员
王秀彬　市投促局现代服务产业科科长
廖　敏　市经济和信息化委工作人员
贺贵文　市体育局青少年体育科科长
毛　俐　市科技情报所所长
郑剑坤　市民政局纪检组组长
赵友中　市环境监察执法支队支队长
刘赖林　市交通运输局副调研员
刘继红　市农业局工会副主席
刘　戈　市文化馆办公室主任
费　翼　市人口计生委科技科科长
余鑫伟　市统计局科员
张丛文　市旅游局质量规范管理科工作人员
周　炜　市法制办法规科科长
岳卫彬　市城管执法局机关党委工作人员
周文军　市国资委纪委书记
喻素彬　市总工会副主席
胡章惠　市残联托养服务中心主任
李尚伟　眉山职业技术学院教师
苏兴全　眉山日报社记者
杨大勇　市机关事务管理局副局长
李　刚　市档案局信息中心主任
马向荣　市政府金融办副主任
向建策　市广播电视台办公室工作人员
余美静　市人防办科员

十五、2013年度国土资源管理工作先进个人（90名）

廖小宁　东坡区委常委、副区长
郑晓琳　市国土资源局东坡区分局副局长
钟　科　市国土资源局东坡区分局建设用地管理股股长
黎玉新　东坡区苏祠街道党工委副书记、办事处主任
冷　斌　东坡区思蒙镇党委书记
冉登祥　仁寿县委书记
秦　彪　仁寿县委副书记、县政府县长
商志忠　仁寿县委常委、县政府副县长
杨冀林　天府新区仁寿视高纪工委书记、仁寿县兴盛镇党委书记
何致远　仁寿县国土资源局副局长
严开义　彭山县委常委、政法委书记
蒋会强　彭山县委常委、县政府副县长
方志良　彭山县国土资源局副局长
刘碧波　彭山县监察局副局长、招监办主任
王　勤　彭山县经开区管委会规划建设局局长
郭建华　洪雅县委常委、县政府副县长
杨一勤　洪雅县政府办副主任、应急办主任
杨曲冰　洪雅县财政局局长
刘权超　洪雅县国土资源局局长
夏荣升　丹棱县委副书记
郑贤杰　丹棱县国土资源局副局长
彭志松　丹棱县土地统一征用中心主任
熊志荣　丹棱县丹棱镇综治维稳办主任
徐　琳　青神县委常委、县政府副县长
杨　林　青神县财政局总会计师
王宇雄　青神县审计局局长
王俊彦　青神县国土资源局局长
袁利民　市纪委常委
宋章华　市监察局副局长
魏　东　市中级人民法院民事审判第一庭庭长
李　迪　市中级人民法院民事审判第二庭助理审判员
庞云鹏　市人民检察院职务犯罪预防处处长
张继宏　市人民检察院行装处处长
陈　强　市委办公室秘书二科科长
刘　洋　市委办公室秘书五科科长
陈开军　市政府副秘书长
潘春梅　市政府督查室主任
侯　宏　市政府办公室秘书二科科长
刘云福　市政协副秘书长、办公室主任
郑敏璐　市委远教中心主任
伏　旭　市委宣传部网络舆情中心工作人员
雷建勇　市委政法委副书记
张　岚　市群众工作中心疏导科科长
郑高庆　市委编办副主任
周泮羽　市委农工委副县级纪检员
岳　燕　市人大常委会城环资工委副主任
罗　丽　市人大常委会农工委办公室主任

王 英 市发展改革委固定资产投资科科长
刘非林 市经济和信息化委产业园区科副科长
李学辉 市教育局副主任科员
邹 建 市公安局国保支队副支队长
李域高 市公安局治安支队支队长
段 清 市民政局社会救助科科长
王 亮 市司法局办公室副主任
钟 琳 市财政局副主任科员
李静雯 市人力资源社会保障局人才开发科工作人员
彭玉聪 市国土资源执法监察支队支队长
曾泽君 市国土资源局法规科科长
李 红 市环境保护局农村科科长
兰文军 市住房城乡建设局局长
陈 刚 市交通运输局副调研员
黄 亮 市防汛抗旱指挥部办公室综合科副科长
刘德芬 市农业局土肥站站长
宋学贵 市林业局野生动物（护林防火）站副站长
张丽娟 市文广新局艺术科副科长
张亚平 市审计局总审计师
李四清 市旅游局副局长
周 炜 市法制办法规科科长
袁卫彬 市城管执法局副局长
蔡 健 市畜牧局副局长、市奶业发展办公室主任
谭 培 市城乡规划局行政许可科科员
凌汶青 市国资委主任科员
杨北海 市安全生产监察执法支队副主任科员
邹泽香 市食品药品监督管理局纪检组组长
郑雪丹 市政务服务中心督察科工作人员
孟 伟 工业新城办投资促进科科员
刘海平 眉山发展公司总工程师
彭德军 眉山发展公司资产管理部主任
曹雪岗 市国土资源局岷东新区分局局长
宁卫华 甘眉（铝硅）工业园区管委会工业和土地储备服务中心副主任
付畅文 眉山金象化工产业园区管委会主任
范 旺 眉山金象化工产业园区管委会副主任
余 浩 市政协经科委主任
钟云胜 市委统战部副部长、市工商联党组书记、第一副主席
万晓红 眉山日报社采访中心记者
江 露 市公共资源交易中心土地交易部部长
赵安祥 市扶贫移民局规划安置科科长
雷金贵 市广播电视台副台长
王 北 市工商局局长
李 祥 市地税局副局长

十六、全市乡镇规划大会战工作先进个人（100名）

廖小宁 东坡区委常委、区政府副区长
游方全 东坡区拆迁办专职副主任、东坡区国土资源分局党组书记
柳 强 东坡区财政局局长
江学刃 东坡区发展和改革局局长
陈其军 东坡区交通运输局局长
许洪林 东坡区文化体育新闻出版局局长
王利平 东坡区住房和城乡规划建设局局长
胡应江 东坡区白马镇党委书记
冷 斌 东坡区思蒙镇党委书记
刘锦兵 东坡区万胜镇党委书记
何 波 东坡区秦家镇党委书记
王 薇 东坡区住房和城乡规划建设局副局长
冉登祥 仁寿县委书记
秦 彪 仁寿县委副书记、县政府县长
黄世文 仁寿县政府副县长
毛超英 四川现代粮食园区管委会副主任、仁寿县富加镇党委书记
李 彬 仁寿县政协办公室副主任
程 立 仁寿县政府研究室主任
吴锦华 仁寿县发展和改革局综合股工作人员
杨义友 仁寿县国土资源局耕保股工作人员
黄茂良 仁寿县住房和城乡规划建设局局长
邱晓康 仁寿县交通运输局农建办主任
梁化伟 仁寿县城乡规划局副局长
李鸿武 仁寿县城乡规划局城市规划股股长
辜林红 仁寿县城乡规划局镇乡规划股副股长
李 静 仁寿县禾加镇党委书记
李忠云 彭山县政府副县长
樊德全 彭山县政协秘书长
余 波 彭山县发展和改革局局长
张富洪 彭山县交通运输局局长
汪志伟 彭山县园林局局长
罗 尧 彭山县城乡规划局副局长
王太勇 彭山县牧马镇党委书记
张鸿涛 彭山县观音镇党委书记
付 华 彭山县谢家镇党委书记
谢玉民 彭山县保胜乡党委书记
谢 红 彭山县黄丰镇党委副书记、镇长
郭建华 洪雅县委常委、副县长
王利洪 洪雅县人大常委会副主任
李 李 洪雅县政协副主席
杨一勤 洪雅县政府办公室副主任
王康洪 洪雅县国土资源局副局长

何灵太　洪雅县文广新局副局长
吴　毅　洪雅县城乡规划局规划设计室主任
王　宇　洪雅县城乡规划局村镇股股长
陈奇志　洪雅县余坪镇党委书记
胡国华　洪雅县汉王乡党委书记
廖建如　洪雅县柳江镇党委书记
夏荣升　丹棱县委副书记
王志丹　丹棱县政府县长助理
何述明　丹棱县发展和改革局副局长
徐　毅　丹棱县国土资源局纪检组组长
张凌彦　丹棱县交通运输局工程股副股长
张西明　丹棱县住房和城乡规划建设局规划局局长
江　棱　丹棱县双桥镇人大主席
刘成碧　丹棱县石桥乡党委副书记、乡长
彭虹桥　丹棱县杨场镇党委副书记
刘　竣　青神县城乡规划局局长
杨长金　青神县黑龙镇党委书记
陈　骏　青神县西龙镇党委书记
徐　鹏　青神县瑞峰镇党委书记
郑　亮　青神县河坝子镇党委书记
何为民　青神县高台乡党委书记
杨传华　青神县白果乡党委书记
陈永秋　青神县罗波乡党委书记
刘　欣　青神县汉阳镇党委副书记、镇长
王建祥　市委办公室综合调研室主任
王　军　市委办公室秘书一科科长
邹　伟　市委督查室主任科员
徐　驰　市目标绩效办主任
段　琼　市政府信息公开办主任
郝乾江　市政府办公室秘书八科科长
邹　遥　市政府办公室秘书八科副科长
张　耀　市政府督查室科员
文晓东　市发展改革委工交科科长
龚　睿　市发展改革委综合科负责人
周宋军　市项目办综合科副科长
胡昆明　市国土资源局副局长
吴建清　市国土资源局总工程师
吴　翔　市国土资源局综合规划科科长
王安明　市住房城乡建设局城建科科长
李　倩　市住房城乡建设局村镇办科员
牟德明　市交通运输局总工程师
朱欣兰　市交通运输局综合规划科副科长
党　杰　市交通运输局综合规划科工作人员
彭蜀宁　市文广新局副局长
潘　毅　市文广新局办公室主任
张志刚　市文广新局文物科科长
王美金　市园林局局长
张洪榕　市园林局园林养护科副科长
马　莉　市园林局办公室科员
刘友洪　市城乡规划局局长
舒　平　市城乡规划局纪检组组长
苏品文　市城乡规划局总规划师
李勇刚　市城乡规划设计院院长
王　卫　市城乡规划局岷东新区分局局长
黄　庆　市城乡规划设计院规划二所所长
邹敏璐　市城乡规划局村镇规划科副主任科员
刘文文　市城乡规划局村镇规划科科员
杨　琴　市城乡环境治理办副主任

十七、2013年下半年主动作为创一流先进个人（259名）

李明舟　东坡区委书记
孙　剑　东坡区委副书记、区政府区长
杨　忠　眉山经开区新区管委会主任
胡　徐　东坡区泡菜产业园区党工委书记
范纯文　东坡区泡菜产业园区管委会主任
詹金松　市人力资源服务中心副主任、东坡区委组织部副部长、区人力资源社会保障局局长
张睿眉　东坡区委组织部常务副部长
詹智勇　东坡区委农工办主任
黄光辉　东坡区人大常委会法工委主任
周建国　眉山市中医医院院长
岳玉平　东坡区大石桥街道党工委书记
李　华　东坡区通惠街道党工委书记
冷　斌　东坡区思蒙镇党委书记
霍　刚　东坡区复盛乡党委书记
冉登祥　仁寿县委书记
秦　彪　仁寿县委副书记、县政府县长
骆三勇　仁寿县委常委、县政府副县长
王　军　仁寿县委常委、县纪委书记
胡　波　仁寿县政府副县长、县公安局局长
何建坤　天府新区仁寿视高管委会副主任
余明德　仁寿县文林工业园区党工委书记
陈青松　天府花海观光农业园区党工委书记、管委会主任
林剑英　四川省现代粮食产业仁寿示范园区党工委书记、管委会主任
代　平　仁寿县委组织部常务副部长、县人力资源社会保障局局长
黄茂良　仁寿县住房和城乡规划建设局局长
龙绍明　仁寿县审计局局长

吕仲辉 仁寿一中南校区校长
吴光文 仁寿县方家镇党委书记
袁 兵 仁寿县彰加镇党委书记
张弘弛 仁寿县文林镇党委副书记、镇长
周代军 彭山县委常委、组织部部长
李忠云 彭山县政府副县长
罗 涛 彭山经开区管委会群众工作局局长
黄蓉生 成眉工业集中发展区党工委书记
王 涛 成眉工业集中发展区管委会主任
周 浩 成眉石化园区主任助理、招商局局长
陈洪伦 彭山县农业局农技站站长
曾继红 彭山县文广新局工作人员
张 莉 彭山县统计局总统计师
蒋在德 彭山县青龙镇龙都社区党支部书记
陈万忠 洪雅县委书记
阳运良 洪雅县委副书记、县政府县长
韩 杰 洪雅县委常委、县纪委书记
黄锦鸿 洪雅县委常委、组织部部长
胡天贵 瓦屋山旅游风景区管委会主任
姜定波 洪雅县政府办公室主任
黄建军 洪雅县委农工办主任
黄劲松 洪雅县安监局局长
李元江 洪雅县统计局局长
史学平 洪雅县将军乡党委书记
赵尚利 洪雅县东岳镇党委书记
钟维钦 丹棱县委书记
朱 莉 丹棱县委副书记、县政府县长
郭 红 丹棱县委副书记
齐 勇 丹棱县委常委、县政府副县长
罗碧霞 丹棱县委组织部常务副部长
刘 辉 丹棱县公安局副局长
刘志鸿 丹棱县人防办主任
代贵兵 丹棱县石桥乡党委书记
顾建峰 丹棱县张场镇党委副书记、镇长
黄国清 青神县委书记
胡国民 青神县委副书记、县政府县长
蔡建川 青神县政府副县长
王碧华 青神县政府副县长、县公安局局长
汪品元 青神县委组织部常务副部长
王茂军 青神县直机关工委书记
汤田计 青神县水务局局长
杨 宏 青神县教育体育局局长
郑 亮 青神县河坝子镇党委书记
魏文彪 市纪委副书记、市监察局局长
梁昌秋 市纪委常委
宋章华 市监察局副局长
彭国成 市中级人民法院副院长
李 挺 市中级人民法院民二庭庭长、审判委员会委员
钟 成 市中级人民法院办公室副主任、司公办主任
高 萍 市中级人民法院执行局综合处处长
万 超 市人民检察院常务副检察长
张勇勤 市人民检察院副检察长
张春林 市人民检察院办公室主任
李 琴 市人民检察院公诉处处长
吴 江 市委常务副秘书长、办公室主任
周立平 市委副秘书长
廖仁军 市委副秘书长、市委宣传部副部长、市委外宣办（市政府新闻办）主任
杨志忠 市委副秘书长、群工部部长
宋良勇 市委副秘书长，眉山岷江现代农业示范园区党工委书记、管委会主任
彭国超 市委副秘书长
胡 洋 市委办公室主任科员、秘书三科副科长
杨 蓉 市人大常委会办公室综合科科长
肖忠良 市政府秘书长
龙学渊 市政府副秘书长
邹汝林 市政府副秘书长、天府新区仁寿视高党工委书记
罗万东 市政府副秘书长、市投促局局长
蒋传德 市政府副秘书长
陈开军 市政府副秘书长
张殷智 市政府办公室秘书一科副科长
苟 琦 市政协办公室秘书科科长
胡 彬 市委组织部副部长、市委党建办主任
李勇刚 市两新党工委副书记
邱文清 市委组织部副调研员
曾丽霞 市委宣传部常务副部长、市精神文明办主任
彭书君 市精神文明办副主任
杨 波 市委统战部常务副部长
何 中 市委统战部副部长、市民宗局局长
徐智勇 市委政法委常务副书记、市综治办主任
雷建勇 市委政法委副书记
梁建军 市直机关工委副书记
胡 刚 市委群工部副部长
唐亚平 市委组织部副部长、市委编办主任
郑高庆 市委编办副主任
陈明芳 市委农工委主任
王英哲 市委农工委副主任
傅敏翔 市老干部活动中心副主任

陈　林　市保密技术检查中心副主任科员
张　龙　市委机要局技术科副科长
刘光友　市投促局纪检组组长
浦倩婕　市投促局农副产品精深加工科科长
李建章　市发展改革委主任、市物价局局长
余冬梅　市发展改革委纪检组组长
廖　鹏　市发展改革委办公室主任
黄　琪　市经济和信息化委综合科科长
邱　涵　市经济和信息化委企业科科长
徐井万　市教育局局长、市体育局局长
秦元刚　市教育局办公室主任、市学生资助管理中心主任
姚小虎　市教育局副局长、市体育局副局长
罗美群　市教育局信访科科长
刘桥华　市科技局办公室主任
王怀轩　市公安局副局长
李文彬　市公安局副局长、市交警支队支队长
李　忠　市公安局经侦支队支队长
何升俊　市公安局政治部主任
余自生　市民政局局长
杨海涛　市民政局副局长
王世忠　市民政局社会福利和慈善事业促进科科长
赵世华　市司法局社区矫正工作科科长
宋仕祥　市财政局局长
杨　建　市国库集中支付中心稽核科科长
程　瑜　市财政局经济建设科科长
何万高　市委组织部副部长、市人力资源社会保障局局长
尹万军　市人力资源社会保障局机关党委书记
曾国林　市人力资源社会保障信息中心主任
游　江　市社会保险事业管理局社会保险窗口工作人员
李永高　市国土资源局局长
胡昆明　市国土资源局副局长
曾泽君　市国土资源局法规科科长
江昌淆　市环境保护局局长
李智勇　市环境保护局副局长
许　晔　市环境信息中心主任
兰文军　市住房城乡建设局局长
张旭东　市住房城乡建设局副局长
朱典祺　市房管局局长
魏　毅　市住房城乡建设局建管科科长
顾贵鹏　市交通运输局局长
陈　行　市交通运输局纪检组组长
涂　勇　市地方海事局副局长、市交通运输局安全科科长、公交指导科科长
袁登科　市交通运输局办公室副主任、政策法规科负责人
李正清　市水务局副局长
晋　磊　市农村供水建设管理总站副站长
李　陈　市水务局人事和内审科科长
熊　英　市农业局局长、市农机局局长
白　炼　市农业局副局长
王孝国　市农业局科教站站长
王澄琳　市林业局局长
钟利东　市林业局副局长
蒋　睿　市林业局办公室主任
杨美凭　市商务局副局长
周毅涛　市文广新局广播影视科科长
张建华　三苏祠博物馆宣教部主任
郑　蕊　市文化馆馆长
彭　锋　市卫生局局长
黄大贤　市卫生局副局长
刘宏眉　市人民医院党委书记
李　静　市“120”紧急医疗救援指挥中心调度科副科长
刘泽军　市人口计生委主任
李亚斌　市人口计生委纪检组组长
彭惠琴　市审计局局长
刘志勇　市审计局副局长
郭才文　市统计局局长
彭　冲　市统计局人口与社会科技统计科科长
杨海燕　市旅游局办公室主任
欧　庆　市外侨台办外事科科长
徐溧谦　市法制办复议监督科科长
谢志伟　市环卫处处长
何　平　市市政设施管理处处长
李　玲　市城管执法局行政执法支队五大队副大队长
钟建国　市粮食局局长
赵　萍　市粮食局副调研员、财务科科长
万俊才　市畜牧局局长
刘云东　市畜牧局副局长
余明鑫　市畜牧局副局长
刘友洪　市城乡规划局局长
李　锐　市城乡规划局建筑规划管理科副科长
张建军　市城乡规划信息中心副主任
贺俊明　市国资委主任
帅　奇　市开发性金融合作办公室主任
吴光鉴　市安全监管局局长
张　帆　市安全监管局副局长

曾　扬　市食品药品监管局副局长
吴季方　市食品药品监管局人事科（监察内审科）科长
张　丹　市食品药品检验检测中心工作人员
康　勤　市政务服务中心主任
徐　燕　市政务服务中心业务管理科副科长
冯献忠　工业新城办副主任
肖　巍　眉山发展公司董事长
彭晓宇　眉山发展公司总经理
白灵贵　岷东新区党工委书记、管委会主任
殷良平　岷东新区党工委委员、眉山岷东开发投资有限公司董事长
梁　雨　富牛镇党委副书记、纪委书记
何文华　甘眉（铝硅）工业园区管委会副主任
彭　盆　甘眉（铝硅）工业园区管委会副主任
宋　骥　眉山金象化工产业园区党工委书记
付畅文　眉山金象化工产业园区管委会主任
杨志刚　眉山金象化工产业园区管委会副主任、象耳镇党委书记
张　亮　眉山金象化工产业园区管委会副主任
廖勇刚　眉山岷江现代农业示范园区项目服务中心主任
吴　英　市政协农业委副主任
喻素彬　市总工会副主席
李　珂　团市委办公室主任
曹　煦　市妇联副主席
李　伟　市科协主席
张　芳　市科协学会和企事业科协服务中心工作人员
谭晓芳　市工商联非公有制经济维权投诉中心工作人员
曾乐斌　市残联理事长
张平松　市残联副理事长
赖永毅　市文联副秘书长、创联部主任
李广平　市社科联副主席
向　哲　眉山日报社美编室主任
吴　川　市委党史研究室编研科副科长
李　震　市公共资源交易中心综合部部长
杨大勇　市机关事务管理局副局长
李　刚　市档案局信息中心主任
胡艳平　市地方志办编审科科员
杨大兴　市扶贫移民局局长
杨文莉　市扶贫移民局扶贫规划项目科科长
宿丽霞　市政府金融办银行科副科长
雷金贵　市广播电视台副台长
陈晓宇　市广播电视台新闻中心主任
陈爱军　市广播电视台广告部主任
王清平　市人防办指挥通信科科长
周祝君　市住房公积金管理中心副主任
万廷建　市城乡环境治理办主任
杨　琴　市城乡环境治理办副主任
谭静仁　眉山国安局副局长
卓红梅　市工商局副局长
田仲兵　市工商局办公室主任
杜　平　眉山质监局纪检组组长
魏平川　眉山质监局质量监督科科长
郭英雷　市国税局副局长
张　丽　市国税局机关党委办公室主任
余志兵　市地税局第一直属税务分局局长
李华清　市地税局第二直属税务分局局长
阙龙才　市地税局行政许可科科长
刘　芳　市气象局计划财务科副科长
卢屏君　国家统计局眉山调查队价格调查科副科长
刘晓维　人行眉山市中心支行主任科员
陈　杉　人行眉山市中心支行办公室副主任
代卫疆　人行眉山市中心支行工作人员
杨德勇　眉山银监分局纪委书记
骆玉章　眉山银监分局监管三处处长
张　燕　市邮政管理局办公室副主任科员

十八、2013年度宣传思想工作先进个人（95名）

刘江涛　东坡区委常委办主任
蔡皖川　东坡区委宣传部办公室主任
胡碧俊　东坡区崇礼镇党委书记
何　涛　东坡区秦家镇党委副书记
杨　红　仁寿县委常委、宣传部部长、县总工会主席
胡永生　仁寿县委宣传部常务副部长
张利军　仁寿县委宣传部理论股股长
万　明　仁寿县电视台新闻部主任
龚　涛　彭山县委宣传部副部长、县委外宣办（县政府新闻办）主任
何勇来　彭山县卫生局局长
潘　勇　彭山县委宣传部副部长、县广播电视台台长
陈万忠　洪雅县委书记
尹　鸿　洪雅县委常委、宣传部部长
余能武　洪雅县委宣传部常务副部长
叶　斌　丹棱县文广新局局长
李　平　丹棱县电视台台长
徐星建　丹棱县委宣传部网信办主任
周吉华　青神县委常委、宣传部部长
万红缨　青神县委常委办主任

张建华　青神县委宣传部常务副部长、县精神文明办主任
聂　川　市委督查室副主任
徐玉彬　市委保密办（市国家保密局）综合科科长
李　妍　市政府机关党委书记
马　炜　市委宣传部部务委员
罗　明　市委宣传部部务委员
王建国　市委外宣办（市政府新闻办）副主任
张晓帆　市委外宣办新闻中心主任
滕　雪　市精神文明办创建科副科长
吕相容　市委农工委产业科工作人员
祝光强　市委防邪办办公室主任科员
艾小林　市委老干部局副局长
梅　谛　眉山军分区政治部正营职干事
周　丽　市投促局对外合作科科长
窦志伟　市经济和信息化委办公室主任
王水东　市教育局办公室副主任
谭学成　市科技局副调研员
李　俊　市民政局办公室主任
张红燕　市司法局政治部副主任
杨　红　市环境保护局法宣科副主任科员
何静雅　市交通运输工会工作委员会工作人员
方　媛　市水务局办公室工作人员
汪泽君　市农业局产业发展与市场信息科负责人
钟利东　市林业局副局长
李　莉　市商务局副调研员
彭蜀宁　市文广新局副局长
肖　锋　市文广新局政策法规科科长
张　琴　三苏祠博物馆票务部副主任
单程松　市卫生局办公室工作人员
郑　瑶　市人口计生委流管办主任科员
张亚平　市审计局总审计师
王　敏　市统计局办公室科员
涂　勇　市旅游局副局长
陈　杰　市外侨台办台务科科长
周　炜　市法制办法规科科长
杨俊勇　市城管执法局机关党委负责人
管志祥　市粮食局纪检组组长
徐　彬　市奶业发展办公室专职副主任
陈　涔　市开发性金融合作办工作人员
王　兵　市安全生产监察执法支队科员
袁　毓　市食品药品监管局人事科副主任科员
罗海峰　市食品药品监管局办公室科员
游　蕾　市政务服务中心综合科副科长
王　浩　工业新城办综合科科长
王靖宇　眉山发展公司副总经理
王元珑　眉山职业技术学院党委书记
刘晓琼　眉山职业技术学院党委副书记
王永刚　眉山日报社副总编辑
吴晓彬　眉山日报社编辑中心主任
底泽厚　眉山日报社眉山网总编辑
周淑萍　眉山日报社总编室主任
周　华　眉山日报社周刊部副主任
刘　铁　市委市政府接待办副主任
张茂丹　市委党史研究室副调研员、综合科科长
熊联平　市公共资源交易中心工作人员
郑贤柱　市机关事务管理局纪检组组长
徐　强　市档案局副局长
杨　文　市地方志办主任
杨文莉　市扶贫移民局扶贫项目规划科科长
谭璟烨　市政府金融办综合科副科长
周小川　市广播电视台台长
乐俊清　市广播电视台副台长
陈晓宇　市广播电视台新闻中心主任
谢佩锋　市广播电视台新闻中心副主任
李　娜　新视界传媒公司演艺活动中心主任
戴　值　市人防办综合科工作人员
周祝君　市住房公积金管理中心副主任
曾　科　市城乡环境治理办综合科工作人员
吴　媚　市总工会组宣部部长
田　波　团市委副书记
徐贤君　市科协科普部部长
谭晓芳　市工商联非公有制经济维权投诉中心工作人员
郑改霞　市残联党建办负责人
李国莲　市文联党组书记、专职副主席
郑有毅　市社科联秘书长
余　平　市红十字会专职副会长

十九、2013年度文化事业和文化产业工作先进个人(92名)

许　勇　东坡区文体新局文化事业股副股长
周　勇　东坡区统计局副局长
田康林　东坡区松江镇政府宣传文化中心工作人员
李志明　仁寿县委宣传部副部长、文联社科联主席、县网信办主任
李金秀　仁寿县委宣传部宣传文化股股长
周泽轩　仁寿县文广新局副局长
袁志福　彭山县委宣传部副部长
吕卫东　彭山县文广新局局长
刘孝明　彭山县武阳乡五一村农家书屋管理员

阳运良　洪雅县委副书记、县政府县长
许　剑　洪雅县委宣传部副部长、县精神文明办主任、县文联主席
何林芳　洪雅县文广新局局长
徐友利　丹棱县公安局政工监督室主任
王作平　丹棱县丹棱镇桂花村村主任
王福华　四川华顺出租车公司总经理
杨燕强　青神县竹编产业园区党工委书记、管委会主任
邵永义　青神县文广新局局长
陈　岚　青神云华竹旅有限公司总经理
唐寅书　市中级人民法院团支部书记
周文彬　市人民检察院政治部综合宣传处处长
李　伦　市委外宣办（市政府新闻办）副主任
周天才　市委宣传部纪检组组长
方永江　三苏文化研究院院长
彭　勇　市委宣传部理论科科长
潘斐然　市互联网不良与违法信息举报中心副主任
董理平　市精神文明办未成年人科科长
曾建军　市委政研室城市经济科科长
罗家强　市直机关工委群团部副部长
郑高庆　市委编办副主任
罗　琦　眉山军分区政治部副团职干事
邓　娟　市委农工委综合科工作人员
邱晓峰　市委防邪办副主任
陈　军　市老干部活动中心主任
林志磊　市保密技术检查中心副主任
李华春　四川党政网眉山管理中心副主任科员
林　晓　市人大常委会教工委主任
阮永忠　市投促局副局长
王　涛　市经济和信息化委信息化科工作人员
李　波　市教育局普教科科长
许晓梅　市科技局计划科科长
唐　蓉　市司法局办公室主任
宋琪龄　市财政局教科文科科长
冯　华　市国土资源局人事科科长
胡琳梨　市环境保护局办公室主任科员
杨　勇　市贸促会副会长
郑　蕊　市文化馆馆长
赵学军　市图书馆馆长
阳　佳　市文广新局文化产业科科员
彭家兴　市爱卫办副主任
李亚斌　市人口计生委纪检组组长
杨　昕　市外侨台办侨务科科长
牟万卉　市粮食局办公室副主任
万俊才　市畜牧局局长
叶雷蕾　市国资委工作人员
杨成勇　市食品药品监管局科技宣传科科长
余加建　市政务服务中心副主任
向　丽　工业新城办综合科副科长
黄远强　眉山发展公司财务总监
李银芳　岷东新区管委会统筹城乡工作局副局长、人防办主任
李艳虹　甘眉（铝硅）工业园区党群工作局工作人员
冯若无　眉山金象化工产业园区管委会办公室主任
余　畅　眉山岷江现代农业示范园区产业发展部工作人员
孙　群　市总工会副主任科员
梁　宁　团市委副书记
谢　玲　市妇联权益部部长
胡　萍　市科协学会和企事业科协服务中心主任
马希琴　市工商联会员科科长
潘　瑾　市残联康复科科长
顾伶俐　市文联副主席
郑　伟　市社科联办公室主任
岑俍桧　市红十字会办公室副主任
袁　泉　眉山职业技术学院机电工程系主任
余　毅　眉山日报社采访中心记者
王麒铭　市委市政府接待办副主任
徐永利　市委党史研究室主任
刘　恋　市公共资源交易中心工作人员
贺建文　市机关事务管理局局长
杨　婧　市档案局办公室工作人员
杨　文　市地方志办主任
黄雪梅　市扶贫移民局社扶科科长
刘桠萍　市政府金融办银行科科长
陈爱军　市广播电视台广告部主任
余美静　市人防办综合科工作人员
李能辉　市住房公积金管理中心仁寿管理部主任
徐建平　市城乡环境治理办督查科工作人员
刘　莉　眉山质监局办公室副主任
蒋　凌　市国税局货劳税科科长
郑行昱　国家统计局眉山调查队价格调查科科员
张　华　人行眉山市中心支行宣传群工部部长
孟维新　南车眉山车辆有限公司总经理
闵　忠　中国电信眉山分公司办公室主任
史燎原　四川省邮政公司眉山市分公司集邮公司经理

二十、2013年度省级文明城市创建工作先进个人（95名）

王　璐　东坡区纪委副书记

王崇贵　东坡区政府办公室主任
李志敏　东坡区委组织部副部长、区党联办主任
刘　竹　东坡区新闻中心副主任
罗　梁　东坡区新闻中心记者
王春华　东坡区精神文明办工作人员
刘　备　东坡区委政法委办公室工作人员
万德明　东坡区直机关工委纪工委书记
舒妍丹　东坡区保密局副局长
窦红霞　东坡区教育局办公室主任
周继红　东坡区公安分局机关党委副书记
潘小飞　东坡区民政局办公室主任
陈　阳　东坡区交通运输局矛盾纠纷调解中心主任
余燕翔　东坡区文化市场综合执法大队副大队长
邓君芬　东坡区卫生局纪检组组长
宋媛莉　共青团东坡区委副书记
谌　立　东坡区社科联专职副主席
黄　伟　东坡区档案局馆务股股长
伍丽娜　东坡区城乡环境治理办工作人员
王伟荣　东坡区工商局市场监管股股长
王　泽　国家统计局东坡调查队副队长
何卫东　东坡中学校长
黎玉新　东坡区苏祠街道党工委副书记、办事处主任
赵宇良　东坡区苏祠街道办事处副主任
罗馨琰　东坡区苏祠街道办事处下大南街社区居委会委员
岳玉平　东坡区大石桥街道党工委书记
段龙全　东坡区大石桥街道党工委副书记、纪工委书记
王加树　东坡区大石桥街道办事处旭光社区党总支书记
王华清　东坡区通惠街道办事处武装部部长
童　年　东坡区通惠街道办事处主任助理
吴　瑾　市纪委正科级纪检员
杨　欢　市中级人民法院政治部宣教处干警
杨明华　市人民检察院机关党委副书记
刘　洋　市委办公室秘书五科科长
张凌鸥　市人大常委会办公室人事科科长
伍晓雯　市政府办公室人事科科长
左小芳　市政协办公室综合科科长
胡　曦　市委组织部副调研员、市委远教中心副主任
周　璐　市网络舆情中心副主任
覃喜梅　市精神文明办创建科科长
程　波　市志愿者服务中心主任
王永强　市志愿者服务中心工作人员
吴　渊　市法学会副主任科员
毛秦蓉　市委群工部副部长
孙　滔　市委农工委综合科工作人员
陈　莉　市委防邪办宣教调研科科长
朱　杰　市经济和信息化委办公室工作人员
万　强　市教育局普教科副科长
王　荣　市科技局科技情报研究所科员
吴仲华　市民政局社会事务科科长、福彩分中心主任
周亚利　市财政局人事科工作人员
唐大学　市国土资源局信访科副科长
李雪岷　市建设工程质量安全监督站安全股股长
韩顺江　市交通运输局副局长
方　媛　市水务局办公室工作人员
杨美凭　市商务局副局长
陈仲文　三苏祠博物馆馆长
潘　毅　市文广新局办公室主任
宿绍伦　市文广新局产业科科长、市文化市场综合执法支队支队长
李建霞　市爱卫办主任科员
李晓萍　市人口计生委副主任
李　姣　市统计局社情民意调查科副科长
黄　艳　市旅游执法支队支队长
黄艺华　市法制办副调研员
赵中莉　市城管执法局监察内审科负责人
许安黎　市环卫处环卫四所所长
李建国　市市容环境管理支队广告管理大队大队长
刘朝水　市园林局园林管理一所所长
卿　梅　市董监事会工作办公室工作人员
郑　波　市安全监管局纪检监察室主任
曾志宏　市食品药品监管局餐饮服务监管科科长
黄建春　市政务服务中心综合科科长
张晓葵　市总工会帮扶中心主任
曾敞洲　团市委工农青年部副部长
张　萍　市非公有制经济维权投诉中心工作人员
葛胜利　市残联办公室主任
赵栩熠　眉山职业技术学院学生会主席
李　玲　眉山职业技术学院辅导员
熊　剑　眉山日报社采访中心主任
王允浩　眉山日报社采访中心记者
庞红梅　市档案局局长
刘俊辉　市扶贫移民局副局长
周　莉　市政府金融办地方准金融机构管理科科长
陈　骏　市广播电视台专题片工作室副主任
谢晓芹　市广播电视台新闻中心副主任
张　杰　市工商局市场科副科长
兰荣高　市工商局经开区分局副局长

魏平川　眉山质监局质监科科长
余开定　市国税局人事科科长
鲜　涛　国家统计局眉山调查队住户调查科科员
彭铭军　眉山银监分局副局长
张禄萍　国网眉山供电公司综合服务中心副主任
高　勇　中国电信眉山分公司市场部经理
吴　超　中国移动眉山分公司总经理
王丽秀　四川省邮政公司眉山市分公司综合办公室主任

二十一、2013年度直接联系服务群众工作先进个人（100名）

黄光辉　东坡区人大常委会法工委主任
范　琪　东坡区人力资源和社会保障局副局长
王　燕　东坡区人口计生局副局长
苏海清　仁寿县水务局局长
王继伟　仁寿县民政局局长
刘健康　仁寿县龙桥乡党委书记
彭　艳　彭山县直机关工委书记
罗鸿翔　彭山县政府办公室主任、县政府机关党委书记
伍建国　彭山县义和乡党委书记
杨曲冰　洪雅县财政局局长
黄建军　洪雅县委农工办主任
黄桂云　洪雅县委外宣办副主任
王　钤　洪雅县高庙镇工作人员
宋诗利　丹棱县纪委副书记
李水泉　丹棱县卫生局局长
尤高均　丹棱县扶贫和移民局局长
杨德志　青神县委常委、组织部部长
李仕贵　青神县直联办主任
郑　亮　青神县河坝子镇党委书记
谢婷婷　青神县黑龙镇党政办科员
李宝强　市纪委（监察局）科员
粟　政　市中级人民法院司法公开办工作人员
蒋志全　市人民检察院机关党委书记
周　娜　市委办公室秘书三科科长
杨加盛　市人大常委会机关党委书记
肖忠良　市政府秘书长
左小芳　市政协办公室综合科科长
王　娟　市委组织部办公室主任
董兴立　市党联办主任
罗　明　市委宣传部部务委员
胡文宜　市委统战部办公室工作人员
林　波　市委政法委副县级纪检员
周　凡　市委政研室农村经济科副科长
彭怀安　市直机关工委委员
崔彭群　市委群工部办信科工作人员
贾国平　市委编办副县级纪检员
金中华　市委农工委农业产业化办公室工作人员
李树明　市委防邪办主任
李志勇　市委老干部局调研员
陈　林　市委保密办副主任科员
汪　英　市委机要局副局长
何　静　市投促局办公室工作人员
李明伟　市发展改革委监察审计科科长
童　凡　市经济和信息化委人事培训科科长
徐萨萨　市教育局办公室副主任
陈明伟　市科技局主任科员
何升俊　市公安局政治部主任
黄相明　市减灾中心主任
史永厚　市民政局主任科员
曾宪文　市司法局机关党委副书记
唐　春　市财政局人事科科长
王　霖　市人力资源社会保障局机关党委副书记
何　萍　市国土资源局机关党委书记
许　政　市环境保护局总工程师
赵　娜　市住房城乡建设局机关党委办公室工作人员
崔秀丽　市交通运输局机关党委书记
孟　刚　市水务局直属机关党委副书记
程　军　市农业局总农艺师
余文姬　市森林防火指挥部办公室主任
李　莉　市贸促会副调研员
徐　松　市文广新局纪检组组长
徐　容　市卫生局纪检组组长
孙兴勇　市人口计生委办公室主任
马　军　市审计局直属分局副局长
刘　娟　市统计局农村经济统计科副科长
曾　珍　市外侨台办科员
雷廷康　市法制办综合科科长
马　婷　市城管执法局机关党委副书记
管志祥　市粮食局纪检组组长
张震中　市畜牧局副调研员、机关党支部书记
郭建兵　市城乡规划局办公室副主任
周文军　市国资委纪委书记
王　勇　市食品药品监管局药品化妆品市场监督科科长
曾翠仙　市政务服务中心纪检组组长
尹华强　甘眉（铝硅）工业园区党群工作局副局长
柴登贤　眉山金象化工产业园区管委会农业和社会事业服务中心副主任

肖　巍　眉山发展公司董事长
高亦静　市总工会办公室主任
袁　琳　团市委副调研员、组宣部部长
何　明　市妇联副调研员
李成军　市科协办公室主任
张　萍　市工商联非公有制经济维权投诉中心工作人员
胡章惠　市残疾人托养服务中心主任
曹　阳　市委党校机关党委书记
姚永亮　眉山日报社副总编辑
帅小康　市委市政府接待办接待一科科长
赵巾晶　市委党史研究室副主任科员
高俊明　市公共资源交易中心副县级干部
庞红梅　市档案局局长
杨　文　市地方志办主任
赵安祥　市扶贫移民局规划安置科科长
邓见文　市政府金融办主任
李　霞　市广播电视台办公室副主任
王　娟　市人防办工作人员
聂刚花　市工商局人事教育科科员
吴　灵　眉山质监局稽查分局副局长
余开定　市国税局人事科科长
冯　勇　市地税局局长
郑鸿雁　市气象局办公室副主任
曹　刚　国网仁寿县供电公司总经理、党委副书记

二十二、2013年度招大引强大会战工作先进个人(99名)

何　艳　眉山经开区新区党工委副书记
余保平　眉山经开区新区招商引资局局长
冯　娟　东坡区泡菜产业园区管委会主任助理
张子华　东坡区投促局局长
徐泽贵　东坡区投促局副局长
黄世文　仁寿县政府副县长
张晓红　黑龙滩风景区管委会副主任
文　英　天府新区仁寿视高管委会招商引资局局长
丁向阳　仁寿县文林工业园区招商引资局局长
张玉贵　天府花海观光农业园区正科级干部
林剑英　四川省现代粮食产业仁寿示范园区党工委书记、管委会主任
王小宁　仁寿县投促局副局长
余娅莉　市政府驻成都经合局仁寿分局局长
王　涛　彭山经开区党工委书记
周　浩　成眉石化园区管委会主任助理、招商引资局局长
段　炼　成眉工业集中发展区管委会主任助理
金　戈　彭山县招商引资局局长
杨文娴　彭山县招商引资局办公室主任
杜强伦　洪雅县委常委、县总工会主席、槽渔滩旅游风景区党工委书记
鲁远明　洪雅县工业园区生态食品加工产业区管委会常务副主任
张十军　瓦屋山旅游风景区管委会主任
李良春　七里坪旅游度假区管委会常务副主任
廖建如　柳江古镇旅游风景区管委会主任
邹　伟　槽渔滩旅游风景区管委会常务副主任
杨　建　洪雅县招商引资局局长
殷　泓　丹棱县机械产业园区管委会副主任
胡　玮　丹棱县外侨台办主任
刘　兵　丹棱县投促委党组书记、副主任
何　容　青神县工业开发区管委会企业服务中心副主任
王进儒　青神县工商联主席
余　瑶　青神县投促委副主任
廖明清　市人大常委会副秘书长、办公室主任
杨　敏　市政协办公室经济科科长
唐亚平　市委组织部副部长、市委编办主任
李敏良　市委统战部副调研员、办公室主任
曾建军　市委政研室城市经济科科长
陈　欣　市投促局电子信息产业科科长
何　潜　市投促局投促信息中心主任
张　干　市投促局综合科科员
刘　洋　市政府驻北京经合局局长
万秋池　市政府驻北京经合局局长助理
朱婷婷　市政府驻成都经合局投资促进科科长
李晓林　市政府驻江苏经合局副局长、青神分局局长
李鸿海　市政府驻上海经合局局长
祝　睿　市政府驻上海经合局局长助理
周　波　市政府驻武汉经合局局长
马熙贵　市政府驻武汉经合局副局长
张　译　市政府驻浙江经合局副局长、青神分局局长
曹　容　市政府驻浙江经合局办公室主任、丹棱分局局长
王　旭　市政府驻广东经合局局长助理
陈　俊　市三产办项目科科长
都　芳　市中小企业服务中心负责人
许晓梅　市科技局计划科科长
陈　颖　市民政局办公室副主任
赵　樱　市司法局局长
宋　希　市人力资源社会保障局人力资源开发科科长
彭建安　市水产渔政局局长

邹　卓　市农业局项目办主任、市农经站站长
陈　恋　市林业局产业科工作人员
吴明川　市外商投资促进中心副主任
单　靓　市商务局市建科科长
粟　红　市文广新局机关党委书记
黄大贤　市卫生局副局长
余怀勇　市人口计生委流管办主任
马　军　市审计局直属分局副局长
潘素梅　市外侨台办副主任
杨　昕　市外侨台办侨务科科长
袁大可　市法制办主任
宋　明　市城管执法局城管科科长
刘　毅　市粮食局副局长
张　锋　市畜牧站副站长
贺俊明　市国资委主任
叶雷蕾　市国资委工作人员
曾　燕　市食品药品监管局办公室主任
杨　艾　工业新城办产业发展科科长、眉山现代工业新城投资有限公司董事长
彭晓宇　眉山发展公司总经理
任晓静　岷东新区管委会项目信息股工作人员
王　风　眉山金象化工产业园区党工委专职副书记
李文均　甘眉（铝硅）工业园区招商引资局副局长
余　畅　眉山岷江现代农业示范园区服务中心工作人员
魏爱武　市总工会党组成员、经审主任
邱小莉　市关工委办公室主任
王学芳　市妇联副主席
梁成穗　市科协副主席
钟云胜　市委统战部副部长、市工商联党组书记、第一副主席
张　萍　市工商联会员科工作人员
陈永强　市残联教育就业科科长
卫琳霞　眉山日报社采访中心记者
王　容　市公共资源交易中心土地交易部副部长
贺建文　市机关事务管理局局长
庞红梅　市档案局局长
李晓玲　市扶贫移民局后扶科科长
杨晓婷　市政府金融办主任助理
周小川　市广播电视台台长
韩全国　眉山质监局局长
郭英雷　市国税局副局长
余志兵　市地税局第一直属税务分局局长
陈　凡　市气象局农气中心主任
熊　静　市邮政管理局副局长

二十三、2013年度全国法治城市创建工作先进个人（100名）

张　涛　东坡区委统战部副部长、区民宗局局长
叶红梅　东坡区经济和信息化局局长
王富贤　东坡区教育局主任科员
陶秋江　东坡区东坡二中校长
伍　强　东坡区司法局局长
段绪昶　东坡区人力资源社会保障局劳动人事争议仲裁办主任
刘继忠　东坡区环境保护局法宣股股长
王加树　东坡区大石桥街道办事处旭光社区党总支书记
段　棚　东坡区白马镇党委副书记、纪委书记，龚村村党支部书记
袁万中　东坡区司法局太和司法所所长
陈淑英　仁寿县人民法院诉调对接中心副主任
李建兵　仁寿县人民检察院副检察长
唐金贵　仁寿县综治办副主任
李学辉　仁寿县法制办主任
刘　建　仁寿县公安局法制大队大队长
黄慧健　仁寿县扶贫移民局局长
赖利军　仁寿县中岗乡党委书记
周进东　仁寿县文林镇党委副书记
唐文慧　仁寿县司法局禄加司法所助理员
汤翠清　仁寿县大化镇工作人员
王　军　彭山县委政法委常务副书记
何勇来　彭山县卫生局局长
薛　剑　彭山县教育体育局教育股副股长
罗　红　彭山县司法局公律股股长
孙　娴　彭山县公安局法制大队民警
曾　进　彭山质监局局长
盛　帅　彭山县青龙镇党委副书记、政法委书记
曾定平　彭山县司法局观音司法所所长
王　里　洪雅县委副书记
郭建华　洪雅县委常委、县政府副县长
尹斗芳　洪雅县委常委、政法委书记
冯学东　洪雅县教育体育局局长
伍秋军　槽渔滩旅游风景区管委会主任、洪雅县槽渔滩镇党委书记
马先良　洪雅县国税局稽查局局长
余　艳　洪雅县司法局副局长
杨永忠　洪雅县司法局将军司法所所长
杨义军　丹棱县委办公室副主任、政研室主任
彭小红　丹棱县政府办公室副主任、县法制办主任
郑永全　丹棱县综治办副主任

胡　剑　丹棱县公安局法制大队大队长
李　翼　丹棱县司法局法宣股股长
徐星建　丹棱县互联网信息办公室主任
骆　元　丹棱县教育体育局副局长
黄国清　青神县委书记
胡国民　青神县委副书记、县政府县长
宋建明　青神县经济和信息化局综合股股长
涂　惠　青神县司法局法宣股股长
辜长生　青神县实验初级中学校校长
何为民　青神县高台乡党委书记
杨　凯　青神县花园社区党总支书记
徐　国　市纪委案件审理室主任
杨智全　市委机关党委副书记
雷永辉　市法学会专职副会长
袁　巍　市委政研室办公室主任
庄泽明　市委防邪办综合科科长
侯德明　市委机要局专职密码督查员
周　泽　市人大常委会内司工委办公室主任
余永松　市政府办公室主任科员
杨吉江　市经济和信息化委信访维稳科科长
史　平　市公安局拘留所民警
朱海波　市司法局副局长
文玉林　市司法局法宣科科长
王高琴　市法律援助中心副主任
贺勇刚　市环境监察执法支队副支队长
彭玉平　市住房城乡建设局政策法规科科长
李　玲　市交通运输局工作人员
赵　琴　市水务局水务综合执法监察支队科员
刘　艺　市农业局副局长
袁　琳　市森林公安局副局长
尤战洪　市商务局对外经济合作科科长
谌俊平　市卫生局副局长、市疾控中心主任
詹　通　市旅游局办公室工作人员
柯　杉　市行政调解指导中心专职副主任
刘晋秀　市粮食局流通监督科副科长
郑建华　市畜牧局兽医兽药管理科科长
张　毅　市城乡规划局城市规划监察支队办公室主任
苟　雍　市食品药品监管局政策法规科科长
宋林蓬　岷东新区管委会综治维稳群众工作办公室主任
谢　玲　市妇联权益部部长
徐贤君　市科协科普部部长
张　萍　市工商联非公有制经济维权投诉中心工作人员
王　建　市残联维权科科长
罗志军　市委党校办公室主任
廖文凯　眉山日报社采访中心记者
何堂君　市公共资源交易中心财务部副部长
赵　君　市档案局办公室主任
王　伟　市扶贫移民局信访科科长
谭璟烨　市政府金融办综合科副科长
陈晓宇　市广播电视台新闻中心主任
马　波　市人防办综合科科长
詹　梁　市住房公积金管理中心岷东新区管理部主任
魏积分　市城乡环境治理办副主任
杜建伟　眉山国安局主任科员
张玉梅　市工商局法制科科长
徐　岚　眉山质监局监察室主任
杨静寒　市国税局政策法规科副科长
李　庆　市气象局法规科科长
郑行昱　国家统计局眉山调查队科员
李开蓉　南车眉山车辆有限公司法律顾问
亢婷婷　眉山烟草专卖局法规科负责人

二十四、2013年度民营经济发展工作先进个人（40名）

梅　枚　东坡区政府办公室副主任
张　平　东坡区统计局纪检组组长
李　端　东坡区工商局注册股股长
骆三勇　仁寿县委常委、县政府副县长
任　格　仁寿县工商局局长
易晓燕　仁寿县民营经济办副主任
张杰茜　彭山县统计局局长
何　平　彭山县民营经济办副主任
黄锦鸿　洪雅县委常委、组织部部长
徐俊贤　洪雅县非公有制经济服务中心主任
杨益民　丹棱县政府副县长
刘卫东　丹棱县工商局局长
李　荣　青神县政府县长助理、县经济和信息化局局长
张　健　市监察局执法和效能监督室主任
黄　丽　市委办公室综合调研室副主任
胡浩峰　市政府办公室综合一科科长
符志兴　市法学会副秘书长
乐　军　市委农工委产业经济发展科副科长
田　佳　市投促局新材料产业科副科长
周宋军　市发展改革委重点项目办综合科副科长
邱　涵　市经济和信息化委企业科科长
王晓梅　市财政局主任科员
万艳林　市人力资源社会保障局工作人员
赵星伟　市统计局服务业科副科长
彭　力　市公安局主任科员

蒋若若 市环境保护局副主任科员
王 斌 市住房城乡建设局房地产信息中心副主任
白 刚 市法制办副主任
田洪均 市政务服务中心业务科科长
杨 勇 市贸促会副会长
张 锋 市畜牧站副站长
王 勇 市食品药品监管局药化市场监管科科长
袁 恒 眉山金象化工产业园区管委会经济发展局局长
曾 瑛 甘眉（铝硅）工业园区管委会经济发展局局长
周宗林 市工商联副调研员、经济科科长
陈 敏 市政府金融办综合科科长
卓红梅 市工商局副局长
何建琼 市工商局副局长
杨云胜 市工商局企业监督管理科科长
廖衍勇 市地税局政策法规科科长

二十五、第十五届西博会参会参展工作先进个人(80名)

刘进德 东坡区委农工办副主任
赵 翔 东坡区经济和信息化局副局长
王小容 东坡区三产办副主任
辜 艳 东坡区投资促进局副局长
邓 强 彭山经开区管委会主任
熊 念 彭山区经济和信息化局局长
倪 平 彭山区商务局办公室主任
金 戈 彭山区招商引资局局长
黄健康 仁寿县委农工办纪检员
沈世祥 仁寿县经济和信息化局纪检组组长
邱练练 仁寿县投资促进局办公室主任
陈忠义 仁寿县三产办副主任
黄建军 洪雅县委农工办主任
祝国平 洪雅县工业和信息化局局长
杨 建 洪雅县招商引资局局长
白小华 洪雅县商务局局长
钟维钦 丹棱县委书记
杨益民 丹棱县政府副县长
刘 兵 丹棱县投促委党组书记
杨 岷 丹棱县商务局内贸股股长
车智勇 青神县委常委、县政府副县长
彭章勤 青神县政府办公室副主任
宋文贤 青神县委农工办主任
刘德平 青神县商务局副局长
胡 彬 市委办公室副调研员
胡 洋 市委办公室秘书三科副科长、主任科员
王云华 市委办公室信息科科长
龙学渊 市政府副秘书长
李 芸 市政府办公室秘书六科科长
陈彦娟 市政府办公室秘书九科副科长
谢 飞 市政府热线服务中心热线办理科副科长
王建国 市委外宣办副主任
陈明芳 市委农工委主任
钟 涛 市委农工委副主任
罗颖健 市委农工委综合科科长
乐 军 市委农工委产业经济发展科副科长
刘光友 市投促局纪检组组长
王秀彬 市投促局现代服务产业科科长
先 勇 市投促局投资促进服务中心主任
何 潜 市投促局投资促进信息中心主任
张 干 市投促局综合科科员
刘 洋 市政府驻北京经合局局长
蹇孟君 市政府驻成都经合局工作人员
王 旭 市政府驻广东经合局局长助理
祝 睿 市政府驻上海经合局局长助理
胡雁东 市政府驻江苏经合局工作人员
赵 静 市政府驻浙江经合局工作人员
马熙贵 市政府驻武汉经合局工作人员
李 云 市项目办项目科科长
王 岳 市经济和信息化委主任
赖崇华 市中小企业局副局长
刘义宇 市经济和信息化委主任助理
谢 丹 市经济和信息化委八级职员
许晓梅 市科技局发展计划科科长
程 瑜 市财政局经济建设科科长
崔伟杰 市人力资源社会保障局副主任科员
熊 英 市农业局局长、市农机局局长
刘继桂 市商务局副局长、市博览事务局局长
杨美兵 市商务局副局长
冯 攀 市商务局外资科科长
钟鹏程 市博览事务局会展科负责人、市商务局服务业发展科副科长
王 璐 市博览事务局会展科科员
李 莉 市贸促会副调研员
罗尚勇 市贸促会国际合作部部长
陈志全 市供销社综合科科长
朱龙飞 市文广新局副局长
王仕胜 市旅游局项目办主任
杨 昕 市外侨台办侨务科科长
武靖宇 市国资委副主任
杨小扬 岷东新区发展投资促进局局长

何文华　甘眉（铝硅）工业园区管委会副主任
刘　洋　眉山金象化工产业园区招商局副局长
周宗林　市工商联副调研员、经济科科长
李建华　眉山日报社记者
严丹玫　眉山日报社记者
刘　轶　市委市政府接待办副主任
郭　静　市公共资源交易中心纪检组组长
王　军　市政府金融办纪检组组长
陈　骏　市广播电视台社教文艺中心副主任
冷勇军　市广播电视台新闻中心记者

二十六、第六届中国泡菜展销会先进个人（125名）

李明舟　东坡区委书记
孙　剑　东坡区委副书记、区政府区长
严明宇　东坡区委副书记
胡　徐　东坡区泡菜产业园区党工委书记
郭建国　东坡区委常委、区纪委书记
李胜华　东坡区委常委、区政府副区长
范纯文　东坡区泡菜产业园区党工委副书记、管委会主任
李　莉　东坡区委常委、宣传部部长
邹成双　东坡区委常委、政法委书记
王正祥　市公安局副局长、东坡区政府副区长、区公安分局局长
贺正良　东坡区泡菜产业园区党工委委员
冯　娟　东坡区泡菜产业园区党工委委员、管委会主任助理
何　勇　东坡区泡菜产业园区住房和规划建设部部长
邓　璐　东坡区委办公室纪检员
曾静海　东坡区政府办公室工作人员
山　峰　东坡区经济和信息化局工作人员
金仲斌　东坡区公安分局治安大队主任科员
李　林　东坡区公安分局治安大队主任科员
邓　平　东坡区公安分局大石桥派出所主任科员
何　平　东坡区公安分局特警大队副主任科员
孙　远　东坡区公安分局苏祠派出所副主任科员
吴建民　东坡区农业局副局长
蹇清华　东坡区泡菜产业局局长
邹　炜　东坡区电子政务和信息公开办主任
蒋伯浩　东坡区委区政府接待办主任
胡碧俊　东坡区崇礼镇党委书记
朱永忠　东坡区永寿镇党委书记
刘俊辉　彭山区委农工办副主任
钟超文　仁寿县委农工办主任
罗清明　洪雅县委农工办副主任
杨金海　丹棱县委农工办副主任
谭　勇　青神县委农工办产业股股长
李宝强　市纪委副科级纪检员
廖仁军　市委副秘书长、市委宣传部副部长、市委外宣办（市政府新闻办）主任
杨成芬　市委副秘书长
王麒铭　市委副秘书长、市委市政府接待办主任
何禹衡　市委办公室综合调研室副主任
陈　强　市委办公室秘书二科科长
王　伟　市委办公室主任科员
周　川　市委办公室秘书四科副科长
邹耀莹　市委办公室保卫科科长
何　莲　市人大常委会办公室行政科科长
廖宇勇　市政府副秘书长
周吉勋　市政府副秘书长、应急办主任
杨　敏　市政府热线服务中心主任
付　聪　市政府办公室综合二科科长
李　芸　市政府办公室秘书六科科长
陈　平　市政府办公室行政科科长
刘伟巍　市政协办公室行政科副科长
郑敏璐　市委远教中心主任
周天才　市委宣传部副县级纪检员
潘斐然　市互联网违法与不良信息举报中心副主任
李　碧　市思想政治工作研究会副秘书长
吴海军　市网络舆情中心主任
梁　科　市网络舆情中心八级职员
李　林　市法学会科员
李其芬　市委群工部接访科科长
徐洪平　市委农工委副调研员
周德林　市委农工委产业经济发展科科长
赵永秀　市委农工委农建科科长
金中华　市委农工委农业产业化办公室八级职员
凌莉莉　市委农工委农业产业化办公室八级职员
李佳勇　市投促局农副产品精深加工科工作人员
万秋池　市政府驻北京经合局局长助理
宋文林　市政府驻上海经合局青神分局局长
朱婷婷　市政府驻成都经合局办公室主任
何玲珑　市政府驻江苏经合局办公室主任
周　跃　市政府驻广东经合局办公室副主任
邱　涵　市经济和信息化委企业科科长
秦元刚　市教育局学校后勤管理中心主任
蒲　进　市科技局农村科科长
曾建兵　市公安局交警支队副支队长
张孟军　市公安局交警支队直属一大队副大队长
陈志宇　市公安局交警支队直属一大队巡逻一中队中队长

夏雨田　市公安局交警支队直属二大队巡逻二中队中队长
李建兵　市公安局治安支队科员
陈　颖　市民政局办公室副主任
叶忠文　市司法局副局长
王志刚　市财政局农业科科长
张志翔　市环境保护局办公室主任
李悄然　市住房城乡建设局科员
汪文毅　市交通运输局副局长
韩顺江　市交通运输局副局长
周　宏　市交通运输局办公室主任
黄　科　市交通运输局运输管理科科长
黄　威　市道路运输管理处运管科科长
熊　英　市农业局局长、市农机局局长
潘志辉　市农业局副局长、市泡菜产业推进办主任
张　川　市泡菜产业推进办副主任
王　淞　市泡菜产业推进办副主任
袁勇艺　市农业局办公室主任
汪泽君　市农业局主任科员
伍春华　市农业局种子站副站长
董　敏　市农业局副主任科员
李　培　市农业局工作人员
陈小芳　市农业局工作人员
杨　勇　市贸促会副会长
潘　毅　市文广新局办公室主任
薛　莉　市卫生局干部保健科工作人员
冯陈琛　市旅游局工作人员
王泽文　市城管执法局局长
朱　薇　市城管执法局女子执法大队大队长
谢志伟　市环境卫生管理处处长
任忠杰　市环境卫生管理处环卫三所所长
李建国　市市容环境管理支队五大队大队长
贺俊明　市国资委主任
吴甚儒　市食品药品监管局副局长
周开友　眉山军分区后勤部部长
田　波　团市委副书记
蔺晓东　市非公有制经济维权投诉中心职员
杨江帆　市书法家协会副主席兼秘书长、三苏文化研究院办公室主任
卫琳霞　眉山日报社记者
贺　杰　市委市政府接待办综合科科长
帅小康　市委市政府接待办接待一科科长
刘文秀　市委市政府接待办科员
李欣凌　市委市政府接待办科员
贺建文　市机关事务管理局局长
谢佩峰　市广播电视台新闻中心副主任
肖永俊　眉山国安局第四支队支队长
刘长宇　市工商局商广科科长
夏　宁　眉山质监局产品质量监督检验所所长
徐洪刚　市气象台台长
王文忠　省联社眉山办事处纪委书记
王　君　武警支队保卫股股长
杨卓林　消防支队防火监督处监督检查指导科副科长

市政府表彰的先进个人

一、2014年全市政府系统办公室工作先进个人

倪艳红　东坡区政府办公室纪检组长
邹　炜　东坡区政府信息公开和电子政务建设办公室主任
魏雪樵　东坡区政府研究室主任
蒋书雯　东坡区政府办公室秘书股工作人员
袁　洪　彭山区行政调解指导中心专职副主任
杨　坤　彭山区政府办公室纪检组长
焦银丽　彭山区政府办公室文秘股股长
尹小双　仁寿县政府研究室副主任
王佳伟　仁寿县政府办公室综合股副股长
彭骁艺　仁寿县政府办公室秘书股工作人员
余利全　仁寿县政府信息中心工作人员
何　勇　洪雅县政府办公室副主任科员
杨　佳　洪雅县政府办公室信息调研股股长
周　云　洪雅县政府电子政务办公室股长
邱述捷　丹棱县政府应急办副主任
辜鹏宇　丹棱县政府应急办救灾股股长
张　涛　丹棱县政府办公室秘书股工作人员
赵宇凡　青神县政府办公室秘书股股长
李星世　青神县政府办公室科员
江　涛　青神县政府办公室科员
周　怡　市政府办公室综合一科副科长
陈瑾豪　市政府研究室综合科副科长
李永前　市政府应急办综合科负责人
李　兵　市政府督查室科员
夏世云　市信息化工作管理办公室发展规划科科长
熊斌武　市经济和信息化委办公室科员
王婧筱　市监察局办公室副主任
陈明伟　市科技局主任科员
李　俊　市民政局办公室主任
王　亮　市司法局办公室副主任
尤战洪　市商务局外经科科长
赫　丽　市文广新局办公室工作人员

唐　密　市卫生计生委办公室主任
陈吉华　市审计局办公室主任
王文君　市统计局办公室副主任
余慧中　市外侨台办秘书科科长
李春燕　市法制办综合科主任科员
李　波　市城管执法局办公室主任
牟万卉　市粮食局办公室副主任
张　涛　市畜牧局办公室副主任
张　昕　市城乡规划局办公室工作人员
卿　梅　市国资委办公室工作人员
田　炜　市工商局办公室副主任
龙春蓉　市质监局办公室副主任
雷　蕾　甘眉（铝硅）产业园区管委会办公室副主任
袁晓霞　金象化工产业园区管委会办公室主任
卓　佳　眉山发展（控股）有限责任公司内勤管理员
向　丽　眉山现代工业新城办综合科副科长
杜晓恩　岷江现代农业示范园区管委会办公室主任
王　容　市公共资源交易中心综合部副部长
赵　君　市档案局办公室主任
贺　瑜　市地方志办综合科科长
宋雨乔　市人防办综合科工作人员
袁　延　市住房公积金管理中心总稽核
曾　科　市城乡环境综合治理办公室综合科负责人
汪　乐　市防震减灾局综合科科员
杨　乔　眉山国安局办公室科员
陈雨娇　市国税局办公室科员
叶滔滔　市地税局办公室科员
郑行昱　国家统计局眉山调查队办公室副主任科员

二、2012-2014年全市现代畜牧业深化试点工作先进个人（100名）

詹志勇　东坡区委农工办主任
陈玉平　东坡区环保局局长
王　忠　东坡区畜牧兽医局局长
徐忠贵　东坡区畜牧兽医局畜牧站站长
周志明　东坡区动物卫生监督所所长
吴兴林　东坡区动物疫病预防控制中心主任
商旭梅　东坡区饲料工业办公室副主任
陈明述　东坡区多悦镇副镇长
刘成军　东坡区土地乡副乡长
周明春　东坡区复兴乡副乡长
孙　磊　彭山区委办公室信息股股长
龚　涛　彭山区委宣传部副部长、外宣办主任
刘俊辉　彭山区委农工办副主任
李　建　彭山区财政局纪检组组长
袁秦明　彭山区林业局副局长
祝志文　彭山区农业局农业技术推广站副站长
张　奇　彭山区畜牧局局长
李红继　彭山区畜牧局副局长
明　宇　仁寿县委常委
胡根章　仁寿县政府党组成员、县长助理
李志坚　仁寿县发展和改革局局长
杨　斌　仁寿县财政局局长
魏泽安　仁寿县畜牧兽医局局长
邓克勤　仁寿县畜牧兽医局生产科教站站长
胡成军　仁寿县畜牧兽医局招商办、项目办主任
王军辉　仁寿县畜牧兽医局招商办、项目办副主任
伍仕亿　仁寿县鳌陵乡党委书记
罗　叶　仁寿县钟祥镇镇长
彭远畅　洪雅县政府副县长
单陈军　洪雅县财政局农财股副股长
黄建军　洪雅县农业和畜牧局局长
李学洪　原洪雅县农业局副局长
杨明春　原洪雅县畜牧兽医局局长
付加楷　原洪雅县畜牧兽医局副局长
李远忠　洪雅县农业和畜牧局畜禽改良站站长
殷　彦　洪雅县环境保护局农村生态股股长
周树华　丹棱县发展和改革局副局长
严建梅　丹棱县财政局副局长
刘春芳　丹棱县畜牧局畜牧站站长
郑旭东　丹棱县张场镇武装部部长兼副镇长
曾小平　丹棱县仁美镇副镇长
汪勋茹　丹棱县杨场镇副镇长
何迎春　丹棱县双桥镇副镇长
刘勇义　青神县监察局副局长
王惠君　青神县财政局农财股股长
李泽明　青神县农业和畜牧局畜牧站站长
周仁江　青神县动物疫病预防控制中心主任
尹东升　青神县动物卫生监督所所长
刘　勇　青神县汉阳镇畜牧兽医站站长
陈启祥　青神县西龙镇畜牧兽医站站长
胡　洋　市委办公室秘书三科副科长
李建辉　市人大常委会农工委副主任
李　芸　市政府办公室秘书六科科长
邓　廉　市政府办公室秘书六科副科长
钟　文　市政协研究室信息调研科科长
吕文中　市纪委党风政风监督室主任
向建明　市委组织部组织科科长
潘柯村　市委宣传部网络宣传教育科科长
周殿志　市委统战部副县级纪检员
张照涓　市委政法委执法督查督办室副主任

梁建军 市直机关工委副书记
王俊凌 市委农工委新农村建设科科长
邓婧璐 市委机要局密码通信管理科科长
牟长海 市发展改革委副主任
朱智惠 市经济和信息化委企业科科员
浦倩婕 市投资促进局农副产品精深加工科科长
蒲 进 市科技局农村科科长
范万全 市公安局特巡警支队民警
段 清 市民政局社会救助科科长
颜鹏飞 市财政局农业科科员
朱 静 市人社局事业单位人事管理科科长
钟 卫 市国土资源局耕地保护科工程师
李 红 市环境保护局农村环境保护科科长
熊晔飞 市交通运输局道路运输管理处科员
林 伟 市水务局工作人员
刘继红 市农业局农村能源管理办公室副主任
高 均 市林业局产业科科员
杨美凭 市商务局副局长
叶 圣 市卫计委疾控中心检验科工作人员
廖淑芬 市审计局农业与社会保障审计科科长
罗 明 市统计局社会经济调查队农村经济调查科科长
邓云祥 市旅游局旅游协会秘书长
任昶洪 市城管执法局市容环境管理支队支队长
万俊才 市畜牧局局长
唐 家 市畜牧局生产科教科科长
辜志鹏 市奶业发展办公室工作人员
刘晓军 市食品药品监督管理局办公室副主任
李勇军 眉山日报社采访中心记者
李晓玲 市扶贫移民局后扶科科长
魏 林 市政府金融办公室保险证券科科长
陈 航 市广播电视台记者
胡建辉 市工商局局长
夏 宁 市质监局产品质量监督检验所所长、四川省乳制品质量监督检验中心主任
杨廷渝 国家统计局眉山调查队农业科科员
蒋国珍 市科协副主席
黄 旭 农发行眉山市分行客户部高级主管
古建祥 农行眉山分行客户经理
杨宁远 省联社眉山办事处副主任
牟 林 眉山电力公司市客户服务中心作业组组长
余 畅 眉山岷江现代农业示范园区管委会产业发展部工作人员

三、2014年度全市食品安全工作先进个人（100名）

李明舟 东坡区委书记
孙 剑 东坡区人民政府区长
李胜华 东坡区人民政府常务副区长
王正祥 东坡区人民政府副区长
龙明春 东坡区质监局局长
石冬如 东坡区教育局局长
韩述军 东坡区工商局局长
窦 斌 东坡区政府法制办主任
苟庆文 东坡区新闻中心主任
李 勇 东坡区农业局副局长
张志军 东坡区公安分局治安大队副大队长
林 松 东坡区食品药品监管局稽查大队大队长
肖红梅 东坡区食品药品监管局食品生产监管股股长
廖 伟 彭山区人民政府副区长
张 玲 彭山区政府督查室主任
王 岚 彭山区食品药品监管局稽查大队大队长
曾旭东 彭山区教育体育局副局长
邓 剑 彭山区公安分局经侦大队大队长
谢延平 彭山区农业局副局长
李新民 彭山区畜牧局副局长
曾 勇 彭山区凤鸣镇副镇长
李德强 彭山区黄丰镇副镇长
贾 洋 彭山区青龙镇副镇长
袁树明 彭山区谢家镇食安办主任
秦 彪 仁寿县委副书记、县政府县长
商志忠 仁寿县委常委、县政府常务副县长
徐 燕 仁寿县人民政府副县长
李 娟 仁寿县人民政府办公室纪检组长
林 勇 仁寿县农业局副局长
骆 旭 仁寿县畜牧兽医局食安办主任
张述华 仁寿县公安局治安大队民警
张知胜 仁寿县卫生局防保股股长
李 卫 仁寿县食品药品监管局稽查大队副大队长
王树才 仁寿县食品药品监管局综合协调股股长
汪 勤 仁寿县教育局安办工作人员
万 波 仁寿县汪洋镇人民政府副镇长
彭 毅 仁寿县视高镇人民政府副镇长
万勤芳 洪雅县人民政府副县长
杨洪琴 洪雅县政府办公室副主任、电子政务室主任
王安全 洪雅县食安委办公室副主任
杨幼祥 洪雅县卫生和计划生育局局长
林泽萍 洪雅县工商质监局副局长
张金泉 洪雅县财政局副局长
赵元浩 洪雅县公安局治安大队副大队长
李春梅 洪雅县农业和畜牧局农业执法大队队长
侯锡祥 洪雅县食品药品监管局股长

赵永祥　洪雅县瓦屋山镇人民政府副镇长
毛洪远　洪雅县将军小学校校长
何玉花　丹棱县人民政府副县长
王　羽　丹棱县张场镇人民政府副镇长
何云华　丹棱县顺龙乡人民政府安办主任
姜　丽　丹棱县委宣传部副部长、县精神文明办主任
巫玉姣　丹棱县政府应急办主任
邓学良　丹棱县教育体育局安全办公室工作人员
凌岸瑶　丹棱县农林局农产品质量安全监督检验检测站站长
符　钟　丹棱县食品药品监管局食品监管股股长
黄雪琴　丹棱县工商局消保股股长
刘月超　丹棱县畜牧局动物卫生监督所副所长
常　伟　青神县委常委
陈忠义　青神县政府办副主任、政府督查室主任
徐　斌　青神县食品药品监管局稽查大队大队长
颜　清　青神县工商质监局党组成员、副局长
郑仕军　青神县农牧局党组成员、资产办主任
黄　琦　青神县卫生执法监督大队党支部书记、副大队长
王　鹏　青神县公安局经侦大队副大队长
曹　蕊　青神县食品药品监管局应急管理股股长
吴良超　青神县南城镇人大主席
刘　琳　青神县黑龙镇副镇长
严　军　市政府副秘书长
杨青松　市政府办公室秘书四科科长
张晓帆　市委外宣办新闻中心主任
李　育　市委政法委员会科员
杨燕昭　市纪委常委、监察局副局长
刘红英　市发展改革委社发科干部
邱　涵　市经济和信息化委员会企业科科长
赵晓明　市教育体育局副局长
许晓梅　市科技局发展计划科科长
阙卫华　市公安局治安支队民警
胡华云　市公安局治安支队民警
陈伟林　市财政局社会保障科科员
岳志勇　市环境保护局环境监察执法支队科长
陈皇兵　市水产渔政局科长
梁　殷　市农业局农产品质量安全监管科副科长
张树金　市农业局农业质量检测中心工作人员
张文清　市商务局副局长
杨　骁　市商务局市场运行科负责人
陈静诗　市卫生计生委综合监督科工作人员
李四清　市旅游局副局长
黄艺华　市法制办副调研员
何　勇　市城管执法局执法四大队副大队长
刘晋秀　市粮食局流通监督科副科长
蔡　健　市畜牧局副局长、奶办主任
秦鸿仪　市畜牧局畜产品质量安全监管科科长
余　静　市食品药品监管局餐饮服务监管科副科长
杨　铁　市食品药品监管局食品生产监管科科员
何永智　市工商行政管理局消保科科长
阙兴全　市工商行政管理局消保科副主任科员
宋忠宁　市质监局党组成员、副局长
夏　宁　市质检所所长
王　艳　市食品安全办工作人员

四、2014年道路交通安全综合整治工作先进个人(65名)

林泽峰　东坡区交警大队副教导员
王　新　东坡区农业局农机监理站副站长
付邦荣　东坡区砂管办工作人员
郭俊辉　东坡区交通运输局路政大队副大队长
李先毅　东坡区万胜镇政府交管办主任
王　飞　东坡区太和镇政府交管办工作人员
郭　益　彭山区政府副区长、区公安分局局长
钱乐林　彭山区公安分局交警大队副大队长
袁建伟　彭山区交通运输局路政大队大队长
张怀庆　彭山区安监局局长
余卫斌　彭山区公义镇政府镇长
肖万清　彭山区彭溪镇政府交管办主任
陈德宽　仁寿县政府办公室主任
万里军　仁寿县整治办工作人员
曹怀春　仁寿县公安局交警大队副大队长
杜　杰　仁寿县公安局交警大队龙正中队中队长
徐建勇　仁寿县公安局交警大队文宫中队民警
张成刚　仁寿县交通运输局路政大队大队长
巫育林　仁寿县交通运输局路政大队副大队长
杨　政　仁寿县交通运输局路政大队副大队长
苏　杨　洪雅县公安局交警大队副大队长
彭　杰　洪雅县公安局交警大队民警
刘成学　洪雅县交通运输局路政大队大队长
王　建　洪雅县交通运输局路政大队工作人员
刘燕兵　洪雅县洪川镇政府交管办主任
龚　军　洪雅县止戈镇政府交管办主任
何　健　丹棱县整治办工作人员
游金鑫　丹棱县交通运输局路政大队工作人员
王太明　丹棱县张场镇政府交管办主任
何云华　丹棱县顺龙乡政府交管办主任
樊志权　青神县整治办工作人员
汪长清　青神县公安交通管理大队巡逻中队中队长

廖敏丽　青神县汉阳镇政府副镇长
程　萍　青神县农业和畜牧局工作人员
周　玲　市纪委宣传部部长
徐文渊　市网络舆情中心工作人员
石剑峰　市委群工部政策法规科副科长
陈　平　市政府办公室行政科科长
黄旭东　市政府办公室秘书三科科长
刘良才　市整治办工作人员
唐　翊　市整治办工作人员
杨吉江　市经济和信息化委信访维稳科科长
赵晓明　市教育体育局副局长
杨超林　市公安局政治部宣传处处长
袁中建　市公安局办公室副主任
郭晓东　市公安局特巡警支队主任科员
王　评　市公安局交警支队秩序科副科长
张孟军　市公安局交警支队直属一大队副大队长
王　轲　市公安局交警支队直属一大队太和中队中队长
赵志宏　市公安局交警支队直属一大队巡逻三中队副指导员
宋华坤　市公安局交警支队直属二大队巡逻二中队副指导员
季　春　市公安局交警支队直属二大队思蒙中队中队长
程　瑜　市财政局经济建设科科长
顾贵鹏　市交通运输局局长
涂　勇　市交通运输局安全科科长
汤卫东　市交通运输局路政支队副支队长
雷　武　市交通运输局道路运输管理处安全科副科长
潘智勇　市农业局农机监理所所长
钟雪芹　市农业局农机监理所证照科科长
刘建海　市城管执法局执法支队七大队副大队长
叶　伟　市安全监管局监察执法支队支队长
韩　勇　甘眉园区管委会规划建设局局长
豆成杰　眉山金象化工产业园区管委会主任助理、象耳镇党委书记
张　杰　市工商局市场科副科长
陈　昊　眉山市质监局质量管理科副科长

五、2014年度环境保护工作先进个人（81名）

冷青峰　东坡区政府副区长
郭双全　东坡区环境监察执法大队大队长
赵连壁　东坡区环境保护局建管股股长
彭怀春　东坡区白马镇镇长
邓　强　彭山区经济开发区管委会主任
李　里　彭山区环境保护局副局长
王宇萍　彭山区环境执法大队大队长
张永峰　彭山区凤鸣镇党委副书记、政法委书记
吴少云　仁寿县环境保护局副局长、黑龙滩风景区环保分局局长
李　锋　仁寿县住房城乡建设局副局长
陈　进　仁寿县畜牧兽医局纪检组组长
李显龙　仁寿县汪洋循环经济园区管委会副主任
彭远畅　洪雅县政府副县长
查素红　洪雅县环境保护局副局长
李远忠　洪雅县农牧局畜牧站站长
牟秋鸿　洪雅县东岳镇镇长
朱　莉　丹棱县委副书记、县政府县长
宋诗利　丹棱县环境保护局局长
高　扬　丹棱县环境监察大队大队长
刘成碧　丹棱县石桥乡乡长
胡国民　青神县委副书记、县政府县长
徐　红　青神县环境保护局副局长
鲁　欢　青神县环境监测中心副主任
宋麒麟　青神县瑞峰镇镇长
左忠祥　市纪委宣传部副部长
陈彦娟　市政府办公室秘书九科副科长
郑有毅　市投促局主任科员
张佳琪　市发展改革委综合科工作人员
文晓东　市发展改革委工交科科长
王　岳　市经济和信息化委主任
刘　川　市经济和信息化委环资科工作人员
曹　雄　市教体局基础教育科工作人员
管　莉　市科技局科技培训中心副主任
肖华廷　市公安局治安支队民警
袁公义　市机动车检验指导中心副主任
王雪梅　市民政局基层政权社区建设区划地名科科长
王　亮　市司法局办公室副主任
代　莉　市财政局经济建设科主任科员
杨　勇　市人力资源社会保障局信访科科长
王世钢　市国土资源局办公室副主任
赵友中　市环境监察执法支队支队长
欧乙成　市环境保护局副主任科员
李远君　市城市建设监察支队支队长
邹　涛　市建设工程质量安全监督站站长
杨　建　市道路运输管理处副处长
江　珍　市交通运输局建设管理科副主任科员
张乃禄　黑龙滩灌区管理处副处长
李锡祥　市供排水总公司副总经理兼排水公司经理
邓洪庚　市农业局科教站站长
龙述德　市林业局绿化造林科科长

单　靓　市商务局市场体系建设科科长
张丽娟　市文广新局艺术科副科长
刘廷勇　市卫生执法监督支队副支队长
魏　聂　市审计局副局长
周　迅　市统计局能源和环境统计科科长
涂　勇　市旅游局副局长
赖　刚　市外侨台办党组书记、主任
柯　杉　市法制办行政调解指导中心专职副主任
谢志伟　市城管执法局环境卫生管理处处长
祝光强　市城管执法局主任科员
许明勇　市粮食局仓储产业科科长
牟　柯　市畜牧局奶业发展管理科科长
张　锋　市畜牧局畜牧站副站长
王　卫　市城乡规划局岷东新区分局局长
严新军　市董监事会工作办公室工作人员
夏　放　市安全监管局职业健康科科长
杨国芳　市食品药品监管局党组副书记、副局长
杨思瑶　市政务服务中心综合科副主任科员
余　卓　岷东新区城管园林局局长
彭　盆　甘眉工业园区管委会副主任
阚尔康　甘眉工业园区安监（环保）局局长
李　海　眉山金象化工产业园区安全生产监督管理局局长
彭再成　眉山金象化工产业园区经济发展局副局长
文　鹏　团市委志愿者工作部工作人员
汪开成　眉山日报社编辑中心副主任
张川军　市机关事务管理局节能管理办公室主任
陈晓宇　市广播电视台新闻中心主任
沈映波　市工商局党组成员、纪检组长
郭维刚　市质监局计量所所长
朱　君　市气象局气象台助理工程师
鲜　涛　国家统计局眉山调查队副主任科员

六、2014年第三产业工作先进个人（50名）

岳志红　东坡区区政府副区长
岳　松　东坡区统计局局长
王小容　东坡区三产办副主任
李洪强　彭山区委常委、宣传部长
胡凤翔　彭山区三产办主任
钟　华　彭山区旅游局副局长
黄尚友　仁寿县政府党组成员、商务局长
宋艳萍　仁寿县三产办主任
毛自林　仁寿县统计局局长
韩　杰　洪雅县委常委、纪委书记
李良平　洪雅县服务业发展办公室主任
黄　腾　洪雅县服务业发展办公室副主任
杨益民　丹棱县政府副县长
吴继东　丹棱县服务业发展办公室主任
余礼萍　丹棱县统计局普查中心主任
周吉华　青神县委常委、宣传部长
李　华　青神县三产办主任
徐洪刚　青神县旅游局局长
徐　驰　市目标办主任
程　波　市文明办未成年人工作科科长
陶　波　市政府办公室干部
黄海波　市发展改革委副主任
廖　鹏　市发展改革委办公室主任
何　健　市经济和信息化委员会副主任
秦元刚　市教育局后勤管理中心主任
张　勇　市财政局副局长
朱典祺　市住房和城乡建设局党组成员、房管局局长
何　萍　市国土资源局机关党委书记
陈　武　市交通运输局道路运输管理处副处长
严　敏　市商务局干部
朱龙飞　市文广新局副局长
王吉宏　市卫生和计生委副主任
余素芬　市统计局副局长
郑　怀　市统计局数据处理科科长
李四清　市旅游局副局长
白仲华　市城管执法局党组成员、执法支队支队长
毛军红　市城乡规划局规划监察支队副支队长
杨海涛　市民政局副局长
陈善泽　市粮食局调控科科长
廖礼仁　市三产办主任助理
宋　波　市三产办综合科科长
陈　骏　市三产办项目科科长
左永成　市科技局副局长
王　军　市政府金融办纪检组长
向　涛　岷东新区管委会副主任
熊　静　市邮政管理局副局长
张学锋　市国税局总经济师
卓红梅　市工商局副局长
李　祥　市地税局副局长
杨　淮　人行眉山市中心支行副行长

七、眉山市优秀教师和优秀校长名单

（一）优秀教师（73人）

胡文英　四川省眉山中学校
余　强　四川省眉山第一中学
王晓琴　眉山市东坡区永寿高级中学校
陈朝晖　四川省眉山车城中学
江明玉　四川省东坡中等职业技术学校

黄翠华 眉山市东坡区苏祠初级中学
秦颖虹 眉山市东坡区环湖初级中学
余国会 眉山市东坡区崇礼镇初级中学
陈太权 眉山市东坡区复兴乡初级中学
余再磊 眉山市东坡区崇礼镇家相中心小学
肖云康 眉山师范学校附属小学
张九全 眉山市东坡区多悦镇海珠中心小学
鲁洪军 眉山市东坡区多悦镇中心小学
姚良灿 眉山市东坡区永寿镇罗平中心小学
杨　芬 眉山市东坡区东坡小学
印晓霞 四川省眉山机关幼儿园
马燕英 眉山市东坡区实验幼儿园
王佳琼 四川省仁寿县龙正中学
王　霞 仁寿县龙马乡中心幼儿园
廖宗银 四川省仁寿县文宫中学
高海燕 仁寿县文宫镇初级中学校
王　军 仁寿县文林镇第二小学
丁小英 四川省仁寿第一中学校南校区
伍　刚 仁寿县龙正镇初级中学校
刘　筱 四川省仁寿县第二高级职业中学
汪秀彬 仁寿县富加镇初级中学校
李德先 仁寿县禾加镇初级中学校
邓水明 仁寿县满井镇中心小学
高　峰 仁寿县教育局教研室
乐玉英 仁寿县慈航镇中心小学
周建贵 仁寿县清水镇初级中学
辜德容 仁寿县城堰乡小学校
黄进刚 四川省仁寿县华兴中学
张　跃 仁寿县钟祥镇初级中学校
李　俊 仁寿县汪洋镇明德初级中学校
张　霞 仁寿县青岗乡中心小学
苟越鸿 四川省仁寿第一中学校北校区
陈金花 四川省仁寿县铧强中学
陈玉惠 仁寿县幼儿园
段　红 仁寿新科中等职业技术学校
王　鹏 四川省彭山县第二中学
徐文海 彭山县武阳镇初级中学
刘燕群 彭山县青龙镇初级中学
万晓琼 彭山县第二小学
李　娟 彭山县黄丰镇中心小学
王仕洪 四川彭山县第一中学
游　进 四川省彭山县第二中学
钟　珊 彭山县职业高级中学
魏灵燕 彭山县幼儿园
冯　艳 洪雅县花溪镇中心小学校
底君厚 洪雅县实验小学校
徐仕祥 洪雅县瓦屋山镇中小学校
刘　强 洪雅县余坪镇初级中学校
李玉祥 洪雅县实验中学校
王汉林 四川省洪雅中学校
胡章林 四川省洪雅中学校
曾　玲 洪雅县实验幼儿园
王　毅 四川省丹棱中学校
古丽利 四川省丹棱职业高级中学校
胡　萍 丹棱县幼儿园
曾建安 丹棱县第二中学校
毛　琦 丹棱县丹棱镇唐河小学校
李福群 丹棱县张场镇仁兴小学校
冯建彬 青神中学校
傅成均 四川省青神中等职业学校
李　葳 青神县实验幼儿园
彭　鑫 青神县学道街小学校
徐泽洪 青神县南城镇初级中学校
张军华 青神县西龙镇观金学校
李　波 眉山市东坡区富牛镇初级中学
刘朝建 眉山市第一小学
伍成艳 眉山职业技术学院
罗世林 眉山科学技术学校

(二) 优秀校长 (15人)

周吉群 眉山市东坡区东坡小学
杨　勇 眉山市东坡区环湖初级中学
李俊玲 眉山市东坡区永寿镇中心小学
周明伟 眉山市东坡区崇礼镇家相中心小学
郑彬文 仁寿县景贤乡初级中学校
徐忠贵 四川省仁寿县龙正中学
李程林 仁寿县玉龙乡初级中学
徐碧良 仁寿县高家镇中心小学校
林　莉 仁寿县文林镇北街幼儿园
田　江 彭山县鹏利小学
盛　强 彭山县谢家镇第一初级中学
陈大伟 四川省洪雅中学校
刘燕忠 眉山电子职业技术学校
王怀东 丹棱县仁美镇小学校
黄举洪 青神县河坝子镇中心小学校

八、眉山市第三次全国经济普查先进个人 (40名)

彭　毅 东坡区崇礼镇副镇长
周三畏 东坡区复兴乡统计员
张华文 东坡区修文镇镇长
邵　航 东坡区万胜镇统计员
卢　健 东坡区统计局工作人员
梁志刚 东坡区盘鳌乡就业保障中心主任

雷　胜　眉山经济开发区新区工作人员
颜玉彬　仁寿县龙正镇统计员
严月苑　仁寿县慈航镇综治办工作人员
李　锋　仁寿县住房和城乡建设局副局长
祝立中　仁寿县统计局副局长
陈志勇　仁寿县统计局副局长
李文辉　仁寿县统计局工业股股长
蒋会强　彭山县委常委、县政府副县长
徐　军　彭山县委宣传部信息中心主任
竺兰英　彭山县统计局副局长
周　讯　彭山县统计局副局长
李志香　洪雅县洪川镇统计员
白荣军　洪雅县止戈镇统计员
陈邦荣　洪雅县桃源乡农业服务中心主任
李　浩　洪雅县统计局工业股股长
钟晓凤　丹棱县双桥镇统计员
黄新成　丹棱县统计局局长
余礼萍　丹棱县普查中心主任
黄　颖　青神县南城镇镇长
郭一霄　青神县黑龙镇镇长助理
古玉林　青神县工商局企业股股长
马　静　市委编办信息管理中心工作人员
熊斌武　市经济和信息化委工作人员
史永厚　市民政局民间组织管理科主任科员
黄　科　市交通运输局运管科科长
罗尚勇　市贸促会国际合作部部长
郭才文　市统计局局长
杨发明　市社会经济调查队综合科科长
姚　铸　市统计局计算中心工作人员
文　君　岷东新区经济贸易发展局工作人员
刘　兰　眉山金象化工产业园区工作人员
杨　益　国家统计局眉山调查队办公室副主任
邵奇林　市工商局外资科科长
王　玉　市地税局收入核算与财务科副科长

九、四川省第八届残疾人运动会眉山市代表团和眉山市第三届残疾人运动会先进个人（86名）

（一）优秀运动员（41名）

东坡区：潘　通　王　旭　刘　博　施　娟
彭山区：张　波　伍东杰
仁寿县：郑　龙　刘　璟　苏　凌　杨小琴
潘太红　张　强　谭玉婷　罗　鹏
胡桂花　罗成秀　程　燕　余　瑞
洪雅县：沈鹏飞　徐明林　黄文攀　王学清
甘一军　王志华　陈　亮　唐体芳
张　浩　邓继方　孔明杰　杨凤银
张德双
丹棱县：万志刚　吴　星　宋诗明　林　然
李均秀　杨月宇
青神县：费应友　陈忆梅　曾嘉纯　曾清梅

（二）优秀教练员（16名）

肖桂媖　四川省残疾人网球队教练
何健滨　东坡区环湖初中体育教师
王德华　东坡区文旅体新局退休职工
吴绍文　仁寿县特校体育教师
宋洪国　仁寿县第一中学城北校区体育教师
张　淼　仁寿县宝马初中体育教师
魏志强　仁寿县宝马小学体育教师
梅伯君　仁寿县曹家初中体育教师
夏志勇　仁寿县文林镇第二小学体育教师
夏明忠　仁寿县鳌峰初中体育教师
吕明海　仁寿县鳌峰初中体育教师
舒敏高　仁寿县书院初中体育教师
曾宗全　仁寿县文林镇一小体育教师
周志伟　仁寿县特校教师
唐体芳　洪雅县体芳游泳馆馆长
龚谭肖　洪雅县余坪镇初中体育教师

（三）优秀工作人员（29名）

严明宇　东坡区委副书记
李华明　东坡区残联理事长
王云中　东坡区环湖初中退休教师
刘俊明　东坡区特校校长
赵洪良　彭山区残联理事长
杨　红　仁寿县委常委、宣传部部长
杨明荣　仁寿县残联理事长
向炳成　仁寿县残联副理事长
刘明才　仁寿县特校校长
周志伟　仁寿县特校教师
唐凤梅　仁寿县特校教师
叶志强　仁寿县第一中学城北校区副校长
邱玉斌　仁寿县第一中学城北校区团委书记
杜强伦　洪雅县委常委、总工会主席
刘联欣　洪雅县残联理事长
杨　曦　洪雅县实验中学体育教师
姜德强　洪雅县实验中学体育教师
任进军　洪雅县中保高中体育教师
李志国　丹棱县残联理事长
杨　毅　青神县残联理事长
姚小虎　市教体局副局长
周建松　市教体局社会体育科科长
张　勇　市财政局副局长
李文彬　市公安局副局长、交警支队支队长
王　艳　市残联理事长

王　建　市残联维权科科长
胡章惠　市残疾人托养服务中心主任
陈永强　市残疾人服务中心主任
郑改霞　市残联教就科科长

十、2014年度教育体育工作先进个人（90名）

邹义平　东坡区教育局副局长
周加友　东坡区教育局办公室主任
殷大祥　东坡区教育局普教股股长
罗金福　眉山中学校长
岳家军　东坡区苏祠初级中学校长
荣跃科　眉山外国语学校校长
周　琴　眉山师范学校附属小学校长
刘　遂　眉山映天学校校长
肖峥嵘　东坡区实验幼儿园园长
朱晓飞　东坡区爱菲儿幼儿园园长
张　杉　东坡区文旅体新局工作人员
童玉辉　东坡区业余体校工作人员
胡志中　彭山区政府副区长
罗鸿翔　彭山区教育体育局局长
孟国庆　彭山区第三中学校长
袁文春　彭山区武阳镇初级中学校长
唐文红　彭山区谢家镇中心小学校长
谢成建　彭山区少年儿童业余体校校长
王长久　仁寿县教育局副局长、体育局局长
吴晓英　仁寿县教育体育局教育股股长
赵文良　仁寿县教育体育局体育股股长
吕仲辉　仁寿县一中校南校区校长
黄尚彬　仁寿县鳌峰初级中学校长
徐碧良　仁寿县高家镇中心小学校校长
杨　祁　仁寿县幼儿园园长
付登超　仁寿县华兴中学副校长
周尊登　仁寿县第二高级职业中学校长
冯学东　洪雅县教育体育局局长
何德金　洪雅县教育体育局办公室主任
方德志　洪雅县教育体育局体育股股长
陈大伟　洪雅中学校长
刘燕忠　眉山电子职业技术学校校长
朱开华　洪雅县实验小学校长
王华云　丹棱县教育体育局教育股股长
汪九君　丹棱中学校长
徐盛华　丹棱县城区小学校长
叶如兰　丹棱县实验幼儿园园长
杨　宏　青神县教育体育局局长
先臣江　青神县教学研究室主任
辜长生　青神县初级中学校长
王志英　青神县幼儿园园长
王　伞　市纪委派出纪工委综合预防科科长
杨智全　市委机关党委副书记
肖敏奇　市人大常委会办公室秘书科科长
万　堃　市政府热线服务中心综合科副科长
赵秀珍　市政协办公室书画室主任
喻依国　市委组织部干部一科副科长
董理平　市文明办创建科科长
李敏良　市委统战部副调研员、办公室主任
雷建勇　市委政法委副书记
刘　恒　市委编办政编科副科长
邱晓峰　市委防邪办副主任
陈　军　市发展改革委主任助理
先　勇　市投促局办公室负责人
姜子伟　市教育体育局政策法规科科长
贺贵文　市教育体育局青少年体育科科长
郝凌燕　市教育体育局语委办主任
谢　宏　市教育科学研究所所长
徐长华　市第一小学校长
兰志英　市第一幼儿园园长
陈明伟　市科技局办公室主任科员
吴春涛　市公安局公安干部学校副主任科员
杨海涛　市民政局副局长
纪传禹　市财政局教科文科科员
张　勤　市人力资源社会保障局工作人员
龚　勇　市国土资源局办公室主任
杨　丽　市环境保护局法制宣传科主任科员
周卫东　市住房城乡建设局人事科科长
黄松建　市地方海事局局长
徐　旸　市政府防汛抗旱指挥部办公室主任科员
刘继红　市农业局农能办副主任
郭　伟　市林业局工会主席
单　靓　市商务局供销科科长
肖　锋　市文广新局政策法规科科长
王吉宏　市卫生计生委副主任
马　军　市审计局办公室副主任
汪海滨　市旅游局人事法规科科长
李春燕　市法制办综合科科长
马　涛　市城乡规划局测绘管理科科长
杨　磊　市安全监管局法规宣教科科长
邹泽香　市食品药品监管局纪检组长
黄　艳　眉山职业技术学院教师
苏兴全　眉山日报社记者
罗建明　市机关事务管理局财务科科长
冷勇军　市广播电视台记者
程　辉　共青团眉山市委学少部部长
宋跃琴　市妇联发展部干部

陈永强　市残疾人服务中心主任
梁文祥　市棋类协会秘书长
赖永成　市自行车运动协会会长

十一、2014年民营经济工作先进个人（40名）

黎东林　东坡区区委办副主任科员
黄佳薇　市工商局东坡分局注册登记股副股长
彭万寿　东坡区统计局科员
邓　平　彭山区民经办主任
熊　念　彭山区经济和信息化局局长
骆三勇　仁寿县委常委、县政府副县长
吴洪波　仁寿县工商和质监局党组书记、局长
易晓燕　仁寿县民经办副主任
祝国平　洪雅县经济和信息化局局长、党组书记
郑　涛　洪雅县工商和质监局副局长
杨益民　丹棱县人民政府副县长
刘卫东　丹棱县工商局党组书记、局长
颜　清　青神县工商和质监局副局长
宋文斌　青神县统计局总统计师
王忠明　市纪委第二纪检监察室主任
陶　波　市政府办公室秘书四科科员
李　容　市委政法委执法督查督办室科员
黄玉屏　市委农工委产业化办公室副主任
龚　睿　市发展和改革委员会综合科科长
邱　涵　市经信和信息化委企业科科长
何　静　市投促局电子信息产业科副科长
金　鹏　市公安局经侦支队侦查大队副大队长
徐　欢　市财政局行政政法科科员
李彦文　市人力资源社会保障局劳动关系与劳动监察科科长
周学梅　市环境保护局污染防治科科长
魏　毅　市住房和城乡建设局建筑业管理科科长
金志远　市交通运输局道路运输管理处副处长
严　敏　市商务局服务业发展科科员
殷灿新　市文广新局非物质文化遗产保护工作科科长
赵星伟　市统计局服务业科副科长
沈志宇　市食品药品监管局药品、医疗器械监管科副科长
徐溧谦　市法制办法规科科长
郑雪丹　市政务服务中心督察科工作人员
钟云胜　市委统战部副部长、市工商联党组书记
骆建军　市政府金融办保险证券科职员
卓红梅　市工商局副局长、市民经办副主任
杨云胜　市工商局企业科科长、市民经办综合室主任
魏平川　市质监局质量管理科科长
刘　瑀　眉山金象化工产业园区企业服务中心负责人
骆淑彬　甘眉（铝硅）工业园区经济发展局副局长

十二、2014年全市旅游工作先进个人（50名）

郑志刚　东坡区文旅体新局副局长
王　洪　东坡区白马镇党委副书记、区工商联副主席
邹卫东　东坡区悦兴镇党委书记
李洪强　彭山区委常委、宣传部长
邓　兵　彭山区旅游局局长
钟　华　彭山区旅游局副局长
杨红兵　仁寿县人民政府副县长
汪芙利　仁寿县旅游事业局副局长
陈志君　黑龙滩风景区旅游管理和招商引资局局长
徐　庄　仁寿县文宫镇党委书记
韩　杰　洪雅县委常委、县纪委书记
董　伟　洪雅县旅游局局长
胡天贵　洪雅县瓦屋山镇党委书记、瓦屋山景区管委会主任
金　杯　四川金杯房地产集团有限公司董事局主席
黎云齐　丹棱县旅游局副局长
谌德友　丹棱县双桥镇人民政府副镇长
唐尚明　丹棱锦江饭店总经理
周吉华　青神县委常委、宣传部部长
辜志华　青神县旅游局副局长
李　华　青神县旅游局党组成员、县三产办主任
邹耀莹　市委办公室保卫科科长
滕　雪　市精神文明办综合科科长
张　军　市爱国宗教团体办公室副主任
凌莉莉　市委农工委新农村建设科副主任科员
王永江　市人大常委会办公室副调研员、城环资工委办公室主任
杨青松　市政府办公室秘书四科科长
陈　军　市发展和改革委员会党组成员、主任助理
刘义宇　市经济和信息化委主任助理、能源科科长
王秀彬　市投资促进局现代服务产业科科长
曾建兵　市公安局交通警察支队副支队长（副调研员）
孔振华　市财政局行政政法科科员
李松蔚　市人力资源服务中心综合部副部长
岳浩兵　市土地储备中心储备科副科长
张　全　市环境保护局科员
赵　刚　市住房和城乡建设局主任科员
黄　科　市交通运输局运管科科长
李宏伟　市林业局产业科负责人
李　崛　市供销社副主任
刘亦科　市文化广电新闻出版局文化市场管理科副科长
蔡卫东　市统计局副局长
涂　勇　市旅游局副局长
徐昕昕　市旅游局市场促进科科长

张伶卫　市容环境管理支队六大队大队长
黄　谨　市城乡规划局建筑规划科科长
李　其　市安全监管局安全生产事故救援指挥中心职员
何　磊　市工商局市场监督管理科科员
佘　勇　市质量技术监督局标准化科科长
何德全　市政协民宗委主任
李　祥　市地方税务局副局长
廖礼仁　市三产办主任助理

十三、2014年度卫生计生工作先进个人（80名）

窦海生　东坡区卫生计生局局长
邓君芬　东坡区卫生计生局纪检组长
李建林　东坡区卫生计生局副局长
陶建辉　东坡区计生服务站站长
周兴龙　东坡区卫生计生局计生指导股副股长
周建国　市中医医院院长
黄　毅　东坡区苏祠社区卫生服务中心主任
辛国如　东坡区万胜镇中心卫生院院长
熊小刚　彭山区卫生局副局长
周永忠　彭山区计生服务中心主任
周　平　彭山区人民医院院长
李德坤　彭山区青龙镇中心卫生院院长
张世忠　彭山区人口计生局计生宣传法规股股长
叶文龙　彭山区彭溪镇计生办主任
唐　杰　仁寿县人口计生局办公室主任
张　雷　仁寿县计生服务站站长
雷国民　仁寿县彰加镇计生办主任
李国清　仁寿县景贤乡人大主席
廖凤英　仁寿县人民医院呼吸内科主任
卢　桢　仁寿县中医医院门诊部医生
郑兰青　仁寿县妇幼保健院医务科医生
郑　刚　仁寿县宝马镇卫生院医生
杨睿瑶　洪雅县人民医院内二科主任
江莉蓉　洪雅县中医医院妇产科主任
范洪阳　洪雅县高庙镇卫生院主治医师
赵秀琼　洪雅县槽渔滩镇中心卫生院住院部主任
张启平　洪雅县洪川镇计生办主任
姜开玉　洪雅县花溪镇计生办主任
杨晓梅　丹棱县人口计生局纪检组长
彭铭华　丹棱县人民医院外二科主任
梅朝霞　丹棱县妇幼保健院保健部主任
丁玉国　丹棱县石桥乡卫生院副院长
梅树萍　丹棱县双桥镇梅湾村计生专干
刘光娥　丹棱县张场镇万年村计生专干
陈燕霞　青神县卫生计生局办公室主任
陈爱中　青神县人民医院院长
赵志英　青神县南城镇卫生院院长
熊世云　青神县西龙镇中心卫生院院长
帅　华　青神县西龙镇计生办主任
唐　伟　青神县青城镇计生办主任
刘　卓　市纪委预防腐败室主任
周　娜　市委办秘书三科科长
廖安林　市人大常委会研究室办公室主任
李　军　市政府办公室纪检组长
张生全　市政协办公室信息中心主任
宋　萍　市委组织部两新党工委综合科科长
闵　娜　市委宣传部办公室科员
胡文宜　市委统战部经联科科员
林　波　市委政法委副县级纪检员
罗家强　市直机关工委群团部部长
谭红宇　市委群工部群众工作中心八级职员
何淑君　市委编办事编科科员
王安琴　市委农工委市场信息科科长
黄海波　市发展改革委副主任
王俣皓　市投促局综合科科长
万　强　市教育体育局基础教育科副科长
邝文杰　市公安局机关党委副书记
刘　雯　市科技局办公室副主任
鲜　鹏　市民政局办公室工作人员
曾宪文　市司法局机关党委专职副书记
杨　健　市财政局社会保障科科长
肖洪林　市人力资源社会保障局公务员管理办公室工作人员
冯　华　市国土资源局人事科科长
张志翔　市环境保护局办公室主任
赵　娜　市住房城乡建设局科员
王　蕾　市水务局办公室工作人员
邱钰净　市农业局办公室副主任
陈　恋　市林业局妇委会主任
王国康　市卫生计生委医政科负责人
辜青霞　市审计局经责分局局长
黄　艳　市旅游局旅游执法支队支队长
马　婷　市城管执法局机关党委专职副书记
赵　敏　市畜牧局纪检组长
周　勇　市城乡规划局办公室主任
王慧娟　市安全监管局办公室工作人员
张　彬　市食品药品监管局食品药品监督稽查支队药品大队副大队长
白　英　眉山中铁医院产科副主任
郑思刚　眉山心脑血管病医院神经内科主任
周鹏飞　眉山三医院肿瘤科二病区主任
杨　昆　仁寿运长医院重症医学科主任

区县概况

东坡区

【概况】东坡区位于成都平原西南边缘，地处岷江中游，属成都平原经济圈，是眉山市政治、经济、文化中心。东坡区自古以来物华天宝，人杰地灵，早在一千多年前，就是州郡治所，是唐宋八大家苏洵、苏轼、苏辙的故乡，因宋代文学最高成就代表——苏轼号东坡居士而得名东坡区。南宋大诗人陆游赞誉“孕奇蓄秀当此地，郁然千载诗书城”。2014年，全区辖区面积1330平方千米，辖15个镇、8个乡、3个街道办事处，年末户籍总人口87.64万人，其中非农业人口35.76万人；女性43.67万人。全年国内生产总值（GDP）323亿元，比2013年（下同）增长10.2%。其中，第一产业增加值40.72亿元、增长3.9%，对经济增长的贡献率为4.2%，拉动经济增长0.4%；第二产业增加值186.05亿元、增长11.0%，对经济增长的贡献率为64.5%，拉动经济增长6.6%；第三产业增加值96.30亿元、增长11.0%，对经济增长的贡献率为31.2%，拉动经济增长3.2%。一、二、三产业比例由13.4∶58.1∶28.5优化为12.6∶57.6∶29.8，工业增加值占GDP的50.3%，第三产业增加值占GDP的29.8%。全区人均GDP 38715元，增加3312元、增长9.6%。地方财政总收入28.04亿元、增长34.0%；居民储蓄存款余额297.44亿元、增长0.2%；农民人均纯收入1.14万元、增长12.8%；全年社会消费品零售总额119.98亿元、增长12.8%。

【农业经济】东坡区是国家现代农业示范区，2014年，有产值亿元以上农业龙头企业7家，市级以上农业产业化重点龙头企业7家，其中国家级3家、省级4家；全区“三品一标”农产品总量109个，居全省区县第二，其中无公害农产品20个、绿色食品77个、绿色食品投入品3个、有机食品7个、地理标志产品（东坡泡菜、东坡肘子）2个。东坡区是全国粮食生产大县，全区粮食播种面积5.91万公顷，总产量40.85万吨。东坡区是中国泡菜之乡，泡菜产业基地被农业部认定为第一批国家农业产业化示范基地，承办第七届中国泡菜展销会暨第二届中国泡菜品牌大赛。全年泡菜加工量141.2万吨，产值120.8亿元，占全省泡菜产量的70%以上。蔬菜种植面积3.23万公顷、产量145.71万吨，销售收入14.67亿元。东坡区是中国脐橙之乡，水果种植面积1.98万公顷、产值8.7亿元。畜牧业总产值26.3亿元。做好名优水产品苗种繁育，名优水产品种苗繁育居全省及西南地区领先地位，其中黄颡鱼种苗繁育数量居全国第一，斑点叉尾鮰、云斑鮰种苗繁育数量居全省第一、全国第二。全年繁殖名优水产品鱼苗58亿尾，培育名优水产品规格鱼种7280吨，水产品产量3.32万吨，渔业总产值5.92亿元。推广“蔺草—晚稻”轮作模式，蔺草种植面积2300公顷、产值2.06亿元。新培育现代农业业主176户，新注册家庭农场62家，农民专业合作社增至525家。东坡区是省级新农村建设成片推进示范县，已建成思蒙镇铧头村、白马镇营盘村新农村综合体，新村聚居点180个，启动80个幸福美丽新村试点建设，新建成新桥、光华万亩蔬菜示范园2个和秦家万亩柑橘园，全区万亩产业基地增至15个。推进岷江现代农业示范园区东坡段建设，新建成高标准农田450公顷，建成“千斤粮、万元钱”示范片基地779.33公顷。参与“千湖之城”“绿海明珠”建设，全区造林7560公顷，建设近自然环城森林1400公顷，森林覆盖率35.4%，城乡绿化覆盖率48.8%，中心城区绿化覆盖率38.7%。全区流转土地1.73万公顷，流转率36%，被农业部列入全国农村土地承包经营权流转规范化管理和服务试点区。

【工业经济】2014年，全区工业经济持续稳定增长。全部工业增加值162.5亿元，比2013年（下同）增长9.6%，对经济增长的贡献率为50.4%，拉动经济增长5.1%。其中规模以上工业（年主营业务收入2000万元以上企业，区考核口径，下同）增长10.3%；轻工业增加值增长13.0%；重工业增加值增长6.7%。年末规模以上工业企业135户。协调新增工业贷款6亿元、降16%。全年全区在建工业项目148个，工业固定资产投入76.5亿元。新开工富生电器、天联药业等重点项目58个，其中亿元以上项目23个；竣工投产茂华食品、吉香居食品等重点项目55个。在建项目中技改项目96个，投资55.7亿元，总量列全市第二。区属十大技改项目开工9个，投资8.55亿元，其中奔朗新材料、茂华食品、吉香居、惠通食业4个项目竣工投产，千禾味业、恒通印铁、通威集团、中明环保、科创二期等项目建设中。向上争取项目资金35笔5382万元，其中新型产业项目资金2753万元，特别是富生电器单笔资金2000万元。

【民营经济】2014年，民营经济持续快速发展。全区民营经济增加值185亿元，按可比价计算比2013年增长1.8%，增速11.8%，占GDP的55.5%，对GDP增长的贡献率为63.1%。全年民间投资184亿元，增速高于全社会投资10个百分点，占全区固定资产投资的78%。

【商贸旅游和对外经济】2014年，全区社会消费品零售总额112.35亿元，比2013年（下同）增长12.8%。全区逐步形成雕像—宏远中央商务区、大润发—义乌商贸中央商务区、万景—宏远盖丽上铖超市中央商务区和沃尔玛商业中心等商业圈；新增万景“九巷十坊”商业综合体和眉州公馆商业综合街，中心城区特色街10余条。圣丰国际农商中心年度销售额约23亿元，农副产品远销西藏、西安、北京等地。沃尔玛超市年度销售额7784万元。亚马逊（眉山）电子商务运营中心年销售4亿元。加强乡村旅游“五朵金花”（白马橙花、三苏梨花、广济桃花、万胜桂花、悦兴樱花）建设，培育占地近千亩的果色天香精品生态观光有机农庄、茂华生态循环养殖园，打造白马万亩精品葡萄基地、“西湖”生态休闲观光景区，举办广济桃花节、悦兴樱花节。旅游收入33.34亿元、增长25.2%。接待旅游者471.16万人次、增长14.8%，旅游外汇收入6.42万美元。贸易进出口总额9621万美元（含转口贸易）、降12.76%。其中，出口8441万美元、增长12.85%；进口1180万美元、降66.75%。实际利用外资6013万美元、增长17.79%。

【财税、金融、保险】2014年，全区地方财政收入28.04亿元，比2013年（下同）增长32.64%。其中地方财政一般预算收入15.03亿元、增长14.21%。地方财政支出49.04亿元、增长17.24%。其中地方财政一般预算支出34.67亿元、增长5.38%。全区本地银行机构存款余额486.91亿元，增加58.79亿元、增长13.73%。本地银行机构贷款余额271.44亿元，增加28.86亿元、增长11.9%。异地银行机构新增贷款余额4亿元，小贷公司新增贷款6亿元。区属工业企业新增贷款7亿元。本地银行机构余额存贷比55.75%。年末全区有保险公司25家，其中财险公司13家、寿险公司12家。保费总收入11.58亿元，增长5.8%。其中，财产险收入3.77亿元、增长22.07%；人身险收入7.81亿元、降0.58%。

【基础设施建设】2014年，全区公路通车里程1379千米，其中等级公路1325千米。货物周转量33.77亿吨千米，比2013年（下同）增长22%。旅客周转量4.12亿人千米、降3.7%。邮电主营业务总量10.1亿元、增长22.6%。年末固定电话用户15.5万户，移动电话用户79.7万户。互联网宽带接入用户14.84万户。依托“五大片区”带动，推动全域集镇跟进，城镇建成区面积增加1.2平方千米，城镇化率增长3.3%。完成盘鳌乡、崇仁镇双挂钩安置区选址，方案经区规委会审议通过，启动规划建设。推进乡镇商业房地产项目建设，重点抓思蒙印象、西湖水乡、青瓦房、汇金国际机电城一期、万胜博华园等约36.03万平方米商业房地产开发项目，完成开发投资6亿余元。

【环境整治】2014年，全区12个乡镇启动污水处理站建设，三苏乡、多悦镇投入500余万元，建成污水处理站，通过验收投入使用。氨氮排放量削减2.97%，氮氧化物排放量削减2.37%，二氧化硫排放量削减9.65%，四项减排指标均超额完成任务。多地考察秸秆综合利用项目，引进一家生产生物质固体成型燃料的环保企业。投入3000余万元，整治35家泡菜食品企业。整治造纸企业，依法关闭13家造纸企业。对废旧电器电子产品实行“物流、资金流、信息流”三统一审核，一天一小时视频监控，一周一次现场检查，一月一次资料核查，一季度一次“三流”汇总。

【社会事业】2014年，全区有各级各类学校232所，在校学生8.65万人，其中公办学校90所（幼儿园2所、小学47所、初中29所、九年制学校3所、普通高中7所、职业高中1所、特殊教育学校1所）学生6.56万人，民办学校142所（民办职业学校3所、普通教育学校4所、幼儿园135所），有青少年校外教育基地1所。全区有教职工7350人（公办在岗教职工5218人、民办教职工2132人）。学前三年毛入园率89.5%，九年义务教育巩固率95%，高中阶段毛入学率94.2%。高考本科上线2594人，本科硬上线万人比、优尖生人数连续18年居全市第一。资助学生4.12万人次、2596万元，解决进城务工人员2154人随迁子女在中心城区学校接受义务教育。全年完成农村劳动转移培训2.3万次，农村实用技术培训31.94万人次。新型农村合作医疗参合52.76万人，参合率99.8%，总筹资额2073.94万元。全区城乡居民健康档案规范化电子建档数80.47万份，建档率97.16%.免费救治晚血病人418人次；免费救助血检阳性者1.0121万人次，全区无急性血吸虫病例发生。配送238个村级文化室设备，建成固定电影放映点3个、街道文化中心3个、直播卫星20户一下自然村广播电视村村通26个。区图书馆被文化部评为国家一级馆。新建村级农民健身工程34个、全民健身路径31条，建设170个行政村“村村响”工程。全年出生人口9151人，人口出生率10.78‰；死亡人口6147人，人口死亡率7.24‰；人口自然增长率3.54‰，符合政策生育率为85.50%。全区纳入“低保”范围的人员5.84万人（城市3.23万人、农村2.61万人）；“低保”资金支出1.19亿元（城市8443.3万元、农村3453.9万元）。农村“五保”户供养1633人（集中供养881人、分散供养752人）；拨付“五保”供养资金643万元。

【人民生活】2014年，全区常住人口83.7万人（城镇43.13万人），城镇化率51.53%。年末城镇登记失业人员4222人，城镇登记失业率4.14%。全区城镇居民人均实现可支配收入25941元，比2013年（下同）增加2385元、增长10.1%，恩格尔系数32.4%、降6.6%。全区农民人均纯收入11366元，增加1287元、增长12.8%，恩格尔系数40.1%、降6.4%。解决1万名贫困人口脱贫问题，硬化农村道路50千米，新建农村户用沼气1735户，解决农村人口安全饮水8万人。

表 8　　眉山市东坡区 2014 年乡镇简况

单位	行政区域面积（公顷）	居委会（个）	村委会（个）	户籍人口（人）	耕地面积（公顷）	GDP（万元）	固定资产投资（万元）	农民人均收入（元）	粮食作物播种面积（公顷）	工业企业单位数（个）
通惠街道	1482	9	—	43361	—	217192	235320	—	—	72
大石桥街道	2089	11	—	59236	—	237893	245744	—	—	57
苏祠街道	1094	14	—	82272	—	203505	215131	—	—	7
白马镇	4351	1	7	18541	1506	57789	70931	12541	2187	32
象耳镇	1833	1	4	16051	505	238579	—	12095	570	43
太和镇	4025	1	10	32254	1387	205684	73774	11178	1454	67
悦兴镇	5267	1	11	29169	2355	63889	29849	10801	2033	18
尚义镇	5264	2	18	47591	3056	115180	440281	12186	4223	65
多悦镇	7644	1	12	36602	2855	102921	41489	11419	5159	13
秦家镇	8444	1	14	34031	2956	108629	33229	11414	4601	9
万胜镇	7193	1	12	26762	2222	106248	60491	11224	3225	13
崇仁镇	7544	2	9	29357	1684	135000	64232	11205	2574	17
思蒙镇	7572	1	15	42572	2135	173880	81372	11974	2932	23
修文镇	9573	1	14	44414	1894	238100	—	11563	2735	75
松江镇	6316	4	13	38872	1996	267611	87777	11719	2398	99
崇礼镇	5481	1	13	35723	1436	185673	462104	11670	2057	72
富牛镇	5437	1	11	47366	1785	52141	4261	11930	2691	14
永寿镇	4762	2	15	52435	2369	178304	50404	11466	2984	18
三苏乡	8539	1	12	35576	2638	74679	17176	11588	3128	23

续表

单位	行政区域面积（公顷）	居委会（个）	村委会（个）	户籍人口（人）	耕地面积（公顷）	GDP（万元）	固定资产投资（万元）	农民人均收入（元）	粮食作物播种面积（公顷）	工业企业单位数（个）
广济乡	6592	1	7	21822	2175	56651	11963	11497	922	5
土地乡	3539	1	6	12420	1507	19969	15265	10811	2628	—
复盛乡	2958	1	5	16019	1215	35075	68311	10622	1685	11
复兴乡	2944	1	9	22863	1751	54073	13883	10742	2786	5
金花乡	3235	1	7	17361	1325	41240	18745	10557	2413	4
柳圣乡	2270	1	6	14938	1094	22561	11865	10488	1493	1
盘鳌乡	7619	2	8	18755	1845	38268	13181	10748	2202	2

彭山区

【概况】彭山区位于北纬30°07′~30°21′，东经103°40′~103°59′之间。地处四川盆地川西平原南缘丘陵地区，岷江中游，东邻仁寿县，南接东坡区，西与蒲江县、邛崃市交界，北与新津县、双流县相连。地势西北高，东南低。地形分为东西两边低山丘陵、中部平原。主要山脉有东山龙泉山、西山总岗山。岷江由北向南纵贯境内，构成中部冲积平原，占总面积32%。境内最高点“北平观”位于县城西北15千米保胜乡石柱村，海拔711.6米；最低点“石牛栏”位于原永丰乡尖山子，海拔410米。属亚热带湿润气候区，气候温和，四季分明，雨量充沛，多夜雨，空气湿润，日照少。2014年，境内气温偏高，降水、日照正常。年平均气温17.9℃，与常年比较偏高1.1℃，属偏高年景；年日照时数999.8小时，接近常年；年总雨量920.2毫米，接近常年；平均相对湿度74%。全区总面积465平方千米（耕地149.13平方千米），森林覆盖率35.3%。全区辖10镇3乡，年末总人口33.5万人。城镇化率49.27%，比2013年增长1.45%。人口出生率11.3‰；人口自然增长率3.03‰。

2014年，彭山地区生产总值112.33亿元，比2013年（下同）增长10.6%，增速全市第一；全社会固定资产投资175.65亿元。地方财政收入20.81亿元、增长27.3%；地方财政一般预算收入12.32亿、增长16.3%；财政收入占GDP比重为11%。其中税收占比67.8%。社会消费品零售总额33.72亿元、增长13.3%。规模以上工业增加值增长11%。全区第二产业增加值68.71亿元、增长11.3%。第三产业增加值31.24亿元、增长11.6%。三次产业对经济增长贡献率分别为3.5%、67.5%、29.0%。分别拉动经济增长0.4、7.1、3.1个百分点，三次产业结构优化为11∶61.2∶27.8。全区民营经济增加值69.25亿元，按可比价格计算增长11.6%。民营经济占GDP比重为61.7%，增长0.7%，对经济增长贡献率为67.3%，拉动经济增长7.1%。其中第一产业民营经济增加值5.87亿元，增长3.8%；第二产业民营经济增加值45.42亿元，增长12.1%；第三产业民营经济增加值17.96亿元，增长12.8%。招商引资到位资金134.4亿元，规模以上工业增加值增长11%，地方公共财政收入12.32亿元、增长16.3%，城镇居民人均可支配收入23643元、增长10.7%；农民人均纯收入11253元、增长13%。

2014年10月20日，撤销彭山县，设立眉山市彭山区，以原彭山县的行政区域为彭山区的行政区域。12月26日，眉山市彭山区正式挂牌，撤县设区平稳过渡。至此，彭山区成为眉山市继东坡区之后的第二个市辖区。中央办公厅、中央群办3次推广彭山群众教育活动做法。彭山跻身全国第二轮农村改革试验区。在全省率先通过国家义务教育发展基本均衡合格县评估认定。彭山葡萄成为国家地理标志保护产品。创建眉山市最美街景2处、最美小区4个。推进“六五”普法和法律“七进”（法律进机关、进乡村、进社区、进学校、进企业、进单位、进寺庙），彭山区被推荐为全国法治城市创建先进县，荣获全国“六五”普法中期全国先进县、全省“百日安全生产活动先进县”称号，凤鸣镇成功创建省级“安全社区”。开通“彭祖号”列车，编撰完成“两传一赋一土语”（《彭祖传奇》《李密传》《长寿赋——为彭山题壁》《彭山土语赏析》），“微彭山”（彭山官方微信平台）获全省“十佳政务微信”殊荣，彭山区医务工作者王鲸雁救治路边晕倒老人的事迹被央视《新闻直播间》《焦点访谈》等持续关注，彭山正能量传向大江南北。

【工业经济】2014年，全区实施强工战略，工业经济上档升级。全年工业增加值60.30亿元，比2013年（下同）增长10.3%，对经济增长的贡献率为54.7%，拉动经济增长5.8个百分点。全区工业性固定资产投资70.35亿元，增长14.0%。全区规模以上工业企业103户，主营业务收入253.9亿元，增长23.4%。轻工业增加值增长13.6%，重工业增加值增长9.0%。股份制企业增加值增长10.8%；外商及港澳台企业增加值增长13.2%；其他经济类型企业增加值增长1.8%。全年建安工程投资135.8亿元，建筑业增加值8.41亿元。建筑企业房屋建筑施工面积176.23万平方米、增长31.9%；房屋建筑竣工面积148.64万平方米、增长74.3%。全区房地产开发企业商品销售面积55.3万平方米，销售额20.03亿元、增长48.9%。

2014年，重质量、促增效，致力产业转型升级。全年工业固定资产投资60.2亿元。成眉化工新材料园区主导产业调整获省政府批准。彭山经开区成功申报省级知识产权试点园区。全区申报各类科技计划项目32项，申请专利161件，专利总量和增长率居全市第一。全年淘汰高耗低效落后产能企业4家，清退不符合产业定位和环保要求项目3个。联合利华（四川）全球生产基地一期、海尔（天府新区）创新产业园一期、台湾研创总装生产线正式投运。新建产学研创新联盟11个，培育战略性新兴产业企业10户、省级技术中心4家、中国驰名商标等品牌6个，申请专利技术70件，彭山经开区被命名为“省级知识产权示范试点园区”。扶持企业做大做强，引进世界500强山西焦煤集团，培育西南最大元明粉产业基地，中纺粮油、尼科国润跻身全市大企业大集团前3强，全区新增规模企业15家，达到103家，实现工业总产值280.3亿元，比2013年（下同）增长31.6%。以青岛海尔为主的机械电子产业链，以联合利华为主的精细化工产业链逐步形成，两大产业产值124亿元。新签约韩国云龙、中国长寿坊等项目28个。全年实施项目185个，竣工项目138个。民间投资106.7亿元、增长11.3%。

主要产品生产形势良好。在统计的26种工业产品中，有20种产品产量增长，有10种产品产量增长超过20%。2014年，全区水泥产量454.5万吨，合成洗涤剂13.4万吨，元明粉90.1万吨，饮料酒1140千升，饲料117.7万吨，印染布1712万米，食用植物油9.7万吨，速冻米面食品5万吨。

【农村经济】2014年，全区农林牧渔业总产值21.47亿元，现价比2013年（下同）增长4.6%；增加值12.37亿元，按可比价计算增长3.6%；农民人均收入11253元，增长13%。全年种植业增加值5.15亿元、增长2.9%。农作物总播种面积3.68万公顷（粮食作物2.48万公顷、油料作物4404公顷、药材2231公顷、蔬菜3380公顷）。全年粮食总产量14.97万吨、降0.3%；油菜籽产量9874吨、增长0.8%；蔬菜产量5.17万吨、降0.2%；水果产量5.60万吨、增长2.2%。

2014年，依托粮油高产创建项目，建立以公义镇、凤鸣镇、谢家镇、观音镇和武阳镇为中心的水稻万亩高产创建示范片3个，油菜万亩高产创建示范片2个。围绕现代农业重点县建设，新建以观音镇观音村为中心葡萄万亩示范区1个，以公义镇红旗村、马林村为中心蔬菜万亩示范区各1个；在岷江现代农业园区蔬菜、葡萄新发展346.67公顷，新建钢架大棚避雨栽培葡萄40公顷以上。推进六大农业产业（优质柑橘、林下养殖、优质蔬菜、优质葡萄、优质猕猴桃、粮经复合产业）基地建设，优质柑橘、葡萄、猕猴桃等种植面积达到1.33万公顷，产值13.4亿元。更换劣质低产柑橘园266.67公顷，新植和改造果菜1413.33公顷，推广果实套袋及树冠覆膜新技术1466.67公顷。新认定无公害农产品4个，绿色食品1个，全区无公害认证产品增至20个，绿色食品认证产品2个。加强“六基地一园区”（葡萄产业基地、柑橘产业基地、粮经复合产业基地、蔬菜产业基地、猕猴桃产业基地、林下生态养殖产业基地，岷江现代农业示范园区）建设，发挥核心带动作用，基地农民增收8000万余元。保胜乡、公义镇千万羽肉鸭养殖基地建设，发展适度规模肉鸭养殖场15家，带动肉鸭养殖户48户，全年出栏肉鸭1300万羽。建成年屠宰量3000万羽肉鸭屠宰厂1个，打造产值10亿元肉鸭产业链；建设保胜、义和10万头优质生猪养殖基地，出栏生猪10万头；建设武阳镇、谢家镇100万只肉兔基地，以全面推行肉兔标准化养殖和发展适度规模养殖户为重点。基地全年出栏肉兔110万只；建设公义20万羽蛋鸡养殖基地，带动发展适度规模养殖户13户，存栏优质蛋鸡28.5万羽（标准化示范场存栏优质蛋鸡20万羽，适度规模养殖户存栏优质蛋鸡8.5万羽）；建设黄丰镇百万羽肉鸡养殖基地，建成肉鸡适度规模养殖户58户，户均出栏肉鸡3.5万羽以上，基地全年出栏专用肉鸡200万羽。在江口镇建成面积10平方千米“彭山区林下生态养殖观光园”，形成以芦花鸡、红羽乌骨鸡、旧院黑鸡和特色珍禽、观赏型经济禽类为主的养殖基地，年出栏林下生态鸡100万羽以上、育雏鸡苗120万羽以上。建成“寿乡珍禽博览园”“孔雀山庄”“香猪苑”一、三产互动区3个。结合畜禽养殖优势，政策支持、扶持养殖企业申报品牌，创建“过山鸡”“老土芦花鸡”“川甲蛋”“土飞鸡”“晓钟鸡蛋”“绿壳鸡蛋”“满山转”7个品牌。全年出栏肉猪37.28万头，比2013年（下同）增长1.9%；出栏牛3401头、增长4.3%；出栏羊4.42万头、增长2.7%；出栏家禽335.8万羽、增长2.1%。肉类总产量3.89万吨、增长5.6%。其中猪肉2.61万吨、牛肉411吨、羊肉587吨、禽肉5180吨。全区禽蛋产量6388吨，牛奶8830吨。林业增加值3241万元、增长4.8%。年末森林面积1.64万公顷，森林覆盖率35.3%。渔业增加值1.18亿元、增长7.3%。水产品养殖面积1.4万公顷，水产品产量1.32万吨。畜禽规模养殖比重72%，畜禽良种化程度97%。

2014年，全区农机总动力27.15万千瓦，综合机械化水平62.06%。机收稻麦1.28万公顷，助农增收3456余万元。争取到位项目资金1075万元，完成常规水稻和制种水稻机插秧2项技术推广。新建省级提灌站5处8台套359千瓦。改造区级提灌站32座，新增提灌机械150台1180千瓦。维修养护提灌机具550台5520千瓦。新建（整治）机耕道302千米，改造通村公路16千米。彭山被确定为2013年全国“平安农机”示范县。

2014年，彭山区推进岷江现代农业园彭山区域建设，全年投入4.6亿元，建成园区道路、标准农田等，跻身全国第二轮深化农村改革试验区（2014年11月，中央农村工作领导小组批准设立第二批34个农村改革试验区，彭山区位列其中，主要承担农民专业合作社和家庭农场、村转社区等党组织建设试点。省委确定将农村集体资产股份制改革、“两地一房”自愿有偿退出、转让和农村产权抵押、担保、融资改革3项改革在彭山试点），确定岷江现代农业示范园彭山区域为农村改革试点区，引进玖鹤、禾苗等53家大型农业企业，实施集约化、规模化生产经营。新培育省级龙头企业2家、国家级专合组织1个、家庭农场24个。建成幸福美丽新村6个，建设新农村综合体2个，新建和改造提升新村聚居点10个，农村土地承包经营权确权登记面积8033.33公顷。举办“四川·彭山农商对接暨农产品展销会”，促成15家农业龙头企业、专合组织与大润发、百果鲜等超市农超对接。

【固定资产投资】2014年，全区全社会固定资产投资175.65亿元，比2013年（下同）增长18.9%。固定资产投资171.98亿元、增长19.3%。其中基本建设投资102.11亿元、增长22.8%；更新改造投资42.41亿元、增长58.4%；房地产投资27.46亿元、下降20.0%。三次产业投资协调发展。第一产业投资2.85亿元、增长78.9%；第二产业投资70.57亿元、增长14.0%；第三产业投资102.23亿元、增长21.5%。第一、二、三产业投资占全社会投资的比重分别为1.6%、40.2%和58.2%。项目投资稳步增长。全区在建施工项目185个竣工项目138个。

【国内贸易和对外经济】2014年，全区社会消费品零售总额33.72亿元，比2013年（下同）增长13.3%；其中批发业3.12亿元、增长12.7%，零售业25.94亿元、增长13.4%，住宿业4123.8万元、增长12.3%，餐饮业4.25亿元、增长13.0%。城镇实现零售额20.20亿元、增长12.7%；乡村实现零售额13.53亿元、增长14.2%。外贸进出口总额1.05亿美元、增长69.4%。其中出口948万美元，进口9534万美元。全年实际利用外资6910万美元。

【第三产业】2014年，接待游客349.8万人次，比2013年（下同）增长23.4%，旅游总收入26.8亿元、增长22.9%。旅游投入15.4亿元。第三产业增加值增长11.6%。全年新签约亿元以上重大三产旅游项目7个，协议总投资83亿元。全区16个市重点三产旅游项目顺利推进，彭祖山旅游综合开发新增投入3.07亿元，李密故里高速开口获得批准，寿乡水岸·千亩滨江湿地公园完成一期改造。黄丰橘花节、观音葡萄节、房产推介会等会节消费拉动效果明显。完成彭溪河商业风情街、岷江河滩公园景观建设，恒大·金碧天下“三大中心”（三期酒店、会议中心、足球场）开业。复地黄龙溪谷项目一期三、四标段4万平方米全部开工；二期项目开盘即售罄，当日销售额突破3亿元。彭祖山旅游综合开发项目的长寿村旅游小镇启动主体基础填方并排洪沟建设；武阳郡主体工程、基础设施配套工作完成，启动商业街业态方案设计，景区旅游通

2014年4月3日，市委书记李静（中）宣布中明能源（四川）航空煤油及增塑剂项目开工

道建成通车；启动核心景区线路规划。豪生正一城市广场项目开工建设，接待中心主体工程竣工，110千伏电力线路迁改基础工程基本完工；寿乡水岸·滨江湿地公园彭祖广场体验区建设完成投入使用，年内可完成整个公园的升级改造；寿乡水岸·五湖四海公园初具雏形，正在编制创建国家AAAA级旅游景区规划。新创建“以游为主，统筹城乡”示范点4个、乡村旅游示范镇2个、星级农家乐6家。培育现代服务业新兴产业，西货站铁路专线建成投运，以青龙国际物流园为主的现代物流产业初具规模，打造成都以南最大物流聚集区。依托“长寿养生文化”发展养生养老服务业，实施双凤湖国际养生度假城等项目。

2014年，彭山区公路里程572.6千米，其中等级公路372.3千米、高速公路34.2千米。全社会客运量4531.3万人次，比2013年（下同）增长8.2%；全社会旅客周转量4.67亿人千米、增长18.4%。全社会货运量590.9万吨、增长0.2%；货物周转量5.09亿吨千米、增长0.1%。邮电主营业务收入2.02亿元、增长3.3%。全区固定电话用户5.2万户、增长1.6%；移动电话用户27.24万户、增长8.2%；宽带用户5.34万户、增长28.7%。

【财政金融保险】2014年，全区地方财政收入20.81亿元，比2013年（下同）增长27.3%；地方财政一般预算收入12.32亿、增长16.3%，其中税收收入8.36亿元、增长12.5%；地方财政一般预算支出23.93亿元、增长20.0%。新增信贷投放18.4亿元、增长21.6%。到位政府性融资12.4亿元、增长49.8%。年末全区金融机构各项存款余额155.16亿元、增长8.3%；各项贷款余额78.87亿元、增长23.1%。全年保费总收入1.73亿元、增长8.0%。全年处理各项赔款和给付金额3021.8万元，其中财产险赔付金额2600.8万元、人身险赔付金额421万元。

【城乡建设】2014年，完成交通建设固定资产投资10.2亿元，“三箭齐发”开工建设34.3千米，占总里程的52.8%。彭祖山隧道主体工程贯通。省道103线彭山段基本完成改造。岷江大桥完成维修加固。省道103线路面改造基本完成。完成锦绣大道、前程东路等29个市政工程，新增城镇建成区3.4平方千米。打造86.67公顷水域的“寿乡水岸·五湖四海”湿地公园。站前广场建成投用，汽车客运中心主体竣工。伟业广场正式营业，西门新商圈商业综合体主体竣工。成雅高速李密故里龙安进出口站获省交通厅批复。新建、改造城乡道路126千米。创建眉山市“最美街景”2处、“最美小区”4个。以城镇建设为核心，促进城乡同质发展。全年投入11.07亿元完善市政基础设施，中心城区房地产开发投入25.06亿元。建成龙都新苑三期、武阳郡·田园新村等12个安置区。建成幸福美丽新村6个、新农村综合体2个、新村聚居点4个。农民转变为城镇居民1.47万人、产业工人1.33万人、现代农业业主185户、三产经营（从业）者6350人。推进“千湖之城”（力争到2016年恢复和新增水域面积100平方千米以上、达到600平方千米以上）、“绿海明珠”建设（力争到2016年森林覆盖率达到45%以上、城乡绿化覆盖率达到50%以上），新增水域5.8平方千米，城乡绿化覆盖率44%。环境监测中心、城区空气自动监测站、生活垃圾压缩转运站建成投用，彭山经开区、彭祖新城污水处理厂开工建设。创建省级环境优美示范村7个、全市城乡环境治理“十佳”乡镇4个，通过省级生态县技术评估、省级卫生县城复评。

【社会事业及民生工程】2014年，全区财政投入民生和社会事业资金15.89亿元，民生占公共财政支出的70%。全年申报专利161件，其中，专利授权75件；高新技术产业企业11个，高新技术产业总产值35.6亿元；全区各类专业技术人员1.28万人，其中农业技术人员480人。区财政投入科学技术支出618万元。全年财政投入教育支出2.35亿元，全区有小学15所，在校学生1.18万人；普通中学15所(含高中、初中、九年一贯制学校)，在校学生1.01万人；中等职业学小1所，初中毕业生升学率90.1%，高中升学率90.3%，高考本科上线率37.7%。全县小学专任教师数909人，普通中学专任教师数834人。在全省率先通过国家义务教育发展基本均衡合格县评估认定。引进东星航空职业技术学院、四川彭山保罗国际学校；完成区职高整体搬迁一期工程、青龙二小搬迁等10所学校项目建设；资助义务教育阶段贫困学生2171人次；更新中小学生课桌凳9000套；添置数字化教室120套；建成乡村少年宫6个。年末全区有文化馆1个、文化站13个、公共图书馆1个、博物馆1个、青少年宫1个、体育馆36个、电视台1个。全年组织文化馆、站活动36次，举办展览2个，组织文艺演出22次，创作文艺作品1件，全年组织大型文体活动12次，参加人员83万人次。新建文体活动广场10个，新建省级示范乡镇综合文化站2个；建设行政村文化活动室23个、农村广播村村响30个；文化活动室实现全覆盖；添置农村健身路径4套。文艺创作获国家级金奖1个、省级奖励2个。全年财政投入医疗卫生支出2.45亿元。全区有医院、卫生院30个，实际床位1560张，医疗技术人员1182人，其中执业（助理）医师674人。新型农村合作医疗参合率100%，5岁以下儿童死亡率8.2‰，婴儿死亡率7.5‰。区级医院综合改革试点经验全省交流，全科医生万人保有量居全市第一。推进医改工作，减少患者医药支出1100余万元。单独二孩政策全面实施，人口自然增长率3.03‰。新建义和乡卫生院，改扩建12个村卫生室业务用房；城乡居民健康档案规范化电子建档率96.98%；农村孕产妇住院分娩100%，农村孕产妇住院补助率100%；达到国家血吸虫病传播阻断标准。落实计划生育奖扶政策，免费孕前优生健康检查1100对。为487户残疾人家庭提供发展生产帮扶资金；为精神病人368人提供免费服药。新增城镇就业4091人，城镇登记失业率控制在4.1%以内。新增灾害应急避难场所（点）20余个，区、乡、村三级自然灾害和突发公共事件应急平台与省、市联网运行。龚家堰城市饮水扩容工程建设加快，累计投资1.31亿元，枢纽工程、补水工程建设投资50%，完成库区公路、移民新居及专项设施建设；实施凤鸣、牧马、武阳、锦江4个乡镇农村饮水安全工程，保障1.45万农村人口饮水安全。发放小额担保贷款6379.9万元；农村劳动力技能培训685人，征地失业农民培训1936人，农民工劳务品牌培训400人，藏区"9+3"毕业生初次就业率100%，高校毕业生创业17人，建立就业见习基地5个；主要畜禽规模养殖比重提升1%，主要畜禽良种化率提升1%。扩大社会保障覆盖面，符合参保条件对象应保尽保；社会养老保险覆盖23.32万人，减少贫困人口4063人。城乡居保覆盖14.28万人；城市低保月人均补差标准235.91元，农村低保月人均补差标准113.01元；农村"五保"财政供养标准300元/人·月；散居孤儿基本生活费678元/人·月，集中居住孤儿基本生活费1130元/人·月；百岁老人高龄津贴提高到500元/人·月。"五保"老人集中供养率92%，武阳敬老院获"全国农村五保供养工作先进单位"称号。建成全市首个社会志愿者服务中心。为全区城乡低保户、"五保"户家庭提供每月15千瓦时免费用电；法律援助2668人次、案件143件；补贴购买农机具317台。建设保障性住房1194套（公租房700套、棚户区改造494套）。建成区、乡（镇）、村（社区）、网格四级管理阵地，提升社会服务管理精细化水平。开展社会治安综合治理、道路交通安全综合整治和安全生产大检查，杜绝较大及以上生产安全、食品安全事故发生，荣获全省"百日安全生产活动先进县"称号，凤鸣镇成功创建省级"安全社区"。

【行政效能建设】2014年，开展撤县设区工作。紧扣"为民务实清廉"主题，聚焦"四风"，开展"9+3+7"（"9"是指省委确定整治的9个突出问题，"3"是指区委确定的3个突出问题，"7"是指市委确定的7个突出问题）正风肃纪专项治理和"庸懒散浮拖"专项整治，全年"三公"经费下降25%。围绕群众所急所需，办实事1万余件、解决困难2.3万余个。"去官气""集中解一难""四支队伍服务群众"等在全省全国产生影响，创造彭山做法，形成彭山经验。推进"六五"普法和法律"七进"。彭山区被推荐为全国法治城市创建先进县，荣获全国"六五"普法中期全国先进县称号。区法院司法建议工作获省高院通报表彰，区检察院被最高人民检察院记集体一等功。推进行政管理体制改革、事业单位分类改革，推动政府职能转变。推进行政审批制度改革，减少行政审批项目205项，取消和暂停行政审批项目15项，行政审批提速20%，释放民营经济发展空间。推进行政执法体制改革，行政权力网上运行平台建成试运行。坚持政府常务会学法、行政性合同审查、规范性文件合法性审查制度。办理人大代表建议、政协提案，满意率均达100%。通过国家土地专项审计，彭山被评为全省"国土资源节约集约模范县"。出台《彭山县促进当前经济稳增长十六条措施》，新发展个体工商户1610户、私营企业332户。开展党的群众路线教育实践活动，"四风"问题得到整治。严格执行"八项规定""六项禁令"。建成区、乡（镇）、村（社区）、网格四级管理阵地，提升社会服务管理精细化水平。实施矛盾纠纷大调解，调处成功率93%，实现信访稳定"零非访、零聚集"。

（许德英　刘黔玲）

表 9　　2014 年度彭山区乡镇简况

乡镇名称	辖区面积（公顷）	耕地面积（公顷）	年末人口数（人）	行政村（个）	居委会（个）	社区（个）	村民小组（组）	财政收入（万元）	国内生产总值				农业生产总值						农民人均纯收入（元）
									合计（万元）	第一产业	第二产业	第三产业	合计（万元）	农业	林业	牧业	渔业	农林牧渔服务业	
凤鸣镇	3769	1473	73377	7	16	9	172	1377.5	273785	12089	115320	146376	20460	7220	359	8800	3632	449	11670
彭溪镇	1740	649	25553	4	1	1	50	605	110146	6084	67532	36530	10909	3226	187	5588	1606	302	10957
观音镇	2670	1008	29168	7	—	1	64	3694.92	147898	8245	126764	12889	15582	5458	225	8560	954	385	11725
青龙镇	4379	1280	35962	8	1	1	68	1520	368074	10281	304426	53367	19506	7017	397	10073	1590	429	11801
公义镇	4031	1614	25963	8	—	1	56	854	30040	9366	13206	7468	16572	6356	457	8246	1091	422	11167
谢家镇	4584	1925	27748	8	1	1	67	567.56	45269	12962	15045	17262	22643	8376	394	11425	1906	542	11320
江口镇	4939	966	18138	9	—	1	59	882.89	28740	10043	9813	88814	16800	7213	603	7601	965	400	10957
黄丰镇	4038	1243	18350	9	1	—	47	440.1	26809	11810	8563	6436	19331	8154	316	9155	1235	471	11286
牧马镇	2800	817	17951	5	—	1	39	462	22406	8532	8037	5837	14869	4137	362	8029	1894	447	11129
保胜乡	3455	1066	13263	6	1	1	48	286	15462	9288	1639	4535	15840	4504	423	9394	1136	383	10943
义和乡	3518	1379	16221	5	—	—	40	444	19205	8747	7100	3358	15026	5065	354	8095	1123	389	11045
锦江乡	3673	571	13408	6	1	1	42	456	15587	6661	4348	4578	10958	4024	624	5336	638	336	10892
武阳乡	2897	922	20192	6	1	1	41	422.7	19830	9606	5348	4876	16238	6058	344	8287	1137	412	10974
合计	46493	14913	335294	88	23	19	793	12012.67	1123251	123714	687141	392326	214734	76808	5045	108589	18907	5367	—

注：年末人口数由公安局提供；辖区面积、耕地面积、国内生产总值、农业生产总值数据由统计局提供

仁寿县

【概况】2014年，全县把握“高位提质、加快发展”工作基调，实施仁寿全域天府新区战略，拓展“一心四区十极”（以文林镇和文林工业园区为中心；视高镇和视高经济开发区、富加镇和富加工业园区、汪洋镇和汪洋循环经济园区、黑龙滩镇和黑龙滩风景区；10个区域中心城镇）路径，全县经济平稳运行。全年地区生产总值（现价）312.47亿元，其中第一产业增加值65.21亿元、第二产业增加值166.93亿元、第三产业增加值80.33亿元。不变价计算的国内生产总值287.96亿元，比2013年（下同）增长10%，其中第一产业增加值51.06亿元、增长4.1%，第二产业增加值164.02亿元、增长11.5%，第三产业增加值72.88亿元、增长11.1%。一、二、三产业占国内生产总值的比重由上年的22.2：53.3：24.5调整为20.9：53.4：25.7。

【民营经济】2014年，全县民营经济增加值185.21亿元，比2013年增长11.1%，比国内生产总值（GDP）增速快1.1个百分点，占全县GDP的59.3%。以民营经济为主体的县域经济格局得到巩固。

【农业经济】2014年，全县第一产业总产值（现价）112.37亿元。全年农业总产值（现价）50.86亿元。突出“粮、猪、果、菜”主导产业，推进现代农业示范园建设，打造成都农副产品配送基地。粮食产量79.38万吨、比2013年（下同）降0.5%，棉花产量860吨、降1.7%。油料产量3.91万吨、增5.8%，茶叶产量340吨、增5.3%，水果产量47.6万吨、增8.7%，糖料产量1.55万吨、增1.4%。全年造林面积2287公顷，林业现价产值21671万元。畜牧业现价产值50.78亿元。牛存栏1.99万头、增2.1%，生猪存栏89.69万头、增

2014年5月23日，眉山市2014年第三批重点项目集中开工竣工仪式在天府新区仁寿视高区域举行

0.1%，猪出肥124.01万头、增2%，羊出栏37.75万只、增2.9%，水产品产量4.27万吨、增7.1%。渔业现价产值5.95亿元。兔出栏1030.1万只、增4.4%，家禽出栏1010.5万羽、增1.5%，猪、牛羊肉产量9.6万吨、增1.8%，其中猪肉8.89.万吨、增1.3%，禽蛋产量2.61万吨、增2.2%，禽肉产量1.76万吨、增0.5%。水产品产量42650吨、增7.1%。渔业现价产值59528万元。农村劳动力转移50.8万人，成为全县农民致富一大支柱。

【工业和建筑业】2014年，实施工业强县战略，以项目建设为重点，促进工业投入。全县工业对GDP的贡献率43.3%，拉动GDP增长4.3个百分点。全社会现价工业总产值452.1亿元，现价工业增加值132.4亿元，比2013年（下同）增长9.5%。规模以上工业企业现价产值344.3亿元，增加值103.7亿元、增长10.1%，产品销售收入341.6亿元，利润总额37.8亿元，产销率99.4%。产原煤137.6万吨、增32.9%，产化肥（折纯）4.1万吨、增28.1%，产水泥215.4万吨、增36.8%，产焦炭32万吨、降4.5%，产家具74万件、增4.9%，产布4096万米、降3.9%，产纱1.97万吨、降1%。列入统计的建筑施工企业43户，建筑企业总产值61.7亿元、增29%。

【固定资产投资】2014年，全县固定资产投资总额246.76亿元，比2013年（下同）增长21.5%。其中基本建设投资127.87亿元、增长21.8%；更新改造投资69.77亿元、增长7.3%；房地产开发投资55.21亿元、增长67%。商品房销售额47.44亿元。工业固定资产投资90.68亿元、增长14.3%。

【交通邮电业和旅游业】2014年，全县交通邮电业平稳发展，运输和邮电通信布局更为合理，基础设施升级换代，服务质量提高。公路旅客周转量23.40亿人千米、比2013年（下同）增长13.3%，公路货物周转量12.04亿吨千米、增17.3%，全县公路总里程3137千米，其中等级公路2011千米，成赤高速、遂资眉高速公路全线通车，仁沐高速启动建设。邮电主营业务收入5.69亿元，年末固定电话用户10.02万户，移动电话80.17万部。全年接待旅游人数540万人次，增41.2%，旅游收入38.3亿元，增35.9%。

【商饮服务业】2014年，全社会消费品零售总额120.65亿元，比2013

年（下同）增长13%。批发零售业零售额104.25亿元、增13.1%；住宿餐饮业零售额16.40亿元、增11.7%；城镇零售额64.99亿元、增12.5%；乡村零售额55.66亿元、增13.6%。

【财政、金融和保险业】2014年，全县地方财政一般预算收入18.2亿元，比2013年（下同）增长15.1%，其中税收性收入11.6亿元、增2.6%，地方公共财政支出53.66亿元、增4.2%。年末全社会存款余额370.65亿元、增11%，城乡居民储蓄余额310.55亿元、增19.8%，全社会贷款余额163.11亿元、增23.4%。

【科技、教育、卫生、体育、广播电视业】2014年，全县有"金桥工程"项目12个，新增产值0.6亿元，全年专利授权98件。全县有小学在校学生6.64万人，普通中学在校学生6.03万人，中等职业教育学校在校学生1.99万人，小学学龄儿童入学率100%。医疗卫生机构811个，医疗卫生机构床位数5552张，医院卫生院技术人员3212人（执业医师1120人）。

【城市建设和环境保护】2014年，县城城区面积31平方千米。全县森林面积9.7万公顷，污水处理厂3个，城区生活污水处理率85.7%。

【人口和人民生活】2014年，全县户籍人口总户数56.64万户，总人口160.5万人（男性83.02万人、女性77.48万人），男女性别比为107.2：100，全年出生人口1.58万人，死亡人口1.07万人。全县常住人口122.81万人。农民人均纯收入9870元，比2013年增加991元，增长11.2%。全县有社会福利收养性单位97个，社会福利收养单位床位数1.27万个，城镇居民最低生活保障人数1.46万人，弱势群体生产生活得到保障。城镇基本养老保险参保人数13.34万人，城镇基本医疗保险参保人数24.56万人。参加失业保险人数2.36万人。参加农村新型合作医疗的人数123.05万人，参加新型农村社会养老保险人数76.51万人。

（周国如）

表10　仁寿县2014年乡镇简况表

单位	辖区面积（公顷）	社区居民委员会（个）	村民委员会（个）	农村社会基础设施			农村经济社（个）	总人口（人）	耕地面积（公顷）	国内生产总值（当年价、万元）	粮食产量（吨）	农民人均纯收入（元）
				自来水受益村（个）	通有线电视村（个）	通宽带村（个）						
文宫镇	5952	2	11	3	11	11	79	155893	20691	52565	14359	11940
禾加镇	2649	2	7	3	7	7	53	31468	13131	49186	7795	9777
龙马镇	4266	2	11	3	11	—	99	33886	21780	41815	15192	9475
方家镇	4615	1	9	1	9	1	104	15977	29718	26428	17020	10038
文林镇	9702	38	—	—	—	—	—	36251	27480	580550	18956	11343
大化镇	6625	1	13	2	13	13	90	38576	25530	62717	15951	10692
高家镇	5823	1	10	1	10	1	80	24282	18490	19672	13522	10144
中农镇	2872	1	9	2	9	9	85	13041	19951	18409	8756	9588
禄加镇	5429	1	15	5	15	1	128	28026	24675	34711	16543	10188
宝飞镇	4319	1	14	3	14	14	123	14463	22882	76456	13592	10867
彰加镇	5102	3	12	6	12	6	89	15734	30594	46711	16818	9549
慈航镇	6047	2	12	5	12	12	97	27538	31685	53018	21375	10306
汪洋镇	7269	5	18	7	18	18	107	28805	26925	281427	17838	10790
钟祥镇	5258	4	7	3	7	7	59	21545	27005	53177	19596	9846

续表

单位	辖区面积（公顷）	社区居民委员会（个）	村民委员会（个）	农村社会基础设施			农村经济社（个）	总人口（人）	耕地面积（公顷）	国内生产总值（当年价、万元）	粮食产量（吨）	农民人均纯收入（元）
				自来水受益村（个）	通有线电视村（个）	通宽带村（个）						
始建镇	5348	1	13	2	13	5	96	17770	38279	33959	30164	9502
满井镇	6414	2	11	2	11	9	77	21792	33765	84875	20038	10602
富加镇	7091	4	18	2	18	18	157	26544	45240	102866	28388	10094
龙正镇	5774	4	8	—	8	4	67	21152	22448	127936	14891	10605
黑龙滩镇	15050	6	17	3	16	10	119	39344	36117	81216	17296	10157
清水镇	6528	2	10	3	10	10	76	13010	23305	38767	13200	10174
视高镇	5004	9	—	—	—	—	—	20158	19110	538233	14377	11205
北斗镇	5234	2	10	1	10	—	78	11449	32314	44635	15230	8796
虞丞乡	3734	—	5	3	5	1	35	24325	6705	8047	6480	9496
青岗乡	2946	—	9	3	9	8	56	19641	15345	12239	7304	9795
古佛乡	2259	—	5	2	5	5	40	13409	14866	12952	9380	9973
板燕乡	2276	—	6	2	6	—	37	15180	13127	11896	9951	9440
石咀乡	2096	—	5	1	5	5	55	21067	14625	10099	11038	9040
藕塘乡	2046	—	6	1	6	6	59	20592	14302	11027	11558	8701
玉龙乡	2159	—	7	1	7	7	65	38095	15375	12378	13467	9156
合兴乡	1751	—	5	2	5	—	34	32677	13804	9110	12787	10216
促进乡	1953	—	5	1	5	—	40	22223	9125	7820	10087	8957
鸭池乡	1914	—	5	—	5	5	31	17617	9645	7821	5218	8437
双堡乡	3080	—	8	1	8	2	76	19788	12200	13804	7391	9276
河口乡	2329	—	7	3	7	7	75	34858	15434	10282	7510	9383
板桥乡	1954	1	6	2	6	2	66	10304	11283	10221	8702	9797
元通乡	3076	—	6	1	6	6	60	35159	17770	16849	14096	9076
向家乡	3010	—	5	1	5	1	50	62607	15733	13457	8219	9092
里仁乡	3678	—	5	—	5	5	38	17172	18890	16212	13469	9629
兴盛镇	3649	2	3	2	3	3	25	18653	18765	44719	13089	9888
兆嘉乡	2248	—	6	1	6	6	39	15566	11775	10458	7020	9692
宝马镇	5396	—	12	2	12	12	86	36286	22831	73460	18305	9730
珠嘉镇	5302	—	11	3	11	11	90	38530	27554	26567	21647	10130
鳌陵乡	3847	—	6	1	6	6	46	12445	12004	15446	5131	9985
观寺镇	3808	1	9	3	9	—	66	24149	21870	28773	14725	9907

续表

单位	辖区面积（公顷）	社区居民委员会（个）	村民委员会（个）	农村社会基础设施			农村经济社（个）	总人口（人）	耕地面积（公顷）	国内生产总值（当年价、万元）	粮食产量（吨）	农民人均纯收入（元）
				自来水受益村（个）	通有线电视村（个）	通宽带村（个）						
中岗乡	3832	—	9	1	9	2	79	37143	20024	18021	13664	9361
龙桥乡	5890	—	11	—	11	11	116	10594	27794	19868	21616	10472
曲江乡	3621	1	7	1	7	1	59	10672	18402	17631	10565	8778
城堰乡	4016	—	7	—	7	1	54	67187	15340	11972	8455	8810
谢安乡	3303	—	9	9	9	2	64	26614	18623	16648	10811	8551
新店乡	2748	1	9	1	9	7	58	14397	19260	15963	13298	9563
天峨乡	4749	—	11	1	11	11	101	15208	10592	45308	6369	9248
识经乡	2934	1	7	3	7	3	66	17466	8489	13688	6479	8829
凤陵乡	3326	—	9	2	9	9	68	30436	24224	15520	12694	9773
涂加乡	3225	—	8	5	8	—	55	16036	13965	11921	10245	9267
四公镇	3562	1	7	3	7	3	51	51707	13511	19329	8923	9787
松峰乡	3108	—	8	3	8	8	47	7519	10655	15749	7326	8573
曹家乡	6125	—	11	2	11	11	83	27712	20655	326547	16825	10501
景贤乡	4311	—	7	2	7	2	40	29793	10103	8728	8222	8804
农旺乡	3914	1	11	—	11	11	98	15226	25213	19007	17178	8913
洪峰乡	5213	—	9	1	8	9	65	16899	14018	15834	13603	9292
合计	260792	103	517	127	515	345	4136	1596218	1195011	3124699	793756	582996

洪雅县

【概况】洪雅县地处四川盆地西南边缘，东接夹江县、峨眉山市，南邻金口河区、荥经县、汉源县，西抵雨城区、名山县，北交丹棱县。地理坐标为北纬29°24′—30°00′，东经102°49′—103°32′。地势由西南向东北倾斜，处于全国地形第一阶梯与第二阶梯的结合部。全县辖区面积1896.49平方千米，最高峰为天宝山的主峰光咚咚山（海拔3172米），最低处为县东北余坪镇青衣江畔的芦溪口（海拔417.5米），相对高差2754.5米。境内气候温和，雨量充沛，属亚热带湿润性气候。2014年，年平均气温16.9℃，比2013年发（下同）降低0.9℃，最高气温35.8℃（7月28日），最低气温零下0.6℃（2月13日）；年总降水量1327.8毫米，减少157.6毫米；平均相对湿度77%，境内主要自然灾害为干旱、暴雨、强雷暴暴等。全县辖15个乡镇，139个村、20个社区，1022个村民小组、130个居民小组，年末总人口35.29万人，其中常住人口30.53万人，出生人口3589人，死亡人口2461人，人口出生率10.4‰、死亡率7.1‰，人口自然增长率3.3‰。全县国内生产总值93.09亿元，增9.7%。其中第一产业增加值14.36亿元、增3.9%；第二产业增加值56.24亿元、增10.1%；第三产业增加值22.49亿元、增12%。一、二、三产业对国民经济增长的贡献率分别为5.8%、65.8%、28.4%，三次产业的结构由上年的16.0：60.7：23.3调整为15.4：60.4：24.2。按常住人口计算，全县人均GDP3.05万元、增9.2%。民营经济增加值61.6亿元、增11%，占全县国内生产总值的66.2%，对全县经济增长的贡献率为75.2%，拉动经济增长7.3个百分点。在全县民营经济增加值中，第一产业增加值8.53亿元、增4.2%；第二产业增加值41.96亿元、增11.7%；第三产业增加值11.12亿元、增13%。社会消费品零售总额实现28.31亿元、增13.2%；地方公共财政预算收入7.37亿元、增16.8%；总支出19.48亿元、降4.5%；金融机构各项存款余额117.97亿元、增16.4%，其中居民储蓄存款余额93.38亿元、增19.9%；城镇居民人均可支配收入2.3万元、增10.2%；农民人均纯收入1.02万元、增11%。

【旅游产业】2014年洪雅县完成《旅游发展总规》修编。七里坪被授予全国首个国际抗衰老健康产业试验区，成功创建第三批省级旅游标准化示范企业。引进总投资50亿元的香花岭国际文化艺术旅游度假区项目，柳江古镇整体开发项目启动建设，新签约峨眉西山·玉屏森林度假区项目。瓦屋山景区游客中心主体基本完工，玉湖岚山野鱼湖度假体验中心建成投用。升级改造农家乐52家，创建星级乡村酒店4家，培训从业人员1300人次。举办“当代知名作家走进天府洪雅”等活动7次。参加首届四川国际旅游交易博览会、重庆推介会，与旅游卫视合作推出《神奇洪雅》等主题宣传节目。开通“山水洪雅”政务微信。完成旅游项目投入34.6亿元，接待游客543万人次，实现旅游社会总收入46.8亿元。新增三产经营者和从业人员1.1万人。

【工业】新签约年产2万吨壮骨面、若水茶叶精深加工等5000万元以上项目8个，实施1000万元以上项目23个，竣工恒瑞机械、创捷通信等项目10个，新开工年产100万吨元明粉、新乐雅陶瓷技改等项目10个，完成三利塑业搬迁入园。新培育规模以上企业5家，新增亿元企业3家，新希望乳业阳平分公司年产值突破5亿元。生态食品加工产业产值占规模以上工业总产值的18.8%，水电产业产值占比降至20%。夹洪天然气管线全线贯通。工业固定资产投资21亿元，更新改造投资18.8亿元，规模以上工业总产值53亿元，比2013年增长20%，工业利润1.57亿元，入库税金4亿元。农民转变为产业工人9200人。

【农业效益】2014年，洪雅县认证有机茶407.33公顷，青杠坪茶叶主题公园基本建成。种草养畜经验在全国推广。藤椒在地面积2000公顷，产量居全省第一。续展认证有机食品10个，创建省级著名商标2个。农业循环经济项目建设获国家农发办高度评价，成功争取省级财政新村基础设施建设项目，省级节水型社会重点县等项目完成。出台农业经营主体扶持激励政策，新发展农民专合组织56个，新注册家庭农场26家，引进农业产业化龙头企业2家，农民转变为现代农业业主175户。

【城乡面貌】2013年，《城市总规》报省政府通过，“以人为本”规划理念获得肯定，被列为落实中央新型城镇化工作典范。完成城市形象设计和文景一体、绿地水系等规划。省级园林县城通过验收。引青入城项目，完成25.33公顷征地搬迁和渠道、截污干管工程，成为全省世行贷款项目的“样板工程”。修文路西段完工，滨江路景观改造完成示范段建设，青衣江天然浴场主体竣工。雅康、恒和、静园、青云安置区建成投用。完成雅风东巷等背街小巷改造。雅康·世纪广场等20个房地产项目有序推进，成功举办2014年洪雅房地产交易会。完成余坪、汉王等乡镇农贸市场改造，建成幸福美丽新村示范点5个、新农村综合体1个，新建和改造新村聚居点80个。组建治理违法乱建执法队，拆除违法建筑5000余平方米。完成城镇建设投入31亿元，新增城镇建成区1.2平方千米、绿地面积16万平方米，农民转化为城镇居民1.45万人，城镇化率39.7%。

【生态品牌】2014年，全国生态文明示范工程试点县项目加快建设，多色谱林业景观带建设经验在全市交流。新增和恢复水域面积5平方千米，治理水土流失14平方千米。查处非法开采矿产资源案件5起。城市生活垃圾处理场、柳江污水处理厂、病死动物无害化处理转运中心建成投用。城区江南空气自动监测站启动运行，增设PM2.5（大气中直径小于或等于2.5微米的颗粒物）监测设备2台。关闭鑫源铁合金，淘汰福星电冶、中保联合活性炭厂等企业落后产能。万元工业增加值、万元GDP能耗完成省、市下达目标，通过国家生态县技术核查。

【交通路网】遂资眉高速公路建成通车，实现与乐雅高速公路的互通；大峨眉国际旅游西环线加快建设，止戈五龙祠至柳江段完成路基工程，柳江至终点段完成征地搬迁，城市规划区段完成规划设计。青衣江三桥及连接线建成投用，八角庙客运站主体竣工，博汉路、仁洪路改造完成。新建标准化村道47.4千米，硬化村组道路51千米，完成村道灾后恢复重建34.8千米。柳江至晏场道路加快建设，国道351城区过境段开工建设。实施道路安保工程66千米。新投放城镇公交车10辆，4条县道升级为省道。交通建设投入12.9亿元。

【社会民生】2014年，全县民生投入13.6亿元，占公共财政支出70%。扶贫解困4850人，移民后扶项目投入2890万元。县就业和社会保障服务中心、4个乡镇服务站主体完工。城镇新增就业4106人，建立高校毕业生见习基地5个，发放小额担保贷款817万元。城乡居民社会养老保险参保率90%，征缴各类社会保险基金3.6亿元。开建保障性安居工程1906套，公租房三期竣工投用，新分配入住174户。开工“4·20”地震城镇房屋重建833户，完成城乡房屋维修加固3.2万户、农房重建2331户。五保集中供养率90.5%，全面免除城乡居民基本丧葬费，残疾人托养服务中心投入使用。建立食品安全溯源机制，打造“吃得放心”示范店11个、示范街1条，食品药品执法办案经验在全市交流。县城备用水源取水工程进入前期勘测设计，解决农村3.9万人饮水安全。南部山区电力体制基本理顺，七里坪110千伏变电站、吴河至三洞110千伏输电工程完工，高庙、桃源、赵河片区农网改造加快实施。

【社会事业】2014年，全县高考重本上线率全市第一，致远学校建成投用。县级公立医疗机构全面实行药品零差率销售，启动精神康复医院迁建，通过全国农村中医药工作先进县复评。免费孕前优生健康检查实现城乡全覆盖，新农合参合率100%。开展“元宵民俗文化巡游”“广场舞大赛”等文化活动390场，师道戏成功申报为省级非遗保护项目，洪雅被命名为“四川省文化艺术之乡”。成功协办国家滑翔伞集训队选拔赛，启动县档案馆建设。

【行政建设】2014年，洪雅县完成农业畜牧、工商质监、卫生计生等政府机构改革，清理行政审批项目302项，办理行政审批和公共服务事项11万件，办结率100%。建成行政权力基础运行、电子监察等“一库三平台”，清理行政权力4699项，公开政务信息1.5万条。加强财政预算编制管理，公共财政支出19.65亿元；财政评审项目184个，审减8200万元；决算审计政府性投资项目56个，审减2003万元。规范运行公共资源交易电子平台，组织交易项目370个，节约资金2412万元。报批用地213.33公顷。创新融资模式，成功争取农发行土地整理贷款4.5亿元、省开行棚户区改造贷款2.96亿元，实现政府融资10.69亿元。县内金融机构新增信贷9.86亿元。银企对接签约项目19个，金额12.38亿元。开展“正风肃纪”专项行动，查处破坏软环境典型案件5起。解决房地产、金融、劳资等领域突出问题。接受人大法律监督和政协民主监督，办结市、县人大代表建议、政协委员提案160件，满意和基本满意率100%。

表 11　　2014 年洪雅县乡镇简况

乡镇	辖区面积(平方千米)	村委会(个)	社区居委会(个)	人口(人)	耕地面积(公顷)	国内生产总值(万元)	财政收入(万元)	农民人均纯收入(元)	主要农产品产量							
									粮食(吨)	油料(吨)	出栏生猪(头)	水果(吨)	蔬菜(吨)	茶叶(吨)	奶牛存栏(头)	产奶(吨)
洪川镇	80.03	10	7	74414	1336.33	212383	3700	11892	16616	1306	41964	1499	10721	241	3126	6687
止戈镇	46.03	6	1	21820	1029.7	73605	620	12033	10877	1195	19106	645	6102	2460	4788	9984
三宝镇	38.60	6	1	16272	564.6	15479	800	9441	5894	375	17105	92	5673	592	2529	6458
花溪镇	61.00	8	1	18153	838.93	17422	707	11792	7648	603	15543	291	6211	1280	2679	7572
余坪镇	99.35	15	1	41021	2243.2	65176	992	9915	22552	2444	52108	1141	14169	1036	3080	6116
槽渔滩镇	87.73	8	2	21463	623.73	30659	959	11351	6347	486	24213	361	2166	1709	2049	8655
中保镇	67.66	8	1	24577	1094.13	88934	590	10941	9938	785	38078	649	8406	590	1552	2977
东岳镇	115.30	11	1	26839	1331.73	48412	1256	11342	11740	646	31500	512	5799	1532	15957	30505
柳江镇	160.39	9	1	19869	623.47	50876	1024	10689	4915	297	16630	13	2398	848	2093	3884
高庙镇	234.21	10	1	17464	418.8	94554	854	10894	3860	40	8392	20	1254	226	—	—
瓦屋山镇	694.73	26	1	16850	524.8	37489	1006	9893	3399	31	11330	129	3132	118	—	—
中山乡	40.13	5	1	14812	763.33	23917	459	10835	8152	1135	14806	508	4913	2364	585	1080
将军乡	54.24	6	1	20487	675.53	152728	608	10559	7567	576	14126	519	2615	1171	5156	6221
汉王乡	70.87	7	—	11092	481.86	14442	561	10331	4622	116	12033	17	865	1888	223	440
桃源乡	46.22	4	—	4430	118.67	4850	311	8915	1165	25	3800	86	682	304	—	—

丹棱县

【概况】丹棱县地处四川盆地西南边缘，岷江以西，青衣江以东，总岗山南麓，眉山市中部偏西。地跨北纬29°52′—30°08′、东经103°14′—103°35′之间。东与眉山市的东坡区毗邻，东南和乐山市的夹江县接壤，南与洪雅县相连，西与雅安市的名山县为邻，北与成都市的蒲江县连接。幅员448.94平方千米。丹棱县人民政府所在地丹棱镇，东北距成都市100千米，东距眉山市30千米，西南距乐山市65千米，西距雅安市85千米。106省道横跨东西，县道丹蒲路、丹夹路纵贯南北。乡（镇）、村、社道四通八达，形成以县城为中心的交通网络。自隋开皇十三年（593）至2014年，丹棱县已有建制1421年的历史。丹棱县属河源丘陵地区。邛崃山支脉总岗山（一名长秋山，古称可暮山）横亘于县之西北境，连绵约60千米。县域地势西北高，东南低，由西北向东南逐渐低平，形似一面斜坡。最高点在县境西北张场镇老峨山，海拔高程1142米；最低点在县境东南杨场镇徐坝村，海拔高程450米。丹棱县气候属亚热带气候，四季温和，冬无严寒，夏无酷暑，冬干春旱，夏涝秋雨，阴天偏多，日照偏少。2014年，境内气温正常，降雨量正常、日照偏少。年平均气温16.6℃，比多年平均气温16.7℃偏低0.1℃；年日照时数729.5小时，比多年平均日照时数939.8小时少210.3小时；年降水量1158.5毫米，比多年平均降水量1157.9毫米多0.6毫米；年平均相对湿度75%，比多年平均湿度80%低5个百分点；年无霜期308天，比多年平均无霜期312天少4天。

境内有大小溪河122条，以丹棱河、安溪河、金牛河为主。径流量3.52亿立方米。钙芒硝资源丰富，全县钙芒硝矿储量250亿吨，厚度大、品位高、埋藏浅。天然气气源在顺龙乡境内，日产气约为10万立方米，用于本县城镇居民生活用气和部分工业用气。全县面积448.94平方千米。辖5个镇、2个乡，年末全县总人口163203人，当年出生人口1367人。人口自然增长率4‰。

2014年，全县地区生产总值（GDP）44.7亿元，比2013年（下同）增长9.6%。其中第一产业增加值9.4亿元、增3.8%；第二产业增加值24.2亿元、增11%；第三产业增加值11亿元、增10.9%。全年全社会固定资产投资54.1亿元、增24.1%。其中基本建设投资24.5亿元、增27.4%。地方公共财政收入2.62亿元、增17.1%。城镇居民人均可支配收入21186元、增10%。农民人均纯收入10773元，增加1254元、增13.2%。城镇化率36.48%。三次产业结构比为21.1∶54.2∶24.7。县级经济综合排位在全省上升2位、在丘陵区县中上升1位。全年民营经济增加值28.4亿元、增10.6%，占GDP的63.5%，对GDP增长的贡献率71.1%。其中第一产业增加值3.7亿元、增4%；第二产业增加值18.7亿元、增11.3%；第三产业增加值5.9亿元、增12.1%。

【工业】2014年，按照工业强县、产业兴县，调结构、转方式。工业生产性固定资产投资29.2亿元、比2013年（下同）增长19.6%；新增亿元企业2户。新兴产业产值11.9亿元、增27.9%，占全县工业生产总值比重26.5%，增5.4%。全年技改投入21.3亿元，万元工业增加值能耗下降6.3%。建设“数字园区”，天际瓷业、明宏光学四户企业引入资源计划信息管理技术，实现全程信息化监控管理。中车丹齿荣获市政府质量奖，与全球三大农机制造商之一的俄罗斯罗斯特公司合作减速器总成和变速箱开发项目；兴晟锂业被上市公司四川雅化实业集团公司全资收购，成为其子公司；蓉沪机电成为海尔集团、长虹电子的原始品牌制造和代加工供应基地；柯美特获批2014年全市唯一的省级企业技术中心；陶瓷建材产业园区成功创建全省首批、全市首个省级知名品牌示范园区。

【农业】2014年，按照市场主导、培育特色，产业标准化、农业品牌化。实现农业总产值9.4亿元，增长3.8%。成功争取中央第六批小农水重点县项目。省级现代农业、现代林业、现代畜牧业强县建设推进顺利。出台鼓励家庭农场发展系列扶持政策，新注册家庭农场76家，注册总量142家，建设经验全省推广；新增农民专业合作社19家。建成全国最大优质“不知火”生产基地，成功举办“不知火”品牌北京推介会，“不知火”售价大幅提高。成功申报认证有机食品1个、无公害农产品2个，创建绿色食品品牌2个。麻妹子公司获评四川省农产品加工示范企业，其商标创建为省著名商标。

【第三产业】2014年，做优环境、打造精品，拓展功能、提升质量。接待游客165万人次，实现旅游总收入11.8亿元。大雅文化、旅游功能更加完善，完成乡贤馆、规划馆、唢呐馆陈列布展。丹棱·桃花源成功创建为全市首个国家AAA级乡村旅游景区；成功争取全省乡村旅游提升试点项目，启动顺龙乡幸福古村建设；大雅花涧景区完成石板游步道铺设、滨河路路基工程和寨子崖片区基础设施建设。石桥乡、麻柳村成功创建为省级乡村旅游示范镇、示范村。丹棱首家四星级锦江饭店建成运行，接待能力提升。

【项目工作】2014年，按照项目总抓手、投资主驱动，稳增长、促转型。对上争取项目373个，争取项目资金8.4亿元，比2013年增加1.35亿元。实施项目大会战项目145个，完成投资59.8亿元。顺龙大深天然气井钻成投产。市级重点项目、集中开工项目和三产重点项目分别完成年度投资计划的146.9%、158.3%、132%。

【财税金融】2014年，按照科学预算、高效融资，深化改革、培植税源。全年税收总收入3.22亿元，比2013年（下同）增加4600万元、增长16.56%，占地方公共财政收入的66%。其中地税增长20.6%、国税增长8.9%。存款余额56.52亿元、增19.14%；贷款余额21.13亿元、增18.38%，新增信贷投放6.58亿元；成功争取政府性债券融资1亿元、省开行棚户区改造项目贷款1.56亿元。

国道315线（原省道106线）丹棱段

【民生】2014年，全年养老保险参保人数11.04万人，其中参加农村新型社会养老保险人数8.52万人；参加基本社会养老保险人数2.52万人。2.85万人参加城镇基本医疗保险，3389人参加失业保险。13.77万人参加农村合作医疗保险，参保率100%。新增就业2214人，城镇失业率控制在4.4%以内。城镇居民最低生活保障人数3564人，农村居民最低生活保障人数9266人。全年城市生活污水集中处理率88%；全年氮氧化物削减率0.78%，可吸入颗粒物（PM10）年均浓度0.122毫克/立方米；城市生活垃圾无害化处理率100%；全县森林覆盖率55.1%，比2013年增长8.57%；全县公共图书馆1个，体育馆1个，影剧院2个，文物管理所1个，博物馆1个，年末公共图书馆总藏量5.5万册。

【城市建设】2014年，全年实施的建设项目大会战、“八百湖堰润丹棱”、“绿海明珠大会战”等基础设施建设项目24个，完成投资约2.3亿元，完成县城污水管网铺设8.52千米，重点镇张场镇污水管网建设3.45千米。人社路、关帝路、丹棱大道、江陵路、兴旺街、群力居住点排水沟等市政道路的升级改造以及万景大雅城、南岸首席、西城国际等房地产项目的建设。26个项目整体推进，四星级以上酒店建成开业，填补丹棱县无高等级酒店的空白；6万平方米商业综合体基本建成，填补无大型商业综合体的空白；万景大雅城、南岸首席、西城国际、城南一号等主要楼盘基本建成，填补无20层以上高楼的空白；大雅广场、南岸滨河景观带、江陵桥和廊桥建成投用，丹心湖挖成蓄水等，成为全城市民步行休闲健身的主要场所；丹棱大道建成投用，成为连接县城与高速公路引道的主要通道；影视学院基地、大雅堂公园二期、大雅堂内非遗馆和规划馆等一大批项目开工建设。7月30日，市委书记李静肯定丹棱大雅新城实现“五个从无到有”（没有特色文化却做足文化、没有水却做足水、没有钱建设到有钱建设、没有土地指标到有土地指标、没有人气到有人气），要求全市学习借鉴。2014年大雅新区市政基础设施投资约1亿元，新增建成区面积约0.7平方千米。

（罗德斌　王巧奇　万　玲）

表12　眉山市丹棱县2014年乡镇简况

乡镇名称	辖区面积（平方千米）	村民委员会（个）	居民委员会（个）	人口（人）	耕地面积（公顷）	农业总产值（万元）	工业增加值（万元）	农民人均纯收入（元）	主要农产品			
									粮食（吨）	牛奶产量（吨）	油菜（吨）	出栏肉猪（头）
丹棱镇	59.34	10	6	42292	2332	41829	75635	11541	6079	437	815	37121
杨场镇	90.82	12	1	32086	2160	29233	85834	11478	6472	1358	1905	44640
仁美镇	34.14	8	—	18477	1024	18942	2298	10155	5889	1740	896	23820
双桥镇	89.57	14	—	32834	2313	32201	21850	11205	5299	2670	1270	44847

续表

乡镇名称	辖区面积（平方千米）	村民委员会（个）	居民委员会（个）	人口（人）	耕地面积（公顷）	农业总产值（万元）	工业增加值（万元）	农民人均纯收入（元）	主要农产品			
									粮食（吨）	牛奶产量（吨）	油菜（吨）	出栏肉猪（头）
张场镇	95.86	16	1	24101	1552	21672	3058	9736	5761	2332	1170	38236
石桥乡	23.28	4	—	4178	442	4167	682	10800	2891	237	167	8101
顺龙乡	55.93	6	—	9235	790	9802	562	9358	6374	337	461	18679
合计	448.94	70	8	163203	10613	157847	189919	10773	38765	9111	6684	215444

青神县

【概况】2014年，全县国内生产总值59.23亿元，比2013年（下同）增长10%。其中第一产业增加值8.03亿元、增3.7%；第二产业增加值35.75亿元、增11%；第三产业增加值15.45亿元、增10.8%。三次产业贡献率为4.6%、68.1%、27.3%，分别拉动经济增长0.5、6.8和2.7个百分点。民营经济保持快速发展，民营经济增加值37.52亿元、增11%，对经济增长的贡献率为70.6%，拉动经济增长7.1个百分点。全年地方财政收入5.55亿元、降23.1%；地方财政支出14.77亿元、降11.1%；金融机构各项存款68.02亿元、增9.6%；各项贷款余额33.25亿元、增26.9%；全年城镇居民人均可支配收入21219元、增10.9%。社会消费品零售总额16.64亿元、增12.9%。举办2014年“竹编产业推进大会”“百名企业家走进青神”等大型招商活动，全年招商引资到位资金51.14亿元、增6.3%。年末户籍人口19.74万人，人口自然增长率3.39‰。

【工业经济】2014年，明确动力产业发展思路，出台《关于加快动力产业发展的决定》。完成工业园区二期土地整理61.2公顷，建成工业园区面积3平方千米；青城机械等企业完成技改扩建，机械工业产业提质增效。全年完成固定资产投资32.01亿元、比2013年（下同）增21.6%，入库税金2.92亿元、增12%，机械产业总产值28.35亿元、增21.36%。新增规模以上工业3户，规模以上工业总产值81.43亿元、增29.8%，实现主营业务收入78.84亿元、增23.2%；利税总额4.63亿元、增27.8%，全年实施千万元以上工业项目40个，总投资31.94亿元。与美食品、宏瑞钢构等13个项目竣工投产；德恩传动20万吨铸造及加工生产、恒乐电器12个项目稳步推进；立白西南日化基地一期、德鑫航空二期等17个项目开工建设。德鑫航空、展祥合金创建为国家级高新技术产业。工业增加值31.73亿元，增长10%，工业对GDP贡献率56.1%，拉动GDP增长5.6个百分点。

【现代农业】2014年，以农民增收为核心，推进椪柑产业、竹编产业业态发展和产村相融成片推进幸福美丽新村建设，农业生产稳步发展。整合资金3000万元建设椪柑产业园区，建成“椪香园”椪柑产村环线32千米，面积50平方千米，成功创建省级精品农业标准化示范区。全年新植高换椪柑1333.33公顷，新（改）建标准化果园366.67公顷，椪柑产值3.8亿元，比2013年（下同）增15%。新培育椪柑产业发展龙头企业，种植大户，销售大户200余家，眉山市神果环球食品公司建成投产。投入4.5亿元巩固农业基础设施，新建幸福美丽新村3个，聚集点11个。鸿化堰取水口水堰工程建成投用。土地确权颁证工作完成进度45%，在全省会议上作经验交流，在《人民日报》上登载。新增育家庭农场202家，增至208家。全年竹编产业产值13亿元、增1.1%。农牧渔业增加值8.03亿元、增3.7%；其中农业总产值5.65亿元，农业增加值增长3.8%；农民人均纯收入10242元，增11.1%。

【三产旅游】2014年，依托竹编产业发展，推进三产旅游发展。完成旅游园区总体规划、“竹艺之门”及“竹韵天下”片区控制性详细规划。成功申办2016年第九届中国竹文化节。投入3000万元建成中国首家竹林湿地，完成思蒙河亲水平台、“水竹·怡庄”一期、竹艺大道南延线和竹艺街西延线建设。营造竹海，新建竹基地1333.33公顷，其中雷竹基地266.67公顷。弘扬竹编技艺，成功申报“青神竹编”原产地证明商标，云华竹旅确定为国家级“非遗”生产性保护示范基地。中岩东坡文化城项目成功签约。成立革命老区促进会，红色西山多功能基地一期工程建成开园。成功举办瑞峰龙舟、东坡初恋地旅游文化节活动。瑞峰镇和白果乡甘家沟村分别为省级示范旅游镇、示范村。易网电子商务基地建成运行，全县有网店500余家、微店300余家，上网交易额2亿余元。全年实现社会消费品零售总额16.64亿元，比2013年（下同）增12.9%。全年旅游总收入15亿元、增22.4%，其中旅游外汇收入198万美元。

【城建交通】2014年，开展“四城同创”（创建省级文明城市、国家级生态县、省级园林城市、省级环境优美示范县城），治理城乡面源污染，青城镇、南城镇、西龙镇、高台乡通过省级生态乡镇验收，瑞峰镇通过国家级生态乡镇验收。“绿海明珠”“千湖之城”“百园之市”加快推进，恢复新增水域面积5.25平方千米，城乡绿化覆盖率47%，森林覆盖率44.02%。推进城市基础设施向农村延伸，完成城镇建设投入12.78亿元，新建城区面积0.6平方千米。推进财富中心、城市之星、中岩广场三大商业综合体建设，完成锦绣小区建设，城市综合承载能力增强。全年房地产开发28.5平方千米，销售21万平方米，新增城镇人口0.78万人，城镇化率36.07%，比2013年（下同）增1.5%。全年出让土地20宗46.07公顷，土地经营收入4.63亿元、增148%。综合交通建设投资9.4亿元。列入“四川省综合交通运输体系建设示范县”。总投资16.69亿元的汉阳航电枢纽工程并网发电，库区航道基本形成；虎渡溪航电枢纽工程顺利推进。成绵乐铁路客运专线青神段12月20日建成投运。争取国道245、省道103、307、401过境。

【党的建设】2014年，严格执行中央“八项规定”、省委“十项规定”、市委“六个坚持”，厉行节约、反对浪费，“四风”问题得到有效整治。自编自演青廉微电影，建设“青廉”教育基地，以“青廉广场”为载体，开展廉政书画展、演讲比赛、拓展训练等警示教育活动。向农村、社区、企业、学校、医院和机关招募万名“青廉”志愿者，建成全国首支万名廉政志愿者队伍，发现并纠正各类问题43个。开展党的群众路线教育实践活动，围绕“重大项目”、三公经费、“正风肃纪”、惠民政策开展监督检查和专项治理，大力整治庸懒散浮拖，切实解决直接联系服务群众“最后一千米”问题。创新干部人才培养模式，采取公开遴选、高校引进专家等方式引进使用人才60人次。全年查处违反“四风”案件8件8人，清退不符合低保享受条件1685人，督促追讨拖欠农民工工资961万元，为群众办好事、实事5800余件，此项工作被中央电视台等主流媒体宣传报道400余次。

【民生工程】2014年，全面完成十大民生工程，就业、就医、就学、居住等民生保障进一步完善，总投入65.13亿元，占地方性财政收入的64%。城镇人均收入比2013年（下同）增长10.9%，增幅居全市第一。实施品牌培训，鼓励就业创业，开展首届十佳明星和十佳岗位标兵评选，成功创建省级劳模品牌和省级劳务培训基地，新增城镇就业2010人。成功创建省级卫生应急综合示范县，县人民医院、县中医院成功创建二甲医院。促进教育均衡发展，市示范性综合实体基地项目加快推进，成都艺术职业学院青神校区一期工程稳步推进。县域义务教育均衡发展通过省级验收。做好困难群众救助工作，新建公共租赁住房476套，实施棚户区改造2150户。城乡低保应保尽保，城乡居民社会养老保险基本实现全覆盖。全面免除城乡居民基本丧葬费，建成南城公益性公墓实施“文化”立县战略，建立文化产业扶持机制，开展“同圆中国梦，共建新青神”等系列活动。外宣工作实现突破，全县市级以上媒体上稿1198篇。中央级和省级媒体上稿量分别增长134%、112%，青神对外形象得到提升。

（周国玉）

表13　2014年青神县乡镇简况

乡镇名称	辖区面积（平方千米）	村民委员会（个）	居民委员会（个）	人口（人）	耕地面积（公顷）	固定资产投资（万元）	农业总产值（万元）	工业增加值（万元）	农民人均纯收入（元）	主要产品产量				
										粮食（吨）	禽蛋（吨）	水果（吨）	油料（吨）	肉类（吨）
青城镇	17.0	1	9	15466	391	231800	3276	98691	11893	3550	178	328	323	1129
南城镇	18.0	6	2	18325	682	52947	4300	84016	11176	6539	189	1016	677	1412
黑龙镇	32.8	11	2	26370	1129	110315	6862	91542	10982	9296	749	571	939	2737
西龙镇	75.2	11	1	25681	2099	55080	9735	30630	9981	20150	763	5937	1709	3084
瑞峰镇	45.9	6	1	13500	836	5342	4112	4041	9625	7616	229	3157	731	2320
汉阳镇	22.2	4	1	9930	470	5843	3089	526	10176	4226	181	3323	458	1304

续表

乡镇名称	辖区面积(平方千米)	村民委员会(个)	居民委员会(个)	人口(人)	耕地面积(公顷)	固定资产投资(万元)	农业总产值(万元)	工业增加值(万元)	农民人均纯收入(元)	主要产品产量				
										粮食(吨)	禽蛋(吨)	水果(吨)	油料(吨)	肉类(吨)
河坝子镇	27.8	5	1	10320	724	16869	4007	1520	9967	7432	201	3272	439	1517
白果乡	78.7	15	—	20576	1380	6100	10428	2960	10099	14112	753	27942	989	3574
高台乡	19.6	5	1	12085	732	6943	4455	1040	10510	7432	110	9246	541	1294
罗波乡	49.6	7	—	14712	947	50203	6268	2324	10119	8888	386	4146	763	2255
合计	386.8	71	18	166965	9390	541441	56532	317290	10242	89241	3740	58937	7569	20625

岷东新区

【概况】2014年，岷东新区管委会围绕“和谐、自然、人文的生活品质之城”和“十年再造一座眉山新城”建设目标，招商引资签约金额48.2亿元，到位资金15.3亿元；完成拆迁284.4公顷；固定资产投资17.03亿元（眉州大道东段2亿元）；组卷上报建设用地105公顷，批回55.87公顷；收储土地97.67公顷，出让土地65.88公顷，出让收入8.38亿元；地方公共财政预算收入8905万元；农民人均纯收入比2013年增长13%，城镇化率提高3.1%。眉州大道东段、岷东大道岷东新区段、富牛大道南段和中部组团五条市政主干道建成通车；川师大成都学院于9月实现招生目标。中部组团农民安置小区，完成小区室内、外装饰装修，水、电、气、绿化等配套工程即将完工，计划2015年交付使用；东坡养生植物园正加快建设步伐；城市主干道景观绿化工程陆续开工建设。

【经济发展】2014年，实施《眉山市岷东新区管委会合同管理办法》，开展岷东新区合同（协议）审查备案联席会议工作，加强管委会机关、事业单位、下属公司订立履行合同行为管理，预防和减少合同纠纷。申报岷东城区棚户区项目保障性安居工程配套基础设施建设2014年中央预算内资金6899万元。全年固定资产投资17.03亿元（眉州大道东段2亿元），比2013年增长26.88%。

2014年，审批滨江公园、南部组团安置区一期、岷东新区行政服务中心、岷东中学、中部组团安置区幼儿园、岷东新区公安消防设施、富牛大道景观绿化工程、中部组团市政道路景观绿化工程、北部城市片区市政道路、市无线电固定监测站迁建等项目前期工作。完成岷东中学、市无线电固定监测站迁建项目、植物园路至新华集镇市政道路（岷黑快速通道）、新华至富牛镇公路改善工程（场镇段）等项目立项审批工作。组织成都七中实验东坡学校、川师大成都学院二期工程完成备案手续。

2014年，受理新增工程申报70起，确认70起。牵头暂估价询价小组工作，完成中部组团安置小区电梯询价、岷东大道岷东段路灯询价、富牛大道南段桥梁工程动载、静载试验检测费询价、岷东大道井盖井座雨箅子、富牛大道和中部组团市政道路路灯工程询价工作。

2014年，加强危险化学品“两重点一重大”监管和烟花爆竹安全监管，深化“道路交通安全综合整治攻坚年”行动，组织开展安全生产大检查活动和“六打六治”打非治违专项行动。

【征地拆迁安置】2014年，岷东新区管委会下发《关于认真落实“三公开、三分离”机制，规范征迁工作的通知》《明确宗地结算相关工作的通知》《岷东新区富牛镇国有土地上房屋征收与补偿方案》，形成《征地拆迁公开制度》等6项制度，对征地拆迁的工作原则、工作流程、工作要求、工作纪律等作出详细规定，全年征地拆迁284.4公顷，开展地宗地核算13宗。保障岷东大道、眉州大道扩征，完成富牛大道北段、污水处理厂等项目征地。协调征迁服务150起。完成清点丈量，锁定近500栋700户群众房屋实物量；基本完成棚户区项目（北部组团安置区、岷东中学、棚户区一期）43.6公顷用地征迁。

【项目管理】2014年，岷东新区管委会纳入目标考核的项目25个，其中政府性投资项目18个，社会性投资项目7个。项目工作旬督查，季通报。

【招商引资】2014年，签约项目7个，开工项目3个，签约金额34.2亿元，实际到位资金15.03亿元，比2013年增长12.5%。引进恒信伟业中部组团城市综合体项目、四川奇人影视投资20亿元建设四川国际影视城项目；与北京东方园林达成投资意向，签订眉山市岷东新区生态文明建设合作框架协议。引进四川豪阳商业经营管理有限公司、四川众和奥顺物流有限公司、四川汉海拍卖有限公司等3家现代服务企业落户新区。争取市投促局、驻外经合局等部门支持，及时汇报岷东新区规划情况和招商方向，拓宽招商信息来源。加大项目服务力度，为客商提供"一对一"服务。项目签约落地后，立即成立项目工作组，实施"一对一""保姆式"服务，确保项目顺利推进。完成岷东新区宣传画册和城市形象宣传片制作；在眉山电视台、《眉山日报》、中心城3处LED屏以及户外单立柱投放城市宣传广告；完成岷东新区门户网站的建设、管理、维护工作；借媒体力量，加大对外宣传力度。管委会与《眉山日报·博周刊》建立为期一年45期专题宣传合作，报道岷东新区，全年完成新闻报道、专题宣传27次。在眉山日报社《成德绵眉乐高铁生活读本》整版专题宣传。研究新区产业发展方向，探索创新招商模式，围绕"文化旅游创意、健康养老养生、楼宇经济和会展经济、休闲观光农业"等四大业态，招强引优。

【财政】2014年，岷东新区地方公共财政预算收入8905万元，比2013年（下同）增长65.15%。其中税收8155万元、增53%，非税收入750万元、增11倍。政府性基金预算收入8.81亿元、增6.96%。3月，建立岷东新区国库集中支付中心，将岷东公安分局、富牛镇及其下属事业单位统一纳入支付中心管理，提高财政资金运行的安全性、规范性和有效性。建立岷东新区管委会土地收支台账，岷东新区征地拆迁过渡费支出台账等一系列专项明细账目。争取到地方政府债券资金2亿元，上级专项转移支付资金1.43亿元。完成委托贷款1.27亿元。按照《岷东新区政府性投资项目财政评审管理办法（试行）》及新增工程管理办法等相关规定，全年完成中部组团安置小区消防设计变更工程等评审项目41个。按照《岷东新区国有资产管理办法》，指定专人管理国有资产，分类登记。审计下属全资国有公司年度财务。

【社会事业】2014年，岷东新区制定《关于推进统筹城乡发展的实施意见》、《关于激励农民进城入镇居住的试行办法》《岷东新区农村土地承包经营权流转管理办法》《农业产业规划》《统筹城乡发展专项资金管理办法》等"1+4"文件，设立统筹城乡发展专项资金；组织召开新区统筹城乡工作大会，召开农业招商会暨土地流转咨询会，制作土地流转宣传手册和展板，启动农村土地承包经营权流转工作。

2014年，提出新区义务教育5年实现转型提质发展的目标和思路，制定《岷东新区五年义务教育转型提质发展意见》。召开新区义务教育转型提质发展动员部署工作大会；设立新区教育人才基金，下发《岷东新区教育人才基金管理办法（试行）的通知》，教师节发放教育人才基金21.9万元，表彰2014年优秀教师和教育工作者23人；整合富牛初中和新华初中组建岷东中学，做好原新华初中校舍改造移交；完成岷东中学项目前期可研、立项、报批等工作，启动岷东中学校园文化建设项目；做好市二幼项目建设协调服务；开展校园安全检查，处理托管前退休教师上访问题，解决涉教问题30余件；妥善处置一起幼儿手足口病引发的恐慌事件。

2014年，整改富牛中心卫生院和新华分院，引进专业技术人员4人，中心卫生院扭亏增盈。配合做好卫生服务中心项目前期工作，富牛中心卫生院改造项目完成立项选址等工作。

2014年，协调办理第一批被征地农民养老保险826人。办理第二批被征地农民养老保险847人。开展就业培训2期120人，生产技术培训2000余人。清理辖区农民工工资工作，排查辖区内企业单位和项目建设工地无拖欠行为；完成富牛镇松林社区等6个社区申报和河东等5个村的区划调整，通过东坡区人民政府审批；完成镇敬老院拆除，妥善安置敬老院内老人；完成岷江河道管理移交，编制防汛抗旱应急预案，调理充实防汛抗旱领导小组，完成新区古树申报。

2014年，举办人防业务知识培训，组织到企业实地参观考察，解决企业提出各类相关问题。组建人防基层组织1个（川师大成都学院眉山校区）。完成川师大成都学院、成都七中实验东坡学校、城市职业技术学院、中部组团安置小区人防报建。

【国土资源管理】2014年，岷东新区对接市、区国土部门编制富牛、崇礼两镇土地利用总体规划局部调整方案，规划调整面积45公顷，涉及四川城市职业学院、三馆项目（市博物馆、图书馆、展览馆）、南部组团安置区等项目。完成岷东城区棚改项目、岷东中学、南部组团安置区一期等6个项目64.07公顷用地预审。富牛镇刘堰村、玉龙村双挂钩项目报省国土资源厅审查入库。完成四川师范大学成都学院、四川城市职业学院、四川眉山经开区国税局、眉山岷东投资开发有限公司使用的12宗90.94公顷国有土地登记颁证。

2014年，完成4批次105公顷建设用地报批；组织出让土地9宗65.88公顷，合同价款8.38亿元，其中对外出让经营性用地3宗25.02公顷，合同价款3.715亿元，分别增长381%、207%。配合完成土地收储102.67公顷。

2014年，组织实施河东村、牛路口村砂石资源开采调查，调查测绘面积82.24公顷，完成开采量、储量核查。通过政府采购方式确定作业单位开展崇礼石糕冲石膏矿开采量、储量和影响评价。配合市国土资源局执法监察支队查处河东村、牛路口村4宗砂石场非法占用土地破坏耕地案件，发出责令改正违法行为通知书；查处非法采砂案1起，没收违法所得2.7万元，罚款2万元；东鑫页岩机砖厂1.32公顷非法行为调查，下达行政处罚决定书，其非法采矿案件移交市公安局；立案查处2人非法采砂案，已经检察机关批捕。完成10个项目79.89公顷卫片图斑核查，完善乡道光富路、川师大成都学院眉山校区、中部组团安置区、富牛大道等4个项目先行用地手续。开展集中整治，打击违法建设行为18起，拆除非法建筑5100平方米，维护新区良好秩序。完成富牛镇场镇棚户区改造项目范围内82宗5.1公顷国有土地清查认定，报市国土资源局审核。配合东坡区分局注销利用伪造资料骗取的国有土地使用证9本。

2014年，开展征地拆迁安置稳定风险评估，实行节假日及重要时期“零报告”，落实领导接访、包案和机关干部下访并举制度。全年处理矛盾纠纷16起，初信初访办结率100%，本级信访办结率95%以上，息访率90%以上，重复访率控制在20%以下。加强汛期地质灾害点巡查和值班值守，加强防灾减灾知识宣传，确保群众生命财产安全；全年无一起因地质灾害致人伤亡事故。

【城乡规划】2014年，岷东新区开展城市专项规划、绿地公园和棚户区等重点地段的修建性详细规划、重点项目规划设计方案、辖区内的村镇规划等四大类型12项规划编制工作。其中，西片区夜景亮化规划、西片区综合交通规划、滨江公园修建性详细规划已批准实施；岷东城区棚户区改造项目修详、石埂子水库及周边旅游度假项目修详、南部组团安置区、中医院通过规委会审议；西片区户外广告规划、富牛镇总体规划、富牛镇区控制性详细规划和城市设计引导、中部组团综合市场和公安消防设施等5项规划设计工作完成方案编制，并进入报审程序。

2014年，办理无线电固定监测站、岷东新区棚户区改造项目（一期）、岷黑大道、岷东新区公安分局业务用房、富牛中学卫生院综合楼等5个项目《选址意见书》，办证面积74.9公顷；办理四川城市职业学院眉山新校区、成都七中实验东坡学校、岷东新区棚户区改造项目（一期）等3个项目“用地规划许可证”，办证面积84.6公顷；办理长4635.16米的富牛大道北段道路工程、岷东城区棚户区一期改造项目（34万平方米）、四川城市职业学院眉山新校区一期（7.96万平方米）等3项工程规划许可证，其中建筑面积41.96万平方米。

2014年，完成滨江公园修建性详细规划、污水处理一厂、四川城市职业学院眉山校区、眉山交通职业技术学校临时建设项目、南部组团安置区、成都七中实验眉山东坡学校、中医院、岷东城区棚户区改造项目、富牛中学宿舍楼、交通技工学校临时办公用房、高职院临时食堂设施等11项规划设计方案审批工作。出具3宗商业用地和4宗居住用地的规划设计条件。审查并协调测绘单位出具12宗用地的规划红线图，面积85.93公顷。

2014年，组织实施岷东大道北一段、北二段、植物园路、岷东大道南段等4个项目的规划放线管理和验线工作。为川师大成都学院、成都七中、四川城市职业学院、超高压地埋电力廊道、富牛大道等5个建设项目提供规划预放线验线工作技术支持。组织实施四川师范大学成都学院一期项目19.26万平方米规划核实工作，并办理规划核实合格证。依法纠正川师大成都学院眉山校区项目在建设过程中出现的部分建筑功能与批准方案不相符行为。

2014年，参与眉州大道、岷东大道、富牛大道、中部组团5条城市道路、植物园、中医院、中部组团综合市场、川师大成都学院、成都七中实验眉山东坡学校、四川城市职业学院、中部组团安置区、岷东城区棚户区改造项目、截污干管、污水处理厂、中部组团电力廊道改建、岷黑大道（植物园至黑龙滩）等16个岷东新区重点项目建设工作，为项目建设的可研、招商、签订协议、拆迁安置、报建、工程设计和建设等各阶段工作提供规划基础资料、规划管理服务和技术支持。

2014年，提出并全程参与长约17.5千米截污干管和2万吨污水处理厂2项大型重点工程方案专题研究。成果通过专家评审和行业主管部门批准，岷东新区管委会已启动工程建设。主持研究并编制中部组团电力廊道由架空调整为地埋的工程优化方案，并通过市政府常委会批准实施。率先提出并参与岷东新区工程方案审查委员会的全程技术审查工作，提前解决工程建设过程中按规划实施的一系列技术问题。

2014年，配合市城乡规划局开展全市重点项目“五馆一中心”的规划设计方案征选工作；为全民义务植树工作提供技术支持，并直接参与前期工作；开展岷东新区宣传和土地推介等资料制作，提供基础资料和技术支持；为奇人影视、中国骄傲艺术城、红洲农业观光园、岷东房地产公司与兰溪和岷东投资公司与信和等本地大型房地产公司合作项目等提供规划咨询服务和技术支持；办理各级部门征求相关事项意见的回复工作46项；与市规划局信息中心对接，答复22条市民在网上提出的问题。

【住房城乡建设】2014年，严格进入岷东新区的勘查、设计、监理、施工等企业市场准入关，严格方案设计审查、初步设计审查、施工图审查备案，组织开展岷东新区中部组团市政道路、岷东大道石埂子水库坝后道路、中部组团市政道路恬雅路、西纵线市政道路-南段、川师大成都学院眉山校区一、二、三期等项目初设审查评审会7次；办理项目总监变更备案4份，施工图审查备案11份，招标备案12份，施工、劳务合同备案15份；办理岷东新区建设项目施工许可证初审项目6个；协助办理建设、地勘、设计、监理、施工单位及检测机构入市备案11个，建立项目数据库，提醒建筑企业严格按基本建设程序完善建设手续；指派专人跟踪项目进展，主动上门协调工程报建、建筑材料检测、质量安全报监等事项，推进新区项目建设；收集建设项目审批流程、收费金额和依据等，编印成册并免费送发入驻企业。岷东新区住建分局开展建设领域内民工工资清欠工作，督促施工企业按时足额发放工资，维护新区建设秩序和社会稳定，全年未发生一起民工工资拖欠情况。

2014年，开展创园工作，完成创园迎检。开展多色谱林业景观带建设，完成多色谱林业景观带前期可研编制；协调设计单位优化工程设计；10月移交给眉山岷东鹤林景观工程有限公司。做好眉州大道（岷东段）建设工程现场协调对接、岷东大道建设工程现场协调对接，推进新区建设，指导协调中部组团市政道路、西纵线市政道路项目建设。配合完成穿越岷东新区规划范围内植物园、岷东大道、川师大、中纵线、中部组团、西纵线市政道路等项目内的110千伏镇金线拆除，拆除约29基双排水泥杆、铁塔，长度约13千米；迁改35千伏安（110千伏安平变电站）象（35千伏象耳变电站）线和观音支线25基，长约4.3千米，拆除线路4.3千米，电杆18基；迁改完成岷东大道石埂子水库10千伏安新线、安华线1.3千米，电杆24基，拆除电杆14基，线路0.9千米；迁改完成中纵线10千伏安新线1.8千米，拆除电杆8基；迁改完成西纵线10千伏安新线、安华线线路0.98千米，电杆14基，拆除线路0.8千米，电杆11基；迁改完成眉州大道与西纵线岷东大道交叉口10千伏安新线1.2千米，电杆19基，拆除电杆8基；迁改眉州大道、岷东大道、西纵线、中部组团市政道路、川师大通信线路广电、电信、移动、联通长约65千米，电杆350基；完成川师大项目内联通、移动基站、无线电管理处基站拆除；完成眉州大道西纵线迁改。完成眉州大道燃气管网迁改。做好“三校”项目服务对接，杆管线迁改。指导各单位做好各项审查备案和行政审批工作。开展岷东新区城镇大会战，按时收集报送信息，全年城镇建设完成了投资额约12亿元。配合市创园办、市城管局做好白鹤林郊野公园现场勘查和方案制定。川师大成都学院眉山校区项目20万平方米教学设施工程全部封顶。

2014年，召开质量安全工作会13次，质量安全培训会4次，指导在建工程施工安全防护工作，与市质安站对接，市质安站派员现场开展质量安全监督和相关检测。

【项目服务】2014年，岷东新区项目服务中心探索社会投资项目的协调代办工作方式和流程，协助招商、规划、国土、住建等部门做好项目入驻，在依法依规前提下，简化手续、缩短流程、快速办理项目涉及的相关行政审批事项，先后为投资者提供生产要素、审批流程、证件办理、费用减免申报等项目服务30余次。

【土地储备】2014年，岷东新区完成102.67公顷土地收储，上报省国土资源厅备案，确保已批土地的监管、出让和使用合法合规。开展土地包装、营销、争取出让商业、商住用地20~33.33公顷，解决部分建设资金。完成眉州大道、岷东大道水电气配套建设，会同规划、建设分局完成11万伏、22万伏高压电力廊道方案优化并启动实施，提升土地价值，增加土地供应12余公顷。

【公安工作】2014年，岷东新区公安分局接处警545起，刑事案件立案94起，破38起（其中破现案27起、积案11起），破现案率28.7%；刑事拘留21人，移送起诉26人（提请逮捕13人，取保候审17人，监视居住1人），追逃3人；治安案件受理110起，查处92起，查处率83.6%；治安拘留31人，强制戒毒3人，社区戒毒2人，警告15人，教育训诫40人，罚款6人；抓获网上逃犯3人；缴获非法改装枪支2支，查扣涉案车辆2辆，销毁赌博工具18台，缴获管制刀具5把，查获毒品3.15克，收缴吸毒工具2套，查扣涉案资金17余万元。

2014年，收集各类不稳定情报信息30条，情报信息采用率和预警率100%。妥善处置各类不稳定因素，无群体性事件发生和到省、进京越级上访、闹访。强化应急维稳处突队伍日常训练和演练，完成岷东新区应急抢险演练和“眉山卫士14-1”远程集结暨处置群体性事件演练任务；完成援藏维稳和反恐维稳任务。

2014年，先后部署开展“肃毒.创平安”“两抢一盗一诈骗”“社会治安大清查大整治”“打假专项行动”“利剑行动”，扫荡各类违法犯罪；辖区未发生命案，刑事案件侦破率、治安案件查处率高于全市平均水平，岷东新区分局被四川省公安厅评为全省命案实战破案比武竞赛命案防范先进县级公安机关。破获“3·25”非法采矿案2起、“10·25”岷东新区系列盗抢工程车柴油案，抓获犯罪嫌疑人4名，协助破获外地案件40余件，涉案金额40余万元；查处伪造、买卖国家机关公文、证件、印章案1起并报省厅治安总队挂牌督办；查处寻衅滋事案、故意伤害案各1起，打掉流窜盗窃摩托车犯罪团伙1个；整治“黄、赌、毒”，破获聚众赌博案3起，查处吸食毒品案2起、贩毒案1起赌资数十万元。

2014年，加强治安巡逻防控，对辖区重点单位、重点项目工程施工现场和周边实施动态监管，在夜间高风险时段做到“三见警”（见警车、见警灯、见警察），集中开展治安管理大清查行动，分8次出动各类力量500余人，拉网式清查辖区内网吧、出租房、洗浴、歌厅等公共娱乐场所，旅店、废旧物品收购站、重点村组、重点项目工程工地、重点企事业单位、村社，检查过往车辆883台次，清查、登记辖区村社、工地、出租房外来人员15194人，盘查询问可疑人员171人，查处交通违法行为61起，收缴管制刀具7把，收缴非法枪支2支，查处捕鱼机16台，确保社会治安稳定。

2014年，推进项目安保，在项目建设区内设立警务室，辐射和带动周边农村基层基础工作。以重点项目顺利入场，建设秩序良好、内部防范制度健全、安全文明施工为内部治安保卫工作；统筹周边农村群众法制宣传教育、企地矛盾纠纷排查化解、重点人员管控打击，营造良好周边治安环境；开展流动人员清理、社会事务协调、案事件联动处置等工作，实现建设区内人员不受侵犯、财物不受损失、建设秩序良好和农村周边生产生活不受影响、人员流动情况清楚、矛盾纠纷及时调处的良性互动机制，实施城市建设和农村发展“两线”齐发、“两翼”互动。全年调解矛盾纠纷160余起，配合开展征迁、“打非治违”行动9次，处置项目工程阻工纠纷26起，涉稳苗头7起；配合开展新区沙石资源专项整治行动，挡获查处盗采活动4起，查扣机具6台，行政处罚2起，专案调查1起。

2014年，将“一标三实”基础信息大采集作为夯实公安基层基础，推进信息化建设，采集标准地址12255个；采集实有房屋11917套；采集实有人口31948人；采集实有单位信息538家，从业人员3355人，全省率先通过“一标三实”信息采集全覆盖检查验收。

2014年，启动分局业务技术用房建设，下达投资计划、明确建设业主、选定建设用地、确定投资模式，项目总投资2128万元，建筑面积7957平方米，占地3.33公顷，完成项目勘察设计招标和项目平面布局及建筑风貌初步设计方案。

2014年，办理迁入业务374人次，迁出业务55人次，出生受理480人次，死亡注销81人次，办理二代身份证1830人次，办理临时身份证878人次。加强流动人口登记管理，登记录入辖区流动务工人员1043名，在校学生7027名。

2014年，完成原中共中央政治局委员、全国政协副主席杨汝岱，省委副书记、省长魏宏，市委书记李静，全国“两会”、市“三会”、中韩自贸区第11轮谈判会、四川省金融考察团、市三会代表视察岷东新区、第六届中国泡菜展销会等重大警卫、保卫任务20批次。

【眉山岷东开发投资有限公司】 2014年，全年实现经营收入7890.66万元，注册资本金13.5亿元，完成固定资产投资16.98亿元。至年底，公司名下商业商住用地59.5公顷，总资产28.91亿元。全年实现融资18.92亿元。全资子公司眉山岷东鹤林景观工程有限公司出资收购洪雅盛世园林工程有限公司51%股权，并于11月完成眉山盛世园林绿化有限责任公司的注册登记；合资组建眉山信和岷东置业有限公司，出资成立眉山岷东博诚文化传播有限公司，逐步形成以投资公司为主体，园林绿化、文化传播服务、污水处理、地产开发四大板块为支撑，企业化管理、市场化运作的集团化发展框架。

【四川岷东房地产开发有限公司】 2014年，启动的在建项目均处于前期工作准备阶段，已启动的建设项目有6个（南部组团安置小区、半山华府住宅小区、中部组团安置区幼儿园、滨江公园、无线电监测站、岷东新区政务中心）。同成都银行、眉山市农业发展银行、浙商银行、天弘基金、天风证券等多家金融机构完成对接。

【富牛镇】 富牛镇位于眉山市东坡区东部，辖区面积85.03平方千米，东邻复盛乡、南邻崇礼镇、西与岷江、眉山城区、太和镇隔江相望，北与土地乡相互毗邻。东风支渠、蟆颐堰支渠穿境而过，全镇辖16个村、1个社区、119个村民小组，人口4.9万余人。辖区内共有学校9所，其中公办初中1所，小学2所，职业技术院校1所，幼儿园4所，卫生院2个，敬老院1所，金融储蓄单位2个。

2014年，全镇国内生产总值4.49亿元，比2013年（下同）增长12.6%；全社会固定资产投资4000万元，旅游收入1.39亿元；第三产业增加值增速19.6%，农村居民转变为第三产业经营者852人。全年新发展批产5000只以上的规模养鸡户20户，全镇规模养鸡户276户，年出栏优质肉鸡1000万只；全镇培育生猪规模养殖户230余户，实现年出栏生猪6万头。“一事一议”道路建设项目4.11千米，交通局建设项目6.86千米，铺设碎石路面2千米；沟渠硬化7千米，新建“U”形槽防渗工程4.10千米，浆砌沟渠7千米；整治山坪塘14口，维修提灌站34处，修复水毁工程20余处。全镇城镇医保参保737人，农村新型医疗保险入保率99.6%，城乡居民养老保险参保1.33万人；全年实施临时救助90人次，救助金额2.3万元；实施医疗救助和优抚救助77人次，救助资金16.68万元；全年发放独生子女父母奖励金41.58万元，征收社会抚养费417万元。全年查灭螺200万平方米，血防造林53.33公顷，完成万坝沟渠硬化工作。血检查病1.30万人次，治疗5500人。

（岷东新区管委会）

附　录

表 14　**2014年获全国性表彰的先进集体**

获奖单位	获奖称号	授奖单位
眉山市	全国“六五”普法中期先进市	全国普及法律工作办公室
眉山中级人民法院	2014 年全国法院新闻宣传和网络宣传优秀成果	最高人民法院
市委群工部	2013 年度全国网民留言办理工作先进单位	人民日报社人民网
市民政局	民政宣传工作先进单位	中国社会报
市人力资源和社会保障局	2014 年全国清理整顿人力资源市场秩序专项行动取得突出成绩单位	人社部办公厅
市国土资源局	国家土地总督察办公室基层联系点	国土资源部
市国土资源局	2013 年度市级国土资源政务信息网上公开示范单位	国土资源部
市国土资源局	2014 年度国土资源报刊发行工作先进单位	中国国土资源报社
市粮食局	全国粮食系统先进集体	人力资源社会保障部、国家粮食局
建设银行眉山分行	文明单位	中国建设银行总行
建设银行财富中心支行	五星级网点	中国银行协会
建设银行财富中心支行	千佳文明规范服务示范单位	中国银行协会
眉山职业技术学院	2014 年“舞动中国——排舞联赛”（四川赛区）一等奖	国家体育总局体操运动管理中心 全国排舞运动推广中心
眉山职业技术学院	全国职业院校技能大赛（高职组）中华茶艺技能大赛团体总分第一名、一等奖	教育部
眉山职业技术学院	2014 年全国全民健身操舞大赛（四川分站赛）暨四川健美操锦标赛一等奖	国家体育总局体操运动管理中心、中国健美操协会、全国全民健身操舞竞赛委员会
眉山电力公司	先进集体	国家电力公司
眉山电力公司共产党员服务队（东坡）	工人先锋号	全国总工会

续表

获奖单位	获奖称号	授奖单位
中国人民银行眉山市中心支行内审处	人民银行内审工作转型业务竞赛先进集体优秀奖	人民银行总行
南车眉山车辆厂有限公司货一车间	火车头奖杯	中华全国铁路总工会
南车眉山车辆厂有限公司	全国安康杯竞赛优胜单位	中华全国铁路总工会
市殡仪馆	全国殡葬工作先进集体	民政部
市慈善总会	第二届“中华慈善突出贡献奖”	中华慈善总会
市救助管理站	“寒冬送温暖”专项救助行动表现突出的救助管理机构	民政部
民进眉山机关事业总支	全国创先争优活动先进组织奖	民进中央
民盟眉山市直总支	民盟中央群言杂志社发行工作优秀单位	民盟中央
移动眉山分公司	第四届全国文明单位	全国精神文明办
共产党员服务队（东坡）	工人先锋号	全国总工会
东坡区检察院	保留文明接待室	最高人民检察院
东坡区法院	全国优秀法院	最高人民法院
彭山法院	第四届全国文明单位	全国精神文明办
彭山区检察院	集体记一等功	最高人民检察院
仁寿法院龙正法庭	全国法院人民法庭工作先进集体	最高人民法院
四川省仁寿县第二高级职业中学团委	2013 年度“全国五四红旗团委（团支部）”	团中央
四川省仁寿县文林镇双天酒家有限公司团支部	2013 年度“全国五四红旗团委（团支部）”	团中央
彭山武阳敬老院	全国农村五保供养工作先进单位	民政部
仁寿县看守所	全国看守所机制创新先进单位	公安部监所管理局
仁寿县救助管理站	荣获未成年人健康成长法治保障制度创新最佳事例	中央综治办、共青团中央、中国法学会
仁寿县文宫镇文华社区	2014 年全国综合减灾示范社区	民政部
洪雅县洪川镇文庙社区	2014 年全国综合减灾示范社区	民政部
青神县青城镇文林社区	2014 年全国综合减灾示范社区	民政部
青神县凤阳社区	2014 年全国和谐社区建设示范单位	民政部
洪雅县国家税务局	全国税务系统先进集体	人社部
洪雅县张花园社区	2014 年全国和谐社区建设示范单位	民政部

表 15 **2014年获省委、省政府表彰的先进集体**

获奖单位	获奖称号	授奖单位
眉山市	2013 年度全省维护社会稳定工作优秀市（州）	省委、省政府
眉山市	2013 年度全省社会管理综合工作目标优秀市（州）	省委、省政府
市商务局	为十五届西博会成功举办作出突出贡献的部门	省委、省政府
眉山市政府	2014 年度农田水利基本建设绩效考核农机项目第一名	省政府

表 16 2014年获省厅级表彰的先进集体

获奖单位	获奖称号	授奖单位
眉山市政府	2013 年度现代农业发展考核一等奖	省农业厅、省林业厅
市政协	省政协新闻宣传工作先进单位	省政协办公厅
市中级人民法院	全省法院争创“两个一流”工作综合二等奖	省高级人民法院
市中级人民法院	全省法院系统第十六届学术讨论会组织工作先进奖	省高级人民法院
市中级人民法院	全省法院践行党的群众路线主题征文活动单位	省高级人民法院
市中级人民法院	全省国家赔偿工作先进集体	省高级人民法院
市中级人民法院	2014 年度全省法院调研工作突出单位二等奖	省高级人民法院
市中级人民法院	全省争创“两个一流”工作二等奖、领导班子建设先进单位、精神风貌建设先进单位	省高级人民法院
眉山市中级人民法院	四川省法院系统先进集体	省高级人民法院
市中级人民法院	2014 年度审判管理工作三等奖	省高级人民法院
眉山市中级人民法院	全省法院优秀文化建设特色项目评选优秀	省高级人民法院
眉山市中级人民法院	2014 年度全省法院新闻宣传工作考评先进单位	省高级人民法院
眉山市中级人民法院	2014 年度《法院队伍建设》通联工作先进单位	省高级人民法院
眉山市中级人民法院	2014 年度全省法院信息工作先进集体	省高级人民法院
市检察院民行处	民事诉讼违法调查工作	省检察院
市委政法委	全省政法宣传工作先进单位	省委政法委
市委政法委	“大学习大讨论”活动征文优秀组织单位	省委政法委
市委政法委	四川省单位政法委先进集体	省委政法委、省人社厅
市委群工部	四川省信访工作先进集体	省人社厅、省信访局
市委群工部	2013 年度信访工作先进集体一等奖	省信访局
市政府信访局	2013 年度信访工作先进集体一等奖	省信访局
市委群工部	全省信访系统贯彻十八大·开创新局面主题大调研活动组织奖	省信访局
市政府信访局	全省信访系统贯彻十八大·开创新局面主题大调研活动组织奖	省信访局
市政府办公室	文电会务办理工作先进集体	省政府办公厅
市政府办公室	政府信息公开和网站建设工作先进集体	省政府办公厅
市政府办公室	督查调研先进集体	省政府办公厅
市委维稳办	四川省维护稳定工作先进集体	省委政法委、省委维稳领导小组、省人社厅
市委维稳办	2014 年优秀维稳信息组织单位奖和优秀维稳信息奖	省委维稳办
市委维稳办	2014 年度全省维护社会稳定工作调研活动优秀组织单位	省委维稳办
市委维稳办	2014 年度全省维护社会稳定工作优秀调研成果一等奖	省委维稳办
市直机关工委	2014 年度全省城乡环境综合治理“进机关”活动先进单位	省直机关工委
市政府办公室	文电会务办理工作先进集体	省政府办公厅
市政府办公室	政府信息公开和网站建设工作先进集体	省政府办公厅
市政府办公室	督查调研先进集体	省政府办公厅

续表

获奖单位	获奖称号	授奖单位
市公安局	“平安家庭”创建工作先进集体	省妇联、省综治办、省团委、省公安厅、省司法厅、省新闻出版广电局
市公安局	第十五届中国西部国际博览会安全保卫等工作突出贡献单位	省公安厅
市民政局	2013 年度市州民政工作绩效管理考核先进单位	省民政厅
市民政局	“4·20”芦山强烈地震抗震救灾先进集体	省民政厅
市民政局	2013 年度市州老龄工作绩效管理考核先进单位	省老龄委
市民政局	2013 年度平安边界线	省综治办、省民政厅
市民政局	省退役士兵安置工作先进集体	省军安领导小组
市民政局	省防灾减灾先进集体	省减灾委
市老龄办	2014 年度老龄政策调研工作组织奖	省老龄办
市司法局	2013 年全省司法行政系统综合考评先进单位	省司法厅
市司法局	2013 年度党风廉政建设工作优秀单位	省司法厅纪委
市人力资源和社会保障局	2014 年度就业创业服务工作先进单位	省就业局
市人力资源和社会保障局	2014 年度失业保险工作先进单位	省就业局
市人力资源和社会保障局	2014 年度中国劳动保障报宣传工作做得好的单位	省人社厅
市国土资源局	2013 年度市（州）国土资源局耕地保护暨国土资源管理目标考核先进单位	省国土资源厅
市国土资源局	2013 年党风廉政建设责任制和惩防体系建设先进集体	省国土资源厅
市国土资源局	2013 年全省国土资源信访、维稳工作绩效考核优秀单位	省国土资源厅
市国土资源局	2013 年“厅长信箱”来信办理工作先进单位	省国土资源厅
市质监局	2013 年度全省代码工作先进单位	省组织机构代码管理中心
眉山联络组（市质监局标准化科）	2013 年度全省物品编码工作先进集体	中国物品编码中心四川分中心
国家统计局眉山调查队	四川调查系统 2014 年市县调查队目标管理先进单位一等奖	国家统计局四川调查总队
国家统计局眉山调查队	四川调查系统 2014 年信息分析工作先进集体	国家统计局四川调查总队
市地质环境监测站	四川省地质灾害防治工作先进集体	省人社厅、省国土资源厅
市住房和城乡建设局	2013 年全省住房城乡建设工作目标绩效考核先进单位一等奖	省住房和城乡建设厅
市住房和城乡建设局	2013 年全省测绘地理信息管理工作目标考核第一名	省测绘地理信息局
市住房和城乡建设局	“魅力中国”第二届全国国家版图知识竞赛组织奖	省测绘地理信息局
市农业局	2013 年度农机化发展工作绩效考核优秀	省农业厅
市农业局	综合目标考核一等奖（第二名）	省农业厅
市林业局	四川省林业产业工作先进集体	省人社厅、省林业厅

续表

获奖单位	获奖称号	授奖单位
市林业局	2014 年度市州林业局目标考核先进单位	省林业厅
市旅游局	全省旅游工作综合目标绩效考核先进单位	省旅游局
市旅游局	四川省旅游行业财务信息工作优秀单位	省旅游局
眉山市台胞台属联谊会	全省台联工作先进单位	省台胞台属联谊会
眉山市台胞台属联谊会	2014 年台胞台商联谊工作先进单位	省台胞台属联谊会
眉山市台胞台属联谊会	2014 年对台交流工作先进单位	省台胞台属联谊会
市安全生产监察执法支队	全省川西南片区安全生产模拟执法比武暨实地训练活动团体奖三等奖	省安全监管局
市安全监管局	全国职业病防治知识竞赛四川赛区优秀组织奖	省安全监管局
市安全监管局	2014 年度四川省安全社区建设先进集体	省安办
市药监局	2013 年度四川省药品抽验工作绩效考核三等奖	省药监局
市药监局	全省食品药品安全专项整治“亮剑行动”先进单位	省药监局
市防震减灾局	信息综合工作三等奖	省地震局
市公安局国保支队	四川省维护稳定工作先进集体	省委政法委、省委维稳领导小组、省人社厅
市公安局情报信息支队	2013 年全省公安机关专业能力大比武先进集体	省公安厅
眉山市纤维检验所	全省纤检工作先进单位	省质监局
中国人民银行眉山市中心支行仁寿县支行党支部	成都分行 2012—2013 年度“先进基层党组织”	成都分行党委
中国人民银行眉山市中心支行国库处	四川国库系统业务知识竞赛集体二等奖	成都分行
中国人民银行眉山市中心支行国库处	财税库银横向联网知识竞赛国库系统集体三等奖	成都分行
建设银行眉山分行	“五一”劳动奖状	省总工会
建设银行眉山分行	文明单位	中国建设银行四川分行
建设银行眉山分行营业部	工人先锋号	省总工会
市机关事务管理局	2013 年度全省公共机构节能先进主管部门	省直机关事务管理局
眉山电力公司	双“十佳”文明单位	省电力公司
眉山电力公司	“三集五大”体系建设先进集体和安全生产先进单位	省电力公司
眉山电力公司	四川省“十佳”自愿服务项目	省委宣传部、省文明办
眉山电力公司“心连心”服务站	“十佳”志愿服务项目	全国总工会
太平洋人寿保险股份有限公司眉山中心支公司	2014 年度“先进单位”	太平洋寿险四川分公司

续表

获奖单位	获奖称号	授奖单位
南车眉山车辆厂有限公司备料车间	四川省工人先锋号	省总工会
东坡区分局禁毒大队	“肃毒害、创平安”禁毒百日攻坚会战集体嘉奖	省公安厅
市慈善总会	“4·20”芦山强烈地震抗震救灾先进社会组织	省民政厅
市老年大学	省中老年集体舞比赛三等奖	省老龄办、省民政厅
东坡区检察院	全省检察机关首届“三微”创作活动作品评审	省检察院政治部
彭山区人民检察院司法警察大队	司法警察练兵先进单位	省检察院
东坡区法院	全省法院刑事审判工作先进集体	省高级人民法院
东坡区法院	涉民生案件专项执行活动先进单位	省高级人民法院
彭山法院	涉民生案件专项执行活动先进单位	省高级人民法院
彭山法院	全省法院第二届优秀司法建议评选活动三等奖	省高级人民法院
仁寿法院	全省法院优秀人民法庭	省高级人民法院
洪雅法院	全省法院优秀人民法庭	省高级人民法院
青神县法院	全省法院刑事审判工作先进集体	省高级人民法院
东坡区人武部	依法治军从严治军先进单位	省军区
洪雅县人武部	践行强军目标先进人武部	省军区
洪雅县局洪川派出所	全省公安机关“一标三实”工作先进派出所	省公安厅
丹棱县国家税务局	第三届四川省文明单位	省委办公厅
东坡区法院	四川省法院系统先进集体	省高级人民法院
仁寿县法院	四川省法院系统先进集体	省高级人民法院
彭山区法院	四川省法院系统先进集体	省高级人民法院
丹棱县法院	四川省法院系统先进集体	省高级人民法院
东坡区法院	全省法院优秀文化建设特色项目评选优秀	省高级人民法院
仁寿法院	2014 年度全省法院新闻宣传工作考评先进单位	省高级人民法院
仁寿法院	2014 年度《法院队伍建设》通联工作先进单位	省高级人民法院
东坡区法院	2014 年度全省法院信息工作先进集体	省高级人民法院

市委、市政府表彰先进集体

一、2013年度党风廉政建设先进集体

（一）区县（3个）

仁寿县委、县政府，丹棱县委、县政府，青神县委、县政府

（二）市级单位、部门（37个）

市纪委（监察局）、市中级人民法院、市人民检察院、市委办公室、市人大常委会办公室、市政府办公室、市政协办公室、市委组织部、市委宣传部、市委统战部、市委政法委、市直机关工委、市委群工部、市委编办、市委农工委、市发展改革委、市教育局、市公安局、市民政局、市财政局、市人力资源社会保障局、市国土资源局、市住房城乡建设局、市水务局、市林业局、市卫生局、市审计局、市城管执法局、市畜牧局、市政务服务中心、市总工会、团市委、市妇联、市机关事务管理、市工商局、眉州监狱、国网眉山供电公司

二、2013年度维稳、综治、群众和信访、"诉非衔接"改革试点工作先进集体

（一）维稳工作

1. 区县（3个）

东坡区委、区政府，仁寿县委、县政府，丹棱县委、县政府

2. 市级单位、部门（37个）

市纪委（监察局）、市中级人民法院、市人民检察院、市委办公室、市人大常委会办公室、市政府办公室、市政协办公室、市委组织部、市委宣传部、市委统战部、市委政法委、市直机关工、市委群工部、市投促局、市发展改革委、市经济和信息化委、市公安局、市民政局、市司法局、市财政局、市人力资源社会保障局、市国土资源局、市环境保护局、市住房城乡建设局、市交通运输局、市农业局、市卫生局、市审计局、市旅游局、市城管执法局、市国资委、市安全监管局、岷东新区、眉山岷江现代农业示范园区、市机关事务管理局、市扶贫移民局、眉山国安局

（二）综治工作

1. 区县（3个）

仁寿县委、县政府，彭山县委、县政府，青神县委、县政府

2. 市级单位、部门（37个）

市纪委（监察局）、市中级人民法院、市人民检察院、市委办公室、市人大常委会办公室、市政府办公室、市政协办公室、市委组织部、市委宣传部、市委统战部、市委政法委、市委群工部、市委编办、市委防邪办、市发展改革委、市经济和信息化委、市公安局、市民政局、市司法局、市财政局、市人力资源社会保障局、市国土资源局、市交通运输局、市林业局、市文广新局、市卫生局、市人口计生委、市旅游局、市畜牧局、市安全监管局、市总工会、团市委、市妇联、山国安局、市工商局、武警支队、黑龙滩风景区

（三）群众和信访工作

1. 区县（3个）

仁寿县、彭山县、东坡区

2. 市级单位、部门（34个）

市纪委（监察局）、市中级人民法院、市人民检察院、市委办公室、市人大常委会办公室、市政府办公室、市政协办公室、市委组织部、市委宣传部、市委统战部、市委政法委、市委群工部、市委农工委、市投促局、市发展改革委、市经济和信息化委、市公安局、市民政局、市司法局、市财政局、市人力资源社会保障局、市国土资源局、市住房城乡建设局、市交通运输局、市林业局、市卫生局、市人口计生委、市审计局、市粮食局、市城乡规划局、市国资委、市安全监管局、市政务服务中心、岷东新区

3. 区县单位、部门（3个）

丹棱县委群工部、青神县委群工部、洪雅县委群工部

（四）"诉非衔接"改革试点工作

1. 区县（3个）

东坡区、丹棱县、青神县

2. 市级单位、部门（6个）

市中级人民法院、市委政法委、市委群工部、市司法局、市人力资源社会保障局、市法制办

3. 区县单位、部门（11个）

东坡区人民法院、东坡区委政法委、仁寿县人民法院、仁寿县文林镇政府、彭山县人民法院、彭山县委政法委、洪雅县人民法院、洪雅县矛盾纠纷大调解协调中心、丹棱县人民法院、青神县人民法院、青神县矛盾纠纷大调解协调中心

三、2013年度都市近郊型现代农业发展（新农村综合体建设）工作先进集体

1. 区县（3个）

青神县、丹棱县、彭山县

2. 市级单位、部门（37个）

市纪委（监察局）、市委办公室、市政府办公室、市委组织部、市委宣传部、市委统战部、市委政法委、市直机关工委、市委群工部、市委农工委、市投促局、市发展改革委、市经济和信息化委、市科技局、市财政局、市人力资源社会保障局、市国土资源局、市环境保护局、市住房城乡建设局、市交通运输局、市水务局、市农业局、市林业局、市审计局、市统计局、市旅游局、市粮食局、市畜牧局、市城乡规划局、市安全监管局、市食品药品监管局、眉山岷江现代农业示范园区、市地方志办、市扶贫移民局、市工商局、市气象局、国家统计局眉山调查队

四、2013年度综合交通大会战先进集体（39个）

（一）市级单位、部门（17个）

1. 牵头单位（2个）

市交通运输局、市综合交通办（市铁建办）

2. 配合单位（15个）

市纪委（监察局）、市发展改革委、市公安局、市财政局、市人力资源社会保障局、市国土资源局、市环境保护局、市水务局、市林业局、市审计局、市城乡规划局、眉山发展公司、市扶贫移民局、市委督查室、市政府督查室

（二）区县、园区单位、部门（19个）

东坡区综交办、东坡区永寿镇政府、东坡区三苏乡政府、仁寿县经济和信息化局、仁寿县交通运输局、仁寿县重点交通建设办公室、彭山县交通运输局、彭山县财政局、彭山县牧马镇政府、洪雅县交通运输局、洪雅县国土资源局、洪雅县止戈镇政府、丹棱县发展和改革局、丹棱县丹棱镇政府、丹棱县杨场镇政府、青神县交通运输局、青神县铁建办、青神县航电办、眉山岷东开发投资有限公司

（三）先进建设单位（3个）

中铁建工集团成绵乐指挥部、四川鑫福高速公路投资有限公司、青神金弘能源投资开发有限公司

五、2013年度基层政权建设工作先进集体（40个）

（一）区县（3个）

仁寿县、丹棱县、青神县

（二）市级单位、部门（26个）

市纪委（监察局）、市委办公室、市人大常委会办公室、市政府办公室、市政协办公室、市委组织部、市委宣传部、市委政法委、市委群工部、市公安局、市民政局、市财政局、市人力资源社会保障局、市国土资源局、市住房城乡建设局、市交通运输局、市水务局、市农业局、市卫生局、市人口计生委、市审计局、市城管执法局、市城乡规划局、岷东新区、团市委、市妇联

（三）区县所属单位、部门（11个）

东坡区民政局、东坡区崇礼镇、仁寿县委组织部、仁寿县民政局、仁寿县财政局、彭山县民政局、彭山县青龙镇、洪雅县民政局、洪雅县洪川镇、丹棱县民政局、青神县民政局

六、"两宋荣光"眉州大道改造工程建设工作先进集体（30个）

东坡区委区政府、市纪委（监察局）、市委办公室、市人大常委会办公室、市政府办公室、市政协办公室、市委宣传部、市委政法委、市委群工部、市发展改革委、市公安局、市财政局、市国土资源局、市环境保护局、市住房城乡建设局、市交通运输局、市水务局、市林业局、市审计局、市城管执法局、市城乡规划局、市安全监管局、工业新城办、岷东新区、眉山日报社、市公共资源交易中心、市广播电视台、国网眉山供电公司、市城投公司、眉山经开区新区

七、第四届东坡文化节暨第五届四川泡菜展销会先进集体（39个）

东坡区委区政府、市委办公室、市人大常委会办公室、市政府办公室、市政协办公室、市委宣传部、市委农工委、市投促局、市教育局、市科技局、市公安局、市司法局、市财政局、市国土资源局、市住房城乡建设局、市交通运输局、市水务局、市农业局、市文广新局、市卫生局、市旅游局、市城管执法局、市畜牧局、市食品药品监管局、团市委、市工商联、眉山职业技术学院、市委市政府接待办、市机关事务管理局、市工商局、眉山质监局、三苏祠博物馆、四川省味聚特食品有限公司、四川省吉香居食品有限公司、李记集团、四川省惠通食业有限责任公司、四川省邓仕食品有限公司、眉山岷江东湖饭店有限公司、眉山东坡大酒店有限责任公司

八、2013年度青神竹编产业推进工作先进集体（20个）

青神县委、青神县政府、市委办公室、市政府办公室、市委组织部、市委农工委、市发展改革委、市财政局、市人力资源社会保障局、市环境保护局、市住房城乡建设局、市交通运输局、市水务局、市林业局、市文广新局、市审计局、市旅游局、市扶贫移民局、市政府金融办、市城乡环境治理办

九、2013年度全市创建国家园林城市工作先进单位（40个）

东坡区委区政府、市纪委（市监察局）、市委办公室、市人大常委会办公室、市政府办公室、市政协办公室、市委组织部、市委宣传部、市委统战部、市委政法委、市委农工委、市发展改革委、市经济和信息化委、市公安局、市民政局、市财政局、市人力资源社会保障局、市国土资源局、市环境保护局、市交通运输局、市住房城乡建设局、市水务局、市农业局、市林业局、市卫生局、市审计局、市旅游局、市城管执法局、市粮食局、市畜牧局、市城乡规划局、眉山日报社、市委市政府接待办、市广播电视台、市城乡环境治理办、岷东新区、市创园办、东坡区苏祠街道、东坡区大石桥街道、东坡区通惠街道

十、2013年度全市融资工作先进集体

（一）一等奖（18个）

1. 区县、园区（5个）

东坡区委、区政府，仁寿县委、县政府，青神县委、县政府，彭山经开区，天府新区仁寿视高区域

2. 市级单位、部门（13个）

市纪委（监察局）、市委办公室、市政府办公室、市委组织部、市委宣传部、市发展改革委、市财政局、市国土资源局、市国资委、

眉山发展公司、市政府金融办、人行眉山市中心支行、眉山银监分局、

（二）二等奖（14个）

1. 区县、园区（2个）

甘眉（铝硅）工业园区、眉山金象化工产业园区

2. 市级单位、部门（12个）

市委群工部、市投促局、市三产办、市经济和信息化委、市住房城乡建设局、市交通运输局、市审计局、市统计局、工业新城办、市妇联、市扶贫移民局、天府新区眉山市建设委员会办公室

十一、2013年度全市城乡环境综合治理（"进机关"活动）工作先进集体（40个）

（一）区县（3个）

彭山县委、县政府，东坡区委、区政府，丹棱县委、县政府

（二）市级单位、部门（37个）

市纪委（监察局）、市中级人民法院、市委办公室、市人大常委会办公室、市政府办公室、市政协办公室、市委组织部、市委宣传部、市委政法委、市直机关工委、市委编办、市委农工委、市投促局、市科技局、市财政局、市人力资源社会保障局、市国土资源局、市环境保护局、市住房城乡建设局、市交通运输局、市水务局、市林业局、市文广新局、市卫生局、市人口计生委、市审计局、市旅游局、市城管执法局、市畜牧局、市城乡规划局、市食品药品监管局、眉山日报社、市机关事务管理局、市广播电视台、市城乡环境治理办、市工商局、眉山岷江现代农业示范园区

十二、2013年度十大民生工程工作先进集体（39个）

（一）区县（5个）

1. 一等奖（3个）

东坡区委、区政府，青神县委、县政府，仁寿县委、县政府

2. 二等奖（2个）

彭山县委、县政府，丹棱县委、县政府

（二）市级单位、部门（34个）

市纪委（监察局）、市委办公室、市政府办公室、市委组织部、市委宣传部、市直机关工委、市委群工部、市委农工委、市发展改革委、市教育局、市民政局、市司法局、市财政局、市人力资源社会保障局、市国土资源局、市环境保护局、市住房城乡建设局、市交通运输局、市水务局、市农业局、市卫生局、市人口计生委、市审计局、市旅游局、市城管执法局、市粮食局、市畜牧局、市安全监管局、市总工会、市妇联、市残联、眉山日报社、市广播电视台、市城乡环境治理办

十三、2013年度天府新区眉山片区建设大变样工作暨成眉区域合作八大行动先进集体

（一）天府新区眉山片区建设大变样工作先进集体（15个）

1. 区县（2个）

仁寿县委、县政府，彭山县委、县政府

2. 市级单位、部门、园区（13个）

天府新区仁寿视高区域、彭山经开区、天府新区眉山市建设委员会办公室、市委办公室、市政府办公室、市发展改革委、市经济和信息化委、市投促局、市财政局、市国土资源局、市城乡规划局、市政府金融办、工业新城办

（二）成眉区域合作八大行动先进集体（24个）

1. 区县（3个）

东坡区委、区政府，仁寿县委、县政府，彭山县委、县政府

2. 市级单位、部门、园区（21个）

市委办公室、市政府办公室、市委农工委、市投促局、市发展改革委、市经济和信息化委、市教育局、市财政局、市住房城乡建设局、市交通运输局、市政府金融办、工业新城办、甘眉（铝硅）工业园区、眉山金象化工产业园区、眉山岷江现代农业示范园区、天府新区眉山市建设委员会办公室、市三产办、市综交办、天府新区仁寿视高区域、彭山经开区、成眉工业集中发展区

十四、2013年度全市产业项目建设大会战（重点项目推进、向上争取）先进集体（40个）

（一）牵头单位（5个）

市委农工委、市发展改革委、市经济和信息化委、市统计局、市三产办

（二）先进单位、部门（19个）

1. 区县（3个）

仁寿县委、县政府，彭山县委、县政府，丹棱县委、县政府

2. 市级单位、部门（16个）

市教育局、市民政局、市财政局、市人力资源社会保障局、市住房城乡建设局、市交通运输局、市水务局、市农业局、市林业局、市卫生局、市城管执法局、畜牧局、岷东新区、甘眉（铝硅）工业园区、眉山金象化工产业园区、市综交办

（三）协调服务单位（16个）

市纪委（监察局）、市委办公室、市政府办公室、市委组织部、市委宣传部、市委统战部、市委政法委、市委群工部、市投促局、市国土资源局、市环境保护局、市审计局、市旅游局、市安全监管局、市食品药品监管局、国家统计局眉山调查队

十五、2013年度工业发展先进集体（39个）

（一）工业经济（28个）

1. 区县（3个）

彭山县委、县政府，仁寿县委、县政府，青神县委、县政府

2. 市级单位、部门、园区（25个）

市纪委（监察局）、市委办公室、市政府办公室、市人大常委会财经工委、市投促局、市发展改革委、市经济和信息化委、市科技局、市财政局、市人力资源社会保障局、

市国土资源局、市环境保护局、市统计局、市城乡规划局、市安全监管局、市政协经科委、市政府金融办、眉山质监局、乐山市商业银行眉山分行、国网眉山供电公司、天府新区仁寿视高区域、彭山经开区、眉山金象化工产业园区、青神县工业开发区、眉山“中国泡菜城”

（二）园区建设大会战（7个）

1. 区县（2个）

东坡区委、区政府，丹棱县委、县政府

2. 市级单位、部门、园区（5个）

市中小企业局、甘眉（铝硅）工业园区、仁寿县文林工业园区、洪雅县工业园区、丹棱县机械产业园区

（三）现代工业新城建设（4个）

东坡区委、区政府，工业新城办，成眉石化园区，眉山经开区新区

二、10强工业企业（10户）

四川金象赛瑞化工股份有限公司、南车眉山车辆有限公司、四川丹甫制冷压缩机股份有限公司、蒙牛乳业（眉山）有限公司、四川科伦药业股份有限公司仁寿分公司、四川立白实业有限公司、千禾味业食品股份有限公司、四川尼科国润新材料有限公司、洪雅青衣江化工有限公司、四川省青城机械有限公司

十六、2013年度教育体育工作先进集体

（一）教育工作先进集体（23个）

1. 区县（3个）

彭山县人民政府、青神县人民政府、仁寿县人民政府

2. 市级单位、部门（20个）

市纪委（监察局）、市委办公室、市政府办公室、市委组织部、市委宣传部、市委编办、市人大常委会教科文卫民宗工委、市发展改革委、市教育局、市公安局、市财政局、市人力资源社会保障局、市国土资源局、市住房城乡建设局、市卫生局、市审计局、市城乡规划局、市食品药品监管局、岷东新区管委会、市政协教文委

（二）体育工作先进集体（11个）

1. 区县（3个）

仁寿县人民政府、彭山县人民政府、丹棱县人民政府

2. 市级单位、部门（8个）

市委政法委、市直机关工委、市委农工委、市体育局、市交通运输局、市人口计生委、市总工会、市残联

十七、2013年度财税工作先进集体

（一）特等奖（6个）

彭山县委、县政府，仁寿县委、县政府，青神县委、县政府，市财政局，市地税局，眉山发展公司

（二）一等奖（5个）

东坡区委、区政府，丹棱县委、县政府，市国税局，市国土资源局，市审计局

（三）二等奖（4个）

市政府金融办、人行眉山市中心支行、市住房城乡建设局、市人防办

十八、2013年度国土资源管理工作先进集体（29个）

（一）区县（5个）

1. 一等奖（3个）

东坡区委、区政府，仁寿县委、县政府，彭山县委、县政府

2. 二等奖（2个）

丹棱县委、县政府，青神县委、县政府

（二）市级单位、部门（24个）

市纪委（监察局）、市委办公室、市政府办公室、市委组织部、市委宣传部、市委政法委、市委群工部、市投促局、市发展改革委、市经济和信息化委、市公安局、市财政局、市人力资源社会保障局、市国土资源局、市住房城乡建设局、市农业局、市林业局、市交通运输局、市城乡规划局、市安全监管局、岷东新区、甘眉（铝硅）工业园区、眉山金象化工产业园区、眉山岷江现代农业示范园区

十九、2013年度经济综合实力前10强和排位上升最快前10名乡镇

（一）2013年度经济综合实力10强乡镇

仁寿县文林镇、东坡区象耳镇、彭山县青龙镇、仁寿县视高镇、洪雅县洪川镇、丹棱县丹棱镇、东坡区修文镇、青神县青城镇、仁寿县汪洋镇、彭山县凤鸣镇、

（二）2013年度排位上升最快前10名乡镇

仁寿县虞丞乡、仁寿县鳌陵乡、仁寿县富加镇、洪雅县汉王乡、仁寿县珠嘉乡、青神县西龙镇、仁寿县兴盛镇、东坡区永寿镇、彭山县义和乡、仁寿县视高镇

二十、全市乡镇规划大会战工作先进集体（38个）

（一）区县（5个）

1. 一等奖（3个）

东坡区人民政府、丹棱县人民政府、彭山县人民政府

2. 二等奖（2个）

青神县人民政府、仁寿县人民政府

（二）市级单位、部门（33个）

市委办公室、市人大常委会办公室、市政府办公室、市政协办公室、市直机关工委、市委编办、市委农工委、市投促局、市发展改革委、市经济和信息化委、市教育局、市公安局、市民政局、市财政局、市人力资源社会保障局、市国土资源局、市环境保护局、市住房城乡建设局、市交通运输局、市水务局、市农业局、市林业局、市文广新局、市卫生局、市人口计生委、市统计局、市旅游局、市城管执法局、市畜牧局、市城乡规划局、市安全监管局、市公共资源交易中心、市城乡环境治理办

二十一、2013年下半年主动作为创一流先进集体（87个）

（一）区县（5个）

1. 一等奖

青神县、仁寿县

2. 二等奖

丹棱县、东坡区

3. 三等奖

洪雅县

（二）市级单位、部门（46个）

1. 经济单位（17个）

市财政局、市农业局、市城乡规划局、市审计局、市国资委、市林业局、市国土资源局、市统计局、市畜牧局、市住房城乡建设局、市投促局、市发展改革委、眉山发展公司、市环境保护局、市粮食局、市委农工委、市交通运输局

2. 党政群单位（20个）

市委办公室、市政府办公室、市纪委（监察局）、市委组织部、市教育局、市委宣传部、市扶贫移民局、市科协、市政务服务中心、市残联、市城乡环境治理办、市人口计生委、市城管执法局、市人力资源社会保障局、市卫生局、市委统战部、市安全监管局、市民政局、市委编办、市直机关工委

3. 政法维稳单位（5个）

市委政法委、市委群工部、市人民检察院、市公安局、市中级人民法院

4. 市人大常委会、市政协机关（4个）

市人大常委会办公室、市人大常委会人事代表外侨工委、市政协办公室、市政协研究室

（三）园区（11个）

1. 新区和工业园区（7个）

岷东新区、眉山金象化工产业园区、成眉工业集中发展区、天府新区仁寿视高区域、眉山经开区新区、眉山"中国泡菜城"、仁寿县文林工业园区

2. 旅游园区和农业园区（4个）

眉山岷江现代农业示范园区、天府花海观光农业园区、四川省现代粮食产业仁寿示范园区、洪雅县瓦屋山旅游风景区

（四）区县所属单位（25个）

东坡区纪委、东坡区人民法院、东坡区委政法委、东坡区白马镇、东坡区万胜镇、仁寿县委宣传部、仁寿县投促局、仁寿县水务局、仁寿县青岗乡、仁寿县汪洋镇、仁寿县兴盛镇、彭山县国土资源局、彭山县交通运输局、彭山县观音镇、彭山县义和乡、洪雅县委办公室、洪雅县委宣传部、洪雅县民政局、洪雅县止戈镇、丹棱县委办公室、丹棱县农林局、丹棱县双桥镇、青神县政府办公室、青神县委宣传部、青神县西龙镇

二十二、2013年度宣传思想工作先进集体（40个）

（一）区县（4个）

1. 一等奖（3个）

仁寿县、彭山县、丹棱县

2. 二等奖（1个）

青神县

（二）市级单位、部门（36个）

市纪委（监察局）、市中级人民法院、市人民检察院、市委办公室、市人大常委会办公室、市政府办公室、市政协办公室、市委组织部、市委统战部、市委政法委、市委政研室、市直机关工委、市委群工部、市委编办、市委农工委、市发展改革委、市经济和信息化委、市教育局、市公安局、市财政局、市人力资源社会保障局、市国土资源局、市文广新局、市粮食局、市城乡规划局、市国资委、岷东新区、甘眉（铝硅）工业园区、眉山金象化工产业园区、眉山岷江现代农业示范园区、市总工会、团市委、市文联、市社科联、眉山日报社、市广播电视台

二十三、2013年度文化事业和文化产业工作先进集体（40个）

（一）区县（5个）

1. 一等奖（3个）

东坡区、彭山县、青神县

2. 二等奖（2个）

仁寿县、丹棱县

（二）市级单位、部门（35个）

市纪委（监察局）、市委办公室、市政府办公室、市委组织部、市委宣传部、市委统战部、市委政法委、市委群工部、市发展改革委、市民政局、市财政局、市环境保护局、市住房城乡建设局、市交通运输局、市水务局、市农业局、市林业局、市文广新局、市审计局、市统计局、市旅游局、市法制办、市城管执法局、市畜牧局、市城乡规划局、市安全监管局、市文联、市社科联、眉山日报社、市广播电视台、市工商局、市地税局、眉山银监分局、国网眉山供电公司、中国移动眉山分公司

二十四、2013年度省级文明城市创建工作先进集体（40个）

东坡区、市纪委（监察局）、市委办公室、市政府办公室、市委组织部、市委宣传部、市委统战部、市委政法委、市直机关工委、市委编办、市发展改革委、市教育局、市公安局、市民政局、市司法局、市财政局、市人力资源社会保障局、市环境保护局、市住房城乡建设局、市交通运输局、市水务局、市农业局、市林业局、市文广新局、市卫生局、市统计局、市城管执法局、市城乡规划局、市食品药品监管局、市政务服务中心、团市委、市妇联、市科协、眉山日报社、市机关事务管理局、市广播电视台、市城乡环境治理办、市工商局、市地税局、国家统计局眉山调查队

二十五、2013年度直接联系服务群众工作先进集体（55个）

（一）区县（5个）

1. 一等奖（3个）

彭山县、青神县、仁寿县

2. 二等奖（2个）

丹棱县、东坡区

（二）市级单位、部门（50个）

市纪委（监察局）、市人民检察院、市委办公室、市人大常委会办公室、市政府办公室、市政协办公室、市委组织部、市委宣传部、市委统战部、市委政法委、市直机关工委、市委群工部、市委编办、市委农工委、市投促局、市发展改革委、市教育局、市科技局、市民政局、市司法局、市财政局、市人力资源社会保障局、市国土资源局、市环境保护局、市住房城乡建设局、市交通运输局、市水务局、市农业局、市林业局、市文广新局、市卫生局、市人口计生委、市审计局、市统计局、市旅游局、市城管执法局、市畜牧局、市城乡规划局、市安全监管局、市政务服务中心、岷东新区、市总工会、团市委、市妇联、市机关事务管理局、市扶贫移民局、市住房公积金管理中心、市城乡环境治理办、市地税局、国家统计局眉山调查队

二十六、2013年度招大引强大会战工作先进集体

（一）引进重大项目突出贡献单位（13个）

1. IBM卓越云计算中心建设项目

仁寿县、仁寿县文林工业园区

2. 广州立白西南生产基地项目

青神县、青神县工业开发区、市政府驻广东经合局

3. 苏宁云商西南地区电子商务运营中心项目

彭山县、彭山经开区

4. 中国华润集团华润万家西部物流基地项目

彭山县、市国资委、彭山经开区

5. 希尔顿峨眉半山七里坪度假酒店建设项目

七里坪旅游度假区

6. 法国欧尚超市项目

仁寿县、市政府驻上海经合局

7. 中国华润集团年产5万吨绿色蔬菜深加工项目

东坡区、眉山"中国泡菜城"、市政府驻北京经合局

（二）招商引资工作先进集体（39个）

区县、市直管园区（8个）

1. 一等奖（5个）

东坡区、仁寿县、彭山县、青神县、眉山金象化工产业园区

2. 二等奖（3个）

丹棱县、岷东新区、甘眉（铝硅）工业园区

市级单位、部门（28个）

市纪委（监察局）、市委办公室、市政府办公室、市委组织部、市委宣传部、市委政法委、市直机关工委、市委群工部、市委农工委、市投促局、市发展改革委、市教育局、市财政局、市国土资源局、市环境保护局、市住房城乡建设局、市交通运输局、市统计局、市旅游局、市外侨台办、市城乡规划局、市国资委、市安全监管局、市政务服务中心、市工商联、市委市政府接待办、市城乡环境治理办、市工商局

市政府驻外经合局（3个）

市政府驻成都经合局、市政府驻江苏经合局、市政府驻广东经合局

二十六、2013年度全国法治城市创建工作先进集体（40个）

（一）区县（3个）

东坡区、彭山县、青神县

（二）市级单位、部门（37个）

市纪委（监察局）、市中级人民法院、市人民检察院、市委办公室、市人大常委会办公室、市政府办公室、市政协办公室、市委组织部、市委宣传部、市委统战部、市委政法委、市直机关工委、市委群工部、市委编办、市委农工委、市投促局、市发展改革委、市教育局、市科技局、市公安局、市民政局、市司法局、市财政局、市人力资源社会保障局、市国土资源局、市环境保护局、市农业局、市文广新局、市人口计生委、市审计局、市统计局、市城管执法局、市政务服务中心、市总工会、团市委、市机关事务管理局、市地税局

二十七、2013年度民营经济发展工作先进集体

（一）优秀民营企业（35户）

四川省味聚特食品有限公司、四川省眉山宏远商贸有限公司、四川省眉山市金庄新材料科技有限公司、四川省吉香居食品有限公司、四川万景房地产开发有限公司、眉山市阳光置业房地产开发有限公司、眉山千禾味业食品股份有限公司、四川鸿鑫国泰电缆有限责任公司、四川广联房地产开发有限公司嘉斯曼酒店、四川科伦药业股份有限公司仁寿分公司、四川玉泉农业集团有限公司、四川省汪洋瓷业有限责任公司、四川欧瑞特光电科技有限公司、四川中天丹琪科技有限公司、仁寿县双天酒家有限公司、四川八百寿酒业有限公司、四川建伟建筑水电工程有限公司、眉山雅芙食品有限公司、四川吉龙化学建材有限公司、恒大鑫丰（彭山）置业有限公司、洪雅县高庙古镇酒业有限公司、四川洪雅县幺麻子食品有限公司、四川洪雅半山旅游开发有限公司、四川丰元机械制造有限公司、四川省洪雅维国光学有限公司、四川省丹棱县强华瓷业有限责任公司、四川省丹棱明宏光学有限责任公司、四川兴晟锂业有限责任公司、四川丹甫制冷压缩机股份有限公司、眉山德鑫航空设备有限公司、四川彩虹制药有限公司、四川金象赛瑞化工股份有限公司、四川艾普热能科

技有限公司、四川瑞能硅材料有限公司、四川美裕铝业有限公司

（二）优秀个体工商户（15户）

眉山东坡区永信商行、眉山市东坡区李记药堂、眉山市东坡区凌云家电、仁寿县文林镇周先生珠宝行、仁寿县文林镇九龙鞋都、仁寿县文林镇康达电子街心花园店、仁寿县文林镇远征摩托车配件、彭山县潘文全甜皮鸭、彭山县国威电器、洪雅县祁三饭店、洪雅县杨晓妇婴用品店、丹棱县彭东商行、丹棱县蓝天超市、青神县德安土特产经营部、青神县福乐多购物中心

（三）民营经济发展先进集体（30个）

1. 区县（3个）

东坡区、彭山县、青神县

2. 市级单位、部门（27个）

市纪委（监察局）、市委办公室、市人大常委会办公室、市政府办公室、市政协办公室、市委组织部、市委宣传部、市委政法委、市委政研室、市委农工委、市投促局、市发展改革委、市经济和信息化委、市财政局、市人力资源社会保障局、市国土资源局、市交通运输局、市文广新局、市卫生局、市统计局、市政务服务中心、眉山金象化工产业园区、市工商联、市工商局、眉山质监局、市国税局、眉山银监分局

二十八、全市主动作为创一流先进集体

（一）区县（2个）

仁寿县、彭山县

（二）市级单位、部门（15个）

市委办公室、市政府办公室、市委组织部、市委政法委、市纪委（监察局）、市发展改革委、市委宣传部、市财政局、市委群工部、市住房城乡建设局、市投促局、市农业局、市委农工委、市教育局、市国土资源局

（三）园区（5个）

天府新区仁寿视高区域、眉山岷江现代农业示范园区、岷东新区、眉山金象化工产业园区、七里坪旅游度假区

二十九、稳增长贡献突出的先进企业（单位）

（一）销售增长先进企业（单位）（58户）

四川省尼科国润新材料有限公司、四川瑞能硅材料有限公司、蒙牛乳业（眉山）有限公司、青神县裕华纺织有限责任公司、四川科伦药业股份有限公司仁寿分公司、四川玉泉农业集团有限公司、四川明晶光电科技有限公司、四川中天丹琪科技有限公司、四川圣道铝业有限公司、四川鸿鑫国泰电缆有限责任公司、眉山市金锣食品有限公司、四川柯美特建材有限公司、四川金恒通化工有限公司、嘉施利（眉山）化肥有限公司、四川思念食品有限公司、千禾味业食品股份有限公司、四川省仁寿兴大工贸有限公司、四川天融无纺布有限公司、四川金象赛瑞化工股份有限公司、四川仁寿金利纺织有限公司、四川建业建筑工程有限公司、四川华城建筑工程有限公司、眉山市阳光置业房地产开发有限公司、四川众志房地产开发有限公司、四川仁寿锦绣房地产开发有限公司、四川美家好百货有限公司、四川雅康房地产开发有限公司、仁寿迪森房地产开发有限公司、眉山市东坡区崇仁劳务有限公司、眉山吉峰农机汽车贸易有限公司、眉山众生车业有限公司、洪雅县长元房地产开发有限公司、青神盛潮房地产开发有限公司、四川青龙物流有限公司、四川省眉山宏远商贸有限公司、眉山市飞跃电器有限公司、四川福一酒店投资管理有限公司、四川省洪雅县洪州大酒店、四川省仁寿金马宾馆、仁寿县泰吉商贸有限公司、中国石油天然气股份有限公司四川眉山销售分公司、仁寿县盛景丽园饮食文化有限公司、四川眉州东坡餐饮管理有限公司、养兔专业大户（东坡区尚义镇寿灵村杜丽梅）、蔬菜种植专业大户（仁寿县兆嘉乡安乐村杨林）、养羊专业大户（仁寿县大化镇曹河村刘国民）、猕猴桃种植专业大户（彭山县义和乡悦园村罗靖）、奶牛养殖专业大户（洪雅县东岳镇东岳村何志刚）、丹棱县科美家庭农场、蜀色天乡家庭生态农场、洪雅县天地归真家庭农场、彭山县星婵葡萄家庭农场、仁寿县中岗水果专业合作社、眉山市东坡区农林蔬菜专业合作社、丹棱县大雅果业联合专业合作社、青神县竹乡人果茶专业合作社、彭山县四全花木专业合作社、洪雅县雅香藤椒专业合作社

（二）投资增长先进企业（单位）（40户）

眉山科创中药材种植有限公司、四川富生电器有限责任公司、四川天府味道食品有限公司、四川网贸港置业有限公司、青神金弘能源投资有限公司、四川双陆医疗器械有限公司、四川海博新材料有限公司、四川省仁寿县金鹅纺织有限公司、四川中科兴业高新材料有限公司、四川艾肯科技有限公司、彭山伟易达电子科技有限公司、联合利华（四川）有限公司、四川卡亘贝森机械有限公司、四川仁寿金凤食品有限公司、四川迪美特生物科技公司、四川广联房地产开发有限公司、四川洪雅七里坪半山旅游开发有限公司、眉山市金府房地产开发有限公司、四川万景房地产开发有限公司、恒大鑫丰（彭山）置业有限公司、四川青龙工业经济开发有限公司、黑龙滩长岛旅游度假中心有限公司、洪雅洪金旅游投资有限公司、四川玉湖岚山旅游开发有限公司、四川复地黄龙开发有限责任公司、仁寿君雁置业有限公司、眉山市万霖房地产开发有限公司、眉山天邦投资开发有限公司、眉山华星房地产开

发有限公司、仁寿宇曦置业有限公司、四川果色天乡生态农业公司、洪雅县雅妹子生态食品有限公司、四川玖鹤农业发展有限公司、四川省君合食品有限公司、巨星集团公司、四川省金兴茶叶有限公司、四川培培生态农业有限公司、四川三品农业开发有限公司、椪柑种植专业大户（青神县高台乡百家池村陈洪明）、青神县百事康家庭农场

（三）税收增长先进企业（单位）（30户）

四川新希望乳业洪雅阳平分公司、仁寿县汪洋建宝水泥广石分公司、四川同庆南风有限责任公司、四川德恩机械有限责任公司、四川省吉香居食品有限公司、四川槽渔滩水电股份有限公司、四川省川南酿造有限公司、四川同庆南风洗涤用品公司、洪雅青衣江化工有限责任公司、四川省青城机械有限公司、四川吉龙化学建材有限公司、四川丹甫制冷压缩机有限公司、眉山市鸿运建筑工程有限公司、四川天工建设工程有限公司、彭山县凤鸣建筑工程有限公司、眉山市鸿通房地产开发有限公司、四川玫瑰园房地产开发有限公司、四川省彭山永达房地产开发有限公司、眉山市森林家园房地产开发有限公司、眉山华陆（西安）实业有限公司、洪雅置地房产开发有限公司、四川立白日化有限公司、丹棱县丹顶湖大酒店、洪雅华生温泉大酒店、四川仁寿聚乐城美食有限公司、四川中洲文旅投资有限公司、四川荣基园林绿化工程有限公司、岷江东湖饭店有限公司、成都铁路局彭山铁路技术开发总公司兴铁宾馆、四川省烟草公司眉山市公司

三十、第十五届西博会参会参展工作先进集体（36个）

（一）区县（5个）

东坡区委、区政府，彭山区委、区政府，洪雅县委、县政府，丹棱县委、县政府，青神县委、县政府

（二）市级单位、部门（31个）

市委办公室、市政府办公室、市委农工委、市投促局、市发展改革委、市经济和信息化委、市科技局、市财政局、市农业局、市商务局、市文广新局、市旅游局、市外侨台办、市国资委、工业新城办、岷东新区、甘眉（铝硅）工业园区、眉山金象化工产业园区、市工商联、眉山日报社、市委市政府接待办、市公共资源交易中心、市政府金融办、市广播电视台、市委外宣办（市政府新闻办）、市政府驻北京经合局、市政府驻成都经合局、市政府驻浙江经合局、市博览事务局、市贸促会、市供销社

三十一、第六届中国泡菜展销会先进集体（126个）

（一）综合协调先进集体（7个）

东坡区委、东坡区政府、市委办公室、市政府办公室、市农业局、市委市政府接待办、眉山"中国泡菜城"

（二）活动承办先进集体（52个）

1. 活动工作组牵头单位（6个）

市委宣传部、市委农工委、市公安局、市交通运输局、市城管执法局、市泡菜产业推进办

2. 活动工作组配合单位（46个）

彭山区政府、仁寿县政府、洪雅县政府、丹棱县政府、青神县政府、市纪委（监察局）、市人大常委会办公室、市政协办公室、市委组织部、市委政法委、市委群工部、市投促局、市经济和信息化委、市教育局、市科技局、市民政局、市司法局、市财政局、市环境保护局、市住房城乡建设局、市商务局、市文广新局、市卫生局、市旅游局、市国资委、市食品药品监管局、眉山军分区后勤部、团市委、市工商联、市文联、眉山日报社、市机关事务管理局、市广播电视台、眉山国安局、市工商局、眉山质监局、市气象局、省联社眉山办事处、武警支队、消防支队、市政府驻北京经合局、市政府驻成都经合局、市政府驻上海经合局、市政府驻广东经合局、市政府驻江苏经合局、市公安局交警支队

（三）接待工作先进集体（43个）

市中级人民法院、市人民检察院、市委统战部、市直机关工委、市发展改革委、市国土资源局、市水务局、市林业局、市人口计生委、市审计局、市统计局、市外侨台办、市法制办、市粮食局、市畜牧局、市城乡规划局、市安全监管局、市政务服务中心、眉山发展公司、岷东新区、甘眉（铝硅）工业园区、眉山金象化工产业园区、市总工会、市妇联、市科协、市残联、眉山职业技术学院、市公共资源交易中心、市档案局、市地方志办、市扶贫移民局、市政府金融办、市人防办、市住房公积金管理中心、市国税局、市地税局、国家统计局眉山调查队、人行眉山市中心支行、眉山银监分局、市委维稳办、岷江东湖饭店、东坡国际大酒店、眉山宾馆

（四）参展参赛先进企业（24家）

四川省吉香居食品有限公司、四川李记酱菜调味品有限公司、四川省惠通食业有限责任公司、四川省川南酿造有限公司、四川省味聚特食品有限公司、四川省邓仕食品有限公司、四川大自然惠川食品有限公司、眉山红四方食品有限公司、四川味之源食品有限公司、四川老坛子食品有限公司、洪雅琪力农业发展有限公司、四川弘扬食品有限公司、四川川辣源食品有限公司、四川多爽食品有限公司、四川汉超食品有限公司、四川菜花香食品有限公司、眉山市一见香食品有限公司、眉山汇源食品饮料有限公司、四川省威星食品有限公司、四川省川乐食品有限公司、四川王家渡食品有限公司、四川省宏腾佳味食品

有限公司、四川茂华食品有限公司、千禾味业食品股份有限公司

市委表彰先进集体

全市党的群众路线教育实践活动先进集体

（一）区县县级机关党组织（6个）

东坡区委、彭山县委、洪雅县委、丹棱县委、青神县委、天府新区仁寿视高党工委

（二）市直机关党组织（含活动由市上统筹、纳入市级督导的省直管部门，40个）

市纪委（监察局）、市中级人民法院、市委办公室、市政府办公室、市政协机关、市委组织部、市委宣传部、市委统战部、市委政法委、市直机关工委、市委群工部、市委农工委、市投促局、市发展改革委、市经济和信息化委、市教育局、市公安局、市民政局、市司法局、市财政局、市国土资源局、市环境保护局、市交通运输局、市农业局、市文广新局、市卫生局、市审计局、市城管执法局、市畜牧局、市城乡规划局、市安全监管局、市食品药品监管局、市政务服务中心、岷东新区、金象化工产业园区、眉山日报社、市广播电视台、市住房公积金管理中心、眉山质监局、市地税局

（三）市级部门下属单位党组织和市管国有企业、学校、医院、两新组织党组织（5个）

市人民医院、市三医院、市供排水总公司、市房管局、眉山启明星铝业有限公司

市政府表彰先进集体

一、2014年度依法行政工作先进集体（39个）

（一）区县政府（3个）

洪雅县人民政府、丹棱县人民政府、青神县人民政府

（二）市级部门（36个）

市政府办公室、市发展改革委、市科技局、市民政局、市司法局、市财政局、市国土资源局、市环境保护局、市交通运输局、市水务局、市农业局、市林业局、市商务局、市文广新局、市卫计委、市审计局、市统计局、市旅游局、市外侨台办、市城管执法局、市畜牧局、市安全监管局、市食品药品监管局、市工商局、市质监局、市政务服务中心、市档案局、市地方志办、市扶贫移民局、市国税局、市地税局、市气象局、市法制办、市人防办、市粮食局、国家统计局眉山调查队

二、2012-2014年全市现代畜牧业深化试点工作先进集体（40个）

（一）区县（6个）

洪雅县政府、东坡区畜牧兽医局、彭山区畜牧局、仁寿县畜牧兽医局、丹棱县畜牧局、青神县农业和畜牧局

（二）市级部门（34个）

市政府办公室、市委农工委、市发展改革委、市经济和信息化委、市投资促进局、市科技局、市公安局、市监察局、市民政局、市财政局、市人力资源社会保障局、市国土资源局、市环境保护局、市交通运输局、市水务局、市农业局、市林业局、市商务局、市卫计委、市审计局、市统计局、市旅游局、市政府法制办、市城管执法局、市粮食局、市畜牧局、市食品药品监管局、市扶贫移民局、市政府金融办公室、市工商局、市质监局、市气象局、国家统计局眉山调查队、眉山岷江现代农业示范园区管委会

三、2014年度眉山城区环境综合治理网格化管理工作先进集体（共59个）

市纪委（监察局）、市委办公室、市人大常委会办公室、市政府办公室、市政协办公室、市委组织部、市委宣传部、市委统战部、市委政法委、市直机关工委、市委群工部、市委编办、市委农工委、市发展改革委、市经济和信息化委、市教育体育局、市公安局、市民政局、市司法局、市财政局、市国土资源局、市环境保护局、市交通运输局、市水务局、市林业局、市商务局、市卫生计生委、市审计局、市旅游局、市外侨台办、市法制办、市城管执法局、市粮食局、市城乡规划局、市国资委、市安监局、市食品药品监管局、市政务服务中心、眉山发展（控股）有限责任公司、眉山日报社、市公共资源交易中心、市广播电视台、市工商局、市城乡环境治理办、岷东新区管委会、东坡区人民政府、东坡区纪委（监察局）、东坡区委办公室、东坡区政府办公室、东坡区委宣传部、东坡区财政局、东坡区住房和城乡规划建设局、东坡区城乡环境治理办、东坡区大石桥街道办事处、东坡区苏祠街道办事处、东坡区通惠街道办事处、东坡区苏祠街道办环湖中路社区、东坡区大石桥街道办江公社区、东坡区通惠街道办新村社区

四、2014年度眉山城区光彩亮化工作先进集体（共50个）

眉山军分区、市中级人民法院、市人民检察院、市发展改革委、市教育体育局、市公安局、市财政局、市国土资源局、市水务局、市卫生计生委、市城管执法局、市畜牧局、市城乡规划局、市政务服务中心、眉山发展（控股）有限责任公司、市机关事务管理局、市广播电视台、市工商局、市国税局、市地税局、人行眉山市中心支行、眉山银监分局、成都银行眉山分行、人保财险眉山市分公司、南车眉山车辆有限公司、915地质队、武警支队、市交警支队、市道路运输管理处、市图书馆（文化馆）、市人民医院、市第一小学、东坡区大石桥街道办事处、眉山市阳光置业房地产开发有限公

司、四川万景房地产开发有限公司、眉山市金府房地产开发有限公司、眉山市兰溪房地产开发有限公司、领地房地产集团股份有限公司眉山分公司、眉山市鸿通房地产开发有限公司、眉山市万霖房地产开发有限公司、眉山华陆（西安）实业有限公司、四川信和房地产开发有限公司、四川衡达房地产开发有限责任公司、四川景地基业集团有限公司、四川众和房地产开发有限公司、四川永庆房地产开发有限公司、四川世纪恒兴置业有限公司、四川航天天盛房地产开发有限公司、眉山华星房地产开发有限公司、四川华信恒富房地产开发有限责任公司

五、2014年度全市食品安全工作先进集体（32个）

（一）区县（4个）

东坡区人民政府、仁寿县人民政府、洪雅县人民政府、青神县人民政府

（二）市级部门、单位（28个）

市委办公室、市人大常委会办公室、市政府办公室、市政协办公室、市委组织部、市委宣传部、市委政法委、市委编办、市监察局、市发展改革委、市经济和信息化委、市教育体育局、市科技局、市公安局、市财政局、市环境保护局、市水务局、市农业局、市商务局、市卫生和计生委、市审计局、市旅游局、市城管执法局、市粮食局、市畜牧局、市质监局、市工商局、市食品药品监管局

六、2014年道路交通安全综合整治工作先进集体（共32个）

（一）区县政府

丹棱县政府、洪雅县政府、彭山区政府、东坡区政府、仁寿县政府、青神县政府

（二）市级部门

市政府办公室、市公安局、市交通运输局、市农业局、市安监局、市工商局

（三）基层单位

东坡区交通运输局、东坡区思蒙镇政府、彭山区公安分局、彭山区交通运输局、彭山区青龙镇政府、仁寿县公安局交警大队、仁寿县交通运输局路政大队、仁寿县大化镇政府、仁寿县龙正镇政府、洪雅县安监局、洪雅县中山乡政府、洪雅县中保镇政府、丹棱县公安局、丹棱县交通运输局、青神县公安局交通管理大队、青神县交通运输局路政大队、市公安局交警支队、市公安局交警支队直属一大队、市公安局交警支队直属二大队、市交通运输局路政支队

七、2014年度环境保护工作先进集体（33个）

（一）区县（6个）

东坡区人民政府、彭山区人民政府、仁寿县人民政府、洪雅县人民政府、丹棱县人民政府、青神县人民政府

（二）市级单位、部门（27个）

市政府办公室、市投促局、市发展改革委、市经济和信息化委、市公安局、市监察局、市财政局、市国土资源局、市环境保护局、市交通运输局、市水务局、市农业局、市林业局、市商务局、市卫生计生委、市审计局、市统计局、市旅游局、市城管执法局、市畜牧局、市食品药品监管局、市政务服务中心、甘眉工业园区、眉山金象化工产业园区、市工商局、市质监局、市气象局

八、2014年第三产业工作先进集体（34个）

东坡区人民政府、彭山区人民政府、仁寿县人民政府、洪雅县人民政府、丹棱县人民政府、青神县人民政府、市委办公室、市政府办公室、市委宣传部、市发展改革委、市经济和信息化委、市教育体育局、市民政局、市科技局、市财政局、市国土资源局、市食品药品监管局、市交通运输局、市商务局、市文广新局、市卫生局、市统计局、市旅游局、市城管执法局、市粮食局、市工商局、市城乡规划局、市政府金融办、岷东新区管委会、市三产办、市国税局、市地税局、市邮政管理局、人行眉山市中心支行

九、2014年度外资工作先进集体

（一）区县（5个）

东坡区政府、彭山区政府、仁寿县政府、洪雅县政府、青神县政府

（二）市级单位（27个）

市纪委、市委办公室、市政府办公室、市委组织部、市委宣传部、市委编办、市投促局、市发展改革委、市财政局、市国土资源局、市环境保护局、市商务局、市外侨台办、市城乡规划局、市工商局、市质监局、市国资委、市政务服务中心、甘眉（铝硅）工业园区、金象化工产业园区、市工商联、眉山国安局、市国税局、市地税局、市博览事务局、市贸促会、国家外汇局眉山市中心支局

十、2014年度外贸工作先进集体

（一）区县（4个）

彭山区政府、仁寿县政府、丹棱县政府、青神县政府

（二）市级单位（25个）

市纪委、市委办公室、市政府办公室、市委组织部、市委宣传部、市发展改革委、市经济和信息化委、市科技局、市财政局、市农业局、市林业局、市商务局、市文广新局、市畜牧局、市工商局、市政务服务中心、甘眉（铝硅）工业园区、金象化工产业园区、眉山国安局、市国税局、市地税局、眉山银监分局、市供销社、市博览事务局、国家外汇局眉山市中心支局

十一、2014年度社消零工作先进集体

（一）区县（5个）

彭山区政府、仁寿县政府、洪雅县政府、丹棱县政府、青神县政府

（二）市级单位（17个）

市委办公室、市政府办公室、市委群工部、市委编办、市发展改革委、市公安局、市财政局、市商务局、市统计局、市粮食局、市食品药品监管局、市工商局、市质监局、市综治办、市三产办、市供销社、市贸促会

十二、眉山市第三次全国经济普查先进集体（20个）

东坡区通惠街道庄店社区、东坡区大石桥街道办事处、眉山" 中国泡菜城" 管委会、仁寿县经济和信息化局、仁寿县龙正镇政府、仁寿县视高镇政府、彭山县政府办公室、彭山县委宣传部、彭山县财政局、洪雅县中保镇政府、洪雅县瓦屋山镇政府、丹棱县政府、丹棱县统计局、青神县人力资源和社会保障局、青神县委宣传部、市政府办公室、市委宣传部、市财政局、市统计局、国家统计局眉山调查队

十三、四川省第八届残疾人运动会眉山市代表团和眉山市第三届残疾人运动会先进单位（40个）

（一）突出贡献单位（12个）

东坡区人民政府、彭山区人民政府、仁寿县人民政府、洪雅县人民政府、丹棱县人民政府、青神县人民政府、市教体局、市公安局、市民政局、市财政局、市残联、仁寿县第一中学城北校区

（二）优秀组织单位（28个）

东坡区残联、东坡区文旅体新局、东坡区特校、彭山区残联、仁寿县残联、仁寿县教体局、仁寿县特校、仁寿县中医医院、洪雅县残联、洪雅县教体局、洪雅县中医医院、丹棱县残联、青神县残联、市残疾人康复中心、市委办公室、市政府办公室、市纪委（监察局）、市委宣传部、市教体局、市卫生计生委、市城管执法局、团市委、眉山日报社、市广播电视台、市机关事务管理局、国网眉山供电公司、武警支队、消防支队

十四、2014年度教育体育工作先进集体（38个）

（一）教育工作先进区县（3个）

东坡区、彭山区、青神县

（二）体育工作先进区县（3个）

仁寿县、洪雅县、丹棱县

（三）教育体育工作先进市级单位、部门（32个）

市纪委（监察局）、市委办公室、市政府办公室、市委组织部、市委宣传部、市委政法委、市直机关工委、市委群工部、市委编办、市委农工委、市人大常委会教科文卫民宗工委、市发展改革委、市投促局、市教育体育局、市公安局、市司法局、市财政局、市国土资源局、市环境保护局、市林业局、市交通运输局、市卫生计生委、市审计局、市法制办、市城管执法局、市城乡规划局、市安全监管局、市食品药品监管局、岷东新区管委会、市政协教文委、市总工会、市残联

十五、2014年度卫生计生工作先进集体（39个）

（一）卫生工作先进区县（3个）

彭山区、丹棱县、青神县

（二）计生工作先进区县（3个）

丹棱县、东坡区、彭山区

（三）卫生计生工作先进市级部门（33个）

市纪委（监察局）、市委办公室、市人大常委会办公室、市政府办公室、市政协办公室、市委组织部、市委宣传部、市委统战部、市委政法委、市直机关工委、市委群工部、市委编办、市发展改革委、市投促局、市教育体育局、市科技局、市公安局、市民政局、市司法局、市财政局、市国土资源局、市环境保护局、市水务局、市农业局、市林业局、市卫生计生委、市审计局、市旅游局、市城管执法局、市畜牧局、市城乡规划局、市安全监管局、市食品药品监管局

十六、2014年民营经济工作先进集体（29个）

东坡区人民政府、彭山区人民政府、仁寿县人民政府、青神县人民政府、市纪委（监察局）、市委办公室、市人大常委会办公室、市政府办公室、市政协办公室、市委组织部、市委宣传部、市委政法委、市委农工委、市发展改革委、市经济和信息化委、市投促局、市财政局、市国土资源局、市交通运输局、市文广新局、市卫生计生委、市商务局、市统计局、市工商局、市质监局、市政务服务中心、市工商联、市政府金融办、市国税局

十七、2014年全市旅游工作先进集体（27个）

东坡区人民政府、彭山区人民政府、仁寿县人民政府、洪雅县人民政府、丹棱县人民政府、青神县人民政府、市委办公室、市人大常委会办公室、市政府办公室、市政协办公室、市委农工委、市发展改革委、市经济和信息化委、市投促局、市财政局、市国土资源局、市环境保护局、市交通运输局、市林业局、市文广新局、市统计局、市旅游局、市城乡规划局、市安全监管局、市质监局、市地税局、七里坪度假区管委会

表 17

2014年市委重要文件目录

序号	字号	责任者	题名	日期
1	眉委发〔2014〕1号	市委 市政府	关于深化改革创新加快转型升级强力推进全市经济跨越发展的决定	2014.1.1
2	眉委发〔2014〕4号	市委	关于深入开展党的群众路线教育实践活动的实施意见	2014.2.12
3	眉委发〔2014〕5号	市委 市政府	关于建设“四支队伍”直接服务群众的意见	2014.2.12
4	眉委发〔2014〕6号	市委 市政府	关于继续实施综合交通建设大会战的意见	2014.3.24
5	眉委发〔2014〕9号	市委 市政府	关于进一步扩大对外开放做好投资促进工作的实施意见	2014.4.14
6	眉委发〔2014〕11号	市委 市政府	关于创新四个机制强力推进重点项目建设的意见	2014.4.18
7	眉委发〔2014〕12号	市委	关于全面深化改革的决定	2014.4.28
8	眉委发〔2014〕13号	市委 市政府	关于深化农村改革加快推进都市近郊型现代农业发展的意见	2014.5.7
9	眉委发〔2014〕14号	市委 市政府	关于2014年党风廉政建设和反腐败工作的意见	2014.5.28
10	眉委发〔2014〕17号	市委	关于认真贯彻“三严三实”要求进一步加强党员干部教育管理监督的实施意见	2014.8.29
11	眉委发〔2014〕20号	市委	关于全面推进依法治市建设法治眉山的决定	2014.12.22
12	眉委发〔2014〕21号	市委	关于聚精会神抓党建构建从严治党新常态的决定	2014.12.22

表 18

2014年市政府主要文件目录

序号	文件标题	文号	责任单位
1	关于第二批取消、调整行政审批项目的通知	眉府发〔2014〕5号	眉山市人民政府
2	关于眉山市2014年工业发展的意见	眉府发〔2014〕6号	眉山市人民政府
3	关于进一步加强对贯彻落实违法三章情况督促检查的实施意见	眉府发〔2014〕7号	眉山市人民政府
4	关于2014年深化行政审批制度改革工作的实施意见	眉府发〔2014〕11号	眉山市人民政府
5	关于进一步加强城市园林绿化工作的意见	眉府发〔2014〕15号	眉山市人民政府
6	印发眉山市大气污染防治行动实施方案	眉府发〔2014〕16号	眉山市人民政府
7	关于加快推进危旧房棚户区改造工作的实施意见	眉府发〔2014〕17号	眉山市人民政府
8	关于扶持中国泡菜城泡菜产业发展的意见	眉府发〔2014〕20号	眉山市人民政府
9	关于加快推进文化产业发展的意见	眉府发〔2014〕25号	眉山市人民政府
10	加快发展现代职业教育的实施意见	眉府发〔2014〕28号	眉山市人民政府
11	关于进一步深化行政审批制度改革加强政府服务的实施意见	眉府发〔2014〕35号	眉山市人民政府
12	关于进一步深化政务公开工作的意见	眉府发〔2014〕36号	眉山市人民政府
13	关于加强财政资金管理的实施意见	眉府发〔2014〕42号	眉山市人民政府
14	关于规范国家投资工程建设项目招投标工作的意见	眉府发〔2014〕44号	眉山市人民政府
15	关于推进公共资源交易管理工作的实施意见	眉府发〔2014〕45号	眉山市人民政府

统计数据

2014年眉山市行政区划

表 19

地　区	乡镇合计数	其中镇	其中乡	街道办事处	村民委员会	村民小组	居民委员会（社区）	居民小组	辖区面积
眉山市	128	77	51	3	1116	8615	239	1665	7140
东坡区	23	15	8	3	232	1808	70	474	1330
彭山区	13	10	3	—	88	655	20	213	467
仁寿县	60	29	31	—	516	4136	103	718	2608
洪雅县	15	11	4	—	139	1022	20	130	1898
丹棱县	7	5	2	—	70	485	8	32	450
青神县	10	7	3	—	71	509	18	98	387

2014年眉山市行政区划一览表

表 20

地　区	镇　名
东坡区	街道办事处(3个):苏祠街道办事处、通惠街道办事处、大石桥街道办事处 镇(15个):象耳、白马、松江、太和、悦兴、崇礼、富牛、永寿、思蒙、修文、崇仁、多悦、尚义、万胜、秦家 乡(8个):复盛、复兴、土地、盘鳌、广济、三苏、柳圣、金花
彭山区	镇（10个）：凤鸣、黄丰、江口、青龙、公义、观音、彭溪、牧马、谢家、武阳 乡（3个）：义和、皇陵、保胜
仁寿县	镇（29个）：文林、宝马、珠嘉、大化、文宫、高家、龙马、方家、北斗、禾加、中农、禄加、宝飞、彰加、慈航、汪洋、钟祥、始建、满井、富加、龙正、黑龙滩、四公、清水、视高、兴盛、观寺 乡（31个）：青岗、鳌陵、板燕、古佛、元通、向家、中岗、龙桥、曲江、城堰、谢安、鸭池、双堡、板桥、河口、新店、识经、凤陵、促进、涂家、松峰、合兴、景贤、兆嘉、龙旺、藕塘、石咀、玉龙、洪峰、虞丞、里仁
洪雅县	镇（11个）：洪川、止戈、三宝、余坪、槽渔滩、中保、东岳、花溪、柳江、高庙、瓦屋山 乡（4个）：桃源、中山、将军、汉王
丹棱县	镇（5个）：丹棱、杨场、双桥、张场、仁美 乡（2个）：石桥、顺龙
青神县	镇（7个）：青城、黑龙、瑞峰、西龙、南城、汉阳、河坝子 乡（3个）：罗波、白果、高台

2014年眉山市土地、人口统计表

表 21

地区	土地面积（平方公里）	年末总户数（万户）	年末总人口（万人）	人口密度（人/平方公里）	年末总人口（万人）					常住人口（万人）	出生率（%）	死亡率（%）	自然增长率（%）
					小计	农业人口	非农业人口	男性人口	女性人口				
眉山市	7140	129.41	353.02	494	353.01	252.37	100.64	180	173.01	306.1	6.22	4.56	1.65
东坡区	1330	35.83	87.64	659	87.64	51.88	35.76	43.96	43.68	77	5.97	4.38	1.58
彭山区	467	12.41	33.53	718	33.53	19.58	13.95	16.87	16.66	29.9	6.39	5.71	0.68
仁寿县	2608	56.64	160.50	615	160.5	126.92	33.58	83.02	77.48	135.6	6.15	3.87	2.28
洪雅县	1898	11.80	35.29	186	35.29	25.27	10.02	17.89	17.4	30.5	6.83	5.8	1.03
丹棱县	450	5.60	16.32	363	16.32	12.6	3.72	8.27	8.05	14.9	6.39	5.73	0.65
青神县	387	7.13	19.74	510	19.73	16.11	3.62	9.98	9.75	18.4	6.3	5.9	0.4

2014年眉山市规模以上工业企业工业总产值

表 22

按经济类型分：	工业总产值绝对数（万元）	
分类	2013	2014
工业总产值（现价）	10237318	12259995
在总计中：		
#国有及国有控股企业	857037	841607
在总计中：		
国有企业	10759	13498
股份合作企业	72377	46682
联营企业	—	—
股份有限公司	987308	1120762
有限责任公司	3538503	4350327
私营企业	4739554	5659645
外商及港澳台商投资企业	712516	957278
其他经济	176301	109645
在总计中：		
轻工业	3724919	4698150
重工业	6512399	7561845

2014年眉山市工业总产值统计表

表 23

按地区分：	工业总产值（万元）			
区县	2011	2012	2013	2014
全市	10536792	8224608	10237318	12259995
东坡区	2445740	1483582	1928853	2424867
彭山区	1964372	1637278	2135919	2612250
经济开发区	164735	159314	202840	213709
其中：金象园区	418298	481565	592531	620093
甘眉园区	1011557	817204	1055030	1235040
仁寿县	2767445	2478048	2828178	3442776
洪雅县	546376	314397	436912	519408
丹棱县	505903	367739	439115	404388
青神县	712367	485482	617942	787465

2014年眉山市按行业全部规模以上工业企业主要指标

表 24

单位：万元

项目	企业单位数（个）		资产总计	流动资产合计
		亏损企业		
总计	607	34	8284926	3357749
煤炭开采和洗选业	12	—	127261	51981
有色金属矿采选业	1	—	16354	9685
非金属矿采选业	6	—	43493	9057
农副食品加工业	74	2	744950	442820
食品制造业	15	—	211551	77826
酒、饮料和精制茶制造业	9	1	84033	35516
纺织业	20	1		85123
纺织服装、服饰业	5	—	23882	13931

续表

项目	企业单位数（个）	亏损企业	资产总计	流动资产合计
皮革、毛皮、羽毛及其制品和制鞋业	3	—	19207	6681
木材加工和木、竹、藤、棕、草制品业	12	1	60103	24237
家具制造业	20	1	223476	82099
造纸和纸制品业	25	1	211923	66482
印刷和记录媒介复制业	6	—	23529	9884
文教、工美、体育和娱乐用品制造业	4	1	14549	7289
石油加工、炼焦和核燃料加工业	2	—	117850	56710
化学原料和化学制品制造业	61	4	1746461	508530
医药制造业	14	1	167719	59170
化学纤维制造业	1	—	3907	1853
橡胶和塑料制品业	26	3	253862	125499
非金属矿物制品业	113	1	933699	370370
黑色金属冶炼和压延加工业	22	3	249761	77873
有色金属冶炼和压延加工业	22	5	745789	372342
金属制品业	15	—	94429	42715
通用设备制造业	31	1	343267	195558
专用设备制造业	17	2	262210	160774
汽车制造业	5	—	36631	16506
铁路、船舶、航空航天和其他运输设备制造业	8	2	208683	122250
电气机械和器材制造业	25	1	344876	165282
计算机、通信和其他电子设备制造业	7	—	69665	34527
仪器仪表制造业	1	—	3616	3426
废弃资源综合利用业	1	—	2341	1386
金属制品、机械和设备修理业	8	1	73244	30198
电力、热力生产和供应业	4	—	61964	14430
燃气生产和供应业	—	—	—	—
水的生产和供应业	12	2	535808	75741

2014年眉山市各地区全部规模以上工业企业主要指标

表 25

单位:万元

年份/地区	企业单位数（个）	亏损企业	资产总计	流动资产合计	负债合计	主营业务收入
2011	543	35	5760365	2396304	3307895	10224534
2012	578	40	6853421	2811668	3964880	8338715
2013	609	43	8184479	3115068	4480471	10102108
2014	607	34	8284926	3357749	4471145	11836096
东坡区	133	2	1267184	691879	630337	2341058
彭山区	102	8	1228895	671597	728690	2439562
仁寿县	178	2	2215140	786767	754002	3416007
洪雅县	39	5	823952	200730	529023	470822
丹棱县	39	2	328870	159769	213486	385550
青神县	55	2	461947	259456	192200	720037
开发区	16	5	163723	84854	91962	206096
金象园区	16	—	950908	274444	481930	648917
铝硅园区	29	8	844308	228253	849517	1208048

2014年眉山市国内生产总值

表 26

眉山市	合计	国内生产总值（万元）				人均国内生产总值（元）
		第一产业	第二产业		第三产业	
				工业		
合计	9448913	1493416	5347445	4606787	2608052	31664
东坡区	3230734	407200	1860554	1624969	962980	38715
彭山区	1123251	119609	687141	603048	316501	36234
仁寿县	3124699	652070	1669335	1323722	803294	25489
洪雅县	930926	141885	559940	513199	229101	30542
丹棱县	447010	93132	242297	189924	111581	31369
青神县	592293	79520	328178	317271	184595	35573

2014年各区县非公有制经济增加值

表 27

单位:万元

眉山市	小计	第一产业	第二产业	第三产业
合计	6034894	593451	3988889	1452554
东坡区	2030275	130551	1405963	493761
彭山区	688814	58764	448812	181238
仁寿县	1852050	219447	1246019	386584
洪雅县	615989	85250	419550	111189
丹棱县	284048	37178	187389	59481
青神县	394002	62295	198824	132883

2013年眉山市农业情况统计表

表 28

眉山市		合计	东坡区	彭山区	仁寿县	洪雅县	丹棱县	青神县
造林面积（公顷）		21990	4500	3000	3495	10995	0	0
森林覆盖率（%）		45.97	35.1	37.67	37	68.03	46.57	45
乡村户数（户）		871880	191088	81190	407595	94782	40112	57113
乡村人口数（人）		2962830	634157	251677	1462424	314204	133403	166965
乡村农业从业人员（人）		1675296	387329	158660	765743	184114	77241	102209
农业机械总动力（万千瓦）		235.0358	58.05	27.49	79.385	29.875	20.567	19.6688
拖拉机拥有量（辆）		7031	3180	479	1805	391	702	474
农用运输车拥有量（辆）		8162	2372	1056	3664	586	52	432
年末实有耕地（公顷）		170564	43691	14913	79667	12668	10235	9390
粮食产量（吨）	小计	1644352	408505	149700	793756	125292	77858	89241
	稻谷	930196	321550	98900	308565	89542	56001	55638
	小麦	240977	40800	28721	150200	4241	7247	9768
	玉米	244285	27790	9000	171016	19009	8709	8761
油菜籽产量（吨）		97899	36821	8899	29600	9932	6684	5963
蔬菜产量（吨）		1456967	723046	51733	492747	75106	31831	82504
水果产量（吨）		866253	140682	55959	476200	4621	133028	55763
茶叶产量（吨）		20930	499	26	340	16359	2953	753

续表

眉山市		合计	东坡区	彭山区	仁寿县	洪雅县	丹棱县	青神县
畜牧产品产量	牛年末存栏（头）	124885	25348	4722	19922	53129	12800	8964
	羊年末存栏（只）	388588	51486	27021	265510	23168	15800	5603
	生猪年末存栏（头）	2078388	511862	166973	896880	209337	137821	155515
	能繁母猪年末存栏（头）	200190	54324	16781	85050	10715	14900	18420
	生猪出栏（头）	3020901	646435	372767	1240070	320734	215448	225450
	山羊出栏（只）	537258	57863	44191	377520	34186	16471	7027
	牛出栏（头）	58329	15587	3401	19360	10120	4900	4961
	小家禽出栏（万只）	2936	939	335	1011	256	169	226
	兔出栏（万只）	2190	370	476	1030	122	103	89
	肉类总产量（吨）	305324	68529	38929	128225	29482	19534	20625
	猪、牛、羊肉产量（吨）	227989	49408	27112	95980	23876	15231	16382
	牛奶产量（吨）	145019	20579	8830	12475	90579	9111	3445
	禽蛋产量（吨）	53535	8176	6388	26050	3203	5978	3740
蜂蜜产量（吨）		14986	11647	977	445	240	1677	
蚕茧产量（吨）		5134	682	22	930	416	2745	339
水产品养殖面积（公顷）		15256	3088	1171	8052	1474	636	835
水产品产量（吨）		105063	33189	14129	42650	4445	4250	6400
农村用电量（千瓦小时）		80619	37345	3991	23658	6667	4523	4435
农用化肥使用量（吨、折纯）		150038	50128	11473	69031	8751	5155	5500
农药使用量（吨）		4839	2135	308	1896	120	206	174

2014年市县全社会固定资产投资基本情况

表 29　　单位:万元

眉山市	合计	东坡区	彭山区	仁寿	洪雅	丹棱	青神	岷东新区	金象园区	甘眉园区
一、全社会投资	9229834	2367300	1756450	2467519	925736	540966	541441	150325	250009	230088
其中：房地产投资	1511190	478267	274564	552140	39708	80651	85860	—	—	—
（一）按构成分										
建筑工程	6691397	1754045	1222310	2011425	641976	324156	393591	141397	105366	97131
安装工程	567523	174325	135553	41933	22554	63495	64792	—	6798	58073
设备工器具购置	1253658	237286	236310	232809	183421	130043	54151	—	118776	60862
其他费用	717256	201644	162277	181352	77785	23272	28907	8928	19069	14022
（二）按产业分										
（1）第一产业	186827	84225	28476	23410	10172	31321	9223	—	—	—
（2）第二产业	3638895	768401	705672	907932	213717	292042	321069	—	243814	186248
其中：工业	3629285	764881	703470	906792	212787	291922	320421	—	243814	185198
（3）第三产业	5404112	1514674	1022302	1536177	701847	217603	211149	150325	6195	43840
其中：交通运输	1412371	445204	274836	270232	315963	85276	17945	—	2194	721
二、本年资金来源	9878336	3010255	1846122	2152558	910885	516123	637754	150325	425836	228478
1.国家预算内资金	341037	152536	78205	24068	4390	201018	60820	—	—	—
2.国内贷款	676574	278718	95305	138981	30256	75434	57180	—	—	700
3.利用外资	7387	—	7147	—	—	—	240	—	—	—
4.自筹资金	7722717	2017485	1416754	1816082	846148	386640	435669	150325	425836	227778
5.其他资金来源	1130621	561516	248711	173427	30091	33031	83845	—	—	—

续表

眉山市	合计	东坡区	彭山区	仁寿	洪雅	丹棱	青神	岷东新区	金象园区	甘眉园区
三、商品房开发与销售情										
1.商品房施工面积	1365.64	467.74	370.36	371.87	81.84	39.24	34.57	—	—	—
其中：新开工面积	392.94	120.01	38.12	210.75	12.08	5.72	6.26	—	—	—
其中：住宅	1018.15	352.58	337.43	224.62	57.7	29.43	16.37	—	—	—
2.商品房竣工面积	171.19	61.43	32.09	65.88	9.45	2.35	—	—	—	—
其中：住宅	142.23	52.86	28.44	50.64	8.21	2.07	—	—	—	—
3.商品房销售面积	331.99	121.73	55.28	104.36	18.68	9.65	22.3	—	—	—
其中：住宅	300.12	118.66	50.22	90.22	17.25	7.11	16.67	—	—	—
（1）现房销售面积	67.21	7.64	30.43	21.34	4.18	2.6	1.01	—	—	—
其中：住宅	55.54	5.4	27.88	16.54	4.09	0.63	1.01	—	—	—
（2）期房销售面积	264.78	114.09	24.85	83.01	14.5	7.04	21.28	—	—	—
其中：住宅	244.59	113.26	22.34	73.68	13.17	6.48	15.65	—	—	—

全社会固定资产投资额

表 30　　单位:万元

年份	眉山市	东坡区	彭山区	仁寿县	洪雅县	丹棱县	青神县	甘眉园区	金象园区	岷东新区
2013	7561204	1937000	1476775	2031626	765103	435801	447953	160026	188442	118478
2014	9229834	2367300	1756450	2467519	925736	540966	541441	230088	250009	150325

2014眉山市运输量完成情况

表 31

	货运量（万吨）	货物周转量（万吨公里）	客运量（万人）	旅客周转量（万人公里）
总计	5526	520767	6999	182444
一、公路	5526	520767	6543	181144
# 汽车	4380	387555	6543	181144
二、水运	—	—	456	1300
# 机动船	—	—	456	1300

2014年眉山市营业性运输工具实有数

表 32

	计量单位	2013	2014
		运输工具实有数	运输工具实有数
一、运营性汽车数	辆	32661	33203
# 客车	辆	2800	1863
货车	辆	29861	31340
二、运营船舶	辆	260	250
# 机动船	辆	205	204
# 客船	辆	200	201
拖船	辆	5	3
驳船	辆	55	46

眉山市公路里程

表 33　　　　单位:公里

	2013			2014		
	公路总里程	等级公路里程	高速公路里程	公路总里程	等级公路里程	高速公路里程
眉山市	7401	5707	180	7530	5853	299
东坡区	1315	1251	36	1355	1292	76
彭山区	573	407	35	573	407	35
仁寿县	3075	1936	68	3140	2011	122
洪雅县	1461	1209	39	1477	1229	55
丹棱县	494	421	—	503	432	10
青神县	483	483	2	483	483	2

眉山市邮电通讯情况

表 34

	2013				2014			
	邮政、电信主营业务收入（万元）	年末固定电话用户（户）	年末移动电话用户数(户)	年末宽带接入用户数（户）	邮政、电信主营业务收入（万元）	年末固定电话用户（户）	年末移动电话用户数(户)	年末宽带接入用户数（户）
眉山市	174183	417183	2391633	275678	184819	39.47	244.08	41.02
东坡区	57517	157857	786570	107227	64658	15.50	79.71	14.87
彭山区	20067	54511	273602	41704	21544	5.35	28.09	6.03
仁寿县	59879	111167	798178	70066	56890	10.25	80.48	10.87
洪雅县	17174	40218	249951	25246	19913	3.82	25.99	4.26
丹棱县	9628	23658	130415	15429	10442	2.06	13.54	2.33
青神县	9881	29772	152917	16006	11371	2.48	15.23	2.51

眉山市社会消费品零售总额

表 35　　　　单位:万元

年份	社会消费品零售总额	按经营地分组		按行业分组		
		城镇	乡村	批发和零售业	住宿和餐饮业	其他
2013	3059866	1940976	1118890	2544970	411144	103751
2014	3454790	2185428	1269362	2993972	460818	

2014年眉山市文化基本情况

表 36　　　　单位:个、千册

	文化事业机构数	艺术表演团体	文化馆数	文化站	博物馆、展览馆	剧场、影剧院	年末实有公共图书馆	年末公共图书馆总藏量
眉山市	180	1	7	128	5	6	7	328.2
东坡区	32	1	1	23	—	3	1	44.3
彭山区	19	—	1	13	1	—	1	30.0
仁寿县	65	—	1	60		1	1	28.0
洪雅县	21	—	1	15	1	1	1	42.0
丹棱县	13	—	1	7	1	1	1	38.0
青神县	17	—	1	10	1	—	1	50.0

2014年眉山市卫生基本情况

表 37

	机构数（个）	床位数（张）	人员数（人）	卫生技术人员	其他技术人员	管理人员	工勤人员
总计	2107	15855	20432	14615	816	802	1817
一、医院	51	9485	9557	7706	438	421	992
综合医院	26	5058	5844	4728	301	262	553
中医医院	8	2338	2122	1786	64	72	200
中西医结合医院	1	54	33	20	—	1	12
专科医院	16	2035	1558	1172	73	86	227
二、社区服务中心	12	349	466	379	40	17	30
三、卫生院	130	5429	4525	3543	216	190	576
四、诊所、卫生所、医务室	331	—	694	663	—	—	31
五、急救中心（站）	2	—	11	5	3	3	—
六、采供血机构	3	—	148	118	2	11	17
七、妇幼保健院（所、站）	7	534	878	650	56	60	112
八、专科疾病防治院（所、站）	2	58	96	71	6	4	15
九、疾病预防控制中心	7	—	400	293	35	21	51
十、卫生监督所（中心）	7	—	100	80	5	10	5
十一、医学在职培训机构	—	—	—	—	—	—	—

2014年眉山市各区县卫生情况

表 38

	医院病床使用率（%）	产妇住院分娩比例（%）	新生婴儿死亡率（‰）	5岁以下儿童死亡率（‰）	传染病发病率（十万分之）
眉山市	90.88	99.94	2.24	7.04	426.44
东坡区	86.49	100	1.73	4.95	555.77
彭山区	96.97	100	4.31	8.22	418.58
仁寿县	96.08	99.82	2.49	8.96	385.07
洪雅县	99.97	100	1.4	6.31	344.94
丹棱县	92.26	100	—	5.91	306.13
青神县	86.26	100	4.28	8.56	358.22

2014年眉山市体育基本情况

表 39

	运动会次数	参与运动会人次	体育协会个数	体育系统体育场地个数	教育系统体育场地
眉山市	469	213280	61	57	438
东坡区	92	46000	18	5	104
彭山区	34	25580	4	9	31
仁寿县	252	86400	13	5	216
洪雅县	44	25500	7	21	43
丹棱县	23	5800	8	12	20
青神县	24	24000	11	5	24

眉山市城镇失业人员情况

表 40

	2013			2014		
	城镇登记失业人员数	城镇安置失业人员就业人数	城镇登记失业率(%)	城镇登记失业人员数	城镇安置失业人员就业人数	城镇登记失业率(%)
眉山市	12764	20872	4.12	13598	15923	4.1
东坡区	4338	10409	4.1	4222	8855	4.1
彭山区	1716	5309	4.1	1153	4091	4.1
仁寿县	4365	3819	4.15	6007	1567	4.1
洪雅县	992	843	4.1	700	832	4.1
丹棱县	816	221	4.1	973	178	4.1
青神县	537	271	4.11	543	400	4.1

眉山市社会保险参保人数情况

表 41

	2013			2014		
	参加基本养老保险的职工人数（人）	参加失业保险的职工人数（人）	基本医疗保险的参保人数（人）	参加基本养老保险的职工人数（人）	参加失业保险的职工人数（人）	基本医疗保险的参保人数（人）
眉山市	491482	91488	681505	477600	102318	719391
市本级	47714	27693	55032	51340	27970	59387
东坡区	119630	17975	226296	114047	22692	232094
彭山区	82655	12012	65478	83172	12584	67774
仁寿县	138579	19212	222001	133435	23619	245638
洪雅县	48045	7708	50626	46495	8256	51079
丹棱县	24095	3451	27843	20145	3512	28507
青神县	30764	3437	34229	28966	3685	34912

服务指南

一、眉山市人民政府政务服务中心

地址：眉山诗书城公园文化中心（市政中心正门对面约300米）联系电话（区号：028）

表 42

中心机关				综合窗口	
综合科	38166111	城管执法局	38166120	财政局	38166700
督察科	38166130	工商局	38166605	旅游局	38168498
网管中心	38166169	住房城乡局	38166177	畜牧局	38112090
惠民帮扶科	38166138	城乡规划局	38166125	国安局	38169399
业务管理科	38166117	消防支队	38169119	粮食局	38111466
一楼咨询处	38166679	住房公积金	38169829	民宗局	38666005
传　真	38166111	民政局	38166238	档案局	38163383
总值班	38166679	海事局	38166231	保密局	38168035
投资服务热线	96196	卫生局	38169878	防震减灾局	38177755
单设窗口		水务局	38169581	盐政市场稽查处	38221448
代办服务中心	38169290	林业局	38166155	区县政务服务中心	
金融服务中心	38169362	药监局	38166221	东坡区	38119021
“一费制”中心	38169132	文体影视新闻出版局	38166161	仁寿县	36295116
发改委	38169155	商务局	38166225	彭山县	37634072
公安局	38169110	人防办	38166425	洪雅县	38877766
出入境管理处	38167531	质监局	38166160	丹棱县	37209488
人社局	38166135	国税局	38163398	青神县	38862991
就业局	38168802	地税局	38166229	公共服务窗口	
医保局	38165095	第一征收分局	38195535	邮政储蓄	38166903
社保局	38165033	第二征收分局	38161833	供排水公司	38169136
国土局	38166157	市委编办	38165505	国盾公司	38166133
交通局	38166232	安监局	38168212	文印处	38166365
农业局	38166105	环保局	38169369	电信公司	38169930
农业局	38169950	司法局	38169209	电力公司	38165135
气象局	38166165	残联	38169211	天然气公司	38107229
经信委	38165509	车管所分中心	38169933	移动公司	10086

二、眉山市主要旅游景点

表 43

单位	地址	电话
眉山三苏祠博物馆（AAAA 级）	眉山市中心纱縠行	38221651
洪雅瓦屋山国家森林公园（AAA 级）	洪雅县瓦屋山镇	37539888
洪雅槽渔滩风景区	洪雅县槽渔滩镇	37512059
青神中岩寺风景区（AA 级）	青神县瑞峰镇	38853058
仁寿黑龙滩风景区（AAAA 级）	仁寿县黑龙滩镇	36301126
彭山彭祖山风景区（AA 级）	眉山市彭山区江口镇	37680196
柳江古镇	洪雅县柳江镇	37527077
峨眉半山·七里坪国际度假区（省级旅游度假区）	洪雅县七里坪镇境内	37547527
丹棱·桃花源景区（AAA 级）	丹棱县双桥镇、丹棱镇、顺龙乡	13990337286
大雅堂旅游景区	丹棱县丹棱镇	13990348599
中国竹艺城（AA 级）	青神县县城南门外 2 千米处	38850168
老峨山（AAA 级）	丹棱县张场镇峨山村	37181111
东坡区蒙牛乳业（眉山）工业旅游区（AAA 级）	东坡区科工园三路	38775946
中国藤椒文化博物馆（AA 级）	洪雅县止戈镇	37403356
水天花月旅游度假区	东坡区崇礼镇	38588222
江湾神木园	青神县县城	38811413
恒大世纪旅游城	彭山县牧马镇莲花乡	36586868
雅女湖	洪雅县瓦屋山镇	37536368
玉屏山野鸡坪度假营地	洪雅县柳江镇境内	37553333
东坡城市湿地公园	眉山市区东坡岛	38186686
江口汉崖墓博物馆	眉山市彭山区江口镇政府旁	37680196
天府农耕 响水六坊	仁寿县珠嘉乡响水村	36285555
广济乡鸭池沟村	东坡区广济乡	38221378
白马镇龚村	东坡区白马镇	38221378
文宫枇杷生态园	仁寿县文宫镇	36771101
曹家梨乡	仁寿县曹家镇	36203160
黄丰橘园	彭山县黄丰镇团结村	37621079
观音葡萄园	彭山县观音镇	37621079
果色天乡生态农庄	东坡区多悦镇永生村	38552888
蝶彩花卉园	仁寿县清水镇石鼓村	36318888

三、眉山市主要旅行社

表 44

名称	地址	电话
眉山市假日国际旅行社有限责任公司	眉山市东坡区诗书中路 736 号	38107990
眉山市环球国际旅行社有限公司	眉山市东坡区科工园 2 路	38111612
眉山市青年国际旅行社有限公司	眉山市东坡区一环北路 97 号	38105816
眉山市华夏旅行社有限公司	眉山市东坡区明星北路 61 号	38117000
四川眉山康辉旅行社有限公司	眉山市东坡区明星南路 30 号	38802881
四川远大旅行社有限责任公司	眉山市东坡区沙縠行南段 170 号	38737999
眉山市大自然商务旅行社有限责任公司	眉山市东坡区时代广场	38119990
眉山市信天游旅行社有限责任公司	眉山市东坡大道南三段 275 号	38111581

四、眉山市主要旅游接待单位

表 45

名称	地址	电话
岷江东湖饭店（五星）	眉山市环岛路 1 号	38666033
青神大酒店（四星）	青神县青衣大道	38855555
黑龙滩长岛天堂洲际酒店	仁寿县黑龙滩国际旅游度假区	36689999
成都彭山恒大酒店	眉山市彭山区牧马镇（恒大金碧天下）	37599999
丹棱锦江饭店	丹棱县城	37218888
嘉斯曼锦江国际酒店	仁寿县城北新区龙滩大道 9 号	36618888
眉山宾馆（三星）	眉山市下西街迎宾巷 17 号	38226666
福一大酒店	眉山市彭山区彭祖大道南段	37688888
仁寿华生宾馆（三星）	仁寿县江家坝群英街 20 号（三星级宾馆）	36212728
眉山润丰大酒店（二星）	眉山市东坡区凤翔路北段 55 号	38290168
洪雅七里坪华生温泉酒店	洪雅县七里坪	37546999
彭山兴铁宾馆	眉山市彭山区古城南路	37628628
洪雅万宏大酒店	洪雅县青衣路 136 号	37555666
仙女湖休闲度假中心	眉山市彭山区江口镇寿泉村	37687018
东坡国际大酒店	眉山市新区湖滨路口	38805000
宏鑫大酒店	青神县振兴路 128 号	38833333
江湾神木园迎江楼.商务酒店	青神县外南街 79 号	38829999
玉屏山野鸡坪度假营地	洪雅县玉屏山	37553333
兴铁宾馆（三星）	彭山县城	37628628
家乡商务酒店	眉山市彭山区彭祖大道（巨梁半岛）	37654321

续表

名称	地址	电话
丹顶湖大酒店	丹棱县城	37202222
老峨山宾馆	丹棱县老峨山景区内	37287222
悦来春酒楼	青神县中岩路 40 号	38862356
滨江花园酒店	眉山市湖滨路西段（东坡湖广场南楼）	38192105
丽都大酒店	眉山市三苏大道 158 号	38114884
世代宾馆	眉山市明星路 78 号	38109455
金桥宾馆	眉山市湖滨路南 2 段 76 号	38805586
味道长花园酒楼	眉山市红星路延伸段（东坡外滩）	38200178
洪州大酒店	洪雅县城	38877777
新顺大酒店（三星）	洪雅县城	37559999
金马宾馆	仁寿县金马路 52 号	36204800
逸景商务酒楼	仁寿大道飞龙大厦	36286666
陵州宾馆	仁寿县金马路 1 号	36211111
海峰大酒店	仁寿县城	36295666
黑龙滩宾馆	仁寿县黑龙滩风景区	36301118
华凌山庄	仁寿县黑龙滩风景区	36301188

五、眉山市部分乡村酒店

表 46

企业（个体）名称	地址	联系电话
国瑞皓峰山庄	眉山市东坡区崇仁镇	13890330229
果色天乡生态农业有限公司	眉山市东坡区多悦镇	18628922600
盛景丽园酒店	仁寿县城新车站	18980374822
清水山庄	仁寿县清水镇百花村	13330933359
渔码头	仁寿县黑龙滩环湖路	13608167227
玉泉山庄	仁寿县黑龙滩环湖路	13890398843
犀牛山庄家庭农场	仁寿县龙正镇增产村 3 组	36387777
仁寿县天鹅湖假日酒店	仁寿县文林镇春燕社区	13198703999
万家香度假村	仁寿县文宫镇太清村	15884333334
山外青山乡村酒店	仁寿县景贤乡丫口	18080361281
朱三姐农家乐	仁寿县黑龙滩环湖路	13890306705
鑫泽苑度假酒店	洪雅县柳江古镇景区	38871888
洪雅县李家大院	洪雅县柳江古镇景区	37741888
广莱大酒店	洪雅县瓦屋山景区	13708168965

续表

企业（个体）名称	地址	联系电话
雅鑫度假酒店	洪雅县七里坪景区	38870666
槽渔滩水尚大酒店	洪雅县槽渔滩八仙岛	13518407168
丽翰嘉齐酒店	洪雅县七里坪度假区	38872888
利君休闲山庄	洪雅县瓦屋山景区	37538488
雅滨酒店	洪雅县瓦屋山景区	37538999
柳江古镇楼外楼酒店	洪雅县柳江古镇明月街	37526546
雅苑别墅	洪雅县槽渔滩景区	37512449
继华山庄	洪雅县槽渔滩景区	37512039
桂圆休闲庄	洪雅县七里坪景区	13688253683
柳江古镇祥福居商务酒店	洪雅县柳江古镇景区	37527489
柳江古镇明福酒店	洪雅县柳江古镇圣母街	37526123
七里坪温泉酒店	洪雅县七里坪景区	37746666
洪雅县静馨苑旅店	洪雅县柳江古镇景区	37526266
瓦屋山叠翠楼酒店	洪雅县瓦屋山景区	13990313660
瓦屋山大前门宾馆	洪雅县瓦屋山景区	13990315427
梅湾湖度假酒店	丹棱县丹棱·桃花源景区	37192999
七色阳光度假山庄	丹棱县丹棱镇观音村	36135777
庆林酒店	丹棱县张场镇锁江村	13568309988

六、眉山市部分特色“农家乐”

表 47

企业（个体）名称	地址	联系电话
圣境月休闲山庄	眉山市东坡区象耳镇七里村	13909030592
太极桂花圣境	眉山市东坡区白马镇	18990301668
傍林鲜休闲山庄	眉山市东坡区广济乡济光村	13890385588
景园山庄	眉山市东坡区富牛镇牟堰村	13734915888
九升桂苑休闲山庄	眉山市东坡区尚义镇云阁村	38051033
沙子湾休闲庄	仁寿县文林镇沙子湾巷	13808169206
天利半山酒店	仁寿县文林镇卫星村	13198703999
三洋生态园	仁寿县飞泉山公园	13608167698
金太阳生态园	仁寿县文林镇卫星村	13990353878
高家荘生态园	仁寿县文林镇卫星村	13990336988
二峨山庄	仁寿县二峨山顶	13688333993
山水人家	仁寿县文宫镇石家村	13778884728

续表

企业（个体）名称	地址	联系电话
五马饭庄	仁寿县文宫镇石家村	13990331404
逸雅苑	仁寿县文宫镇石家村	13990378405
双桥山庄	仁寿县龙马镇双桥村	13679653888
聚源休闲庄	仁寿县钟祥镇古匠村	13778828858
斑竹园生态园	仁寿县方家镇武通村	15282307286
陈家大院	仁寿县大化镇水利村	15983330319
王二哥清南林生态园	仁寿县清水镇百花村	13398142222
雨轩生态园	仁寿县清水镇百花村	15892732382
天山厚味	仁寿县天仁公园	13550530083
哈儿生态园	仁寿县天仁公园	13350524717
咪哥农家乐	仁寿县文宫镇太清村	36772923
黑龙滩银水山庄	仁寿县黑龙滩大坝	15983325171
圣闲居农家乐	仁寿县天仁公园	18090094561
万三姐农家乐	仁寿县天仁公园	13548248512
功夫鱼庄农家乐	仁寿县黑龙滩环湖路	18783310934
土豆花庄	眉山市彭山区彭溪镇毛店村 12 组	15883326981
存银湾	眉山市彭山区江口镇双江村 3 组	18990341387
龙祥山庄	眉山市彭山区武阳镇五一村 2 组	13778820666
秦家园	眉山市彭山区江口镇双江村 3 组	13648148182
富利香	眉山市彭山区武阳镇泥湾村 3 组	13890306959
田园雅居	眉山市彭山区武阳镇泥湾村 4 组	15983308022
寿星谷三道菜	眉山市彭山区锦江乡联络村 2 组	15984338823
天府奇石苑	眉山市彭山区锦江乡天库村 4 组	15196494678
创一湖畔	眉山市彭山区双漩社区	18990330411
新村生态园	眉山市彭山区兴崇村 12 组	18783328919
橘园山庄	眉山市彭山区黄丰镇丰华村 2 组	15883328159
孔雀山庄	眉山市彭山区永利村 5 组	15282338786
阳坪休闲山庄	洪雅县将军乡阳坪村	37496777
福宝人家	洪雅县余坪镇福宝村	13909035190
瓦屋山乐乐居	洪雅县瓦屋山景区	13778895371
瓦屋山雅趣园	洪雅县瓦屋山景区	13618198966
瓦屋山桂鹃园	洪雅县瓦屋山景区	13795506078
七里坪紫竹园	洪雅县七里坪景区	15984329009
七里坪沁园休闲山庄	洪雅县七里坪景区	13990303754

续表

企业（个体）名称	地址	联系电话
大雅刘记白宰鸡	丹棱县杨场镇狮子村	028-37218678
田园风情	丹棱县丹棱镇桂花村	13990348850
雅园山庄	丹棱县丹棱镇南门村	13909032159
睡佛山庄	丹棱县张场镇峨山村	15196462007
阳光农庄	丹棱县人民路 489 号	028-37261610
点石成金	丹棱县双桥镇梅湾村	13678213386
柴火烧鸡	丹棱县石桥乡	13688246977
开心农庄	丹棱县张场镇长流村	13990336988
橙林山庄	丹棱县双桥镇梅湾村	13388257956
廖烧鸡	丹棱县丹棱镇红石村	028-37198668
高林山庄	丹棱县丹棱镇桂花村	13698375363
盆景园	丹棱县丹棱镇桂花村	028-37198408
葡萄园	丹棱县丹棱镇群力村	13086476688
食为天	青神县汉阳镇新街 4 号	13795533398
桂溪园	青神县白果乡楼坊溪村 6 组	38961888
安逸亭	青神县白果乡甘家沟村 4 组	13548230356
竹苑农庄	青神县南城镇竹艺街 226 号	38863111
翠麟山庄	青神县西龙镇观音场	15883335807
徐家大院	青神县西龙镇万沟村	38941669
祥和苑休闲度假山庄	青神县瑞峰镇黄桷村 5 组	13518403055
岷江酒楼	青神县瑞峰镇中岩村	38853121
良田酒楼	青神县瑞峰镇中岩村	38853005
候氏山庄	青神县瑞峰镇中岩村	38853018
白老幺饭庄	青神县瑞峰镇中岩村	38853007
长安酒家	青神县瑞峰镇中岩村	38853166
黄老六休闲山庄	青神县瑞峰镇中岩村	38853060
沁苑山庄	青神县瑞峰镇中岩村	13890362676
汉阳第一家	青神县汉阳镇新街	38983168
渔满堂	青神县白果乡岷江桥头转盘处	13778838358
竹城酒楼	青神县南城镇竹艺城内	38852828
竹乡酒家	青神县南城镇兰沟村 7 组	38850063

七、眉山市大学、国家、省示范普通中学，国家、省重点职业中学

表 48

名称	地址	负责人	电话
四川大学锦江学院	四川省彭山县锦江大道 1 号	韦泰旭	37600019
四川工商学院	眉山市眉州大道东延段	徐文龙	87953080
四川城市职业学院眉山校区	眉山市眉州大道东延段	王世伦	84683033
成都信息工程学院天府（仁寿）校区	眉山市仁寿县	刘昌明	85966342
中国武警警官学院（仁寿）校区	眉山市仁寿县	杨殿东	36050377
四川科技职业学院	眉山市仁寿县	陈　宇	66345335
成都艺术职业学院	眉山市青神县	余开源	82480787
眉山职业技术学院	眉山市眉州大道东延段 5 号	徐井万	38201430
眉山广播电视大学	眉山市东坡区乡江路 530 号	叶志华	38195525
仁寿一中（北校区）	仁寿县文林镇大道中段 116 号	黄永建	36266180
仁寿一中（南校区）	仁寿县文林镇南坛路 257 号	吕仲辉	36201576
眉山中学	眉山市东坡区三苏大道中段 372 号	罗金福	38299167
眉山第一中学	眉山市东坡区五圣路 57 号	李树明	38201685
彭山一中	彭山县鹏利路中段	王洪伟	37620724
洪雅中学	洪雅县洪川镇青云街 26 号	陈大伟	37403792
车城中学	眉山市东坡区太和镇	宫佩军	38502180
铧锱中学	仁寿县陵州路三段 181 号	叶小兵	36230960
青神中学	青神县学道街 10 号	兰志祥	38811392
丹棱中学	丹棱县枫落大道	汪九君	37208985
眉山科学技术学校	眉山市东坡区齐通路西三段 18 号	王　鲁	38161086
四川省仁寿县第二高级职业中学	仁寿县城北大道左侧	周尊登	36201149
成都水电工程学校	彭山县青龙镇	黄　健	37668438
四川省东坡区中等职业技术学校	眉山市东坡区诗书路南段 160 号	李文明	38292191
仁寿新科中等职业技术学校	仁寿蜂蜜乡西胜街 256 号	李智慧	36319666
眉山电子职业技术学校	洪雅县洪川镇修文路五段 15 号	刘燕忠	37480339
四川大学锦江学院	四川省彭山县锦江大道 1 号	李志强	37600019
四川师范大学成都学院眉山校区	眉山市眉州大道东延段	徐文龙	87953080
四川城市职业学院眉山校区	眉山市眉州大道东延段	王世伦	84683033
成都信息工程学院天府（仁寿）校区	眉山市仁寿县	周激流	85966342
中国武警警官学院（仁寿）校区	眉山市仁寿县	杨　隽	
四川科技职业学院	眉山市仁寿县	陈　宇	66345335

续表

名称	地址	负责人	电话
成都艺术职业学院	眉山市青神县	余开源	82480787
眉山职业技术学院	眉山市眉州大道东延段 5 号	胡　亮	38201430
眉山广播电视大学	眉山市东坡区乡江路 530 号	叶志华	38195525
仁寿一中（北校区）	仁寿县文林镇大道中段 116 号	方良元	36266180
仁寿一中（南校区）	仁寿县文林镇南坛路 257 号	吕仲辉	36201576
眉山中学	眉山市东坡区三苏大道中段 372 号	罗金福	38299167
眉山第一中学	眉山市东坡区五圣路 57 号	李树明	38201685
彭山一中	彭山县鹏利路中段	王洪伟	37620724
洪雅中学	洪雅县洪川镇青云街 26 号	陈大伟	37403792
车城中学	眉山市东坡区太和镇	宫佩军	38502180
铧强中学	仁寿县陵州路三段 181 号	黄永建	36230960
青神中学	青神县学道街 10 号	范俊华	38811392
丹棱中学	丹棱县枫落大道	周　蕊	37208985
眉山科学技术学校	眉山市东坡区齐通路西三段 18 号	王　鲁	38161086
四川省仁寿县第二高级职业中学	仁寿县城北大道左侧	周尊登	36201149
成都水电工程学校	彭山县青龙镇	黄　健	37668438
四川省东坡区中等职业技术学校	眉山市东坡区诗书路南段 160 号	李文明	38292191
仁寿新科中等职业技术学校	仁寿蜂蜜乡西胜街 256 号	李智慧	36319666
仁寿县成人中等专业学校	仁寿县城北大道左侧	刘　勇	36292286
眉山电子职业技术学校	洪雅县洪川镇修文路五段 15 号	刘燕忠	37480339

八、眉山市主要文体场馆

表 49

名称	地址	负责人	电话
眉山市体育馆	眉山市眉州大道西二段（市财政局对面）	刘行愚	38166595
眉山市业余体校训练馆	眉山市新区旭光小区西门	温成乡	15883323054
三苏祠博物馆	眉山市纱縠行南段	陈仲文	38221651
眉山市图书馆、文化馆	眉山市新区旭光小区西门	赵学军　郑　蕊	38196651 38196660
东坡区图书馆、文化馆	东坡区金鑫街 149 号	李丽红　王俊如	38101760 38101853
眉山电影城	东坡区小香港步行街	邹　卫	38221361
仁寿县体育馆	仁寿县体育公园	张　韬	36219128
仁寿县体育场	仁寿县文林镇大道中段	黄永建	36266180

续表

名称	地址	负责人	电话
仁寿县图书馆	仁寿大道延长线文化中心	张　军	18628996669
仁寿县文化馆	仁寿大道延长线文化中心	幸旭明	18990330033
彭山县体育馆	彭山县岷江中路	谢成建	13890334322
彭山县体育场	彭山县公园山	谢成建	13890334322
彭山区图书馆	彭山区岷江中路	陈勇强	18990335669
彭山区文化馆	彭山区岷江中路	侯　铭	18980369888
彭山区江口汉崖墓博物馆	彭山区江口镇	吴天文	13550555750
丹棱县文化馆	丹棱县丹棱镇新南路 85 号	肖贵琴	13679648221
丹棱县图书馆	丹棱县丹棱镇新南路 86 号	杨　波	37377371
洪雅县图书馆、文化馆	洪雅县洪川镇人民路	李开明 钟晓	13795535007 13378366309
洪雅台会博物馆	洪雅县止戈镇五龙村	鲜继新	15983319204
青神县体育馆	青神县一环路南段 31 号	赵红军	38887585
青神县文化馆	青神县南街 50 号	宋文濂	13550541410
青神县图书馆	青神县南街 88 号	唐立新	38899883
青神县电影院	青神县大西街 53 号	王庆华	13320935988

九、城市公交行车指南一览表

表 50

线路名称	起止时间	站点名称	间隔时间（分钟）
1 路	6:45—18:51（冬季） 6:40—19:00（夏季）	东坡湖公园—火车站 东坡湖公园—苏湖路—仓房街—十字口—丁字口—通惠街—西外路口—眉象路口—中铁医院—通惠小学—万伦大厦（通惠街道办事处）—区检测站—眉州商城—眉山中学—三苏大道加气站—三苏大道西段—火车站	6—10
2 路	6:50—18:51（冬季） 6:50—19:30（夏季）	77159 部队—崇礼镇 77159 部队—市殡仪馆—05 厂招待所—颐年山庄—象耳中学—象耳镇—象耳中心校—农林村—金象化工—烈士陵园—眉多路口—洞子口—铁四处—川眉公司（原芒硝厂家属区）—中铁医院—眉象路口—西外路口—通惠街—丁字口—十字口—市医院—苏湖路—岷江一桥西—泡菜城—水天花月—三鑫山庄—崇礼路十字口—崇礼派出所—榕园山庄—崇礼镇	6—10
3 路	6:50—21:30（冬季） 6:50—22:00（夏季）	川师大眉山校区—蓬莱广场 川师成都学院眉山校区—职业技术学院—启明星花园—市公安局—市地税局—市消防支队—旭光小区（北）—旭光小区（西）—市客运中心—通威集团—北门诗碑—时代广场—三苏广场—商业街口—丁字口（小北街电影院）—府街口—东坡金城—苏祠中学—桃园路口—劳教所—蓬莱广场	6—10
4 路（103 路）	5:40—18:30	市公交客运站—太平（罗平） 公交客运站—商业街口—区公安分局—市妇幼保健院—时代广场—大北街路口—眉东市场—环湖路东段—大治桥—苏湖路崇礼十字路口—光华—卧铺桥—永寿—金花路口—石佛路口—钢筋桥（罗平路口）—太平	10—15

续表

线路名称	起止时间	站点名称	间隔时间（分钟）
5路（303路）	5:30—18:30	公交客运站—车辆厂 公交客运站—泻露居—小石堰桥—西外路口—诗书路南段—一环西路—东坡食品厂—嘉阳钢厂—仲辉纸厂—鲜滩—眉青路口—进站路口—高桥磷肥厂—凉水井—郑南桥—思蒙—骨科医院—黄桷树—崇仁—车辆厂牌坊—车辆厂招待所—车辆厂体育场—车辆厂医院—龙兴—黄家	5—10
6路（102路）	6:30—18:30	万通客运站—复盛新街 万通客运站—苏南市场—南门口—东门车站—东坡大道路口—泡菜城—水天花月—崇礼十字路口—人字路口—韩宾纸厂—韩宾砖厂—万坝子—陈家坝—建国砖厂—双燕口—观音场—复盛砖厂—万牌坊—新街	15
7路	6:50—21:30（冬季） 6:50—22:00（夏季）	富牛大道路口—眉山东站 富牛大道路口—职业技术学院—启明星花园—岷江二桥河堤—湖滨路北段—东湖饭店—青衣街—市三医院—安和街口—旭光小区（东）—旭光小区（北）—旭光小区（西）—市人民医院—东坡湖广场—广州本田恒富店（单向）—激情广场—二环东路—义乌商贸城—眉山一中—环湖路中段（6501）—兴隆街口—三苏广场（单向）—花草街口—区检察院—西象桥—华意苑—银杏花园—眉州商场—招呼站—田家炳中学—眉山东站	6—10
8路	6:40—18:19	眉山客运中心—进站路口 眉山客运中心—大石桥信用社—通威—眼耳鼻喉医院—北门诗碑—红星路口—环湖路口—商业街口—十字口—市医院—府街口—丁字口—万通客运站—中医院—瓜子巷—通惠街—皮革城—西门牌坊—二环路口—变电站—双拥站—五洲国际城—味聚特—石堰汽修厂—恒通包装厂—鲜滩小学—鲜滩—仲辉纸厂—眉青路口—李记调味厂—石康医院—前锋糖厂—桥头站—进站路口	6
9路	6:50—19:00（冬季） 6:50—19:30（夏季）	亿斤粮库—蓬莱广场 蓬莱广场—桃园路口（东）—一环南路（映天中学）—市质检站—交警二大队—东坡中职校—西外路口（皮革城）—世纪新村—区公安分局—市妇幼保健院—三苏大道东段（市电信局）—银鹏国际九龙豪府—眉州商城—眉山中学—三苏大道加气站—三苏大道西段（火车站）—紫竹街—亿斤粮库	5—10
10路	6:50—19:00（冬季） 6:50—19:30（夏季）	市客运中心—千禾味业 市客运中心—通威集团—北门诗碑—时代广场—红星路—大北街口—眉东大市场（北）—眉东大市场（东）—巴黎春天—大治桥—东风街口—东坡湖公园—苏湖路—一环路南四段—市福利院—桃园路口—实验中学—污水处理厂—家属区招呼站—千禾企业—千禾大道	5—10
11路	6:50—21:30（冬季） 6:50—22:00（夏季）	市三医院—眉山东站 市三医院—旭光小区（东）—旭光小区（北）—旭光小区（西）—市人民医院—东坡湖广场—广州本田恒富店（单边）—激情广场—二环东路—环湖路东延段—左岸半岛—东坡湖公园—苏湖路—仓房街—府街口—丁字口—通惠街—西外路口—世纪新村—区检察院—西象桥—杭州路南段—区社保局—杭州路中段—市房管局—杭州路北段—金罗马广场—区运管所—田家炳中学—眉山东站	6—10
12路	6:50—18:51（冬季） 6:50—19:30（夏季）	启明星花园→电解铝厂（因执行接送包车暂未对市民开放乘坐） 启明星花园—市车管所—市公安局—移动公司—诗书城公园—旭光小区西门—市客运中心站—北门诗碑—时代广场—市妇幼保健院—区公安分局—世纪新村—诗书路南段—工业学校—西门牌坊—鲜滩—眉青路口—进站路口—铁路桥—爱国村—电解铝厂	
13路	6:50—19:00（冬季） 6:50—19:30（夏季）	市客运中心站—火车站 市客运中心站—通威集团—北门诗碑—时代广场—三苏大道东段（市电信局）—银鹏国际九龙豪府—眉州商城—眉山中学—三苏大道加气站—三苏大道西段—火车站	8—10

续表

线路名称	起止时间	站点名称	间隔时间（分钟）
14 路	6:50—19:00（冬季） 6:50—19:30（夏季）	蓬莱广场—科工园区 蓬莱广场—蓬莱中路—区地税局—苏祠路—区委—皮革城—通惠街—市公交公司—商业街口—区公安分局（单向）—三苏广场—花草街—时代广场—大北街口—眉东大市场—玫瑰园八区—红星路东延段—激情广场—广州本田恒富店（单向）—东坡湖广场—市人民医院—旭光小区（西）—市政务中心—市政府—军分区—眉科校基地—市发改委—科工园三路—蒙牛企业—招呼站—消防中队—科工园区	6-10
15 路	6:50—19:00（冬季） 6:50—19:30（夏季）	蓬莱广场—富牛大道路口 蓬莱广场—市质检站—区疾控中心—中医院—苏祠路—区委—皮革城—世纪新村—商业街口（单向）—区公安分局—市妇幼保健院—时代广场—一环路口—健康家园—蓝色港湾—荔枝园—市劳动保障局—学士街—东坡中学—市体育馆—会展中心—市政府—市政务中心—旭光小区（北）—市委党校—市车管所—启明星花园—职业技术学院—富牛大道路口	6-10
16 路	6:50—21:30（冬季） 6:50—22:00（夏季）	眉山东站—蓬莱广场 眉山东站-秋岚街-森林半岛-玉屏街（传世风景）-玉屏街（阜成路口）-齐通路西三段-眉山卫校-玉青路口-加洲国际-市体育馆-文忠街-香颂城-岷江大道中段-岷江大道东段-东坡湖广场（单向）-同升小区-民和北路-民和南路-眉山一中-环湖路中段-兴隆街口-三苏广场（单向）-小北街-府街口-东坡金城-苏祠中学-映天学校-劳教所-蓬莱广场	6-10
17 路	6:50—19:00	区交通运输局—太和 区交通运输局—区教育局（区疾控中心）—东坡金城—三苏祠西门—通惠街—西外路口—诗书路中段—小石堰—区公安分局—市妇幼保健院路口—时代广场—北门诗碑—大石桥—岷江大道—市客运中心站—旭光小区西门—苏轼公园—市政府—科工园—田店—白玉—高店—大卫—新街—太和高中—太和	8-10
18 路	6:50—18:51	眉山东站—泡菜城 眉山东站—田家炳中学—招呼站—眉州商城—银鹏九龙豪府—三苏大道东段（市电信局）—红星路口—大北街口—眉东大市场（北）—眉东大市场（东）—大润发——眉山一中—皇冠左岸——环东路（东坡湖公园）—泡菜博物馆—岷江东路—岷江东路南一段—岷江东路南二段—岷江东路南三段—岷江东路南四段（泡菜城终点站）	6-10
19 路	6:50—18:51	蓬莱广场—圣丰国际 蓬莱广场—市质检站—映天学校—苏祠中学—东坡金城—府街口—正西街—十字口—巴黎春天—环湖路口—红星路口—时代广场—三苏大道东段（市电信局）—银鹏国际九龙豪府—三圆广场—金罗马广场—金象国际—文忠街—东坡中学—市体育馆—眉州医院—铁环路口—建国汽贸—科创药业（单边）—圣丰国际路口—圣丰国际	6-10
社区巴士 1 路	7:00—19:00	市公交公司—东湖饭店 沙縠行北段（市公交公司）—商业街口—环湖西路（花草街口）—兴隆街口—环湖路中段（6501）—一环东路（巴黎春天）—苏湖路（大治桥）—湖滨路南四段（东风街口）—东坡湖公园—王家渡桥—环湖路口—红星路口—琼海路口—远景楼—醉月楼—旭光小区南门—安和街口—市三医院—青衣街口—湖滨一号—东湖饭店	6-10

十、客运中心时刻表

表 51

序号	到达站	发车时间	班 次
1	成都新南门（高速）	06:40—18:50	每间隔 10—15 分钟滚动发班
2	成都石羊车站（高速）	07:30—18:50	每间隔 30 分钟一班
3	成都城北中心	06:50—17:40	每间隔 20—30 分钟一班
4	重庆（高速）	08:30 14:50	
5	重庆（仁寿）	07:40 09:10	
6	都江堰	09:05 11:00 14:10 15:40	
7	新津	08:00—18:00	每间隔 45 分钟一班
8	雅安（高速）	08:30 10:00 11:20 12:30 14:40 16:50	
9	雅安（洪雅）	09:20	
10	康定	10:00	
11	德阳	09:20 14:30	
12	双流	08:10 09:00 09:40 10:30 11:10 12:00 13:10 14:00 15:20 16:40 17:20	
13	绵阳	09:00 14:10	
14	遂宁	09:10 14:00	
15	南充	09:00 14:00	
16	泸州	08:30 13:30	
17	安岳	08:50 13:30	
18	内江	08:50 13:40	
19	资阳	08:40 14:10	
20	乐山（高速）	07:10—18:40	每间隔 20—40 分钟一班
21	峨眉	08:10—18:10	每间隔 20—30 分钟一班
22	峨眉（轿车）	08:00—18:30	滚动发班
23	峨边	08:30	
24	金口河	12:00	
25	犍为	09:00 14:00	
26	宜宾	09:00 14:30	
27	自贡	09:00 14:00	
28	夹江	07:20—17:20	每间隔 20 分钟一班
29	青神	07:00—18:40	每间隔 10—15 分钟一班
30	洪雅	07:00—18:20	每间隔 12—24 分钟一班
31	丹棱	07:30—18:40	每间隔 15—30 分钟一班

续表

序号	到达站	发车时间	班 次
32	彭山	07:00—18:50	每间隔 5—8 分钟一班
33	仁寿	06:30—18:40	每间隔 10—15 分钟一班
34	禄加	13:30	
35	汪洋	08:40 14:30	
36	深圳		每日一班
37	广安	09:10 14:30	
38	永川	09:30 14:30	
39	沐川	09:30 13:30	
40	攀枝花	09:00	
41	昆明	09:40	
42	西昌	9:00 13:00	
43	广元	08:30	
44	巴中	08:30	
45	九寨沟口	08:30	
46	简阳	08:20 10:50 13:50 16:50	
47	石棉	09:00	

（注：本表仅作参考，内容随经营情况而调整。）

十一、眉山站旅客列车时刻表

表 52

序号	车次	始发站	终到站	本站到	本站开	成都到开
1	K9483〔快速〕	成都	攀枝花	11:26	11:28	9:50 开
2	K166（快速）	西安	昆明	11:27	11:31	12:52 到
3	K113（快速）	昆明	成都	14:23	14:26	13:00 开
4	K165（快速）	西安	昆明	16:12	16:16	14:57 开
5	T8870（特快）	攀枝花	成都	20:29	20:33	22:08 到
6	K118（快速）	攀枝花	北京西	22:09	22:12	23:59 开

眉山火车站问讯处电话：37320540。

索　引

Z